Die VOB, das BGB-Bauvertragsrecht 2018 und das neue Vergaberecht

W0368148

Die VOB, das BGB-Bauvertragsrecht 2018 und das neue Vergaberecht

Die wichtigsten Vorschriften für Baupraxis und Auftragsvergabe

mit Erläuterung der Neuregelungen

herausgegeben von

Prof. Dr. Ralf Leinemann, Partner in der Sozietät Leinemann Partner Rechtsanwälte in Berlin und Honorarprofessor für Bau- und Vergaberecht an der Hochschule für Wirtschaft und Recht Berlin.

Thomas Maibaum, Rechtsanwalt bei Leinemann Partner Rechtsanwälte in Berlin und Autor sowie Herausgeber von zahlreichen Werken zum Vergaberecht und zum Bau- und Architektenrecht.

10., vollständig überarbeitete Auflage

Bundesanzeiger Verlag

Bibliografische Information der Deutschen Nationalbibliothek
Die Deutsche Nationalbibliothek verzeichnet diese Publikation in der Deutschen Nationalbibliografie; detaillierte bibliografische Daten sind im Internet über http://dnb.d-nb.de abrufbar.

Bundesanzeiger Verlag GmbH
Amsterdamer Straße 192
50735 Köln

Internet: www.bundesanzeiger-verlag.de
Weitere Informationen finden Sie auch in unserem Themenportal unter
www.das-vergabeportal.de

Beratung und Bestellung:

Tel.: +49 (0) 221 97668-240
Fax: +49 (0) 221 97668-271
E-Mail: vergabe@bundesanzeiger.de

ISBN (Print): 978-3-8462-0833-5

ISBN (E-Book): 978-3-8462-0834-2

© 2018 Bundesanzeiger Verlag GmbH, Köln

Alle Rechte vorbehalten. Das Werk einschließlich seiner Teile ist urheberrechtlich geschützt. Jede Verwertung außerhalb der Grenzen des Urheberrechtsgesetzes bedarf der vorherigen Zustimmung des Verlags. Dies gilt auch für die fotomechanische Vervielfältigung (Fotokopie/Mikrokopie) und die Einspeicherung und Verarbeitung in elektronischen Systemen. Hinsichtlich der in diesem Werk ggf. enthaltenen Texte von Normen weisen wir darauf hin, dass rechtsverbindlich allein die amtlich verkündeten Texte sind.

Herstellung: Günter Fabritius
Produktmanagement: Sven-Steffen Schulz
Satz: Cicero Computer GmbH, Bonn
Druck und buchbinderische Verarbeitung: Medienhaus Plump GmbH, Rheinbreitbach

Printed in Germany

Vorwort

Das BGB-Bauvertragsrecht hatte bereits in den Vorauflagen seinen festen Platz im Titel dieses Buchs. Genau genommen war dies nur halb richtig: Ein lupenreines Bauvertragsrecht existierte bis Ende 2017 nur in der VOB/B. Im BGB gab es nur ein Werkvertragsrecht, welches auch auf Bauverträge anzuwenden war, meist neben oder auch anstelle der VOB/B. Wirklich gepasst hat dies nie: Der Gesetzgeber unterwarf das Bereifen eines Autos wie den Bau der Autobahnbrücke, über die das Auto rollt, denselben Rechtsvorschriften. Aber das ist nun Geschichte.

Passend und fast wie bestellt zum Jubiläum dieses Werks, das nun in 10. Auflage vorliegt, tritt erstmalig ein „echtes" gesetzliches Bauvertragsrecht als eigenes Kapitel im BGB in Kraft. Im Gesetz finden sich nun zentrale bauspezifische Regelungen, die von weiteren, teils bekannten Werkvertragsvorschriften des BGB flankiert werden. Ein eigenes Kapitel zum Verbraucherbauvertrag ist bei dieser Gelegenheit auch entstanden, ebenso wie ein Untertitel zum Architekten- und Ingenieurvertrag. Damit beginnt auch für die Baupraxis ein neues Kapitel. Wir haben das zum Anlass genommen, das neue BGB-Bauvertragsrecht etwas ausführlicher als gewohnt zu erläutern.

Die VOB hat die Einführung des neuen Bauvertragsrechts bislang unbeschädigt überstanden. AGB-rechtliche Konflikte in Fällen, in denen die VOB/B nicht unverändert „als Ganzes" vereinbart wird, deuten sich nur in wenigen Punkten an. Dies dürfte darauf zurückzuführen sein, dass sich der Gesetzgeber in wichtigen Fragen von Regelungsansätzen der VOB/B hat leiten lassen. Eine Reform auch der VOB/B bleibt weiter angekündigt, ohne dass der Zeitpunkt einer Neuveröffentlichung absehbar wäre.

Die weiteren im Buch behandelten Themen – insbesondere das erst 2016 in Kraft getretene neue Vergaberecht – werden das Attribut „neu" noch eine Weile behalten. Die Praxis ringt hier noch mit den zahlreichen Neuregelungen, mit denen der Gesetzgeber sie überschüttet hat.

Wir hoffen, dass auch diese 10. Auflage eine Hilfestellung für den Umgang mit dem neuen rechtlichen Umfeld des Bauens liefert.

Berlin, den 3. Januar 2018

Ralf Leinemann Thomas Maibaum

Inhaltsverzeichnis

XVII. Grundzüge des Vergabenachprüfungsverfahrens gemäß §§ 155 ff. GWB 505

Literatur

Basty, Gregor, Der Bauträgervertrag, 8. Aufl., Köln 2014

Bechtold, Rainer, Kartellgesetz, Gesetz gegen Wettbewerbsbeschränkungen, Kommentar, 8. Aufl., München 2015

Berufsgenossenschaften für die Bauwirtschaft (Hrsg.), SiGEplan, Leitfaden zur Erstellung eines Sicherheits- und Gesundheitsschutzplans, Frankfurt/M. 1999

Dicks, Heinz-Peter, Nochmals: Primärrechtsschutz bei Aufträgen unterhalb der Schwellenwerte, VergabeR 2012, S. 531 ff.

Ebert, Eva-Dorothee, Möglichkeiten und Grenzen im Verhandlungsverfahren, Köln 2005

Homann, Oliver, Laufzeit einer Rahmenvereinbarung: Nicht länger als vier Jahre!, OLG Düsseldorf, Beschluss vom 11.04.2012 – Verg 95/11, IBR 2012, S. 476

Ingenstau, Heinz/Korbion, Hermann, VOB-Kommentar, Teile A und B, 20. Aufl., Köln 2017

Kapellmann, Klaus/Messerschmidt, Burkhard, VOB-Kommentar, Teile A und B, 5. Aufl., München 2015

Kimpel, Ralf, Der Entwurf des gesetzlichen Bauvertragsrechts aus Sicht des gewerblichen Unternehmers, NZBau 2016, 734

Kniffka, Rolf, ibr-online-Kommentar Bauvertragsrecht 2018, Stand 12.05.2017

Kollmer, Norbert, Baustellenverordnung, 2. Aufl., München 2004

Kuhn, Christian, Das künftige Recht der Architekten und Ingenieure auf Teilabnahme nach § 650r BGB-E, ZfBR 2017, 211

Langen, Werner, Änderung des Werkvertragsrechts und Einführung eines neuen Bauvertragsrechts, NZBau 2015, 658

Leinemann, Ralf, VOB/B-Kommentar, 6. Aufl., Köln 2016

Leinemann, Ralf, Die Vergabe öffentlicher Aufträge, 6. Aufl., Köln 2016

Leinemann, Ralf, Das neue Bauvertragsrecht und seine praktischen Folgen, NJW 2017, 3113

Leinemann, Ralf, Das Forderungssicherungsgesetz – Neue Perspektiven im Bauvertragsrecht?, NJW 2008, S. 3745 ff.

Leinemann, Ralf, Die neue Rechtsprechung des BGH zum Vergabeverfahrensrisiko, NJW 2010, 471

Leinemann, Ralf/Hildebrandt, Thomas (Hrsg.), Der Bauvertrag nach VOB/B, 2. Aufl., Berlin 2014 (Eigenverlag LP Seminare)

Leinemann, Ralf/Jacob, Andreas/Franz, Birgit, Die Bezahlung der Bauleistung, 5. Aufl., Köln 2013

Leinemann, Ralf/Kirch, Thomas, Kommentar zur VSVgV, München 2013

Leinemann, Ralf/Kirch, Thomas, ÖPP-Projekte konzipieren, ausschreiben, vergeben, Köln 2006

Palandt, Otto, Bürgerliches Gesetzbuch (Kommentar), 76. Aufl., München 2017

Portz, Evelin, Die Honorierung des Sicherheits- und Gesundheitsschutzkoordinators nach der Baustellenverordnung, BauR 2002, S. 1160 ff.

Pünder, Hermann/Schellenberg, Martin, Vergaberecht, Handkommentar, 1. Aufl. Baden-Baden, 2011

Radeloff, Christine, Angebot von Bietergemeinschaft: Anforderungen an rechtsverbindliche Unterschrift, VK Hessen, Beschluss vom 13.03.2012 – 69d-VK-06/2012, IBR 2012, S. 1139

Rozek, Jochen/Röhl, Matthias, Zur Rechtsstellung des Sicherheitskoordinators nach der Baustellenverordnung, BauR 1999, 1394 ff.

Voit, Wolfgang, Nacherfüllungsanspruch und Nacherfüllungsbefugnis im Gesamtschuldnerausgleich, BauR, 2011, 392

I. Einführung in die Vergabe- und Vertragsordnung für Bauleistungen

In den 90 Jahren ihres Bestehens ist die Vergabeund Vertragsordnung für Bauleistungen (VOB) zu dem mit Abstand wichtigsten Regelwerk und Vertragswerk für die Bauwirtschaft geworden.[1] Die VOB enthält in ihren drei Teilen – VOB/A, B und C – sowohl Regeln für Beschaffungsverfahren der öffentlichen Hand als auch Allgemeine Vertragsbedingungen für den Bauvertrag. Im Einzelnen finden sich in

Teil A: „Allgemeine Bestimmungen über die Vergabe von Bauleistungen",

Teil B: „Allgemeine Vertragsbedingungen für die Ausführung von Bauleistungen" und

Teil C: „Allgemeine Technische Vertragsbedingungen für Bauleistungen".

Die VOB/A bezieht sich auf den Zeitraum vor Vertragsschluss und beschreibt das Verfahren, nach dem aus dem Kreis der an dem Auftrag interessierten Unternehmen dasjenige auszuwählen ist, mit dem der Vertrag geschlossen wird. VOB/B und VOB/C bilden demgegenüber die Grundlage für die gegenseitigen Rechte und Pflichten der Vertragsparteien, befassen sich also mit dem konkreten Rechtsverhältnis zwischen Auftraggeber und Auftragnehmer nach Vertragsschluss.

Öffentliche Auftraggeber sind fast ausnahmslos entweder unmittelbar durch das Gesetz oder durch verwaltungsinterne Dienstanweisung zur Anwendung der VOB/A verpflichtet. Aus der VOB/A wiederum folgt die Verpflichtung, in den Verdingungsunterlagen vorzuschreiben, dass die Allgemeinen Vertragsbedingungen für die Ausführung von Bauleistungen (VOB/B) und die Allgemeinen Technischen Vertragsbedingungen für Bauleistungen (VOB/C) Bestandteile des Bauvertrages werden. Diese Konstruktion ist deshalb erforderlich, weil die Vertragsbedingungen in der VOB/B und VOB/C keinen Rechtsnormcharakter besitzen. Bei diesen Vertragsbedingungen handelt es sich um Allgemeine Geschäftsbedingungen gemäß §§ 305 ff. BGB, die der ausdrücklichen Einbeziehung in den konkreten Vertrag bedürfen, um wirksam zu werden.[2]

Die Bindung der öffentlichen Auftraggeber an die in der VOB formulierten Allgemeinen Vertragsbedingungen führt de facto zu einer Verpflichtung der Auftragnehmer, sich diesen Vertragsbedingungen zu unterwerfen. Dies hat jedoch keine einseitige Privilegierung des öffentlichen Auftraggebers zur Folge, da die Allgemeinen Vertragsbedingungen der VOB in ihrer Gesamtheit ausgewogen sind. Der präventiven Berücksichtigung der Interessen der Bauvertragsparteien trägt die paritätische Zusammensetzung des Deutschen Vergabe- und Vertragsausschusses für Bauleistungen (DVA) Rechnung, in dem die VOB fortentwickelt wird; in diesem Gremium sind sowohl Auftraggeber als auch Auftragnehmer vertreten. Die Nachfragemacht der öffentlichen Hand wirkt sich deshalb in der VOB/B nicht zu Lasten des Auftragnehmers aus.

---

1 Näheres zur Entwicklung der VOB bei Leinemann/Jacob/Franz, Die Bezahlung der Bauleistung, Rn. 7 ff.
2 Siehe hierzu Leinemann, VOB/B Kommentar, § 1 VOB/B, Rn. 16 ff.

Auch im nicht öffentlichen Bereich kommt der VOB eine große Bedeutung zu. Die zivilrechtlich verbürgte Vertragsfreiheit stellt zwar sowohl die Auswahl des Vertragspartners als auch die inhaltliche Ausgestaltung des Bauvertrages weitgehend zur Disposition der Beteiligten. Trotzdem ist es durchaus nicht ungewöhnlich, dass insbesondere die Anwendung der allgemeinen Vertragsbedingungen der VOB/B und VOB/C auch dann vereinbart wird, wenn keine öffentlichen Auftraggeber beteiligt sind. Die Vertragsbedingungen der VOB werden in der Praxis – nicht nur im öffentlichen Bereich – überwiegend als gerecht und zweckdienlich angesehen. Inwieweit die Verwendung der VOB/B durch das neue Bauvertragsrecht des BGB beeinflusst wird, bleibt abzuwarten.

Bereits im Jahr 2009 hatte der Gesetzgeber mit Inkraftsetzung des Forderungssicherungsgesetzes festgelegt, dass die VOB/B bei Verwendung gegenüber Verbrauchern nicht mehr AGB-rechtlich privilegiert ist. Diese können seither einzelne Klauseln – wie etwa hinsichtlich der Verkürzung von Gewährleistungspflichten – gerichtlich angreifen. Ausdrücklich besteht demgegenüber die Privilegierung bei der Verwendung der VOB/B gegenüber einem Unternehmer, einer juristischen Person des öffentlichen Rechts oder einem öffentlich-rechtlichen Sondervermögen, wenn die VOB/B „in der jeweils zum Zeitpunkt des Vertragsschlusses geltenden Fassung ohne inhaltliche Abweichungen insgesamt einbezogen" ist (§ 310 Abs. 1 BGB). Da allerdings bereits minimale Abweichungen von der VOB/B dazu führen, dass diese nicht mehr ohne inhaltliche Abweichungen insgesamt i. S. d. § 310 Abs. 1 BGB, d. h. „als Ganzes" vereinbart ist, unterliegen die Regelungen der VOB/B in der Praxis erfahrungsgemäß grundsätzlich insgesamt einer AGB-Kontrolle nach den §§ 305 ff. BGB.

Im Vorfeld der Implementierung des neuen BGB-Bauvertragsrechts zum 1. Januar 2018 hat der Gesetzgeber immer wieder Nachbesserungen baurechtlich relevanter Vorschriften vorgenommen, so dass sich dieser Rechtsbereich schon lange durch eine erhebliche Dynamik auszeichnete. Dies hat eine kontinuierliche Fortentwicklung der VOB zur Folge gehabt, die zuletzt in der Neufassung der VOB/A und geringfügigen Änderungen bei der VOB/B zum 18. April 2016 resultierte.[3]

3 VOB Teil A und B (2016), BAnz AT vom 19.01.2016.

II. Die VOB Teil B (Ausgabe 2016)

1. Einführung

Zur Umsetzung der Richtlinie 2014/24/EU des Europäischen Parlamentes und des Rates vom 26. Februar 2014 über die öffentliche Auftragsvergabe in deutsches Recht wurde neben der Anpassung der vergaberechtlichen Vorschriften auch eine Änderung der VOB/B erforderlich, um den vertragsrechtlichen Vorschriften der Artikel 71 und 73 der Richtlinie 2014/24/EU Genüge zu tun. Am 04.05.2017 ist danach das Gesetz zur Reform des Bauvertragsrechts, zur Änderung der kaufrechtlichen Mängelhaftung, zur Stärkung des zivilprozessualen Rechtsschutzes und zum maschinellen Siegel im Grundbuch- und Schiffsregisterverfahren verkündet worden[1], das am 1.1.2018 in Kraft tritt. Änderungen der VOB/B wurden insoweit vom zuständigen Bundesministerium als nicht erforderlich angesehen.

Es wird von Seiten des Ministeriums darauf hingewiesen, dass im Bundeshochbau weiterhin die VOB/B als vertragliche Grundlage zu vereinbaren ist. Ferner wird folgendes ausgeführt:

> „Die Rechtslage ist insofern unverändert, als dass die VOB/B, falls sie ohne inhaltliche Änderungen insgesamt vereinbart wird, auch weiterhin nicht am BGB gemessen wird. Auch bei Abweichen der VOB/B von den gesetzlichen Vorgaben des BGB bleiben die VOB/B-Regelungen wirksam (vgl. § 310 Abs. 1 Satz 3 BGB). Der Rechtsausschuss des Deutschen Bundestages hat diese AGB-rechtliche Privilegierung der VOB/B in seiner Beschlussempfehlung bestätigt (BT-Drs.18/11437, S. 48). Lediglich in dem Fall, in dem zwar die VOB/B Grundlage des Vertrags ist, ergänzend jedoch Einzelbestimmungen in den Vertrag aufgenommen werden, die von der VOB/B abweichen, schützt § 310 Abs. 1 Satz 3 BGB den Vertrag nicht vor der AGB-rechtlichen Überprüfung einzelner Klauseln, wenn ein Auftragnehmer diese geltend macht. Dies ist bereits jetzt geltendes Recht, die neuen gesetzlichen Regelungen verändern insoweit nichts." [2]

Damit bleibt es (vorerst) bei den nachfolgenden Änderungen der VOB/B aus dem Jahr 2016:

Zu § 4 Absatz 8 Nummer 3 VOB/B

Durch diese Neufassung werden die Regelung des Artikels 71 Absatz 5 Unterabsatz 1, 2, 3 und 4 Buchstabe b der Richtlinie 2014/24/EU in die VOB/B aufgenommen. Nunmehr hat der Auftragnehmer dem Auftraggeber stets Namen und die Kontaktdaten der von ihm beauftragten Nachunternehmer zur Verfügung zu stellen und darüber hinaus auf Verlangen des Auftraggebers einen Eignungsnachweis des Nachunternehmers.

---

1 BGBl. I 2017, Nr. 23, S. 969 ff.
2 Erlass des Bundesministeriums für Umwelt, Naturschutz, Bau und Reaktorsicherheit vom 18.05.2017, Aktenzeichen: BI7 – 81063.7/0.

Zu § 8 Absatz 4 VOB/B

§ 8 Abs. 4 VOB/B wurde für den öffentlichen Auftraggeber um weitere Kündigungsgründe ergänzt. Neben der Kündigung wegen einer Abrede, die eine unzulässige Wettbewerbsbeschränkung darstellt, kann der Auftraggeber einen Vertrag, der im Anwendungsbereich des 4. Teils des GWB und somit in einem förmlichen Vergabeverfahren geschlossen wurde, kündigen,

- sofern bei Zuschlagserteilung ein zwingender Ausschlussgrund vorlag (Ziff. 2.a);
- bei wesentlicher Änderung des Vertrages, oder bei Feststellung einer schweren Verletzung der Verträge über die Europäische Union und die Arbeitsweise der Europäischen Union durch den Europäischen Gerichtshof (Ziff. 2.b).

Im ersten Fall gelten § 8 Absatz 3 Nummer 1 Satz 2 und Nummer 2 bis 4 VOB/B entsprechend. Im zweiten Fall sind die ausgeführten Leistungen nach § 6 Absatz 5 VOB/B abzurechnen, wobei etwaige Schadensersatzansprüche der Parteien unberührt bleiben.

In der Bekanntmachung der Änderungen der VOB/B wurde explizit darauf hingewiesen, dass *„[d]ie Änderung von Absatz 4 … der Einfügung des § 133 in das GWB [folgt]“.*[3] Dort wurde Art. 73 der Richtlinie 2014/24/EU deutsches Recht umgesetzt. Der neue § 133 GWB ist daher bei der Auslegung von § 8 Abs. 4 VOB/B zu berücksichtigen. Gemäß § 133 GWB kann der Auftraggeber den Vertrag kündigen, sofern

- eine wesentliche Änderung vorgenommen wurde, die nach § 132 GWB ein neues Vergabeverfahren erfordert hätte.
- zum Zeitpunkt der Zuschlagserteilung ein zwingender Ausschlussgrund nach § 123 Absatz 1 bis 4 GWB vorlag
- der öffentliche Auftrag aufgrund einer schweren Verletzung der Verpflichtungen aus dem Vertrag über die Arbeitsweise der Europäischen Union oder aus den Vorschriften dieses Teils, die der Europäische Gerichtshof in einem Verfahren nach Artikel 258 des Vertrags über die Arbeitsweise der Europäischen Union festgestellt hat, nicht an den Auftragnehmer hätte vergeben werden dürfen.

Zu Ziff. 2.a)

Es fällt hier sofort auf, dass die Neuregelung für den Auftragnehmer ein kapitales Risiko begründet. Sofern sich im Nachhinein herausstellt, dass der Auftrag aufgrund eines zwingenden Ausschlussgrunds nicht an den Auftragnehmer hätte vergeben werden dürfen, und der Auftraggeber deswegen den Vertrag kündigt, ist der Auftragnehmer nicht nur den Auftrag los; vielmehr schuldet er dem öffentlichen Auftraggeber die Erstattung der Mehrkosten der Ausführung im Wege der Ersatzvornahme. Dies ist auch deshalb problematisch, weil der Auftragnehmer, der nach Angebotsabgabe erkennt, dass er aufgrund eines zwingenden Ausschlussgrunds von der Vergabe auszuschließen ist, gar nicht verhindern kann, dass er ggf. trotzdem den Zuschlag erhält.

---

3 BAnz AT 19.01.2016 B3, Seite 70.

Zu Ziff. 2.b)

Bei der Auslegung der beiden Kündigungsgründe aus § 8 Abs. 4 Nr. 2 b) ist zwingend § 133 GWB heranzuziehen. Andernfalls wäre nicht nachvollziehbar, weshalb der Auftraggeber *„bei wesentlicher Änderung des Vertrages"* ein besonderes Kündigungsrecht des Auftraggebers begründen soll. Schließlich kann keine Partei den Vertrag einseitig wesentlich ändern. Bei einer wesentlichen Änderung des Vertrags, die auf einem Konsens der Vertragsparteien beruht, stellt sich demgegenüber die Frage, weshalb eine übereinstimmende (wesentliche) Änderung des Vertrags ein zusätzliches Kündigungsrecht des Auftraggebers begründen soll. Dies wird erst durch Bezugnahme auf § 133 Abs. 1 GWB verständlich, der ein besonderes Kündigungsrecht nur für den Fall einer wesentlichen Vertragsänderung vorsieht, die ein neues Vergabeverfahren erfordert hätte. Der Auftraggeber soll also die Möglichkeit haben, sein vergabewidriges Verhalten durch eine Kündigung des Vertrags zu korrigieren. Dies ist dem Auftraggeber zwar bereits nach dem bislang geltenden Recht möglich, da er den Vertrag jederzeit bis zur Fertigstellung und Abnahme aus freien Stücken kündigen konnte. Der Unterschied liegt allein in der Rechtsfolge. Bisher hatte eine freie Kündigung des Auftraggebers zur Folge, dass der Auftragnehmer gem. § 8 Abs. 1 Nr. 2 VOB/B Anspruch auf die volle vertraglich vereinbarte Vergütung abzüglich ersparter Kosten hat, wohingegen § 8 Abs. 4 Nr. 2 b) VOB/B darauf hinweist, dass die ausgeführten Leistungen nach § 6 Absatz 5 VOB/B abzurechnen sind, d. h. diese sind nach Vertragspreisen abzurechnen. Die Kündigung nach § 8 Abs. 4 Nr. 2 b) VOB/B ist für den Auftraggeber also tendenziell preiswerter als eine Kündigung nach § 8 Abs. 1 VOB/B. Diese Regelung wird für den Auftragnehmer teilweise durch den neu eingefügten § 8 Abs. 5 VOB/B entschärft, der die Möglichkeit vorsieht, eine auftraggeberseitige Kündigung gem. § 8 Abs. 4 Nr. 2 b) VOB/B an Nachauftragnehmer durchzustellen. Überdies bleiben Schadensersatzansprüche offen. Auf diese Weise mag der Auftragnehmer bei Vorliegen der weiteren Voraussetzungen auch einen infolge der Kündigung entgangenen Gewinn durchsetzen. Allerdings dürfte der Anspruch des Auftragnehmers häufig an dessen Mitverschulden scheitern, denn er muss einer wesentlichen Vertragsänderung zugestimmt haben bzw. dürfte ggf. auch dafür die Verantwortung tragen, dass der Auftrag nicht an ihn hätte vergeben werden dürfen. Theoretisch ist auch ein Schadensersatzanspruch des Auftraggebers denkbar. Dieser dürfte allerdings daran scheitern, dass sich die Verpflichtung, ein neues Vergabeverfahren anstelle einer wesentlichen Vertragsänderung durchzuführen, nicht an den Auftragnehmer richtet, der insofern – von den Fällen kollusiven Zusammenwirkens einmal abgesehen – gar keine Pflichtverletzung begehen kann.

Der neu eingeführte § 133 GWB bringt darüber hinaus auch Klarheit für den letzten neu eingeführten Kündigungsgrund. Die *„Feststellung einer schweren Verletzung der Verträge über die Europäische Union und die Arbeitsweise der Europäischen Union durch den Europäischen Gerichtshof"* setzt gem. § 133 Abs. 1 Nr. 3 GWB materiell eine vergaberechtswidrige Erteilung des Zuschlags an den Auftragnehmer voraus. Auch hier bleiben gegenseitige Schadensersatzansprüche, z.B. auf entgangenen Gewinn bestehen. Theoretisch ist auch ein Schadensersatzanspruch des Auftraggebers denkbar. Dieser dürfte allerdings daran scheitern, dass dieser für die vergaberechtswidrige Erteilung des Zuschlags, von den Fällen der Täuschung abgesehen, regelmäßig erhebliche Verantwortung trägt.

Indes bestätigt die neue Regelung, dass ein unter Missachtung des Vergaberechts erteilter Zuschlag grundsätzlich (anders nur bei Missachtung der Bieterbenachrichtigung, vgl. § 101b Abs. 1 Nr. 2 GWB) einen wirksamen Vertrag zur Folge hat, denn andernfalls wäre das Kündigungsrecht obsolet. Das war in Deutschland bereits gängige Rechtsprechung.[4]

Zu § 8 Absatz 5 VOB/B

Der neue Absatz 5 ermöglicht es dem Auftragnehmer, auch seinen Nachunternehmer außerordentlich zu kündigen, sobald der Auftraggeber den Hauptauftrag wegen einer wesentlichen Vertragsänderung oder eines Vertragsverletzungsverfahrens vor dem EuGH gekündigt hat, sofern auch zwischen Auftragnehmer und Nachunternehmer die VOB/B und mithin ihr § 8 Absatz 5 vereinbart wurde. Auf diesem Wege bleibt der Auftragnehmer nicht auf die Möglichkeit zur ordentlichen Kündigung seines Nachunternehmers mit der Rechtsfolge der vollen Werklohnvergütung des Nachunternehmers verwiesen. Dieselbe Kündigungsmöglichkeit soll im Rahmen einer Nachunternehmerkette mit jeweiliger Vereinbarung der VOB/B allen folgenden Auftraggebern entsprechend zustehen.

Zu § 4 Absatz 7, Absatz 8 Nummer 1, § 5 Absatz 4 und § 8 Absatz 3 und 4 VOB/B

Durch diese rein redaktionelle Änderung der Begriffe *„Entziehung des Auftrags"* und *„Auftrag entziehen"* in *„Kündigung"* und *„kündigen"* wird die VOB/B für alle Fälle der Kündigung sprachlich vereinheitlicht. Die Verwendung unterschiedlicher Begrifflichkeiten hatte keine rechtliche Relevanz.

4 KG, Urteil vom 14.02.2006 – 21 U 5/03.

2. VOB Teil B (Text)

Vergabe- und Vertragsordnung für Bauleistungen (VOB) Teil B

Allgemeine Vertragsbedingungen für die Ausführung von Bauleistungen[5]
– Ausgabe 2016 –
in der Fassung der Bekanntmachung vom 31. Juli 2009
(BAnz. Nr. 155a vom 15. Oktober 2009), berichtigt am 19. Februar 2010 (BAnz. S. 940), geändert am 26. Juni 2012 (BAnz AT 13.07.2012 B3), geändert am 07. Januar 2016 (BAnz AT 19.01.2016 B3), berichtigt am 21. März 2016 (BAnz AT 01.04.2016 B1)

§ 1
Art und Umfang der Leistung

(1) Die auszuführende Leistung wird nach Art und Umfang durch den Vertrag bestimmt. Als Bestandteil des Vertrags gelten auch die Allgemeinen Technischen Vertragsbedingungen für Bauleistungen (VOB/C).

(2) Bei Widersprüchen im Vertrag gelten nacheinander:

1. die Leistungsbeschreibung,
2. die Besonderen Vertragsbedingungen,
3. etwaige Zusätzliche Vertragsbedingungen,
4. etwaige Zusätzliche Technische Vertragsbedingungen,
5. die Allgemeinen Technischen Vertragsbedingungen für Bauleistungen,
6. die Allgemeinen Vertragsbedingungen für die Ausführung von Bauleistungen.

(3) Änderungen des Bauentwurfs anzuordnen, bleibt dem Auftraggeber vorbehalten.

(4) Nicht vereinbarte Leistungen, die zur Ausführung der vertraglichen Leistung erforderlich werden, hat der Auftragnehmer auf Verlangen des Auftraggebers mit auszuführen, außer wenn sein Betrieb auf derartige Leistungen nicht eingerichtet ist. Andere Leistungen können dem Auftragnehmer nur mit seiner Zustimmung übertragen werden.

§ 2
Vergütung

(1) Durch die vereinbarten Preise werden alle Leistungen abgegolten, die nach der Leistungsbeschreibung, den Besonderen Vertragsbedingungen, den Zusätzlichen Vertragsbedingungen, den Zusätzlichen Technischen Vertragsbedingungen, den Allgemeinen Technischen Vertragsbedingungen für Bauleistungen und der gewerblichen Verkehrssitte zur vertraglichen Leistung gehören.

(2) Die Vergütung wird nach den vertraglichen Einheitspreisen und den tatsächlich ausgeführten Leistungen berechnet, wenn keine andere Berechnungsart (z. B. durch Pauschalsumme, nach Stundenlohnsätzen, nach Selbstkosten) vereinbart ist.

---

5 Diese Allgemeinen Geschäftsbedingungen werden durch den DVA ausschließlich zur Anwendung gegenüber Unternehmen, juristischen Personen des öffentlichen Rechts und öffentlich-rechtlichen Sondervermögens empfohlen (§ 310 BGB).

(3) 1. Weicht die ausgeführte Menge der unter einem Einheitspreis erfassten Leistung oder Teilleistung um nicht mehr als 10 v. H. von dem im Vertrag vorgesehenen Umfang ab, so gilt der vertragliche Einheitspreis.

2. Für die über 10 v. H. hinausgehende Überschreitung des Mengenansatzes ist auf Verlangen ein neuer Preis unter Berücksichtigung der Mehr- oder Minderkosten zu vereinbaren.

3. Bei einer über 10 v. H. hinausgehenden Unterschreitung des Mengenansatzes ist auf Verlangen der Einheitspreis für die tatsächlich ausgeführte Menge der Leistung oder Teilleistung zu erhöhen, soweit der Auftragnehmer nicht durch Erhöhung der Mengen bei anderen Ordnungszahlen (Positionen) oder in anderer Weise einen Ausgleich erhält. Die Erhöhung des Einheitspreises soll im Wesentlichen dem Mehrbetrag entsprechen, der sich durch Verteilung der Baustelleneinrichtungs- und Baustellengemeinkosten und der Allgemeinen Geschäftskosten auf die verringerte Menge ergibt. Die Umsatzsteuer wird entsprechend dem neuen Preis vergütet.

4. Sind von der unter einem Einheitspreis erfassten Leistung oder Teilleistung andere Leistungen abhängig, für die eine Pauschalsumme vereinbart ist, so kann mit der Änderung des Einheitspreises auch eine angemessene Änderung der Pauschalsumme gefordert werden.

(4) Werden im Vertrag ausbedungene Leistungen des Auftragnehmers vom Auftraggeber selbst übernommen (z. B. Lieferung von Bau-, Bauhilfs- und Betriebsstoffen), so gilt, wenn nichts anderes vereinbart wird, § 8 Absatz 1 Nummer 2 entsprechend.

(5) Werden durch Änderung des Bauentwurfs oder andere Anordnungen des Auftraggebers die Grundlagen des Preises für eine im Vertrag vorgesehene Leistung geändert, so ist ein neuer Preis unter Berücksichtigung der Mehr- oder Minderkosten zu vereinbaren. Die Vereinbarung soll vor der Ausführung getroffen werden.

(6) 1. Wird eine im Vertrag nicht vorgesehene Leistung gefordert, so hat der Auftragnehmer Anspruch auf besondere Vergütung. Er muss jedoch den Anspruch dem Auftraggeber ankündigen, bevor er mit der Ausführung der Leistung beginnt.

2. Die Vergütung bestimmt sich nach den Grundlagen der Preisermittlung für die vertragliche Leistung und den besonderen Kosten der geforderten Leistung. Sie ist möglichst vor Beginn der Ausführung zu vereinbaren.

(7) 1. Ist als Vergütung der Leistung eine Pauschalsumme vereinbart, so bleibt die Vergütung unverändert. Weicht jedoch die ausgeführte Leistung von der vertraglich vorgesehenen Leistung so erheblich ab, dass ein Festhalten an der Pauschalsumme nicht zumutbar ist (§ 313 BGB), so ist auf Verlangen ein Ausgleich unter Berücksichtigung der Mehr- oder Minderkosten zu gewähren. Für die Bemessung des Ausgleichs ist von den Grundlagen der Preisermittlung auszugehen.

2. Die Regelungen der Absätze 4, 5 und 6 gelten auch bei Vereinbarung einer Pauschalsumme.

3. Wenn nichts anderes vereinbart ist, gelten die Nummern 1 und 2 auch für Pauschalsummen, die für Teile der Leistung vereinbart sind; Absatz 3 Nummer 4 bleibt unberührt.

(8) 1. Leistungen, die der Auftragnehmer ohne Auftrag oder unter eigenmächtiger Abweichung vom Auftrag ausführt, werden nicht vergütet. Der Auftragnehmer hat sie auf Verlangen innerhalb einer angemessenen Frist zu beseitigen; sonst kann es auf seine Kosten geschehen. Er haftet außerdem für andere Schäden, die dem Auftraggeber hieraus entstehen.

2. Eine Vergütung steht dem Auftragnehmer jedoch zu, wenn der Auftraggeber solche Leistungen nachträglich anerkennt. Eine Vergütung steht ihm auch zu, wenn die Leistungen für die

Erfüllung des Vertrags notwendig waren, dem mutmaßlichen Willen des Auftraggebers entsprachen und ihm unverzüglich angezeigt wurden. Soweit dem Auftragnehmer eine Vergütung zusteht, gelten die Berechnungsgrundlagen für geänderte oder zusätzliche Leistungen der Absätze 5 oder 6 entsprechend.

3. Die Vorschriften des BGB über die Geschäftsführung ohne Auftrag (§§ 677 ff. BGB) bleiben unberührt.

(9) 1. Verlangt der Auftraggeber Zeichnungen, Berechnungen oder andere Unterlagen, die der Auftragnehmer nach dem Vertrag, besonders den Technischen Vertragsbedingungen oder der gewerblichen Verkehrssitte, nicht zu beschaffen hat, so hat er sie zu vergüten.

2. Lässt er vom Auftragnehmer nicht aufgestellte technische Berechnungen durch den Auftragnehmer nachprüfen, so hat er die Kosten zu tragen.

(10) Stundenlohnarbeiten werden nur vergütet, wenn sie als solche vor ihrem Beginn ausdrücklich vereinbart worden sind (§ 15).

§ 3
Ausführungsunterlagen

(1) Die für die Ausführung nötigen Unterlagen sind dem Auftragnehmer unentgeltlich und rechtzeitig zu übergeben.

(2) Das Abstecken der Hauptachsen der baulichen Anlagen, ebenso der Grenzen des Geländes, das dem Auftragnehmer zur Verfügung gestellt wird, und das Schaffen der notwendigen Höhenfestpunkte in unmittelbarer Nähe der baulichen Anlagen sind Sache des Auftraggebers.

(3) Die vom Auftraggeber zur Verfügung gestellten Geländeaufnahmen und Absteckungen und die übrigen für die Ausführung übergebenen Unterlagen sind für den Auftragnehmer maßgebend. Jedoch hat er sie, soweit es zur ordnungsgemäßen Vertragserfüllung gehört, auf etwaige Unstimmigkeiten zu überprüfen und den Auftraggeber auf entdeckte oder vermutete Mängel hinzuweisen.

(4) Vor Beginn der Arbeiten ist, soweit notwendig, der Zustand der Straßen und Geländeoberfläche, der Vorfluter und Vorflutleitungen, ferner der baulichen Anlagen im Baubereich in einer Niederschrift festzuhalten, die vom Auftraggeber und Auftragnehmer anzuerkennen ist.

(5) Zeichnungen, Berechnungen, Nachprüfungen von Berechnungen oder andere Unterlagen, die der Auftragnehmer nach dem Vertrag, besonders den Technischen Vertragsbedingungen, oder der gewerblichen Verkehrssitte oder auf besonderes Verlangen des Auftraggebers (§ 2 Absatz 9) zu beschaffen hat, sind dem Auftraggeber nach Aufforderung rechtzeitig vorzulegen.

(6) 1. Die in Absatz 5 genannten Unterlagen dürfen ohne Genehmigung ihres Urhebers nicht veröffentlicht, vervielfältigt, geändert oder für einen anderen als den vereinbarten Zweck benutzt werden.

2. An DV-Programmen hat der Auftraggeber das Recht zur Nutzung mit den vereinbarten Leistungsmerkmalen in unveränderter Form auf den festgelegten Geräten. Der Auftraggeber darf zum Zwecke der Datensicherung zwei Kopien herstellen. Diese müssen alle Identifikationsmerkmale enthalten. Der Verbleib der Kopien ist auf Verlangen nachzuweisen.

3. Der Auftragnehmer bleibt unbeschadet des Nutzungsrechts des Auftraggebers zur Nutzung der Unterlagen und der DV-Programme berechtigt.

§ 4
Ausführung

(1) 1. Der Auftraggeber hat für die Aufrechterhaltung der allgemeinen Ordnung auf der Baustelle zu sorgen und das Zusammenwirken der verschiedenen Unternehmer zu regeln. Er hat die erforderlichen öffentlich-rechtlichen Genehmigungen und Erlaubnisse – z. B. nach dem Baurecht, dem Straßenverkehrsrecht, dem Wasserrecht, dem Gewerberecht – herbeizuführen.

2. Der Auftraggeber hat das Recht, die vertragsgemäße Ausführung der Leistung zu überwachen. Hierzu hat er Zutritt zu den Arbeitsplätzen, Werkstätten und Lagerräumen, wo die vertragliche Leistung oder Teile von ihr hergestellt oder die hierfür bestimmten Stoffe und Bauteile gelagert werden. Auf Verlangen sind ihm die Werkzeichnungen oder andere Ausführungsunterlagen sowie die Ergebnisse von Güteprüfungen zur Einsicht vorzulegen und die erforderlichen Auskünfte zu erteilen, wenn hierdurch keine Geschäftsgeheimnisse preisgegeben werden. Als Geschäftsgeheimnis bezeichnete Auskünfte und Unterlagen hat er vertraulich zu behandeln.

3. Der Auftraggeber ist befugt, unter Wahrung der dem Auftragnehmer zustehenden Leitung (Absatz 2) Anordnungen zu treffen, die zur vertragsgemäßen Ausführung der Leistung notwendig sind. Die Anordnungen sind grundsätzlich nur dem Auftragnehmer oder seinem für die Leitung der Ausführung bestellten Vertreter zu erteilen, außer wenn Gefahr im Verzug ist. Dem Auftraggeber ist mitzuteilen, wer jeweils als Vertreter des Auftragnehmers für die Leitung der Ausführung bestellt ist.

4. Hält der Auftragnehmer die Anordnungen des Auftraggebers für unberechtigt oder unzweckmäßig, so hat er seine Bedenken geltend zu machen, die Anordnungen jedoch auf Verlangen auszuführen, wenn nicht gesetzliche oder behördliche Bestimmungen entgegenstehen. Wenn dadurch eine ungerechtfertigte Erschwerung verursacht wird, hat der Auftraggeber die Mehrkosten zu tragen.

(2) 1. Der Auftragnehmer hat die Leistung unter eigener Verantwortung nach dem Vertrag auszuführen. Dabei hat er die anerkannten Regeln der Technik und die gesetzlichen und behördlichen Bestimmungen zu beachten. Es ist seine Sache, die Ausführung seiner vertraglichen Leistung zu leiten und für Ordnung auf seiner Arbeitsstelle zu sorgen.

2. Er ist für die Erfüllung der gesetzlichen, behördlichen und berufsgenossenschaftlichen Verpflichtungen gegenüber seinen Arbeitnehmern allein verantwortlich. Es ist ausschließlich seine Aufgabe, die Vereinbarungen und Maßnahmen zu treffen, die sein Verhältnis zu den Arbeitnehmern regeln.

(3) Hat der Auftragnehmer Bedenken gegen die vorgesehene Art der Ausführung (auch wegen der Sicherung gegen Unfallgefahren), gegen die Güte der vom Auftraggeber gelieferten Stoffe oder Bauteile oder gegen die Leistungen anderer Unternehmer, so hat er sie dem Auftraggeber unverzüglich – möglichst schon vor Beginn der Arbeiten – schriftlich mitzuteilen; der Auftraggeber bleibt jedoch für seine Angaben, Anordnungen oder Lieferungen verantwortlich.

(4) Der Auftraggeber hat, wenn nichts anderes vereinbart ist, dem Auftragnehmer unentgeltlich zur Benutzung oder Mitbenutzung zu überlassen:

1. die notwendigen Lager- und Arbeitsplätze auf der Baustelle,
2. vorhandene Zufahrtswege und Anschlussgleise,
3. vorhandene Anschlüsse für Wasser und Energie. Die Kosten für den Verbrauch und den Messer oder Zähler trägt der Auftragnehmer, mehrere Auftragnehmer tragen sie anteilig.

(5) Der Auftragnehmer hat die von ihm ausgeführten Leistungen und die ihm für die Ausführung übergebenen Gegenstände bis zur Abnahme vor Beschädigung und Diebstahl zu schützen. Auf Verlangen des Auftraggebers hat er sie vor Winterschäden und Grundwasser zu schützen, ferner Schnee und Eis zu beseitigen. Obliegt ihm die Verpflichtung nach Satz 2 nicht schon nach dem Vertrag, so regelt sich die Vergütung nach § 2 Absatz 6.

(6) Stoffe oder Bauteile, die dem Vertrag oder den Proben nicht entsprechen, sind auf Anordnung des Auftraggebers innerhalb einer von ihm bestimmten Frist von der Baustelle zu entfernen. Geschieht es nicht, so können sie auf Kosten des Auftragnehmers entfernt oder für seine Rechnung veräußert werden.

(7) Leistungen, die schon während der Ausführung als mangelhaft oder vertragswidrig erkannt werden, hat der Auftragnehmer auf eigene Kosten durch mangelfreie zu ersetzen. Hat der Auftragnehmer den Mangel oder die Vertragswidrigkeit zu vertreten, so hat er auch den daraus entstehenden Schaden zu ersetzen. Kommt der Auftragnehmer der Pflicht zur Beseitigung des Mangels nicht nach, so kann ihm der Auftraggeber eine angemessene Frist zur Beseitigung des Mangels setzen und erklären, dass er ihm nach fruchtlosem Ablauf der Frist den Auftrag entziehe (§ 8 Absatz 3).

(8) 1. Der Auftragnehmer hat die Leistung im eigenen Betrieb auszuführen. Mit schriftlicher Zustimmung des Auftraggebers darf er sie an Nachunternehmer übertragen. Die Zustimmung ist nicht notwendig bei Leistungen, auf die der Betrieb des Auftragnehmers nicht eingerichtet ist. Erbringt der Auftragnehmer ohne schriftliche Zustimmung des Auftraggebers Leistungen nicht im eigenen Betrieb, obwohl sein Betrieb darauf eingerichtet ist, kann der Auftraggeber ihm eine angemessene Frist zur Aufnahme der Leistung im eigenen Betrieb setzen und erklären, dass er nach fruchtlosem Ablauf der Frist den Vertrag kündigen werde (§ 8 Absatz 3).

2. Der Auftragnehmer hat bei der Weitervergabe von Bauleistungen an Nachunternehmer die Vergabe- und Vertragsordnung für Bauleistungen Teile B und C zugrunde zu legen.

3. Der Auftragnehmer hat dem Auftraggeber die Nachunternehmer und deren Nachunternehmer ohne Aufforderung spätestens bis zum Leistungsbeginn des Nachunternehmers mit Namen, gesetzlichen Vertretern und Kontaktdaten bekannt zu geben. Auf Verlangen des Auftraggebers hat der Auftragnehmer für seine Nachunternehmer Erklärungen und Nachweise zur Eignung vorzulegen.

(9) Werden bei Ausführung der Leistung auf einem Grundstück Gegenstände von Altertums-, Kunst- oder wissenschaftlichem Wert entdeckt, so hat der Auftragnehmer vor jedem weiteren Aufdecken oder Ändern dem Auftraggeber den Fund anzuzeigen und ihm die Gegenstände nach näherer Weisung abzuliefern. Die Vergütung etwaiger Mehrkosten regelt sich nach § 2 Absatz 6. Die Rechte des Entdeckers (§ 984 BGB) hat der Auftraggeber.

(10) Der Zustand von Teilen der Leistung ist auf Verlangen gemeinsam von Auftraggeber und Auftragnehmer festzustellen, wenn diese Teile der Leistung durch die weitere Ausführung der Prüfung und Feststellung entzogen werden. Das Ergebnis ist schriftlich niederzulegen.

§ 5
Ausführungsfristen

(1) Die Ausführung ist nach den verbindlichen Fristen (Vertragsfristen) zu beginnen, angemessen zu fördern und zu vollenden. In einem Bauzeitenplan enthaltene Einzelfristen gelten nur dann als Vertragsfristen, wenn dies im Vertrag ausdrücklich vereinbart ist.

(2) Ist für den Beginn der Ausführung keine Frist vereinbart, so hat der Auftraggeber dem Auftragnehmer auf Verlangen Auskunft über den voraussichtlichen Beginn zu erteilen. Der Auftragnehmer

hat innerhalb von 12 Werktagen nach Aufforderung zu beginnen. Der Beginn der Ausführung ist dem Auftraggeber anzuzeigen.

(3) Wenn Arbeitskräfte, Geräte, Gerüste, Stoffe oder Bauteile so unzureichend sind, dass die Ausführungsfristen offenbar nicht eingehalten werden können, muss der Auftragnehmer auf Verlangen unverzüglich Abhilfe schaffen.

(4) Verzögert der Auftragnehmer den Beginn der Ausführung, gerät er mit der Vollendung in Verzug, oder kommt er der in Absatz 3 erwähnten Verpflichtung nicht nach, so kann der Auftraggeber bei Aufrechterhaltung des Vertrages Schadensersatz nach § 6 Absatz 6 verlangen oder dem Auftragnehmer eine angemessene Frist zur Vertragserfüllung setzen und erklären, dass er nach fruchtlosem Ablauf der Frist den Vertrag kündigen werde (§ 8 Absatz 3).

§ 6
Behinderung und Unterbrechung der Ausführung

(1) Glaubt sich der Auftragnehmer in der ordnungsgemäßen Ausführung der Leistung behindert, so hat er es dem Auftraggeber unverzüglich schriftlich anzuzeigen. Unterlässt er die Anzeige, so hat er nur dann Anspruch auf Berücksichtigung der hindernden Umstände, wenn dem Auftraggeber offenkundig die Tatsache und deren hindernde Wirkung bekannt waren.

(2) 1. Ausführungsfristen werden verlängert, soweit die Behinderung verursacht ist:

a) durch einen Umstand aus dem Risikobereich des Auftraggebers,

b) durch Streik oder eine von der Berufsvertretung der Arbeitgeber angeordnete Aussperrung im Betrieb des Auftragnehmers oder in einem unmittelbar für ihn arbeitenden Betrieb,

c) durch höhere Gewalt oder andere für den Auftragnehmer unabwendbare Umstände.

2. Witterungseinflüsse während der Ausführungszeit, mit denen bei Abgabe des Angebots normalerweise gerechnet werden musste, gelten nicht als Behinderung.

(3) Der Auftragnehmer hat alles zu tun, was ihm billigerweise zugemutet werden kann, um die Weiterführung der Arbeiten zu ermöglichen. Sobald die hindernden Umstände wegfallen, hat er ohne weiteres und unverzüglich die Arbeiten wieder aufzunehmen und den Auftraggeber davon zu benachrichtigen.

(4) Die Fristverlängerung wird berechnet nach der Dauer der Behinderung mit einem Zuschlag für die Wiederaufnahme der Arbeiten und die etwaige Verschiebung in eine ungünstigere Jahreszeit.

(5) Wird die Ausführung für voraussichtlich längere Dauer unterbrochen, ohne dass die Leistung dauernd unmöglich wird, so sind die ausgeführten Leistungen nach den Vertragspreisen abzurechnen und außerdem die Kosten zu vergüten, die dem Auftragnehmer bereits entstanden und in den Vertragspreisen des nicht ausgeführten Teils der Leistung enthalten sind.

(6) Sind die hindernden Umstände von einem Vertragsteil zu vertreten, so hat der andere Teil Anspruch auf Ersatz des nachweislich entstandenen Schadens, des entgangenen Gewinns aber nur bei Vorsatz oder grober Fahrlässigkeit. Im Übrigen bleibt der Anspruch des Auftragnehmers auf angemessene Entschädigung nach § 642 BGB unberührt, sofern die Anzeige nach Absatz 1 Satz 1 erfolgt oder wenn Offenkundigkeit nach Absatz 1 Satz 2 gegeben ist.

(7) Dauert eine Unterbrechung länger als 3 Monate, so kann jeder Teil nach Ablauf dieser Zeit den Vertrag schriftlich kündigen. Die Abrechnung regelt sich nach den Absätzen 5 und 6; wenn der Auftragnehmer die Unterbrechung nicht zu vertreten hat, sind auch die Kosten der Baustellenräumung

zu vergüten, soweit sie nicht in der Vergütung für die bereits ausgeführten Leistungen enthalten sind.

§ 7
Verteilung der Gefahr

(1) Wird die ganz oder teilweise ausgeführte Leistung vor der Abnahme durch höhere Gewalt, Krieg, Aufruhr oder andere objektiv unabwendbare vom Auftragnehmer nicht zu vertretende Umstände beschädigt oder zerstört, so hat dieser für die ausgeführten Teile der Leistung die Ansprüche nach § 6 Absatz 5; für andere Schäden besteht keine gegenseitige Ersatzpflicht.

(2) Zu der ganz oder teilweise ausgeführten Leistung gehören alle mit der baulichen Anlage unmittelbar verbundenen, in ihre Substanz eingegangenen Leistungen, unabhängig von deren Fertigstellungsgrad.

(3) Zu der ganz oder teilweise ausgeführten Leistung gehören nicht die noch nicht eingebauten Stoffe und Bauteile sowie die Baustelleneinrichtung und Absteckungen. Zu der ganz oder teilweise ausgeführten Leistung gehören ebenfalls nicht Hilfskonstruktionen und Gerüste, auch wenn diese als Besondere Leistung oder selbstständig vergeben sind.

§ 8
Kündigung durch den Auftraggeber

(1) 1. Der Auftraggeber kann bis zur Vollendung der Leistung jederzeit den Vertrag kündigen.

2. Dem Auftragnehmer steht die vereinbarte Vergütung zu. Er muss sich jedoch anrechnen lassen, was er infolge der Aufhebung des Vertrags an Kosten erspart oder durch anderweitige Verwendung seiner Arbeitskraft und seines Betriebs erwirbt oder zu erwerben böswillig unterlässt (§ 649 BGB).

(2) 1. Der Auftraggeber kann den Vertrag kündigen, wenn der Auftragnehmer seine Zahlungen einstellt, von ihm oder zulässigerweise vom Auftraggeber oder einem anderen Gläubiger das Insolvenzverfahren (§§ 14 und 15 InsO) beziehungsweise ein vergleichbares gesetzliches Verfahren beantragt ist, ein solches Verfahren eröffnet wird oder dessen Eröffnung mangels Masse abgelehnt wird.

2. Die ausgeführten Leistungen sind nach § 6 Absatz 5 abzurechnen. Der Auftraggeber kann Schadensersatz wegen Nichterfüllung des Restes verlangen.

(3) 1. Der Auftraggeber kann den Vertrag kündigen, wenn in den Fällen des § 4 Absatz 7 und 8 Nummer 1 und des § 5 Absatz 4 die gesetzte Frist fruchtlos abgelaufen ist. Die Kündigung kann auf einen in sich abgeschlossenen Teil der vertraglichen Leistung beschränkt werden.

2. Nach der Entziehung des Auftrags ist der Auftraggeber berechtigt, den noch nicht vollendeten Teil der Leistung zu Lasten des Auftragnehmers durch einen Dritten ausführen zu lassen, doch bleiben seine Ansprüche auf Ersatz des etwa entstehenden weiteren Schadens bestehen. Er ist auch berechtigt, auf die weitere Ausführung zu verzichten und Schadensersatz wegen Nichterfüllung zu verlangen, wenn die Ausführung aus den Gründen, die zur Entziehung des Auftrags geführt haben, für ihn kein Interesse mehr hat.

3. Für die Weiterführung der Arbeiten kann der Auftraggeber Geräte, Gerüste, auf der Baustelle vorhandene andere Einrichtungen und angelieferte Stoffe und Bauteile gegen angemessene Vergütung in Anspruch nehmen.

4. Der Auftraggeber hat dem Auftragnehmer eine Aufstellung über die entstandenen Mehrkosten und über seine anderen Ansprüche spätestens binnen 12 Werktagen nach Abrechnung mit dem Dritten zuzusenden.

(4) Der Auftraggeber kann den Vertrag kündigen,

1. wenn der Auftragnehmer aus Anlass der Vergabe eine Abrede getroffen hatte, die eine unzulässige Wettbewerbsbeschränkung darstellt. Absatz 3 Nummer 1 Satz 2 und Nummer 2 bis 4 gilt entsprechend.

2. sofern dieser im Anwendungsbereich des 4. Teils des GWB geschlossen wurde,

   a) wenn der Auftragnehmer wegen eines zwingenden Ausschlussgrundes zum Zeitpunkt des Zuschlags nicht hätte beauftragt werden dürfen. Absatz 3 Nummer 1 Satz 2 und Nummer 2 bis 4 gilt entsprechend.

   b) bei wesentlicher Änderung des Vertrages oder bei Feststellung einer schweren Verletzung der Verträge über die Europäische Union und die Arbeitsweise der Europäischen Union durch den Europäischen Gerichtshof. Die ausgeführten Leistungen sind nach § 6 Absatz 5 abzurechnen. Etwaige Schadensersatzansprüche der Parteien bleiben unberührt.

Die Kündigung ist innerhalb von 12 Werktagen nach Bekanntwerden des Kündigungsgrundes auszusprechen.

(5) Sofern der Auftragnehmer die Leistung, ungeachtet des Anwendungsbereichs des 4. Teils des GWB, ganz oder teilweise an Nachunternehmer weitervergeben hat, steht auch ihm das Kündigungsrecht gemäß Absatz 4 Nummer 2 Buchstabe b zu, wenn der ihn als Auftragnehmer verpflichtende Vertrag (Hauptauftrag) gemäß Absatz 4 Nummer 2 Buchstabe b gekündigt wurde. Entsprechendes gilt für jeden Auftraggeber der Nachunternehmerkette, sofern sein jeweiliger Auftraggeber den Vertrag gemäß Satz 1 gekündigt hat.

(6) Die Kündigung ist schriftlich zu erklären.

(7) Der Auftragnehmer kann Aufmaß und Abnahme der von ihm ausgeführten Leistungen alsbald nach der Kündigung verlangen; er hat unverzüglich eine prüfbare Rechnung über die ausgeführten Leistungen vorzulegen.

(8) Eine wegen Verzugs verwirkte, nach Zeit bemessene Vertragsstrafe kann nur für die Zeit bis zum Tag der Kündigung des Vertrags gefordert werden.

§ 9
Kündigung durch den Auftragnehmer

(1) Der Auftragnehmer kann den Vertrag kündigen:

1. wenn der Auftraggeber eine ihm obliegende Handlung unterlässt und dadurch den Auftragnehmer außerstande setzt, die Leistung auszuführen (Annahmeverzug nach §§ 293 ff. BGB),

2. wenn der Auftraggeber eine fällige Zahlung nicht leistet oder sonst in Schuldnerverzug gerät.

(2) Die Kündigung ist schriftlich zu erklären. Sie ist erst zulässig, wenn der Auftragnehmer dem Auftraggeber ohne Erfolg eine angemessene Frist zur Vertragserfüllung gesetzt und erklärt hat, dass er nach fruchtlosem Ablauf der Frist den Vertrag kündigen werde.

(3) Die bisherigen Leistungen sind nach den Vertragspreisen abzurechnen. Außerdem hat der Auftragnehmer Anspruch auf angemessene Entschädigung nach § 642 BGB; etwaige weitergehende Ansprüche des Auftragnehmers bleiben unberührt.

§ 10
Haftung der Vertragsparteien

(1) Die Vertragsparteien haften einander für eigenes Verschulden sowie für das Verschulden ihrer gesetzlichen Vertreter und der Personen, deren sie sich zur Erfüllung ihrer Verbindlichkeiten bedienen (§§ 276, 278 BGB).

(2) 1. Entsteht einem Dritten im Zusammenhang mit der Leistung ein Schaden, für den auf Grund gesetzlicher Haftpflichtbestimmungen beide Vertragsparteien haften, so gelten für den Ausgleich zwischen den Vertragsparteien die allgemeinen gesetzlichen Bestimmungen, soweit im Einzelfall nichts anderes vereinbart ist. Soweit der Schaden des Dritten nur die Folge einer Maßnahme ist, die der Auftraggeber in dieser Form angeordnet hat, trägt er den Schaden allein, wenn ihn der Auftragnehmer auf die mit der angeordneten Ausführung verbundene Gefahr nach § 4 Absatz 3 hingewiesen hat.

2. Der Auftragnehmer trägt den Schaden allein, soweit er ihn durch Versicherung seiner gesetzlichen Haftpflicht gedeckt hat oder durch eine solche zu tarifmäßigen, nicht auf außergewöhnliche Verhältnisse abgestellten Prämien und Prämienzuschlägen bei einem im Inland zum Geschäftsbetrieb zugelassenen Versicherer hätte decken können.

(3) Ist der Auftragnehmer einem Dritten nach den §§ 823 ff. BGB zu Schadensersatz verpflichtet wegen unbefugten Betretens oder Beschädigung angrenzender Grundstücke, wegen Entnahme oder Auflagerung von Boden oder anderen Gegenständen außerhalb der vom Auftraggeber dazu angewiesenen Flächen oder wegen der Folgen eigenmächtiger Versperrung von Wegen oder Wasserläufen, so trägt er im Verhältnis zum Auftraggeber den Schaden allein.

(4) Für die Verletzung gewerblicher Schutzrechte haftet im Verhältnis der Vertragsparteien zueinander der Auftragnehmer allein, wenn er selbst das geschützte Verfahren oder die Verwendung geschützter Gegenstände angeboten oder wenn der Auftraggeber die Verwendung vorgeschrieben und auf das Schutzrecht hingewiesen hat.

(5) Ist eine Vertragspartei gegenüber der anderen nach den Absätzen 2, 3 oder 4 von der Ausgleichspflicht befreit, so gilt diese Befreiung auch zugunsten ihrer gesetzlichen Vertreter und Erfüllungsgehilfen, wenn sie nicht vorsätzlich oder grob fahrlässig gehandelt haben.

(6) Soweit eine Vertragspartei von dem Dritten für einen Schaden in Anspruch genommen wird, den nach den Absätzen 2, 3 oder 4 die andere Vertragspartei zu tragen hat, kann sie verlangen, dass ihre Vertragspartei sie von der Verbindlichkeit gegenüber dem Dritten befreit. Sie darf den Anspruch des Dritten nicht anerkennen oder befriedigen, ohne der anderen Vertragspartei vorher Gelegenheit zur Äußerung gegeben zu haben.

§ 11
Vertragsstrafe

(1) Wenn Vertragsstrafen vereinbart sind, gelten die §§ 339 bis 345 BGB.

(2) Ist die Vertragsstrafe für den Fall vereinbart, dass der Auftragnehmer nicht in der vorgesehenen Frist erfüllt, so wird sie fällig, wenn der Auftragnehmer in Verzug gerät.

(3) Ist die Vertragsstrafe nach Tagen bemessen, so zählen nur Werktage; ist sie nach Wochen bemessen, so wird jeder Werktag angefangener Wochen als 1/6 Woche gerechnet.

(4) Hat der Auftraggeber die Leistung abgenommen, so kann er die Strafe nur verlangen, wenn er dies bei der Abnahme vorbehalten hat.

§ 12
Abnahme

(1) Verlangt der Auftragnehmer nach der Fertigstellung – gegebenenfalls auch vor Ablauf der vereinbarten Ausführungsfrist – die Abnahme der Leistung, so hat sie der Auftraggeber binnen 12 Werktagen durchzuführen; eine andere Frist kann vereinbart werden.

(2) Auf Verlangen sind in sich abgeschlossene Teile der Leistung besonders abzunehmen.

(3) Wegen wesentlicher Mängel kann die Abnahme bis zur Beseitigung verweigert werden.

(4) 1. Eine förmliche Abnahme hat stattzufinden, wenn eine Vertragspartei es verlangt. Jede Partei kann auf ihre Kosten einen Sachverständigen zuziehen. Der Befund ist in gemeinsamer Verhandlung schriftlich niederzulegen. In die Niederschrift sind etwaige Vorbehalte wegen bekannter Mängel und wegen Vertragsstrafen aufzunehmen, ebenso etwaige Einwendungen des Auftragnehmers. Jede Partei erhält eine Ausfertigung.

2. Die förmliche Abnahme kann in Abwesenheit des Auftragnehmers stattfinden, wenn der Termin vereinbart war oder der Auftraggeber mit genügender Frist dazu eingeladen hatte. Das Ergebnis der Abnahme ist dem Auftragnehmer alsbald mitzuteilen.

(5) 1. Wird keine Abnahme verlangt, so gilt die Leistung als abgenommen mit Ablauf von 12 Werktagen nach schriftlicher Mitteilung über die Fertigstellung der Leistung.

2. Wird keine Abnahme verlangt und hat der Auftraggeber die Leistung oder einen Teil der Leistung in Benutzung genommen, so gilt die Abnahme nach Ablauf von 6 Werktagen nach Beginn der Benutzung als erfolgt, wenn nichts anderes vereinbart ist. Die Benutzung von Teilen einer baulichen Anlage zur Weiterführung der Arbeiten gilt nicht als Abnahme.

3. Vorbehalte wegen bekannter Mängel oder wegen Vertragsstrafen hat der Auftraggeber spätestens zu den in den Nummern 1 und 2 bezeichneten Zeitpunkten geltend zu machen.

(6) Mit der Abnahme geht die Gefahr auf den Auftraggeber über, soweit er sie nicht schon nach § 7 trägt.

§ 13
Mängelansprüche

(1) Der Auftragnehmer hat dem Auftraggeber seine Leistung zum Zeitpunkt der Abnahme frei von Sachmängeln zu verschaffen. Die Leistung ist zur Zeit der Abnahme frei von Sachmängeln, wenn sie die vereinbarte Beschaffenheit hat und den anerkannten Regeln der Technik entspricht. Ist die Beschaffenheit nicht vereinbart, so ist die Leistung zur Zeit der Abnahme frei von Sachmängeln,

1. wenn sie sich für die nach dem Vertrag vorausgesetzte, sonst
2. für die gewöhnliche Verwendung eignet und eine Beschaffenheit aufweist, die bei Werken der gleichen Art üblich ist und die der Auftraggeber nach der Art der Leistung erwarten kann.

(2) Bei Leistungen nach Probe gelten die Eigenschaften der Probe als vereinbarte Beschaffenheit, soweit nicht Abweichungen nach der Verkehrssitte als bedeutungslos anzusehen sind. Dies gilt auch für Proben, die erst nach Vertragsabschluss als solche anerkannt sind.

(3) Ist ein Mangel zurückzuführen auf die Leistungsbeschreibung oder auf Anordnungen des Auftraggebers, auf die von diesem gelieferten oder vorgeschriebenen Stoffe oder Bauteile oder die Beschaffenheit der Vorleistung eines anderen Unternehmers, haftet der Auftragnehmer, es sei denn, er hat die ihm nach § 4 Absatz 3 obliegende Mitteilung gemacht.

(4) 1. Ist für Mängelansprüche keine Verjährungsfrist im Vertrag vereinbart, so beträgt sie für Bauwerke 4 Jahre, für andere Werke, deren Erfolg in der Herstellung, Wartung oder Veränderung einer Sache besteht, und für die vom Feuer berührten Teile von Feuerungsanlagen 2 Jahre. Abweichend von Satz 1 beträgt die Verjährungsfrist für feuerberührte und abgasdämmende Teile von industriellen Feuerungsanlagen 1 Jahr.

2. Ist für Teile von maschinellen und elektrotechnischen/elektronischen Anlagen, bei denen die Wartung Einfluss auf Sicherheit und Funktionsfähigkeit hat, nichts anderes vereinbart, beträgt für diese Anlagenteile die Verjährungsfrist für Mängelansprüche abweichend von Nummer 1 zwei Jahre, wenn der Auftraggeber sich dafür entschieden hat, dem Auftragnehmer die Wartung für die Dauer der Verjährungsfrist nicht zu übertragen; dies gilt auch, wenn für weitere Leistungen eine andere Verjährungsfrist vereinbart ist.

3. Die Frist beginnt mit der Abnahme der gesamten Leistung; nur für in sich abgeschlossene Teile der Leistung beginnt sie mit der Teilabnahme (§ 12 Absatz 2).

(5) 1. Der Auftragnehmer ist verpflichtet, alle während der Verjährungsfrist hervortretenden Mängel, die auf vertragswidrige Leistung zurückzuführen sind, auf seine Kosten zu beseitigen, wenn es der Auftraggeber vor Ablauf der Frist schriftlich verlangt. Der Anspruch auf Beseitigung der gerügten Mängel verjährt in 2 Jahren, gerechnet vom Zugang des schriftlichen Verlangens an, jedoch nicht vor Ablauf der Regelfristen nach Absatz 4 oder der an ihrer Stelle vereinbarten Frist. Nach Abnahme der Mängelbeseitigungsleistung beginnt für diese Leistung eine Verjährungsfrist von 2 Jahren neu, die jedoch nicht vor Ablauf der Regelfristen nach Absatz 4 oder der an ihrer Stelle vereinbarten Frist endet.

2. Kommt der Auftragnehmer der Aufforderung zur Mängelbeseitigung in einer vom Auftraggeber gesetzten angemessenen Frist nicht nach, so kann der Auftraggeber die Mängel auf Kosten des Auftragnehmers beseitigen lassen.

(6) Ist die Beseitigung des Mangels für den Auftraggeber unzumutbar oder ist sie unmöglich oder würde sie einen unverhältnismäßig hohen Aufwand erfordern und wird sie deshalb vom Auftragnehmer verweigert, so kann der Auftraggeber durch Erklärung gegenüber dem Auftragnehmer die Vergütung mindern (§ 638 BGB).

(7) 1. Der Auftragnehmer haftet bei schuldhaft verursachten Mängeln für Schäden aus der Verletzung des Lebens, des Körpers oder der Gesundheit.

2. Bei vorsätzlich oder grob fahrlässig verursachten Mängeln haftet er für alle Schäden.

3. Im Übrigen ist dem Auftraggeber der Schaden an der baulichen Anlage zu ersetzen, zu deren Herstellung, Instandhaltung oder Änderung die Leistung dient, wenn ein wesentlicher Mangel vorliegt, der die Gebrauchsfähigkeit erheblich beeinträchtigt und auf ein Verschulden des Auftragnehmers zurückzuführen ist. Einen darüber hinausgehenden Schaden hat der Auftragnehmer nur dann zu ersetzen,

a) wenn der Mangel auf einem Verstoß gegen die anerkannten Regeln der Technik beruht,

b) wenn der Mangel in dem Fehlen einer vertraglich vereinbarten Beschaffenheit besteht oder

c) soweit der Auftragnehmer den Schaden durch Versicherung seiner gesetzlichen Haftpflicht gedeckt hat oder durch eine solche zu tarifmäßigen, nicht auf außergewöhnliche Verhältnisse abgestellten Prämien und Prämienzuschlägen bei einem im Inland zum Geschäftsbetrieb zugelassenen Versicherer hätte decken können.

4. Abweichend von Absatz 4 gelten die gesetzlichen Verjährungsfristen, soweit sich der Auftragnehmer nach Nummer 3 durch Versicherung geschützt hat oder hätte schützen können oder soweit ein besonderer Versicherungsschutz vereinbart ist.

5. Eine Einschränkung oder Erweiterung der Haftung kann in begründeten Sonderfällen vereinbart werden.

§ 14
Abrechnung

(1) Der Auftragnehmer hat seine Leistungen prüfbar abzurechnen. Er hat die Rechnungen übersichtlich aufzustellen und dabei die Reihenfolge der Posten einzuhalten und die in den Vertragsbestandteilen enthaltenen Bezeichnungen zu verwenden. Die zum Nachweis von Art und Umfang der Leistung erforderlichen Mengenberechnungen, Zeichnungen und andere Belege sind beizufügen. Änderungen und Ergänzungen des Vertrags sind in der Rechnung besonders kenntlich zu machen; sie sind auf Verlangen getrennt abzurechnen.

(2) Die für die Abrechnung notwendigen Feststellungen sind dem Fortgang der Leistung entsprechend möglichst gemeinsam vorzunehmen. Die Abrechnungsbestimmungen in den Technischen Vertragsbedingungen und den anderen Vertragsunterlagen sind zu beachten. Für Leistungen, die bei Weiterführung der Arbeiten nur schwer feststellbar sind, hat der Auftragnehmer rechtzeitig gemeinsame Feststellungen zu beantragen.

(3) Die Schlussrechnung muss bei Leistungen mit einer vertraglichen Ausführungsfrist von höchstens 3 Monaten spätestens 12 Werktage nach Fertigstellung eingereicht werden, wenn nichts anderes vereinbart ist; diese Frist wird um je 6 Werktage für je weitere 3 Monate Ausführungsfrist verlängert.

(4) Reicht der Auftragnehmer eine prüfbare Rechnung nicht ein, obwohl ihm der Auftraggeber dafür eine angemessene Frist gesetzt hat, so kann sie der Auftraggeber selbst auf Kosten des Auftragnehmers aufstellen.

§ 15
Stundenlohnarbeiten

(1) 1. Stundenlohnarbeiten werden nach den vertraglichen Vereinbarungen abgerechnet.

2. Soweit für die Vergütung keine Vereinbarungen getroffen worden sind, gilt die ortsübliche Vergütung. Ist diese nicht zu ermitteln, so werden die Aufwendungen des Auftragnehmers für Lohn- und Gehaltskosten der Baustelle, Lohn- und Gehaltsnebenkosten der Baustelle, Stoffkosten der Baustelle, Kosten der Einrichtungen, Geräte, Maschinen und maschinellen Anlagen der Baustelle, Fracht-, Fuhr- und Ladekosten, Sozialkassenbeiträge und Sonderkosten, die bei wirtschaftlicher Betriebsführung entstehen, mit angemessenen Zuschlägen für Gemeinkosten und Gewinn (einschließlich allgemeinem Unternehmerwagnis) zuzüglich Umsatzsteuer vergütet.

(2) Verlangt der Auftraggeber, dass die Stundenlohnarbeiten durch einen Polier oder eine andere Aufsichtsperson beaufsichtigt werden, oder ist die Aufsicht nach den einschlägigen Unfallverhütungsvorschriften notwendig, so gilt Absatz 1 entsprechend.

(3) Dem Auftraggeber ist die Ausführung von Stundenlohnarbeiten vor Beginn anzuzeigen. Über die geleisteten Arbeitsstunden und den dabei erforderlichen, besonders zu vergütenden Aufwand für den Verbrauch von Stoffen, für Vorhaltung von Einrichtungen, Geräten, Maschinen und maschinellen Anlagen, für Frachten, Fuhr- und Ladeleistungen sowie etwaige Sonderkosten sind, wenn

nichts anderes vereinbart ist, je nach der Verkehrssitte werktäglich oder wöchentlich Listen (Stundenlohnzettel) einzureichen. Der Auftraggeber hat die von ihm bescheinigten Stundenlohnzettel unverzüglich, spätestens jedoch innerhalb von 6 Werktagen nach Zugang, zurückzugeben. Dabei kann er Einwendungen auf den Stundenlohnzetteln oder gesondert schriftlich erheben. Nicht fristgemäß zurückgegebene Stundenlohnzettel gelten als anerkannt.

(4) Stundenlohnrechnungen sind alsbald nach Abschluss der Stundenlohnarbeiten, längstens jedoch in Abständen von 4 Wochen, einzureichen. Für die Zahlung gilt § 16.

(5) Wenn Stundenlohnarbeiten zwar vereinbart waren, über den Umfang der Stundenlohnleistungen aber mangels rechtzeitiger Vorlage der Stundenlohnzettel Zweifel bestehen, so kann der Auftraggeber verlangen, dass für die nachweisbar ausgeführten Leistungen eine Vergütung vereinbart wird, die nach Maßgabe von Absatz 1 Nummer 2 für einen wirtschaftlich vertretbaren Aufwand an Arbeitszeit und Verbrauch von Stoffen, für Vorhaltung von Einrichtungen, Geräten, Maschinen und maschinellen Anlagen, für Frachten, Fuhr- und Ladeleistungen sowie etwaige Sonderkosten ermittelt wird.

§ 16
Zahlung

(1) 1. Abschlagszahlungen sind auf Antrag in möglichst kurzen Zeitabständen oder zu den vereinbarten Zeitpunkten zu gewähren, und zwar in Höhe des Wertes der jeweils nachgewiesenen vertragsgemäßen Leistungen einschließlich des ausgewiesenen, darauf entfallenden Umsatzsteuerbetrages. Die Leistungen sind durch eine prüfbare Aufstellung nachzuweisen, die eine rasche und sichere Beurteilung der Leistungen ermöglichen muss. Als Leistungen gelten hierbei auch die für die geforderte Leistung eigens angefertigten und bereitgestellten Bauteile sowie die auf der Baustelle angelieferten Stoffe und Bauteile, wenn dem Auftraggeber nach seiner Wahl das Eigentum an ihnen übertragen ist oder entsprechende Sicherheit gegeben wird.

2. Gegenforderungen können einbehalten werden. Andere Einbehalte sind nur in den im Vertrag und in den gesetzlichen Bestimmungen vorgesehenen Fällen zulässig.

3. Ansprüche auf Abschlagszahlungen werden binnen 21 Tagen nach Zugang der Aufstellung fällig.

4. Die Abschlagszahlungen sind ohne Einfluss auf die Haftung des Auftragnehmers; sie gelten nicht als Abnahme von Teilen der Leistung.

(2) 1. Vorauszahlungen können auch nach Vertragsabschluss vereinbart werden; hierfür ist auf Verlangen des Auftraggebers ausreichende Sicherheit zu leisten. Diese Vorauszahlungen sind, sofern nichts anderes vereinbart wird, mit 3 v. H. über dem Basiszinssatz des § 247 BGB zu verzinsen.

2. Vorauszahlungen sind auf die nächstfälligen Zahlungen anzurechnen, soweit damit Leistungen abzugelten sind, für welche die Vorauszahlungen gewährt worden sind.

(3) 1. Der Anspruch auf Schlusszahlung wird alsbald nach Prüfung und Feststellung fällig, spätestens innerhalb von 30 Tagen nach Zugang der Schlussrechnung. Die Frist verlängert sich auf höchstens 60 Tage, wenn sie aufgrund der besonderen Natur oder Merkmale der Vereinbarung sachlich gerechtfertigt ist und ausdrücklich vereinbart wurde. Werden Einwendungen gegen die Prüfbarkeit unter Angabe der Gründe nicht bis zum Ablauf der jeweiligen Frist erhoben, kann der Auftraggeber sich nicht mehr auf die fehlende Prüfbarkeit berufen. Die Prü-

fung der Schlussrechnung ist nach Möglichkeit zu beschleunigen. Verzögert sie sich, so ist das unbestrittene Guthaben als Abschlagszahlung sofort zu zahlen.

2. Die vorbehaltlose Annahme der Schlusszahlung schließt Nachforderungen aus, wenn der Auftragnehmer über die Schlusszahlung schriftlich unterrichtet und auf die Ausschlusswirkung hingewiesen wurde.

3. Einer Schlusszahlung steht es gleich, wenn der Auftraggeber unter Hinweis auf geleistete Zahlungen weitere Zahlungen endgültig und schriftlich ablehnt.

4. Auch früher gestellte, aber unerledigte Forderungen werden ausgeschlossen, wenn sie nicht nochmals vorbehalten werden.

5. Ein Vorbehalt ist innerhalb von 28 Tagen nach Zugang der Mitteilung nach den Nummern 2 und 3 über die Schlusszahlung zu erklären. Er wird hinfällig, wenn nicht innerhalb von weiteren 28 Tagen – beginnend am Tag nach Ablauf der in Satz 1 genannten 28 Tage – eine prüfbare Rechnung über die vorbehaltenen Forderungen eingereicht oder, wenn das nicht möglich ist, der Vorbehalt eingehend begründet wird.

6. Die Ausschlussfristen gelten nicht für ein Verlangen nach Richtigstellung der Schlussrechnung und -zahlung wegen Aufmaß-, Rechen- und Übertragungsfehlern.

(4) In sich abgeschlossene Teile der Leistung können nach Teilabnahme ohne Rücksicht auf die Vollendung der übrigen Leistungen endgültig festgestellt und bezahlt werden.

(5) 1. Alle Zahlungen sind aufs Äußerste zu beschleunigen.

2. Nicht vereinbarte Skontoabzüge sind unzulässig.

3. Zahlt der Auftraggeber bei Fälligkeit nicht, so kann ihm der Auftragnehmer eine angemessene Nachfrist setzen. Zahlt er auch innerhalb der Nachfrist nicht, so hat der Auftragnehmer vom Ende der Nachfrist an Anspruch auf Zinsen in Höhe der in § 288 Absatz 2 BGB angegebenen Zinssätze, wenn er nicht einen höheren Verzugsschaden nachweist. Der Auftraggeber kommt jedoch, ohne dass es einer Nachfristsetzung bedarf, spätestens 30 Tage nach Zugang der Rechnung oder der Aufstellung bei Abschlagszahlungen in Zahlungsverzug, wenn der Auftragnehmer seine vertraglichen und gesetzlichen Verpflichtungen erfüllt und den fälligen Entgeltbetrag nicht rechtzeitig erhalten hat, es sei denn, der Auftraggeber ist für den Zahlungsverzug nicht verantwortlich. Die Frist verlängert sich auf höchstens 60 Tage, wenn sie aufgrund der besonderen Natur oder Merkmale der Vereinbarung sachlich gerechtfertigt ist und ausdrücklich vereinbart wurde.

4. Der Auftragnehmer darf die Arbeiten bei Zahlungsverzug bis zur Zahlung einstellen, sofern eine dem Auftraggeber zuvor gesetzte angemessene Frist erfolglos verstrichen ist.

(6) Der Auftraggeber ist berechtigt, zur Erfüllung seiner Verpflichtungen aus den Absätzen 1 bis 5 Zahlungen an Gläubiger des Auftragnehmers zu leisten, soweit sie an der Ausführung der vertraglichen Leistung des Auftragnehmers aufgrund eines mit diesem abgeschlossenen Dienst- oder Werkvertrags beteiligt sind, wegen Zahlungsverzugs des Auftragnehmers die Fortsetzung ihrer Leistung zu Recht verweigern und die Direktzahlung die Fortsetzung der Leistung sicherstellen soll. Der Auftragnehmer ist verpflichtet, sich auf Verlangen des Auftraggebers innerhalb einer von diesem gesetzten Frist darüber zu erklären, ob und inwieweit er die Forderungen seiner Gläubiger anerkennt; wird diese Erklärung nicht rechtzeitig abgegeben, so gelten die Voraussetzungen für die Direktzahlung als anerkannt.

§ 17
Sicherheitsleistung

(1) 1. Wenn Sicherheitsleistung vereinbart ist, gelten die §§ 232 bis 240 BGB, soweit sich aus den nachstehenden Bestimmungen nichts anderes ergibt.

2. Die Sicherheit dient dazu, die vertragsgemäße Ausführung der Leistung und die Mängelansprüche sicherzustellen.

(2) Wenn im Vertrag nichts anderes vereinbart ist, kann Sicherheit durch Einbehalt oder Hinterlegung von Geld oder durch Bürgschaft eines Kreditinstituts oder Kreditversicherers geleistet werden, sofern das Kreditinstitut oder der Kreditversicherer

1. in der Europäischen Gemeinschaft oder

2. in einem Staat der Vertragsparteien des Abkommens über den Europäischen Wirtschaftsraum oder

3. in einem Staat der Vertragsparteien des WTO-Übereinkommens über das öffentliche Beschaffungswesen zugelassen ist.

(3) Der Auftragnehmer hat die Wahl unter den verschiedenen Arten der Sicherheit; er kann eine Sicherheit durch eine andere ersetzen.

(4) Bei Sicherheitsleistung durch Bürgschaft ist Voraussetzung, dass der Auftraggeber den Bürgen als tauglich anerkannt hat. Die Bürgschaftserklärung ist schriftlich unter Verzicht auf die Einrede der Vorausklage abzugeben (§ 771 BGB); sie darf nicht auf bestimmte Zeit begrenzt und muss nach Vorschrift des Auftraggebers ausgestellt sein. Der Auftraggeber kann als Sicherheit keine Bürgschaft fordern, die den Bürgen zur Zahlung auf erstes Anfordern verpflichtet.

(5) Wird Sicherheit durch Hinterlegung von Geld geleistet, so hat der Auftragnehmer den Betrag bei einem zu vereinbarenden Geldinstitut auf ein Sperrkonto einzuzahlen, über das beide nur gemeinsam verfügen können („Und-Konto"). Etwaige Zinsen stehen dem Auftragnehmer zu.

(6) 1. Soll der Auftraggeber vereinbarungsgemäß die Sicherheit in Teilbeträgen von seinen Zahlungen einbehalten, so darf er jeweils die Zahlung um höchstens 10 v. H. kürzen, bis die vereinbarte Sicherheitssumme erreicht ist. Sofern Rechnungen ohne Umsatzsteuer gemäß § 13b UStG gestellt werden, bleibt die Umsatzsteuer bei der Berechnung des Sicherheitseinbehalts unberücksichtigt. Den jeweils einbehaltenen Betrag hat er dem Auftragnehmer mitzuteilen und binnen 18 Werktagen nach dieser Mitteilung auf ein Sperrkonto bei dem vereinbarten Geldinstitut einzuzahlen. Gleichzeitig muss er veranlassen, dass dieses Geldinstitut den Auftragnehmer von der Einzahlung des Sicherheitsbetrags benachrichtigt. Absatz 5 gilt entsprechend.

2. Bei kleineren oder kurzfristigen Aufträgen ist es zulässig, dass der Auftraggeber den einbehaltenen Sicherheitsbetrag erst bei der Schlusszahlung auf ein Sperrkonto einzahlt.

3. Zahlt der Auftraggeber den einbehaltenen Betrag nicht rechtzeitig ein, so kann ihm der Auftragnehmer hierfür eine angemessene Nachfrist setzen. Lässt der Auftraggeber auch diese verstreichen, so kann der Auftragnehmer die sofortige Auszahlung des einbehaltenen Betrags verlangen und braucht dann keine Sicherheit mehr zu leisten.

4. Öffentliche Auftraggeber sind berechtigt, den als Sicherheit einbehaltenen Betrag auf eigenes Verwahrgeldkonto zu nehmen; der Betrag wird nicht verzinst.

(7) Der Auftragnehmer hat die Sicherheit binnen 18 Werktagen nach Vertragsabschluss zu leisten, wenn nichts anderes vereinbart ist. Soweit er diese Verpflichtung nicht erfüllt hat, ist der Auftragge-

ber berechtigt, vom Guthaben des Auftragnehmers einen Betrag in Höhe der vereinbarten Sicherheit einzubehalten. Im Übrigen gelten die Absätze 5 und 6 außer Nummer 1 Satz 1 entsprechend.

(8) 1. Der Auftraggeber hat eine nicht verwertete Sicherheit für die Vertragserfüllung zum vereinbarten Zeitpunkt, spätestens nach Abnahme und Stellung der Sicherheit für Mängelansprüche zurückzugeben, es sei denn, dass Ansprüche des Auftraggebers, die nicht von der gestellten Sicherheit für Mängelansprüche umfasst sind, noch nicht erfüllt sind. Dann darf er für diese Vertragserfüllungsansprüche einen entsprechenden Teil der Sicherheit zurückhalten.

2. Der Auftraggeber hat eine nicht verwertete Sicherheit für Mängelansprüche nach Ablauf von 2 Jahren zurückzugeben, sofern kein anderer Rückgabezeitpunkt vereinbart worden ist. Soweit jedoch zu diesem Zeitpunkt seine geltend gemachten Ansprüche noch nicht erfüllt sind, darf er einen entsprechenden Teil der Sicherheit zurückhalten.

§ 18
Streitigkeiten

(1) Liegen die Voraussetzungen für eine Gerichtsstandvereinbarung nach § 38 der Zivilprozessordnung vor, richtet sich der Gerichtsstand für Streitigkeiten aus dem Vertrag nach dem Sitz der für die Prozessvertretung des Auftraggebers zuständigen Stelle, wenn nichts anderes vereinbart ist. Sie ist dem Auftragnehmer auf Verlangen mitzuteilen.

(2) 1. Entstehen bei Verträgen mit Behörden Meinungsverschiedenheiten, so soll der Auftragnehmer zunächst die der auftraggebenden Stelle unmittelbar vorgesetzte Stelle anrufen. Diese soll dem Auftragnehmer Gelegenheit zur mündlichen Aussprache geben und ihn möglichst innerhalb von 2 Monaten nach der Anrufung schriftlich bescheiden und dabei auf die Rechtsfolgen des Satzes 3 hinweisen. Die Entscheidung gilt als anerkannt, wenn der Auftragnehmer nicht innerhalb von 3 Monaten nach Eingang des Bescheides schriftlich Einspruch beim Auftraggeber erhebt und dieser ihn auf die Ausschlussfrist hingewiesen hat.

2. Mit dem Eingang des schriftlichen Antrages auf Durchführung eines Verfahrens nach Nummer 1 wird die Verjährung des in diesem Antrag geltend gemachten Anspruchs gehemmt. Wollen Auftraggeber oder Auftragnehmer das Verfahren nicht weiter betreiben, teilen sie dies dem jeweils anderen Teil schriftlich mit. Die Hemmung endet 3 Monate nach Zugang des schriftlichen Bescheides oder der Mitteilung nach Satz 2.

(3) Daneben kann ein Verfahren zur Streitbeilegung vereinbart werden. Die Vereinbarung sollte mit Vertragsabschluss erfolgen.

(4) Bei Meinungsverschiedenheiten über die Eigenschaft von Stoffen und Bauteilen, für die allgemein gültige Prüfungsverfahren bestehen, und über die Zulässigkeit oder Zuverlässigkeit der bei der Prüfung verwendeten Maschinen oder angewendeten Prüfungsverfahren kann jede Vertragspartei nach vorheriger Benachrichtigung der anderen Vertragspartei die materialtechnische Untersuchung durch eine staatliche oder staatlich anerkannte Materialprüfungsstelle vornehmen lassen; deren Feststellungen sind verbindlich. Die Kosten trägt der unterliegende Teil.

(5) Streitfälle berechtigen den Auftragnehmer nicht, die Arbeiten einzustellen.

III. Das neue Bauvertragsrecht des BGB[1]

1. Einführung

1.1 Rückblick

Das Bürgerliche Gesetzbuch (BGB) als zentrale Kodifikation des deutschen allgemeinen Privatrechts trat am 1.1.1900 in Kraft und ist damit bereits mehr als 100 Jahre alt. Über 20 Jahre dauerten seinerzeit die Beratungen, bis es am 18.8.1896 im Reichsgesetzblatt verkündet wurde. Das als „Jahrhundertwerk der deutschen Gesetzgebung" empfundene BGB trat somit nicht sofort, sondern am historischen Datum 1.1.1900 in Kraft.

Seit diesem Zeitpunkt hat das Wirtschaftsleben eine Entwicklung genommen, die seinerzeit nicht vorstellbar erschien. Dies hat dazu geführt, dass die Vorschriften des BGB und hierbei insbesondere des Schuldrechts für einzelne Vertragsarten zum Teil deutlich angepasst werden mussten, um den Bedürfnissen des modernen Geschäftsverkehrs noch gerecht zu werden. Eine Vielzahl neuer Vertragstypen sind entstanden, die nicht immer einem der Standardvertragstypen des BGB zugeordnet werden können, wie dies insbesondere für Leasing-, Franchise-Mietverträge oder den Sale-Lease-Back-Vertrag gilt.

Wenig Veränderungen erfuhren bis zum 100. Geburtstag des BGB allerdings die Vorschriften des Werkvertragsrechtes (§§ 631 ff. BGB), die für den Bauvertrag, als Sonderform des Werkvertrages, maßgeblichen Vorschriften des BGB. Die einzig wirklich durchgreifende Neuerung stellte bis dahin der im Mai 1993 in Kraft getretene § 648a BGB (Bauhandwerkersicherung) dar. Schon mit dieser Regelung hatte der Gesetzgeber auf die mangelhafte und verzögerte Erfüllung von berechtigten Zahlungsansprüchen für Werkleistungen reagiert. Weitere, kleinere Anpassungen enthielt das „Gesetz zur Beschleunigung fälliger Zahlungen", das am 1.5.2000 in Kraft trat.

Weitere Änderungen hat das BGB mit dem am 1.1.2002 in Kraft getretenen „Gesetz zur Modernisierung des Schuldrechts" (SMG) erfahren. In diesem Gesetz münden die über 30 Jahre andauernden Bemühungen um eine Neugestaltung des Verjährungs- und Schuldrechts des BGB. Der Gesetzgeber, der vorher die Rechtsfortbildung im Schuldrecht weitgehend Rechtsprechung und Lehre überlassen hatte, hat durch das SMG das Leistungsstörungsrecht und das besondere Schuldrecht grundlegend umgestaltet und angepasst, wichtige Nebengesetze in die §§ 241 ff. BGB integriert und zahlreiche weitere Regelungen angepasst.

Für das Werkvertragsrecht bedeutete dies eine Anpassung der Vorschriften zur Gewährleistung (§§ 633 bis 637 BGB) an die Neukonzeption des Leistungsstörungsrechts (§§ 275 ff. BGB), wobei im Zusammenhang mit der Neuregelung des Verjährungsrechts (§§ 194 ff. BGB) auch die Verjährung der Mängelrechte (§§ 638, 639 BGB) neu geregelt wurde.

---

1 Dieser Abschnitt wurde maßgeblich von Herrn RA und FA für Bau- und Architektenrecht Dr. Marc Steffen, Berlin, mit verfasst.

Das am 1.1.2009 in Kraft getretene Forderungssicherungsgesetz (FoSiG)[2] sollte nach der Intention des Gesetzgebers die rechtlichen Rahmenbedingungen zugunsten der bauausführenden Seite verbessern, Handwerker und Bauunternehmer sollten besser vor Forderungsausfällen geschützt werden. Durch das FoSiG ergaben sich im Werkvertragsrecht Neuerungen bei Abschlagszahlungen, den Leistungsverweigerungsrechten, Sicherheitsleistungen des Unternehmers, der Durchgriffsfälligkeit, eine Reduzierung des Druckzuschlags, die Abschaffung der Fertigstellungsbescheinigung und bei § 648a BGB.

Die Neuerungen des FoSiG konnten die Defizite des BGB-Werkvertragsrechtes in Bezug auf das kommerzielle Baugeschäft allerdings weiterhin nicht gänzlich erledigen, so dass auch weiter ein mit dem Allgemeinen Teil des BGB und mit dem Allgemeinen Schuldrecht koordiniertes Bauvertragsrecht gefordert wurde, das nicht nur den Teilbereich der Zahlungsmoral erfasst. Summa summarum enthielt das bisherige Werkvertragsrecht nur wenige Regelungen, die speziell auf die Bedürfnisse der am Bau Beteiligten zugeschnitten waren. Die Regelungen waren ganz überwiegend auf das gesamte Spektrum von Werkverträgen ausgerichtet und wurden daher den spezifischen Anforderungen der Baubranche nicht (mehr) gerecht. Vor diesem Hintergrund hatte sich in den vergangenen Jahren eine umfangreiche Rechtsprechung entwickelt, die aufgrund der Unzulänglichkeiten des BGB-Werkvertragsrechts die Regelung der VOB/B auf den BGB-Werkvertrag übertragen hat.[3] Da es sich bei der VOB/B aber um ein AGB-Regelwerk handelt, war dies nicht unproblematisch, zumal die VOB/B ebenfalls Schwächen aufweist.

1.2 Überblick über Neuregelung des Bauvertragsrechts

Vor diesem Hintergrund hat der Bundesgesetzgeber den Bereich des Bauvertragsrechts und auch damit zusammenhängende Regelungen, insbesondere auch im Bereich des Planungsvertragsrechts neu geregelt und zum 1. Januar 2018 in Kraft gesetzt. Im Zuge der Einführung eines nunmehr eigenständigen Bauvertragsrechts im BGB wurden auch zusätzliche Regelungen zur Einführung eines Verbraucherbauvertragsrechts erlassen. Darüber hinaus wurden korrespondierende Regelungen im allgemeinen Teil des BGB angepasst, Regelungen aus dem Bereich des Kaufrechts neu gefasst, ein eigenständiges Architekten- und Ingenieurvertragsrecht eingeführt sowie eine Reihe von Änderungen im fortbestehenden Werkvertragsrecht, Änderungen im Bauträgervertragsrecht sowie im zivilprozessualen Bereich vorgenommen. Die gesetzlichen Neuregelungen hat der Bundestag am 09.03.2017 durch Verabschiedung des Gesetzes zur Reform des Bauvertragsrechts, zur Änderung der kaufrechtlichen Mängelhaftung, zur Stärkung des zivilprozessualen Rechtsschutzes und zum maschinellen Siegel im Grundbuch und Schiffsregisterverfahren in Gang gesetzt. Das Gesetz wurde am 04.05.2017 im Bundesgesetzblatt veröffentlicht.[4] Nach dessen Artikel 10 ist es am 01.01.2018 in Kraft getreten und gilt für alle Verträge, die ab diesem Zeitpunkt geschlossen werden, siehe Artikel 2 Nr. 1.

2 BGBl. 2008 I, S. 2022; dazu ausführlich Leinemann, NJW 2008, 3745 ff.
3 Vgl. OLG Naumburg, Urt. v. 26.06.2014 – 2 U 131/13, Baurecht 2014, S. 1981.
4 BGBl 1 2017, S. 969 ff.

Mit dem Gesetz soll ausweislich der gesetzlichen Begründung insbesondere dem auf eine längere Erfüllungszeit angelegten Bauvertrag durch folgende Regelung Rechnung getragen werden: Einführung eines Anordnungsrechts des Bestellers einschließlich Regelungen zur Preisanpassung bei Mehr- oder Minderleistungen, Änderung und Ergänzung der Regelung zur Abnahme sowie die Normierung einer Kündigung aus wichtigem Grund. Speziell für Bauverträge von Verbrauchern werden darüber hinaus Regelungen zur Einführung einer Baubeschreibungspflicht des Unternehmers, zur Pflicht der Parteien, eine verbindliche Vereinbarung über die Bauzeit zu treffen, zum Recht des Verbrauchers zum Widerruf des Vertrags und zur Einführung einer Obergrenze für Abschlagszahlungen in Kraft gesetzt. Mit Blick auf ihre Besonderheiten werden zudem einige Sonderregelungen für Architekten- und Ingenieureverträge getroffen. Das Recht der Mängelhaftung ist an die Rechtsprechung des EuGH angepasst.[5] Zur Verbesserung der Rechtssituation von Werkunternehmern, die mangelhaftes Baumaterial gekauft und im Rahmen eines Werkvertrages verbaut haben, sollen diese Regelungen darüber hinaus auch für Verträge zwischen Unternehmern gelten.[6]

1.2.1 Die Einführung neuer Vertragstypen – Bauvertrag, Verbraucherbauvertrag sowie Architektenvertrag und Ingenieurvertrag haben eine Neugliederung des Titels 9 des Buchs 2 Abschnitt 8 („Werkvertrag und ähnliche Verträge") des BGB erforderlich gemacht. Untertitel 1 (Werkvertrag) setzt sich künftig aus 4 Kapiteln zusammen. Dabei enthält Kapitel 1 (allgemeine Vorschriften) die grundsätzlich für alle Werkverträge geltenden Vorschriften. Kapitel 2 (Bauvertrag) fasst die bisher in Untertitel 1 verstreuten Vorschriften zum Bauvertrag zusammen und enthält zudem eine Reihe neuer Regelungen. In Kapitel 3 (Verbraucherbauvertrag) sind die besonderen Regelungen zum Schutz der Verbraucher enthalten. Untertitel 2 enthält Vorschriften zur Architekten-/Ingenieurverträgen, während Untertitel 3 Vorschriften zum Bauträgervertrag enthält. Aufgrund der neuen Systematik wird der bisherige Untertitel (Reisevertrag) Untertitel 4.

1.2.2 Die allgemeinen Werkvertragsvorschriften in Kapitel 1 – geregelt in §§ 631 bis 650 BGB – gelten für alle Verträge, die die Herstellung eines Bauwerks oder Arbeiten an einem bestehenden Bauwerk zum Gegenstand haben, gleichfalls gelten sie grundsätzlich für die in Untertitel 2 – § 650p bis § 650t BGB – geregelten Architekten- und Ingenieurverträge. Mit bestimmten Ausnahmen gelten diese allgemeinen Regelungen auch für den in Untertitel 3 – dort § 650u bis § 650v BGB geregelten Bauträgervertrag. Die in den allgemeinen Vorschriften des Werkvertragsrechts im Zuge der Reform des Bauvertragsrechts vorgenommenen Änderungen betreffen das in § 632a BGB geregelte Recht der Abschlagszahlung, die in § 640 BGB geregelte fiktive Abnahme sowie das nun in § 648 a geregelte Kündigungsrecht aus wichtigem Grund.

1.2.3 Neu geregelt wurde am Ende des Kapitels 1auch der Werklieferverttrag. Dieser unterscheidet sich vom Werkvertrag dadurch, dass hier der Unternehmer nicht zur Herstellung eines Werkes, sondern auf die Lieferung herzustellender oder zu erzeugender beweglicher Sachen gerichtet ist, siehe § 650 BGB, die dann nicht vom Lieferanten, sondern von einem Dritten, also regelmäßig dem Bauunternehmer, eingebaut werden. Derartige Ver-

5 Urt. v. 16.06.2011 – C 65/09 u. C 87/09.
6 BT-Drs. 18/8486 v. 18.05.2016, S. 2.

träge werden dem Kaufrecht unterstellt, siehe § 650 Abs. 1 BGB. Insofern ist im Zuge der Baurechtsreform auch im Kaufrecht eine Änderung vorgenommen worden, die gerade für den Bereich des Bauprozesses von hoher Relevanz ist. Nach der insoweit einschlägigen Vorschrift des § 439 Abs. 3 BGB besteht nun für den Fall einer mangelhaften Lieferung einer Sache die Verpflichtung des Lieferanten, die im Zuge des Austauschs der Sache erforderlichen Ein- und Ausbaukosten zu übernehmen.

1.2.4 Für den Bauvertrag ist nunmehr in Kapitel 2 – § 650a bis § 650h BGB – ein völlig neuer und eigenständiger Vertragstyp entwickelt worden. Die Vorschriften in Kapitel 2 gelten ergänzend zu den allgemeinen Vorschriften des Werkvertragsrechts und betreffen Verträge über die Herstellung, die Wiederherstellung, die Beseitigung oder den Umbau eines Bauwerks, einer Außenanlage oder eines Teils davon, siehe § 60a Abs. 1 Satz 1. Verträge über die Instandhaltung eines Bauwerks sind nur dann Bauverträge, wenn das Werk für die Konstruktion, dem Bestand oder den bestimmungsmäßigen Gebrauch von wesentlicher Bedeutung ist, siehe § 60a Abs. 2 BGB.

Kernpunkte der Neuregelung des Rechts des Bauvertrags in Kapitel 2 sind Vorschriften über die Änderung des Vertrags sowie das extrem praxisrelevante Anordnungsrecht des Bestellers einschließlich der Kostenfolgen derartiger Anordnungen mit der Möglichkeit, Streitigkeiten über das Anordnungsrecht und daraus resultierende Rechte auf Anpassung der Vergütung im Wege eines einstweiligen Verfügungsverfahrens gerichtlich geltend zu machen. Ebenfalls neu geregelt wurden das Recht des Unternehmers auf Durchsetzung einer gemeinsamen Feststellung des Zustands des Werks bei Verweigerung der Abnahme durch den Besteller, siehe § 650g BGB sowie das Erfordernis der Schriftform der Kündigung des Bauvertrags, siehe § 650h BGB. Aus dem alten Recht übernommen wurden die Ansprüche des Unternehmers auf Eintragung einer Sicherungshypothek, siehe § 650e BGB sowie der Anspruch des Unternehmers auf Bauhandwerkersicherung, siehe § 650f BGB, der § 648 a.F. BGB entspricht.

1.2.5 Die gesetzlichen Regelungen des Bauvertragsrechtsrechts – hier also zunächst die allgemeinen Vorschriften des Werkvertragsrechts i. V. m. den speziellen Vorschriften über den Bauvertrag in den Kapiteln 1 und 2 sind – zumindest im b2b-Bereich – nicht zwingend und können zum Gegenstand vertraglicher Vereinbarungen gemacht werden. Eine Ausnahme besteht jedoch hinsichtlich der später zu behandelnden Verbraucherbauverträge. Ansonsten sind grundsätzlich Abweichungen von der gesetzlichen Regelung des Bauvertrags zulässig, und zwar auch durch allgemeine Geschäftsbedingungen wie die Vergabe- und Vertragsordnung für Bauleistungen (VOB/B). Hieran hat die Reform des Bauvertragsrechts nichts geändert. Insbesondere ist die gesetzliche Privilegierung der VOB/B in § 310 Abs. 1 Satz 3 BGB unverändert geblieben, nach der keine Inhaltskontrolle der VOB/B stattfindet, wenn diese ohne inhaltliche Abweichung insgesamt in den Vertrag einbezogen wird. In der Praxis wird jedoch immer wieder, sei es nur in marginalen Einzelpunkten, von der VOB/B abgewichen. In diesem Falle findet eine umfassende Inhaltskontrolle statt, gleich ob derjenige, dem die Vertragsbedingungen gestellt werden, ein Verbraucher oder ein Unternehmer ist. In diesem Falle erfolgt die Prüfung der Gesamtheit der Geschäftsbedingungen, welche unwirksam sind, wenn sie den Vertragspartner des Verwenders unangemessen benachteiligen. Eine unangemessene Benachteiligung ist im Zweifel anzunehmen, wenn eine allgemeine Geschäftsbedingung mit wesentlichen Grundgedanken der gesetzlichen Regelung, von der abgewichen wird, nicht zu vereinbaren ist, siehe § 307 BGB. Bereits nach der alten Rechtslage hatten sich insoweit Konflikte zwischen der VOB/B und dem Gesetzesrecht ergeben. Insbesondere hinsichtlich der Neuregelung im Bauvertragsrecht wird man davon ausgehen müssen, dass eine Reihe weiterer Regelungen der VOB/B von den wesentlichen Grundgedanken der gesetzlichen Neuregelungen abweichen und deshalb einer Inhaltskontrolle nicht standhalten. Hierauf wird bei der Erläuterung der Einzelvorschriften einzugehen sein.

1.2.6 Die kontinuierliche Weiterentwicklung des gesetzlichen Schutzes der Verbraucher spiegelt sich nunmehr auch im neuen Bauvertragsrecht wieder. Ein Verbraucher ist nach dem Gesetz jede natürliche Person, die ein Rechtsgeschäft zu Zwecken abschließt, die überwiegend weder ihrer gewerblichen noch ihrer selbständige beruflichen Tätigkeit zugerechnet werden können, § 13 BGB. Gänzlich neu eingefügt in das BGB wurde hier deshalb ein Kapitel zur Regelung des Verbraucherbauvertrags (von §§ 650 i bis 650 n BGB). Im unmittelbaren Zusammenhang damit steht das nachfolgende Kapitel 4 „Unabdingbarkeit", das in einer Vorschrift – § 650 o BGB – die neuen Regelungen zum Verbraucherschutz im vorangehenden Kapitel bis auf wenige Ausnahmen für nicht abdingbar erklärt. Damit ist weder durch individualvertragliche Vereinbarung noch durch AGB eine Abweichung von diesen Regelungen zulässig. Es ist aus Sicht des Gesetzgebers insbesondere für Verträge von Verbraucherbauherren problematisch, dass diese in der Regel nicht die Verhandlungsmacht haben, um für sich günstige Verhandlungsbedingungen auszuhandeln. Dies wurde insbesondere deswegen als lösungsbedürftiges Problem angesehen, als der Verbraucher in der Regel für die Errichtung oder den Umbau eines Hauses häufig einen wesentlichen Teil seiner wirtschaftlichen Ressourcen aufwendet. Insofern können unerwartete Mehrkosten, eine nicht rechtzeitige Fertigstellung des Baus oder die Insolvenz des beauftragten Bauunternehmers gravierende Auswirkungen haben. Entsprechend strikt wurde die Anwendung der verbraucherbauvertraglichen Vorschriften ausgestaltet.

Nach § 650i Abs. 1 BGB sind Verbraucherbauverträge Verträge zwischen einem Unternehmen und einem Verbraucher, durch die ein Unternehmer zum Bau eines neuen Gebäudes oder zu erheblichen Umbaumaßnahmen an einem bestehenden Gebäude verpflichtet wird. Diese Beschränkung auf „große" Baumaßnahmen korrespondiert mit der vorgenannten Motivation des Gesetzgebers. Kleinere Baumaßnahmen im Bestand und die Beauftragung handwerklicher Reparaturen an Gebäuden werden deshalb von den Vorschriften über den Verbrauchervertrag nicht erfasst. Insoweit gelten nur die allgemeinen Vorschriften des Werkvertragsrechts.

Inhaltlich enthält der Verbraucherbauvertrag nachfolgende Besonderheiten:

Zunächst trifft den Unternehmer gegenüber dem Verbraucher eine Unterrichtungspflicht hinsichtlich der wesentlichen Eigenschaften des Bauwerks und der Bauzeit. Dies ist insbesondere deshalb wichtig, als eine unzureichende Information durch den Unternehmer nach § 650 k Abs. 2 S. 2 BGB zu dessen Lasten geht, wenn Zweifel bei der Auslegung des Vertrages bezüglich der vom Unternehmer geschuldeten Leistung entstehen. Außerdem steht dem Verbraucher ein Widerrufsrecht zu. Darüber hinaus können Abschlagszahlungen nur bis zu 90 % der vereinbarten Vergütung verlangt werden und der Unternehmer ist verpflichtet, bereits bei der ersten Abschlagszahlung eine Sicherheit von 5 % der vereinbarten Gesamtvergütung zu leisten, § 650 n Abs. 2 S. 1 BGB. Ferner trifft den Unternehmer eine Herausgabepflicht bezüglich aller Urkunden, die dieser benötigt, um gegenüber Behörden den Nachweis der Einhaltung der einschlägigen öffentlich-rechtlichen Vorschriften, mithin insbesondere im Rahmen des Baugenehmigungsverfahrens, zu erbringen.

1.2.7 Teil des Gesetzgebungspakets ist die Neuregelung des Bauträgervertrags. Diese nunmehr in Untertitel 3 geregelte Vorschrift befand sich bereits früher in § 632 a Abs. 2 BGB, ist jedoch inhaltlich an die gesetzlichen Neuregelungen des Untertitels 1 angepasst worden. Wegen der Besonderheiten des Bauträgervertrags war es erforderlich, eine Reihe von Vorschriften des Werk- und Bauvertragsrechts, die nicht auf den Bauträgervertrag angewendet werden können, ausdrücklich herauszunehmen.

1.2.8 Ebenfalls neu in das BGB aufgenommen wurden spezielle Vorschriften zum Architektenvertrag und Ingenieurvertrag. Damit sollte dem Umstand Rechnung getragen werden, dass die Anwendung des Werkvertragsrechts für Architekten und Ingenieure zwar alternativlos ist, auf der anderen Seite aber in einigen Punkten erhebliche, teilweise unverhältnismäßig belastende Konsequenzen hat. Aus diesem Grunde wurde den Besonderheiten dieses Vertragstyps durch spezielle Regelungen Rechnung getragen.

Insofern hat der Gesetzgeber festgelegt, dass der Architekt oder Ingenieur nicht nur zur Erreichung der vereinbarten Planungs- und Überwachungsziele (also des Werkerfolgs), sondern explizit auch zur Erbringung der hierfür erforderlichen Leistungen verpflichtet ist. Um welche konkreten Leistungen es sich dabei handelt, ergibt sich aus dem Vertrag und den Umständen des Einzelfalls und nicht aus der HOAI. Nur für den Fall, dass der Vertrag die Verpflichtung vorsieht, bestimmte (oder alle) Grundleistungen der HOAI zu erbringen, werden diese auch Vertragsgegenstand und definieren damit das Leistungssoll des Architekten oder Ingenieurs. Nicht erforderliche Leistungen werden gerade nicht Vertragsinhalt, sodass für diese keine Vergütungspflicht entsteht, siehe § 8 Abs. 2 HOAI. Für den nicht selten anzutreffenden Fall, dass wesentliche Planungs- und Überwachungsziele noch nicht vereinbart sind, muss der Architekt/Ingenieur zunächst eine Planungsgrundlage zur Ermittlung dieser Ziele erstellen und diese zusammen mit einer Kosteneinschätzung für das Vorhaben zur Zustimmung vorlegen. Stimmt der Besteller nicht zu, hat der Architekt ein Kündigungsrecht. Der Besteller kann gleichfalls kündigen. Dem Architekten und Ingenieur steht dann lediglich die Vergütung der bis zur Kündigung erbrachten Leistungen zu.

Die in der Praxis häufig ausufernde Haftung des Architekten im Fall, dass die Erbringung der Leistungsphase 9 der HOAI vereinbart ist, hat den Gesetzgeber veranlasst, für den Architekten/Ingenieur einen Anspruch auf Teilabnahme einzuräumen. Damit kann nun ab der Abnahme der letzten Leistung des bauausführenden Unternehmens eine Teilabnahme der von ihm bis dahin erbrachten Leistungen verlangt werden. Die weitere vom Gesetzgeber ebenfalls als unangemessen erkannte Haftungskonzentration in Fällen des Bestehens einer gesamtschuldnerischen Haftung mit dem Bauunternehmer hat nun zu einer gesetzlichen Begrenzung der Rückgriffsmöglichkeiten auf den Architekten/Ingenieur bzw. deren Berufshaftpflichtversicherung geführt. Wird der Architekt/Ingenieur wegen eines Überwachungsfehlers in Anspruch genommen, steht ihm nun ein Leistungsverweigerungsrecht zu, wenn der Besteller dem Bauunternehmer nicht zuvor eine Frist zur Beseitigung des Bauwerksmangels gesetzt hat.

1.3 Fortbestehende Regelungen

Die Hauptpflicht des Unternehmers beim Werkvertrag ist und bleibt auch nach der Neufassung des Werkvertragsrechts die rechtzeitige mangelfreie Herstellung des Werkes (§§ 631 Abs. 1, 633 BGB).[7] Der Besteller hat in einem Werkvertrag zwei Hauptpflichten, nämlich einerseits die Pflicht zur Zahlung des Werklohns (§ 631 BGB) und andererseits die Pflicht, die erbrachten Leistungen abzunehmen (§ 640 BGB).

Zahlreiche für die Bautätigkeit relevante Regelungen bestehen unverändert fort. Hierzu gehören insbesondere die Vorschriften über den Zahlungsverzug, zur Mängelhaftung, zum Druckzuschlag, zur Durchgriffsfälligkeit und zur Verjährung von Ansprüchen.[8]

1.4 Terminologie

Im BGB-Werkvertragsrecht wird derjenige, der Werkleistungen (hier: Bauleistungen) in Auftrag gibt, als „Besteller" bezeichnet, während derjenige, der die Ausführungen der Leistungen übernimmt, als „Unternehmer" benannt wird. Zu beachten ist insoweit allerdings, dass der Unternehmerbegriff des Werkvertragsrechts nicht mit dem des § 14 BGB[9] identisch ist. Unternehmer i. S. d. § 631 BGB ist unabhängig von § 14 BGB jeweils die ausführende Partei.

Die VOB/B verwendet abweichende Bezeichnungen, ohne jedoch inhaltlich Unterschiedliches zu regeln. Dort heißt der Besteller „Auftraggeber" und der Unternehmer wird als „Auftragnehmer" bezeichnet. Der Begriff „Auftraggeber" korrespondiert mit der vergaberechtlichen Terminologie der VOB/A, die von „öffentlichen Auftraggebern" spricht.

2. Einzelvorschriften

2.1 Abschlagszahlungen, § 632a BGB

a) Die Ausgangslage

Die vertragliche Regelung des Abschlagszahlungsanspruchs des Werkunternehmers ist mittlerweile mehrfach geändert worden. Die nun eingeführte Neufassung des § 632 a BGB stellt den dritten Versuch dar, eine sachgerechte Regelung für Abschlagszahlungen im BGB zu implementieren. Der erste Versuch, der durch das Gesetz zur Beschleunigung fälliger

7 Unter Umständen schuldete der Unternehmer die Herstellung einschließlich seiner Ablieferung, d. h. inklusive der Verschaffung von Eigentum und Besitz.

8 Diese Regelungen werden in diesem Kapitel unter 4. erläutert.

9 Nach § 14 Abs. 1 BGB ist ein Unternehmer eine natürliche oder juristische Person oder eine rechtsfähige Personengesellschaft, die bei Abschluss eines Rechtsgeschäfts in Ausübung ihrer gewerblichen oder selbständigen beruflichen Tätigkeit handelt.

Zahlungen vom 30.03.2000[10] in das BGB eingeführt wurde, sah vor, dass Abschlagszahlungen nur für *„in sich abgeschlossene Teilleistungen"* gestellt werden können. Schon die gewählte Begrifflichkeit, welche der VOB/B entlehnt war, war verunglückt. Auf Abgeschlossenheit kann es in diesem Zusammenhang nicht ankommen.[11]

Durch das Forderungssicherungsgesetz vom 30.10.2008[12] wurde die noch bis Ende 2017 geltende Version des § 632 a BGB mit dem Ziel geschaffen, dem Unternehmer schneller Liquidität zu verschaffen. Dafür wurde der zu enge Begriff der *„in sich abgeschlossenen Leistung"* aufgegeben. Nach dieser nun ebenfalls überholten Norm kam es für die Abschlagszahlungen auf den Wertzuwachs beim Besteller an, wobei wegen unwesentlicher Mängel die Abschlagszahlung nicht verweigert werden konnte. In der Praxis führte aber auch das Kriterium des *„Wertzuwachses"* regelmäßig zu Streit zwischen den Vertragsparteien, der nicht selten in einem Sicherheitsbegehren nach § 648 BGB und/oder bei Gericht eskalierte. Als noch problematischer erwies sich in der Praxis die Formulierung, dass *„wegen unwesentlicher Mängel die Abschlagszahlungen nicht verweigert werden kann"*. Die herrschende Meinung verstand dies so, dass bei Vorliegen eines wesentlichen Mangels Abschlagszahlungen verweigert werden dürfen.[13] Schließlich konnten Abschlagszahlungen nur für diejenigen Leistungen verlangt werden, hinsichtlich derer sich der Wertzuwachs bei dem Besteller in nicht mehr entziehbarer Weise manifestiert hatte.[14] Damit kamen z.B. Abschlagszahlungen für Leistungen, die allein der Baustelleneinrichtung dienen und nicht dem Bauwerk unmittelbar werterhöhend zugutekommen, nicht in Betracht.

Hinsichtlich des Erfordernisses, dass kein wesentlicher Mangel vorliegen darf, ergab sich das Problem, dass Abschlagszahlungen selbst dann in Gänze zurückgewiesen werden durften, wenn der vorhandene wesentliche Mangel nur einen Bruchteil des Wertes des Wertzuwachses ausmachte. Wer nicht zahlen wollte, machte sich auf die Suche nach wesentlichen Mängeln, die auch bei geringem Wert zur Verweigerung einer Abschlagszahlung führen konnten.

b) Die Neuregelung

Diese in der Praxis als misslich empfundenen Probleme versucht der neue § 632 a BGB zu vermeiden.

aa) Leistungsverweigerungsrecht nur noch gem. § 641 Abs. 3 BGB

Das Recht, Abschlagszahlungen verlangen zu dürfen, wird nun nicht mehr grundsätzlich durch das Vorhandensein von Mängeln – einschließlich wesentlicher (!) Mängel – in Frage gestellt. Vielmehr wird auf die entsprechende Anwendbarkeit des § 641 Abs. 3 BGB verwiesen. Zukünftig darf der Besteller wegen des Vorhandenseins von Mängeln aller Art die Zahlung eines angemessenen Teils der Vergütung verweigern. Dies entspricht in der Regel

10 BGBl Teil I vom 7. April 2000, S. 330.
11 Leinemann, NJW 2017, 3113.
12 BGBl Teil. I vom 28. Oktober 2008 S. 2022, 2582.
13 Palandt-Sprau, 76. Aufl. 2017, § 642 a, Rn. 7.
14 vgl. BGH, NJW 2013, 21.

dem Doppelten der Mängelbeseitigungskosten. Auf die Wesentlichkeit von Mängeln kommt es nicht (mehr) an.

bb) Entkopplung von Abschlagsrechnung und Wertzuwachs

Zukünftig kann der Unternehmer von dem Besteller eine Abschlagszahlung in Höhe des Wertes der von ihm erbrachten und nach dem Vertrag geschuldeten Leistungen verlangen. Grundlage der Berechnung der Abschläge ist damit zukünftig der – vereinbarte – Wert der vom Unternehmer erbrachten Leistungen. Dieser Wert wird sich in der Regel aus dem zwischen den Parteien geschlossenen Vertrag herleiten lassen. Die Regelung orientiert sich grundsätzlich an der Berechnungsweise der Abschlagszahlung, die § 16 Abs. 1 Nr.1 VOB/B zugrunde liegt. Man wird deshalb davon ausgehen dürfen, dass die Regelung in der VOB/B einer Inhaltskontrolle standhält.

In dem Referentenentwurf – der sich hier bis zur endgültigen Version nur redaktionell geändert hat – wird zur Begründung der Änderungen ausgeführt, dass der Vertragswert der erbrachten Leistungen einerseits und der Wertzuwachs beim Besteller andererseits nicht zwingend identisch seien und für den Besteller dann, wenn die vereinbarte Vergütung höher sei als der objektive Wert der Leistung, eine Risikoerhöhung eintreten könne. Dies sei aber nur im Einzelfall und nur in geringem Umfang zu erwarten. Dies erscheint zweifelhaft. Insbesondere zu Beginn der Arbeiten, bei denen regelmäßig die Baustelleneinrichtung, bei mittleren und großen Bauvorhaben auch mit großem Leistungsaufwand, anfällt, erfährt das Bauvorhaben des Bestellers meist noch keinen Wertzuwachs. Dennoch gesteht das neue Recht dem Unternehmer bereits Abschlagszahlungen zu. Dies erscheint jedoch vor dem Hintergrund der größeren Praktikabilität und der geringeren Streitanfälligkeit der Regelung deutlich besser zu sein als die ursprüngliche Regelung. Überdies ist anzuerkennen, dass der Unternehmer – auch ohne dass der Besteller einen besonderen Wertzuwachs erhält – bereits erhebliche Kosten zu Vertragsbeginn hat und der Besteller diese Leistungen auch bereits erhält. So ist eine Baustelleneinrichtung nicht selten für den Unternehmer kostenintensiv, aber nun einmal zwingende Voraussetzung, um weitere Leistungen für den Besteller erbringen zu können. Auch ohne Wertzuwachs nützt dies dem Besteller; zudem entspricht die Leistung der vertraglichen Vereinbarung.

cc) Beweislast

Nach dem Gesetz Muss der Unternehmer beweisen, dass die bereits erbrachten Leistungen vertragsgemäß sind. Eine bloße Darlegung der bereits erbrachten Leistungen reicht aber noch nicht. Vielmehr sieht § 632 a Abs. 1 S. 5 BGB vor, dass der Unternehmer eine „Aufstellung" schuldet, die „eine rasche und sichere Beurteilung der Leistungen ermöglicht". Der erforderliche Grad der Plausibilisierung hängt damit stark von der jeweiligen Leistung ab, in extremen Fällen wird hier sogar ein Sachverständigengutachten erforderlich sein. Damit wird letztlich analog zu § 16 Abs. 1 Nr. 1 VOB/B eine prüffähige Rechnung bei Abschlagszahlungen zur Fälligkeitsvoraussetzung.[15]

15 Leinemann, VOB/B-Kommentar, § 16 Rdn.11; siehe auch Leinemann in NJW 2017, S. 3313.

dd) Änderung der AGB-rechtlichen Regelung

Das Recht zur Stellung von Abschlagsrechnungen kann nicht mehr AGB-mäßig ausgeschlossen werden, § 309 lit. c Nr. 15 BGB. Auf diese Weise soll verhindert werden, dass die zum Schutz des Bestellers dienenden Vorschriften der § 632 a BGB und § 650 m BGB durch Allgemeine Geschäftsbedingungen abbedungen werden. Dabei wird nicht grundsätzlich jede Abweichung ausgeschlossen. Es darf nur zu keiner wesentlichen Schlechterstellung gegenüber den gesetzlichen Regelungen kommen. Dies wird auch in Bezug auf Sicherheitsleistungen unmissverständlich klargestellt. Jede Regelung, die dazu führt, dass eine Sicherheit in nicht oder nur in geringerer Höhe als nach der Vorschrift des § 650 m Abs. 2 BGB geleistet werden muss, ist unwirksam.

ee) Fortbestehende Regelungen

Im Übrigen bleibt es dabei, dass die Regelung des „Druckzuschlags" nach § 641 Abs. 3 BGB entsprechend anwendbar bleibt. Die eben dargelegten Regelungen gelten auch für erforderliche Stoffe oder Bauteile, die angeliefert oder eigens angefertigt und bereitgestellt sind, wenn dem Besteller nach seiner Wahl Eigentum an den Stoffen oder Bauteilen übertragen oder entsprechende Sicherheit hierfür geleistet wird.

2.2 Abnahme, § 640 BGB

a) Ausgangssituation

Mit § 640 Abs. 1 S. 3 BGB eine Regelung reformiert, die sich im Großen und Ganzen bewährt hat. Nach der bisherigen Rechtslage konnte eine fiktive Abnahme gemäß § 640 Abs. 1 S. 3 BGB erreicht werden, wenn der Besteller das Werk nicht innerhalb einer ihm vom Unternehmer bestimmten angemessenen Frist abnahm, obwohl er hierzu verpflichtet war. Voraussetzung war damit der objektive Eintritt der Abnahmereife, was gleichbedeutend mit dem Fehlen von wesentlichen Mängeln war. Aus diesem Grund lief das Verlangen einer Abnahme immer dann leer, wenn wesentliche Mängel vorlagen, auch wenn der Besteller sie zunächst gar nicht benannte.

b) Die Neuregelung

Die bisherige Regelung einer fiktiven Abnahme aus § 640 Abs. 1 S. 3 BGB ist nun ersatzlos gestrichen und durch einen neuen Absatz 2 anders ausgestaltet. Sinn und Zweck der Regelung soll es sein, die Möglichkeit der fiktiven Abnahme zu erhalten, sie aber gleichzeitig effektiver auszugestalten. Der Kern der Regelung bleibt deshalb unverändert: Die Möglichkeit der Abnahmeverweigerung wegen wesentlicher Mängel bleibt bestehen.Liegt ein wesentlicher Mangel nicht vor, besteht eine Verpflichtung zur Abnahme, § 640 Abs. 1 S. 1 und 2 BGB. Nach wie vor gilt, dass der Begriff der Unwesentlichkeit eng auszulegen ist. Als Faustregel bleiben solche Mängel von dieser Regelung unberührt, die auf die Gebrauchstauglichkeit oder die Sicherheit des Werkes Einfluss haben. Bei rein optischen Beeinträchtigungen kann nur im Einzelfall ermittelt werden, wie gravierend der konkrete Mangel sich tatsächlich darstellt.

Nunmehr soll ein Werk als abgenommen gelten, *„wenn der Unternehmer dem Besteller nach Fertigstellung des Werkes eine angemessene Frist zur Abnahme gesetzt hat und der Besteller die Abnahme nicht innerhalb einer Frist unter Angabe mindestens eines Mangels verweigert hat"*. Weiter ist wichtig zu beachten, dass eine fiktive Abnahme gegenüber Verbrauchern nur dann greift, wenn der Unternehmer den Verbraucher als Besteller in Textform zusammen mit der Aufforderung zur Abnahme auf die Folgen einer Nichterklärung oder einer Erklärung ohne Angaben von Mängeln hinweist.

Die Neufassung des § 640 Abs. 2 BGB soll insbesondere dazu dienen, eine missbräuchliche Verweigerung der Abnahme zu verhindern, indem die fiktive Abnahme durch die eine sogenannte Erklärungsobliegenheit des Bestellers ergänzt wird. Versäumt es dieser, einen Mangel zu rügen – allerdings reicht nun jeder Mangel aus, gleich ob es sich um einen wesentlichen oder einen unwesentlichen Mangel handelt – gelten die Abnahmewirkungen als eingetreten. Dann geht die Gefahr auf den Besteller über und die Verjährungsfrist für Mängelansprüche beginnt zu laufen. Anlass der Neuregelung ist die bisher bestehende Unsicherheit, ob die Abnahmewirkungen eingetreten oder aber wegen wesentlicher Mängel ausgeblieben sind.[16] Tatsächlich bestand im bisher geltenden Recht eine gewisse Unsicherheit dahingehend, ob eine fiktive Abnahme erfolgt ist, sofern nicht klar war, ob ein wesentlicher Mangel vorlag. Tatsächlich beseitigt jedoch auch die Neuregelung die bestehende Unsicherheit nicht, sondern führt dazu, dass für eine fiktive Abnahme wohl kein praktischer Anwendungsbereich mehr verbleibt. Die Möglichkeiten zur missbräuchlichen Verweigerung der Abnahme durch den Besteller werden faktisch ausgeweitet: Irgendeinen Mangel wird er stets benennen können und dies in der Praxis wohl auch vorsorglich tun, selbst wenn sich die Mangelbehauptung später als unbegründet herausstellt.[17] Das führt für den Unternehmer zu erheblichen Nachteilen.

Bereits die Grundannahme der Gesetzesbegründung, dass die fiktive Abnahme nach der bisherigen Regelung immer dann nicht gegriffen habe, wenn der Besteller die Abnahme (ohne Benennung von Mängeln) verweigert habe, ist falsch. Nach dem bisherigen Recht hing der Eintritt der Abnahmewirkungen einer fiktiven Abnahme allein davon ab, ob der Unternehmer dem Besteller eine ausreichend bemessene Frist gesetzt hat, diese Frist fruchtlos verstrichen und der Besteller zur Abnahme verpflichtet war, d. h. das Werk frei von wesentlichen Mängeln war (vgl. § 640 Abs. 1 S. 2 BGB).[18]

Soweit in der Gesetzesbegründung behauptet wird, die bisherige Formulierung: *„obwohl er dazu verpflichtet ist"* lasse an Klarheit vermissen, entsprach es jedenfalls der zutreffenden ganz herrschenden Meinung, dass das Fehlen wesentlicher Mängel Vorausetzung für eine Abnahmefiktion sein muss, denn der Besteller war nur dann nicht verpflichtet abzunehmen, wenn wesentliche Mängel vorlagen.[19]Nach bisher gefestigter Rechtsprechung und herrschender Meinung bestand eine Abnahmepflicht erst bei vertragsgemäßer Herstellung des Werkes, nämlich der Herstellung eines vollständigen und im Wesentlichen

16 So die Gesetzesbegründung, BT-Drs. 18/8486 vom 18.05.2017, S. 48.
17 Leinemann NJW 2017, 3114.
18 vgl. BGH, Beschluss vom 18.05.2010 – VII ZR 168/09, NZBau 2010, 537; Leinemann-Jansen VOB/B, 5. Aufl., § 12, Rn. 2.
19 vgl. Havers in Kapellmann/Messerschmidt, 5. Aufl. 2015, § 12 VOB/B, Rn. 34.

mangelfreien Werkes.[20] Die hier durch Rechtsprechung und Literatur hergestellte Rechtssicherheit geht nunmehr durch die Neuformulierung wieder verloren, da es auf die Wesentlichkeit des einen, vom Besteller mindestens zu behauptenden Mangels, nach dem Gesetzeswortlaut nicht ankommt. Das sollte alsbald – mindestens durch richterliche Auslegung – korrigiert werden.[21]

aa) „Nach Fertigstellung"

Nach § 640 Abs. 2 S. 1 BGB ist die *„Fertigstellung des Werkes"* Voraussetzung für eine Abnahmefiktion . Es könnte angenommen werden, dass hierunter die Abnahmereife zu verstehen ist, Die Herstellung sollte soweit abgeschlossen sein, dass in objektiver Hinsicht wesentliche Mängel fehlen.[22] In der gesetzlichen Begründung wird dies aber offensichtlich anders ausgelegt. Danach ist „ von einer Fertigstellung im Sinne der Vorschrift dann auszugehen, wenn das Werk nach der vertraglichen Vereinbarung der Parteien als „fertig" anzusehen ist. Dies ist der Fall, wenn die im Vertrag genannten Leistungen abgearbeitet beziehungsweise erbracht sind – unabhängig davon, ob Mängel vorliegen oder nicht. Insofern unterscheidet sich der Begriff der Fertigstellung in § 640 Absatz 2 Satz 1 BGB-E von dem Begriff der vollständigen Fertigstellung in § 3 Absatz 2 Satz 2 Nummer 2 Makler- und Bauträgerverordnung (MaBV), der voraussetzt, dass sämtliche Arbeiten erbracht und alle wesentlichen Mängel behoben worden sind und damit Abnahmereife der Werkleistung voraussetzt."[23] Es muss wohl damit gerechnet werden, dass die Bedeutung des Begriffs *„Fertigstellung des Werkes"* unterschiedliche Auslegungen erfahren wird, was zu Rechtsunsicherheit führt.

Eine weitere Unsicherheit entsteht zukünftig für gekündigte Werkverträge. Der Wortlaut *„Nach Fertigstellung"* deutet darauf hin, dass eine Anwendung der Abnahmefiktion auf gekündigte Bauverträge ausgeschlossen ist. Bei einem gekündigten Bauvertrag ist das Werk nicht vollendet und auch nicht fertiggestellt. In der Baupraxis sind die Bauvertragsparteien aber gerade im Fall einer Kündigung des Bauvertrages häufig zerstritten, sodass der Unternehmer für die Erreichung der erforderlichen Abnahmewirkung auf die Abnahmefiktion angewiesen ist, sollte die Abnahme nicht ausnahmsweise entbehrlich sein.[24] Besser wäre es gewesen, der Gesetzgeber wäre zur früheren, vom BGH inzwischen aufgegebenen Rechtslage zurückgekehrt, die bei Kündigung vor Abschluss der Arbeiten eine Abnahme der unfertigen Leistungen nicht erforderte und eine prüfbare Abrechnung ausreichen ließ.[25]

bb) Pflicht des Bestellers zur Benennung einse Mangels

Neu ist schließlich, dass es dem Besteller obliegt, für eine wirksame Abnahmeverweigerung innerhalb der ihm gesetzten Frist die Abnahme unter Angabe von mindestens einem Mangel zu verweigern. Dabei soll es gleichgültig sein, ob es sich bei dem angegebenen

20 vgl. Palandt-Sprau, 76. Aufl. 2017, § 640 Rn. 8.
21 Leinemann, NJW 2017, 3113, 3114.
22 ebenso: Langen, NZBau 2015, 658 in Fußnote 9; Kimpel, NZBau 2016, S. 734.
23 BT-Drs. 18/8486 vom 18.05.2017, S. 49.
24 Vgl. BGH, Urteil vom 19.12.2002 – VII ZR 103/00, BauR 2003, 689.
25 BGH, .NJW 1987, 382; BGHZ 140, 365 = NJW 1999, 1867; BGHZ 145, 245 = NJW 2001, 367.

Mangel um einen wesentlichen oder unwesentlichen Mangel handelt. Auch soll es wohl nicht darauf ankommen, ob der Mangel tatsächlich existiert. Wird die Abnahme unter Angabe des Mangels verweigert, hindert dies die Abnahmefiktion. Die Grenze ist lediglich die Rechtsmissbräuchlichkeit.

Verlangt nach der aktuellen Rechtslage der Unternehmer zu Recht die Abnahme und verweigert der Besteller diese nur wegen eines unwesentlichen Mangels, greift die Fiktion gleichwohl. Überdies kann der Besteller mit der Abnahme in Verzug geraten. Die Folgen der Abnahme treten dann ein.[26] Es lässt sich zum neuen Recht hören, dass die Erfüllung der Erklärungsobliegenheit des Bestellers (Rüge eines unwesentlichen Mangels) nicht nur die Abnahmefiktion hindert, sondern auch den Verzug selbst. Dem kann jedoch im Ergebnis nicht gefolgt werden. Die Obliegenheit bezieht sich ausschließlich auf die Hinderung der Abnahmefiktion, nicht aber auf die Begründung eines Verzugs. Gerät der Besteller aber in Verzug mit der Abnahme, treten die Abnahmefolgen – wie bisher schon – automatisch ein.

cc) Verbraucher und die Erklärungsobliegenheit

Gegenüber Verbrauchern ist der Unternehmer verpflichtet, in Textform auf die negativen Rechtsfolgen seines Schweigens auf ein Abnahmeverlangen hinzuweisen. Nach bisherigem Recht konnte eine Abnahme auch ohne Angaben von Gründen verweigert werden. Durch schlichtes Schweigen konnte zudem bei Vorhandensein eines wesentlichen Mangels keine Abnahmefiktion eintreten. Der Besteller war damit nach bisherigem Recht nicht gehalten, das Werk zu prüfen, muss zukünftig aber eine zumindest vertretbare Mängelbehauptung aufstellen. Der Besteller muss praktisch künftig immer eine Prüfung des Werks vornehmen, da er nur dann einen Mangel behaupten kann.

Der Grundsatz, dass der Unternehmer die Mangelfreiheit bei der Abnahme im Streitfall beweisen muss, wird zwar durch die neue Regelung nicht berührt, im Ergebnis jedoch eingeschränkt. Allerdings scheint es nicht unbillig, auch von einem Verbraucher die Prüfung des Gebäudes zu erwarten, wenn der Unternehmer von ihm eine Abnahme verlangt. Besteht dann eine Unzufriedenheit mit der Leistung, wird sicher ein Mangel gerügt werden können.

2.3 Kündigung aus wichtigem Grund, § 648 a BGB

Mit dem neu geschaffenen § 648 a BGB wird erstmals für beide Vertragsparteien das Recht zur Kündigung aus wichtigem Grund gesetzlich kodifiziert. Allerdings stellt die letztlich gefundene Regelung nur eine Klarstellung der ganz herrschenden Meinung dar, die auch bisher schon davon ausging, dass ein Recht zur Kündigung des Werkvertrages aus wichtigem Grund besteht.[27] Die Kodifizierung der Kündigung aus wichtigem Grund für das Werkvertragsrecht stellt die überfällige Regelung dessen dar, was schon vor dem Schuldrechtsmodernisierungsgesetz im Jahre 2002 annähernd einhellige Auffassung war.

---

26 Kimpel NZBau, 2016 S. 734 f.
27 RGZ 128, 1, 16; BGH, Urt. v. 15.06.1951, V ZR 86/50; Franz, in: Leinemann VOB/B, § 8 VOB/B, Rn. 6 m.w.N.

Die Ausgestaltung des nunmehr in § 648 a BGB geregelten Rechts zur Kündigung des Werkvertrags aus wichtigem Grund entspricht der bisherigen herrschenden Rechtsprechung. In Absatz 3 wird ausdrücklich die entsprechende Anwendbarkeit des § 314 Abs. 2 und 3 BGB angeordnet. Damit steht jetzt fest, dass für den Fall, dass ein Werkvertrag wegen einer Pflichtverletzung aus wichtigem Grund gekündigt werden soll, regelmäßig zuvor eine Abhilfeaufforderung unter Fristsetzung erforderlich ist, die aber gemäß § 323 Abs. 2 Nr. 1 und 2 BGB ausnahmsweise entbehrlich sein kann. Auch dies entspricht bereits geltender Rechtsprechung.[28]

Eine Kündigung aus wichtigem Grund muss gemäß § 314 Abs. 3 BGB innerhalb einer angemessenen Frist ausgesprochen werden, nachdem der Kündigende von dem Kündigungsgrund Kenntnis erlangt hat.[29]

a) Teilkündigung

Besonders wichtig und neu ist, dass der Gesetzgeber dem Kündigenden ausdrücklich die Möglichkeit einer Teilkündigung einräumt. Nach dem Wortlaut des § 648 a BGB liegt ein wichtiger Kündigungsgrund vor, wenn dem kündigenden Teil unter Berücksichtigung aller Umstände des Einzelfalles und unter Abwägung der beiderseitigen Interessen die Fortsetzung des Vertragsverhältnisses bis zu der Fertigstellung des Werks nicht zugemutet werden kann. Hier geht es darum, den Vertragsparteien etwas Flexibilität zu erhalten. Derjenige, der der Leidtragende eines vertragswidrigen Verhaltens der anderen Partei wurde, soll nicht automatisch gezwungen werden, sich wirtschaftlich unvernünftig zu verhalten. Ist das Vertragsverhältnis in objektiver Hinsicht derart zerrüttet, dass es dem anderen Vertragsteil nicht zugemutet werden kann, am Vertrag festzuhalten, bedeutet dies noch nicht, dass er dieses ihm zuwachsende Recht auch ausüben muss. Es bleibt ihm das Recht, trotz der Zerrüttung den Vertrag teilweise zu Ende zu führen – aus welchen Gründen auch immer. Es ist nicht ganz eindeutig, für welche Leistungsteile eine Teilkündigung ausgesprochen werden kann. Der Gesetzgeber folgt hier nicht dem Wortlaut von § 8 Abs. 3 Nr. 1 VOB/B, wo es heißt: *„Die Kündigung kann auf einen in sich abgeschlossenen Teil der vertraglichen Leistungen beschränkt werden."* Nunmehr muss und kann die Teilkündigung sich nur auf *„einen abgrenzbaren Teil des geschuldeten Werkes"* beziehen. Fest steht nach der Begründung des Gesetzesentwurfs, dass die besonders hohe Hürde aus der VOB/B-Formulierung für das Gesetz nicht gelten sollte. Es kommt also nicht darauf an, dass es sich um eine „in sich abgeschlossene Teilleistung" handelt, sondern den Vertragsparteien muss nur eine klare Abgrenzung der von der Teilkündigung erfassten zu den nicht erfassten Leistungen möglich sein. Der von der Kündigung betroffene Unternehmer soll andererseits jedoch in der Lage bleiben, die nicht von der Kündigung betroffenen Teile ohne Beeinträchtigung erbringen zu können. Dies soll durch die Formulierung zum Ausdruck kommen, dass es sich um einen *„abgrenzbaren Teil des geschuldeten Werkes"* handeln muss.[30]

Damit ist indes noch nicht geklärt, was ein „abgrenzbarer Teil" des geschuldeten Werks ist. Nach der Rechtsprechung handelt es sich im Fall von § 8 Abs. 3 Nr. 1 VOB/B um abge-

28 vgl. OLG Stuttgart, Beschl. v. 09.02.2016 – 10 U 143/15, NJW-RR 2016, 470.
29 vgl. Leinemann-Franz, 6. Aufl. 2016, § 8 Rn. 46.
30 BT-Drs. 18/8486 vom 18.05.2017, S. 51.

schlossene Teilleistungen, wenn diese nach der Verkehrsanschauung als selbstständig und von den übrigen Teilleistungen aus dem Bauvertrag unabhängig anzusehen sind, diese Leistungen sich überdies in der Gebrauchsfähigkeit abschließend beurteilen lassen.[31]

Nach neuem Recht wird es auf die funktionale Eigenständigkeit zur Beurteilung des abgrenzbaren Teils nicht mehr ankommen. Auch innerhalb eines einzelnen Gewerkes ist damit der Ausspruch der Teilkündigung möglich, solange eine logische Abrechnung des erbrachten und nicht mehr erbrachten Teils möglich bleibt und der Unternehmer, der noch weitere Leistungsteile erbringen muss, durch die Kündigung einer Teils einer Leistung in der weiteren Erbringung seiner noch geschuldeten Leistungen nicht unnötig behindert wird. Maßstab wird damit zukünftig nur sein, dass eine sinnvolle Abrechnung möglich ist, ohne dass die Teilkündigung den anderen Teil in seiner weiteren Leistungserbringung behindert. Im Prinzip dürften damit alle durch Aufmaß festzustellenden Leistungen teil-kündbar sein, da erbrachte und nicht erbrachte Leistungen von einander aufmaßtechnisch abgegrenzt werden können.[32]

b) Leistungsstandfeststellung

Nach § 648 a Abs. 4 BGB haben die Parteien eine Leistungsstandfeststellung vorzunehmen. Jede Partei kann von der anderen eine Mitwirkung an der gemeinsamen Leistungsstandfeststellung verlangen. Verweigert eine Partei die Mitwirkung, so trifft sie die Beweislast für den Leistungsstand zum Zeitpunkt der Kündigung.[33] Wenn also die eine Partei durch die andere unter Fristsetzung zur gemeinsamen Leistungsstandfeststellung aufgefordert wurde und diese Partei der gemeinsamen Leistungsfeststellung trotz angemessener Frist fernblieb, muss diese den Leistungsstand beweisen, es sei denn, dass sie das Fernbleiben nicht zu vertreten hat und sich dazu unverzüglich erklärt.

c) Vergütung

Hinsichtlich des Vergütungsanspruchs nach § 648 a Abs. 5 und 6 BGB gilt, dass der Unternehmer nur diejenigen Leistungen vergütet erhält, die er bis zum Zeitpunkt der Kündigung bereits erbracht hatte. Hinsichtlich des nicht erbrachten Teils ist der Unternehmer auf die Geltendmachung von Schadensersatzansprüchen beschränkt. Allerdings erscheint die undifferenzierte Behandlung des Vergütungsanspruchs, gleichgültig ob der Vertrag durch den Besteller oder den Auftragnehmer gekündigt wurde, wenig sachgerecht.[34] In Extremfällen könnte das neue Recht den Besteller dazu verleiten, sich nur deshalb vertragswidrig zu verhalten, um den Auftragnehmer zur Kündigung aus wichtigem Grund zu zwingen und ihm somit für den gekündigten Leistungsteil seinen Vergütungsanspruch abzuschneiden. Der dem Auftragnehmer zustehende Schadensersatzanspruch stellt gegenüber dem Vergütungsanspruch kein vergleichbares Äquivalent dar, zumal ein Vergütungsanspruch im Zweifel deutlich einfacher als ein Schadenersatzanspruch darzulegen und durchzusetzen ist.

---

31 BGH, BauR 1983, 573.
32 Leinemann, NJW 2017, 3113, 3114.
33 Das entspricht der Praxis im VOB/B-Vertrag, vgl. Leinemann, in: Leinemann, VOB/B, § 4 Rn. 194 ff. m.w.N.
34 Langen NZBau 2015, 658, 661; Leinemann in NJW 2017, S. 3114.

2.4 Bauvertrag, § 650a BGB

In § 650a BGB wird nun erstmals unter Anknüfung an bekannte Begrifflichkeiten aus den §§ 634a Abs. 1 Nr.2, 648 Abs. 1 und 648a BGB der Bauvertrag definiert. Er hat die *Herstellung*, die *Wiederherstellung, die Beseitigung* oder den *Umbau* eines Bauwerks oder einer Außenanlage zum Gegenstand. Nach § 650 a Abs. 2 BGB ist auch die Instandhaltung eines Bauwerks als Bauvertrag anzusehen, aber nur dann, wenn das Werk für die Konstruktion, den Bestand oder den bestimmungsgemäßen Gebrauch von wesentlicher Bedeutung ist.

Dass in Abs. 2 die Instandhaltung von Außenanlagen nicht erwähnt ist, dürfte ein Redaktionsversehen darstellen. Ausführungen zu dieser Einschränkung enthält die amtliche Begründung zur Neufassung des § 650 a Abs. 2 BGB nicht.[35] Die Instandhaltung von Außenanlagen dürfte deshalb ebenfalls als Bauvertrag anzusehen sein.

2.5 Änderung des Vertrages/Anordnungsrecht des Bestellers, § 650b BGB

Mit § 650 b BGB im Zusammenspiel mit dem neuen § 650 c BGB wird erstmals ein einseitiges Anordnungsrecht des Bestellers einer Bauleistung gesetzlich begründet. Diese Besonderheit des VOB/B-Bauvertrags ist nun auch im BGB geregelt.

Entscheidend ist aber, dass damit auch eine Regelung zur Vergütung der veränderten Leistungen in engem zeitlichen Zusammenhang erfolgt und der Unternehmer seinen Mehraufwand auch vergütet bekommt. Letzteres ist gerade deshalb von Bedeutung, weil sich der Unternehmer nicht von Anfang an bei Vertragsschluss auf die einseitig vom Besteller geforderten Veränderungen einstellen konnte.

Für größere Bauvorhaben, die nicht mit einem VOB/B-Bauvertrag realisiert werden, besteht ein Bedarf für die Regelung eines einseitigen Anordnungsrechts des Bestellers.[36]

a) Das Einigungsmodell – Vorrang vor einseitiger Anordnung

Nach § 650 b Abs. 1 bis 3 BGB ist dem Anordnungsrecht des Auftraggebers das sogenannte Einigungsmodell vorgeschaltet, was eine erhebliche Abweichung vom Anordnungsrecht der VOB/B (§ 1 Abs. 4 i.V.m. § 18 Abs. 5) darstellt. Begehrt der Besteller eine Änderung, sind die Parteien gesetzlich verpflichtet, ein Einvernehmen hierüber anzustreben und zwar sowohl hinsichtlich der Änderung als auch der Vergütung. Daher wird der Unternehmer aufgrund des Begehrens des Bestellers verpflichtet, ein Angebot über die Mehr- oder Mindervergütung zu erstellen. Wird eine Einigung zwischen den Parteien binnen 30 Tagen nach Zugang des Änderungsbegehrens nicht erzielt, entsteht das einseitige Anordnungsrecht des Bestellers.

35 Vgl. BT-Drs. 18/8486 vom 18.05.2017, S. 53.

36 Stellungnahme des Deutschen Anwaltvereins durch den Ausschuss für privates Bau-und Architektenrecht. Initiativ Stellungnahme zum Abschlussbericht der Arbeitsgruppe Bauvertragsrecht beim Bundesministerium der Justiz vom 18. Juni 2013 (AZ: IB3-3430/25-3-470/2013) – Stellungnahme Nummer 6/015 Februar 2015, S 5; Stellungnahme des deutschen Baugerichtstages e.V. zum Referentenentwurf eines Gesetzes zur Reform des Bauvertragsrechts und zur Änderung der kaufrechtlichen Mängelhaftung, S. 15.

b) Die Änderungsbefugnisse

Der Besteller kann eine Änderung des vereinbarten Werkerfolgs anordnen oder eine Änderung, die zur Erreichung des vereinbarten Werkerfolgs notwendig ist. Eine „Änderung, die zur Erreichung des vereinbarten Werkerfolges notwendig" ist, wird erforderlich, wenn eine Lücke zwischen dem bepreisten Leistungsumfang und dem darüber hinausgehend geschuldeten Erfolg besteht.

Bei dem Anordnungsrecht zur „Änderung des vereinbarten Werkerfolges" darf der Besteller sogar etwas anderes als das ursprünglich Vereinbarte verlangen, so § 650 b Abs. 1 Nr. 1 BGB. Daher hängt dieses Leistungsänderungsrecht von der zusätzlichen Anspruchsvoraussetzung der Zumutbarkeit ab.

aa) Änderung, die zur Erreichung des vereinbarten Werkerfolges notwendig ist

In einem Bauvertrag ist zwischen dem verpreisten Leistungsumfang und dem geschuldeten Erfolg zu differenzieren, was mehrere Entscheidungen des BGH problematisieren.[37] Unter dem verpreisten Leistungsumfang versteht man die Summe aller Leistungen, für die der Auftragnehmer nach Auslegung der Leistungsbeschreibung einen Anspruch auf Vergütung hat. Vereinbaren die Parteien eine konkrete Leistungsbeschreibung, werden die Parteien typischerweise davon ausgehen, dass der vertraglich vereinbarte Erfolg durch das Abarbeiten der Leistungsbeschreibung erreicht werden kann. Hieraus folgt – durch Auslegung des Vertrages auf der Vergütungsseite – dass der Auftragnehmer die Vergütung „nur" für die beschriebenen Leistungen aus der Leistungsbeschreibung erhält. Ergibt die Auslegung der Leistungsbeschreibung, dass ein bestimmter Erfolg geschuldet ist und ergibt jedoch die weitere Auslegung der Leistungsbeschreibung auch, dass diejenigen Leistungen, die die Parteien für erforderlich und ausreichend erachteten, um diesen Erfolg zu erreichen tatsächlich jedoch nicht ausreichend sind, stellte sich in der Vergangenheit die Frage, wie mit den weiteren, zwingend erforderlichen, aber nicht beschriebenen Leistungen zu verfahren ist. Das Problem bestand darin, dass die Erwartungen der Parteien hinsichtlich der für den Werkerfolg notwendigen Leistungen nicht erfüllt wurden.

Der unklaren Rechtslage, ob und wenn ja, unter welchen Voraussetzungen dem Unternehmer aufgrund von Änderungen der Leistung zur Erreichung des vereinbarten Werkerfolgs ein zusätzlicher Vergütungsanspruch zusteht, wird nun durch § 650 b Abs. 1 Nr. 2 BGB dadurch Rechnung getragen, das der Besteller Änderungen anordnen darf, um den vereinbarten Werkerfolg zu erreichen. Der Vergütungsanspruch des Unternehmers folgt dann aus § 650 c BGB.

Schuldet der Unternehmer nicht nur die Ausführung, sondern auch die Planung des Bauwerks, so ist er auch zur mangelfreien Erstellung einer solchen Planung verpflichtet. Anordnungen zur Beseitigung von Planungsmängeln sind dann kein Grund zur Vergütungsanpassung, da die Planung und Ausführung eines mangelfreien Werkes ohnehin Gegenstand seiner vertraglichen Leistungspflicht ist. Andererseits stellt das Gesetz klar, dass in dem Fall, wenn der Besteller die Planungsverantwortung trägt, der Unternehmer zur Abgabe eines

37 BGH, Beschluss vom 23.03.2011 – VII ZR 216/08, BauR 2011, 1162; BGH, Urt. v. 30.06.2011 – VII ZR 13/10, BauR 2011, 1646; Urt. v. 07.03.2013 – VII ZR 68/10; NJW 2013, 1950.

Angebots nur dann verpflichtet ist, wenn der Besteller eine Planung für die Änderung zur Verfügung stellt.

bb) Änderungen des vereinbarten Werkerfolgs – Zumutbarkeit

Bei Änderungen des vereinbarten Werkerfolgs besteht nur dann eine Pflicht des Unternehmers, der Anordnung nachzukommen, wenn ihm die Änderungen *zumutbar* sind. § 650 b Abs. 1 S. 3 BGB unterscheidet insofern zwischen betriebsinternen Unzumutbarkeitsgründen und anderen Gründen. Nur für die betriebsinterne Unzumutbarkeit trägt der Unternehmer die Beweislast. Für alle anderen Unzumutbarkeitsgründe ist damit im Umkehrschluss der Besteller darlegungs- und beweisbelastet.

Bei Unzumutbarkeit der Anordnung steht dem Unternehmer – jedenfalls in Bezug auf die geänderte Leistung – ein Leistungsverweigerungsrecht zu.

Für die Beurteilung der Zumutbarkeit soll eine Abwägung der Interessen beider Parteien stattfinden.[38] Dazu gehören die technischen Möglichkeiten, die Ausstattung und Qualifikation des Unternehmers neben *„den betriebsinternen Vorgängen"*. Ebenso ist zu berücksichtigen, ob der Unternehmer durch die Anordnung zu Leistungen verpflichtet wird, die nicht der ursprünglichen Vereinbarung der Parteien entsprachen. Die Schwelle für die Unzumutbarkeit soll unterhalb der des allgemeinen Leistungsverweigerungsrechts wegen Unzumutbarkeit gemäß § 275 Abs. 2 und 3 BGB liegen.[39] Es kommt somit nicht auf ein „grobes Missverhältnis" an, sondern bereits jedes Missverhältnis genügt, um die Ausführung der Anordnung unzumutbar werden zu lassen.

Der Besteller muss sein Interesse an der begehrten Anordnung inhaltlich darlegen. Anderenfalls kann der Unternehmer nicht eigenständig beurteilen, ob nach Abwägung der wechselseitigen Interessen eine Unzumutbarkeit naheliegt. An diese Darlegung wird man keine hohen Anforderungen stellen müssen; der Unternehmer muss abschätzen können, ob er diese Leistungen ohne weiteres erbringen kann, was die Folgen für ihn sind und wie notwendig die Ausführung der Anordnung für das Vertragsziel ist.

Ein Anordnungsrecht wird nicht bestehen, wenn der Unternehmer die geforderten Leistungen nicht selbst ausführen kann, dafür auch keinen Nachunternehmer gebunden hat und sie technisch auch nicht zur Erreichung des Vertragsziels erforderlich sind. In Bezug auf den Inhalt des Merkmals *„betriebsinterne Vorgänge"* kann deshalb auf die einschlägige Rechtsprechung und die Kommentierungen zu § 1 Abs. 4 VOB/B Bezug genommen werden.[40]

---

38 BT-Drs. 18/8486 vom 18.05.2017, S. 53.

39 Danach kann der Schuldner die Leistung verweigern, soweit diese einen Aufwand erfordert, der unter Beachtung des Inhalts des Schuldverhältnisses und der Gebote von Treu und Glauben in einem groben Missverhältnis zu dem Leistungsinteresse des Gläubigers steht. Bei der Bestimmung der dem Schuldner zuzumutenden Anstrengungen ist auch zu berücksichtigen, ob der Schuldner das Leistungshindernis zu vertreten hat. Der Schuldner kann die Leistung ferner verweigern, wenn er die Leistung persönlich zu erbringen hat und sie ihm unter Abwägung des seiner Leistung entgegenstehenden Hindernisses mit dem Leistungsinteresse des Gläubigers nicht zugemutet werden kann.

40 Leinemann, NJW 2017, 3113, 3116; vgl. Leinemann-Schoofs, 6. Aufl. 2016 § 1 Rn. 74 ff.

c) Anordnung in Textform

Die Anordnung des Auftraggebers muss schließlich in Textform erfolgen, § 126 b BGB. Damit kommt es auf ein Schriftformerfordernis gerade nicht an. Ausreichend ist damit jede lesbare Erklärung auf einem dauerhaften Datenträger, die die Person des Erklärenden erkennen lässt. Eine bloß mündliche Anordnung wäre aber gemäß § 125 BGB nicht[41], wenn die Parteien nicht zuvor auf die Textform verzichtet haben.

d) Praktische Hürden des „Einigungsmodells"

Durchaus zu Recht weist unter anderem der Deutsche Baugerichtstag e.V. in seiner Stellungnahme zum Gesetzentwurf vom 19.04.2016[42] darauf hin, dass das in § 650 b Abs. 1 bis 3 BGB vorgeschaltete Einigungsmodell in der Praxis einige Probleme bereiten wird. Der Zeitrahmen von 30 Tagen könnte oft zu lang sein. Es wird abzuwarten sein, wie weiter in AGB-wirksam verkürzt werden kann, ohne die berechtigten Interessen der Unternehmen zu vernachlässigen. Hier bestehen Zweifel, ob substanzielle Verkürzungen einer Inhaltskontrolle standhalten würden.

Mit dem ausdrücklichen Änderungsrecht des Bestellers nach § 650 b BGB hat der Gesetzgeber eine seit Jahrzehnten aus der VOB/B bekannte vertragliche Modifikationsmöglichkeit in das Gesetz übernommen. Damit werden allerdings auch Probleme der VOB/B importiert.

Mit der Einführung des Merkmals der Zumutbarkeit ist noch eine neue Sollbruchstelle hinzugekommen. Der Unternehmer ist nicht zur Unterbreitung eines Angebots zur Ausführung des Änderungsbegehrens verpflichtet, wenn er der Ansicht ist, dass die Ausführung der Änderungen nicht zumutbar ist. Das Vorliegen betriebsinterner Gründe muss er beweisen; dieser Beweis wird jedoch regelmäßig als erbracht angesehen werden müssen, wenn der Unternehmer die begehrten Änderungsleistungen nicht im eigenen Betrieb ausführen kann und auch keinen entsprechenden Nachunternehmer dafür gebunden hat. Auch könnte der Besteller nicht in der Lage sein, hinreichend schnell eine Planung vorzulegen, auf deren Grundlage der Unternehmer dann (erst) ein Angebot zu erstellen hätte. Bei zeitlich eng getakteten Baustellen bleibt oft keine Zeit für den neuen Mechanismus. Dann müssen sich die Parteien einigen, wie es weitergehen soll, z. B. durch eine Abschlagszahlung, Planung durch den Unternehmer und/oder eine Verschiebung der Preiseinigung. Für einen sehr häufigen Fall bleibt alles beim Alten: Meint der Besteller, die veränderte Leistung sei vom Unternehmer ohnehin zu erbringen, z. B. weil der Unternehmer hier schon von Anfang an falsch geplant hatte, entsteht der Streit bereits um die Frage, ob überhaupt eine den Vertrag ändernde Anordnung vorliegt. Mit der eleganten Formulierung in § 650 b Abs. 1 Nr. 2, letzter Satz, wird nur umschrieben, dass in diesen Fällen das alte Dilemma weiter besteht: Meint der Unternehmer, es liege eine mehrvergütungspflichtige Änderungs-Anordnung vor, wird er sich entscheiden müssen, ob er bei Ablehnung jeglicher Mehrvergütung durch den Besteller die Leistung verweigert und möglicherweise eine Kündigung

41 Gesetzesbegründung, BT-Drucks. 18/11437, S. 49.
42 S. Stellungnahme des Deutschen Baugerichtstages vom 19.04.2016, S. 4 ff.

des Vertrags riskiert oder erst einmal auf eigenes Risiko ausführt und später, spätestens in der Schlussrechnung, die Mehrforderungen geltend macht.

Immerhin ist nun für Bauverträge, denen nicht die VOB/B zugrunde liegt, ein ausführlicher Mechanismus für inhaltliche Änderungen geschaffen, so dass die im BGB-Bauvertrag früher oft entstehende Diskussion, ob der Besteller überhaupt Änderungen fordern kann, wie diese zu vergüten sind, wie der Auftragnehmer darauf reagieren müsste etc., erledigt sein dürfte. Für reine BGB-Bauverträge schafft § 650 b BGB zweifellos mehr Klarheit gegenüber der bisherigen Gesetzeslage. Im kommerziellen Baugeschäft dagegen, wo der VOB/B-Vertrag Standard ist, dürfte sich in der Praxis wenig ändern. Man wird dort nun allerdings die 30-Tages-Frist berücksichtigen müssen[43], bevor es zur Anordnung von geänderten Ausführungen gegen den Willen des Unternehmers kommt.

2.6 Vergütungsanpassung, § 650c BGB

Die Folge des Anordnungsrechts des Bestellers besteht in dem dazugehörigen Vergütungsanspruch des Unternehmersnach § 650 c BGB.

a) Ausgangssituation

Einseitige Anordnungsrechte und dazugehörige Vergütungsansprüche gab es bisher nur im VOB/B-Vertrag, wobei dort der Vergütungsanspruch aus §§ 2 Abs. 5 und 6 VOB/B folgte. Obgleich das Wort „Urkalkulation" in der VOB/B nicht auftaucht, entspricht es doch der ganz herrschenden Meinung, dass der neue Preis für geänderte oder zusätzliche Leistungen durch die Fortschreibung der Urkalkulation zu bilden ist. Dieses System der Preisbildung ist immer wieder einmal kritisiert worden. Der weitverbreitete Grundsatz, dass die Fortschreibung des Preises auf Basis der Kalkulation des Auftragnehmers erfolgen soll, kann auch zu einer als problematisch empfundenen, drastischen Erhöhung kalkulierter Gewinne oder Verluste führen, was bisweilen als unerwünscht angesehen wird.[44]

b) Zur neuen Regelung

Die kalkulative Preisfortschreibung gilt aber für § 650 c BGB nicht mehr ohne Weiteres. Vielmehr sind für die aufgrund einer Änderungsanordnung zu erbringende Leistung nun im Ausgangspunkt die *„tatsächlich erforderlichen Kosten mit angemessenen Zuschlägen für allgemeine Geschäftskosten, Wagnis und Gewinn"* zu vergüten. Durch die Anknüpfung an tatsächliche Kosten wird eine „Mitnahme" überhöhter Gewinne oder in Einzelpreisen kalkulierter Verluste aus der bisherigen Urkalkulation vermieden.[45]

---

43 Wenn nicht die VOB/B als Ganzes vereinbart ist, § 310 Abs. 1 BGB, was praktisch jedoch fast nie vorkommt.
44 BT-Drs. 18/8486 vom 18.05.2017, S. 55.
45 Leinemann, NJW 2017, 3113, 3116.

aa) Berechnung der anzupassenden Vergütung

Der Unternehmer hat zukünftig ein Wahlrecht zur Nachtragspreisbildung: Entweder legt er tatsächliche Kosten zu Grunde, für deren Entstehen er darlegungs- und beweisbelastet ist oder er greift auf seine vereinbarungsgemäße hinterlegte Urkalkulation zurück (Abs. 2). Tatsächliche Kosten sind etwa die Einkaufspreise für Baustoffe oder die Kosten der Nachunternehmer, die dann mit Zuschlägen beaufschlagt werden. Die Urkalkulation ist indes nur dann eine Berechnungsalternative, wenn sie „vereinbarungsgemäß hinterlegt" wurde, so § 650 c Abs. 2 BGB. Entscheidet sich der Unternehmer für die Urkalkulation, wird von Gesetzeswegen vermutet, dass die darin hinterlegten Preise im Sinne des § 650 c Abs. 1 BGB die tatsächlichen Kosten widerspiegeln. Die Vermutungsregelung führt zu Gunsten des Unternehmers zu einer Umkehr der Darlegungs- und Beweislast. Der Besteller muss dann darlegen und beweisen, wenn seines Erachtens niedrigere Kosten anfallen als sich aus der Urkalkulation ergeben.

Vorrangig gilt somit die Ermittlung der Vergütung anhand der tatsächlich erforderlichen Kosten zuzüglich der Zuschlagssätze nach Abs. 1. Die Regelung des Abs. 2 ermöglicht dem Unternehmer bei Rückgriff auf seine Urkalkulation nur eine Umkehr der Darlegungs- und Beweislast in Bezug auf diese Kosten. Allerdings wird der Besteller oft keine niedrigeren tatsächlichen Kosten nachweisen können, wenn der Unternehmer zur Berechnung nach Urkalkulation optiert. Fälle krasser Fehlkalkulationen oder spekulativer Preise können aber meist so recht gut korrigiert werden. Genau das war auch die gesetzgeberische Absicht nach einer Lösung von der Urkalkulation zur Vermeidung unbilliger Ergebnisse.[46]

bb) Vorläufige Pauschalierung, 80 %-Regelung

§ 650 Abs. 3 BGB soll Streit über die Höhe von Mehrkosten aus zusätzlichen oder geänderten Leistungen leichter klären und Leistungsverweigerungen vermeiden. Sind Abschlagszahlungen gemäß § 650 c Abs. 3 BGB vereinbart oder gemäß § 632 a BGB möglich, kann der Besteller 80 % des Preises seines des gemäß § 650 b Abs. 1 S. 2 BGB von ihm vorgelegten Nachtragsangebots fordern.

Damit kann der Unternehmer schnell und auf einfachem Wege einen Mehrvergütungsanspruch in Höhe von 80 % seines angebotenen Nachtragspreises erlangen. Hält der Besteller diesen Preis für überhöht, muss er die überhöhte Vergütung per einstweiliger Verfügung herabsetzen lassen, wenn Verhandlungen dazu ohne Ergebnis bleiben.[47] Das wird durch § 650 d BGB erleichtert. Wenn der Besteller die Zahlung auf eine Abschlagsrechnung verweigert, die 80 % des Angebots berechnet, steht dem Unternehmer ein Leistungsverweigerungsrecht nach § 273 BGB zu.

Missverständlich ist die Regelung, dass für den Fall, dass der Unternehmer die 80 %-Regelung im Rahmen der Abschlagszahlungen in Anspruch nimmt, die nach den § 650 c Abs. 1 und 2 BGB geschuldete Mehrvergütung erst nach der Abnahme fällig wird. Hierdurch soll nicht das Recht auf die Stellung von Abschlagsrechnungen in Höhe von 80 % des angebotenen Preises nach § 650 b Abs. 1 BGB in Frage gestellt werden. Vielmehr geht es darum,

46 BT-Drs. 18/8486 vom 18.05.2017, S. 55.
47 Gesetzesbegründung Bundestag Drucksache 18/8486, Seite 57.

dass der Unternehmer, nachdem er die 80 %-Regelung gewählt hat, vorerst auch auf diese 80% beschränkt wird. Wählt der Unternehmer die Forderung von 80 % seines Nachtragsangebots, kann diese sofort nach Ausführung abgerechnet werden, aber eben nicht mehr als das. Eine über 80 % hinausgehende Forderung kann erst durch die Schlussrechnung abgerechnet werden.

Führt die Inanspruchnahme der 80 %-Regelung am Ende zu einer Überzahlung des Unternehmers, sind die zurück zu gewährenden Beträge nach § 288 Abs. 1 S. 2, Abs. 2 und § 289 Abs. 1 BGB zu verzinsen. Hier können nur auf den konkreten Nachtrag bezogene Zahlungen betrachtet werden.[48] Erstreckt sich die Inanspruchnahme der 80 % Regelung über mehrere Abschlagsrechnungen und Zahlungen, wird die Zinspflicht ab dem Zeitpunkt fällig, zu dem erstmals die tatsächlich geschuldete Mehrvergütung überschritten wurde.

cc) Die tatsächlich erforderlichen Kosten

Der Gesetzgeber wollte sich bei § 650 c BGB bewusst bei der Ermittlung der Mehr- und Minderkosten von der VOB/B-gemäßen Fortschreibung der Urkalkulation lösen. Auch von andere Überlegungen in Richtung eines wie auch immer gearteten *„Vertragspreisniveaus"* und der *„üblichen Vergütung"* im Sinne von § 632 BGB wurden für nicht praktikabel erachtet. Zunächst hieß es im Referentenentwurf[49] wie folgt:

> „Die tatsächlich erforderlichen Mehr- und Minderkosten werden zunächst saldiert und der in der jeweiligen Bezugsposition des Ausgangsvertrages für die Ausgangsleistung kalkulierte Gewinn wird sodann hinzugerechnet bzw. der kalkulierte Verlust abgezogen."

Gewinne oder Verluste werden somit nicht prozentual fortgeschrieben, sondern bleiben auf den ursprünglich kalkulierten Euro-Betrag begrenzt.[50] Diese sachlich richtige Methodik findet bedauerlicherweise in der konkreten Formulierung des Gesetzes keinen Ausdruck. Auf tatsächlich **kalkulierte** Gewinne oder Verluste kommt es in Bezug auf die Änderungsleistung nach dem Wortlaut des Gesetzes gerade nicht an. Auch ist die kalkulierte Einzelposition nicht von Bedeutung.

In der Begründung des späteren Gesetzesentwurfes[51] heißt es schließlich:

> „Mehr- und Minderkosten werden nach den hierfür erforderlichen tatsächlichen Kosten mit angemessenen Zuschlägen für allgemeine Geschäftskosten, Wagnis und Gewinn abgerechnet. Bei der Ermittlung des veränderten Aufwands nach den tatsächlichen Kosten ist die Differenz zwischen den hypothetischen Kosten, die ohne die Anordnung des Bestellers entstanden wären, und den Ist-Kosten, die aufgrund der Anordnung tatsächlich entstanden sind, zu bilden. Diese Differenz ist die Grundlage, die für die Vergütung für den geänderten Aufwand."

Dieses Berechnungsmodell bleibt hinsichtlich der inhaltlichen Präzision hinter der Begründung des Referentenentwurfs zurück. Richtigerweise wird zukünftig von dem ursprüngli-

48 Leinemann, NJW 2017, 3113, 3117.
49 Entwurf eines Gesetzes zur Reform des Bauvertragsrechts u. Änderung des kaufrechtlichen Mängelhaftung (Referentenentwurf), Seite 59.
50 Das entspricht der herrschenden Meinung auch für den VOB/B-Vertrag, vgl. nur Leinemann, in: Leinemann, VOB/B-Kommentar, § 2 VOB/B, Rn.142.
51 Gesetzesbegründung Bundestag Drucksache 18/8486, Seite 62 f.

chen Vertragspreis als Ausgangsgröße auszugehen sein.[52] Davon sind sodann die Mehr- oder Minderkosten abzusetzen oder hinzuzuaddieren. Sie werden auf Basis der tatsächlich erforderlichen Kosten plus Zuschlagssätze ermittelt, wenn sich der Unternehmer nicht alternativ für eine Abrechnung nach Urkalkulation entscheidet.

Der Unternehmer belegt für die Darlegung der tatsächlich erforderlichen Kosten für sämtliche Einzelkosten der Teilleistungen, die mehr und/oder weniger anfallen, die angefallenen Mengen darlegt und die zugehörigen Kosten. Dies gilt jedenfalls dann, wenn er nicht auf seine vertragsgemäß hinterlegte Urkalkulation abstellt.

Schwieriger ist es, tatsächlich erforderliche Kosten in Bezug auf nicht angefallene Leistungen zu berechnen. Während es bei Mehrleistungen möglich ist z.B. Rechnungen von Subunternehmern und/oder Zulieferern vorzulegen, scheidet dies bei Minderleistungen oft aus. Ein Rückgriff auf die kalkulierten Preise ist nicht immer möglich, da die Mengenreduzierung Einfluss auf diese Preise haben kann. Faktisch werden hier (fiktive) Preise für die Einzelleistung zu bilden sein. Oft wird man aber auch die Kosten der Teilkündigung von Subunternehmern für entfallene Leistungen dem ursprünglichen Vertragspreis entgegensetzen können, so dass analog einer Teilkündigung des Vertrags abgerechnet werden kann.

Das Gesetz und seine Begründung enthält keine Erklärung, wann ein Zuschlag *„angemessen"* ist. Was *„angemessen"* ist, liegt, wie so oft, im Auge des Betrachters. Hier dürften Rechtsstreitigkeiten und ein großes Maß an Rechtsunsicherheit die Folge sein. Die Angemessenheit von Zuschlagssätzen dürfte stets eine Frage des Einzelfalls sein. Es empfiehlt sich letztlich dann doch, die kalkulierten Zuschlagssätze als angemessen anzusehen, wenn sie nicht vom Ortsüblichen besonders krass abweichen. Letztlich kann eben nur der Unternehmer zur Höhe solcher Zuschläge etwas vortragen, zumal die Kalkulation der Preise im Ermessen des Unternehmers steht. [53]

2.7 Einstweilige Verfügung, § 650d BGB

§ 650 d BGB sieht Erleichterungen für die Erlangung einer einstweiligen Verfügung in Bezug auf Streitigkeiten über das Anordnungsrecht und die Vergütungsanpassung gem. § 650 b BGB und § 650 c BGB vor. Ein Verfügungsgrund muss hier nicht mehr glaubhaft gemacht werden. Das betrifft insbesondere Streitigkeiten über die Zumutbarkeit der angeordneten Leistungen oder Streitfragen in Bezug auf die tatsächlichen Kosten und/oder die Angemessenheit der Zuschlagssätze.

Die beim Bundesjustizministerium gebildete „Arbeitsgruppe Bauvertragsrecht" hatte zur Klärung eines ursprünglich vorgesehenen Leistungsverweigerungsrechts des Unternehmers für den Fall einer vermeintlich ungerechtfertigten Anordnung zunächst die Einführung einer sogenannten *„Bauverfügung"* vorgeschlagen.[54] Hiermit war ein schnelles

---

52 Leinemann, NJW 2017, 3113, 3117.

53 Leinemann, NJW 2017, 3113, 3117; s. dazu und zum Grundsatz der Kalkulationsfreiheit, vgl. BGH, NZBau 2006, 797; OLG München, NJOZ 2006, 2326; OLG Koblenz, VergR 2006, 233 (234f).

54 Abschlussbericht der Arbeitsgruppe Bauvertragsrecht beim Bundesministerium der Justiz vom 18.06.2013, 3430/25-11-470/2003, S. 28 ff.

Erkenntnisverfahren durch spezialisierte Spruchkörper gemeint, was einen effektiven Rechtschutz gewähren sollte. Eine ausreichende Effektivität des einstweiligen Verfügungsverfahrens wurde seinerzeit noch ausdrücklich angezweifelt.[55] Mit dem Hinweis darauf, dass eine Umfrage bei Gerichten ergeben habe, dass es in der Vergangenheit so gut wie keine einstweiligen Verfügungsverfahren aufgrund von Auseinandersetzungen im Rahmen des § 1 Abs. 3, 4 VOB/B gegeben habe, sah der Gesetzgeber keine Veranlassung für die Einführung einer „Bauverfügung".[56]

Ursprünglich war auch noch angedacht, als Einleitungsvoraussetzung einen Einigungsversuch unter Beiziehung eines Sachverständigen vorzuschreiben. Das hält der Gesetzgeber im Hinblick auf den nach § 650 b Abs. 1 BGB vorgeschalteten Einigungsversuch nicht mehr für erforderlich. Richtigerweise soll bei dessen Scheitern die Möglichkeit eines schnellen Rechtschutzes gewährleistet werden, um einen Baustillstand bzw. Liquiditätsengpässe zu vermeiden. Das erfordert einen kleinen Kraftakt bei der Justiz: In Deutschland gab es 2017 fast keine Baukammern bei den Landgerichten. Sie werden nun mit Inkrafttreten der §§ 71, 72, 72 a und § 119 a GVG obligatorisch. Das bedeutet eine Chance für eine engagierte Richterschaft, die zunehmend auf Schiedsgericht abwandernde Deutungshoheit der staatlichen Gerichtsbarkeit für vor allem größere Bauprojekte wieder zurückzugewinnen. Die bisweilen eingerissene Praxis, Bausachen im Turnus auf alle Kammern eines Landgerichts ohne Rücksicht auf Kompetenz zu verteilen, sollte so endlich vorbei sein.[57]

Abschließend soll auf die Norm des § 945 ZPO hingewiesen werden. Diese Vorschrift gibt demjenigen, gegen den zu Unrecht eine einstweilige Verfügung erging und der im Hauptsacheverfahren eine Korrektur des Ergebnisses erstreitet, einen Schadensersatzanspruch. Nicht jede einstweilige Entscheidung ist am Ende ein Glücksfall für den Begünstigten. Wie auch sonst vor Gericht sollte man sich auch im Bauvertragsrecht auf angemessene und belegbare Ansprüche beschränken.

2.8 Sicherungshypothek des Bauunternehmers, § 650e BGB

An dieser seit 117 Jahren weitgehend unveränderten Regelung ändert sich auch weiterhin nichts. Die Regelung des § 650 e BGB entspricht vollständig der Regelung des § 648 BGB (a.F.). Die leichten sprachlichen Änderungen ergeben sich daraus, dass durch § 650 a BGB ausreichend klargestellt ist, dass die Vorschrift sich ausschließlich auf Bauverträge bezieht. Der Klarstellung im Gesetzestext, dass eine Sicherungshypothek nur durch den Unternehmer eines Bauwerks oder eines einzelnen Teils des Bauwerkes ein Baugrundstück betreffend, verlangt werden kann, bedarf es deshalb nicht mehr.

2.9 Bauhandwerkersicherungshypothek

Auch die Bauhandwerkersicherung, wonach der Unternehmer vom Besteller Sicherheit für noch nicht gezahlte Vergütung verlangen kann, blieb weitestgehend unverändert. § 650 f

55 Empfehlung des 5. Dt. Baugerichtstages, Arbeitskreis 1 Bauvertragsrecht, BauR 2014, 1544, 1546.
56 Entwurf eines Gesetzes zur Reform des Bauvertragsrechts u. Änderung des kaufrechtlichen Mängelhaftung (Referentenentwurf), Seite 58.
57 Leinemann, NJW 2017, 3113, 3119.

BGB neue Fassung entspricht dem ehemaligen § 648 a BGB (a.F.). Auch hier gibt es inhaltlich keine Neuerungen. Die sprachlichen Änderungen beruhen auf denselben Gründen wie bei § 650 e BGB.[58]

2.10 Zustandsfeststellung bei Verweigerung der Abnahme; Schlussrechnung, § 650g BGB

Mit § 650 g Abs. 1 BGB wird eine Vorschrift ins Gesetz aufgenommen, die § 4 Abs. 10 VOB/B ähnelt. Dabei ist einerseits der Anwendungsbereich deutlich gegenüber dem in der VOB/B reduziert, andererseits hat die Zustandsfeststellung § 650 g Abs. 1 BGB unmittelbar rechtliche Konsequenzen. Im Einzelnen:

Anwendungsbereich

Für den Fall, dass eine Abnahme – zu Recht oder zu Unrecht – verweigert wird, trägt grundsätzlich der Unternehmer nach §§ 644, 645 BGB die Gefahr des zufälligen Untergangs. Verzögert sich die Abnahme, wächst für den Unternehmer das Risiko, dass sein Gewerk Schäden erleidet, die auf seine Kosten wieder beseitigt werden müssen. Dem will der Gesetzgeber nun teilweise entgegen wirken, indem er dem Unternehmer das Recht einräumt, nach Abnahmeverweigerung eine Zustandsfeststellung des Werks zu verlangen. Erfolgt eine Zustandsfeststellung, führt dies in Bezug auf *„offenkundige Mängel"* zu einer Vermutung dahingehend, dass diese, wenn das Werk dem Besteller verschafft und der offenkundige Mangel nicht in der Zustandsfeststellung erfasst wurde, diese Mängel später entstanden und vom Besteller zu vertreten sind. Die Vermutungsregelung soll lediglich dann nicht gelten, wenn *„der Mangel nach seiner Art nicht vom Besteller verursacht worden sein kann"*.

Der Anwendungsbereich der Vorschrift ist also nur dann eröffnet, wenn der Besteller die Abnahme verweigert, das Werk ihm aber bereits verschafft wurde, der Besteller es also in Benutzung genommen hat. In dieser Konstellation kann der Unternehmer die Zustandsfeststellung verlangen, was in der Sache auch empfehlenswert ist.

Obliegenheit des Bestellers

Die Teilnahme an der gemeinsamen Zustandsfeststellung ist eine Obliegenheit des Bestellers. Er muss an dem gemeinsamen Zustandsfeststellungstermin teilnehmen und hat die gemeinsame Feststellung mit zu unterzeichnen. Nimmt der Besteller (schuldhaft) nicht teil, steht es dem Unternehmer frei, die Zustandsfeststellung allein durchzuführen. Hat der Besteller das Fernbleiben an der gemeinsamen Zustandsfeststellung nicht zu vertreten, so muss er dies dem Unternehmer unverzüglich anzeigen. Anderenfalls dürfte – auch wenn das nicht ausdrücklich im Gesetz steht – die vom Unternehmer allein vorgenommene Zustandsfeststellung als widerlegbare Vermutung gelten.[59]

58 Eine Erläuterung der Vorschrift findet sich unter 4.7 dieses Kapitels.
59 Leinemann, in: Leinemann, VOB/B, § 4 VOB/B, Rn. 4.

Verweigerung der Abnahme

Auf den ersten Blick überraschend mutet es an, dass eine Zustandsfeststellung nach § 650 g BGB nur dann verlangt werden kann, wenn der Besteller die Abnahme *„unter Angabe von Mängeln"* verweigert. Die Erklärung findet sich darin, dass die Regelung der Zustandsfeststellung ursprünglich in § 640 BGB, also in der Regelung zur Abnahme unmittelbar enthalten war. Hiervon wurde letztlich wieder Abstand genommen und die Regelung nur dem konkreten Bauvertragsrecht und nicht dem allgemeinen Werkvertragsrecht zugeschrieben. Die Regelung des § 650 g BGB schließt also an den § 640 Abs. 2 BGB an. Dies ändert freilich nichts daran, dass ein Bedürfnis der Zustandsfeststellung auch dann bestehen kann, wenn die Abnahme nicht aufgrund einer verlangten, aber aufgrund eines Mangels verweigerten Abnahme (fiktive Abnahme) scheitert. Denkbar ist es, dass die Parteien ohnehin intensiv über das Vorhandensein eines vermeintlich wesentlichen Mangels streiten und deshalb der Besteller aufgrund der ernsthaften endgültigen Abnahmeverweigerung des Unternehmers eine Abnahme (noch) nicht verlangt hat. Auch dann ist eine Zustandsfeststellung nach Ingebrauchnahme durch den Besteller genauso opportun und erforderlich.

Einer Zustandsfeststellung bedarf es für alle Fälle der Abnahmeverweigerung und Ingebrauchnahme durch den Besteller, unabhängig davon, ob der Unternehmer dem Besteller zuvor unter Setzung einer angemessenen Frist zur Abnahme aufgefordert hat, oder ob der Besteller von sich aus (ohne zuvor aufgefordert worden zu sein), die Abnahme verweigert hat.[60]

Prüffähige Schlussrechnung

Erst am Ende des Gesetzgebungsverfahrens ist das aus § 16 VOB/B bekannte Erfordernis der Prüffähigkeit der Schlussrechnung für den Bauvertrag nunmehr ins BGB aufgenommen worden. Damit wird für Bauverträge nun allgemein eine prüffähige Schlussrechnung zur Fälligkeitsvoraussetzung gemacht. Den Einwand der fehlenden Prüfbarkeit kann der Besteller nur innerhalb von 30 Tagen nach Zugang der Schlussrechnung gegenüber dem Unternehmer erheben. Danach gilt dasselbe wie beim VOB/B-Vertrag: Die Rechnung wird dann fällig, kann aber noch inhaltlich angegriffen werden.[61]

Der Gesetzgeber weist in seiner Begründung zum neu aufgenommenen § 650 g Abs. 4 BGB ausdrücklich darauf hin, dass die Anforderungen an die Prüfbarkeit der Rechnung je nach Art und Komplexität das Auftrages sehr unterschiedlich ausfallen können. Vor diesem Hintergrund wurde von einer detaillierten gesetzlichen Ausgestaltung, die der großen Bandbreite an unterschiedlichen Bauverträgen nicht gerecht werden konnte, abgesehen. Hier ist auf die Grundsätze, die bereits im Rahmen des § 14 VOB/B erarbeitet wurden, zurückzugreifen.[62]

---

60 Langen, NZBau 2015, 658, 666.
61 Leinemann, in: Leinemann, VOB/B, § 16 VOB/B, Rn. 128.
62 Leinemann, NJW 2017, 3113, 3118; näher zur Prüfbarkeit: Hilgers in : Leinemann, VOB/B, § 14 VOB/B, Rn 13 ff.

2.11 Schriftform der Kündigung, § 650h BGB

In § 650 h BGB ist geregelt, dass die Kündigung eines Bauvertrags grundsätzlich der Schriftform bedarf. Bislang war die Kündigung von Werkverträgen nach den gesetzlichen Bestimmungen formfrei möglich, unabhängig davon, ob es sich um eine freie Kündigung nach § 649 oder um eine Kündigung aus wichtigem Grund handelte. Anders verhielt es sich bei einem VOB/B-Vertrag. Hier ist gem. § 8 Abs. 5 VOB/B für alle Arten der Kündigung die Schriftform vorgesehen.

Das Schriftformerfordernis gemäß § 650 h BGB hat dagegen eine andere Qualität. Sinn und Zweck des neu aufgenommenen Schriftformerfordernisses soll die Rechtsicherheit und die Beweissicherung sein. Überdies soll die kündigende Partei vor einer Übereilung bewahrt werden.[63] Da es sich um eine gesetzliche Schriftform gem. § 126 BGB handelt, kann sie gem. § 126 a BGB nur durch die elektronische Form, nicht aber gem. § 126 b BGB durch die Textform ersetzt werden. Damit kann eine Kündigung von Bauverträgen nicht mehr im E-Mailverkehr ausgesprochen werden.[64]

3. Verbraucherbauvertrag

Um dem besonderen Schutzbedürfnis der Verbraucher Rechnung zu tragen, wurde ein eigenes Kapitel „Verbraucherbauvertrag" in das BGB eingefügt, in dem eine Reihe von Schutzvorschriften zusammengefasst sind. Zuvor gab es für Verbraucher nur in § 632 a III BGB eine einzelne Spezialnorm im Werkvertragsrecht. Im Grundsatz ist die Regelung eines Verbraucherbauvertrages angesichts der großen wirtschaftlichen Bedeutung eines Bauvertrages für einen Verbraucher, der einen solchen Vertrag in der Regel nur einmal in seinem Leben schließt, als sinnvoll anzusehen.

3.1 Verbraucherbauvertrag, § 650i BGB

In Abs. 1 des neu eingefügten § 650 i befindet sich eine Legaldefinition des Verbraucherbauvertrages als Vertrag zwischen einem Unternehmer und einem Verbraucher, durch die ein Unternehmer zum Bau eines neuen Gebäudes oder zu erheblichen Umbaumaßnahmen an einem bestehenden Gebäude verpflichtet wird.

Der Begriff „Verbraucher" ist legal definiert in § 13 BGB, der Begriff „Unternehmer" in § 14 BGB, dies ist uns seit dem Jahr 2000[65] vertraut. Der Verbraucherbauvertrag ist anders definiert als der Bauvertrag in § 650 a BGB-E, sein Anwendungsbereich ist beschränkter. Mit dem Verbraucherbauvertrag wurden die Vorgaben der EU-Verbraucherrechte-Richtlinie 2011/83/EU vom 25.10.2011[66] zu den vorvertraglichen Informationspflichten umge-

63 Entwurf eines Gesetzes zur Reform des Bauvertragsrechts u. Änderung der kaufrechtlichen Mängelhaftung (Referentenentwurf), Seite 62.
64 Leinemann, NJW 2017, 3113, 3118.
65 Vorschrift eingefügt durch das Gesetz über Fernabsatzverträge und andere Fragen des Verbraucherrechts sowie zur Umstellung von Vorschriften auf Euro vom 27.06.2000 (BGBl. I S. 897), in Kraft getreten am 30.06.2000
66 RL 2011/83/EU vom 25.10.2011, ABl. 2011 L 304 vom 22.11.2011.

setzt und übererfüllt. Dies wurde als notwendig erachtet, denn es würde zu untragbaren Ergebnissen führen, wenn bei kleinen Bauverträgen die auf die Verbraucherrechte-Richtlinie zurückgehenden Informationspflichten greifen und dies für größere und mit einem höheren Risiko für die Verbraucher verbundenen Verträge nicht gelten würde. Zuvor war es zu solchen Ergebnissen gekommen: Während finanziell eher gering belastende Geschäfte, wie z. B. die Verpflichtung zum Bezug einer Zeitschrift, widerrufbar waren, war der Abschluss eines Bauvertrags, selbst über die Errichtung eines Hauses, in der Regel nicht widerrufbar[67].

Die Formulierung *„Bau eines neuen Gebäudes"* orientiert sich an § 312 b Abs. 3 Nr. 4 BGB a. F., wonach die Vorschriften über Fernabsatzverträge keine Anwendung auf Verträge über die *„Errichtung von Bauwerken"* finden sollten, was auch zu den oben genannten Ergebnissen führte. Diese Vorschrift wurde im Sinne des Verbraucherschutzes von der Rechtsprechung eng ausgelegt und daher nur auf Verträge über Maßnahmen, die das Grundstück wesentlich umgestalteten und daher den klassischen Immobiliengeschäften gleichgestellt werden konnten, angewandt. Das Fernabsatzrecht wurde also für Verträge, die lediglich Neuerungs-, Umbau- Erweiterungsmaßnahmen an den bestehenden Gebäuden betrafen oder wenn es sich um ein Bauwerk untergeordneter Funktion, wie bspw. ein Carport oder ein Gartenschuppen handelte, angewandt[68]. Das neue Recht erfasst neben dem *„Bau eines neuen Gebäudes"* auch nur *„erhebliche Umbaumaßnahmen an einem bestehenden Gebäude"*. In der EU-Verbraucherrechte-Richtlinie wird zum Begriff der erheblichen Umbaumaßnahmen in Art. 3 Abs. 3 Buchstabe f ausgeführt, dass hierunter solche Umbaumaßnahmen fallen, die den Bau eines neuen Gebäudes vergleichbar sind, bspw. Baumaßnahmen, bei denen nur die Fassade eines alten Gebäudes erhalten bleibe. Maßgeblich seien Umfang und Komplexität des Eingriffs sowie das Ausmaß des Eingriffs in die bauliche Substanz des Gebäudes. Befürchtet werden hier Abgrenzungsprobleme[69], insbesondere auch mit dem engeren honorarrechtlichen Umbaubegriff des § 2 Abs. 5 HOAI, der wesentliche Eingriffe in die Konstruktion oder den Bestand vorsieht und auf den die Begründung des Gesetzgebers zu § 632 a II BGB[70] abstellt. Da sich der Gesetzgeber jedoch auf den Erwägungsgrund 26 zur EU-Verbraucherrechtsrichtlinie bezieht, dürfte die europarechtliche Auslegung einer Orientierung an der HOAI vorgehen.[71]

Sofern kein erheblicher Umbau oder Neubau eines Gebäudes vorliegt, ist auch kein Verbraucherbauvertrag gegeben, sodass die besonderen Schutzvorschriften in solchen Fällen nicht gelten. Im Ergebnis ist der Verbraucherbauvertrag auch nur dann einschlägig, wenn entsprechende Generalunternehmerleistungen und keine Einzelgewerke beauftragt werden. Der einzelne Vertrag mit einem Handwerker oder Bauunternehmer über ein Gewerk ist eben kein Verbraucherbauvertrag.

In Abs. 2 der Vorschrift wird ein Textformerfordernis für Verbraucherverträge eingeführt. Nach der gesetzlichen Regelung des Textformerfordernisses nach § 126b BGB ist dieser

67 Kniffka-Jansen/von Rintelen, ibr-online-Kommentar Bauvertragsrecht, § 631 BGB Rn. 167 Stand 12.05.2017
68 vgl. Entwurf eines Gesetzes zum Bauvertragsrechts und zur Änderung der kaufrechtlichen Mängelhaftung (Referententenentwurf, Seite 61); MüKo zum BGB, 5. Aufl., § 312 b, Rn. 77
69 So Pause/Vogel, NzBau 2015, S. 668.
70 BT-Drucks. 16/511, 15.
71 So auch Pause/Vogel, NZBau 2015, S. 668.

Anforderung Genüge getan, wenn eine lesbare Erklärung, in der die Person des Erklärenden genannt ist, auf einem dauerhaften Datenträger abgegeben wird. Ein dauerhafter Datenträger ist jedes Medium, das 1. es dem Empfänger ermöglicht, eine auf dem Datenträger befindliche, an ihn persönlich gerichtete Erklärung so aufzubewahren oder zu speichern, dass sie ihm während eines für ihren Zweck angemessenen Zeitraums zugänglich ist, und 2. geeignet ist, die Erklärung unverändert wiederzugeben.

In Abs. 3 wird klargestellt, dass für die definierten Verbraucherbauverträge ergänzend zu den Regelungen in Kap. 1 (allgemeine Vorschriften) und Kap. 2 (Bauvertrag) die Vorschriften des Kap. 3 gelten. Daraus folgt eine Reihe zusätzlicher Rechte und Verpflichtungen wie die Informationspflicht über die Vertragsleistungen in Form einer Baubeschreibung, ein Widerrufsrecht, eine Begrenzung des Anspruchs auf Abschlagszahlungen sowie von Erfüllungssicherheiten zugunsten des Unternehmers, der Entfall von Sicherheitsleistungen und die Pflicht des Unternehmers, Unterlagen zu übergeben, die der Verbraucher für den Nachweis gegenüber Behörden benötigt. Diese Rechte und Pflichten sind Gegenstand der nachfolgenden Einzelregelungen in den §§ 650j – 650n BGB.

3.2 Baubeschreibung, § 650j BGB

§ 650 j regelt vorvertragliche Informationspflichten des Unternehmers, der nun einen Verbraucher über die sich aus Art. 249 EGBGB ergebenden Einzelheiten einer Baubeschreibung in der dort vorgegeben Form zu unterrichten hat. Es ist vorgesehen, dass dem Besteller rechtzeitig vor Abgabe von dessen Vertragserklärung eine Baubeschreibung in Textform zur Verfügung zu stellen ist (§ 1), in der die wesentlichen Eigenschaften des angebotenen Werks in klarer und verständlicher Weise darzustellen sind (§ 2 Abs. 1 S. 1) und in der verbindliche Angaben zur Bauzeit enthalten sein müssen (§ 2 Abs. 2). Der Besteller soll in seinen aufgrund der Vertragsverhandlungen entstandenen, gerechtfertigten Erwartungen geschützt werden und die Baubeschreibung ermöglicht ihm zum einen einen besseren Überblick, zum anderen aber auch eine Überprüfung der angebotenen Leistungen durch einen sachverständigen Dritten und einen Preis/Leistungsvergleich mit anderen Angeboten, wodurch der Wettbewerb gefördert wird.

Die verbindlichen Angaben zur Bauzeit sollen dem Besteller eine verlässliche Planung ermöglichen, was speziell bei größeren Baumaßnahmen, auf die sich die Regelung des § 650 i Abs. 1 BGB ausdrücklich bezieht, sinnvoll ist, denn der Besteller ist hinsichtlich des Fertigstellungszeitpunkts besonders schutzwürdig. In der Gesetzesbegründung wurden insbesondere als Gründe die Finanzierung des Bauprojekts, die Kündigung des bisherigen Mietvertrags und die Planung des Umzugs angegeben[72].

In dem zweiten Halbsatz ist geregelt, dass eine Pflicht zur Baubeschreibung durch den Unternehmer entfällt, wenn der Besteller oder ein von ihm Beauftragter, bspw. ein Architekt, die wesentlichen Planungsvorgaben für das Bauprojekt macht.

72 Vgl. Entwurf eines Gesetzes zum Bauvertragsrechts und zur Änderung der kaufrechtlichen Mängelhaftung (Referentenentwurf, Seite 62).

Auch mit dieser Vorschrift hat der Gesetzgeber die Vorgaben der Richtlinie[73] „überschießend" geregelt.

Eine Mindestfrist für die Übermittlung der Baubeschreibung vor Vertragsschluss (analog § 17 Abs. 2 Beurkundungsgesetz) wie teilweise gefordert,[74] besteht nicht. Dem Besteller steht es frei zu entscheiden, wann ihm alle erforderlichen Informationen vorliegen, um bereit zu sein, einen Vertrag abzuschließen. Zudem hat der Verbraucher noch sein Widerrufsrecht aus § 650l BGB (s.u.).

3.3 Inhalt des Vertrags, § 650k BGB

§ 650 k Abs. 1 legt fest, dass die Angaben der vorvertraglich zur Verfügung gestellten Baubeschreibung in Bezug auf die Baubeschreibung Inhalt des Vertrags werden. Dies ist nur dann nicht der Fall, wenn die Vertragspartner ausdrücklich etwas anderes vereinbaren. Damit wird der Schutz des Verbrauchers bezweckt, der auf die vorvertraglich übergebene Baubeschreibung vertrauen können soll. Die Regelung basiert auf Artikel 6 Abs. 5 der EU Verbraucherrechterichtlinie[75] bzw. deren Umsetzung in § 312 d Abs. 1 Satz 2 BGB, der bereits eine vergleichbare Regelung enthält.

In Abs. 2 sind die Rechtsfolgen einer den Anforderungen nicht genügenden Baubeschreibung geregelt. Der Vertrag ist dann unter Berücksichtigung sämtlicher vertragsbegleitender Umstände auszulegen. Verwiesen wurde insoweit auf die gängige Rechtsprechung des BGH[76]. Die Regelung in Abs. 2 Satz 2 – Zweifel bei der Auslegung des Vertrags bezüglich der vom Unternehmer geschuldeten Leistung gehen zu dessen Lasten – knüpft an den Rechtsgedanken des § 305 c Abs. 2 an und überträgt diesen auf den Verbraucherbauvertrag mit einer unvollständigen oder unklaren Baubeschreibung.

Die Regelung in Abs. 3 im Hinblick auf die dort vorgeschriebene verbindliche Angabe eines Fertigstellungszeitpunktes bzw. zur Dauer der Bauausführung soll dem Besteller die Planung ermöglichen und ergänzt § 271 BGB, nach dem der Unternehmer nach Vertragsschluss mit der Herstellung als bald zu beginnen und sie in angemessener Zeit zügig zu Ende zu führen hat. Die Gesetzesbegründung verweist für den Fall einer nicht rechtzeitigen Fertigstellung auf die allgemeinen Regelungen zum Schuldnerverzug und auf das Kündigungsrecht aus wichtigem Grund im neuen § 648 a Abs. 1[77].

3.4 Widerrufsrecht, § 650l BGB

§ 650 l sieht ein Widerrufsrecht nun auch für Verbraucherbauverträge vor.

Ausgenommen vom Anwendungsbereich sind Bauverträge, die notariell beurkundet werden, da es bei diesen im Hinblick auf die Belehrungspflichten des Notars und die in § 17

73 RL 2011/83/EU vom 25.10.2011, ABl. 2011 L 304/64, vom 22.11.2011.
74 so Pause/Vogel, NZBau 2015 S. 668.
75 RL 2011/83/EU vom 25.10.2011, ABl. 2011 L 304, 64, vom 22.11.2011.
76 Etwa Urteile vom 14.06.2007, VII ZR 45/06 oder 27.11.2013, VII ZR 275/12; vgl. Drucksache 18/8486 S. 62.
77 Vgl. Entwurf eines Gesetzes zum Bauvertragsrechts und zur Änderung der kaufrechtlichen Mängelhaftung (Referentenentwurf), Seite 63.

Abs. 2 a Nr. 3 des Beurkundungsgesetzes vorgesehenen Zeit für die Prüfung des Vertragsentwurfs (im Regelfall 2 Wochen) der mit der Einführung des Widerrufsrechts angestrebten Bedenkzeit nicht bedarf[78].

§ 650 l BGB gilt im Zusammenhang mit § 355 BGB sowie den ergänzend neu eingefügten §§ 356 d und 357 d BGB, die Regelungen zum Lauf der Widerrufsfrist und zu den Rechtsfolgen des Widerrufs enthalten. Die in § 355 BGB vorgesehene Widerrufsfrist von 14 Tagen reicht aus, um den mit der Einführung des Widerrufsrecht angestrebten Zweck zu erreichen, einem Verbraucher, der sich vorschnell zum Abschluss eines Bauvertrags entschlossen hat, während einer kurzen Bedenkzeit eine unkomplizierte Lösung vom Vertrag zu ermöglichen[79].

Der Unternehmer wird verpflichtet, den Verbraucher nach Maßgabe des Artikels 249 § 3 EGBGB über sein Widerrufsrecht zu belehren. Dieser regelt die zeitlichen und formalen Anforderungen an die Widerrufsbelehrung und sieht vor, dass der Unternehmer bei Verwendung des als Anlage 10 hinzugefügten Musters der Widerrufsbelehrung seiner gesetzlichen Belehrungspflicht genügt.

Zu beachten ist, dass nach § 356 d Satz 1 BGB die Frist des § 355 BGB nicht vor ordnungsgemäßer Belehrung des Verbrauchers über sein Widerrufsrecht beginnt. Das Widerrufsrecht erlischt gem. § 356 d BGB spätestens nach 12 Monaten und 14 Tagen. Dies ermöglicht es dem Verbraucher im Falle einer unterlassenen oder fehlerhaften Widerrufsbelehrung, sich sehr lange mit seiner Entscheidung, ob er den Vertrag widerrufen möchte oder nicht, Zeit zu lassen, wobei sich angesichts der Regelungen des § 357 d BGB die Frage stellt, ob dies sachgerecht ist.

§ 357 d BGB sieht als Rechtsfolge eines Widerrufs vor, dass dann, wenn eine Rückgewähr der erbrachten Leistung – bei einem Bauvertrag ist dies regelmäßig der Fall – ihrer Natur nach ausgeschlossen ist, der Verbraucher Wertersatz für den bis zum Widerruf erbrachten Teil zu leisten hat. Der Wertersatz richtet sich dabei grundsätzlich nach der vereinbarten Vergütung (§ 357 d Satz 2 BGB). Wenn diese unverhältnismäßig hoch ist, ist er auf Basis des Marktwerts der Leistung zu berechnen.

§ 357 BGB regelt dies anders. Dort ist vorgesehen, dass gem. Abs. 8 Dienstleistungen, die naturgemäß nicht mehr zurückgewährt werden können, nur dann eine Wertersatzpflicht auslösen, wenn der Verbraucher in Kenntnis des Widerrufs den sofortigen Beginn der Leistungserbringung verlangt hat. Zudem muss der Verbraucher ordnungsgemäß über sein Widerrufsrecht belehrt worden sein. Vereinzelt wird vertreten, dass diese abweichende Regelung beim Verbraucherbauvertrag, der europarechtlich eine „Dienstleistung" beinhaltet, nicht begründbar sei[80]. Dies wird damit begründet, dass der Verbraucher bei einem Widerruf keine Mängelrechte erhalte, die volle anteilige Vergütung sei damit unangemessen hoch. Breche der Verbraucher durch den Widerruf die Erfüllungsphase berechtigt ab, werde der Bautorso für ihn oder Dritte nur von bedingtem Wert sein. Ein Nachfolgeunter-

78 Vgl. Entwurf eines Gesetzes zum Bauvertragsrechts und zur Änderung der kaufrechtlichen Mängelhaftung (Referentenentwurf), Seite 63.

79 Vgl. Entwurf eines Gesetzes zum Bauvertragsrechts und zur Änderung der kaufrechtlichen Mängelhaftung (Referentenentwurf), Seite 63.

80 So Pause/Vogel, NZBau 2015 S. 669.

nehmer würde es sich teuer vergüten lassen, wenn er auf die bereits erbrachte Teilleistung aufbaut.

Ungeklärt sind die Fragen, wann die vereinbarte Vergütung unangemessen hoch ist und welche Maßstäbe dabei anzusetzen sind. Auch wie sich der Marktwert einer nicht marktfähigen, weil unfertigen Leistung berechnen lässt, wird sich wohl erst im Laufe der Zeit klären.

Aufgrund der langen Frist, in der der Widerruf ausgeübt werden kann, kann theoretisch der Verbraucher auch nach Fertigstellung des Bauwerks den geschlossenen Vertrag widerrufen und muss dann gegebenenfalls, sofern ihm der Nachweis einer unverhältnismäßig hohen Vergütung gelingen sollte, nur noch den Wertersatz auf der Grundlage des Marktwertes zahlen, obwohl er eine höhere Vergütung vereinbart hatte. Dabei könnte der Marktwert etwa aufgrund äußerer Faktoren (bspw. Immobilienkrise) gesunken sein. Es bleibt abzuwarten, wie diese Möglichkeiten in der Praxis gehandhabt werden. Es erscheint zweifelhaft, ob der Gesetzgeber solche eher taktischen Widerrufsmöglichkeiten schaffen wollte. Nach Fertigstellung und Abnahme dürfte ein Widerruf mindenstens treuwidrig sein.

3.5 Abschlagszahlungen; Absicherung des Vergütungsanspruchs, § 650m BGB

Der § 650 m BGB stellt eine neue Schutzvorschrift für Verbraucher dar, für den Fall, dass der Unternehmer von ihm Abschlagszahlungen nach § 632 a BGB verlangt. Neu ist, dass die vom Unternehmer verlangten Abschlagszahlungen 90 % der vereinbarten Vergütung einschließlich der Vergütung für Nachtragsleistungen nicht überschreiten dürfen.

Damit soll der Verbraucher vor versteckten Vorauszahlungen geschützt werden, da er als fachlich Unkundiger oftmals nicht ohne weiteres ersehen kann, ob die Höhe der Abschlagsforderung korrekt ermittelt wurde.[81]

Der Verbraucher wird weiter dadurch geschützt, dass er daneben noch 5 % gemäß Absatz 2 für die ordnungsgemäße Erfüllung einbehalten darf bzw. eine entsprechende Sicherheit erhält. Die beiden Schutzvorschriften nach den Absätzen 1 und 2 gelten nebeneinander[82], was sich aus dem Wortlaut der Regelung nicht explizit ergibt.

In § 309 wurde die Nummer 15 (Abschlagszahlungen und Sicherheitsleistungen) ergänzt, die vorsieht, dass von den Rechten aus § 632 a Abs. 1 und § 650 l Abs. 1 in Bezug auf die Abschlagszahlungen und die Sicherheitsleistung nach § 650 l Abs. 2 nicht abgewichen werden darf.

Die Formulierung in § 650 m Abs. 2 S. 1 *„eine Sicherheit für die rechtzeitige Herstellung des Werks ohne wesentliche Mängel"* macht nicht deutlich, welche Mängelansprüche hin-

81 Vgl. Entwurf eines Gesetzes zum Bauvertragsrechts und zur Änderung der kaufrechtlichen Mängelhaftung (Referentenentwurf), Seite 64.

82 Vgl. Entwurf eines Gesetzes zum Bauvertragsrechts und zur Änderung der kaufrechtlichen Mängelhaftung (Referentenentwurf), Seite 64.

sichtlich welcher Mängel genau von der Sicherheit umfasst werden.[83] Die Begründung enthält diesbezüglich keine Klarstellung, so dass dies in Zukunft voraussichtlich die Gerichte beschäftigen wird.

Absatz 4 schränkt den Unternehmer, der Abschlagszahlungen nach § 632 a fordern kann, darin ein, zudem vom Verbraucher eine Absicherung des Vergütungsanspruchs zu verlangen. Ein Verbraucher ist – im Gegensatz zum sonstigen Besteller, grundsätzlich nicht gesetzlich verpflichtet, dem Unternehmer auf dessen Anforderung eine Absicherung zu stellen (Bauhandwerkersicherung nach § 650 e Abs. 1 bis 5 BGB, bisher § 648 a Abs. 1 bis 5 BGB). Dieses Verbraucherprivileg bei der Absicherungspflicht wird aus den zu § 650 e BGB dargelegten Gründen beibehalten. Aufgrund der bisherigen Rechtsprechung[84] besteht das Bedürfnis, zum Schutz des Verbrauchers gesetzliche Rahmenbedingungen für solche Vereinbarungen festzulegen. Eine Sicherheitsleistung des Verbrauchers kann nur bis maximal zur Höhe des jeweils bestehenden Vorleistungsrisikos des Unternehmers vereinbart werden. Leistet der Besteller Abschlagszahlungen, beschränkt sich das Risiko des Unternehmers und damit sein Absicherungsbedürfnis auf den Betrag der nächsten Abschlagszahlung, alternativ pauschal 20 % der Auftragssumme, § 650 m Abs. 4 BGB.

3.6 Erstellung und Herausgabe von Unterlagen, § 650n BGB

Die Frage, ob der Unternehmer bestimmte Unterlagen erstellen und herausgeben muss, hat sich in der Vergangenheit als konfliktträchtig erwiesen und ist in der Rechtsprechung nicht abschließend geklärt. Bei Verbraucherverträgen wurde nun in § 650n Abs. 1 BGB vorgesehen, dass vor Beginn der Ausführung einer geschuldeten Leistung der Unternehmer diejenigen Planungsunterlagen zu erstellen und herauszugeben hat, die der Verbraucher benötigt, um gegenüber Behörden den Nachweis führen zu können, dass die Leistung unter Einhaltung der einschlägigen öffentlich-rechtlichen Vorschriften ausgeführt werden wird. Dies gilt nur dann nicht, soweit der Verbraucher oder ein von ihm Beauftragter die wesentlichen Planungsvorgaben erstellt hat.

Nach Absatz 2 sind spätestens mit der Fertigstellung des Werkes diejenigen Unterlagen zu erstellen und herauszugeben, die der Verbraucher benötigt, um gegenüber Behörden den Nachweis führen zu können, dass die Leistung unter Einhaltung der einschlägigen öffentlich-rechtlichen Vorschriften ausgeführt worden ist.

Absatz 3 regelt, dass dann, wenn ein Dritter, wie etwa Darlehensgeber, Nachweise für die Einhaltung bestimmter Bedingungen verlangt und der Unternehmer die berechtigte Erwartung des Verbrauchers geweckt hat, diese Bedingungen einzuhalten, weitergehende Erstellungs- und Herausgabepflichten bestehen.

83 Gegen eine Absicherung von Ansprüchen wegen nicht wesentlicher Mängel: Pause, BauR 2009, 898 (907) aA aufgrund eines Redaktionsversehens des Gesetzgebers: Kniffka/von Rinteln, IBR-Online-Kommentar, Bauvertragsrecht, Stand 28.07.2015, § 632 a BGB, Rn. 142.

84 BGH, Urt. v. 27.05.2010 – VI ZR 165/09, BauR. 2010, 1215.

3.7 Unabdingbarkeit, § 650o BGB

Von den Regelungen der §§ 640 Abs. 2 S. 2, 650 i bis 650 l und 650 n kann nicht zum Nachteil des Verbrauchers abgewichen werden, um dessen Schutz sicherzustellen. Von den neuen Vorschriften zur Abschlagszahlung (§§ 632 a, 650 m) kann in Individualvereinbarungen abgewichen werden, diese sind jedoch erfahrungsgemäß in der Praxis eher selten anzutreffen.

4. Unverändert fortbestehende Regelungen

4.1 Zahlungsverzug, §§ 286 Abs. 3, 641 Abs. 4 BGB

4.1.1 In der bauvertraglichen Praxis steht schon aus wirtschaftlichen Erwägungen das unverzügliche Zahlungsbegehren im Vordergrund des Interesses des Werkunternehmers. Dies hat im Baugewerbe eine wesentliche Ursache darin, dass dort die kalkulatorischen Aufschläge auf die Herstellkosten einer Bauleistung im Vergleich zum übrigen produzierenden Gewerbe verhältnismäßig gering sind. Selbst die größten Bauunternehmen waren in den vergangenen Jahren kaum in der Lage, eine Gewinnquote von mehr als 2-3 % des Umsatzes zu erwirtschaften. Wenn das Geschäft – wie nun schon seit vielen Jahren – durch derart knappe Margen geprägt wird, liegt es auf der Hand, dass die verspätete Zahlung des Werklohns gerade für Bauleistungen als besonders gravierend empfunden wird und entsprechende Instrumentarien geschaffen werden müssen.

4.1.2 Eine Vergütungsforderung ist gemäß § 288 Abs. 2 BGB während des Verzugs bei Vorliegen eines beiderseitigen Handelsgeschäfts mit 9 % über dem in § 247 BGB geregelten Basiszinssatz zu verzinsen. Bei Rechtsgeschäften, an denen ein Verbraucher beteiligt ist, beträgt der Zinssatz für Geldschulden lediglich 5 % über dem Basiszinssatz, § 288 Abs. 1 BGB.

In § 247 BGB ist der zum Zeitpunkt des Beschlusses des Gesetzes am 26.11.2001 geltende Basiszinssatz von 3,62 % bezeichnet. Der Zinssatz verändert sich gemäß § 247 Abs. 1 Satz 2 BGB zum 1. Januar und 1. Juli eines jeden Jahres um die Prozentpunkte, um die der Zinssatz für die jüngste Hauptrefinanzierungsoperation der Europäischen Zentralbank seit der letzten Veränderung des Basiszinssatzes gestiegen oder gefallen ist. Seit 01.07.2009 beträgt der Basiszinssatz 0,12 %, was einen Verzugszinssatz von 5,12 % ergibt, im gewerblichen Verkehr von 8,12 %. Lediglich im Zeitraum vom 01.07.2011 bis zum 31.12.2011 war eine Zinssteigung auf 0,37 % festzustellen, welche seit dem 01.01.2012 allerdings wieder auf 0,12 % korrigiert ist. Seit dem 01.01.2013 ist der Basiszinssatz sogar auf einen negativen Wert von -0,13 % gefallen. Seit dem 01.07.2016 beträgt der Basiszinssatz -0,88%. Damit ist selbst bei der gegenwärtigen absoluten Niedrigzinsphase ein beachtlicher Verzugszins geschuldet, der per Saldo weit oberhalb der erzielbaren Verzinsung auf Pfandbriefe, Bundesanleihen oder Kapitalmarktanlagen etc. liegt.

Diese Zinssätze sind nicht durch Allgemeine Geschäftsbedingungen abdingbar.

4.1.3 Der Schuldner gerät gemäß § 286 Abs. 1 BGB mit einer Forderung in Verzug, wenn diese fällig und durchsetzbar ist und der Gläubiger durch eine Mahnung nach Eintritt der Fälligkeit deutlich gemacht hat, dass die Säumnis für ihn nachteilige Folgen haben kann. Erforderlich ist eine ernsthafte und unzweideutige Zahlungsaufforderung. Lediglich in den in § 286 Abs. 2 BGB geregelten Fällen kann auf eine Mahnung verzichtet werden, so dass der Schuldner auch ohne Mahnung in Verzug geraten kann.

Nach § 286 Abs. 3 BGB kommt der Schuldner einer Geldforderung auch ohne Mahnung „spätestens" 30 Tage nach Fälligkeit und Rechnungszugang (oder gleichwertiger Zahlungsaufstellung) in Verzug. Etwas anderes gilt nur für Verbraucher, da bei diesen § 286 Abs. 3 BGB nur dann anwendbar ist, wenn in der Rechnung ausdrücklich auf den Verzugseintritt hingewiesen wurde.[85] Der private Besteller muss daher nicht fürchten, dass bereits die bloße Überschreitung der gesetzlichen Zahlungsfrist zum Eintritt eines Verzuges mit der Folge hoher Verzugszinsen führt. Auch kann der Unternehmer durch eine bereits vor Ablauf der 30-Tages-Frist ausgesprochene Mahnung gemäß § 286 Abs. 1 Satz 1 BGB in Verzug geraten. § 286 Abs. 3 BGB ergänzt das „Mahnungssystem" lediglich. Da bei einem Bauvertrag nach BGB die Fälligkeit des Werklohns nach § 641 Abs. 1 Satz 1 BGB mit der Abnahme eintritt, gerät der Besteller mit dem Ablauf von 30 Tagen nach Abnahme und Rechnungszugang automatisch in Verzug.

Ist der Schuldner Verbraucher (§ 13 BGB), ist § 286 Abs. 3 BGB nur anwendbar, wenn er besonders auf die Rechtsfolgen hingewiesen wurde (§ 286 Abs. 3 Satz 1 2. Hs. BGB). Die Verzugsregelung des § 286 Abs. 3 BGB ist in den AGB-rechtlichen Grenzen des § 307 BGB dispositiv (d. h. kann durch vertragliche Vereinbarung abgeändert werden). Auch die Regelung des § 16 Abs. 5 Nr. 3 VOB/B ist in diesem Sinne durch die Ausgabe 2012 der VOB/B angepasst worden. Hier kommt der Auftraggeber auch ohne Nachfristsetzung spätestens 30 Tage nach Zugang der Rechnung oder der Aufstellung (bei Abschlagszahlungen) in Zahlungsverzug, wenn der Auftragnehmer seine vertraglichen und gesetzlichen Verpflichtungen erfüllt und den fälligen Entgeltbetrag nicht rechtzeitig erhalten hat, es sei denn, der Auftraggeber ist für den Zahlungsverzug nicht verantwortlich. Im Bauvertragsrecht gelten die Verzugsregeln nicht nur für Schlussrechnungen, sondern auch für Abschlagsrechnungen. Zwar setzen Abschlagsrechnungen keine Abnahme voraus; ist jedoch vertraglich die Stellung von Abschlagsrechnungen vereinbart, so ist damit zugleich geregelt, dass diese auch ohne eine vorherige Abnahme oder Teilabnahme fällig werden. Nach § 632 a BGB stehen dem Unternehmer Abschlagszahlungen – unabhängig von weitergehenden vertraglichen Vereinbarungen und unabhängig von der Abnahmefähigkeit – zu. Auch für diese Abschlagsrechnungen gilt, dass 30 Tage nach Fälligkeit und Rechnungszugang Verzug des Bestellers mit der Zahlung vorliegt, wenn die Rechnung auch dann noch nicht beglichen ist.

4.1.4 Beim Bauvertrag ohne Vereinbarung der VOB/B richtet sich die Verzinsung der Werklohnforderung nach § 641 Abs. 4 BGB. Voraussetzung der Zinspflicht ist die Abnahme der Werkleistung. Insofern reicht die Teilabnahme aus, sofern und soweit das teilweise abgenommene Werk dem Auftraggeber eine Nutzungsmöglichkeit vermittelt.

85 BGH, Urteil vom 25.10.2007, Az. III ZR 91/07, NJW 2008, 50.

Mangels besonderer Vereinbarung bemisst sich der Zinssatz nach § 246 BGB und beträgt 4 %. Bei beiderseitigen Handelsgeschäften beträgt der Zinssatz 5 % (§ 352 Abs. 1 Satz 1 HGB). Darüber hinaus kann sich mit den nach § 641 Abs. 4 BGB geschuldeten Zinsen ein zu verrechnender Zinssatz aus § 353 HGB, § 291 BGB sowie aus Verzug (§§ 286, 288 BGB) ergeben.

4.2 Mängelhaftung, §§ 633 ff. BGB

4.2.1 Der für die Gewährleistungsrechte des Werkvertragsrechts zentrale Begriff des Mangels im Sinne des § 633 Abs. 2 und 3 BGB[86] deckt sich im Wesentlichen mit dem des Kaufrechts.[87] Gemäß § 633 Abs. 1 BGB hat der Unternehmer dem Besteller das Werk frei von Sach- und Rechtsmängeln zu verschaffen, weshalb die mangelhafte Herstellung des Werkes als ein Unterfall der Nichterfüllung des Vertrages angesehen wird. Konsequenterweise werden Sach- und Rechtsmangel gleich behandelt (§ 633 Abs. 1 BGB).

4.2.2 Der Begriff des Sachmangels wird der Rechtsprechung des BGH folgend im Sinne des subjektiven Fehlerbegriffs definiert, wonach ein Werk mangelhaft ist, wenn es „von der Beschaffenheit abweicht, die es für den vertraglich festgesetzten Gebrauch haben muss".[88] Ein Sachmangel liegt folglich vor, wenn das Werk die vereinbarte Beschaffenheit nicht aufweist (§ 633 Abs. 2 Satz 1 BGB). Weggefallen ist die Differenzierung zwischen Fehler und zugesicherter Eigenschaft. Das Werk muss die vereinbarte Beschaffenheit aufweisen. Die zugesicherte Eigenschaft ist ein Teil der Beschaffenheitsvereinbarung. Nach dem Gesetzestext ist es gleichgültig, ob die Abweichung von der vereinbarten Beschaffenheit den Wert oder die Tauglichkeit des Werks aufhebt oder mindert. Der Besteller hat durchaus ein Interesse daran, dass auch Merkmale, die dem Bauunternehmer unwesentlich erscheinen, nicht ohne sein Einverständnis abgeändert werden. Lediglich die weitgehenden Rechtsfolgen des Rücktritts und des großen Schadensersatzes wegen Nichterfüllung sind indes bei nicht erheblichen Mängeln ausgeschlossen (§ 636 BGB i. V. m. § 323 Abs. 5 Satz 2 bzw. § 281 Abs. 1 Satz 3 BGB). Um einen nicht erheblichen Mangel wird es sich in der Mehrzahl der Fälle, in denen der Wert oder die Tauglichkeit des Bauwerks durch den Mangel nicht beeinträchtigt und die Abweichung von der vertraglich vereinbarten Beschaffenheit (z. B. in der Optik) geringfügig ist, handeln.

Soweit eine Beschaffenheit nicht vereinbart ist, ist das Werk frei von Sachmängeln, wenn es sich für die nach dem Vertrag vorausgesetzte (§ 633 Abs. 2 Satz 2 Nr. 1 BGB), sonst für die gewöhnliche Verwendung eignet und eine Beschaffenheit aufweist, die bei Werken der gleichen Art üblich ist und die der Besteller nach der Art des Werks erwarten kann (§ 633 Abs. 2 Satz 2 Nr. 2 BGB). Hierbei wird zunächst auf die vertraglich vorausgesetzte Verwendung abgestellt. Ist eine solche vom Besteller nicht bestimmt und dem Unternehmer nicht bekannt, ist die gewöhnliche Verwendung maßgeblich, wobei bei der gewöhnlichen Verwendung hinzukommen muss, dass das Werk eine Beschaffenheit aufweist, die bei Werken der gleichen Art üblich ist und die der Besteller nach der Art des Werks erwarten kann.

86 In der seit dem 1.1.2002 geltenden Fassung des BGB.
87 BT-Drucks. 14/7052, S. 204.
88 BT-Drucks. 14/6040, S. 80; BGH, BauR 1989, 462, 464.

Allerdings gibt es im Baurecht regelmäßig keine Werke „der gleichen Art". Es handelt sich nicht um vorproduzierte Massengüter, sondern in der Regel um individuelle Einzelstücke. Es wird daher gewöhnlich schwer zu ermitteln sein, welche Beschaffenheit der Besteller nach der Art des Werkes erwarten kann, wenn sich diese nicht bereits aus dem Vertrag ergibt.

Schließlich steht es gemäß § 633 Abs. 2 Satz 3 BGB einem Sachmangel gleich, wenn der Unternehmer ein anderes als das bestellte Werk oder das Werk in zu geringer Menge herstellt. Bei Bauwerken dürfte diese Regelung wohl selten bedeutsam sein.[89]

4.2.3 Die dem Besteller zustehenden Mängelrechte werden in den §§ 634 ff. BGB geregelt, wobei diese in einem Stufenverhältnis zueinander stehen: Zunächst hat der Besteller nur den Nacherfüllungsanspruch der §§ 634 Nr. 1, 635 BGB. Insofern muss der Besteller dem Unternehmer grundsätzlich Gelegenheit geben, etwaige Mängel seines Werkes selbst zu beseitigen. Erst anschließend kommt die Geltendmachung der weiteren Ansprüche aus § 634 Nrn. 2-4 BGB in Betracht.

Mängelansprüche können allerdings nicht jederzeit geltend gemacht werden. Vor der Abnahme steht dem Besteller zunächst der Herstellungsanspruch nach § 631 Abs. 1 BGB zu, der ebenso wie der Anspruch auf Nacherfüllung aus § 634 Nr. 1 BGB die mangelfreie Herstellung des Werks zum Ziel hat. Der Besteller kann diesen Anspruch einklagen und, falls notwendig, im Regelfall nach § 887 ZPO vollstrecken.Der Besteller kann allerdings ausnahmsweise auch berechtigt sein, Mängelrechte nach § 634 Nr. 2 bis 4 BGB ohne Abnahme geltend zu machen, wenn er nicht mehr die (Nach-) Erfüllung des Vertrags verlangen kann und das Vertragsverhältnis in ein Abrechnungsverhältnis übergegangen ist. Allein das Verlangen eines Vorschusses für die Beseitigung eines Mangels im Wege der Selbstvornahme genügt dafür nicht. In diesem Fall entsteht ein Abrechnungsverhältnis dagegen, wenn der Besteller ausdrücklich oder konkludent zum Ausdruck bringt, unter keinen Umständen mehr mit dem Unternehmer, der ihm das Werk als fertiggestellt zur Abnahme angeboten hat, zusammenarbeiten zu wollen.[90] Weil die verbleibenden Rechte des Bestellers damit ausschließlich auf Geld gerichtet sind, entsteht ein Abrechnungs- und Abwicklungsverhältnis, in dessen Rahmen die Rechte aus § 634 Nr. 2 bis 4 BGB ohne Abnahme geltend gemacht werden können.[91]

4.2.4 Der verschuldensunabhängige Anspruch auf Nacherfüllung ist in §§ 634 Nr. 1, 635 BGB geregelt, wobei der Unternehmer nach seiner Wahl den Mangel beseitigen oder ein neues Werk herstellen kann. Letzteres wird bei einem Bauwerk allerdings regelmäßig nicht in Betracht kommen.

Nach fruchtlosem Fristablauf hat der Besteller die Wahl zwischen allen ihm zur Verfügung stehenden Gewährleistungsrechten (siehe oben), wobei diese, mit Ausnahme des Schadensersatzanspruchs (§ 280 Abs. 1 Satz 2 BGB), verschuldensunabhängig sind[92]. Für die genannten Gewährleistungsrechte genügt es, wenn eine dem Unternehmer gesetzte angemessene Frist zur Nacherfüllung verstrichen ist, ohne dass die Mängel beseitigt sind. Die

89 In Betracht käme hierbei die Verwendung anderer als der vereinbarten Materialien.
90 BGH, Urteil vom 19. Januar 2017 – VII ZR 193/15.
91 BGH, Urteile vom 19. Januar 2017 – VII ZR 235/15 und VII ZR 301/13.
92 BGH, Urt. v. 10.11.2008, Az. VII ZR 147/04; BGH, NZBau 2006, 112.

Gründe dafür sind irrelevant. Eine Ausnahme wird dann gelten, wenn die Nachbesserung innerhalb angemessener Frist aus Gründen scheitert, die allein im Risikobereich des Bestellers liegen.

4.2.5 Die §§ 634 Nr. 2, 637 BGB erlauben es dem Besteller unter bestimmten Voraussetzungen, den Mangel selbst auf Kosten des Unternehmers zu beseitigen. Er darf die Mängel selbst beseitigen oder durch Dritte beseitigen lassen („Selbstvornahme"). Der Besteller kann daneben nach § 637 Abs. 3 BGB einen Vorschuss in Höhe der voraussichtlich entstehenden Mangelbeseitigungskosten vom Unternehmer verlangen; er kann durch die Einholung eines Kostenvoranschlages bestimmt werden. Dieser Anspruch wird gerichtlich mittels einer sog. Kostenvorschussklage geltend gemacht. Der Vorschuss kann von noch offenen Rechnungen des Unternehmers abgezogen werden. Nach Durchführung der Selbstvornahme wird anhand der tatsächlich entstandenen Kosten abgerechnet. Es ist insoweit also sowohl ein weitergehender Anspruch des Bestellers als auch ein Rückforderungsrecht des Unternehmers denkbar.

Statt den Mangel zu beseitigen, kann der Besteller aber auch vom Vertrag zurücktreten (§§ 323 oder 326 Abs. 5 BGB), die Vergütung mindern (§ 638 BGB) oder Schadensersatz (§§ 280, 281, 283 und 311a BGB) bzw. Ersatz vergeblicher Aufwendungen (§ 284 BGB) verlangen.

Rücktritt und Minderung gem. § 634 Nr. 3 BGB sind Gestaltungsrechte. Das bedeutet, dass bereits die einseitige Ausübung des jeweiligen Rechts unabhängig von der Reaktion des Adressaten unmittelbare Wirkung für das Rechtsgeschäft entfaltet. Die (zugegangene) Rücktrittserklärung wandelt das werkvertragliche Schuldverhältnis in ein so genanntes Rückgewährschuldverhältnis um. Die jeweils von der Vertragspartei erhaltenen Leistungen sind jeweils zurückzugewähren (§ 346 Abs. 1 BGB). Soweit das nicht möglich ist, muss er gemäß § 346 Abs. 2 BGB grundsätzlich Wertersatz leisten. Der Bauunternehmer kann dann den Wert der nicht rückgewährfähigen Bauleistung verlangen. Die Pflicht zum Wertersatz entfällt allerdings, wenn der Besteller die Verschlechterung oder den Untergang zu vertreten hat (§ 346 Abs. 3 BGB). Hiervon dürfte der Fall umfasst sein, dass der Untergang oder die Verschlechterung auf dem zum Rücktritt berechtigenden Mangel beruht. Der Besteller schuldet dann gemäß § 346 Abs. 3 Satz 2 BGB für die vom Bauunternehmer erbrachten Leistungen nur einen Ausgleich, soweit er bereichert ist.

Das Rücktrittsrecht unterliegt insofern einer Einschränkung, als gemäß § 323 Abs. 5 Satz 1 BGB der Besteller, wenn der Bauunternehmer Teile der Bauwerkleistung erbracht hat, vom ganzen Vertrag nur dann zurücktreten kann, wenn er an der Teilleistung kein Interesse hat. Regelmäßig wird der Besteller wegen eines Mangels der Bauleistung nicht das Interesse an der Fertigstellung des Bauvorhabens insgesamt und damit an der bereits erbrachten Teilleistung verlieren. Ein Rücktritt wird im Bauvertrag daher in der Regel nur hinsichtlich des noch ausstehenden Leistungsteils ausgeübt werden können. Für die erbrachte Teilleistung kann der Unternehmer einen entsprechenden Teil der vereinbarten Vergütung beanspruchen. Auch ist der Rücktritt wegen unerheblicher Mängel ausgeschlossen (§ 323 Abs. 5 Satz 2 BGB).

Statt vom Vertrag zurückzutreten oder zu mindern, kann der Besteller Schadensersatz bzw. Ersatz der angesichts des Vertrages getätigten, vergeblichen Aufwendungen verlangen

(§§ 634 Nr. 4, 280, 281, 283, 311a sowie 284 BGB). Beansprucht der Besteller Schadensersatz statt der Nacherfüllung, d. h. macht er nicht nur einen weiteren Schaden neben dem Rücktritt geltend, erlischt der Nacherfüllungsanspruch mit der Geltendmachung des Schadensersatzes. Sobald der Besteller Schadensersatz verlangt hat, ist gemäß § 281 Abs. 4 BGB der Anspruch auf Leistung ausgeschlossen. Ab diesem Zeitpunkt entfällt daneben auch das Selbstvornahmerecht des Bestellers. Der Besteller kann gemäß §§ 634 Nr. 4, 281, 280 BGB den Ersatz des in der mangelhaften Erfüllung begründeten Schadens (Nachbesserungskosten, Minderwert) sowie den Ersatz sonstiger durch die mangelhafte Erfüllung verursachter Schäden (z. B. Wasserschaden durch fehlerhafte Sanitär- oder Heizungsmontage, Nutzungsausfall) beanspruchen.[93] Wie das Rücktrittsrecht ist auch der Anspruch auf Schadensersatz statt der ganzen Leistung beschränkt: Hat der Bauunternehmer Teilleistungen erbracht, kann der Besteller nur Schadensersatz statt der ganzen Leistung verlangen, wenn er an der Teilleistung kein Interesse hat (§ 281 Abs. 1 Satz 2 BGB). Schadensersatz statt der ganzen Leistung kann vom Besteller nicht beansprucht werden, wenn der Mangel unerheblich ist (§ 281 Abs. 1 Satz 3 BGB). Ist demhingegen das vertragliche Leistungsziel nicht mehr erreichbar, wie bspw. die vereinbarte Funktionalität einer Glasfassade (hier: uneingeschränkte Bruchsicherheit), die technisch nicht zu verwirklichen ist, steht dem Auftraggeber als Mängelrecht ausschließlich ein Schadensersatzanspruch gemäß § 634 Nr. 4, § 311a Abs. 2 BGB zu.[94]

4.3 Druckzuschlag, § 641 Abs. 3 BGB

4.3.1 Gemäß § 641 Abs. 3 BGB, eingeführt durch das Gesetz zur Beschleunigung fälliger Zahlungen und modifiziert durch das FoSiG, hat der Besteller ein Zurückbehaltungsrecht wegen Mängeln.[95] Es setzt damit einen Gegenanspruch des Bestellers voraus, der in seinem Anspruch auf Mängelbeseitigung zu sehen ist. Wo diese nicht möglich oder nicht gewollt oder nicht zumutbar ist, gibt es das Zurückbehaltungsrecht nicht.

4.3.2 Der Druckzuschlag darf nur so lange einbehalten werden, wie der Besteller noch Mängelbeseitigung verlangen kann oder will. Hat der Besteller dem Unternehmer eine Frist zur Nacherfüllung gesetzt und macht er nach fruchtlosem Ablauf der Frist von seinem Recht auf Selbstvornahme gemäß § 637 BGB Gebrauch oder kann der Unternehmer die Nacherfüllung gemäß § 635 Abs. 3 BGB verweigern, weil sie nur mit unverhältnismäßigen Kosten möglich ist, kann ein Druckzuschlag nicht (mehr) geltend gemacht werden. Im ersten Fall kann der Besteller nur noch den tatsächlichen Wert der Mängelbeseitigungskosten von fälligen Forderungen des Unternehmers abziehen. Ihm steht allerdings ein Anspruch auf Zahlung eines Vorschusses für die zur Beseitigung des Mangels erforderlichen Aufwendungen gemäß § 637 Abs. 3 BGB zu. Dieser Anspruch kann mit fälligen Werklohnforderungen des Unternehmers verrechnet werden. Im Falle der Unverhältnismäßigkeit der Mangelbeseitigungskosten ist der Besteller gem. § 635 Abs. 3 BGB auf die alternativen Mängelrechte verwiesen.

---

93 BGHZ 46, 242 (245).

94 BGH, Urteil vom 8. Mai 2014 – VII ZR 203/11.

95 Das Zurückbehaltungsrecht stützt sich dogmatisch auf § 320 BGB.

4.3.3 Die mit dem FoSiG neu gefasste Vorschrift reduziert ein in der Vergangenheit exzessives Gesetzesinstrument des Bestellers zur Zahlungsverweigerung auf ein vernünftiges Normalmaß: Der Einbehalt von Zahlungen ist in der Regel nur noch in Höhe des Doppelten der für die Beseitigung des Mangels erforderlichen Kosten als angemessen anzusehen. Nach der Gesetzesbegründung[96] ist entscheidendes Kriterium für die Höhe des Druckzuschlags die Angemessenheit des Einbehalts. Das Zweifache der Mängelbeseitigungskosten stellt nun den Regelfall der Einbehaltungsmöglichkeit dar. Bei Kleinstmengen oder sehr geringen Nachbesserungskosten kann künftig durchaus ein etwas höherer Druckzuschlag geltend gemacht werden, während bei größeren Volumina und hohen Kosten im Verhältnis zum Wert der Leistung bereits der zweifache Wert der Mängelbeseitigungskosten zu hoch ist und zur Reduzierung des Einbehalts führt.

4.3.4 Die Regelung über den Druckzuschlag nach § 641 BGB gilt für den Zeitpunkt nach Fälligkeit. Vor Abnahme ist die Vergütung wegen der Vorleistungspflicht des Unternehmers nicht fällig, der Einrede des nicht erfüllten Vertrages bedarf es daher nicht. Vor der Abnahme bleibt es somit dabei, dass das Zwei- bis Dreifache der voraussichtlichen Mängelbeseitigungskosten von Abschlagszahlungen abgesetzt werden kann.[97]

4.4 Durchgriffsfälligkeit, § 641 Abs. 2 BGB

4.4.1 Die mit dem Gesetz zur Beschleunigung fälliger Zahlungen erstmals eingeführte Durchgriffsfälligkeit wurde nun durch das FoSiG praxisgerechter ausgestaltet, nach dem § 641 Abs. 2 BGB in seiner ursprünglichen Fassung den Fall ungeregelt ließ, in dem zwar eine Abnahme des Bestellers, aber keine Zahlung von ihm an den Generalunternehmer/Bauträger erfolgte. Durch § 641 Abs. 2 Satz 1 BGB soll nun sichergestellt werden, dass der Subunternehmer immer dann einen fälligen Vergütungsanspruch hat, wenn

- der Generalunternehmer/Bauträger vom Bauherrn seine Vergütung oder Teile davon erhalten hat;
- der Bauherr gegenüber dem Generalunternehmer/Bauträger das Werk abgenommen hat oder es als abgenommen gilt oder
- der Subunternehmer dem Generalunternehmer/Bauträger erfolglos eine angemessene Frist zur Erteilung einer Auskunft über die vom Bauherrn erteilte Abnahme oder die Leistung von Zahlungen gesetzt hat.

Damit kann schon das fruchtlose Verstreichen einer angemessenen Frist zur Auskunftserteilung die Fälligkeit des Werklohnanspruchs des Subunternehmers gegenüber seinem Auftraggeber auslösen. Wann die Frist als angemessen zu beurteilen ist, hat der Gesetzgeber offen gelassen. Da es sich um einfache Auskünfte handelt, wird eine Frist von ca. sechs Werktagen im Regelfall als ausreichend anzusehen sein. Offen bleibt weiter, was im Fall einer unzureichenden Auskunft zu gelten hat. Hier wird man davon ausgehen müssen, dass eine Auskunft, die keine hinreichende Klarheit über die Frage der Abnahme bzw. der erhaltenen Zahlung erbringt, einer nicht erteilten Auskunft gleichzusetzen ist. Das gilt erst

96 BT-Drucks. 16/511, S. 16.
97 BGH, BauR 1991, 81, 83; Leinemann/Jacob/Franz, Die Bezahlung der Bauleistung, Rn. 282.

Recht für eine falsche Auskunftserteilung. Der Generalunternehmer/Bauträger sollte daher nach entsprechender Aufforderung zügig eine klare und umfassende Auskunft erteilen.

4.4.2 Den Fall, dass der Generalunternehmer/Bauträger vom Bauherrn zwar Geld erhalten hat, dieses aber nur gegen vorherige Stellung einer Sicherheit gezahlt wurde, regelt § 641 Abs. 2 Satz 2 BGB. Darin wird klargestellt, dass auch der Subunternehmer dem Generalunternehmer/Bauträger die gleiche Art der Sicherheit leistet, wie diese sich auch gegenüber dem Bauherrn gestellt hat.[98] Hieraus dürfte folgen, dass in dem Fall, in dem gegenüber dem Bauherrn eine Sicherheit gestellt wurde, die Forderung des Subunternehmers nur dann fällig wird, wenn ihr ebenfalls gegenüber dem Generalunternehmer/Bauträger Sicherheit geleistet wird.

4.5 Die Verjährung von Ansprüchen aus dem Bauvertrag, §§ 194 ff., 634a BGB

4.5.1 Gemäß § 199 Abs. 1 BGB verjähren alle vertraglichen und gesetzlichen Ansprüche in der regelmäßigen Verjährungsfrist von drei Jahren.

Nach § 199 Abs. 1 Nr. 1 und 2 BGB beginnt die Verjährung, wenn der Anspruch entstanden ist und der Gläubiger von den den Anspruch begründenden Umständen und der Person des Schuldners Kenntnis erlangt hat oder ohne grobe Fahrlässigkeit hätte erlangen müssen. Die Rechtsprechung setzt die Entstehung des Anspruchs mit der Fälligkeit gleich. Der Anspruch auf Vergütung wird gemäß § 641 BGB mit der Abnahme fällig, der Anspruch auf Abschlagszahlung gemäß § 632a BGB mit dem entsprechenden Verlangen. Im baurechtlichen Vertragsverhältnis ist die Anknüpfung der Verjährung an das subjektive Moment der Kenntnis von den Anspruch begründenden Ansprüchen und der Person des Schuldners unproblematisch. Die entsprechenden Kenntnisse der Forderung und des Schuldners sind regelmäßig, vor allem für die Zahlungsansprüche, gegeben.

Die regelmäßige Verjährungsfrist von drei Jahren beginnt mit dem Schluss des Jahres, in dem der Anspruch fällig wird.

4.5.2 Mängelansprüche im Sinne des § 634 Nr. 1, 2 und 4 BGB unterliegen nicht der regelmäßigen Verjährung. Die Verjährung der werkvertraglichen Mängelansprüche ist in § 634a BGB geregelt. Danach verjähren die genannten Ansprüche in folgenden Zeiträumen:

- Herstellungs-, Wartungs-, Planungs- und Überwachungsleistungen in 2 Jahren (statt wie bisher in 1 Jahr)
- Bauwerke und Planungs- und Überwachungsleistungen an einem Bauwerk in 5 Jahren
- im Übrigen in der regelmäßigen Verjährungsfrist (von 3 Jahren)

Die Ansprüche auf Rücktritt und Minderung unterliegen als Gestaltungsrechte nicht der Verjährung und werden daher von der Verjährungsfrist für Mängelansprüche nicht erfasst.[99] Um hinsichtlich der Geltendmachung der Mängelrechte dennoch den zeitlichen

98 BT-Drucks. 16/511, S. 16.
99 Palandt/Sprau, BGB, § 634a BGB, Rn. 3, 22, 25.

Gleichlauf mit den übrigen Ansprüchen sicherzustellen, werden Rücktritt und Minderung nach § 218 BGB behandelt. Danach ist der Rücktritt bzw. die Minderung unwirksam, wenn der Besteller diese Rechte erst nach Ablauf der Verjährungsfrist geltend macht und der Bauunternehmer sich hierauf beruft. § 218 BGB begründet eine Einrede, die in ihren Voraussetzungen der Einrede der Verjährung gleichsteht.

Ansprüche des Bestellers wegen arglistigen Verschweigens eines Mangels verjähren gemäß § 634a Abs. 3 BGB darüber hinaus nach der regelmäßigen Verjährungsfrist und nicht nach § 634a Abs. 1 BGB. In diesen Fällen ist für den Verjährungsbeginn relevant, wann der Besteller von den den Anspruch begründenden Umständen Kenntnis erlangt hat oder ohne grobe Fahrlässigkeit hätte erlangen müssen. § 634a Abs. 3 Satz 2 BGB stellt jedoch sicher, dass die Verjährungsfrist bei arglistigem Verschweigen eines Mangels nicht vor Ablauf der Verjährungsfrist von 5 Jahren für Bauwerke und Planungs- und Überwachungsleistungen an einem Bauwerk endet.

Gemäß § 438 Abs. 1 Nr. 2 BGB verjähren auch die Mängelansprüche bei einer Sache, die entsprechend ihrer üblichen Verwendungsweise für ein Bauwerk verwendet worden ist und dessen Mangelhaftigkeit verursacht hat, in fünf Jahren, d. h. ebenso wie für das Bauwerk selbst. Damit ist die Regresslücke zwischen dem Bauunternehmer und dem Baustofflieferanten in den Fällen, in denen der Bauunternehmer mangelhaft gelieferte Baustoffe verwendet hat, geschlossen.

Die Verjährung kann durch Rechtshandlungen im Sinne der §§ 203 ff. BGB gehemmt werden oder neu beginnen.

4.6 Sicherungshypothek des Bauunternehmers, § 650e BGB (entspricht inhaltlich § 648 BGB a.F.)

Die Regelung des § 650 e BGB n.F. entspricht vollständig der Regelung des § 648 BGB (a.F.). Die leichten sprachlichen Änderungen ergeben sich daraus, dass durch § 650 a BGB ausreichend klargestellt ist, dass die Vorschrift sich ausschließlich auf Bauverträge bezieht. Die Klarstellung im Gesetzestext, dass eine Sicherungshypothek nur durch den Unternehmer eines Bauwerks oder eines einzelnen Teils des Bauwerkes ein Baugrundstück betreffend, verlangt werden kann, bedarf es deshalb nicht mehr.

Der Unternehmer kann nach wie vor für seine Forderungen aus dem Vertrag die Einräumung einer Sicherungshypothek an dem Baugrundstück des Bestellers verlangen. Ist das Werk noch nicht vollendet, so kann er die Einräumung der Sicherungshypothek für einen der geleisteten Arbeit entsprechenden Teil der Vergütung und für die in der Vergütung nicht inbegriffenen Auslagen verlangen.

4.7 Bauhandwerkersicherung, § 650f BGB (entspricht inhaltlich § 648a BGB a.F).

Auch die Regelung zur Bauhandwerkersicherung ist sprachlich und systematisch an das neue Bauvertragsrecht angepasst worden.

Ausgenommen vom Anwendungsbereich des § 650e BGB-E sind künftig Verträge von Verbrauchern, die einen Verbraucherbauvertrag im Sinne des § 650h BGB-E sowie einen Bauträgervertrag im Sinne des § 650t BGB-E zum Gegenstand haben. Bisher fanden die Vorschriften zur Bauhandwerkersicherung keine Anwendung, wenn der Besteller eine natürliche Person war, der Bauarbeiten zur Herstellung oder Instandsetzung eines Einfamilienhauses mit oder ohne Einliegerwohnung ausführen ließ.[100]

Gemäß § 650f Abs. 1 Satz 1 BGB wird dem Unternehmer ein einklagbarer Anspruch auf Stellung einer Sicherheit gewährt. Daneben kann der Unternehmer darüber hinaus nunmehr nach seiner Wahl auf Stellung einer Sicherheit klagen oder den Vertrag kündigen. Er bleibt zudem berechtigt, nach Ablauf der Frist und entsprechender Androhung der Einstellung der Arbeit die Leistung zu verweigern und zugleich Klage auf Stellung der Sicherheit zu erheben. Nichts anderes gilt im Übrigen auch im Falle der Einstellung der Arbeiten wegen Nichtzahlung von Abschlagsrechnungen im VOB-Vertrag gemäß § 16 Nr. 5 Abs. 5 VOB/B.

Sicherheit ist in Höhe der vereinbarten Vergütung zu leisten. Der Auftraggeber kann dem nur wenig entgegenhalten. Vom ursprünglichen Werklohnanspruch können nur solche Abzüge vorgenommen werden, die unstreitig sind oder auf rechtskräftig festgestellten Gegenforderungen beruhen.[101] Einbehalte des Auftraggebers vom Werklohn, auch wegen Mängeln, bleiben außer Betracht, zumal solche Einbehalte durch Leistungen des Auftragnehmers auch wieder entfallen könnten.[102] Gemäß § 650f Abs. 1 Satz 1 BGB können nicht nur die eigentlichen Bauleistungen abgesichert werden, sondern auch dazugehörige Nebenforderungen. Zu diesen Nebenforderungen gehören insbesondere auch Zinsen, die zu Gunsten des Unternehmers in Folge verzögerter Zahlung von Abschlagsrechnungen entstanden sind. Für die Höhe der Nebenforderungen wird in § 650f Abs. 1 Satz 1 BGB im Rahmen der Bemessung des Sicherungsbedürfnisses des Unternehmers festgelegt, dass sie mit 10 % des zu sichernden Vergütungsanspruches anzusetzen sind.

In § 650f Abs. 1 Satz 3 Alt. 2 BGB klargestellt, dass Sicherheit auch noch nach erfolgter Abnahme verlangt werden kann.[103] Hier folgt der Gesetzgeber der Rechtsprechung des BGH.[104] Ferner wird der Bereich, den die Sicherheit nach § 648a BGB abdeckt, ausdrücklich nicht nur auf reine Vergütungsansprüche begrenzt, sondern auch auf den Anspruch auf Schadenersatz erweitert.[105] Somit sollen diejenigen Ansprüche, die ein Unternehmer aus seinem Werkvertragsverhältnis mit dem Besteller hat, umfassend durch eine Sicherheit nach § 648a BGB abgedeckt werden.

8.5 Die Kündigung wegen Nichtgestellung der Sicherheit wurde bereits durch die Neuregelung durch das FoSiG von § 648 Abs. 5 BGB a. F. – nun 650f BGB – wesentlich vereinfacht. Nunmehr muss nur noch eine Frist gesetzt und mit dieser Fristsetzung erklärt werden, dass Sicherheit in zu beziffernder Höhe verlangt wird. Nach Ablauf dieser Frist stehen dem Unternehmer die Handlungsmöglichkeiten nach § 650f Abs. 5 BGB zur Verfügung,

100 BT-Drs. 18/8486 vom 18.05.2017, S. 58.
101 LG Darmstadt, Urteil vom 20.09.2011 – 12 O 12/11.
102 BGH, BauR 2001, 386, 389; Leinemann-Leinemann/Hilgers, VOB/B-Kommentar, § 648a BGB, Rn. 50 f.
103 Leinemann-Leinemann/Hilgers, VOB/B-Kommentar, § 648a BGB, Rn. 67 ff.
104 BGH, NJW 2004, 1525.
105 BT-Drucks. 16/511, S. 17.

namentlich die Einstellung der Arbeiten oder die Kündigung des Vertrages. Einer Ankündigung dieser Rechtsfolgen, z. B. gemeinsam mit der Fristsetzung zur Bestellung einer Sicherheit, bedarf es nach dem Wortlaut des Gesetzes nicht, auch wenn dies vorsorglich anzuraten wäre.

8.6 Im Falle der Vertragsbeendigung hat der Unternehmer nicht nur Anspruch auf Vergütung der bereits erbrachten Leistungen, sondern darüber hinaus auch desjenigen Schadens, der ihm in Folge seines Vertrauens auf den Fortbestand des nun aufgelösten Werkvertrages entstanden ist. Der Gesetzgeber erleichtert die Geltendmachung dieses Schadens durch Schaffung einer Vermutung in § 650f Abs. 5 Satz 4 BGB, wonach sie 5 % der Vergütung betragen soll. Da es sich um eine gesetzliche Vermutung handelt, ist dem Unternehmer nicht der Nachweis abgeschnitten, dass sein Schaden tatsächlich höher liegt; auch umgekehrt bleibt es dem Besteller unbenommen, einen niedrigeren Schaden des Unternehmers nachzuweisen. Wegen der erfahrungsgemäß bestehenden Beweisschwierigkeiten kann aber davon ausgegangen werden, dass es in den meisten Fällen bei der Vermutung eines Schadens in Höhe von 5 % verbleiben wird. Diese Vermutung gilt ausdrücklich auch für den Fall, dass der Besteller seinerseits in Anbetracht eines Sicherungsverlangens des Unternehmers nach § 650f BGB noch vor Ablauf der gesetzten Nachfrist eine Vertragskündigung ausspricht. In diesem Fall würde es sich zwar um eine freie Vertragskündigung nach § 649 Satz 1 BGB handeln, sodass dem Unternehmer der volle Vergütungsanspruch abzüglich des Ersparten zusteht. Der Unternehmer kann jedoch auch den auf 5 % pauschalierten Vertrauensschaden nach § 650f Abs. 5 Satz 3 BGB beanspruchen, weil im Zusammenhang mit dem Sicherungsverlangen gekündigt wurde.[106] Der Besteller hat lediglich die Möglichkeit, die Vermutung des Zusammenhangs zu widerlegen; nur dann wäre gemäß § 649 Satz 1 BGB abzurechnen. Der Unternehmer kann allerdings seinen Anspruch auf Vergütung nach einer freien Kündigung des Werkvertrags nur dann auf die Vermutung in § 649 Satz 3 BGB stützen, wenn er denjenigen Teil der vereinbarten Vergütung darlegt, der auf den noch nicht erbrachten Teil der Werkleistung entfällt. Denn dieser Teil und nicht die gesamte vereinbarte Vergütung ist Bemessungsgrundlage für die Pauschale von 5 %.[107]

8.7 Die Vorschriften des § 650f BGB gelten gemäß § 650f Abs. 6 BGB nicht für Verträge, in denen Besteller juristische Personen des öffentlich Rechts oder ein öffentlich-rechtliches Sondervermögen sind. Sie gelten nach § 650 f Abs. 6 S. 1 Nr. 2 BGB auch dann nicht, wenn ein Verbraucherbauvertrag nach § 650 i BGB oder ein Bauträgervertrag nach § 650 u BGB vorliegt und der Besteller ein Verbraucher ist.

8.8 Die Vorschriften des § 650f BGB sind zwingend; vertraglich abweichende Regelungen sind unwirksam, § 650f Abs. 7 BGB.

5. Architekten- und Ingenieurvertrag

Mit der Reform des Bauvertragsrechts wird auch erstmals mit den Vorschriften in § 650 p bis t BGB der Architekten- und Ingenieurvertrag selbstständig gesetzlich normiert. Ein jahr-

106 BT-Drucks. 14/2752, S. 13/14.
107 BGH, Urt. v. 28.07.2011, VII ZR 45/11.

zehntelanger Streit über die dogmatische Einordnung des Architektenvertrags in das Dienst- oder Werkvertragsrecht findet damit ihren Abschluss. Seit Inkrafttreten des BGB am 01.01.1900 bestanden Unklarheiten über die Einordnung, weil es keinen gesetzlich geregelten Typus des Architektenvertrages gab. Der Architekten- und Ingenieurvertrag musste in die vom Gesetzgeber des BGB zur Verfügung gestellten Vertragstypen eingeordnet werden. Hier war die Einordnung von jeher streitig.[108] Ob der Architekten- bzw. Ingenieurvertrag aber als Dienst- oder Werkvertrag eingeordnet wird, ist von ganz erheblich praktischer Bedeutung. Während das Werkvertragsrecht verschuldensunabhängig Mängelrechte kennt, ist dies dem Dienstvertragsrecht fremd; das besondere Leistungsstörungsrecht des Werkvertrages unterliegt der fünfjährigen Gewährleistungsfrist des § 634 a Abs. 1 Nr. 2 BGB, im Dienstvertragsrecht gilt die dreijährige Regelverjährung.

Kern der Diskussion war das Problem, dass eine Einordnung des Architekten- und Ingenieurvertrages als Dienstvertrag dazu geführt hätte, dass die am Baubeteiligten nicht mehr einheitlich den gemeinsamen Erfolg geschuldet hätten.

Erst nach über 50 Jahre des Streits hat der Bundesgerichtshof in einer Grundsatzentscheidung im Jahre 1959 den Architektenvertrag als Werkvertrag qualifiziert.[109] Er sah den Schwerpunkt des Architektenvertrages bei der Vollarchitektur in der Planung und ordnete die anderen Leistungen dem Planungserfolg, mithin dem Werkvertrag, unter. Bis heute nicht abschließend geklärt ist die Frage, wie eine nicht als Vollarchitektur beauftragte Architektenleistung zu qualifizieren ist. Die eindeutige Tendenz bestand jedoch darin, auch bei nur teilweiser Beauftragung von Grundleistungen nach der HOAI stets von einem einheitlichen Werkvertrag auszugehen sei.[110]

Nunmehr hat der Gesetzgeber den Streit beendet, indem das Architekten- und Ingenieurvertragsrecht als Vertrag sui generis ins BGB aufgenommen wird und im Wesentlichen den Vorschriften des Werk- und Bauvertragsrechts unterworfen wird. Für den Architekten- und Ingenieurvertrag gelten nach § 650 q Abs. 1 BGB die Vorschriften des Kapitel 1 des Unterabschnittes 1 sowie §§ 650 b, 650 e und 650 h BGB entsprechend. Wichtig ist an dieser Stelle hervorzuheben, dass der Gesetzgeber den Architekten- und Ingenieurvertrag ausdrücklich nicht als Werkvertrag qualifiziert hat, sondern als *„werkvertragsähnlich"*. Dies eröffnet der Rechtsprechung die Möglichkeit, den Architekten- und Ingenieurvertrag losgelöst von seiner sonstigen Rechtsprechung zum Werkvertragsrecht zu behandeln und damit den Besonderheiten gerecht zu werden. In der Praxis muss damit gerechnet werden, dass das Architekten- und Ingenieurrecht sich nach und nach vom Werkvertragsrecht lösen wird und es mehr als heute schon eine eigenständige Rechtsmaterie bilden wird.

Der Gesetzgeber hat auf eine Bezugnahme auf die HOAI ausdrücklich verzichtet. Damit bleibt es dabei, dass die HOAI als Honorarordnung reines Preisrecht ist und keine vertragsrechtliche Bedeutung erlangt. Dies entspricht auch heute schon der ständigen Rechtspre-

108 RG, Urt. v. 20.5.1913 – III 373/12; RG Urt. v. 1.12.1914 – VII 266/14; RG, Urt. v. 28.6.1932 – III 291/31.
109 BGH; NJW 1960, 431.
110 BGH, NJW 1974, 898; BGH, NJW 1982, 438.

chung des Bundesgerichtshofs[111] und wurde in der Gesetzesbegründung zu § 650 p BGB ausdrücklich bestätigt.[112]

5.1 Vertragstypische Pflichten aus Architekten- und Ingenieurverträgen, § 650p BGB

In § 650 p BGB sind die vertragstypischen Pflichten des Architekten und Ingenieurs geregelt. Dabei unterstreicht der Gesetzgeber die stufenweise zu erbringenden Leistungen des Architekten und Ingenieur. Zunächst ist es Aufgabe des Architekten und Ingenieurs gem. § 650 p Abs. 2 BGB selbst die Planungsziele zu definieren. Es ist also seine Aufgabe festzulegen, welcher Art das zu schaffende Bauwerk sein soll, in Bezug auf das er sodann den werkvertraglichen Erfolg schuldet.

Unglücklich ist, dass § 650 p BGB keinen Anhaltspunkt dafür bietet, wie die Architekten- oder Ingenieurleistung von der einen Stufen in eine andere gelangt. Dass der Architekten- und Ingenieurvertrag in verschiedenen Stufen oder Phasen ablaufen soll, wird aber durch die Formulierung *„nach dem jeweiligen Stand der Planung"* deutlich.

Der Prozess der Planung und Überwachung läuft also in einzelnen Schritten ab. Hat der Architekt oder Ingenieur eine Stufe oder einen Schritt beendet und muss er – aus welchem Grund auch immer – zu einem früheren Schritt zurückkehren, führt dies zu einer nach dem Wesen des Vertrages eigentlich nicht geschuldeten, zusätzlichen Leistung. Hierfür kann dem Architekten und Ingenieur sodann eine zusätzliche Vergütung zustehen. Dies gilt insbesondere dann, wenn der Besteller im Sinne von § 650 b BGB eine Rückkehr auf eine frühere Stufe anordnet. Unklar ist jedoch, wann eine Stufe im Sinne des § 650 b BGB abgeschlossen wurde und eine reale Rückkehr in eine vorherige Stufe stattfindet. Dies kann nur durch eine rechtsgeschäftliche Erklärung des Auftraggebers, dass er die vorherige Stufe oder den vorherigen Schritt billigt, geschehen. Eine derartige Billigung kann aber keine Teilabnahme darstellen, denn eine solche steht dem Architekten und Ingenieur gem. § 650 s BGB frühestens zu, wenn das bauausführende Unternehmen die letzte Leistung abgenommen erhalten hat oder eine Teilabnahme gegenüber den bauausführenden Unternehmen erklärt wurde.

Unklar ist weiter, ob der Besteller zu einem bestimmten Zeitpunkt zur Billigung des bisherigen Leistungsstandes des Ingenieurs oder Architekten gezwungen werden kann. Da weder das Gesetz noch die Gesetzesmaterialien hierzu Vorgaben enthalten, muss das Schuld- und allgemeine Leistungsstörungsrecht zur Anwendung kommen oder auf § 642 BGB zurückgegriffen werden. Wie dies sachgerecht insbesondere in der „Nullphase", in der der Architekt oder Ingenieur erst den geschuldeten Erfolg definiert, geschehen kann, ist unklar. Dem Architekten und Ingenieur ist vor diesem Hintergrund anzuraten, vertraglich zu fixieren, zu wie vielen unterschiedlichen Entwürfen er sich verpflichtet und was geschieht, wenn der Besteller keinen der Entwürfe billigt, um den nächsten Schritt oder die nächste Stufe des Architekten- oder Ingenieurvertrags zu gestalten.

---

111 BGH, Urt. v. 24.06.2004 – VII ZR 259/02, NJW 2004, 2588.

112 Entwurf eines Gesetzes zur Reform des Bauvertragsrechts und zur Änderung der kaufrechtlichen Mängelhaftung (Stand 01.03.2016, S. 77).

5.2 Anwendbare Vorschriften, § 650q BGB

In Bezug auf die anwendbaren Vorschriften auf den Architekten- und Ingenieurvertrag ist hervorzuheben, dass zukünftig auch hier das einseitige Anordnungsrecht des Bestellers im Sinne von § 650 b BGB Anwendung findet. Dabei ist es konsequent, dass § 650 q BGB nicht unmittelbar eine entsprechende Anwendung auch in der Vergütungsvorschrift des § 650 c für anwendbar erklärt. Für die der Anordnung folgende Vergütungsanpassung sollen in erster Linie die Regelungen des Preisrechtes der HOAI Anwendung finden. Unterfallen die entsprechenden Leistungen nicht der HOAI, sollen die Parteien eine individualvertragliche Regelung in Bezug auf den Vergütungsanspruch treffen und nur für den Fall, dass es eine solche nicht gibt, ist auf § 650 c BGB zurückzugreifen (§ 650 q Abs. 2 BGB). Jedenfalls für die Praxis ohne Bedeutung wird die Vorschrift des § 650 q BGB i.V.m. § 650 b Abs. 1 S. 1 Nr. 2 BGB bleiben. Hier ist das Recht des Bestellers geregelt, Änderungen anzuordnen, die zur Erreichung des vereinbarten Werkerfolges notwendig sind. Die Vergütungsfolge dieses Anordnungsrechts findet jedoch in § 650 c Abs. 1 S. 2 BGB ihre Einschränkung dahingehend, dass kein Anspruch auf eine zusätzliche Vergütung besteht, wenn der Unternehmer – hier also Architekt oder Ingenieur – auch die Planung des Bauwerks oder der Außenanlage schuldet. Tatsächlich schuldet dies der Architekt oder Ingenieur originär. Weshalb die Anordnung des Bestellers in eine frühere Stufe der Planung zurückzukehren, um den werkvertraglichen Erfolg sicherzustellen, niemals zu einem zusätzlichen Vergütungsanspruch führen kann.

5.3 Sonderkündigungsrecht, § 650r BGB

Neu in das BGB eingeführt wird ein sogenanntes *„Sonderkündigungsrecht"*, sowohl für den Besteller (Abs. 1) als auch für den Unternehmer (Abs. 2). Sinn und Zweck der Vorschrift ist es, den Parteien möglichst früh die Möglichkeit zu geben, sich wieder vom Vertrag zu lösen, und zwar ohne, dass dem Unternehmer für die noch nicht erbrachten Leistungen ein zusätzlicher Vergütungsanspruch zustünde (§ 650 r Abs. 3 BGB). Der Zeitpunkt zu welchem die Kündigung ausgesprochen werden kann, ist derjenige nach § 650 p Abs. 2 BGB. Der Besteller hat die Möglichkeit, zwei Wochen lang, nachdem er die Unterlagen gem. § 650 p Abs. 2 BGB erhalten hat, den Vertrag zu kündigen. Diese Zwei-Wochen-Frist gilt bei Verbraucherverträgen jedoch nur, wenn der Verbraucher in Textform (§ 126b BGB) über das Kündigungsrecht, die Frist und die Rechtsfolgen der Kündigung informiert wurde.

Der Planer seinerseits kann den Vertrag kündigen, wenn er gem. § 650 p Abs. 2 BGB die erforderlichen Unterlagen zu Definierung des Planungs- und Überwachungsziels zur Zustimmung vorgelegt hat und der Besteller nicht in angemessener Frist eine Erklärung zu den Unterlagen abgibt, oder die Zustimmung verweigert.

Die Begründung eines Sonderkündigungsrechts für den Architektenvertrag nach Erbringung der Leistungen der Leistungsphase null ist sinnvoll. Wenn durch den Architekten und Ingenieur das Leistungsziel – mithin quasi der werkvertragliche Erfolg – erst definiert wird, muss es für den Besteller – nachdem er den wahren Inhalt des Vertrages gerade erst kennengelernt hat – auch die Möglichkeit geben, sich in Bezug auf noch nicht erbrachte Leistungen folgenlos vom Vertrag zu lösen. Andererseits muss der Unternehmer Rechtssicherheit erlangen können, weshalb ihm das Recht einzuräumen ist, sich von dem Vertrag zu lösen, wenn der Besteller sich nicht verbindlich artikuliert.

5.4 Teilabnahme, § 650s BGB

Schließlich führt das Gesetz mit § 650 s BGB für den Architekten und Ingenieur das Recht der Teilabnahme ein. Sinn und Zweck dieser Vorschrift ist es, den stark auseinanderfallenden Verjährungsfristen zwischen bauausführenden Unternehmen, Architekten und Ingenieuren, die auch für die Objektbetreuung beauftragt sind, entgegenzuwirken. Das Problem nach geltendem Recht besteht darin, dass die Verjährungsfrist für Mängelrechte des Architekten und Ingenieur insgesamt erst dann beginnt, wenn die Objektbetreuung abgeschlossen ist. Dies ist erst dann der Fall, wenn die Gewährleistungsfristen der bauausführenden Unternehmen bei einem BGB-Werkvertrag nach fünf Jahren abgelaufen sind. Eine Folge hieraus kann sein, dass der Gesamtschuldnerausgleich mit dem bauausführenden Unternehmen bereits verjährt ist, wenn der Architekt wegen eines Überwachungsmangels in Anspruch genommen wird. Der Wortlaut der Vorschrift bedarf noch einer Verbesserung, auch wenn die Intention des Gesetzgebers zu begrüßen ist.[113]

5.5 Gesamtschuldnerische Haftung mit dem bauausführenden Unternehmer, § 650t BGB

Zu guter Letzt wurde mit § 650 t BGB eine Regelung zur gesamtschuldnerischen Haftung des Architekten und Ingenieur mit den bauausführenden Unternehmen geschaffen. Nach geltendem Recht steht es dem Besteller frei, zu wählen, ob er den Architekten, Ingenieur oder das bauausführende Unternehmen wegen eines Ausführungs- und Überwachungsmangels in Anspruch zu nehmen. Gegen den bauüberwachenden Architekten oder Ingenieur besteht in der Regel kein Nacherfüllungsanspruch, wenn sich seine (unzureichende) Leistung bereits im Bauwerk verkörpert hat. Dementsprechend ist eine Fristsetzung zur Nacherfüllung vor dem Verlangen von Schadensersatz nicht erforderlich.[114] Das Recht statt dem bauausführenden Unternehmen den Architekten auf Schadensersatz in Anspruch zu nehmen, gilt selbst dann, wenn der Bauunternehmer grundsätzlich zur Beseitigung des Mangels bereit wäre. Auch wenn das bauausführende Unternehmen also niemals zur Mängelbeseitigung aufgefordert wurde, wird in der Regel zwischen Architekt, Ingenieur und bauausführendem Unternehmen ein Gesamtschuldverhältnis angenommen. Der Architekt oder Ingenieur kann daher das bauausführende Unternehmen auf gesamtschuldnerischen Ausgleich in der Regel in Höhe des hälftigen geleisteten Schadensersatzes in Anspruch nehmen.[115] Dieser Ausgleichsanspruch ist seit längerem in der Literatur heftig umstritten und wird als unbillig empfunden, wenn die Selbstbeseitigungskosten durch den

113 Leinemann, NJW 2017, 3113, 3119; zum Ganzen ausführlich: Kühn, ZfbR 2017, S. 211 ff.
114 vgl. BGH, BauR 1989, 97; BGH BauR 2001, 667.
115 vgl. BGH, Urt. v. 19.12.1968 – VII ZR 21/66, NJW 1969, 683 (seit dem ständige Rechtsprechung); BGH, MDR 2010, 919, 929.

Unternehmer nur einen Bruchteil des tatsächlich entstandenen Schadens ausgemacht hätten.[116]

Der § 650 t BGB sieht zur Einschränkung dieses Ergebnisses vor, dass der Architekt oder Ingenieur, der vom Besteller wegen eines Überwachungsfehlers in Anspruch genommen wird, die Leistung verweigern kann, wenn auch der bauausführende Unternehmer für den Mangel verantwortlich ist und der Besteller diesen noch keine abgelaufene angemessene Frist zur Nacherfüllung bestimmt hatte. Die Vorschrift will der Nacherfüllung den Vorrang einräumen und gibt dem Architekten oder Ingenieur ein Leistungsverweigerungsrecht, bis das bauausführende Unternehmen erfolglos zur Nacherfüllung aufgefordert wurde.

6. Bauträgervertrag; anwendbare Vorschriften, § 650u BGB

Der Bauträgervertrag wird nun in § 650 u geregelt und die Definition in Abs. 1 entspricht der bisher in § 632 a Abs. 2 zu findenden Definition. Auf den Bauträgervertrag sind – vorbehaltlich einer anderweitigen Regelung in Untertitel 3 – in Bezug auf die Errichtung oder den Umbau die Vorschriften des Werkvertragsrechts in Untertitel 1, Kapitel 1 und hinsichtlich des Anspruchs auf Eigentumsübertragung oder auf die Bestellung oder Übertragung des Erbbaurechts die kaufvertraglichen Vorschriften anzuwenden. Der Rechtswirklichkeit entspricht es, dass im Bauträgervertrag nicht nur ein Unterfall des Verbraucherbauvertrags gesehen wird, sondern es handelt sich um einen Vertrag, der sowohl zwischen Unternehmern und Verbrauchern als auch zwischen Unternehmern abgeschlossen wird. Der Verweis des § 650u Abs. 1 S. 1 auf das Werkvertrags- und Kaufrecht entspricht den herkömmlichen Vorstellungen zum Bauträgervertrag.[117]

In § 650 u Abs. 2 wird geregelt, welche Vorschriften explizit keine Anwendung auf den Bauträgervertrag finden sollen. Dies sind die §§ 648, 648 a, 650 b-d, 650 j Abs. 1 sowie die §§ 650 k und 650 l Abs. 1.

Es ergeben sich insofern die folgenden Regelungen zum Bauträgervertrag:

6.1 Errichtung eines Hauses bzw. vergleichbaren Bauwerks

Für den Bauträgervertrag ist wie in § 632a Abs. 2 BGB der Begriff „Errichtung" eines Hauses oder vergleichbaren Bauwerks verwendet worden, während für den Bauvertrag von der „Herstellung" (§ 631 BGB) und für den Verbrauchervertrag vom „Bau eines Gebäudes" die Rede ist (§ 650a BGB). Errichtung steht im allgemeinen für Neubau.[118] Die Verwendung der verschiedenen Begrifflichkeiten erschließt sich nicht.

116 Vgl. Voidt, BauR 2011, 392.
117 BGH, NJW 1986, 925.
118 Palandt/Sprau, 76. Aufl. 2017 § 632a BGB, Rn. 15.

6.2 Umbau eines Hauses bzw. vergleichbaren Bauwerks

Der Umbaubegriff entspricht § 632a Abs. 2 BGB. Während in der Begründung zu § 632a BGB ein Verweis auf den Umbaubegriff der HOAI[119] erfolgt, der unter Umbauten „Umgestaltung eines vorhanden Objekts mit wesentlichen Eingriffen in Konstruktion oder Bestand" (§ 3 Abs. 5 HOAI; heute inhaltlich gleichlautend § 2 Abs. 5 HOAI n.F.) definiert, bezieht sich der Entwurf auf den Erwägungsgrund 26 zur EU-Verbraucherrechterichtlinie.[120] Nach diesem sind Umbauten (nur) erhebliche Umbaumaßnahmen, die sich dadurch auszeichnen, dass sie mit dem Bau eines neuen Gebäudes vergleichbar sind. Das entspricht ziemlich genau der Beschreibung von Kernsanierungen durch die Rechtsprechung des BGH.[121] Nach dieser Rechtsprechung haftet der Bauträger in Bezug auf das Bauwerk insgesamt nach Werkvertragsrecht, wenn die übernommene Sanierungsleistung einer Neuherstellung des Gebäudes gleichkommt, während bei punktuellen Sanierungen die Anwendung des Werkvertragsrechts sich auf diese reduziert und im übrigen Kaufrecht angewendet wird.[122]

Verträge, bei denen die übernommenen Bauleistungen unter der Schwelle dieses Umbaubegriffs liegen (bspw. Renovierungen), liegen damit außerhalb des Anwendungsbereichs des § 650 u Abs. 1 S. 2 BGB.

Auf den Bauträgervertrag kommen die gesetzlichen Vorschriften über den Werkvertrag zur Anwendung. Das sind die Sach- und Rechtsmängelhaftung (§§ 633 ff. BGB), die Verjährungsvorschriften (§ 634a) und die Vorschriften über die Abnahme (§§ 640, 641 BGB). Die Vorschriften des Bauvertrags sind aber von der Anwendung weitgehend ausgeschlossen. Anwendbar ist § 632a BGB über Abschlagszahlungen, dieser aber ergänzt um die Vorschriften zur Höhe und Absicherung von Abschlagszahlungen beim Verbrauchervertrag in § 650 m BGB und modifiziert durch § 650 u BGB für die Vereinbarung von Abschlagszahlungen beim Bauträgervertrag. Einschlägig können § 650 f Zustandsfeststellung nach verweigerter Abnahme und Gefahrtragung und § 650 g BGB Schriftform der Kündigung sein. Schließlich sind die Vorschriften über den Verbraucherbauvertrag anzuwenden, nämlich über die Baubeschreibung §§ 650 j, 650 k BGB, über die Sicherung von Abschlagszahlungen § 650 l Abs. 2 BGB und über die Herausgabe von Unterlagen § 650 n BGB.

Die Vorschriften des § 640 BGB zur Abnahme des Werks gelten auch für den Bauträgervertrag (§ 650 u Abs. 1 S. 2 BGB). Problematisch ist weiterhin die Abnahme des Gemeinschaftseigentums. In der Vergangenheit wurden immer wieder Klauseln aus Bauträgerverträgen für unwirksam erklärt, die „Nachzüglererwerber" an eine zuvor erklärte Abnahme des Gemeinschaftseigentums binden wollten.[123] Auch durch die neuen Regelungen ist dieses Thema ist nicht geklärt worden und so bleibt die Abnahme des Gemeinschaftseigentums in der Vertragsgestaltung schwierig.

---

119 BT-Drs. 16/511, 15.
120 RL 2011/83/EU vom 25.10.2011, ABl. 2011 L 304 vom 22.11.2011.
121 BGH, NZBau 2005, 216; BGH, NZBau 2007, 507.
122 BGHZ, 164, 225 = NZBau 2006, 113 = NJW 2006, 214.
123 BGH, Urt. v. 25.02.2016 – VII ZR 49/15, IBR 2017, 186; BGH, NJW 1985, 1551; OLG Frankfurt, NJW-RR 2013, 1487.

Nach § 650 u Abs. 1 S. 3 BGB finden für den Anspruch auf Übertragung des Eigentums an dem Grundstück bzw. Übertragung oder Bestellung des Erbbaurechts die Vorschriften über den Kauf Anwendung. Die Anwendung des Kaufrechts war bisher nicht auf den Übereignungsanspruch beschränkt, sondern auch auf Mängel des Grundstücks.[124] Die neue Regelung, das Kaufrecht lediglich auf die Übertragung des Eigentums könnte dahingehend verstanden werden, dass sich die Sachmängelhaftung auch für das Grundstück nach dem Werkvertragsrecht richten soll, was zur Folge hätte, dass Haftungsbeschränkungen für das Grundstück in AGB nicht in Betracht kommen (§ 309 Nr. 8b BGB).[125]

6.3 Nichtanwendbare Vorschriften

Eine freie Kündigung des Bauträgervertrags gemäß § 648 BGB ist nicht zugelassen. Die Möglichkeit einer freien Kündigung des Bauträgervertrags wurde schon bisher von der Rechtsprechung mit Blick auf die kaufvertraglichen Elemente und das wirtschaftliche Ziel des Bauträgervertrags verneint.[126] Denn die Folge der freien Kündigung wäre, dass der Erwerber das Grundstück bzw. den Grundstücksanteil einschließlich der bis zum Kündigungszeitpunkt erbrachten Leistungen gegen die Vergütung erlangen und dann mit einem anderen Bauunternehmer weiterbauen könnte. Dies liefe dem wirtschaftlichen Ziel eines Bauträgervertrags zuwider. Zudem würden insbesondere im Geschosswohnungsbau mit Blick auf die Gesamtherstellungsverpflichtung erhebliche Probleme im Verhältnis des Kündigenden zu den übrigen Erwerbern entstehen.

Auch die Kündigung aus wichtigem Grund (§ 648a BGB) ist ausgeschlossen. Es soll nur noch eine Gesamtabwicklung des Vertrags im Rahmen eines Rücktritts möglich sein. Ein solches Rücktrittsrecht kann sich zum einen bei Mängeln des Werks aus § 634 Nr. 3 i. V. m. den §§ 636, 323, 326 Abs. 5 BGB ergeben. Beim Vorliegen gravierender nicht leistungsbezogener Pflichtverletzungen durch den Bauträger ist ein Rücktritt nach § 324 i. V. m. § 241 Abs. 2 BGB möglich.

Die Vorschriften zum Anordnungsrecht des Bestellers (§§ 650b, 650c BGB) sind ebenfalls nicht auf den Bauträgervertrag anzuwenden. Die Einführung eines derartigen Anordnungsrechts auch Bauträgerverträgen würde zu erheblichen Problemen führen. Wenn einzelne Erwerber ein Anordnungsrecht in Bezug auf das Gemeinschaftseigentum hätten, könnten sich widersprüchliche Anordnungen ergeben. Auch das Anordnungsrecht in Bezug auf das Sondereigentum brächte ggf. erhebliche Schwierigkeiten mit sich, da solche Änderungen auch Auswirkungen auf das Gemeinschaftseigentum oder das Sondereigentum anderer Wohnungseigentümer haben könnten.

Die Vorschrift des § 650d BGB, der frühere § 648 Abs. 1 BGB über die Bauhandwerkersicherungshypothek findet bereits deshalb keine Anwendung, da der Bauträger nicht auf einem Grundstück baut, das Eigentum des Bestellers ist.

124 BGHZ, 164, 225 = NJW 2006, 214 = NZBau 2006, 113; Basty, Der Bauträgervertrag, Rn. 1056; Pause, NZBau 2002, 648; Pause, NZBau 2000, 234.

125 Für das geltende Recht Basty, Der Bauträgervertrag, Rn. 1114.

126 So etwa Urt. des BGH v. 21.11.1985 – VII ZR 366/83, NJW 1986, 925.

§ 650k Abs. 1 BGB, wonach der Inhalt der Baubeschreibung zum Vertragsinhalt wird, ist nicht anzuwenden, da aufgrund von § 311b Abs. 1 S. 1 BGB der gesamte Vertragsinhalt – einschließlich der Baubeschreibung – notariell zu beurkunden ist. Damit wird die Baubeschreibung unmittelbar zum Vertragsinhalt.

Wegen der notariellen Beurkundung des Bauträgervertrags findet auch § 650 l BGB, das Widerrufsrecht, keine Anwendung. Wegen den Belehrungspflichten des Notars und die in § 17 Abs. 2a Nr. 2 des Beurkundungsgesetzes vorgesehenen Zeit für die Prüfung des Vertragsentwurfs (im Regelfall zwei Wochen) ist der Erwerber hinreichend vor Übereilung geschützt.

Die in § 650l Abs. 1 BGB vorgesehene Obergrenze für Abschlagszahlungen findet auf Bauträgerverträge ebenfalls keine Anwendung, da sie mit der in § 3 Abs. 2 Makler- und Bauträgerverordnung enthaltenen Regelung über die Zahlung von Teilbeträgen je nach Baufortschritt nicht vereinbar ist.

§ 650o BGB entspricht dem bisherigen § 632a Abs. 2 BGB bei Abschlagszahlungen bei Bauträgerverträgen. Dies verwundert, denn dem Erwerber droht ein Totalverlust, wenn er sein Rücktrittsrecht ausübt oder Schadenersatz statt der ganzen Leistung im Falle einer Insolvenz des Bauträgers fordert.[127]

6.4 Abschlagszahlungen, § 650v BGB

Der Unternehmer kann von dem Besteller Abschlagszahlungen nur verlangen, soweit sie gemäß einer Verordnung auf Grund von Artikel 244 EGBGB vereinbart sind. Damit bleibt es hier bei der bisherigen Rechtslage.

7. Neues Kaufvertragsrecht und Bauverträge

7.1 Nacherfüllung, § 439 BGB

a) Ausgangssituation

Die Einfügung eines neuen Absatzes 3 in die Vorschrift des § 439 BGB beruht auf der sogenannten Parkettstäbe-Entscheidung des BGH[128] und der Entscheidung des EuGH über die Vereinbarkeit des bisherigen § 439 BGB mit Art. 267 AEUV, mithin der europäischen Regelung zum Verbrauchsgüterkauf.[129] Nach BGH schuldet der Lieferant mangelhafter Baustoffe im Zuge der Nacherfüllung durch Ersatzlieferungen im Ausgangspunkt lediglich die Lieferung mangelfreier Baustoffe. Das bedeutet, dass der Nacherfüllungsanspruch mit dem Erfüllungsanspruch korrespondieren muss, also nicht über den Erfüllungsanspruch hinausgehen darf. Der Verkäufer schuldete nur die Verschaffung von Besitz und Eigentum und war zum Einbau ersatzweise angelieferter Materialien im Wege der Nacherfüllung

127 BGH, NJW 2009, 1414.
128 BGH, Urt. v. 15.07.2008, VIII ZR 211/07; NJW 2008, 2837.
129 EuGH, NJW 2011, 2269.

auch dann nicht verpflichtet, wenn der Käufer das mangelhafte Material bereits eingebaut hatte.[130] Der Verkäufer war nach bisher gültigem Recht gemäß § 439 Abs. 1 BGB weder verpflichtet, die Ein- noch die Ausbaukosten gegenüber dem Käufer zu tragen.

Es war lange Zeit ungeklärt, wie sich dies mit dem europäischen Verbrauchsgüterkauf verträgt. Der BGH legte die Frage dem Europäischen Gerichtshof zur Klärung vor. Mit Urteil vom 16.06.2011 (Rs.: C-65/09) hat der Europäische Gerichtshof die Frage dahingehend beantwortet, dass nach richtlinienkonformer Auslegung des § 439 Abs. 3 BGB die Aus- und Einbaukosten *„zum Zwecke der Nacherfüllung erforderliche Aufwendungen"* sind. Anderenfalls würde der Käufer mit zusätzlichen Kosten belastet, die er bei ordnungsgemäßer Erfüllung durch den Verkäufer nicht hätte tragen müssen.

Außerhalb eines solchen Verbrauchsgüterkaufs sind die Mitgliedsstaaten nicht gehindert, abweichende Regelungen zum Europarecht zu schaffen. Dies führte zu einer gespaltenen Auslegung von § 439 BGB. Während beim Verbrauchsgüterkauf § 439 BGB dahingehend auszulegen ist, dass die Ein- und Ausbaukosten zu erstatten sind, war dies außerhalb des Verbrauchsgüterkaufs nicht der Fall.

c) Neue Regelung

Nach § 439 Abs. 3 BGB n.F. sind die Ein- und Ausbaukosten (verschuldensunabhängig) mangelhafter Bauteile erstattungsfähige Kosten der Nacherfüllung durch den Verkäufer. Damit folgt das Gesetz dem EuGH[131], erstreckt die Regelung aber auf alle Kaufgeschäfte, nicht nur auf Verbraucherkäufe.[132]

Ausdrücklich hat der Gesetzgeber in § 439 Abs. 3 BGB klarstellt, dass nicht nur bei tatsächlich *„eingebauten"* mangelhaften Sachen die erforderlichen Aufwendungen für das Entfernen der mangelhaften und den neuen Einbau der mangelfreien Sache durch den Verkäufer zu leisten sind, sondern dies auch für nur *„angebrachte"* Sachen gilt, die ihrer Art und ihrem Verwendungszweck gemäß mit einer anderen Sache verbunden wurden. Ausdrücklich von der Neuregelung mit umfasst sein sollen beispielsweise Dachrinnen und Leuchten, auch wenn sie im engen Sinne des Wortes nicht eingebaut, sondern eben nur *„angebaut"* werden.[133]

Dieser Anspruch aus § 439 Abs. 2 und 3 BGB und § 635 Abs. 2 BGB kann nicht durch vorformulierte Vertragsbedingungen ausgeschlossen werden, § 309 Nr. 8 lit. b BGB.

7.2 Rückgriff des Verkäufers, § 445a BGB

Der neugeschaffene § 445 a Abs. 1 BGB entspricht inhaltlich dem bisherigen Recht beim Verbrauchsgüterkauf nach § 478 Abs. 2 BGB, ist aber nicht auf den Verbrauchsgüterkauf beschränkt, sondern hat nunmehr grundsätzliche Gültigkeit. Die Regelung gibt dem (Letzt-)verkäufer, der vom Käufer im Wege der Nacherfüllung in Anspruch genommen

---

130 BGH, Urt. v. 15.07.2008 – VII ZR 211/07.
131 EuGH, Urt. v. 16.06.2011, Rs C 65/09.
132 BGH, Urt. v. 15.07.2008, VIII ZR 211/07 ist damit überholt.
133 Beschlussempfehlung und Bericht vom 08.03.2017, Dt. Bundestag Drucksache 18/11437 S. 46.

wurde, gegenüber seinem Lieferanten einen Anspruch auf Ersatz der Nacherfüllungsaufwendungen, die der (Letzt-)verkäufer nach § 449 Abs. 2 und 3, § 475 Abs. 4 und 6 BGB im Verhältnis zum Käufer zu tragen hatte, wenn der vom Käufer geltend gemachte Mangel bereits beim Übergang der Gefahr auf den Verkäufer vorhanden war.

Damit wird die geltende Regelung des § 478 Abs. 1 BGB vom Verbrauchsgüterkauf auf alle Geschäfte erstreckt. § 445 a Abs. 2 BGB enthält eine Modifikation für die Geltendmachung von Mängelrechten nach § 437 BGB im Verhältnis des (Letzt-)Verkäufers gegenüber seinem Lieferanten. Eine sonst erforderliche Fristsetzung für Rücktritt, Minderung oder Schadenersatz statt der Leistung ist nicht erforderlich, wenn der Käufer gegenüber seinem Abnehmer bereits die Kaufsache zurücknehmen oder eine Preisminderung akzeptieren musste. Eine Fristsetzung ist aber nur dann entbehrlich, wenn es um einen Regress des (Letzt-)Verkäufers gegenüber seinem Lieferanten geht. Auf die weiteren Voraussetzungen des § 437 Nr. 1 bis 3 BGB wird nicht verzichtet.

§ 445 a Abs. 3 BGB entspricht schließlich der bisherigen Regelungen des § 478 Abs. 5 BGB. Diese Vorschrift stellt klar, dass der Regress in der gesamten Lieferkette gilt. Dies jedoch nur, sofern die Parteien des jeweiligen Kaufgegenstandes Unternehmer im Sinne von § 14 BGB sind. So wird die Letztverantwortlichkeit des Herstellers eines mangelhaften Produkts sichergestellt.

7.3 Verjährung von Regressansprüchen, § 445 b BGB

Der neu geschaffene § 445 b Abs. 1 BGB entspricht der bisherigen Regelung des § 479 Abs. 1 BGB im Recht des Verbrauchsgüterkaufs. Da ein Regressanspruch des § 445 a BGB nunmehr allgemeingültig ist und nicht mehr auf den Verbrauchsgüterkauf beschränkt gilt, wird eine generelle Verjährungsfrist von zwei Jahren ab Ablieferung der Sache für Ansprüche aus § 445 a Abs. 1 BGB geschaffen. Damit unterliegt der Regressanspruch des § 445 a Abs. 1 BGB einer eigenständigen Verjährungsfrist und ist damit verjährungstechnisch unabhängig von der Vorschrift des § 438 BGB.

Gemäß § 445 b Abs. 2 S. 1 BGB wird zu Gunsten des Letztverkäufers eine Sonderregelung der Verjährung eingefügt. Danach gilt, dass die Verjährung der in den §§ 437 BGB und 445 a Abs. 1 BGB bestimmten Ansprüche, die Verjährung der Ansprüche des Verkäufers gegen seinen Lieferanten wegen des Mangels einer verkauften neu hergestellten Sache, frühestens zwei Monate nach dem Zeitpunkt eintritt, in dem der Verkäufer die Ansprüche des Käufers erfüllt hat. Die Regelung soll sicherstellen, dass für den Fall, dass der Letztverkäufer in Anspruch genommen wird, dieser noch die Gelegenheit erhält in der Lieferkette für den beschränkten Zeitraum von zwei Monaten seine Lieferanten wiederum in Regress nehmen zu können, ohne der Einrede der Verjährung ausgesetzt zu sein. Aus Gründen der Rechtssicherheit soll diese Ablaufhemmung jedoch spätestens fünf Jahre nach dem Zeitpunkt, in dem der Lieferant diese Sache dem Verkäufer abgeliefert hat, enden. Die Regelungen des § 445 b Abs. 2 BGB finden ihre systematische Entsprechung in dem bisherigen § 479 Abs. 2 BGB.

§ 445 b Abs. 3 BGB stellt wiederum klar, dass die Verjährungsregelung aus den Absätzen 1 und 2 entsprechend für die gesamte Lieferkette gelten, sofern die jeweiligen Schuldner Unternehmer sind.

8. Auszug aus dem Bürgerlichen Gesetzbuch (BGB)[134]

Bürgerliches Gesetzbuch (BGB)

Ausfertigungsdatum: 18.08.1896
Bürgerliches Gesetzbuch in der Fassung der Bekanntmachung vom 2. Januar 2002 (BGBl. I S. 42, 2909; 2003 I S. 738), das zuletzt durch Artikel 1 des Gesetzes vom 20. Juli 2017 (BGBl. I S. 2787) geändert worden ist.

§ 94
Wesentliche Bestandteile eines Grundstücks oder Gebäudes

(1) Zu den wesentlichen Bestandteilen eines Grundstücks gehören die mit dem Grund und Boden fest verbundenen Sachen, insbesondere Gebäude, sowie die Erzeugnisse des Grundstücks, solange sie mit dem Boden zusammenhängen. Samen wird mit dem Aussäen, eine Pflanze wird mit dem Einpflanzen wesentlicher Bestandteil des Grundstücks.

(2) Zu den wesentlichen Bestandteilen eines Gebäudes gehören die zur Herstellung des Gebäudes eingefügten Sachen.

§ 95
Nur vorübergehender Zweck

(1) Zu den Bestandteilen eines Grundstücks gehören solche Sachen nicht, die nur zu einem vorübergehenden Zweck mit dem Grund und Boden verbunden sind. Das Gleiche gilt von einem Gebäude oder anderen Werk, das in Ausübung eines Rechts an einem fremden Grundstück von dem Berechtigten mit dem Grundstück verbunden worden ist.

(2) Sachen, die nur zu einem vorübergehenden Zweck in ein Gebäude eingefügt sind, gehören nicht zu den Bestandteilen des Gebäudes.

§ 97
Zubehör

(1) Zubehör sind bewegliche Sachen, die, ohne Bestandteile der Hauptsache zu sein, dem wirtschaftlichen Zwecke der Hauptsache zu dienen bestimmt sind und zu ihr in einem dieser Bestimmung entsprechenden räumlichen Verhältnis stehen. Eine Sache ist nicht Zubehör, wenn sie im Verkehr nicht als Zubehör angesehen wird.

(2) Die vorübergehende Benutzung einer Sache für den wirtschaftlichen Zweck einer anderen begründet nicht die Zubehöreigenschaft. Die vorübergehende Trennung eines Zubehörstücks von der Hauptsache hebt die Zubehöreigenschaft nicht auf.

134 Der Auszug enthält sowohl die Gesetzesfassung nach altem Rechtsstand, welche bis zum 31.12.2017 anzuwenden ist, als auch die neue Gesetzesfassung, welche ab 01.01.2018 gültig ist. Soweit die Vorschriften nach altem und neuem Rechtstand voneinander abweichen, ist dies nachfolgend kenntlich gemacht.

§ 116
Geheimer Vorbehalt

Eine Willenserklärung ist nicht deshalb nichtig, weil sich der Erklärende insgeheim vorbehält, das Erklärte nicht zu wollen. Die Erklärung ist nichtig, wenn sie einem anderen gegenüber abzugeben ist und dieser den Vorbehalt kennt.

§ 117
Scheingeschäft

(1) Wird eine Willenserklärung, die einem anderen gegenüber abzugeben ist, mit dessen Einverständnis nur zum Schein abgegeben, so ist sie nichtig.

(2) Wird durch ein Scheingeschäft ein anderes Rechtsgeschäft verdeckt, so finden die für das verdeckte Rechtsgeschäft geltenden Vorschriften Anwendung.

§ 119
Anfechtbarkeit wegen Irrtums

(1) Wer bei der Abgabe einer Willenserklärung über deren Inhalt im Irrtum war oder eine Erklärung dieses Inhalts überhaupt nicht abgeben wollte, kann die Erklärung anfechten, wenn anzunehmen ist, dass er sie bei Kenntnis der Sachlage und bei verständiger Würdigung des Falles nicht abgegeben haben würde.

(2) Als Irrtum über den Inhalt der Erklärung gilt auch der Irrtum über solche Eigenschaften der Person oder der Sache, die im Verkehr als wesentlich angesehen werden.

§ 121
Anfechtungsfrist

(1) Die Anfechtung muss in den Fällen der §§ 119, 120 ohne schuldhaftes Zögern (unverzüglich) erfolgen, nachdem der Anfechtungsberechtigte von dem Anfechtungsgrund Kenntnis erlangt hat. Die einem Abwesenden gegenüber erfolgte Anfechtung gilt als rechtzeitig erfolgt, wenn die Anfechtungserklärung unverzüglich abgesendet worden ist.

(2) Die Anfechtung ist ausgeschlossen, wenn seit der Abgabe der Willenserklärung zehn Jahre verstrichen sind.

§ 123
Anfechtbarkeit wegen Täuschung oder Drohung

(1) Wer zur Abgabe einer Willenserklärung durch arglistige Täuschung oder widerrechtlich durch Drohung bestimmt worden ist, kann die Erklärung anfechten.

(2) Hat ein Dritter die Täuschung verübt, so ist eine Erklärung, die einem anderen gegenüber abzugeben war, nur dann anfechtbar, wenn dieser die Täuschung kannte oder kennen musste. Soweit ein anderer als derjenige, welchem gegenüber die Erklärung abzugeben war, aus der Erklärung unmittelbar ein Recht erworben hat, ist die Erklärung ihm gegenüber anfechtbar, wenn er die Täuschung kannte oder kennen musste.

§ 130
Wirksamwerden der Willenserklärung gegenüber Abwesenden

(1) Eine Willenserklärung, die einem anderen gegenüber abzugeben ist, wird, wenn sie in dessen Abwesenheit abgegeben wird, in dem Zeitpunkt wirksam, in welchem sie ihm zugeht. Sie wird nicht wirksam, wenn dem anderen vorher oder gleichzeitig ein Widerruf zugeht.

(2) Auf die Wirksamkeit der Willenserklärung ist es ohne Einfluss, wenn der Erklärende nach der Abgabe stirbt oder geschäftsunfähig wird.

(3) Diese Vorschriften finden auch dann Anwendung, wenn die Willenserklärung einer Behörde gegenüber abzugeben ist.

§ 133
Auslegung einer Willenserklärung

Bei der Auslegung einer Willenserklärung ist der wirkliche Wille zu erforschen und nicht an dem buchstäblichen Sinne des Ausdrucks zu haften.

§ 145
Bindung an den Antrag

Wer einem anderen die Schließung eines Vertrags anträgt, ist an den Antrag gebunden, es sei denn, dass er die Gebundenheit ausgeschlossen hat.

§ 146
Erlöschen des Antrags

Der Antrag erlischt, wenn er dem Antragenden gegenüber abgelehnt oder wenn er nicht diesem gegenüber nach den §§ 147 bis 149 rechtzeitig angenommen wird.

§ 147
Annahmefrist

(1) Der einem Anwesenden gemachte Antrag kann nur sofort angenommen werden. Dies gilt auch von einem mittels Fernsprechers oder einer sonstigen technischen Einrichtung von Person zu Person gemachten Antrag.

(2) Der einem Abwesenden gemachte Antrag kann nur bis zu dem Zeitpunkt angenommen werden, in welchem der Antragende den Eingang der Antwort unter regelmäßigen Umständen erwarten darf.

§ 148
Bestimmung einer Annahmefrist

Hat der Antragende für die Annahme des Antrags eine Frist bestimmt, so kann die Annahme nur innerhalb der Frist erfolgen.

§ 149
Verspätet zugegangene Annahmeerklärung

Ist eine dem Antragenden verspätet zugegangene Annahmeerklärung dergestalt abgesendet worden, dass sie bei regelmäßiger Beförderung ihm rechtzeitig zugegangen sein würde, und musste der Antragende dies erkennen, so hat er die Verspätung dem Annehmenden unverzüglich nach dem

Empfang der Erklärung anzuzeigen, sofern es nicht schon vorher geschehen ist. Verzögert er die Absendung der Anzeige, so gilt die Annahme als nicht verspätet.

§ 150
Verspätete und abändernde Annahme

(1) Die verspätete Annahme eines Antrags gilt als neuer Antrag.

(2) Eine Annahme unter Erweiterungen, Einschränkungen oder sonstigen Änderungen gilt als Ablehnung verbunden mit einem neuen Antrag.

§ 151
Annahme ohne Erklärung gegenüber dem Antragenden

Der Vertrag kommt durch die Annahme des Antrags zustande, ohne dass die Annahme dem Antragenden gegenüber erklärt zu werden braucht, wenn eine solche Erklärung nach der Verkehrssitte nicht zu erwarten ist oder der Antragende auf sie verzichtet hat. Der Zeitpunkt, in welchem der Antrag erlischt, bestimmt sich nach dem aus dem Antrag oder den Umständen zu entnehmenden Willen des Antragenden.

§ 152
Annahme bei notarieller Beurkundung

Wird ein Vertrag notariell beurkundet, ohne dass beide Teile gleichzeitig anwesend sind, so kommt der Vertrag mit der nach § 128 erfolgten Beurkundung der Annahme zustande, wenn nicht ein anderes bestimmt ist. Die Vorschrift des § 151 Satz 2 findet Anwendung.

§ 153
Tod oder Geschäftsunfähigkeit des Antragenden

Das Zustandekommen des Vertrags wird nicht dadurch gehindert, dass der Antragende vor der Annahme stirbt oder geschäftsunfähig wird, es sei denn, dass ein anderer Wille des Antragenden anzunehmen ist.

§ 154
Offener Einigungsmangel; fehlende Beurkundung

(1) Solange nicht die Parteien sich über alle Punkte eines Vertrags geeinigt haben, über die nach der Erklärung auch nur einer Partei eine Vereinbarung getroffen werden soll, ist im Zweifel der Vertrag nicht geschlossen. Die Verständigung über einzelne Punkte ist auch dann nicht bindend, wenn eine Aufzeichnung stattgefunden hat.

(2) Ist eine Beurkundung des beabsichtigten Vertrags verabredet worden, so ist im Zweifel der Vertrag nicht geschlossen, bis die Beurkundung erfolgt ist.

§ 155
Versteckter Einigungsmangel

Haben sich die Parteien bei einem Vertrag, den sie als geschlossen ansehen, über einen Punkt, über den eine Vereinbarung getroffen werden sollte, in Wirklichkeit nicht geeinigt, so gilt das Vereinbarte, sofern anzunehmen ist, dass der Vertrag auch ohne eine Bestimmung über diesen Punkt geschlossen sein würde.

§ 156
Vertragsschluss bei Versteigerung

Bei einer Versteigerung kommt der Vertrag erst durch den Zuschlag zustande. Ein Gebot erlischt, wenn ein Übergebot abgegeben oder die Versteigerung ohne Erteilung des Zuschlags geschlossen wird.

§ 157
Auslegung von Verträgen

Verträge sind so auszulegen, wie Treu und Glauben mit Rücksicht auf die Verkehrssitte es erfordern.

§ 158
Aufschiebende und auflösende Bedingung

(1) Wird ein Rechtsgeschäft unter einer aufschiebenden Bedingung vorgenommen, so tritt die von der Bedingung abhängig gemachte Wirkung mit dem Eintritt der Bedingung ein.

(2) Wird ein Rechtsgeschäft unter einer auflösenden Bedingung vorgenommen, so endigt mit dem Eintritt der Bedingung die Wirkung des Rechtsgeschäfts; mit diesem Zeitpunkt tritt der frühere Rechtszustand wieder ein.

§ 164
Wirkung der Erklärung des Vertreters

(1) Eine Willenserklärung, die jemand innerhalb der ihm zustehenden Vertretungsmacht im Namen des Vertretenen abgibt, wirkt unmittelbar für und gegen den Vertretenen. Es macht keinen Unterschied, ob die Erklärung ausdrücklich im Namen des Vertretenen erfolgt oder ob die Umstände ergeben, dass sie in dessen Namen erfolgen soll.

(2) Tritt der Wille, in fremdem Namen zu handeln, nicht erkennbar hervor, so kommt der Mangel des Willens, im eigenen Namen zu handeln, nicht in Betracht.

(3) Die Vorschriften des Absatzes 1 finden entsprechende Anwendung, wenn eine gegenüber einem anderen abzugebende Willenserklärung dessen Vertreter gegenüber erfolgt.

§ 165
Beschränkt geschäftsfähiger Vertreter

Die Wirksamkeit einer von oder gegenüber einem Vertreter abgegebenen Willenserklärung wird nicht dadurch beeinträchtigt, dass der Vertreter in der Geschäftsfähigkeit beschränkt ist.

§ 166
Willensmängel; Wissenszurechnung

(1) Soweit die rechtlichen Folgen einer Willenserklärung durch Willensmängel oder durch die Kenntnis oder das Kennenmüssen gewisser Umstände beeinflusst werden, kommt nicht die Person des Vertretenen, sondern die des Vertreters in Betracht.

(2) Hat im Falle einer durch Rechtsgeschäft erteilten Vertretungsmacht (Vollmacht) der Vertreter nach bestimmten Weisungen des Vollmachtgebers gehandelt, so kann sich dieser in Ansehung solcher Umstände, die er selbst kannte, nicht auf die Unkenntnis des Vertreters berufen. Dasselbe gilt von Umständen, die der Vollmachtgeber kennen musste, sofern das Kennenmüssen der Kenntnis gleichsteht.

§ 167
Erteilung der Vollmacht

(1) Die Erteilung der Vollmacht erfolgt durch Erklärung gegenüber dem zu Bevollmächtigenden oder dem Dritten, dem gegenüber die Vertretung stattfinden soll.

(2) Die Erklärung bedarf nicht der Form, welche für das Rechtsgeschäft bestimmt ist, auf das sich die Vollmacht bezieht.

§ 168
Erlöschen der Vollmacht

Das Erlöschen der Vollmacht bestimmt sich nach dem ihrer Erteilung zugrunde liegenden Rechtsverhältnis. Die Vollmacht ist auch bei dem Fortbestehen des Rechtsverhältnisses widerruflich, sofern sich nicht aus diesem ein anderes ergibt. Auf die Erklärung des Widerrufs findet die Vorschrift des § 167 Abs. 1 entsprechende Anwendung.

§ 169
Vollmacht des Beauftragten und des geschäftsführenden Gesellschafters

Soweit nach den §§ 674, 729 die erloschene Vollmacht eines Beauftragten oder eines geschäftsführenden Gesellschafters als fortbestehend gilt, wirkt sie nicht zugunsten eines Dritten, der bei der Vornahme eines Rechtsgeschäfts das Erlöschen kennt oder kennen muss.

§ 170
Wirkungsdauer der Vollmacht

Wird die Vollmacht durch Erklärung gegenüber einem Dritten erteilt, so bleibt sie diesem gegenüber in Kraft, bis ihm das Erlöschen von dem Vollmachtgeber angezeigt wird.

§ 171
Wirkungsdauer bei Kundgebung

(1) Hat jemand durch besondere Mitteilung an einen Dritten oder durch öffentliche Bekanntmachung kundgegeben, dass er einen anderen bevollmächtigt habe, so ist dieser auf Grund der Kundgebung im ersteren Falle dem Dritten gegenüber, im letzteren Falle jedem Dritten gegenüber zur Vertretung befugt.

(2) Die Vertretungsmacht bleibt bestehen, bis die Kundgebung in derselben Weise, wie sie erfolgt ist, widerrufen wird.

§ 172
Vollmachtsurkunde

(1) Der besonderen Mitteilung einer Bevollmächtigung durch den Vollmachtgeber steht es gleich, wenn dieser dem Vertreter eine Vollmachtsurkunde ausgehändigt hat und der Vertreter sie dem Dritten vorlegt.

(2) Die Vertretungsmacht bleibt bestehen, bis die Vollmachtsurkunde dem Vollmachtgeber zurückgegeben oder für kraftlos erklärt wird.

§ 173
Wirkungsdauer bei Kenntnis und fahrlässiger Unkenntnis

Die Vorschriften des § 170, des § 171 Abs. 2 und des § 172 Abs. 2 finden keine Anwendung, wenn der Dritte das Erlöschen der Vertretungsmacht bei der Vornahme des Rechtsgeschäfts kennt oder kennen muss.

§ 174
Einseitiges Rechtsgeschäft eines Bevollmächtigten

Ein einseitiges Rechtsgeschäft, das ein Bevollmächtigter einem anderen gegenüber vornimmt, ist unwirksam, wenn der Bevollmächtigte eine Vollmachtsurkunde nicht vorlegt und der andere das Rechtsgeschäft aus diesem Grund unverzüglich zurückweist. Die Zurückweisung ist ausgeschlossen, wenn der Vollmachtgeber den anderen von der Bevollmächtigung in Kenntnis gesetzt hatte.

§ 175
Rückgabe der Vollmachtsurkunde

Nach dem Erlöschen der Vollmacht hat der Bevollmächtigte die Vollmachtsurkunde dem Vollmachtgeber zurückzugeben; ein Zurückbehaltungsrecht steht ihm nicht zu.

§ 176
Kraftloserklärung der Vollmachtsurkunde

(1) Der Vollmachtgeber kann die Vollmachtsurkunde durch eine öffentliche Bekanntmachung für kraftlos erklären; die Kraftloserklärung muss nach den für die öffentliche Zustellung einer Ladung geltenden Vorschriften der Zivilprozessordnung veröffentlicht werden. Mit dem Ablauf eines Monats nach der letzten Einrückung in die öffentlichen Blätter wird die Kraftloserklärung wirksam.

(2) Zuständig für die Bewilligung der Veröffentlichung ist sowohl das Amtsgericht, in dessen Bezirk der Vollmachtgeber seinen allgemeinen Gerichtsstand hat, als das Amtsgericht, welches für die Klage auf Rückgabe der Urkunde, abgesehen von dem Wert des Streitgegenstands, zuständig sein würde.

(3) Die Kraftloserklärung ist unwirksam, wenn der Vollmachtgeber die Vollmacht nicht widerrufen kann.

§ 177
Vertragsschluss durch Vertreter ohne Vertretungsmacht

(1) Schließt jemand ohne Vertretungsmacht im Namen eines anderen einen Vertrag, so hängt die Wirksamkeit des Vertrags für und gegen den Vertretenen von dessen Genehmigung ab.

(2) Fordert der andere Teil den Vertretenen zur Erklärung über die Genehmigung auf, so kann die Erklärung nur ihm gegenüber erfolgen; eine vor der Aufforderung dem Vertreter gegenüber erklärte Genehmigung oder Verweigerung der Genehmigung wird unwirksam. Die Genehmigung kann nur bis zum Ablauf von zwei Wochen nach dem Empfang der Aufforderung erklärt werden; wird sie nicht erklärt, so gilt sie als verweigert.

§ 178
Widerrufsrecht des anderen Teils

Bis zur Genehmigung des Vertrags ist der andere Teil zum Widerruf berechtigt, es sei denn, dass er den Mangel der Vertretungsmacht bei dem Abschluss des Vertrags gekannt hat. Der Widerruf kann auch dem Vertreter gegenüber erklärt werden.

§ 179
Haftung des Vertreters ohne Vertretungsmacht

(1) Wer als Vertreter einen Vertrag geschlossen hat, ist, sofern er nicht seine Vertretungsmacht nachweist, dem anderen Teil nach dessen Wahl zur Erfüllung oder zum Schadensersatz verpflichtet, wenn der Vertretene die Genehmigung des Vertrags verweigert.

(2) Hat der Vertreter den Mangel der Vertretungsmacht nicht gekannt, so ist er nur zum Ersatz desjenigen Schadens verpflichtet, welchen der andere Teil dadurch erleidet, dass er auf die Vertretungsmacht vertraut, jedoch nicht über den Betrag des Interesses hinaus, welches der andere Teil an der Wirksamkeit des Vertrags hat.

(3) Der Vertreter haftet nicht, wenn der andere Teil den Mangel der Vertretungsmacht kannte oder kennen musste. Der Vertreter haftet auch dann nicht, wenn er in der Geschäftsfähigkeit beschränkt war, es sei denn, dass er mit Zustimmung seines gesetzlichen Vertreters gehandelt hat.

§ 180
Einseitiges Rechtsgeschäft

Bei einem einseitigen Rechtsgeschäft ist Vertretung ohne Vertretungsmacht unzulässig. Hat jedoch derjenige, welchem gegenüber ein solches Rechtsgeschäft vorzunehmen war, die von dem Vertreter behauptete Vertretungsmacht bei der Vornahme des Rechtsgeschäfts nicht beanstandet oder ist er damit einverstanden gewesen, dass der Vertreter ohne Vertretungsmacht handele, so finden die Vorschriften über Verträge entsprechende Anwendung. Das Gleiche gilt, wenn ein einseitiges Rechtsgeschäft gegenüber einem Vertreter ohne Vertretungsmacht mit dessen Einverständnis vorgenommen wird.

§ 181
Insichgeschäft

Ein Vertreter kann, soweit nicht ein anderes ihm gestattet ist, im Namen des Vertretenen mit sich im eigenen Namen oder als Vertreter eines Dritten ein Rechtsgeschäft nicht vornehmen, es sei denn, dass das Rechtsgeschäft ausschließlich in der Erfüllung einer Verbindlichkeit besteht.

§ 194
Gegenstand der Verjährung

(1) Das Recht, von einem anderen ein Tun oder Unterlassen zu verlangen (Anspruch), unterliegt der Verjährung.

(2) Ansprüche aus einem familienrechtlichen Verhältnis unterliegen der Verjährung nicht, soweit sie auf die Herstellung des dem Verhältnis entsprechenden Zustandes für die Zukunft oder auf die Einwilligung in eine genetische Untersuchung zur Klärung der leiblichen Abstammung gerichtet sind.

§ 195
Regelmäßige Verjährungsfrist

Die regelmäßige Verjährungsfrist beträgt drei Jahre.

§ 196
Verjährungsfrist bei Rechten an einem Grundstück

Ansprüche auf Übertragung des Eigentums an einem Grundstück sowie auf Begründung, Übertragung oder Aufhebung eines Rechts an einem Grundstück oder auf Änderung des Inhalts eines solchen Rechts sowie die Ansprüche auf die Gegenleistung verjähren in zehn Jahren.

§ 197
Dreißigjährige Verjährungsfrist

(1) In 30 Jahren verjähren, soweit nicht ein anderes bestimmt ist,

1. Schadensersatzansprüche, die auf der vorsätzlichen Verletzung des Lebens, des Körpers, der Gesundheit, der Freiheit oder der sexuellen Selbstbestimmung beruhen,
2. Herausgabeansprüche aus Eigentum ,anderen dinglichen Rechten, den §§ 2018, 2130 und 2362 sowie die Ansprüche, die der Geltendmachung der Herausgabeansprüche dienen,
3. rechtskräftig festgestellte Ansprüche,
4. Ansprüche aus vollstreckbaren Vergleichen oder vollstreckbaren Urkunden,
5. Ansprüche, die durch die im Insolvenzverfahren erfolgte Feststellung vollstreckbar geworden sind, und
6. Ansprüche auf Erstattung der Kosten der Zwangsvollstreckung.

(2) Soweit Ansprüche nach Absatz 1 Nr. 3 bis 5 künftig fällig werdende regelmäßig wiederkehrende Leistungen zum Inhalt haben, tritt an die Stelle der Verjährungsfrist von 30 Jahren die regelmäßige Verjährungsfrist.

§ 198
Verjährung bei Rechtsnachfolge

Gelangt eine Sache, hinsichtlich derer ein dinglicher Anspruch besteht, durch Rechtsnachfolge in den Besitz eines Dritten, so kommt die während des Besitzes des Rechtsvorgängers verstrichene Verjährungszeit dem Rechtsnachfolger zugute.

§ 199
Beginn der regelmäßigen Verjährungsfrist und Höchstfristen

(1) Die regelmäßige Verjährungsfrist beginnt, soweit nicht ein anderer Verjährungsbeginn bestimmt ist, mit dem Schluss des Jahres, in dem

1. der Anspruch entstanden ist und
2. der Gläubiger von den den Anspruch begründenden Umständen und der Person des Schuldners Kenntnis erlangt oder ohne grobe Fahrlässigkeit erlangen müsste.

(2) Schadensersatzansprüche, die auf der Verletzung des Lebens, des Körpers, der Gesundheit oder der Freiheit beruhen, verjähren ohne Rücksicht auf ihre Entstehung und die Kenntnis oder grob fahr-

lässige Unkenntnis in 30 Jahren von der Begehung der Handlung, der Pflichtverletzung oder dem sonstigen, den Schaden auslösenden Ereignis an.

(3) Sonstige Schadensersatzansprüche verjähren

1. ohne Rücksicht auf die Kenntnis oder grob fahrlässige Unkenntnis in zehn Jahren von ihrer Entstehung an und
2. ohne Rücksicht auf ihre Entstehung und die Kenntnis oder grob fahrlässige Unkenntnis in 30 Jahren von der Begehung der Handlung, der Pflichtverletzung oder dem sonstigen, den Schaden auslösenden Ereignis an.

Maßgeblich ist die früher endende Frist.

(3a) Ansprüche, die auf einem Erbfall beruhen oder deren Geltendmachung die Kenntnis einer Verfügung von Todes wegen voraussetzt, verjähren ohne Rücksicht auf die Kenntnis oder grob fahrlässige Unkenntnis in 30 Jahren von der Entstehung des Anspruchs an.

(4) Andere Ansprüche als die nach den Absätzen 2 bis 3a verjähren ohne Rücksicht auf die Kenntnis oder grob fahrlässige Unkenntnis in zehn Jahren von ihrer Entstehung an.

(5) Geht der Anspruch auf ein Unterlassen, so tritt an die Stelle der Entstehung die Zuwiderhandlung.

§ 200
Beginn anderer Verjährungsfristen

Die Verjährungsfrist von Ansprüchen, die nicht der regelmäßigen Verjährungsfrist unterliegen, beginnt mit der Entstehung des Anspruchs, soweit nicht ein anderer Verjährungsbeginn bestimmt ist. § 199 Abs. 5 findet entsprechende Anwendung.

§ 201
Beginn der Verjährungsfrist von festgestellten Ansprüchen

Die Verjährung von Ansprüchen der in § 197 Abs. 1 Nr. 3 bis 6 bezeichneten Art beginnt mit der Rechtskraft der Entscheidung, der Errichtung des vollstreckbaren Titels oder der Feststellung im Insolvenzverfahren, nicht jedoch vor der Entstehung des Anspruchs. § 199 Abs. 5 findet entsprechende Anwendung.

§ 202
Unzulässigkeit von Vereinbarungen über die Verjährung

(1) Die Verjährung kann bei Haftung wegen Vorsatzes nicht im Voraus durch Rechtsgeschäft erleichtert werden.

(2) Die Verjährung kann durch Rechtsgeschäft nicht über eine Verjährungsfrist von 30 Jahren ab dem gesetzlichen Verjährungsbeginn hinaus erschwert werden.

§ 203
Hemmung der Verjährung bei Verhandlungen

Schweben zwischen dem Schuldner und dem Gläubiger Verhandlungen über den Anspruch oder die den Anspruch begründenden Umstände, so ist die Verjährung gehemmt, bis der eine oder der andere Teil die Fortsetzung der Verhandlungen verweigert. Die Verjährung tritt frühestens drei Monate nach dem Ende der Hemmung ein.

§ 204
Hemmung der Verjährung durch Rechtsverfolgung

(1) Die Verjährung wird gehemmt durch

1. die Erhebung der Klage auf Leistung oder auf Feststellung des Anspruchs, auf Erteilung der Vollstreckungsklausel oder auf Erlass des Vollstreckungsurteils,
2. die Zustellung des Antrags im vereinfachten Verfahren über den Unterhalt Minderjähriger,
3. die Zustellung des Mahnbescheids im Mahnverfahren oder des Europäischen Zahlungsbefehls im Europäischen Mahnverfahren nach der Verordnung (EG) Nr. 1896/ 2006 des Europäischen Parlaments und des Rates vom 12. Dezember 2006 zur Einführung eines Europäischen Mahnverfahrens (ABl. EU Nr. L 399 S. 1),
4. die Veranlassung der Bekanntgabe eines Antrags, mit dem der Anspruch geltend gemacht wird, bei einer,
   a) staatlichen oder staatlich anerkannten Streitbeilegungsstelle oder
   b) anderen Streitbeilegungsstelle, wenn das Verfahren im Einvernehmen mit dem Antragsgegner betrieben wird;

   die Verjährung wird schon durch den Eingang des Antrags bei der Streitbeilegungsstelle gehemmt, wenn der Antrag demnächst bekannt gegeben wird.
5. die Geltendmachung der Aufrechnung des Anspruchs im Prozess,
6. die Zustellung der Streitverkündung,

6a. die Zustellung der Anmeldung zu einem Musterverfahren für darin bezeichnete Ansprüche, soweit diesen der gleiche Lebenssachverhalt zugrunde liegt wie den Feststellungszielen des Musterverfahrens und wenn innerhalb von drei Monaten nach dem rechtskräftigen Ende des Musterverfahrens die Klage auf Leistung oder Feststellung der in der Anmeldung bezeichneten Ansprüche erhoben wird,

7. die Zustellung des Antrags auf Durchführung eines selbstständigen Beweisverfahrens,
8. den Beginn eines vereinbarten Begutachtungsverfahrens,
9. die Zustellung des Antrags auf Erlass eines Arrests, einer einstweiligen Verfügung oder einer einstweiligen Anordnung, oder, wenn der Antrag nicht zugestellt wird, dessen Einreichung, wenn der Arrestbefehl, die einstweilige Verfügung oder die einstweilige Anordnung innerhalb eines Monats seit Verkündung oder Zustellung an den Gläubiger dem Schuldner zugestellt wird,
10. die Anmeldung des Anspruchs im Insolvenzverfahren oder im Schifffahrtsrechtlichen Verteilungsverfahren,
11. den Beginn des schiedsrichterlichen Verfahrens,
12. die Einreichung des Antrags bei einer Behörde, wenn die Zulässigkeit der Klage von der Vorentscheidung dieser Behörde abhängt und innerhalb von drei Monaten nach Erledigung des Gesuchs die Klage erhoben wird; dies gilt entsprechend für bei einem Gericht oder bei einer in Nummer 4 bezeichneten Streitbeilegungsstelle zu stellende Anträge, deren Zulässigkeit von der Vorentscheidung einer Behörde abhängt,
13. die Einreichung des Antrags bei dem höheren Gericht, wenn dieses das zuständige Gericht zu bestimmen hat und innerhalb von drei Monaten nach Erledigung des Gesuchs die Klage erhoben oder der Antrag, für den die Gerichtsstandsbestimmung zu erfolgen hat, gestellt wird, und

14. die Veranlassung der Bekanntgabe des erstmaligen Antrags auf Gewährung von Prozesskostenhilfe oder Verfahrenskostenhilfe; wird die Bekanntgabe demnächst nach der Einreichung des Antrags veranlasst, so tritt die Hemmung der Verjährung bereits mit der Einreichung ein.

(2) Die Hemmung nach Absatz 1 endet sechs Monate nach der rechtskräftigen Entscheidung oder anderweitigen Beendigung des eingeleiteten Verfahrens. Gerät das Verfahren dadurch in Stillstand, dass die Parteien es nicht betreiben, so tritt an die Stelle der Beendigung des Verfahrens die letzte Verfahrenshandlung der Parteien, des Gerichts oder der sonst mit dem Verfahren befassten Stelle. Die Hemmung beginnt erneut, wenn eine der Parteien das Verfahren weiter betreibt.

(3) Auf die Frist nach Absatz 1 Nr. 6a, 9, 12 und 13 finden die §§ 206, 210 und 211 entsprechende Anwendung.

§ 205
Hemmung der Verjährung bei Leistungsverweigerungsrecht

Die Verjährung ist gehemmt, solange der Schuldner auf Grund einer Vereinbarung mit dem Gläubiger vorübergehend zur Verweigerung der Leistung berechtigt ist.

§ 206
Hemmung der Verjährung bei höherer Gewalt

Die Verjährung ist gehemmt, solange der Gläubiger innerhalb der letzten sechs Monate der Verjährungsfrist durch höhere Gewalt an der Rechtsverfolgung gehindert ist.

§ 207
Hemmung der Verjährung aus familiären und ähnlichen Gründen

(1) Die Verjährung von Ansprüchen zwischen Ehegatten ist gehemmt, solange die Ehe besteht. Das Gleiche gilt für Ansprüche zwischen

1. Lebenspartnern, solange die Lebenspartnerschaft besteht,
2. dem Kind und
   a) seinen Eltern oder
   b) dem Ehegatten oder Lebenspartner eines Elternteils

   bis zur Vollendung des 21. Lebensjahres des Kindes,
3. dem Vormund und dem Mündel während der Dauer des Vormundschaftsverhältnisses,
4. dem Betreuten und dem Betreuer während der Dauer des Betreuungsverhältnisses und
5. dem Pflegling und dem Pfleger während der Dauer der Pflegschaft.

Die Verjährung von Ansprüchen des Kindes gegen den Beistand ist während der Dauer der Beistandschaft gehemmt.

(2) § 208 bleibt unberührt.

§ 208
Hemmung der Verjährung bei Ansprüchen wegen Verletzung der sexuellen Selbstbestimmung

Die Verjährung von Ansprüchen wegen Verletzung der sexuellen Selbstbestimmung ist bis zur Vollendung des 21. Lebensjahrs des Gläubigers gehemmt. Lebt der Gläubiger von Ansprüchen wegen

Verletzung der sexuellen Selbstbestimmung bei Beginn der Verjährung mit dem Schuldner in häuslicher Gemeinschaft, so ist die Verjährung auch bis zur Beendigung der häuslichen Gemeinschaft gehemmt.

§ 209
Wirkung der Hemmung

Der Zeitraum, während dessen die Verjährung gehemmt ist, wird in die Verjährungsfrist nicht eingerechnet.

§ 210
Ablaufhemmung bei nicht voll Geschäftsfähigen

(1) Ist eine geschäftsunfähige oder in der Geschäftsfähigkeit beschränkte Person ohne gesetzlichen Vertreter, so tritt eine für oder gegen sie laufende Verjährung nicht vor dem Ablauf von sechs Monaten nach dem Zeitpunkt ein, in dem die Person unbeschränkt geschäftsfähig oder der Mangel der Vertretung behoben wird. Ist die Verjährungsfrist kürzer als sechs Monate, so tritt der für die Verjährung bestimmte Zeitraum an die Stelle der sechs Monate.

(2) Absatz 1 findet keine Anwendung, soweit eine in der Geschäftsfähigkeit beschränkte Person prozessfähig ist.

§ 211
Ablaufhemmung in Nachlassfällen

Die Verjährung eines Anspruchs, der zu einem Nachlass gehört oder sich gegen einen Nachlass richtet, tritt nicht vor dem Ablauf von sechs Monaten nach dem Zeitpunkt ein, in dem die Erbschaft von dem Erben angenommen oder das Insolvenzverfahren über den Nachlass eröffnet wird oder von dem an der Anspruch von einem oder gegen einen Vertreter geltend gemacht werden kann. Ist die Verjährungsfrist kürzer als sechs Monate, so tritt der für die Verjährung bestimmte Zeitraum an die Stelle der sechs Monate.

§ 212
Neubeginn der Verjährung

(1) Die Verjährung beginnt erneut, wenn

1. der Schuldner dem Gläubiger gegenüber den Anspruch durch Abschlagszahlung, Zinszahlung, Sicherheitsleistung oder in anderer Weise anerkennt oder
2. eine gerichtliche oder behördliche Vollstreckungshandlung vorgenommen oder beantragt wird.

(2) Der erneute Beginn der Verjährung infolge einer Vollstreckungshandlung gilt als nicht eingetreten, wenn die Vollstreckungshandlung auf Antrag des Gläubigers oder wegen Mangels der gesetzlichen Voraussetzungen aufgehoben wird.

(3) Der erneute Beginn der Verjährung durch den Antrag auf Vornahme einer Vollstreckungshandlung gilt als nicht eingetreten, wenn dem Antrag nicht stattgegeben oder der Antrag vor der Vollstreckungshandlung zurückgenommen oder die erwirkte Vollstreckungshandlung nach Absatz 2 aufgehoben wird.

§ 213
Hemmung, Ablaufhemmung und erneuter Beginn der Verjährung bei anderen Ansprüchen

Die Hemmung, die Ablaufhemmung und der erneute Beginn der Verjährung gelten auch für Ansprüche, die aus demselben Grunde wahlweise neben dem Anspruch oder an seiner Stelle gegeben sind.

§ 214
Wirkung der Verjährung

(1) Nach Eintritt der Verjährung ist der Schuldner berechtigt, die Leistung zu verweigern.

(2) Das zur Befriedigung eines verjährten Anspruchs Geleistete kann nicht zurückgefordert werden, auch wenn in Unkenntnis der Verjährung geleistet worden ist. Das Gleiche gilt von einem vertragsmäßigen Anerkenntnis sowie einer Sicherheitsleistung des Schuldners.

§ 215
Aufrechnung und Zurückbehaltungsrecht nach Eintritt der Verjährung

Die Verjährung schließt die Aufrechnung und die Geltendmachung eines Zurückbehaltungsrechts nicht aus, wenn der Anspruch in dem Zeitpunkt noch nicht verjährt war, in dem erstmals aufgerechnet oder die Leistung verweigert werden konnte.

§ 216
Wirkung der Verjährung bei gesicherten Ansprüchen

(1) Die Verjährung eines Anspruchs, für den eine Hypothek, eine Schiffshypothek oder ein Pfandrecht besteht, hindert den Gläubiger nicht, seine Befriedigung aus dem belasteten Gegenstand zu suchen.

(2) Ist zur Sicherung eines Anspruchs ein Recht verschafft worden, so kann die Rückübertragung nicht auf Grund der Verjährung des Anspruchs gefordert werden. Ist das Eigentum vorbehalten, so kann der Rücktritt vom Vertrag auch erfolgen, wenn der gesicherte Anspruch verjährt ist.

(3) Die Absätze 1 und 2 finden keine Anwendung auf die Verjährung von Ansprüchen auf Zinsen und andere wiederkehrende Leistungen.

§ 217
Verjährung von Nebenleistungen

Mit dem Hauptanspruch verjährt der Anspruch auf die von ihm abhängenden Nebenleistungen, auch wenn die für diesen Anspruch geltende besondere Verjährung noch nicht eingetreten ist.

§ 218 a. F.
Unwirksamkeit des Rücktritts

(1) Der Rücktritt wegen nicht oder nicht vertragsgemäß erbrachter Leistung ist unwirksam, wenn der Anspruch auf die Leistung oder der Nacherfüllungsanspruch verjährt ist und der Schuldner sich hierauf beruft. Dies gilt auch, wenn der Schuldner nach § 275 Abs. 1 bis 3, § 439 Abs. 3 oder § 635 Abs. 3 nicht zu leisten braucht und der Anspruch auf die Leistung oder der Nacherfüllungsanspruch verjährt wäre. § 216 Abs. 2 Satz 2 bleibt unberührt.

(2) § 214 Abs. 2 findet entsprechende Anwendung.

Neue Fassung ab 01.01.2018

§ 218 n. F.
Unwirksamkeit des Rücktritts

(1) Der Rücktritt wegen nicht oder nicht vertragsgemäß erbrachter Leistung ist unwirksam, wenn der Anspruch auf die Leistung oder der Nacherfüllungsanspruch verjährt ist und der Schuldner sich hierauf beruft. Dies gilt auch, wenn der Schuldner nach § 275 Abs. 1 bis 3, § 439 Abs. 4 oder § 635 Abs. 3 nicht zu leisten braucht und der Anspruch auf die Leistung oder der Nacherfüllungsanspruch verjährt wäre. § 216 Abs. 2 Satz 2 bleibt unberührt.

(2) § 214 Abs. 2 findet entsprechende Anwendung.

§ 232
Arten

(1) Wer Sicherheit zu leisten hat, kann dies bewirken durch Hinterlegung von Geld oder Wertpapieren, durch Verpfändung von Forderungen, die in das Bundesschuldbuch oder Landesschuldbuch eines Landes eingetragen sind, durch Verpfändung beweglicher Sachen, durch Bestellung von Schiffshypotheken an Schiffen oder Schiffsbauwerken, die in einem deutschen Schiffsregister oder Schiffsbauregister eingetragen sind, durch Bestellung von Hypotheken an inländischen Grundstücken, durch Verpfändung von Forderungen, für die eine Hypothek an einem inländischen Grundstück besteht, oder durch Verpfändung von Grundschulden oder Rentenschulden an inländischen Grundstücken.

(2) Kann die Sicherheit nicht in dieser Weise geleistet werden, so ist die Stellung eines tauglichen Bürgen zulässig.

§ 233
Wirkung der Hinterlegung

Mit der Hinterlegung erwirbt der Berechtigte ein Pfandrecht an dem hinterlegten Geld oder an den hinterlegten Wertpapieren und, wenn das Geld oder die Wertpapiere in das Eigentum des Fiskus oder der als Hinterlegungsstelle bestimmten Anstalt übergehen, ein Pfandrecht an der Forderung auf Rückerstattung.

§ 234
Geeignete Wertpapiere

(1) Wertpapiere sind zur Sicherheitsleistung nur geeignet, wenn sie auf den Inhaber lauten, einen Kurswert haben und einer Gattung angehören, in der Mündelgeld angelegt werden darf. Den Inhaberpapieren stehen Orderpapiere gleich, die mit Blankoindossament versehen sind.

(2) Mit den Wertpapieren sind die Zins-, Renten-, Gewinnanteil- und Erneuerungsscheine zu hinterlegen.

(3) Mit Wertpapieren kann Sicherheit nur in Höhe von drei Vierteln des Kurswerts geleistet werden.

§ 235
Umtauschrecht

Wer durch Hinterlegung von Geld oder von Wertpapieren Sicherheit geleistet hat, ist berechtigt, das hinterlegte Geld gegen geeignete Wertpapiere, die hinterlegten Wertpapiere gegen andere geeignete Wertpapiere oder gegen Geld umzutauschen.

§ 236
Buchforderungen

Mit einer Schuldbuchforderung gegen den Bund oder ein Land kann Sicherheit nur in Höhe von drei Vierteln des Kurswerts der Wertpapiere geleistet werden, deren Aushändigung der Gläubiger gegen Löschung seiner Forderung verlangen kann.

§ 237
Bewegliche Sachen

Mit einer beweglichen Sache kann Sicherheit nur in Höhe von zwei Dritteln des Schätzungswerts geleistet werden. Sachen, deren Verderb zu besorgen oder deren Aufbewahrung mit besonderen Schwierigkeiten verbunden ist, können zurückgewiesen werden.

§ 238
Hypotheken, Grund- und Rentenschulden

(1) Eine Hypothekenforderung, eine Grundschuld oder eine Rentenschuld ist zur Sicherheitsleistung nur geeignet, wenn sie den Voraussetzungen entspricht, unter denen am Ort der Sicherheitsleistung Mündelgeld in Hypothekenforderungen, Grundschulden oder Rentenschulden angelegt werden darf.

(2) Eine Forderung, für die eine Sicherungshypothek besteht, ist zur Sicherheitsleistung nicht geeignet.

§ 239
Bürge

(1) Ein Bürge ist tauglich, wenn er ein der Höhe der zu leistenden Sicherheit angemessenes Vermögen besitzt und seinen allgemeinen Gerichtsstand im Inland hat.

(2) Die Bürgschaftserklärung muss den Verzicht auf die Einrede der Vorausklage enthalten.

§ 240
Ergänzungspflicht

Wird die geleistete Sicherheit ohne Verschulden des Berechtigten unzureichend, so ist sie zu ergänzen oder anderweitige Sicherheit zu leisten.

§ 241
Pflichten aus dem Schuldverhältnis

(1) Kraft des Schuldverhältnisses ist der Gläubiger berechtigt, von dem Schuldner eine Leistung zu fordern. Die Leistung kann auch in einem Unterlassen bestehen.

(2) Das Schuldverhältnis kann nach seinem Inhalt jeden Teil zur Rücksicht auf die Rechte, Rechtsgüter und Interessen des anderen Teils verpflichten.

§ 241a
Unbestellte Leistungen

(1) Durch die Lieferung beweglicher Sachen, die nicht auf Grund von Zwangsvollstreckungsmaßnahmen oder anderen gerichtlichen Maßnahmen verkauft werden (Waren), oder durch die Erbringung sonstiger Leistungen durch einen Unternehmer an den Verbraucher wird ein Anspruch gegen

den Verbraucher nicht begründet, wenn der Verbraucher die Waren oder sonstigen Leistungen nicht bestellt hat.

(2) Gesetzliche Ansprüche sind nicht ausgeschlossen, wenn die Leistung nicht für den Empfänger bestimmt war oder in der irrigen Vorstellung einer Bestellung erfolgte und der Empfänger dies erkannt hat oder bei Anwendung der im Verkehr erforderlichen Sorgfalt hätte erkennen können.

(3) Von den Regelungen dieser Vorschrift darf nicht zum Nachteil des Verbrauchers abgewichen werden. Die Regelungen finden auch Anwendung, wenn sie durch anderweitige Gestaltungen umgangen werden.

§ 242
Leistung nach Treu und Glauben

Der Schuldner ist verpflichtet, die Leistung so zu bewirken, wie Treu und Glauben mit Rücksicht auf die Verkehrssitte es erfordern.

§ 246
Gesetzlicher Zinssatz

Ist eine Schuld nach Gesetz oder Rechtsgeschäft zu verzinsen, so sind vier vom Hundert für das Jahr zu entrichten, sofern nicht ein anderes bestimmt ist.

§ 247
Basiszinssatz

(1) Der Basiszinssatz beträgt 3,62 Prozent. Er verändert sich zum 1. Januar und 1. Juli eines jeden Jahres um die Prozentpunkte, um welche die Bezugsgröße seit der letzten Veränderung des Basiszinssatzes gestiegen oder gefallen ist. Bezugsgröße ist der Zinssatz für die jüngste Hauptrefinanzierungsoperation der Europäischen Zentralbank vor dem ersten Kalendertag des betreffenden Halbjahrs.

(2) Die Deutsche Bundesbank gibt den geltenden Basiszinssatz unverzüglich nach den in Absatz 1 Satz 2 genannten Zeitpunkten im Bundesanzeiger bekannt.

§ 249
Art und Umfang des Schadensersatzes

(1) Wer zum Schadensersatz verpflichtet ist, hat den Zustand herzustellen, der bestehen würde, wenn der zum Ersatz verpflichtende Umstand nicht eingetreten wäre.

(2) Ist wegen Verletzung einer Person oder wegen Beschädigung einer Sache Schadensersatz zu leisten, so kann der Gläubiger statt der Herstellung den dazu erforderlichen Geldbetrag verlangen. Bei der Beschädigung einer Sache schließt der nach Satz 1 erforderliche Geldbetrag die Umsatzsteuer nur mit ein, wenn und soweit sie tatsächlich angefallen ist.

§ 252
Entgangener Gewinn

Der zu ersetzende Schaden umfasst auch den entgangenen Gewinn. Als entgangen gilt der Gewinn, welcher nach dem gewöhnlichen Lauf der Dinge oder nach den besonderen Umständen, insbesondere nach den getroffenen Anstalten und Vorkehrungen, mit Wahrscheinlichkeit erwartet werden konnte.

§ 254
Mitverschulden

(1) Hat bei der Entstehung des Schadens ein Verschulden des Beschädigten mitgewirkt, so hängt die Verpflichtung zum Ersatz sowie der Umfang des zu leistenden Ersatzes von den Umständen, insbesondere davon ab, inwieweit der Schaden vorwiegend von dem einen oder dem anderen Teil verursacht worden ist.

(2) Dies gilt auch dann, wenn sich das Verschulden des Beschädigten darauf beschränkt, dass er unterlassen hat, den Schuldner auf die Gefahr eines ungewöhnlich hohen Schadens aufmerksam zu machen, die der Schuldner weder kannte noch kennen musste, oder dass er unterlassen hat, den Schaden abzuwenden oder zu mindern. Die Vorschrift des § 278 findet entsprechende Anwendung.

§ 269
Leistungsort

(1) Ist ein Ort für die Leistung weder bestimmt noch aus den Umständen, insbesondere aus der Natur des Schuldverhältnisses, zu entnehmen, so hat die Leistung an dem Ort zu erfolgen, an welchem der Schuldner zur Zeit der Entstehung des Schuldverhältnisses seinen Wohnsitz hatte.

(2) Ist die Verbindlichkeit im Gewerbebetrieb des Schuldners entstanden, so tritt, wenn der Schuldner seine gewerbliche Niederlassung an einem anderen Ort hatte, der Ort der Niederlassung an die Stelle des Wohnsitzes.

(3) Aus dem Umstand allein, dass der Schuldner die Kosten der Versendung übernommen hat, ist nicht zu entnehmen, dass der Ort, nach welchem die Versendung zu erfolgen hat, der Leistungsort sein soll.

§ 270
Zahlungsort

(1) Geld hat der Schuldner im Zweifel auf seine Gefahr und seine Kosten dem Gläubiger an dessen Wohnsitz zu übermitteln.

(2) Ist die Forderung im Gewerbebetrieb des Gläubigers entstanden, so tritt, wenn der Gläubiger seine gewerbliche Niederlassung an einem anderen Ort hat, der Ort der Niederlassung an die Stelle des Wohnsitzes.

(3) Erhöhen sich infolge einer nach der Entstehung des Schuldverhältnisses eintretenden Änderung des Wohnsitzes oder der gewerblichen Niederlassung des Gläubigers die Kosten oder die Gefahr der Übermittlung, so hat der Gläubiger im ersteren Falle die Mehrkosten, im letzteren Falle die Gefahr zu tragen.

(4) Die Vorschriften über den Leistungsort bleiben unberührt.

§ 271
Leistungszeit

(1) Ist eine Zeit für die Leistung weder bestimmt noch aus den Umständen zu entnehmen, so kann der Gläubiger die Leistung sofort verlangen, der Schuldner sie sofort bewirken.

(2) Ist eine Zeit bestimmt, so ist im Zweifel anzunehmen, dass der Gläubiger die Leistung nicht vor dieser Zeit verlangen, der Schuldner aber sie vorher bewirken kann.

§ 271a
Vereinbarungen über Zahlungs-, Überprüfungs- oder Abnahmefristen

(1) Eine Vereinbarung, nach der der Gläubiger die Erfüllung einer Entgeltforderung erst nach mehr als 60 Tagen nach Empfang der Gegenleistung verlangen kann, ist nur wirksam, wenn sie ausdrücklich getroffen und im Hinblick auf die Belange des Gläubigers nicht grob unbillig ist. Geht dem Schuldner nach Empfang der Gegenleistung eine Rechnung oder gleichwertige Zahlungsaufstellung zu, tritt der Zeitpunkt des Zugangs dieser Rechnung oder Zahlungsaufstellung an die Stelle des in Satz 1 genannten Zeitpunkts des Empfangs der Gegenleistung. Es wird bis zum Beweis eines anderen Zeitpunkts vermutet, dass der Zeitpunkt des Zugangs der Rechnung oder Zahlungsaufstellung auf den Zeitpunkt des Empfangs der Gegenleistung fällt; hat der Gläubiger einen späteren Zeitpunkt benannt, so tritt dieser an die Stelle des Zeitpunkts des Empfangs der Gegenleistung.

(2) Ist der Schuldner ein öffentlicher Auftraggeber im Sinne von § 99 Nummer 1 bis 3 des Gesetzes gegen Wettbewerbsbeschränkungen, so ist abweichend von Absatz 1

1. eine Vereinbarung, nach der der Gläubiger die Erfüllung einer Entgeltforderung erst nach mehr als 30 Tagen nach Empfang der Gegenleistung verlangen kann, nur wirksam, wenn die Vereinbarung ausdrücklich getroffen und aufgrund der besonderen Natur oder der Merkmale des Schuldverhältnisses sachlich gerechtfertigt ist;
2. eine Vereinbarung, nach der der Gläubiger die Erfüllung einer Entgeltforderung erst nach mehr als 60 Tagen nach Empfang der Gegenleistung verlangen kann, unwirksam.

Absatz 1 Satz 2 und 3 ist entsprechend anzuwenden.

(3) Ist eine Entgeltforderung erst nach Überprüfung oder Abnahme der Gegenleistung zu erfüllen, so ist eine Vereinbarung, nach der die Zeit für die Überprüfung oder Abnahme der Gegenleistung mehr als 30 Tage nach Empfang der Gegenleistung beträgt, nur wirksam, wenn sie ausdrücklich getroffen und im Hinblick auf die Belange des Gläubigers nicht grob unbillig ist.

(4) Ist eine Vereinbarung nach den Absätzen 1 bis 3 unwirksam, bleibt der Vertrag im Übrigen wirksam.

(5) Die Absätze 1 bis 3 sind nicht anzuwenden auf

1. die Vereinbarung von Abschlagszahlungen und sonstigen Ratenzahlungen sowie
2. Ein Schuldverhältnis, aus dem ein Verbraucher die Erfüllung der Entgeltforderung schuldet.

(6) Die Absätze 1 bis 3 lassen sonstige Vorschriften, aus denen sich Beschränkungen für Vereinbarungen über Zahlungs-, Überprüfungs- oder Abnahmefristen ergeben, unberührt.

§ 273
Zurückbehaltungsrecht

(1) Hat der Schuldner aus demselben rechtlichen Verhältnis, auf dem seine Verpflichtung beruht, einen fälligen Anspruch gegen den Gläubiger, so kann er, sofern nicht aus dem Schuldverhältnis sich ein anderes ergibt, die geschuldete Leistung verweigern, bis die ihm gebührende Leistung bewirkt wird (Zurückbehaltungsrecht).

(2) Wer zur Herausgabe eines Gegenstands verpflichtet ist, hat das gleiche Recht, wenn ihm ein fälliger Anspruch wegen Verwendungen auf den Gegenstand oder wegen eines ihm durch diesen verursachten Schadens zusteht, es sei denn, dass er den Gegenstand durch eine vorsätzlich begangene unerlaubte Handlung erlangt hat.

(3) Der Gläubiger kann die Ausübung des Zurückbehaltungsrechts durch Sicherheitsleistung abwenden. Die Sicherheitsleistung durch Bürgen ist ausgeschlossen.

§ 274
Wirkungen des Zurückbehaltungsrechts

(1) Gegenüber der Klage des Gläubigers hat die Geltendmachung des Zurückbehaltungsrechts nur die Wirkung, dass der Schuldner zur Leistung gegen Empfang der ihm gebührenden Leistung (Erfüllung Zug um Zug) zu verurteilen ist.

(2) Auf Grund einer solchen Verurteilung kann der Gläubiger seinen Anspruch ohne Bewirkung der ihm obliegenden Leistung im Wege der Zwangsvollstreckung verfolgen, wenn der Schuldner im Verzug der Annahme ist.

§ 275
Ausschluss der Leistungspflicht

(1) Der Anspruch auf Leistung ist ausgeschlossen, soweit diese für den Schuldner oder für jedermann unmöglich ist.

(2) Der Schuldner kann die Leistung verweigern, soweit diese einen Aufwand erfordert, der unter Beachtung des Inhalts des Schuldverhältnisses und der Gebote von Treu und Glauben in einem groben Missverhältnis zu dem Leistungsinteresse des Gläubigers steht. Bei der Bestimmung der dem Schuldner zuzumutenden Anstrengungen ist auch zu berücksichtigen, ob der Schuldner das Leistungshindernis zu vertreten hat.

(3) Der Schuldner kann die Leistung ferner verweigern, wenn er die Leistung persönlich zu erbringen hat und sie ihm unter Abwägung des seiner Leistung entgegenstehenden Hindernisses mit dem Leistungsinteresse des Gläubigers nicht zugemutet werden kann.

(4) Die Rechte des Gläubigers bestimmen sich nach den §§ 280, 283 bis 285, 311a und 326.

§ 276
Verantwortlichkeit des Schuldners

(1) Der Schuldner hat Vorsatz und Fahrlässigkeit zu vertreten, wenn eine strengere oder mildere Haftung weder bestimmt noch aus dem sonstigen Inhalt des Schuldverhältnisses, insbesondere aus der Übernahme einer Garantie oder eines Beschaffungsrisikos zu entnehmen ist. Die Vorschriften der §§ 827 und 828 finden entsprechende Anwendung.

(2) Fahrlässig handelt, wer die im Verkehr erforderliche Sorgfalt außer Acht lässt.

(3) Die Haftung wegen Vorsatzes kann dem Schuldner nicht im Voraus erlassen werden.

§ 277
Sorgfalt in eigenen Angelegenheiten

Wer nur für diejenige Sorgfalt einzustehen hat, welche er in eigenen Angelegenheiten anzuwenden pflegt, ist von der Haftung wegen grober Fahrlässigkeit nicht befreit.

§ 278
Verantwortlichkeit des Schuldners für Dritte

Der Schuldner hat ein Verschulden seines gesetzlichen Vertreters und der Personen, deren er sich zur Erfüllung seiner Verbindlichkeit bedient, in gleichem Umfang zu vertreten wie eigenes Verschulden. Die Vorschrift des § 276 Abs. 3 findet keine Anwendung.

§ 280
Schadensersatz wegen Pflichtverletzung

(1) Verletzt der Schuldner eine Pflicht aus dem Schuldverhältnis, so kann der Gläubiger Ersatz des hierdurch entstehenden Schadens verlangen. Dies gilt nicht, wenn der Schuldner die Pflichtverletzung nicht zu vertreten hat.

(2) Schadensersatz wegen Verzögerung der Leistung kann der Gläubiger nur unter der zusätzlichen Voraussetzung des § 286 verlangen.

(3) Schadensersatz statt der Leistung kann der Gläubiger nur unter den zusätzlichen Voraussetzungen des § 281, des § 282 oder des § 283 verlangen.

§ 281
Schadensersatz statt der Leistung wegen nicht oder nicht wie geschuldet erbrachter Leistung

(1) Soweit der Schuldner die fällige Leistung nicht oder nicht wie geschuldet erbringt, kann der Gläubiger unter den Voraussetzungen des § 280 Abs. 1 Schadensersatz statt der Leistung verlangen, wenn er dem Schuldner erfolglos eine angemessene Frist zur Leistung oder Nacherfüllung bestimmt hat. Hat der Schuldner eine Teilleistung bewirkt, so kann der Gläubiger Schadensersatz statt der ganzen Leistung nur verlangen, wenn er an der Teilleistung kein Interesse hat. Hat der Schuldner die Leistung nicht wie geschuldet bewirkt, so kann der Gläubiger Schadensersatz statt der ganzen Leistung nicht verlangen, wenn die Pflichtverletzung unerheblich ist.

(2) Die Fristsetzung ist entbehrlich, wenn der Schuldner die Leistung ernsthaft und endgültig verweigert oder wenn besondere Umstände vorliegen, die unter Abwägung der beiderseitigen Interessen die sofortige Geltendmachung des Schadensersatzanspruchs rechtfertigen.

(3) Kommt nach der Art der Pflichtverletzung eine Fristsetzung nicht in Betracht, so tritt an deren Stelle eine Abmahnung.

(4) Der Anspruch auf die Leistung ist ausgeschlossen, sobald der Gläubiger statt der Leistung Schadensersatz verlangt hat.

(5) Verlangt der Gläubiger Schadensersatz statt der ganzen Leistung, so ist der Schuldner zur Rückforderung des Geleisteten nach den §§ 346 bis 348 berechtigt.

§ 282
Schadensersatz statt der Leistung wegen Verletzung einer Pflicht nach § 241 Abs. 2

Verletzt der Schuldner eine Pflicht nach § 241 Abs. 2, kann der Gläubiger unter den Voraussetzungen des § 280 Abs. 1 Schadensersatz statt der Leistung verlangen, wenn ihm die Leistung durch den Schuldner nicht mehr zuzumuten ist.

§ 283
Schadensersatz statt der Leistung bei Ausschluss der Leistungspflicht

Braucht der Schuldner nach § 275 Abs. 1 bis 3 nicht zu leisten, kann der Gläubiger unter den Voraussetzungen des § 280 Abs. 1 Schadensersatz statt der Leistung verlangen. § 281 Abs. 1 Satz 2 und 3 und Abs. 5 findet entsprechende Anwendung.

§ 284
Ersatz vergeblicher Aufwendungen

Anstelle des Schadensersatzes statt der Leistung kann der Gläubiger Ersatz der Aufwendungen verlangen, die er im Vertrauen auf den Erhalt der Leistung gemacht hat und billigerweise machen durfte, es sei denn, deren Zweck wäre auch ohne die Pflichtverletzung des Schuldners nicht erreicht worden.

§ 285
Herausgabe des Ersatzes

(1) Erlangt der Schuldner infolge des Umstands, auf Grund dessen er die Leistung nach § 275 Abs. 1 bis 3 nicht zu erbringen braucht, für den geschuldeten Gegenstand einen Ersatz oder einen Ersatzanspruch, so kann der Gläubiger Herausgabe des als Ersatz Empfangenen oder Abtretung des Ersatzanspruchs verlangen.

(2) Kann der Gläubiger statt der Leistung Schadensersatz verlangen, so mindert sich dieser, wenn er von dem in Absatz 1 bestimmten Recht Gebrauch macht, um den Wert des erlangten Ersatzes oder Ersatzanspruchs.

§ 286
Verzug des Schuldners

(1) Leistet der Schuldner auf eine Mahnung des Gläubigers nicht, die nach dem Eintritt der Fälligkeit erfolgt, so kommt er durch die Mahnung in Verzug. Der Mahnung stehen die Erhebung der Klage auf die Leistung sowie die Zustellung eines Mahnbescheids im Mahnverfahren gleich.

(2) Der Mahnung bedarf es nicht, wenn

1. für die Leistung eine Zeit nach dem Kalender bestimmt ist,
2. der Leistung ein Ereignis vorauszugehen hat und eine angemessene Zeit für die Leistung in der Weise bestimmt ist, dass sie sich von dem Ereignis an nach dem Kalender berechnen lässt,
3. der Schuldner die Leistung ernsthaft und endgültig verweigert,
4. aus besonderen Gründen unter Abwägung der beiderseitigen Interessen der sofortige Eintritt des Verzugs gerechtfertigt ist.

(3) Der Schuldner einer Entgeltforderung kommt spätestens in Verzug, wenn er nicht innerhalb von 30 Tagen nach Fälligkeit und Zugang einer Rechnung oder gleichwertigen Zahlungsaufstellung leistet; dies gilt gegenüber einem Schuldner, der Verbraucher ist, nur, wenn auf diese Folgen in der Rechnung oder Zahlungsaufstellung besonders hingewiesen worden ist. Wenn der Zeitpunkt des Zugangs der Rechnung oder Zahlungsaufstellung unsicher ist, kommt der Schuldner, der nicht Verbraucher ist, spätestens 30 Tage nach Fälligkeit und Empfang der Gegenleistung in Verzug.

(4) Der Schuldner kommt nicht in Verzug, solange die Leistung infolge eines Umstands unterbleibt, den er nicht zu vertreten hat.

(5) Für eine von den Absätzen 1 bis 3 abweichende Vereinbarung über den Eintritt des Verzugs gilt § 271a Absatz 1 bis 5 entsprechend.

§ 287
Verantwortlichkeit während des Verzugs

Der Schuldner hat während des Verzugs jede Fahrlässigkeit zu vertreten. Er haftet wegen der Leistung auch für Zufall, es sei denn, dass der Schaden auch bei rechtzeitiger Leistung eingetreten sein würde.

§ 288
Verzugszinsen

(1) Eine Geldschuld ist während des Verzugs zu verzinsen. Der Verzugszinssatz beträgt für das Jahr fünf Prozentpunkte über dem Basiszinssatz.

(2) Bei Rechtsgeschäften, an denen ein Verbraucher nicht beteiligt ist, beträgt der Zinssatz für Entgeltforderungen neun Prozentpunkte über dem Basiszinssatz.

(3) Der Gläubiger kann aus einem anderen Rechtsgrund höhere Zinsen verlangen.

(4) Die Geltendmachung eines weiteren Schadens ist nicht ausgeschlossen.

(5) Der Gläubiger einer Entgeltforderung hat bei Verzug des Schuldners, wenn dieser kein Verbraucher ist, außerdem einen Anspruch auf Zahlung einer Pauschale in Höhe von 40 Euro. Dies gilt auch, wenn es sich bei der Entgeltforderung um eine Abschlagszahlung oder sonstige Ratenzahlung handelt. Die Pauschale nach Satz 1 ist auf einen geschuldeten Schadensersatz anzurechnen, soweit der Schaden in Kosten der Rechtsverfolgung begründet ist.

(6) Eine im Voraus getroffene Vereinbarung, die den Anspruch des Gläubigers einer Entgeltforderung auf Verzugszinsen ausschließt, ist unwirksam. Gleiches gilt für eine Vereinbarung, die diesen Anspruch beschränkt oder den Anspruch des Gläubigers einer Entgeltforderung auf die Pauschale nach Absatz 5 oder auf Ersatz des Schadens, der in Kosten der Rechtsverfolgung begründet ist, ausschließt oder beschränkt, wenn sie im Hinblick auf die Belange des Gläubigers grob unbillig ist. Eine Vereinbarung über den Ausschluss der Pauschale nach Absatz 5 oder des Ersatzes des Schadens, der in Kosten der Rechtsverfolgung begründet ist, ist im Zweifel als grob unbillig anzusehen. Die Sätze 1 bis 3 sind nicht anzuwenden, wenn sich der Anspruch gegen einen Verbraucher richtet.

§ 289
Zinseszinsverbot

Von Zinsen sind Verzugszinsen nicht zu entrichten. Das Recht des Gläubigers auf Ersatz des durch den Verzug entstehenden Schadens bleibt unberührt.

§ 290
Verzinsung des Wertersatzes

Ist der Schuldner zum Ersatz des Wertes eines Gegenstands verpflichtet, der während des Verzugs untergegangen ist oder aus einem während des Verzugs eingetretenen Grund nicht herausgegeben werden kann, so kann der Gläubiger Zinsen des zu ersetzenden Betrags von dem Zeitpunkt an verlangen, welcher der Bestimmung des Wertes zugrunde gelegt wird. Das Gleiche gilt, wenn der Schuldner zum Ersatz der Minderung des Wertes eines während des Verzugs verschlechterten Gegenstands verpflichtet ist.

§ 291
Prozesszinsen

Eine Geldschuld hat der Schuldner von dem Eintritt der Rechtshängigkeit an zu verzinsen, auch wenn er nicht im Verzug ist; wird die Schuld erst später fällig, so ist sie von der Fälligkeit an zu verzinsen. Die Vorschriften des § 288 Abs. 1 Satz 2, Abs. 2, Abs. 3 und des § 289 Satz 1 finden entsprechende Anwendung.

§ 292
Haftung bei Herausgabepflicht

(1) Hat der Schuldner einen bestimmten Gegenstand herauszugeben, so bestimmt sich von dem Eintritt der Rechtshängigkeit an der Anspruch des Gläubigers auf Schadensersatz wegen Verschlechterung, Untergangs oder einer aus einem anderen Grunde eintretenden Unmöglichkeit der Herausgabe nach den Vorschriften, welche für das Verhältnis zwischen dem Eigentümer und dem Besitzer von dem Eintritt der Rechtshängigkeit des Eigentumsanspruchs an gelten, soweit nicht aus dem Schuldverhältnis oder dem Verzug des Schuldners sich zugunsten des Gläubigers ein anderes ergibt.

(2) Das Gleiche gilt von dem Anspruch des Gläubigers auf Herausgabe oder Vergütung von Nutzungen und von dem Anspruch des Schuldners auf Ersatz von Verwendungen.

§ 293
Annahmeverzug

Der Gläubiger kommt in Verzug, wenn er die ihm angebotene Leistung nicht annimmt.

§ 294
Tatsächliches Angebot

Die Leistung muss dem Gläubiger so, wie sie zu bewirken ist, tatsächlich angeboten werden.

§ 295
Wörtliches Angebot

Ein wörtliches Angebot des Schuldners genügt, wenn der Gläubiger ihm erklärt hat, dass er die Leistung nicht annehmen werde, oder wenn zur Bewirkung der Leistung eine Handlung des Gläubigers erforderlich ist, insbesondere wenn der Gläubiger die geschuldete Sache abzuholen hat. Dem Angebot der Leistung steht die Aufforderung an den Gläubiger gleich, die erforderliche Handlung vorzunehmen.

§ 296
Entbehrlichkeit des Angebots

Ist für die von dem Gläubiger vorzunehmende Handlung eine Zeit nach dem Kalender bestimmt, so bedarf es des Angebots nur, wenn der Gläubiger die Handlung rechtzeitig vornimmt. Das Gleiche gilt, wenn der Handlung ein Ereignis vorauszugehen hat und eine angemessene Zeit für die Handlung in der Weise bestimmt ist, dass sie sich von dem Ereignis an nach dem Kalender berechnen lässt.

§ 297
Unvermögen des Schuldners

Der Gläubiger kommt nicht in Verzug, wenn der Schuldner zur Zeit des Angebots oder im Falle des § 296 zu der für die Handlung des Gläubigers bestimmten Zeit außerstande ist, die Leistung zu bewirken.

§ 298
Zug-um-Zug-Leistungen

Ist der Schuldner nur gegen eine Leistung des Gläubigers zu leisten verpflichtet, so kommt der Gläubiger in Verzug, wenn er zwar die angebotene Leistung anzunehmen bereit ist, die verlangte Gegenleistung aber nicht anbietet.

§ 299
Vorübergehende Annahmeverhinderung

Ist die Leistungszeit nicht bestimmt oder ist der Schuldner berechtigt, vor der bestimmten Zeit zu leisten, so kommt der Gläubiger nicht dadurch in Verzug, dass er vorübergehend an der Annahme der angebotenen Leistung verhindert ist, es sei denn, dass der Schuldner ihm die Leistung eine angemessene Zeit vorher angekündigt hat.

§ 300
Wirkungen des Gläubigerverzugs

(1) Der Schuldner hat während des Verzugs des Gläubigers nur Vorsatz und grobe Fahrlässigkeit zu vertreten.

(2) Wird eine nur der Gattung nach bestimmte Sache geschuldet, so geht die Gefahr mit dem Zeitpunkt auf den Gläubiger über, in welchem er dadurch in Verzug kommt, dass er die angebotene Sache nicht annimmt.

§ 301
Wegfall der Verzinsung

Von einer verzinslichen Geldschuld hat der Schuldner während des Verzugs des Gläubigers Zinsen nicht zu entrichten.

§ 302
Nutzungen

Hat der Schuldner die Nutzungen eines Gegenstands herauszugeben oder zu ersetzen, so beschränkt sich seine Verpflichtung während des Verzugs des Gläubigers auf die Nutzungen, welche er zieht.

§ 303
Recht zur Besitzaufgabe

Ist der Schuldner zur Herausgabe eines Grundstücks oder eines eingetragenen Schiffs oder Schiffsbauwerks verpflichtet, so kann er nach dem Eintritt des Verzugs des Gläubigers den Besitz aufgeben. Das Aufgeben muss dem Gläubiger vorher angedroht werden, es sei denn, dass die Androhung untunlich ist.

§ 304
Ersatz von Mehraufwendungen

Der Schuldner kann im Falle des Verzugs des Gläubigers Ersatz der Mehraufwendungen verlangen, die er für das erfolglose Angebot sowie für die Aufbewahrung und Erhaltung des geschuldeten Gegenstands machen musste.

§ 305
Einbeziehung Allgemeiner Geschäftsbedingungen in den Vertrag

(1) Allgemeine Geschäftsbedingungen sind alle für eine Vielzahl von Verträgen vorformulierten Vertragsbedingungen, die eine Vertragspartei (Verwender) der anderen Vertragspartei bei Abschluss eines Vertrags stellt. Gleichgültig ist, ob die Bestimmungen einen äußerlich gesonderten Bestandteil des Vertrags bilden oder in die Vertragsurkunde selbst aufgenommen werden, welchen Umfang sie haben, in welcher Schriftart sie verfasst sind und welche Form der Vertrag hat. Allgemeine Geschäftsbedingungen liegen nicht vor, soweit die Vertragsbedingungen zwischen den Vertragsparteien im Einzelnen ausgehandelt sind.

(2) Allgemeine Geschäftsbedingungen werden nur dann Bestandteil eines Vertrags, wenn der Verwender bei Vertragsschluss

1. die andere Vertragspartei ausdrücklich oder, wenn ein ausdrücklicher Hinweis wegen der Art des Vertragsschlusses nur unter unverhältnismäßigen Schwierigkeiten möglich ist, durch deutlich sichtbaren Aushang am Ort des Vertragsschlusses auf sie hinweist und
2. der anderen Vertragspartei die Möglichkeit verschafft, in zumutbarer Weise, die auch eine für den Verwender erkennbare körperliche Behinderung der anderen Vertragspartei angemessen berücksichtigt, von ihrem Inhalt Kenntnis zu nehmen, und wenn die andere Vertragspartei mit ihrer Geltung einverstanden ist.

(3) Die Vertragsparteien können für eine bestimmte Art von Rechtsgeschäften die Geltung bestimmter Allgemeiner Geschäftsbedingungen unter Beachtung der in Absatz 2 bezeichneten Erfordernisse im Voraus vereinbaren.

§ 305a
Einbeziehung in besonderen Fällen

Auch ohne Einhaltung der in § 305 Abs. 2 Nr. 1 und 2 bezeichneten Erfordernisse werden einbezogen, wenn die andere Vertragspartei mit ihrer Geltung einverstanden ist,

1. die mit Genehmigung der zuständigen Verkehrsbehörde oder auf Grund von internationalen Übereinkommen erlassenen Tarife und Ausführungsbestimmungen der Eisenbahnen und die nach Maßgabe des Personenbeförderungsgesetzes genehmigten Beförderungsbedingungen der Straßenbahnen, Obusse und Kraftfahrzeuge im Linienverkehr in den Beförderungsvertrag,
2. die im Amtsblatt der Bundesnetzagentur für Elektrizität, Gas, Telekommunikation, Post und Eisenbahnen veröffentlichten und in den Geschäftsstellen des Verwenders bereitgehaltenen Allgemeinen Geschäftsbedingungen
   a) in Beförderungsverträge, die außerhalb von Geschäftsräumen durch den Einwurf von Postsendungen in Briefkästen abgeschlossen werden,
   b) in Verträge über Telekommunikations-, Informations- und andere Dienstleistungen, die unmittelbar durch Einsatz von Fernkommunikationsmitteln und während der Erbringung einer Telekommunikationsdienstleistung in einem Mal erbracht werden, wenn die Allgemeinen Geschäftsbedingungen der anderen Vertragspartei nur unter unverhältnismäßigen Schwierigkeiten vor dem Vertragsschluss zugänglich gemacht werden können.

§ 305b
Vorrang der Individualabrede

Individuelle Vertragsabreden haben Vorrang vor Allgemeinen Geschäftsbedingungen.

§ 305c
Überraschende und mehrdeutige Klauseln

(1) Bestimmungen in Allgemeinen Geschäftsbedingungen, die nach den Umständen, insbesondere nach dem äußeren Erscheinungsbild des Vertrags, so ungewöhnlich sind, dass der Vertragspartner des Verwenders mit ihnen nicht zu rechnen braucht, werden nicht Vertragsbestandteil.

(2) Zweifel bei der Auslegung Allgemeiner Geschäftsbedingungen gehen zu Lasten des Verwenders.

§ 306
Rechtsfolgen bei Nichteinbeziehung und Unwirksamkeit

(1) Sind Allgemeine Geschäftsbedingungen ganz oder teilweise nicht Vertragsbestandteil geworden oder unwirksam, so bleibt der Vertrag im Übrigen wirksam.

(2) Soweit die Bestimmungen nicht Vertragsbestandteil geworden oder unwirksam sind, richtet sich der Inhalt des Vertrags nach den gesetzlichen Vorschriften.

(3) Der Vertrag ist unwirksam, wenn das Festhalten an ihm auch unter Berücksichtigung der nach Absatz 2 vorgesehenen Änderung eine unzumutbare Härte für eine Vertragspartei darstellen würde.

§ 306a
Umgehungsverbot

Die Vorschriften dieses Abschnitts finden auch Anwendung, wenn sie durch anderweitige Gestaltungen umgangen werden.

§ 307
Inhaltskontrolle

(1) Bestimmungen in Allgemeinen Geschäftsbedingungen sind unwirksam, wenn sie den Vertragspartner des Verwenders entgegen den Geboten von Treu und Glauben unangemessen benachteiligen. Eine unangemessene Benachteiligung kann sich auch daraus ergeben, dass die Bestimmung nicht klar und verständlich ist.

(2) Eine unangemessene Benachteiligung ist im Zweifel anzunehmen, wenn eine Bestimmung

1. mit wesentlichen Grundgedanken der gesetzlichen Regelung, von der abgewichen wird, nicht zu vereinbaren ist oder
2. wesentliche Rechte oder Pflichten, die sich aus der Natur des Vertrags ergeben, so einschränkt, dass die Erreichung des Vertragszwecks gefährdet ist.

(3) Die Absätze 1 und 2 sowie die §§ 308 und 309 gelten nur für Bestimmungen in Allgemeinen Geschäftsbedingungen, durch die von Rechtsvorschriften abweichende oder diese ergänzende Regelungen vereinbart werden. Andere Bestimmungen können nach Absatz 1 Satz 2 in Verbindung mit Absatz 1 Satz 1 unwirksam sein.

§ 308
Klauselverbote mit Wertungsmöglichkeit

In Allgemeinen Geschäftsbedingungen ist insbesondere unwirksam

1. (Annahme- und Leistungsfrist) eine Bestimmung, durch die sich der Verwender unangemessen lange oder nicht hinreichend bestimmte Fristen für die Annahme oder Ablehnung eines Angebots oder die Erbringung einer Leistung vorbehält; ausgenommen hiervon ist der Vorbehalt, erst nach Ablauf der Widerrufsfrist nach § 355 Abs. 1 und 2 zu leisten;

1a. (Zahlungsfrist) eine Bestimmung, durch die sich der Verwender eine unangemessen lange Zeit für die Erfüllung einer Entgeltforderung des Vertragspartners vorbehält; ist der Verwender kein Verbraucher, ist im Zweifel anzunehmen, dass eine Zeit von mehr als 30 Tagen nach Empfang der Gegenleistung oder, wenn dem Schuldner nach Empfang der Gegenleistung eine Rechnung oder gleichwertige Zahlungsaufstellung zugeht, von mehr als 30 Tagen nach Zugang dieser Rechnung oder Zahlungsaufstellung unangemessen lang ist;

1b. (Überprüfungs- und Abnahmefrist) eine Bestimmung, durch die sich der Verwender vorbehält, eine Entgeltforderung des Vertragspartners erst nach unangemessen langer Zeit für die Überprüfung oder Abnahme der Gegenleistung zu erfüllen; ist der Verwender kein Verbraucher, ist im Zweifel anzunehmen, dass eine Zeit von mehr als 15 Tagen nach Empfang der Gegenleistung unangemessen lang ist;

2. (Nachfrist) eine Bestimmung, durch die sich der Verwender für die von ihm zu bewirkende Leistung abweichend von Rechtsvorschriften eine unangemessen lange oder nicht hinreichend bestimmte Nachfrist vorbehält;

3. (Rücktrittsvorbehalt) die Vereinbarung eines Rechts des Verwenders, sich ohne sachlich gerechtfertigten und im Vertrag angegebenen Grund von seiner Leistungspflicht zu lösen; dies gilt nicht für Dauerschuldverhältnisse;

4. (Änderungsvorbehalt) die Vereinbarung eines Rechts des Verwenders, die versprochene Leistung zu ändern oder von ihr abzuweichen, wenn nicht die Vereinbarung der Änderung oder Abweichung unter Berücksichtigung der Interessen des Verwenders für den anderen Vertragsteil zumutbar ist;

5. (Fingierte Erklärungen) eine Bestimmung, wonach eine Erklärung des Vertragspartners des Verwenders bei Vornahme oder Unterlassung einer bestimmten Handlung als von ihm abgegeben oder nicht abgegeben gilt, es sei denn, dass

   a) dem Vertragspartner eine angemessene Frist zur Abgabe einer ausdrücklichen Erklärung eingeräumt ist und

   b) der Verwender sich verpflichtet, den Vertragspartner bei Beginn der Frist auf die vorgesehene Bedeutung seines Verhaltens besonders hinzuweisen;

6. (Fiktion des Zugangs) eine Bestimmung, die vorsieht, dass eine Erklärung des Verwenders von besonderer Bedeutung dem anderen Vertragsteil als zugegangen gilt;

7. (Abwicklung von Verträgen) eine Bestimmung, nach der der Verwender für den Fall, dass eine Vertragspartei vom Vertrag zurücktritt oder den Vertrag kündigt,

   a) eine unangemessen hohe Vergütung für die Nutzung oder den Gebrauch einer Sache oder eines Rechts oder für erbrachte Leistungen oder

   b) einen unangemessen hohen Ersatz von Aufwendungen verlangen kann;

8. (Nichtverfügbarkeit der Leistung) die nach Nummer 3 zulässige Vereinbarung eines Vorbehalts des Verwenders, sich von der Verpflichtung zur Erfüllung des Vertrags bei Nichtverfügbarkeit der Leistung zu lösen, wenn sich der Verwender nicht verpflichtet,

   a) den Vertragspartner unverzüglich über die Nichtverfügbarkeit zu informieren und

   b) Gegenleistungen des Vertragspartners unverzüglich zu erstatten.

§ 309
Klauselverbote ohne Wertungsmöglichkeit

Auch soweit eine Abweichung von den gesetzlichen Vorschriften zulässig ist, ist in Allgemeinen Geschäftsbedingungen unwirksam

1. (Kurzfristige Preiserhöhungen)

   eine Bestimmung, welche die Erhöhung des Entgelts für Waren oder Leistungen vorsieht, die innerhalb von vier Monaten nach Vertragsschluss geliefert oder erbracht werden sollen; dies gilt nicht bei Waren oder Leistungen, die im Rahmen von Dauerschuldverhältnissen geliefert oder erbracht werden;

2. (Leistungsverweigerungsrechte)

   eine Bestimmung, durch die

   a) das Leistungsverweigerungsrecht, das dem Vertragspartner des Verwenders nach § 320 zusteht, ausgeschlossen oder eingeschränkt wird oder

   b) ein dem Vertragspartner des Verwenders zustehendes Zurückbehaltungsrecht, soweit es auf demselben Vertragsverhältnis beruht, ausgeschlossen oder eingeschränkt, insbesondere von der Anerkennung von Mängeln durch den Verwender abhängig gemacht wird;

3. (Aufrechnungsverbot)

   eine Bestimmung, durch die dem Vertragspartner des Verwenders die Befugnis genommen wird, mit einer unbestrittenen oder rechtskräftig festgestellten Forderung aufzurechnen;

4. (Mahnung, Fristsetzung)

   eine Bestimmung, durch die der Verwender von der gesetzlichen Obliegenheit freigestellt wird, den anderen Vertragsteil zu mahnen oder ihm eine Frist für die Leistung oder Nacherfüllung zu setzen;

5. (Pauschalierung von Schadensersatzansprüchen)

   die Vereinbarung eines pauschalierten Anspruchs des Verwenders auf Schadensersatz oder Ersatz einer Wertminderung, wenn

   a) die Pauschale den in den geregelten Fällen nach dem gewöhnlichen Lauf der Dinge zu erwartenden Schaden oder die gewöhnlich eintretende Wertminderung übersteigt oder

   b) dem anderen Vertragsteil nicht ausdrücklich der Nachweis gestattet wird, ein Schaden oder eine Wertminderung sei überhaupt nicht entstanden oder wesentlich niedriger als die Pauschale;

6. (Vertragsstrafe)

   eine Bestimmung, durch die dem Verwender für den Fall der Nichtabnahme oder verspäteten Abnahme der Leistung, des Zahlungsverzugs oder für den Fall, dass der andere Vertragsteil sich vom Vertrag löst, Zahlung einer Vertragsstrafe versprochen wird;

7. (Haftungsausschluss bei Verletzung von Leben, Körper, Gesundheit und bei grobem Verschulden)

   a) (Verletzung von Leben, Körper, Gesundheit)

      ein Ausschluss oder eine Begrenzung der Haftung für Schäden aus der Verletzung des Lebens, des Körpers oder der Gesundheit, die auf einer fahrlässigen Pflichtverletzung des Verwenders oder einer vorsätzlichen oder fahrlässigen Pflichtverletzung eines gesetzlichen Vertreters oder Erfüllungsgehilfen des Verwenders beruhen;

   b) (Grobes Verschulden)

      ein Ausschluss oder eine Begrenzung der Haftung für sonstige Schäden, die auf einer grob fahrlässigen Pflichtverletzung des Verwenders oder auf einer vorsätzlichen oder grob fahrlässigen Pflichtverletzung eines gesetzlichen Vertreters oder Erfüllungsgehilfen des Verwenders beruhen;

      die Buchstaben a und b gelten nicht für Haftungsbeschränkungen in den nach Maßgabe des Personenbeförderungsgesetzes genehmigten Beförderungsbedingungen und Tarifvorschriften der Straßenbahnen, Obusse und Kraftfahrzeuge im Linienverkehr, soweit sie nicht zum Nachteil des Fahrgastes von der Verordnung über die Allgemeinen Beförderungsbedingungen für den Straßenbahn- und Obusverkehr sowie den Linienverkehr mit Kraftfahrzeugen vom 27. Februar 1970 abweichen; Buchstabe b gilt nicht für Haftungsbeschränkungen für staatlich genehmigte Lotterie- oder Ausspielverträge;

8. (Sonstige Haftungsausschlüsse bei Pflichtverletzung)

   a) (Ausschluss des Rechts, sich vom Vertrag zu lösen)

      eine Bestimmung, die bei einer vom Verwender zu vertretenden, nicht in einem Mangel der Kaufsache oder des Werkes bestehenden Pflichtverletzung das Recht des anderen Vertragsteils, sich vom Vertrag zu lösen, ausschließt oder einschränkt; dies gilt nicht für die in der Nummer 7 bezeichneten Beförderungsbedingungen und Tarifvorschriften unter den dort genannten Voraussetzungen;

   b) (Mängel)

      eine Bestimmung, durch die bei Verträgen über Lieferungen neu hergestellter Sachen und über Werkleistungen

      aa) (Ausschluss und Verweisung auf Dritte)

          die Ansprüche gegen den Verwender wegen eines Mangels insgesamt oder bezüglich einzelner Teile ausgeschlossen, auf die Einräumung von Ansprüchen gegen Dritte beschränkt oder von der vorherigen gerichtlichen Inanspruchnahme Dritter abhängig gemacht werden;

      bb) (Beschränkung auf Nacherfüllung)

          die Ansprüche gegen den Verwender insgesamt oder bezüglich einzelner Teile auf ein Recht auf Nacherfüllung beschränkt werden, sofern dem anderen Vertragsteil nicht ausdrücklich das Recht vorbehalten wird, bei Fehlschlagen der Nacherfüllung zu mindern oder, wenn nicht eine Bauleistung Gegenstand der Mängelhaftung ist, nach seiner Wahl vom Vertrag zurückzutreten;

cc) (Aufwendungen bei Nacherfüllung)

die Verpflichtung des Verwenders ausgeschlossen oder beschränkt wird, die zum Zwecke der Nacherfüllung erforderlichen Aufwendungen, insbesondere Transport-, Wege-, Arbeits- und Materialkosten, zu tragen;

Neue Fassung ab 01.01.2018:

cc) (Aufwendungen bei Nacherfüllung)

die Verpflichtung des Verwenders ausgeschlossen oder beschränkt wird, die zum Zwecke der Nacherfüllung erforderlichen Aufwendungen nach § 439 Absatz 2 und 3 oder § 635 Absatz 2 zu tragen oder zu ersetzen;

dd) (Vorenthalten der Nacherfüllung)

der Verwender die Nacherfüllung von der vorherigen Zahlung des vollständigen Entgelts oder eines unter Berücksichtigung des Mangels unverhältnismäßig hohen Teils des Entgelts abhängig macht;

ee) (Ausschlussfrist für Mängelanzeige)

der Verwender dem anderen Vertragsteil für die Anzeige nicht offensichtlicher Mängel eine Ausschlussfrist setzt, die kürzer ist als die nach dem Doppelbuchstaben ff zulässige Frist;

ff) (Erleichterung der Verjährung)

die Verjährung von Ansprüchen gegen den Verwender wegen eines Mangels in den Fällen des § 438 Abs. 1 Nr. 2 und des § 634a Abs. 1 Nr. 2 erleichtert oder in den sonstigen Fällen eine weniger als ein Jahr betragende Verjährungsfrist ab dem gesetzlichen Verjährungsbeginn erreicht wird;

9. (Laufzeit bei Dauerschuldverhältnissen)

bei einem Vertragsverhältnis, das die regelmäßige Lieferung von Waren oder die regelmäßige Erbringung von Dienst- oder Werkleistungen durch den Verwender zum Gegenstand hat,

a) eine den anderen Vertragsteil länger als zwei Jahre bindende Laufzeit des Vertrags,

b) eine den anderen Vertragsteil bindende stillschweigende Verlängerung des Vertragsverhältnisses um jeweils mehr als ein Jahr oder

c) zu Lasten des anderen Vertragsteils eine längere Kündigungsfrist als drei Monate vor Ablauf der zunächst vorgesehenen oder stillschweigend verlängerten Vertragsdauer;

dies gilt nicht für Verträge über die Lieferung als zusammengehörig verkaufter Sachen, für Versicherungsverträge sowie für Verträge zwischen den Inhabern urheberrechtlicher Rechte und Ansprüche und Verwertungsgesellschaften im Sinne des Gesetzes über die Wahrnehmung von Urheberrechten und verwandten Schutzrechten;

10. (Wechsel des Vertragspartners)

eine Bestimmung, wonach bei Kauf-, Darlehens-, Dienst- oder Werkverträgen ein Dritter anstelle des Verwenders in die sich aus dem Vertrag ergebenden Rechte und Pflichten eintritt oder eintreten kann, es sei denn, in der Bestimmung wird

a) der Dritte namentlich bezeichnet oder

b) dem anderen Vertragsteil das Recht eingeräumt, sich vom Vertrag zu lösen;

11. (Haftung des Abschlussvertreters)

eine Bestimmung, durch die der Verwender einem Vertreter, der den Vertrag für den anderen Vertragsteil abschließt,

a) ohne hierauf gerichtete ausdrückliche und gesonderte Erklärung eine eigene Haftung oder Einstandspflicht oder

b) im Falle vollmachtsloser Vertretung eine über § 179 hinausgehende Haftung auferlegt;

12. (Beweislast)

eine Bestimmung, durch die der Verwender die Beweislast zum Nachteil des anderen Vertragsteils ändert, insbesondere indem er

a) diesem die Beweislast für Umstände auferlegt, die im Verantwortungsbereich des Verwenders liegen, oder

b) den anderen Vertragsteil bestimmte Tatsachen bestätigen lässt;

Buchstabe b gilt nicht für Empfangsbekenntnisse, die gesondert unterschrieben oder mit einer gesonderten qualifizierten elektronischen Signatur versehen sind;

13. (Form von Anzeigen und Erklärungen)

eine Bestimmung, durch die Anzeigen oder Erklärungen, die dem Verwender oder einem Dritten gegenüber abzugeben sind, an eine strengere Form als die Schriftform oder an besondere Zugangserfordernisse gebunden werden;

14. (Klageverzicht)

eine Bestimmung, wonach der andere Vertragsteil seine Ansprüche gegen den Verwender gerichtlich nur geltend machen darf, nachdem er eine gütliche Einigung in einem Verfahren zur außergerichtlichen Streitbeilegung versucht hat.

Neue Fassung ab 01.01.2018:

15. (Abschlagszahlungen und Sicherheitsleistungen)

eine Bestimmung, nach der der Verwender bei einem Werkvertrag

a) für Teilleistungen Abschlagszahlungen vom anderen Vertragsteil verlangen kann, die wesentlich höher sind als die nach § 632a Absatz 1 und § 650m Absatz 1 zu leistenden Abschlagszahlungen, oder

b) die Sicherheitsleistungen nach § 650m Absatz 2 nicht oder nur in geringer Höhe leisten muss.

§ 310
Anwendungsbereich

(1) § 305 Absatz 2 und 3, § 308 Nummer 1, 2 bis 8 und § 309 finden keine Anwendung auf Allgemeine Geschäftsbedingungen, die gegenüber einem Unternehmer, einer juristischen Person des öffentlichen Rechts oder einem öffentlich-rechtlichen Sondervermögen verwendet werden. § 307 Abs. 1 und 2 findet in den Fällen des Satzes 1 auch insoweit Anwendung, als dies zur Unwirksamkeit

von in § 308 Nummer 1, 2 bis 8 und § 309 genannten Vertragsbestimmungen führt; auf die im Handelsverkehr geltenden Gewohnheiten und Gebräuche ist angemessen Rücksicht zu nehmen. In den Fällen des Satzes 1 findet § 307 Abs. 1 und 2 sowie § 308 Nummer 1a und 1b auf Verträge, in die die Vergabe- und Vertragsordnung für Bauleistungen Teil B (VOB/B) in der jeweils zum Zeitpunkt des Vertragsschlusses geltenden Fassung ohne inhaltliche Abweichungen insgesamt einbezogen ist, in Bezug auf eine Inhaltskontrolle einzelner Bestimmungen keine Anwendung.

(2) Die §§ 308 und 309 finden keine Anwendung auf Verträge der Elektrizitäts-, Gas-, Fernwärme- und Wasserversorgungsunternehmen über die Versorgung von Sonderabnehmern mit elektrischer Energie, Gas, Fernwärme und Wasser aus dem Versorgungsnetz, soweit die Versorgungsbedingungen nicht zum Nachteil der Abnehmer von Verordnungen über Allgemeine Bedingungen für die Versorgung von Tarifkunden mit elektrischer Energie, Gas, Fernwärme und Wasser abweichen. Satz 1 gilt entsprechend für Verträge über die Entsorgung von Abwasser.

(3) Bei Verträgen zwischen einem Unternehmer und einem Verbraucher (Verbraucherverträge) finden die Vorschriften dieses Abschnitts mit folgenden Maßgaben Anwendung:

1. Allgemeine Geschäftsbedingungen gelten als vom Unternehmer gestellt, es sei denn, dass sie durch den Verbraucher in den Vertrag eingeführt wurden;
2. § 305c Abs. 2 und die §§ 306 und 307 bis 309 dieses Gesetzes sowie Artikel 46b des Einführungsgesetzes zum Bürgerlichen Gesetzbuche finden auf vorformulierte Vertragsbedingungen auch dann Anwendung, wenn diese nur zur einmaligen Verwendung bestimmt sind und soweit der Verbraucher auf Grund der Vorformulierung auf ihren Inhalt keinen Einfluss nehmen konnte;
3. bei der Beurteilung der unangemessenen Benachteiligung nach § 307 Abs. 1 und 2 sind auch die den Vertragsschluss begleitenden Umstände zu berücksichtigen.

(4) Dieser Abschnitt findet keine Anwendung bei Verträgen auf dem Gebiet des Erb-, Familien- und Gesellschaftsrechts sowie auf Tarifverträge, Betriebs- und Dienstvereinbarungen. Bei der Anwendung auf Arbeitsverträge sind die im Arbeitsrecht geltenden Besonderheiten angemessen zu berücksichtigen; § 305 Abs. 2 und 3 ist nicht anzuwenden. Tarifverträge, Betriebs- und Dienstvereinbarungen stehen Rechtsvorschriften im Sinne von § 307 Abs. 3 gleich.

§ 311
Rechtsgeschäftliche und rechtsgeschäftsähnliche Schuldverhältnisse

(1) Zur Begründung eines Schuldverhältnisses durch Rechtsgeschäft sowie zur Änderung des Inhalts eines Schuldverhältnisses ist ein Vertrag zwischen den Beteiligten erforderlich, soweit nicht das Gesetz ein anderes vorschreibt.

(2) Ein Schuldverhältnis mit Pflichten nach § 241 Abs. 2 entsteht auch durch

1. die Aufnahme von Vertragsverhandlungen,
2. die Anbahnung eines Vertrags, bei welcher der eine Teil im Hinblick auf eine etwaige rechtsgeschäftliche Beziehung dem anderen Teil die Möglichkeit zur Einwirkung auf seine Rechte, Rechtsgüter und Interessen gewährt oder ihm diese anvertraut, oder
3. ähnliche geschäftliche Kontakte.

(3) Ein Schuldverhältnis mit Pflichten nach § 241 Abs. 2 kann auch zu Personen entstehen, die nicht selbst Vertragspartei werden sollen. Ein solches Schuldverhältnis entsteht insbesondere, wenn der Dritte in besonderem Maße Vertrauen für sich in Anspruch nimmt und dadurch die Vertragsverhandlungen oder den Vertragsschluss erheblich beeinflusst.

§ 311a
Leistungshindernis bei Vertragsschluss

(1) Der Wirksamkeit eines Vertrags steht es nicht entgegen, dass der Schuldner nach § 275 Abs. 1 bis 3 nicht zu leisten braucht und das Leistungshindernis schon bei Vertragsschluss vorliegt.

(2) Der Gläubiger kann nach seiner Wahl Schadensersatz statt der Leistung oder Ersatz seiner Aufwendungen in dem in § 284 bestimmten Umfang verlangen. Dies gilt nicht, wenn der Schuldner das Leistungshindernis bei Vertragsschluss nicht kannte und seine Unkenntnis auch nicht zu vertreten hat. § 281 Abs. 1 Satz 2 und 3 und Abs. 5 findet entsprechende Anwendung.

§ 311b
Verträge über Grundstücke, das Vermögen und den Nachlass

(1) Ein Vertrag, durch den sich der eine Teil verpflichtet, das Eigentum an einem Grundstück zu übertragen oder zu erwerben, bedarf der notariellen Beurkundung. Ein ohne Beachtung dieser Form geschlossener Vertrag wird seinem ganzen Inhalt nach gültig, wenn die Auflassung und die Eintragung in das Grundbuch erfolgen.

(2) Ein Vertrag, durch den sich der eine Teil verpflichtet, sein künftiges Vermögen oder einen Bruchteil seines künftigen Vermögens zu übertragen oder mit einem Nießbrauch zu belasten, ist nichtig.

(3) Ein Vertrag, durch den sich der eine Teil verpflichtet, sein gegenwärtiges Vermögen oder einen Bruchteil seines gegenwärtigen Vermögens zu übertragen oder mit einem Nießbrauch zu belasten, bedarf der notariellen Beurkundung.

(4) Ein Vertrag über den Nachlass eines noch lebenden Dritten ist nichtig. Das Gleiche gilt von einem Vertrag über den Pflichtteil oder ein Vermächtnis aus dem Nachlass eines noch lebenden Dritten.

(5) Absatz 4 gilt nicht für einen Vertrag, der unter künftigen gesetzlichen Erben über den gesetzlichen Erbteil oder den Pflichtteil eines von ihnen geschlossen wird. Ein solcher Vertrag bedarf der notariellen Beurkundung.

§ 311c
Erstreckung auf Zubehör

Verpflichtet sich jemand zur Veräußerung oder Belastung einer Sache, so erstreckt sich diese Verpflichtung im Zweifel auch auf das Zubehör der Sache.

§ 312
Anwendungsbereich

(1) Die Vorschriften der Kapitel 1 und 2 dieses Untertitels sind nur auf Verbraucherverträge im Sinne des § 310 Absatz 3 anzuwenden, die eine entgeltliche Leistung des Unternehmers zum Gegenstand haben.

(2) Von den Vorschriften der Kapitel 1 und 2 dieses Untertitels ist nur § 312a Absatz 1, 3, 4 und 6 auf folgende Verträge anzuwenden:

1. notariell beurkundete Verträge
   a) über Finanzdienstleistungen, die außerhalb von Geschäftsräumen geschlossen werden,
   b) die keine Verträge über Finanzdienstleistungen sind; für Verträge, für die das Gesetz die notarielle Beurkundung des Vertrags oder einer Vertragserklärung nicht vorschreibt, gilt dies

nur, wenn der Notar darüber belehrt, dass die Informationspflichten nach § 312d Absatz 1 und das Widerrufsrecht nach § 312g Absatz 1 entfallen,

2. Verträge über die Begründung, den Erwerb oder die Übertragung von Eigentum oder anderen Rechten an Grundstücken,
3. Verträge über den Bau von neuen Gebäuden oder erhebliche Umbaumaßnahmen an bestehenden Gebäuden,

Neue Fassung ab 01.01.2018:

3. Verbraucherbauverträge nach § 650i Absatz 1,

4. Verträge über Reiseleistungen nach § 651a, wenn diese
   a) im Fernabsatz geschlossen werden oder
   b) außerhalb von Geschäftsräumen geschlossen werden, wenn die mündlichen Verhandlungen, auf denen der Vertragsschluss beruht, auf vorhergehende Bestellung des Verbrauchers geführt worden sind,
5. Verträge über die Beförderung von Personen,
6. Verträge über Teilzeit-Wohnrechte, langfristige Urlaubsprodukte, Vermittlungen und Tauschsysteme nach den §§ 481 bis 481b,
7. Behandlungsverträge nach § 630a,
8. Verträge über die Lieferung von Lebensmitteln, Getränken oder sonstigen Haushaltsgegenständen des täglichen Bedarfs, die am Wohnsitz, am Aufenthaltsort oder am Arbeitsplatz eines Verbrauchers von einem Unternehmer im Rahmen häufiger und regelmäßiger Fahrten geliefert werden,
9. Verträge, die unter Verwendung von Warenautomaten und automatisierten Geschäftsräumen geschlossen werden,
10. Verträge, die mit Betreibern von Telekommunikationsmitteln mit Hilfe öffentlicher Münz- und Kartentelefone zu deren Nutzung geschlossen werden,
11. Verträge zur Nutzung einer einzelnen von einem Verbraucher hergestellten Telefon-, Internet- oder Telefaxverbindung,
12. außerhalb von Geschäftsräumen geschlossene Verträge, bei denen die Leistung bei Abschluss der Verhandlungen sofort erbracht und bezahlt wird und das vom Verbraucher zu zahlende Entgelt 40 Euro nicht überschreitet, und
13. Verträge über den Verkauf beweglicher Sachen auf Grund von Zwangsvollstreckungsmaßnahmen oder anderen gerichtlichen Maßnahmen.

(3) Auf Verträge über soziale Dienstleistungen, wie Kinderbetreuung oder Unterstützung von dauerhaft oder vorübergehend hilfsbedürftigen Familien oder Personen, einschließlich Langzeitpflege, sind von den Vorschriften der Kapitel 1 und 2 dieses Untertitels nur folgende anzuwenden:

1. die Definitionen der außerhalb von Geschäftsräumen geschlossenen Verträge und der Fernabsatzverträge nach den §§ 312b und 312c,
2. § 312a Absatz 1 über die Pflicht zur Offenlegung bei Telefonanrufen,
3. § 312a Absatz 3 über die Wirksamkeit der Vereinbarung, die auf eine über das vereinbarte Entgelt für die Hauptleistung hinausgehende Zahlung gerichtet ist,

4. § 312a Absatz 4 über die Wirksamkeit der Vereinbarung eines Entgelts für die Nutzung von Zahlungsmitteln,
5. § 312a Absatz 6,
6. § 312d Absatz 1 in Verbindung mit Artikel 246a § 1 Absatz 2 und 3 des Einführungsgesetzes zum Bürgerlichen Gesetzbuche über die Pflicht zur Information über das Widerrufsrecht und
7. § 312g über das Widerrufsrecht.

(4) Auf Verträge über die Vermietung von Wohnraum sind von den Vorschriften der Kapitel 1 und 2 dieses Untertitels nur die in Absatz 3 Nummer 1 bis 7 genannten Bestimmungen anzuwenden. Die in Absatz 3 Nummer 1, 6 und 7 genannten Bestimmungen sind jedoch nicht auf die Begründung eines Mietverhältnisses über Wohnraum anzuwenden, wenn der Mieter die Wohnung zuvor besichtigt hat.

(5) Bei Vertragsverhältnissen über Bankdienstleistungen sowie Dienstleistungen im Zusammenhang mit einer Kreditgewährung, Versicherung, Altersversorgung von Einzelpersonen, Geldanlage oder Zahlung (Finanzdienstleistungen), die eine erstmalige Vereinbarung mit daran anschließenden aufeinanderfolgenden Vorgängen oder eine daran anschließende Reihe getrennter, in einem zeitlichen Zusammenhang stehender Vorgänge gleicher Art umfassen, sind die Vorschriften der Kapitel 1 und 2 dieses Untertitels nur auf die erste Vereinbarung anzuwenden. § 312a Absatz 1, 3, 4 und 6 ist daneben auf jeden Vorgang anzuwenden. Wenn die in Satz 1 genannten Vorgänge ohne eine solche Vereinbarung aufeinanderfolgen, gelten die Vorschriften über Informationspflichten des Unternehmers nur für den ersten Vorgang. Findet jedoch länger als ein Jahr kein Vorgang der gleichen Art mehr statt, so gilt der nächste Vorgang als der erste Vorgang einer neuen Reihe im Sinne von Satz 3.

(6) Von den Vorschriften der Kapitel 1 und 2 dieses Untertitels ist auf Verträge über Versicherungen sowie auf Verträge über deren Vermittlung nur § 312a Absatz 3, 4 und 6 anzuwenden.

§ 313
Störung der Geschäftsgrundlage

(1) Haben sich Umstände, die zur Grundlage des Vertrags geworden sind, nach Vertragsschluss schwerwiegend verändert und hätten die Parteien den Vertrag nicht oder mit anderem Inhalt geschlossen, wenn sie diese Veränderung vorausgesehen hätten, so kann Anpassung des Vertrags verlangt werden, soweit einem Teil unter Berücksichtigung aller Umstände des Einzelfalls, insbesondere der vertraglichen oder gesetzlichen Risikoverteilung, das Festhalten am unveränderten Vertrag nicht zugemutet werden kann.

(2) Einer Veränderung der Umstände steht es gleich, wenn wesentliche Vorstellungen, die zur Grundlage des Vertrags geworden sind, sich als falsch herausstellen.

(3) Ist eine Anpassung des Vertrags nicht möglich oder einem Teil nicht zumutbar, so kann der benachteiligte Teil vom Vertrag zurücktreten. An die Stelle des Rücktrittsrechts tritt für Dauerschuldverhältnisse das Recht zur Kündigung.

§ 314
Kündigung von Dauerschuldverhältnissen aus wichtigem Grund

(1) Dauerschuldverhältnisse kann jeder Vertragsteil aus wichtigem Grund ohne Einhaltung einer Kündigungsfrist kündigen. Ein wichtiger Grund liegt vor, wenn dem kündigenden Teil unter Berücksichtigung aller Umstände des Einzelfalls und unter Abwägung der beiderseitigen Interessen die Fortsetzung des Vertragsverhältnisses bis zur vereinbarten Beendigung oder bis zum Ablauf einer Kündigungsfrist nicht zugemutet werden kann.

(2) Besteht der wichtige Grund in der Verletzung einer Pflicht aus dem Vertrag, ist die Kündigung erst nach erfolglosem Ablauf einer zur Abhilfe bestimmten Frist oder nach erfolgloser Abmahnung zulässig. Für die Entbehrlichkeit der Bestimmung einer Frist zur Abhilfe und für die Entbehrlichkeit einer Abmahnung findet § 323 Absatz 2 Nummer 1 und 2 entsprechende Anwendung. Die Bestimmung einer Frist zur Abhilfe und eine Abmahnung sind auch entbehrlich, wenn besondere Umstände vorliegen, die unter Abwägung der beiderseitigen Interessen die sofortige Kündigung rechtfertigen.

(3) Der Berechtigte kann nur innerhalb einer angemessenen Frist kündigen, nachdem er vom Kündigungsgrund Kenntnis erlangt hat.

(4) Die Berechtigung, Schadensersatz zu verlangen, wird durch die Kündigung nicht ausgeschlossen.

§ 315
Bestimmung der Leistung durch eine Partei

(1) Soll die Leistung durch einen der Vertragsschließenden bestimmt werden, so ist im Zweifel anzunehmen, dass die Bestimmung nach billigem Ermessen zu treffen ist.

(2) Die Bestimmung erfolgt durch Erklärung gegenüber dem anderen Teil.

(3) Soll die Bestimmung nach billigem Ermessen erfolgen, so ist die getroffene Bestimmung für den anderen Teil nur verbindlich, wenn sie der Billigkeit entspricht. Entspricht sie nicht der Billigkeit, so wird die Bestimmung durch Urteil getroffen; das Gleiche gilt, wenn die Bestimmung verzögert wird.

§ 320
Einrede des nicht erfüllten Vertrags

(1) Wer aus einem gegenseitigen Vertrag verpflichtet ist, kann die ihm obliegende Leistung bis zur Bewirkung der Gegenleistung verweigern, es sei denn, dass er vorzuleisten verpflichtet ist. Hat die Leistung an mehrere zu erfolgen, so kann dem einzelnen der ihm gebührende Teil bis zur Bewirkung der ganzen Gegenleistung verweigert werden. Die Vorschrift des § 273 Abs. 3 findet keine Anwendung.

(2) Ist von der einen Seite teilweise geleistet worden, so kann die Gegenleistung insoweit nicht verweigert werden, als die Verweigerung nach den Umständen, insbesondere wegen verhältnismäßiger Geringfügigkeit des rückständigen Teiles, gegen Treu und Glauben verstoßen würde.

§ 321
Unsicherheitseinrede

(1) Wer aus einem gegenseitigen Vertrag vorzuleisten verpflichtet ist, kann die ihm obliegende Leistung verweigern, wenn nach Abschluss des Vertrags erkennbar wird, dass sein Anspruch auf die Gegenleistung durch mangelnde Leistungsfähigkeit des anderen Teils gefährdet wird. Das Leistungsverweigerungsrecht entfällt, wenn die Gegenleistung bewirkt oder Sicherheit für sie geleistet wird.

(2) Der Vorleistungspflichtige kann eine angemessene Frist bestimmen, in welcher der andere Teil Zug um Zug gegen die Leistung nach seiner Wahl die Gegenleistung zu bewirken oder Sicherheit zu leisten hat. Nach erfolglosem Ablauf der Frist kann der Vorleistungspflichtige vom Vertrag zurücktreten. § 323 findet entsprechende Anwendung.

§ 322
Verurteilung zur Leistung Zug-um-Zug

(1) Erhebt aus einem gegenseitigen Vertrag der eine Teil Klage auf die ihm geschuldete Leistung, so hat die Geltendmachung des dem anderen Teil zustehenden Rechts, die Leistung bis zur Bewirkung der Gegenleistung zu verweigern, nur die Wirkung, dass der andere Teil zur Erfüllung Zug um Zug zu verurteilen ist.

(2) Hat der klagende Teil vorzuleisten, so kann er, wenn der andere Teil im Verzug der Annahme ist, auf Leistung nach Empfang der Gegenleistung klagen.

(3) Auf die Zwangsvollstreckung findet die Vorschrift des § 274 Abs. 2 Anwendung.

§ 323
Rücktritt wegen nicht oder nicht vertragsgemäß erbrachter Leistung

(1) Erbringt bei einem gegenseitigen Vertrag der Schuldner eine fällige Leistung nicht oder nicht vertragsgemäß, so kann der Gläubiger, wenn er dem Schuldner erfolglos eine angemessene Frist zur Leistung oder Nacherfüllung bestimmt hat, vom Vertrag zurücktreten.

(2) Die Fristsetzung ist entbehrlich, wenn

1. der Schuldner die Leistung ernsthaft und endgültig verweigert,
2. der Schuldner die Leistung bis zu einem im Vertrag bestimmten Termin oder innerhalb einer im Vertrag bestimmten Frist nicht bewirkt, obwohl die termin- oder fristgerechte Leistung nach einer Mitteilung des Gläubigers an den Schuldner vor Vertragsschluss oder auf Grund anderer den Vertragsabschluss begleitenden Umstände für den Gläubiger wesentlich ist, oder
3. im Falle einer nicht vertragsgemäß erbrachten Leistung besondere Umstände vorliegen, die unter Abwägung der beiderseitigen Interessen den sofortigen Rücktritt rechtfertigen.

(3) Kommt nach der Art der Pflichtverletzung eine Fristsetzung nicht in Betracht, so tritt an deren Stelle eine Abmahnung.

(4) Der Gläubiger kann bereits vor dem Eintritt der Fälligkeit der Leistung zurücktreten, wenn offensichtlich ist, dass die Voraussetzungen des Rücktritts eintreten werden.

(5) Hat der Schuldner eine Teilleistung bewirkt, so kann der Gläubiger vom ganzen Vertrag nur zurücktreten, wenn er an der Teilleistung kein Interesse hat. Hat der Schuldner die Leistung nicht vertragsgemäß bewirkt, so kann der Gläubiger vom Vertrag nicht zurücktreten, wenn die Pflichtverletzung unerheblich ist.

(6) Der Rücktritt ist ausgeschlossen, wenn der Gläubiger für den Umstand, der ihn zum Rücktritt berechtigen würde, allein oder weit überwiegend verantwortlich ist oder wenn der vom Schuldner nicht zu vertretende Umstand zu einer Zeit eintritt, zu welcher der Gläubiger im Verzug der Annahme ist.

§ 324
Rücktritt wegen Verletzung einer Pflicht nach § 241 Abs. 2

Verletzt der Schuldner bei einem gegenseitigen Vertrag eine Pflicht nach § 241 Abs. 2, so kann der Gläubiger zurücktreten, wenn ihm ein Festhalten am Vertrag nicht mehr zuzumuten ist.

§ 325
Schadensersatz und Rücktritt

Das Recht, bei einem gegenseitigen Vertrag Schadensersatz zu verlangen, wird durch den Rücktritt nicht ausgeschlossen.

§ 326
Befreiung von der Gegenleistung und Rücktritt beim Ausschluss der Leistungspflicht

(1) Braucht der Schuldner nach § 275 Abs. 1 bis 3 nicht zu leisten, entfällt der Anspruch auf die Gegenleistung; bei einer Teilleistung findet § 441 Abs. 3 entsprechende Anwendung. Satz 1 gilt nicht, wenn der Schuldner im Falle der nicht vertragsgemäßen Leistung die Nacherfüllung nach § 275 Abs. 1 bis 3 nicht zu erbringen braucht.

(2) Ist der Gläubiger für den Umstand, auf Grund dessen der Schuldner nach § 275 Abs. 1 bis 3 nicht zu leisten braucht, allein oder weit überwiegend verantwortlich oder tritt dieser vom Schuldner nicht zu vertretende Umstand zu einer Zeit ein, zu welcher der Gläubiger im Verzug der Annahme ist, so behält der Schuldner den Anspruch auf die Gegenleistung. Er muss sich jedoch dasjenige anrechnen lassen, was er infolge der Befreiung von der Leistung erspart oder durch anderweitige Verwendung seiner Arbeitskraft erwirbt oder zu erwerben böswillig unterlässt.

(3) Verlangt der Gläubiger nach § 285 Herausgabe des für den geschuldeten Gegenstand erlangten Ersatzes oder Abtretung des Ersatzanspruchs, so bleibt er zur Gegenleistung verpflichtet. Diese mindert sich jedoch nach Maßgabe des § 441 Abs. 3 insoweit, als der Wert des Ersatzes oder des Ersatzanspruchs hinter dem Wert der geschuldeten Leistung zurückbleibt.

(4) Soweit die nach dieser Vorschrift nicht geschuldete Gegenleistung bewirkt ist, kann das Geleistete nach den §§ 346 bis 348 zurückgefordert werden.

(5) Braucht der Schuldner nach § 275 Abs. 1 bis 3 nicht zu leisten, kann der Gläubiger zurücktreten; auf den Rücktritt findet § 323 mit der Maßgabe entsprechende Anwendung, dass die Fristsetzung entbehrlich ist.

§ 339
Verwirkung der Vertragsstrafe

Verspricht der Schuldner dem Gläubiger für den Fall, dass er seine Verbindlichkeit nicht oder nicht in gehöriger Weise erfüllt, die Zahlung einer Geldsumme als Strafe, so ist die Strafe verwirkt, wenn er in Verzug kommt. Besteht die geschuldete Leistung in einem Unterlassen, so tritt die Verwirkung mit der Zuwiderhandlung ein.

§ 346
Wirkungen des Rücktritts

(1) Hat sich eine Vertragspartei vertraglich den Rücktritt vorbehalten oder steht ihr ein gesetzliches Rücktrittsrecht zu, so sind im Falle des Rücktritts die empfangenen Leistungen zurückzugewähren und die gezogenen Nutzungen herauszugeben.

(2) Statt der Rückgewähr oder Herausgabe hat der Schuldner Wertersatz zu leisten, soweit

1. die Rückgewähr oder die Herausgabe nach der Natur des Erlangten ausgeschlossen ist,
2. er den empfangenen Gegenstand verbraucht, veräußert, belastet, verarbeitet oder umgestaltet hat,

3. der empfangene Gegenstand sich verschlechtert hat oder untergegangen ist; jedoch bleibt die durch die bestimmungsgemäße Ingebrauchnahme entstandene Verschlechterung außer Betracht.

   Ist im Vertrag eine Gegenleistung bestimmt, ist sie bei der Berechnung des Wertersatzes zugrunde zu legen; ist Wertersatz für den Gebrauchsvorteil eines Darlehens zu leisten, kann nachgewiesen werden, dass der Wert des Gebrauchsvorteils niedriger war.

(3) Die Pflicht zum Wertersatz entfällt,

1. wenn sich der zum Rücktritt berechtigende Mangel erst während der Verarbeitung oder Umgestaltung des Gegenstandes gezeigt hat,
2. soweit der Gläubiger die Verschlechterung oder den Untergang zu vertreten hat oder der Schaden bei ihm gleichfalls eingetreten wäre,
3. wenn im Falle eines gesetzlichen Rücktrittsrechts die Verschlechterung oder der Untergang beim Berechtigten eingetreten ist, obwohl dieser diejenige Sorgfalt beobachtet hat, die er in eigenen Angelegenheiten anzuwenden pflegt.

   Eine verbleibende Bereicherung ist herauszugeben.

(4) Der Gläubiger kann wegen Verletzung einer Pflicht aus Absatz 1 nach Maßgabe der §§ 280 bis 283 Schadensersatz verlangen.

§ 347
Nutzungen und Verwendungen nach Rücktritt

(1) Zieht der Schuldner Nutzungen entgegen den Regeln einer ordnungsmäßigen Wirtschaft nicht, obwohl ihm das möglich gewesen wäre, so ist er dem Gläubiger zum Wertersatz verpflichtet. Im Falle eines gesetzlichen Rücktrittsrechts hat der Berechtigte hinsichtlich der Nutzungen nur für diejenige Sorgfalt einzustehen, die er in eigenen Angelegenheiten anzuwenden pflegt.

(2) Gibt der Schuldner den Gegenstand zurück, leistet er Wertersatz oder ist seine Wertersatzpflicht gemäß § 346 Abs. 3 Nr. 1 oder 2 ausgeschlossen, so sind ihm notwendige Verwendungen zu ersetzen. Andere Aufwendungen sind zu ersetzen, soweit der Gläubiger durch diese bereichert wird.

§ 348
Erfüllung Zug-um-Zug

Die sich aus dem Rücktritt ergebenden Verpflichtungen der Parteien sind Zug um Zug zu erfüllen. Die Vorschriften der §§ 320, 322 finden entsprechende Anwendung.

§ 349
Erklärung des Rücktritts

Der Rücktritt erfolgt durch Erklärung gegenüber dem anderen Teil.

§ 350
Erlöschen des Rücktrittsrechts nach Fristsetzung

Ist für die Ausübung des vertraglichen Rücktrittsrechts eine Frist nicht vereinbart, so kann dem Berechtigten von dem anderen Teil für die Ausübung eine angemessene Frist bestimmt werden. Das Rücktrittsrecht erlischt, wenn nicht der Rücktritt vor dem Ablauf der Frist erklärt wird.

§ 351
Unteilbarkeit des Rücktrittsrechts

Sind bei einem Vertrag auf der einen oder der anderen Seite mehrere beteiligt, so kann das Rücktrittsrecht nur von allen und gegen alle ausgeübt werden. Erlischt das Rücktrittsrecht für einen der Berechtigten, so erlischt es auch für die übrigen.

§ 352
Aufrechnung nach Nichterfüllung

Der Rücktritt wegen Nichterfüllung einer Verbindlichkeit wird unwirksam, wenn der Schuldner sich von der Verbindlichkeit durch Aufrechnung befreien konnte und unverzüglich nach dem Rücktritt die Aufrechnung erklärt.

§ 353
Rücktritt gegen Reugeld

Ist der Rücktritt gegen Zahlung eines Reugeldes vorbehalten, so ist der Rücktritt unwirksam, wenn das Reugeld nicht vor oder bei der Erklärung entrichtet wird und der andere Teil aus diesem Grund die Erklärung unverzüglich zurückweist. Die Erklärung ist jedoch wirksam, wenn das Reugeld unverzüglich nach der Zurückweisung entrichtet wird.

§ 354
Verwirkungsklausel

Ist ein Vertrag mit dem Vorbehalt geschlossen, dass der Schuldner seiner Rechte aus dem Vertrag verlustig sein soll, wenn er seine Verbindlichkeit nicht erfüllt, so ist der Gläubiger bei dem Eintritt dieses Falles zum Rücktritt von dem Vertrag berechtigt.

Neu eingefügt ab 01.01.2018:

§ 356e n. F.
Widerruf bei Verbraucherbauverträgen

Bei einem Verbraucherbauvertrag (§ 650i Absatz 1) beginnt die Widerrufsfrist nicht, bevor der Unternehmer den Verbraucher gemäß Artikel 249 § 3 des Einführungsgesetzes zum Bürgerlichen Gesetzbuche über sein Widerrufsrecht belehrt hat. Das Widerrufsrecht erlischt spätestens zwölf Monate und 14 Tage nach dem in § 355 Absatz 2 Satz 2 genannten Zeitpunkt.

§ 357d n. F.
Rechtsfolgen des Widerrufs bei Verbraucherbauverträgen

Ist die Rückgewähr der bis zum Widerruf erbrachten Leistung ihrer Natur nach ausgeschlossen, schuldet der Verbraucher dem Unternehmer Wertersatz. Bei der Berechnung des Wertersatzes ist die vereinbarte Vergütung zugrunde zu legen. Ist die vereinbarte Vergütung unverhältnismäßig hoch, ist der Wertersatz auf der Grundlage des Marktwertes der erbrachten Leistung zu berechnen.

§ 387
Voraussetzungen

Schulden zwei Personen einander Leistungen, die ihrem Gegenstand nach gleichartig sind, so kann jeder Teil seine Forderung gegen die Forderung des anderen Teils aufrechnen, sobald er die ihm gebührende Leistung fordern und die ihm obliegende Leistung bewirken kann.

§ 388
Erklärung der Aufrechnung

Die Aufrechnung erfolgt durch Erklärung gegenüber dem anderen Teil. Die Erklärung ist unwirksam, wenn sie unter einer Bedingung oder einer Zeitbestimmung abgegeben wird.

§ 389
Wirkung der Aufrechnung

Die Aufrechnung bewirkt, dass die Forderungen, soweit sie sich decken, als in dem Zeitpunkt erloschen gelten, in welchem sie zur Aufrechnung geeignet einander gegenübergetreten sind.

§ 398
Abtretung

Eine Forderung kann von dem Gläubiger durch Vertrag mit einem anderen auf diesen übertragen werden (Abtretung). Mit dem Abschluss des Vertrags tritt der neue Gläubiger an die Stelle des bisherigen Gläubigers.

§ 404
Einwendungen des Schuldners

Der Schuldner kann dem neuen Gläubiger die Einwendungen entgegensetzen, die zur Zeit der Abtretung der Forderung gegen den bisherigen Gläubiger begründet waren.

§ 407
Rechtshandlungen gegenüber dem bisherigen Gläubiger

(1) Der neue Gläubiger muss eine Leistung, die der Schuldner nach der Abtretung an den bisherigen Gläubiger bewirkt, sowie jedes Rechtsgeschäft, das nach der Abtretung zwischen dem Schuldner und dem bisherigen Gläubiger in Ansehung der Forderung vorgenommen wird, gegen sich gelten lassen, es sei denn, dass der Schuldner die Abtretung bei der Leistung oder der Vornahme des Rechtsgeschäfts kennt.

(2) Ist in einem nach der Abtretung zwischen dem Schuldner und dem bisherigen Gläubiger anhängig gewordenen Rechtsstreit ein rechtskräftiges Urteil über die Forderung ergangen, so muss der neue Gläubiger das Urteil gegen sich gelten lassen, es sei denn, dass der Schuldner die Abtretung bei dem Eintritt der Rechtshängigkeit gekannt hat.

§ 426
Ausgleichungspflicht, Forderungsübergang

(1) Die Gesamtschuldner sind im Verhältnis zueinander zu gleichen Anteilen verpflichtet, soweit nicht ein anderes bestimmt ist. Kann von einem Gesamtschuldner der auf ihn entfallende Beitrag nicht erlangt werden, so ist der Ausfall von den übrigen zur Ausgleichung verpflichteten Schuldnern zu tragen.

(2) Soweit ein Gesamtschuldner den Gläubiger befriedigt und von den übrigen Schuldnern Ausgleichung verlangen kann, geht die Forderung des Gläubigers gegen die übrigen Schuldner auf ihn über. Der Übergang kann nicht zum Nachteil des Gläubigers geltend gemacht werden.

§ 433
Vertragstypische Pflichten beim Kaufvertrag

(1) Durch den Kaufvertrag wird der Verkäufer einer Sache verpflichtet, dem Käufer die Sache zu übergeben und das Eigentum an der Sache zu verschaffen. Der Verkäufer hat dem Käufer die Sache frei von Sach- und Rechtsmängeln zu verschaffen.

(2) Der Käufer ist verpflichtet, dem Verkäufer den vereinbarten Kaufpreis zu zahlen und die gekaufte Sache abzunehmen.

§ 434
Sachmangel

(1) Die Sache ist frei von Sachmängeln, wenn sie bei Gefahrübergang die vereinbarte Beschaffenheit hat. Soweit die Beschaffenheit nicht vereinbart ist, ist die Sache frei von Sachmängeln,

1. wenn sie sich für die nach dem Vertrag vorausgesetzte Verwendung eignet, sonst
2. wenn sie sich für die gewöhnliche Verwendung eignet und eine Beschaffenheit aufweist, die bei Sachen der gleichen Art üblich ist und die der Käufer nach der Art der Sache erwarten kann.

   Zu der Beschaffenheit nach Satz 2 Nr. 2 gehören auch Eigenschaften, die der Käufer nach den öffentlichen Äußerungen des Verkäufers, des Herstellers (§ 4 Abs. 1 und 2 des Produkthaftungsgesetzes) oder seines Gehilfen insbesondere in der Werbung oder bei der Kennzeichnung über bestimmte Eigenschaften der Sache erwarten kann, es sei denn, dass der Verkäufer die Äußerung nicht kannte und auch nicht kennen musste, dass sie im Zeitpunkt des Vertragsschlusses in gleichwertiger Weise berichtigt war oder dass sie die Kaufentscheidung nicht beeinflussen konnte.

(2) Ein Sachmangel ist auch dann gegeben, wenn die vereinbarte Montage durch den Verkäufer oder dessen Erfüllungsgehilfen unsachgemäß durchgeführt worden ist. Ein Sachmangel liegt bei einer zur Montage bestimmten Sache ferner vor, wenn die Montageanleitung mangelhaft ist, es sei denn, die Sache ist fehlerfrei montiert worden.

(3) Einem Sachmangel steht es gleich, wenn der Verkäufer eine andere Sache oder eine zu geringe Menge liefert.

§ 435
Rechtsmangel

Die Sache ist frei von Rechtsmängeln, wenn Dritte in Bezug auf die Sache keine oder nur die im Kaufvertrag übernommenen Rechte gegen den Käufer geltend machen können. Einem Rechtsmangel steht es gleich, wenn im Grundbuch ein Recht eingetragen ist, das nicht besteht.

§ 436
Öffentliche Lasten von Grundstücken

(1) Soweit nicht anders vereinbart, ist der Verkäufer eines Grundstücks verpflichtet, Erschließungsbeiträge und sonstige Anliegerbeiträge für die Maßnahmen zu tragen, die bis zum Tage des Vertragsschlusses bautechnisch begonnen sind, unabhängig vom Zeitpunkt des Entstehens der Beitragsschuld.

(2) Der Verkäufer eines Grundstücks haftet nicht für die Freiheit des Grundstücks von anderen öffentlichen Abgaben und von anderen öffentlichen Lasten, die zur Eintragung in das Grundbuch nicht geeignet sind.

§ 437
Rechte des Käufers bei Mängeln

Ist die Sache mangelhaft, kann der Käufer, wenn die Voraussetzungen der folgenden Vorschriften vorliegen und soweit nicht ein anderes bestimmt ist,

1. nach § 439 Nacherfüllung verlangen,
2. nach den §§ 440, 323 und 326 Abs. 5 von dem Vertrag zurücktreten oder nach § 441 den Kaufpreis mindern und
3. nach den §§ 440, 280, 281, 283 und 311a Schadensersatz oder nach § 284 Ersatz vergeblicher Aufwendungen verlangen.

§ 438
Verjährung der Mängelansprüche

(1) Die in § 437 Nr. 1 und 3 bezeichneten Ansprüche verjähren

1. in 30 Jahren, wenn der Mangel
   a) in einem dinglichen Recht eines Dritten, auf Grund dessen Herausgabe der Kaufsache verlangt werden kann, oder
   b) in einem sonstigen Recht, das im Grundbuch eingetragen ist, besteht,
2. in fünf Jahren
   a) bei einem Bauwerk und
   b) bei einer Sache, die entsprechend ihrer üblichen Verwendungsweise für ein Bauwerk verwendet worden ist und dessen Mangelhaftigkeit verursacht hat, und
3. im Übrigen in zwei Jahren.

(2) Die Verjährung beginnt bei Grundstücken mit der Übergabe, im Übrigen mit der Ablieferung der Sache.

(3) Abweichend von Absatz 1 Nr. 2 und 3 und Absatz 2 verjähren die Ansprüche in der regelmäßigen Verjährungsfrist, wenn der Verkäufer den Mangel arglistig verschwiegen hat. Im Falle des Absatzes 1 Nr. 2 tritt die Verjährung jedoch nicht vor Ablauf der dort bestimmten Frist ein.

(4) Für das in § 437 bezeichnete Rücktrittsrecht gilt § 218. Der Käufer kann trotz einer Unwirksamkeit des Rücktritts nach § 218 Abs. 1 die Zahlung des Kaufpreises insoweit verweigern, als er auf Grund des Rücktritts dazu berechtigt sein würde. Macht er von diesem Recht Gebrauch, kann der Verkäufer vom Vertrag zurücktreten.

(5) Auf das in § 437 bezeichnete Minderungsrecht finden § 218 und Absatz 4 Satz 2 entsprechende Anwendung.

§ 439 a. F.
Nacherfüllung

(1) Der Käufer kann als Nacherfüllung nach seiner Wahl die Beseitigung des Mangels oder die Lieferung einer mangelfreien Sache verlangen

(2) Der Verkäufer hat die zum Zwecke der Nacherfüllung erforderlichen Aufwendungen, insbesondere Transport-, Wege-, Arbeits- und Materialkosten zu tragen.

(3) Der Verkäufer kann die vom Käufer gewählte Art der Nacherfüllung unbeschadet des § 275 Abs. 2 und 3 verweigern, wenn sie nur mit unverhältnismäßigen Kosten möglich ist. Dabei sind insbesondere der Wert der Sache in mangelfreiem Zustand, die Bedeutung des Mangels und die Frage zu berücksichtigen, ob auf die andere Art der Nacherfüllung ohne erhebliche Nachteile für den Käufer zurückgegriffen werden könnte. Der Anspruch des Käufers beschränkt sich in diesem Fall auf die andere Art der Nacherfüllung; das Recht des Verkäufers, auch diese unter den Voraussetzungen des Satzes 1 zu verweigern, bleibt unberührt.

(4) Liefert der Verkäufer zum Zwecke der Nacherfüllung eine mangelfreie Sache, so kann er vom Käufer Rückgewähr der mangelhaften Sache nach Maßgabe der §§ 346 bis 348 verlangen.

§ 440 a. F.
Besondere Bestimmungen für Rücktritt und Schadensersatz

Außer in den Fällen des § 281 Abs. 2 und des § 323 Abs. 2 bedarf es der Fristsetzung auch dann nicht, wenn der Verkäufer beide Arten der Nacherfüllung gemäß § 439 Abs. 3 verweigert oder wenn die dem Käufer zustehende Art der Nacherfüllung fehlgeschlagen oder ihm unzumutbar ist. Eine Nachbesserung gilt nach dem erfolglosen zweiten Versuch als fehlgeschlagen, wenn sich nicht insbesondere aus der Art der Sache oder des Mangels oder den sonstigen Umständen etwas anderes ergibt.

Neue Fassung ab 01.01.2018:

§ 439 n. F.
Nacherfüllung

(1) Der Käufer kann als Nacherfüllung nach seiner Wahl die Beseitigung des Mangels oder die Lieferung einer mangelfreien Sache verlangen.

(2) Der Verkäufer hat die zum Zwecke der Nacherfüllung erforderlichen Aufwendungen, insbesondere Transport-, Wege-, Arbeits- und Materialkosten zu tragen.

(3) Hat der Käufer die mangelhafte Sache gemäß ihrer Art und ihrem Verwendungszweck in eine andere Sache eingebaut oder an eine andere Sache angebracht, ist der Verkäufer im Rahmen der Nacherfüllung verpflichtet, dem Käufer die erforderlichen Aufwendungen für das Entfernen der mangelhaften und den Einbau oder das Anbringen der nachgebesserten oder gelieferten mangelfreien Sache zu ersetzen. § 442 Absatz 1 ist mit der Maßgabe anzuwenden, dass für die Kenntnis des Käufers an die Stelle des Vertragsschlusses der Einbau oder das Anbringen der mangelhaften Sache durch den Käufer tritt.

(4) Der Verkäufer kann die vom Käufer gewählte Art der Nacherfüllung unbeschadet des § 275 Abs. 2 und 3 verweigern, wenn sie nur mit unverhältnismäßigen Kosten möglich ist. Dabei sind insbesondere der Wert der Sache in mangelfreiem Zustand, die Bedeutung des Mangels und die Frage zu berücksichtigen, ob auf die andere Art der Nacherfüllung ohne erhebliche Nachteile für den Käufer zurückgegriffen werden könnte. Der Anspruch des Käufers beschränkt sich in diesem Fall auf die andere Art der Nacherfüllung; das Recht des Verkäufers, auch diese unter den Voraussetzungen des Satzes 1 zu verweigern, bleibt unberührt.

(5) Liefert der Verkäufer zum Zwecke der Nacherfüllung eine mangelfreie Sache, so kann er vom Käufer Rückgewähr der mangelhaften Sache nach Maßgabe der §§ 346 bis 348 verlangen.

§ 440 n. F.
Besondere Bestimmungen für Rücktritt und Schadensersatz

Außer in den Fällen des § 281 Abs. 2 und des § 323 Abs. 2 bedarf es der Fristsetzung auch dann nicht, wenn der Verkäufer beide Arten der Nacherfüllung gemäß § 439 Abs. 4 verweigert oder wenn die dem Käufer zustehende Art der Nacherfüllung fehlgeschlagen oder ihm unzumutbar ist. Eine Nachbesserung gilt nach dem erfolglosen zweiten Versuch als fehlgeschlagen, wenn sich nicht insbesondere aus der Art der Sache oder des Mangels oder den sonstigen Umständen etwas anderes ergibt.

§ 441
Minderung

(1) Statt zurückzutreten, kann der Käufer den Kaufpreis durch Erklärung gegenüber dem Verkäufer mindern. Der Ausschlussgrund des § 323 Abs. 5 Satz 2 findet keine Anwendung.

(2) Sind auf der Seite des Käufers oder auf der Seite des Verkäufers mehrere beteiligt, so kann die Minderung nur von allen oder gegen alle erklärt werden.

(3) Bei der Minderung ist der Kaufpreis in dem Verhältnis herabzusetzen, in welchem zur Zeit des Vertragsschlusses der Wert der Sache in mangelfreiem Zustand zu dem wirklichen Wert gestanden haben würde. Die Minderung ist, soweit erforderlich, durch Schätzung zu ermitteln.

(4) Hat der Käufer mehr als den geminderten Kaufpreis gezahlt, so ist der Mehrbetrag vom Verkäufer zu erstatten. § 346 Abs. 1 und § 347 Abs. 1 finden entsprechende Anwendung.

§ 442
Kenntnis des Käufers

(1) Die Rechte des Käufers wegen eines Mangels sind ausgeschlossen, wenn er bei Vertragsschluss den Mangel kennt. Ist dem Käufer ein Mangel infolge grober Fahrlässigkeit unbekannt geblieben, kann der Käufer Rechte wegen dieses Mangels nur geltend machen, wenn der Verkäufer den Mangel arglistig verschwiegen oder eine Garantie für die Beschaffenheit der Sache übernommen hat.

(2) Ein im Grundbuch eingetragenes Recht hat der Verkäufer zu beseitigen, auch wenn es der Käufer kennt.

§ 443
Beschaffenheits- und Haltbarkeitsgarantie

(1) Geht der Verkäufer, der Hersteller oder ein sonstiger Dritter in einer Erklärung oder einschlägigen Werbung, die vor oder bei Abschluss des Kaufvertrags verfügbar war, zusätzlich zu der gesetzlichen Mängelhaftung insbesondere die Verpflichtung ein, den Kaufpreis zu erstatten, die Sache auszutauschen, nachzubessern oder in ihrem Zusammenhang Dienstleistungen zu erbringen, falls die Sache nicht diejenige Beschaffenheit aufweist oder andere als die Mängelfreiheit betreffende Anforderungen nicht erfüllt, die in der Erklärung oder einschlägigen Werbung beschrieben sind (Garantie), stehen dem Käufer im Garantiefall unbeschadet der gesetzlichen Ansprüche die Rechte aus der Garantie gegenüber demjenigen zu, der die Garantie gegeben hat (Garantiegeber).

(2) Soweit der Garantiegeber eine Garantie dafür übernommen hat, dass die Sache für eine bestimmte Dauer eine bestimmte Beschaffenheit behält (Haltbarkeitsgarantie), wird vermutet, dass ein während ihrer Geltungsdauer auftretender Sachmangel die Rechte aus der Garantie begründet.

§ 444
Haftungsausschluss

Auf eine Vereinbarung, durch welche die Rechte des Käufers wegen eines Mangels ausgeschlossen oder beschränkt werden, kann sich der Verkäufer nicht berufen, soweit er den Mangel arglistig verschwiegen oder eine Garantie für die Beschaffenheit der Sache übernommen hat.

§ 445
Haftungsbegrenzung bei öffentlichen Versteigerungen

Wird eine Sache auf Grund eines Pfandrechts in einer öffentlichen Versteigerung unter der Bezeichnung als Pfand verkauft, so stehen dem Käufer Rechte wegen eines Mangels nur zu, wenn der Verkäufer den Mangel arglistig verschwiegen oder eine Garantie für die Beschaffenheit der Sache übernommen hat.

Neu eingefügt ab 01.01.2018

§ 445a n. F.
Rückgriff des Verkäufers

(1) Der Verkäufer kann beim Verkauf einer neu hergestellten Sache von dem Verkäufer, der ihm die Sache verkauft hatte (Lieferant), Ersatz der Aufwendungen verlangen, die er im Verhältnis zum Käufer nach § 439 Absatz 2 und 3 sowie § 475 Absatz 4 und 6 zu tragen hatte, wenn der vom Käufer geltend gemachte Mangel bereits beim Übergang der Gefahr auf den Verkäufer vorhanden war.

(2) Für die in § 437 bezeichneten Rechte des Verkäufers gegen seinen Lieferanten bedarf es wegen des vom Käufer geltend gemachten Mangels der sonst erforderlichen Fristsetzung nicht, wenn der Verkäufer die verkaufte neu hergestellte Sache als Folge ihrer Mangelhaftigkeit zurücknehmen musste oder der Käufer den Kaufpreis gemindert hat.

(3) Die Absätze 1 und 2 finden auf die Ansprüche des Lieferanten und der übrigen Käufer in der Lieferkette gegen die jeweiligen Verkäufer entsprechende Anwendung, wenn die Schuldner Unternehmer sind.

(4) § 377 des Handelsgesetzbuchs bleibt unberührt.

§ 445b n. F.
Verjährung von Rückgriffsansprüchen

(1) Die in § 445a Absatz 1 bestimmten Aufwendungsersatzansprüche verjähren in zwei Jahren ab Ablieferung der Sache.

(2) Die Verjährung der in den §§ 437 und 445a Absatz 1 bestimmten Ansprüche des Verkäufers gegen seinen Lieferanten wegen des Mangels einer verkauften neu hergestellten Sache tritt frühestens zwei Monate nach dem Zeitpunkt ein, in dem der Verkäufer die Ansprüche des Käufers erfüllt hat. Diese Ablaufhemmung endet spätestens fünf Jahre nach dem Zeitpunkt, in dem der Lieferant die Sache dem Verkäufer abgeliefert hat.

(3) Die Absätze 1 und 2 finden auf die Ansprüche des Lieferanten und der übrigen Käufer in der Lieferkette gegen die jeweiligen Verkäufer entsprechende Anwendung, wenn die Schuldner Unternehmer sind.

§ 446
Gefahr- und Lastenübergang

Mit der Übergabe der verkauften Sache geht die Gefahr des zufälligen Untergangs und der zufälligen Verschlechterung auf den Käufer über. Von der Übergabe an gebühren dem Käufer die Nutzungen und trägt er die Lasten der Sache. Der Übergabe steht es gleich, wenn der Käufer im Verzug der Annahme ist.

§ 447
Gefahrübergang beim Versendungskauf

(1) Versendet der Verkäufer auf Verlangen des Käufers die verkaufte Sache nach einem anderen Ort als dem Erfüllungsort, so geht die Gefahr auf den Käufer über, sobald der Verkäufer die Sache dem Spediteur, dem Frachtführer oder der sonst zur Ausführung der Versendung bestimmten Person oder Anstalt ausgeliefert hat.

(2) Hat der Käufer eine besondere Anweisung über die Art der Versendung erteilt und weicht der Verkäufer ohne dringenden Grund von der Anweisung ab, so ist der Verkäufer dem Käufer für den daraus entstehenden Schaden verantwortlich.

§ 448
Kosten der Übergabe und vergleichbare Kosten

(1) Der Verkäufer trägt die Kosten der Übergabe der Sache, der Käufer die Kosten der Abnahme und der Versendung der Sache nach einem anderen Ort als dem Erfüllungsort.

(2) Der Käufer eines Grundstücks trägt die Kosten der Beurkundung des Kaufvertrags und der Auflassung, der Eintragung ins Grundbuch und der zu der Eintragung erforderlichen Erklärungen.

§ 449
Eigentumsvorbehalt

(1) Hat sich der Verkäufer einer beweglichen Sache das Eigentum bis zur Zahlung des Kaufpreises vorbehalten, so ist im Zweifel anzunehmen, dass das Eigentum unter der aufschiebenden Bedingung vollständiger Zahlung des Kaufpreises übertragen wird (Eigentumsvorbehalt).

(2) Auf Grund des Eigentumsvorbehalts kann der Verkäufer die Sache nur herausverlangen, wenn er vom Vertrag zurückgetreten ist.

(3) Die Vereinbarung eines Eigentumsvorbehalts ist nichtig, soweit der Eigentumsübergang davon abhängig gemacht wird, dass der Käufer Forderungen eines Dritten, insbesondere eines mit dem Verkäufer verbundenen Unternehmens, erfüllt.

§ 450
Ausgeschlossene Käufer bei bestimmten Verkäufen

(1) Bei einem Verkauf im Wege der Zwangsvollstreckung dürfen der mit der Vornahme oder Leitung des Verkaufs Beauftragte und die von ihm zugezogenen Gehilfen einschließlich des Protokollführers den zu verkaufenden Gegenstand weder für sich persönlich oder durch einen anderen noch als Vertreter eines anderen kaufen.

(2) Absatz 1 gilt auch bei einem Verkauf außerhalb der Zwangsvollstreckung, wenn der Auftrag zu dem Verkauf auf Grund einer gesetzlichen Vorschrift erteilt worden ist, die den Auftraggeber ermächtigt, den Gegenstand für Rechnung eines anderen verkaufen zu lassen, insbesondere in den

Fällen des Pfandverkaufs und des in den §§ 383 und 385 zugelassenen Verkaufs, sowie bei einem Verkauf aus einer Insolvenzmasse.

§ 451
Kauf durch ausgeschlossenen Käufer

(1) Die Wirksamkeit eines dem § 450 zuwider erfolgten Kaufs und der Übertragung des gekauften Gegenstandes hängt von der Zustimmung der bei dem Verkauf als Schuldner, Eigentümer oder Gläubiger Beteiligten ab. Fordert der Käufer einen Beteiligten zur Erklärung über die Genehmigung auf, so findet § 177 Abs. 2 entsprechende Anwendung.

(2) Wird infolge der Verweigerung der Genehmigung ein neuer Verkauf vorgenommen, so hat der frühere Käufer für die Kosten des neuen Verkaufs sowie für einen Mindererlös aufzukommen.

§ 452
Schiffskauf

Die Vorschriften dieses Untertitels über den Kauf von Grundstücken finden auf den Kauf von eingetragenen Schiffen und Schiffsbauwerken entsprechende Anwendung.

§ 453
Rechtskauf

(1) Die Vorschriften über den Kauf von Sachen finden auf den Kauf von Rechten und sonstigen Gegenständen entsprechende Anwendung.

(2) Der Verkäufer trägt die Kosten der Begründung und Übertragung des Rechts.

(3) Ist ein Recht verkauft, das zum Besitz einer Sache berechtigt, so ist der Verkäufer verpflichtet, dem Käufer die Sache frei von Sach- und Rechtsmängeln zu übergeben.

§ 478 a. F.
Rückgriff des Unternehmers

(1) Wenn der Unternehmer die verkaufte neu hergestellte Sache als Folge ihrer Mangelhaftigkeit zurücknehmen musste oder der Verbraucher den Kaufpreis gemindert hat, bedarf es für die in § 437 bezeichneten Rechte des Unternehmers gegen den Unternehmer, der ihm die Sache verkauft hatte (Lieferant), wegen des vom Verbraucher geltend gemachten Mangels einer sonst erforderlichen Fristsetzung nicht.

(2) Der Unternehmer kann beim Verkauf einer neu hergestellten Sache von seinem Lieferanten Ersatz der Aufwendungen verlangen, die der Unternehmer im Verhältnis zum Verbraucher nach § 439 Abs. 2 zu tragen hatte, wenn der vom Verbraucher geltend gemachte Mangel bereits beim Übergang der Gefahr auf den Unternehmer vorhanden war.

(3) In den Fällen der Absätze 1 und 2 findet § 476 mit der Maßgabe Anwendung, dass die Frist mit dem Übergang der Gefahr auf den Verbraucher beginnt.

(4) Auf eine vor Mitteilung eines Mangels an den Lieferanten getroffene Vereinbarung, die zum Nachteil des Unternehmers von den §§ 433 bis 435, 437, 439 bis 443 sowie von den Absätzen 1 bis 3 und von § 479 abweicht, kann sich der Lieferant nicht berufen, wenn dem Rückgriffsgläubiger kein gleichwertiger Ausgleich eingeräumt wird. Satz 1 gilt unbeschadet des § 307 nicht für den Ausschluss oder die Beschränkung des Anspruchs auf Schadensersatz. Die in Satz 1 bezeichneten Vorschriften finden auch Anwendung, wenn sie durch anderweitige Gestaltungen umgangen werden.

(5) Die Absätze 1 bis 4 finden auf die Ansprüche des Lieferanten und der übrigen Käufer in der Lieferkette gegen die jeweiligen Verkäufer entsprechende Anwendung, wenn die Schuldner Unternehmer sind.

(6) § 377 des Handelsgesetzbuchs bleibt unberührt.

§ 479 a. F.
Verjährung von Rückgriffsansprüchen

(1) Die in § 478 Abs. 2 bestimmten Aufwendungsersatzansprüche verjähren in zwei Jahren ab Ablieferung der Sache.

(2) Die Verjährung der in den §§ 437 und 478 Abs. 2 bestimmten Ansprüche des Unternehmers gegen seinen Lieferanten wegen des Mangels einer an einen Verbraucher verkauften neu hergestellten Sache tritt frühestens zwei Monate nach dem Zeitpunkt ein, in dem der Unternehmer die Ansprüche des Verbrauchers erfüllt hat. Diese Ablaufhemmung endet spätestens fünf Jahre nach dem Zeitpunkt, in dem der Lieferant die Sache dem Unternehmer abgeliefert hat.

(3) Die vorstehenden Absätze finden auf die Ansprüche des Lieferanten und der übrigen Käufer in der Lieferkette gegen die jeweiligen Verkäufer entsprechende Anwendung, wenn die Schuldner Unternehmer sind.

Neue Fassung ab 01.01.2018

§ 478 n. F.
Sonderbestimmungen für den Rückgriff des Unternehmers

(1) Ist der letzte Vertrag in der Lieferkette ein Verbrauchsgüterkauf (§ 474), findet § 477 in den Fällen des § 445a Absatz 1 und 2 mit der Maßgabe Anwendung, dass die Frist mit dem Übergang der Gefahr auf den Verbraucher beginnt.

(2) Auf eine vor Mitteilung eines Mangels an den Lieferanten getroffene Vereinbarung, die zum Nachteil des Unternehmers von Absatz 1 sowie von den §§ 433 bis 435, 437, 439 bis 445a Absatz 1 und 2 sowie von § 445b abweicht, kann sich der Lieferant nicht berufen, wenn dem Rückgriffsgläubiger kein gleichwertiger Ausgleich eingeräumt wird. Satz 1 gilt unbeschadet des § 307 nicht für den Ausschluss oder die Beschränkung des Anspruchs auf Schadensersatz. Die in Satz 1 bezeichneten Vorschriften finden auch Anwendung, wenn sie durch anderweitige Gestaltungen umgangen werden.

(3) Die Absätze 1 und 2 finden auf die Ansprüche des Lieferanten und der übrigen Käufer in der Lieferkette gegen die jeweiligen Verkäufer entsprechende Anwendung, wenn die Schuldner Unternehmer sind.

§ 479 n. F.
Sonderbestimmungen für Garantien

(1) Eine Garantieerklärung (§ 443) muss einfach und verständlich abgefasst sein. Sie muss enthalten:

1. den Hinweis auf die gesetzlichen Rechte des Verbrauchers sowie darauf, dass sie durch die Garantie nicht eingeschränkt werden, und
2. den Inhalt der Garantie und alle wesentlichen Angaben, die für die Geltendmachung der Garantie erforderlich sind, insbesondere die Dauer und den räumlichen Geltungsbereich des Garantieschutzes sowie Namen und Anschrift des Garantiegebers.

(2) Der Verbraucher kann verlangen, dass ihm die Garantieerklärung in Textform mitgeteilt wird.

(3) Die Wirksamkeit der Garantieverpflichtung wird nicht dadurch berührt, dass eine der vorstehenden Anforderungen nicht erfüllt wird.

§ 631
Vertragstypische Pflichten beim Werkvertrag

(1) Durch den Werkvertrag wird der Unternehmer zur Herstellung des versprochenen Werkes, der Besteller zur Entrichtung der vereinbarten Vergütung verpflichtet.

(2) Gegenstand des Werkvertrags kann sowohl die Herstellung oder Veränderung einer Sache als auch ein anderer durch Arbeit oder Dienstleistung herbeizuführender Erfolg sein.

§ 632
Vergütung

(1) Eine Vergütung gilt als stillschweigend vereinbart, wenn die Herstellung des Werkes den Umständen nach nur gegen eine Vergütung zu erwarten ist.

(2) Ist die Höhe der Vergütung nicht bestimmt, so ist bei dem Bestehen einer Taxe die taxmäßige Vergütung, in Ermangelung einer Taxe die übliche Vergütung als vereinbart anzusehen.

(3) Ein Kostenanschlag ist im Zweifel nicht zu vergüten.

§ 632a a. F.
Abschlagszahlungen

(1) Der Unternehmer kann von dem Besteller für eine vertragsgemäß erbrachte Leistung eine Abschlagszahlung in der Höhe verlangen, in der der Besteller durch die Leistung einen Wertzuwachs erlangt hat. Wegen unwesentlicher Mängel kann die Abschlagszahlung nicht verweigert werden. § 641 Abs. 3 gilt entsprechend. Die Leistungen sind durch eine Aufstellung nachzuweisen, die eine rasche und sichere Beurteilung der Leistungen ermöglichen muss. Die Sätze 1 bis 4 gelten auch für erforderliche Stoffe oder Bauteile, die angeliefert oder eigens angefertigt und bereitgestellt sind, wenn dem Besteller nach seiner Wahl Eigentum an den Stoffen oder Bauteilen übertragen oder entsprechende Sicherheit hierfür geleistet wird.

(2) Wenn der Vertrag die Errichtung oder den Umbau eines Hauses oder eines vergleichbaren Bauwerks zum Gegenstand hat und zugleich die Verpflichtung des Unternehmers enthält, dem Besteller das Eigentum an dem Grundstück zu übertragen oder ein Erbbaurecht zu bestellen oder zu übertragen, können Abschlagszahlungen nur verlangt werden, soweit sie gemäß einer Verordnung auf Grund von Artikel 244 des Einführungsgesetzes zum Bürgerlichen Gesetzbuche vereinbart sind.

(3) Ist der Besteller ein Verbraucher und hat der Vertrag die Errichtung oder den Umbau eines Hauses oder eines vergleichbaren Bauwerks zum Gegenstand, ist dem Besteller bei der ersten Abschlagszahlung eine Sicherheit für die rechtzeitige Herstellung des Werkes ohne wesentliche Mängel in Höhe von 5 vom Hundert des Vergütungsanspruchs zu leisten. Erhöht sich der Vergütungsanspruch infolge von Änderungen oder Ergänzungen des Vertrages um mehr als 10 vom Hundert, ist dem Besteller bei der nächsten Abschlagszahlung eine weitere Sicherheit in Höhe von 5 vom Hundert des zusätzlichen Vergütungsanspruchs zu leisten. Auf Verlangen des Unternehmers ist die Sicherheitsleistung durch Einbehalt dergestalt zu erbringen, dass der Besteller die Abschlagszahlungen bis zu dem Gesamtbetrag der geschuldeten Sicherheit zurückhält.

(4) Sicherheiten nach dieser Vorschrift können auch durch eine Garantie oder ein sonstiges Zahlungsversprechen eines im Geltungsbereich dieses Gesetzes zum Geschäftsbetrieb befugten Kreditinstituts oder Kreditversicherers geleistet werden.

Neue Fassung ab 01.01.2018

§ 632a n. F.
Abschlagszahlungen

(1) Der Unternehmer kann von dem Besteller eine Abschlagszahlung in Höhe des Wertes der von ihm erbrachten und nach dem Vertrag geschuldeten Leistungen verlangen. Sind die erbrachten Leistungen nicht vertragsgemäß, kann der Besteller die Zahlung eines angemessenen Teils des Abschlags verweigern. Die Beweislast für die vertragsgemäße Leistung verbleibt bis zur Abnahme beim Unternehmer. § 641 Abs. 3 gilt entsprechend. Die Leistungen sind durch eine Aufstellung nachzuweisen, die eine rasche und sichere Beurteilung der Leistungen ermöglichen muss. Die Sätze 1 bis 5 gelten auch für erforderliche Stoffe oder Bauteile, die angeliefert oder eigens angefertigt und bereitgestellt sind, wenn dem Besteller nach seiner Wahl Eigentum an den Stoffen oder Bauteilen übertragen oder entsprechende Sicherheit hierfür geleistet wird.

(2) Die Sicherheit nach Absatz 1 Satz 6 kann auch durch eine Garantie oder ein sonstiges Zahlungsversprechen eines im Geltungsbereich dieses Gesetzes zum Geschäftsbetrieb befugten Kreditinstituts oder Kreditversicherers geleistet werden.

§ 633
Sach- und Rechtsmangel

(1) Der Unternehmer hat dem Besteller das Werk frei von Sach- und Rechtsmängeln zu verschaffen.

(2) Das Werk ist frei von Sachmängeln, wenn es die vereinbarte Beschaffenheit hat. Soweit die Beschaffenheit nicht vereinbart ist, ist das Werk frei von Sachmängeln,

1. wenn es sich für die nach dem Vertrag vorausgesetzte, sonst
2. für die gewöhnliche Verwendung eignet und eine Beschaffenheit aufweist, die bei Werken der gleichen Art üblich ist und die der Besteller nach der Art des Werks erwarten kann.

   Einem Sachmangel steht es gleich, wenn der Unternehmer ein anderes als das bestellte Werk oder das Werk in zu geringer Menge herstellt.

(3) Das Werk ist frei von Rechtsmängeln, wenn Dritte in Bezug auf das Werk keine oder nur die im Vertrag übernommenen Rechte gegen den Besteller geltend machen können.

§ 634
Rechte des Bestellers bei Mängeln

Ist das Werk mangelhaft, kann der Besteller, wenn die Voraussetzungen der folgenden Vorschriften vorliegen und soweit nicht ein anderes bestimmt ist,

1. nach § 635 Nacherfüllung verlangen,
2. nach § 637 den Mangel selbst beseitigen und Ersatz der erforderlichen Aufwendungen verlangen,
3. nach den §§ 636, 323 und 326 Abs. 5 von dem Vertrag zurücktreten oder nach § 638 die Vergütung mindern und

4. nach den §§ 636, 280, 281, 283 und 311a Schadensersatz oder nach § 284 Ersatz vergeblicher Aufwendungen verlangen.

§ 634a
Verjährung der Mängelansprüche

(1) Die in § 634 Nr. 1, 2 und 4 bezeichneten Ansprüche verjähren

1. vorbehaltlich der Nummer 2 in zwei Jahren bei einem Werk, dessen Erfolg in der Herstellung, Wartung oder Veränderung einer Sache oder in der Erbringung von Planungs- oder Überwachungsleistungen hierfür besteht,
2. in fünf Jahren bei einem Bauwerk und einem Werk, dessen Erfolg in der Erbringung von Planungs- oder Überwachungsleistungen hierfür besteht, und
3. im Übrigen in der regelmäßigen Verjährungsfrist.

(2) Die Verjährung beginnt in den Fällen des Absatzes 1 Nr. 1 und 2 mit der Abnahme.

(3) Abweichend von Absatz 1 Nr. 1 und 2 und Absatz 2 verjähren die Ansprüche in der regelmäßigen Verjährungsfrist, wenn der Unternehmer den Mangel arglistig verschwiegen hat. Im Fall des Absatzes 1 Nr. 2 tritt die Verjährung jedoch nicht vor Ablauf der dort bestimmten Frist ein.

(4) Für das in § 634 bezeichnete Rücktrittsrecht gilt § 218. Der Besteller kann trotz einer Unwirksamkeit des Rücktritts nach § 218 Abs. 1 die Zahlung der Vergütung insoweit verweigern, als er auf Grund des Rücktritts dazu berechtigt sein würde. Macht er von diesem Recht Gebrauch, kann der Unternehmer vom Vertrag zurücktreten.

(5) Auf das in § 634 bezeichnete Minderungsrecht finden § 218 und Absatz 4 Satz 2 entsprechende Anwendung.

§ 635
Nacherfüllung

(1) Verlangt der Besteller Nacherfüllung, so kann der Unternehmer nach seiner Wahl den Mangel beseitigen oder ein neues Werk herstellen.

(2) Der Unternehmer hat die zum Zwecke der Nacherfüllung erforderlichen Aufwendungen, insbesondere Transport-, Wege-, Arbeits- und Materialkosten zu tragen.

(3) Der Unternehmer kann die Nacherfüllung unbeschadet des § 275 Abs. 2 und 3 verweigern, wenn sie nur mit unverhältnismäßigen Kosten möglich ist.

(4) Stellt der Unternehmer ein neues Werk her, so kann er vom Besteller Rückgewähr des mangelhaften Werks nach Maßgabe der §§ 346 bis 348 verlangen.

§ 636
Besondere Bestimmungen für Rücktritt und Schadensersatz

Außer in den Fällen des § 281 Abs. 2 und 323 Abs. 2 bedarf es der Fristsetzung auch dann nicht, wenn der Unternehmer die Nacherfüllung gemäß § 635 Abs. 3 verweigert oder wenn die Nacherfüllung fehlgeschlagen oder dem Besteller unzumutbar ist.

§ 637
Selbstvornahme

(1) Der Besteller kann wegen eines Mangels des Werkes nach erfolglosem Ablauf einer von ihm zur Nacherfüllung bestimmten angemessenen Frist den Mangel selbst beseitigen und Ersatz der erforderlichen Aufwendungen verlangen, wenn nicht der Unternehmer die Nacherfüllung zu Recht verweigert.

(2) § 323 Abs. 2 findet entsprechende Anwendung. Der Bestimmung einer Frist bedarf es auch dann nicht, wenn die Nacherfüllung fehlgeschlagen oder dem Besteller unzumutbar ist.

(3) Der Besteller kann von dem Unternehmer für die zur Beseitigung des Mangels erforderlichen Aufwendungen Vorschuss verlangen.

§ 638
Minderung

(1) Statt zurückzutreten, kann der Besteller die Vergütung durch Erklärung gegenüber dem Unternehmer mindern. Der Ausschlussgrund des § 323 Abs. 5 Satz 2 findet keine Anwendung.

(2) Sind auf der Seite des Bestellers oder auf der Seite des Unternehmers mehrere beteiligt, so kann die Minderung nur von allen oder gegen alle erklärt werden.

(3) Bei der Minderung ist die Vergütung in dem Verhältnis herabzusetzen, in welchem zur Zeit des Vertragsschlusses der Wert des Werkes in mangelfreiem Zustand zu dem wirklichen Wert gestanden haben würde. Die Minderung ist, soweit erforderlich, durch Schätzung zu ermitteln.

(4) Hat der Besteller mehr als die geminderte Vergütung gezahlt, so ist der Mehrbetrag vom Unternehmer zu erstatten. § 346 Abs. 1 und § 347 Abs. 1 finden entsprechende Anwendung.

§ 639
Haftungsausschluss

Auf eine Vereinbarung, durch welche die Rechte des Bestellers wegen eines Mangels ausgeschlossen oder beschränkt werden, kann sich der Unternehmer nicht berufen, soweit er den Mangel arglistig verschwiegen oder eine Garantie für die Beschaffenheit des Werkes übernommen hat.

§ 640 a. F.
Abnahme

(1) Der Besteller ist verpflichtet, das vertragsmäßig hergestellte Werk abzunehmen, sofern nicht nach der Beschaffenheit des Werkes die Abnahme ausgeschlossen ist. Wegen unwesentlicher Mängel kann die Abnahme nicht verweigert werden. Der Abnahme steht es gleich, wenn der Besteller das Werk nicht innerhalb einer ihm vom Unternehmer bestimmten angemessenen Frist abnimmt, obwohl er dazu verpflichtet ist.

(2) Nimmt der Besteller ein mangelhaftes Werk gemäß Absatz 1 Satz 1 ab, obschon er den Mangel kennt, so stehen ihm die in § 634 Nr. 1 bis 3 bezeichneten Rechte nur zu, wenn er sich seine Rechte wegen des Mangels bei der Abnahme vorbehält.

§ 641 a. F.
Fälligkeit der Vergütung

(1) Die Vergütung ist bei der Abnahme des Werkes zu entrichten. Ist das Werk in Teilen abzunehmen und die Vergütung für die einzelnen Teile bestimmt, so ist die Vergütung für jeden Teil bei dessen Abnahme zu entrichten.

(2) Die Vergütung des Unternehmers für ein Werk, dessen Herstellung der Besteller einem Dritten versprochen hat, wird spätestens fällig,

1. soweit der Besteller von dem Dritten für das versprochene Werk wegen dessen Herstellung seine Vergütung oder Teile davon erhalten hat,
2. soweit das Werk des Bestellers von dem Dritten abgenommen worden ist oder als abgenommen gilt oder
3. wenn der Unternehmer dem Besteller erfolglos eine angemessene Frist zur Auskunft über die in den Nummern 1 und 2 bezeichneten Umstände bestimmt hat.

Hat der Besteller dem Dritten wegen möglicher Mängel des Werks Sicherheit geleistet, gilt Satz 1 nur, wenn der Unternehmer dem Besteller entsprechende Sicherheit leistet.

(3) Kann der Besteller die Beseitigung eines Mangels verlangen, so kann er nach der Fälligkeit die Zahlung eines angemessenen Teils der Vergütung verweigern; angemessen ist in der Regel das Doppelte der für die Beseitigung des Mangels erforderlichen Kosten.

(4) Eine in Geld festgesetzte Vergütung hat der Besteller von der Abnahme des Werkes an zu verzinsen, sofern nicht die Vergütung gestundet ist.

§ 642 a. F.
Mitwirkung des Bestellers

(1) Ist bei der Herstellung des Werkes eine Handlung des Bestellers erforderlich, so kann der Unternehmer, wenn der Besteller durch das Unterlassen der Handlung in Verzug der Annahme kommt, eine angemessene Entschädigung verlangen.

(2) Die Höhe der Entschädigung bestimmt sich einerseits nach der Dauer des Verzugs und der Höhe der vereinbarten Vergütung, andererseits nach demjenigen, was der Unternehmer infolge des Verzugs an Aufwendungen erspart oder durch anderweitige Verwendung seiner Arbeitskraft erwerben kann.

§ 643 a. F.
Kündigung bei unterlassener Mitwirkung

Der Unternehmer ist im Falle des § 642 berechtigt, dem Besteller zur Nachholung der Handlung eine angemessene Frist mit der Erklärung zu bestimmen, dass er den Vertrag kündige, wenn die Handlung nicht bis zum Ablauf der Frist vorgenommen werde. Der Vertrag gilt als aufgehoben, wenn nicht die Nachholung bis zum Ablauf der Frist erfolgt.

§ 644 a. F.
Gefahrtragung

(1) Der Unternehmer trägt die Gefahr bis zur Abnahme des Werkes. Kommt der Besteller in Verzug der Annahme, so geht die Gefahr auf ihn über. Für den zufälligen Untergang und eine zufällige Verschlechterung des von dem Besteller gelieferten Stoffes ist der Unternehmer nicht verantwortlich.

(2) Versendet der Unternehmer das Werk auf Verlangen des Bestellers nach einem anderen Ort als dem Erfüllungsort, so finden die für den Kauf geltenden Vorschriften des § 447 entsprechende Anwendung.

§ 645 a. F.
Verantwortlichkeit des Bestellers

(1) Ist das Werk vor der Abnahme infolge eines Mangels des von dem Besteller gelieferten Stoffes oder infolge einer von dem Besteller für die Ausführung erteilten Anweisung untergegangen, verschlechtert oder unausführbar geworden, ohne dass ein Umstand mitgewirkt hat, den der Unternehmer zu vertreten hat, so kann der Unternehmer einen der geleisteten Arbeit entsprechenden Teil der Vergütung und Ersatz der in der Vergütung nicht inbegriffenen Auslagen verlangen. Das Gleiche gilt, wenn der Vertrag in Gemäßheit des § 643 aufgehoben wird.

(2) Eine weitergehende Haftung des Bestellers wegen Verschuldens bleibt unberührt.

§ 646 a. F.
Vollendung statt Abnahme

Ist nach der Beschaffenheit des Werkes die Abnahme ausgeschlossen, so tritt in den Fällen des § 634a Abs. 2 und der §§ 641, 644 und 645 an die Stelle der Abnahme die Vollendung des Werkes.

§ 647 a. F.
Unternehmerpfandrecht

Der Unternehmer hat für seine Forderungen aus dem Vertrag ein Pfandrecht an den von ihm hergestellten oder ausgebesserten beweglichen Sachen des Bestellers, wenn sie bei der Herstellung oder zum Zwecke der Ausbesserung in seinen Besitz gelangt sind.

§ 648 a. F.
Sicherungshypothek des Bauunternehmers

(1) Der Unternehmer eines Bauwerks oder eines einzelnen Teiles eines Bauwerks kann für seine Forderungen aus dem Vertrag die Einräumung einer Sicherungshypothek an dem Baugrundstück des Bestellers verlangen. Ist das Werk noch nicht vollendet, so kann er die Einräumung der Sicherungshypothek für einen der geleisteten Arbeit entsprechenden Teil der Vergütung und für die in der Vergütung nicht inbegriffenen Auslagen verlangen.

(2) Der Inhaber einer Schiffswerft kann für seine Forderungen aus dem Bau oder der Ausbesserung eines Schiffes die Einräumung einer Schiffshypothek an dem Schiffsbauwerk oder dem Schiff des Bestellers verlangen; Absatz 1 Satz 2 gilt sinngemäß. § 647 findet keine Anwendung.

§ 648a a. F.
Bauhandwerkersicherung

(1) Der Unternehmer eines Bauwerks, einer Außenanlage oder eines Teils davon kann vom Besteller Sicherheit für die auch in Zusatzaufträgen vereinbarte und noch nicht gezahlte Vergütung einschließlich dazugehöriger Nebenforderungen, die mit 10 vom Hundert des zu sichernden Vergütungsanspruchs anzusetzen sind, verlangen. Satz 1 gilt in demselben Umfang auch für Ansprüche, die an die Stelle der Vergütung treten. Der Anspruch des Unternehmers auf Sicherheit wird nicht dadurch ausgeschlossen, dass der Besteller Erfüllung verlangen kann oder das Werk abgenommen hat. Ansprüche, mit denen der Besteller gegen den Anspruch des Unternehmers auf Vergütung aufrechnen kann, bleiben bei der Berechnung der Vergütung unberücksichtigt, es sei denn, sie sind unstreitig oder rechtskräftig festgestellt. Die Sicherheit ist auch dann als ausreichend anzusehen, wenn sich der Sicherungsgeber das Recht vorbehält, sein Versprechen im Falle einer wesentlichen Verschlechterung der Vermögensverhältnisse des Bestellers mit Wirkung für Vergütungsansprüche aus

Bauleistungen zu widerrufen, die der Unternehmer bei Zugang der Widerrufserklärung noch nicht erbracht hat.

(2) Die Sicherheit kann auch durch eine Garantie oder ein sonstiges Zahlungsversprechen eines im Geltungsbereich dieses Gesetzes zum Geschäftsbetrieb befugten Kreditinstituts oder Kreditversicherers geleistet werden. Das Kreditinstitut oder der Kreditversicherer darf Zahlungen an den Unternehmer nur leisten, soweit der Besteller den Vergütungsanspruch des Unternehmers anerkennt oder durch vorläufig vollstreckbares Urteil zur Zahlung der Vergütung verurteilt worden ist und die Voraussetzungen vorliegen, unter denen die Zwangsvollstreckung begonnen werden darf.

(3) Der Unternehmer hat dem Besteller die üblichen Kosten der Sicherheitsleistung bis zu einem Höchstsatz von 2 vom Hundert für das Jahr zu erstatten. Dies gilt nicht, soweit eine Sicherheit wegen Einwendungen des Bestellers gegen den Vergütungsanspruch des Unternehmers aufrechterhalten werden muss und die Einwendungen sich als unbegründet erweisen.

(4) Soweit der Unternehmer für seinen Vergütungsanspruch eine Sicherheit nach den Absätzen 1 oder 2 erlangt hat, ist der Anspruch auf Einräumung einer Sicherungshypothek nach § 648 Abs. 1 ausgeschlossen.

(5) Hat der Unternehmer dem Besteller erfolglos eine angemessene Frist zur Leistung der Sicherheit nach Absatz 1 bestimmt, so kann der Unternehmer die Leistung verweigern oder den Vertrag kündigen. Kündigt er den Vertrag, ist der Unternehmer berechtigt, die vereinbarte Vergütung zu verlangen; er muss sich jedoch dasjenige anrechnen lassen, was er infolge der Aufhebung des Vertrages an Aufwendungen erspart oder durch anderweitige Verwendung seiner Arbeitskraft erwirbt oder böswillig zu erwerben unterlässt. Es wird vermutet, dass danach dem Unternehmer 5 vom Hundert der auf den noch nicht erbrachten Teil der Werkleistung entfallenden vereinbarten Vergütung zustehen.

(6) Die Vorschriften der Absätze 1 bis 5 finden keine Anwendung, wenn der Besteller

1. eine juristische Person des öffentlichen Rechts oder ein öffentlich-rechtliches Sondervermögen ist, über deren Vermögen ein Insolvenzverfahren unzulässig ist, oder
2. eine natürliche Person ist und die Bauarbeiten zur Herstellung oder Instandsetzung eines Einfamilienhauses mit oder ohne Einliegerwohnung ausführen lässt.

   Satz 1 Nr. 2 gilt nicht bei Betreuung des Bauvorhabens durch einen zur Verfügung über die Finanzierungsmittel des Bestellers ermächtigten Baubetreuer.

(7) Eine von den Vorschriften der Absätze 1 bis 5 abweichende Vereinbarung ist unwirksam.

§ 649 a. F.
Kündigungsrecht des Bestellers

Der Besteller kann bis zur Vollendung des Werkes jederzeit den Vertrag kündigen. Kündigt der Besteller, so ist der Unternehmer berechtigt, die vereinbarte Vergütung zu verlangen; er muss sich jedoch dasjenige anrechnen lassen, was er infolge der Aufhebung des Vertrags an Aufwendungen erspart oder durch anderweitige Verwendung seiner Arbeitskraft erwirbt oder zu erwerben böswillig unterlässt. Es wird vermutet, dass danach dem Unternehmer 5 vom Hundert der auf den noch nicht erbrachten Teil der Werkleistung entfallenden vereinbarten Vergütung zustehen.

§ 650 a. F.
Kostenanschlag

(1) Ist dem Vertrag ein Kostenanschlag zugrunde gelegt worden, ohne dass der Unternehmer die Gewähr für die Richtigkeit des Anschlags übernommen hat, und ergibt sich, dass das Werk nicht ohne eine wesentliche Überschreitung des Anschlags ausführbar ist, so steht dem Unternehmer, wenn der Besteller den Vertrag aus diesem Grund kündigt, nur der im § 645 Abs. 1 bestimmte Anspruch zu.

(2) Ist eine solche Überschreitung des Anschlags zu erwarten, so hat der Unternehmer dem Besteller unverzüglich Anzeige zu machen.

§ 651 a. F.
Anwendung des Kaufrechts

Auf einen Vertrag, der die Lieferung herzustellender oder zu erzeugender beweglicher Sachen zum Gegenstand hat, finden die Vorschriften über den Kauf Anwendung. § 442 Abs. 1 Satz 1 findet bei diesen Verträgen auch Anwendung, wenn der Mangel auf den vom Besteller gelieferten Stoff zurückzuführen ist. Soweit es sich bei den herzustellenden oder zu erzeugenden beweglichen Sachen um nicht vertretbare Sachen handelt, sind auch die §§ 642, 643, 645, 649 und 650 mit der Maßgabe anzuwenden, dass an die Stelle der Abnahme der nach den §§ 446 und 447 maßgebliche Zeitpunkt tritt.

Neue Fassung ab 01.01.2018 – Werkvertragsrecht und Bauvertragsrecht

§ 640 n. F.
Abnahme

(1) Der Besteller ist verpflichtet, das vertragsmäßig hergestellte Werk abzunehmen, sofern nicht nach der Beschaffenheit des Werkes die Abnahme ausgeschlossen ist. Wegen unwesentlicher Mängel kann die Abnahme nicht verweigert werden.

(2) Als abgenommen gilt ein Werk auch, wenn der Unternehmer dem Besteller nach Fertigstellung des Werks eine angemessene Frist zur Abnahme gesetzt hat und der Besteller die Abnahme nicht innerhalb dieser Frist unter Angabe mindestens eines Mangels verweigert hat. Ist der Besteller ein Verbraucher, so treten die Rechtsfolgen des Satzes 1 nur dann ein, wenn der Unternehmer den Besteller zusammen mit der Aufforderung zur Abnahme auf die Folgen einer nicht erklärten oder ohne Angabe von Mängeln verweigerten Abnahme hingewiesen hat; der Hinweis muss in Textform erfolgen.

(3) Nimmt der Besteller ein mangelhaftes Werk gemäß Absatz 1 Satz 1 ab, obschon er den Mangel kennt, so stehen ihm die in § 634 Nr. 1 bis 3 bezeichneten Rechte nur zu, wenn er sich seine Rechte wegen des Mangels bei der Abnahme vorbehält.

§ 641 n. F.
Fälligkeit der Vergütung

(1) Die Vergütung ist bei der Abnahme des Werkes zu entrichten. Ist das Werk in Teilen abzunehmen und die Vergütung für die einzelnen Teile bestimmt, so ist die Vergütung für jeden Teil bei dessen Abnahme zu entrichten.

(2) Die Vergütung des Unternehmers für ein Werk, dessen Herstellung der Besteller einem Dritten versprochen hat, wird spätestens fällig,

1. soweit der Besteller von dem Dritten für das versprochene Werk wegen dessen Herstellung seine Vergütung oder Teile davon erhalten hat,
2. soweit das Werk des Bestellers von dem Dritten abgenommen worden ist oder als abgenommen gilt oder
3. wenn der Unternehmer dem Besteller erfolglos eine angemessene Frist zur Auskunft über die in den Nummern 1 und 2 bezeichneten Umstände bestimmt hat.

Hat der Besteller dem Dritten wegen möglicher Mängel des Werks Sicherheit geleistet, gilt Satz 1 nur, wenn der Unternehmer dem Besteller entsprechende Sicherheit leistet.

(3) Kann der Besteller die Beseitigung eines Mangels verlangen, so kann er nach der Fälligkeit die Zahlung eines angemessenen Teils der Vergütung verweigern; angemessen ist in der Regel das Doppelte der für die Beseitigung des Mangels erforderlichen Kosten.

(4) Eine in Geld festgesetzte Vergütung hat der Besteller von der Abnahme des Werkes an zu verzinsen, sofern nicht die Vergütung gestundet ist.

§ 642 n. F.
Mitwirkung des Bestellers

(1) Ist bei der Herstellung des Werkes eine Handlung des Bestellers erforderlich, so kann der Unternehmer, wenn der Besteller durch das Unterlassen der Handlung in Verzug der Annahme kommt, eine angemessene Entschädigung verlangen.

(2) Die Höhe der Entschädigung bestimmt sich einerseits nach der Dauer des Verzugs und der Höhe der vereinbarten Vergütung, andererseits nach demjenigen, was der Unternehmer infolge des Verzugs an Aufwendungen erspart oder durch anderweitige Verwendung seiner Arbeitskraft erwerben kann.

§ 643 n. F.
Kündigung bei unterlassener Mitwirkung

Der Unternehmer ist im Falle des § 642 berechtigt, dem Besteller zur Nachholung der Handlung eine angemessene Frist mit der Erklärung zu bestimmen, dass er den Vertrag kündige, wenn die Handlung nicht bis zum Ablauf der Frist vorgenommen werde. Der Vertrag gilt als aufgehoben, wenn nicht die Nachholung bis zum Ablauf der Frist erfolgt.

§ 644 n. F.
Gefahrtragung

(1) Der Unternehmer trägt die Gefahr bis zur Abnahme des Werkes. Kommt der Besteller in Verzug der Annahme, so geht die Gefahr auf ihn über. Für den zufälligen Untergang und eine zufällige Verschlechterung des von dem Besteller gelieferten Stoffes ist der Unternehmer nicht verantwortlich.

(2) Versendet der Unternehmer das Werk auf Verlangen des Bestellers nach einem anderen Ort als dem Erfüllungsort, so finden die für den Kauf geltenden Vorschriften des § 447 entsprechende Anwendung.

§ 645 n. F.
Verantwortlichkeit des Bestellers

(1) Ist das Werk vor der Abnahme infolge eines Mangels des von dem Besteller gelieferten Stoffes oder infolge einer von dem Besteller für die Ausführung erteilten Anweisung untergegangen, verschlechtert oder unausführbar geworden, ohne dass ein Umstand mitgewirkt hat, den der Unternehmer zu vertreten hat, so kann der Unternehmer einen der geleisteten Arbeit entsprechenden Teil der Vergütung und Ersatz der in der Vergütung nicht inbegriffenen Auslagen verlangen. Das Gleiche gilt, wenn der Vertrag in Gemäßheit des § 643 aufgehoben wird.

(2) Eine weitergehende Haftung des Bestellers wegen Verschuldens bleibt unberührt.

§ 646 n. F.
Vollendung statt Abnahme

Ist nach der Beschaffenheit des Werkes die Abnahme ausgeschlossen, so tritt in den Fällen des § 634a Abs. 2 und der §§ 641, 644 und 645 an die Stelle der Abnahme die Vollendung des Werkes.

§ 647 n. F.
Unternehmerpfandrecht

Der Unternehmer hat für seine Forderungen aus dem Vertrag ein Pfandrecht an den von ihm hergestellten oder ausgebesserten beweglichen Sachen des Bestellers, wenn sie bei der Herstellung oder zum Zwecke der Ausbesserung in seinen Besitz gelangt sind.

§ 647a n. F.
Sicherungshypothek des Inhabers einer Schiffswerft

Der Inhaber einer Schiffswerft kann für seine Forderungen aus dem Bau oder der Ausbesserung eines Schiffes die Einräumung einer Schiffshypothek an dem Schiffsbauwerk oder dem Schiff des Bestellers verlangen. Ist das Werk noch nicht vollendet, so kann er die Einräumung der Schiffshypothek für einen der geleisteten Arbeit entsprechenden Teil der Vergütung und für die in der Vergütung nicht inbegriffenen Auslagen verlangen. § 647 findet keine Anwendung.

§ 648 n. F.
Kündigungsrecht des Bestellers

Der Besteller kann bis zur Vollendung des Werkes jederzeit den Vertrag kündigen. Kündigt der Besteller, so ist der Unternehmer berechtigt, die vereinbarte Vergütung zu verlangen; er muss sich jedoch dasjenige anrechnen lassen, was er infolge der Aufhebung des Vertrags an Aufwendungen erspart oder durch anderweitige Verwendung seiner Arbeitskraft erwirbt oder zu erwerben böswillig unterlässt. Es wird vermutet, dass danach dem Unternehmer 5 vom Hundert der auf den noch nicht erbrachten Teil der Werkleistung entfallenden vereinbarten Vergütung zustehen.

§ 648a n. F.
Kündigung aus wichtigem Grund

(1) Beide Vertragsparteien können den Vertrag aus wichtigem Grund ohne Einhaltung einer Kündigungsfrist kündigen. Ein wichtiger Grund liegt vor, wenn dem kündigenden Teil unter Berücksichtigung aller Umstände des Einzelfalls und unter Abwägung der beiderseitigen Interessen die Fortsetzung des Vertragsverhältnisses bis zur Fertigstellung des Werks nicht zugemutet werden kann.

(2) Eine Teilkündigung ist möglich; sie muss sich auf einen abgrenzbaren Teil des Werks beziehen.

(3) § 314 Absatz 2 und 3 gilt entsprechend.

(4) Nach der Kündigung kann jede Vertragspartei von der anderen verlangen, dass sie an einer gemeinsamen Feststellung des Leistungsstandes mitwirkt. Verweigert eine Vertragspartei die Mitwirkung oder bleibt sie einem vereinbarten oder einem von der anderen Vertragspartei innerhalb einer angemessenen Frist bestimmten Termin zur Leistungsstandfeststellung fern, trifft sie die Beweislast für den Leistungsstand zum Zeitpunkt der Kündigung. Dies gilt nicht, wenn die Vertragspartei infolge eines Umstands fernbleibt, den sie nicht zu vertreten hat und den sie der anderen Vertragspartei unverzüglich mitgeteilt hat.

(5) Kündigt eine Vertragspartei aus wichtigem Grund, ist der Unternehmer nur berechtigt, die Vergütung zu verlangen, die auf den bis zur Kündigung erbrachten Teil des Werks entfällt.

(6) Die Berechtigung, Schadensersatz zu verlangen, wird durch die Kündigung nicht ausgeschlossen.

§ 649 n. F.
Kostenanschlag

(1) Ist dem Vertrag ein Kostenanschlag zugrunde gelegt worden, ohne dass der Unternehmer die Gewähr für die Richtigkeit des Anschlags übernommen hat, und ergibt sich, dass das Werk nicht ohne eine wesentliche Überschreitung des Anschlags ausführbar ist, so steht dem Unternehmer, wenn der Besteller den Vertrag aus diesem Grund kündigt, nur der im § 645 Abs. 1 bestimmte Anspruch zu.

(2) Ist eine solche Überschreitung des Anschlags zu erwarten, so hat der Unternehmer dem Besteller unverzüglich Anzeige zu machen.

§ 650 n. F.
Anwendung des Kaufrechts

Auf einen Vertrag, der die Lieferung herzustellender oder zu erzeugender beweglicher Sachen zum Gegenstand hat, finden die Vorschriften über den Kauf Anwendung. § 442 Abs. 1 Satz 1 findet bei diesen Verträgen auch Anwendung, wenn der Mangel auf den vom Besteller gelieferten Stoff zurückzuführen ist. Soweit es sich bei den herzustellenden oder zu erzeugenden beweglichen Sachen um nicht vertretbare Sachen handelt, sind auch die §§ 642, 643, 645, 648 und 649 mit der Maßgabe anzuwenden, dass an die Stelle der Abnahme der nach den §§ 446 und 447 maßgebliche Zeitpunkt tritt.

§ 650a n. F.
Bauvertrag

(1) Ein Bauvertrag ist ein Vertrag über die Herstellung, die Wiederherstellung, die Beseitigung oder den Umbau eines Bauwerks, einer Außenanlage oder eines Teils davon. Für den Bauvertrag gelten ergänzend die folgenden Vorschriften dieses Kapitels.

(2) Ein Vertrag über die Instandhaltung eines Bauwerks ist ein Bauvertrag, wenn das Werk für die Konstruktion, den Bestand oder den bestimmungsgemäßen Gebrauch von wesentlicher Bedeutung ist.

§ 650b n. F.
Änderung des Vertrags; Anordnungsrecht des Bestellers

(1) Begehrt der Besteller 1. eine Änderung des vereinbarten Werkerfolgs (§ 631 Absatz 2) oder 2. eine Änderung, die zur Erreichung des vereinbarten Werkerfolgs notwendig ist, streben die Vertragsparteien Einvernehmen über die Änderung und die infolge der Änderung zu leistende Mehr- oder Mindervergütung an. Der Unternehmer ist verpflichtet, ein Angebot über die Mehr- oder Mindervergütung zu erstellen, im Falle einer Änderung nach Satz 1 Nummer 1 jedoch nur, wenn ihm die Ausführung der Änderung zumutbar ist. Macht der Unternehmer betriebsinterne Vorgänge für die Unzumutbarkeit einer Anordnung nach Absatz 1 Satz 1 Nummer 1 geltend, trifft ihn die Beweislast hierfür. Trägt der Besteller die Verantwortung für die Planung des Bauwerks oder der Außenanlage, ist der Unternehmer nur dann zur Erstellung eines Angebots über die Mehr- oder Mindervergütung verpflichtet, wenn der Besteller die für die Änderung erforderliche Planung vorgenommen und dem Unternehmer zur Verfügung gestellt hat. Begehrt der Besteller eine Änderung, für die dem Unternehmer nach § 650c Absatz 1 Satz 2 kein Anspruch auf Vergütung für vermehrten Aufwand zusteht, streben die Parteien nur Einvernehmen über die Änderung an; Satz 2 findet in diesem Fall keine Anwendung.

(2) Erzielen die Parteien binnen 30 Tagen nach Zugang des Änderungsbegehrens beim Unternehmer keine Einigung nach Absatz 1, kann der Besteller die Änderung in Textform anordnen. Der Unternehmer ist verpflichtet, der Anordnung des Bestellers nachzukommen, einer Anordnung nach Absatz 1 Satz 1 Nummer 1 jedoch nur, wenn ihm die Ausführung zumutbar ist. Absatz 1 Satz 3 gilt entsprechend.

§ 650c n. F.
Vergütungsanpassung bei Anordnungen nach § 650b Absatz 2

(1) Die Höhe des Vergütungsanspruchs für den infolge einer Anordnung des Bestellers nach § 650b Absatz 2 vermehrten oder verminderten Aufwand ist nach den tatsächlich erforderlichen Kosten mit angemessenen Zuschlägen für allgemeine Geschäftskosten, Wagnis und Gewinn zu ermitteln. Umfasst die Leistungspflicht des Unternehmers auch die Planung des Bauwerks oder der Außenanlage, steht diesem im Fall des § 650b Absatz 1 Satz 1 Nummer 2 kein Anspruch auf Vergütung für vermehrten Aufwand zu.

(2) Der Unternehmer kann zur Berechnung der Vergütung für den Nachtrag auf die Ansätze in einer vereinbarungsgemäß hinterlegten Urkalkulation zurückgreifen. Es wird vermutet, dass die auf Basis der Urkalkulation fortgeschriebene Vergütung der Vergütung nach Absatz 1 entspricht.

(3) Bei der Berechnung von vereinbarten oder gemäß § 632a geschuldeten Abschlagszahlungen kann der Unternehmer 80 Prozent einer in einem Angebot nach § 650b Absatz 1 Satz 2 genannten Mehrvergütung ansetzen, wenn sich die Parteien nicht über die Höhe geeinigt haben oder keine anderslautende gerichtliche Entscheidung ergeht. Wählt der Unternehmer diesen Weg und ergeht keine anderslautende gerichtliche Entscheidung, wird die nach den Absätzen 1und 2 geschuldete Mehrvergütung erst nach der Abnahme des Werkes fällig. Zahlungen nach Satz 1, die die nach den Absätzen 1 und 2 geschuldete Mehrvergütung übersteigen, sind dem Besteller zurückzugewähren und ab ihrem Eingang beim Unternehmer zu verzinsen. § 288 Absatz 1 Satz 2, Absatz 2 und § 289 Satz 1 gelten entsprechend.

§ 650d n. F.
Einstweilige Verfügung

Zum Erlass einer einstweiligen Verfügung in Streitigkeiten über das Anordnungsrecht gemäß § 650b oder die Vergütungsanpassung gemäß § 650c ist es nach Beginn der Bauausführung nicht erforderlich, dass der Verfügungsgrund glaubhaft gemacht wird.

§ 650e n. F.
Sicherungshypothek des Bauunternehmers

Der Unternehmer kann für seine Forderungen aus dem Vertrag die Einräumung einer Sicherungshypothek an dem Baugrundstück des Bestellers verlangen. Ist das Werk noch nicht vollendet, so kann er die Einräumung der Sicherungshypothek für einen der geleisteten Arbeit entsprechenden Teil der Vergütung und für die in der Vergütung nicht inbegriffenen Auslagen verlangen.

§ 650f n. F.
Bauhandwerkersicherung

(1) Der Unternehmer kann vom Besteller Sicherheit für die auch in Zusatzaufträgen vereinbarte und noch nicht gezahlte Vergütung einschließlich dazugehöriger Nebenforderungen, die mit 10 Prozent des zu sichernden Vergütungsanspruchs anzusetzen sind, verlangen. Satz 1 gilt in demselben Umfang auch für Ansprüche, die an die Stelle der Vergütung treten. Der Anspruch des Unternehmers auf Sicherheit wird nicht dadurch ausgeschlossen, dass der Besteller Erfüllung verlangen kann oder das Werk abgenommen hat. Ansprüche, mit denen der Besteller gegen den Anspruch des Unternehmers auf Vergütung aufrechnen kann, bleiben bei der Berechnung der Vergütung unberücksichtigt, es sei denn, sie sind unstreitig oder rechtskräftig festgestellt. Die Sicherheit ist auch dann als ausreichend anzusehen, wenn sich der Sicherungsgeber das Recht vorbehält, sein Versprechen im Falle einer wesentlichen Verschlechterung der Vermögensverhältnisse des Bestellers mit Wirkung für Vergütungsansprüche aus Bauleistungen zu widerrufen, die der Unternehmer bei Zugang der Widerrufserklärung noch nicht erbracht hat.

(2) Die Sicherheit kann auch durch eine Garantie oder ein sonstiges Zahlungsversprechen eines im Geltungsbereich dieses Gesetzes zum Geschäftsbetrieb befugten Kreditinstituts oder Kreditversicherers geleistet werden. Das Kreditinstitut oder der Kreditversicherer darf Zahlungen an den Unternehmer nur leisten, soweit der Besteller den Vergütungsanspruch des Unternehmers anerkennt oder durch vorläufig vollstreckbares Urteil zur Zahlung der Vergütung verurteilt worden ist und die Voraussetzungen vorliegen, unter denen die Zwangsvollstreckung begonnen werden darf.

(3) Der Unternehmer hat dem Besteller die üblichen Kosten der Sicherheitsleistung bis zu einem Höchstsatz von 2 Prozent für das Jahr zu erstatten. Dies gilt nicht, soweit eine Sicherheit wegen Einwendungen des Bestellers gegen den Vergütungsanspruch des Unternehmers aufrechterhalten werden muss und die Einwendungen sich als unbegründet erweisen.

(4) Soweit der Unternehmer für seinen Vergütungsanspruch eine Sicherheit nach den Absätzen 1 oder 2 erlangt hat, ist der Anspruch auf Einräumung einer Sicherungshypothek nach § 650e ausgeschlossen.

(5) Hat der Unternehmer dem Besteller erfolglos eine angemessene Frist zur Leistung der Sicherheit nach Absatz 1 bestimmt, so kann der Unternehmer die Leistung verweigern oder den Vertrag kündigen. Kündigt er den Vertrag, ist der Unternehmer berechtigt, die vereinbarte Vergütung zu verlangen; er muss sich jedoch dasjenige anrechnen lassen, was er infolge der Aufhebung des Vertrages an Aufwendungen erspart oder durch anderweitige Verwendung seiner Arbeitskraft

erwirbt oder böswillig zu erwerben unterlässt. Es wird vermutet, dass danach dem Unternehmer 5 Prozent der auf den noch nicht erbrachten Teil der Werkleistung entfallenden vereinbarten Vergütung zustehen.

(6) Die Vorschriften der Absätze 1 bis 5 finden keine Anwendung, wenn der Besteller

1. eine juristische Person des öffentlichen Rechts oder ein öffentlich-rechtliches Sondervermögen ist, über deren Vermögen ein Insolvenzverfahren unzulässig ist, oder
2. Verbraucher ist und es sich um einen Verbraucherbauvertrag nach § 650i oder um einen Bauträgervertrag nach § 650u handelt. Satz 1 Nummer 2 gilt nicht bei Betreuung des Bauvorhabens durch einen zur Verfügung über die Finanzierungsmittel des Bestellers ermächtigten Baubetreuer.

(7) Eine von den Vorschriften der Absätze 1 bis 5 abweichende Vereinbarung ist unwirksam.

§ 650g n. F.
Zustandsfeststellung bei Verweigerung der Abnahme; Schlussrechnung

(1) Verweigert der Besteller die Abnahme unter Angabe von Mängeln, hat er auf Verlangen des Unternehmers an einer gemeinsamen Feststellung des Zustands des Werks mitzuwirken. Die gemeinsame Zustandsfeststellung soll mit der Angabe des Tages der Anfertigung versehen werden und ist von beiden Vertragsparteien zu unterschreiben.

(2) Bleibt der Besteller einem vereinbarten oder einem von dem Unternehmer innerhalb einer angemessenen Frist bestimmten Termin zur Zustandsfeststellung fern, so kann der Unternehmer die Zustandsfeststellung auch einseitig vornehmen. Dies gilt nicht, wenn der Besteller infolge eines Umstands fernbleibt, den er nicht zu vertreten hat und den er dem Unternehmer unverzüglich mitgeteilt hat. Der Unternehmer hat die einseitige Zustandsfeststellung mit der Angabe des Tages der Anfertigung zu versehen und sie zu unterschreiben sowie dem Besteller eine Abschrift der einseitigen Zustandsfeststellung zur Verfügung zu stellen.

(3) Ist das Werk dem Besteller verschafft worden und ist in der Zustandsfeststellung nach Absatz 1 ein offenkundiger Mangel nicht angegeben, wird vermutet, dass dieser nach der Zustandsfeststellung entstanden und vom Besteller zu vertreten ist. Die Vermutung gilt nicht, wenn der Mangel nach seiner Art nicht vom Besteller verursacht sein kann.

(4) Die Vergütung ist zu entrichten, wenn

1. der Besteller das Werk abgenommen hat oder die Abnahme nach § 641 Absatz 2 entbehrlich ist, und
2. der Unternehmer dem Besteller eine prüffähige Schlussrechnung erteilt hat.

Die Schlussrechnung ist prüffähig, wenn sie eine übersichtliche Aufstellung der erbrachten Leistungen enthält und für den Besteller nachvollziehbar ist. Sie gilt als prüffähig, wenn der Besteller nicht innerhalb von 30 Tagen nach Zugang der Schlussrechnung begründete Einwendungen gegen ihre Prüffähigkeit erhoben hat.

§ 650h n. F.
Schriftform der Kündigung

Die Kündigung des Bauvertrags bedarf der schriftlichen Form.

§ 650i n. F.
Verbraucherbauvertrag

(1) Verbraucherbauverträge sind Verträge, durch die der Unternehmer von einem Verbraucher zum Bau eines neuen Gebäudes oder zu erheblichen Umbaumaßnahmen an einem bestehenden Gebäude verpflichtet wird.

(2) Der Verbraucherbauvertrag bedarf der Textform.

(3) Für Verbraucherbauverträge gelten ergänzend die folgenden Vorschriften dieses Kapitels.

§ 650j n. F.
Baubeschreibung

Der Unternehmer hat den Verbraucher über die sich aus Artikel 249 des Einführungsgesetzes zum Bürgerlichen Gesetzbuche ergebenden Einzelheiten in der dort vorgesehenen Form zu unterrichten, es sei denn, der Verbraucher oder ein von ihm Beauftragter macht die wesentlichen Planungsvorgaben.

§ 650k n. F.
Inhalt des Vertrags

(1) Die Angaben der vorvertraglich zur Verfügung gestellten Baubeschreibung in Bezug auf die Bauausführung werden Inhalt des Vertrags, es sei denn, die Vertragsparteien haben ausdrücklich etwas anderes vereinbart.

(2) Soweit die Baubeschreibung unvollständig oder unklar ist, ist der Vertrag unter Berücksichtigung sämtlicher vertragsbegleitender Umstände, insbesondere des Komfort- und Qualitätsstandards nach der übrigen Leistungsbeschreibung auszulegen. Zweifel bei der Auslegung des Vertrags bezüglich der vom Unternehmer geschuldeten Leistung gehen zu dessen Lasten.

(3) Der Bauvertrag muss verbindliche Angaben zum Zeitpunkt der Fertigstellung des Werks oder, wenn dieser Zeitpunkt zum Zeitpunkt des Abschlusses des Bauvertrags nicht angegeben werden kann, zur Dauer der Bauausführung enthalten. Enthält der Vertrag diese Angaben nicht, werden die vorvertraglich übermittelten Angaben zum Zeitpunkt der Vollendung des Werks oder zur Dauer der Bauausführung Inhalt des Vertrags.

§ 650l n. F.
Widerrufsrecht

Dem Verbraucher steht ein Widerrufsrecht gemäß § 355 zu, es sei denn, der Vertrag wurde notariell beurkundet. Der Unternehmer ist verpflichtet, den Verbraucher nach Maßgabe des Artikels 249 § 3 des Einführungsgesetzes zum Bürgerlichen Gesetzbuche über sein Widerrufsrecht zu belehren.

§ 650m n. F.
Abschlagszahlungen, Absicherung des Vergütungsanspruchs

(1) Verlangt der Unternehmer Abschlagszahlungen nach § 632a, darf der Gesamtbetrag der Abschlagszahlungen 90 Prozent der vereinbarten Gesamtvergütung einschließlich der Vergütung für Nachtragsleistungen nach § 650c nicht übersteigen.

(2) Dem Verbraucher ist bei der ersten Abschlagszahlung eine Sicherheit für die rechtzeitige Herstellung des Werks ohne wesentliche Mängel in Höhe von 5 Prozent der vereinbarten Gesamtver-

gütung zu leisten. Erhöht sich der Vergütungsanspruch infolge einer Anordnung des Verbrauchers nach den §§ 650b und 650c oder infolge sonstiger Änderungen oder Ergänzungen des Vertrags um mehr als 10 Prozent, ist dem Verbraucher bei der nächsten Abschlagszahlung eine weitere Sicherheit in Höhe von 5 Prozent des zusätzlichen Vergütungsanspruchs zu leisten. Auf Verlangen des Unternehmers ist die Sicherheitsleistung durch Einbehalt dergestalt zu erbringen, dass der Verbraucher die Abschlagszahlungen bis zu dem Gesamtbetrag der geschuldeten Sicherheit zurückhält.

(3) Sicherheiten nach Absatz 2 können auch durch eine Garantie oder ein sonstiges Zahlungsversprechen eines im Geltungsbereich dieses Gesetzes zum Geschäftsbetrieb befugten Kreditinstituts oder Kreditversicherers geleistet werden.

(4) Verlangt der Unternehmer Abschlagszahlungen nach § 632a, ist eine Vereinbarung unwirksam, die den Verbraucher zu einer Sicherheitsleistung für die vereinbarte Vergütung verpflichtet, die die nächste Abschlagszahlung oder 20 Prozent der vereinbarten Vergütung übersteigt. Gleiches gilt, wenn die Parteien Abschlagszahlungen vereinbart haben.

§ 650n n. F.
Erstellung und Herausgabe von Unterlagen

(1) Rechtzeitig vor Beginn der Ausführung einer geschuldeten Leistung hat der Unternehmer diejenigen Planungsunterlagen zu erstellen und dem Verbraucher herauszugeben, die dieser benötigt, um gegenüber Behörden den Nachweis führen zu können, dass die Leistung unter Einhaltung der einschlägigen öffentlich-rechtlichen Vorschriften ausgeführt werden wird. Die Pflicht besteht nicht, soweit der Verbraucher oder ein von ihm Beauftragter die wesentlichen Planungsvorgaben erstellt.

(2) Spätestens mit der Fertigstellung des Werks hat der Unternehmer diejenigen Unterlagen zu erstellen und dem Verbraucher herauszugeben, die dieser benötigt, um gegenüber Behörden den Nachweis führen zu können, dass die Leistung unter Einhaltung der einschlägigen öffentlich-rechtlichen Vorschriften ausgeführt worden ist.

(3) Die Absätze 1 und 2 gelten entsprechend, wenn ein Dritter, etwa ein Darlehensgeber, Nachweise für die Einhaltung bestimmter Bedingungen verlangt und wenn der Unternehmer die berechtigte Erwartung des Verbrauchers geweckt hat, diese Bedingungen einzuhalten.

§ 650o n. F.
Abweichende Vereinbarungen

Von § 640 Absatz 2 Satz 2, den §§ 650i bis 650l und 650n kann nicht zum Nachteil des Verbrauchers abgewichen werden. Diese Vorschriften finden auch Anwendung, wenn sie durch anderweitige Gestaltungen umgangen werden.

§ 650p n. F.
Vertragstypische Pflichten aus Architekten- und Ingenieurverträgen

(1) Durch einen Architekten- oder Ingenieurvertrag wird der Unternehmer verpflichtet, die Leistungen zu erbringen, die nach dem jeweiligen Stand der Planung und Ausführung des Bauwerks oder der Außenanlage erforderlich sind, um die zwischen den Parteien vereinbarten Planungs- und Überwachungsziele zu erreichen.

(2) Soweit wesentliche Planungs- und Überwachungsziele noch nicht vereinbart sind, hat der Unternehmer zunächst eine Planungsgrundlage zur Ermittlung dieser Ziele zu erstellen. Er legt dem

Besteller die Planungsgrundlage zusammen mit einer Kosteneinschätzung für das Vorhaben zur Zustimmung vor.

§ 650q n. F.
Anwendbare Vorschriften

(1) Für Architekten- und Ingenieurverträge gelten die Vorschriften des Kapitels 1 des Untertitels 1 sowie die §§ 650b, 650e bis 650h entsprechend, soweit sich aus diesem Untertitel nichts anderes ergibt.

(2) Für die Vergütungsanpassung im Fall von Anordnungen nach § 650b Absatz 2 gelten die Entgeltberechnungsregeln der Honorarordnung für Architekten und Ingenieure in der jeweils geltenden Fassung, soweit infolge der Anordnung zu erbringende oder entfallende Leistungen vom Anwendungsbereich der Honorarordnung erfasst werden. Im Übrigen ist die Vergütungsanpassung für den vermehrten oder verminderten Aufwand auf Grund der angeordneten Leistung frei vereinbar. Soweit die Vertragsparteien keine Vereinbarung treffen, gilt § 650c entsprechend.

§ 650r n. F.
Sonderkündigungsrecht

(1) Nach Vorlage der Unterlagen gemäß § 650 p Absatz 2 kann der Besteller den Vertrag kündigen. Das Kündigungsrecht erlischt zwei Wochen nach Vorlage der Unterlagen, bei einem Verbraucher jedoch nur dann, wenn der Unternehmer ihn bei der Vorlage der Unterlagen in Textform über das Kündigungsrecht, die Frist, in der es ausgeübt werden kann und die Rechtsfolgen der Kündigung unterrichtet hat.

(2) Der Unternehmer kann dem Besteller eine angemessene Frist für die Zustimmung nach § 650p Absatz 2 Satz 2 setzen. Er kann den Vertrag kündigen, wenn der Besteller die Zustimmung verweigert oder innerhalb der Frist nach Satz 1 keine Erklärung zu den Unterlagen abgibt.

(3) Wird der Vertrag nach Absatz 1 oder 2 gekündigt, ist der Unternehmer nur berechtigt, die Vergütung zu verlangen, die auf die bis zur Kündigung erbrachten Leistungen entfällt.

§ 650s n. F.
Teilabnahme

Der Unternehmer kann ab der Abnahme der letzten Leistung des bauausführenden Unternehmers oder der bauausführenden Unternehmer eine Teilabnahme der von ihm bis dahin erbrachten Leistungen verlangen.

§ 650t n. F.
Gesamtschuldnerische Haftung mit dem bauausführenden Unternehmer

Nimmt der Besteller den Unternehmer wegen eines Überwachungsfehlers in Anspruch, der zu einem Mangel an dem Bauwerk oder an der Außenanlage geführt hat, kann der Unternehmer die Leistung verweigern, wenn auch der ausführende Bauunternehmer für den Mangel haftet und der Besteller dem bauausführenden Unternehmer noch nicht erfolglos eine angemessene Frist zur Nacherfüllung bestimmt hat.

§ 650u n. F.
Bauträgervertrag; anwendbare Vorschriften

(1) Ein Bauträgervertrag ist ein Vertrag, der die Errichtung oder den Umbau eines Hauses oder eines vergleichbaren Bauwerks zum Gegenstand hat und der zugleich die Verpflichtung des Un-

ternehmers enthält, dem Besteller das Eigentum an dem Grundstück zu übertragen oder ein Erbbaurecht zu bestellen oder zu übertragen. Hinsichtlich der Errichtung oder des Umbaus finden die Vorschriften des Untertitels 1 Anwendung, soweit sich aus den nachfolgenden Vorschriften nichts anderes ergibt. Hinsichtlich des Anspruchs auf Übertragung des Eigentums an dem Grundstück oder auf Übertragung oder Bestellung des Erbbaurechts finden die Vorschriften über den Kauf Anwendung.

(2) Keine Anwendung finden die §§ 648, 648a, 650b bis 650e, 650k Absatz 1 sowie die §§ 650l und 650m Absatz 1.

§ 650v n. F.
Abschlagszahlungen

Der Unternehmer kann von dem Besteller Abschlagszahlungen nur verlangen, soweit sie gemäß einer Verordnung auf Grund von Artikel 244 des Einführungsgesetzes zum Bürgerlichen Gesetzbuche vereinbart sind.

§ 677
Pflichten des Geschäftsführers

Wer ein Geschäft für einen anderen besorgt, ohne von ihm beauftragt oder ihm gegenüber sonst dazu berechtigt zu sein, hat das Geschäft so zu führen, wie das Interesse des Geschäftsherrn mit Rücksicht auf dessen wirklichen oder mutmaßlichen Willen es erfordert.

§ 678
Geschäftsführung gegen den Willen des Geschäftsherrn

Steht die Übernahme der Geschäftsführung mit dem wirklichen oder dem mutmaßlichen Willen des Geschäftsherrn in Widerspruch und musste der Geschäftsführer dies erkennen, so ist er dem Geschäftsherrn zum Ersatz des aus der Geschäftsführung entstehenden Schadens auch dann verpflichtet, wenn ihm ein sonstiges Verschulden nicht zur Last fällt.

§ 679
Unbeachtlichkeit des entgegenstehenden Willens des Geschäftsherrn

Ein der Geschäftsführung entgegenstehender Wille des Geschäftsherrn kommt nicht in Betracht, wenn ohne die Geschäftsführung eine Pflicht des Geschäftsherrn, deren Erfüllung im öffentlichen Interesse liegt, oder eine gesetzliche Unterhaltspflicht des Geschäftsherrn nicht rechtzeitig erfüllt werden würde.

§ 680
Geschäftsführung zur Gefahrenabwehr

Bezweckt die Geschäftsführung die Abwendung einer dem Geschäftsherrn drohenden dringenden Gefahr, so hat der Geschäftsführer nur Vorsatz und grobe Fahrlässigkeit zu vertreten.

§ 681
Nebenpflichten des Geschäftsführers

Der Geschäftsführer hat die Übernahme der Geschäftsführung, sobald es tunlich ist, dem Geschäftsherrn anzuzeigen und, wenn nicht mit dem Aufschub Gefahr verbunden ist, dessen Entschließung abzuwarten. Im Übrigen finden auf die Verpflichtungen des Geschäftsführers die für einen Beauftragten geltenden Vorschriften der §§ 666 bis 668 entsprechende Anwendung.

§ 682
Fehlende Geschäftsfähigkeit des Geschäftsführers

Ist der Geschäftsführer geschäftsunfähig oder in der Geschäftsfähigkeit beschränkt, so ist er nur nach den Vorschriften über den Schadensersatz wegen unerlaubter Handlungen und über die Herausgabe einer ungerechtfertigten Bereicherung verantwortlich.

§ 683
Ersatz von Aufwendungen

Entspricht die Übernahme der Geschäftsführung dem Interesse und dem wirklichen oder dem mutmaßlichen Willen des Geschäftsherrn, so kann der Geschäftsführer wie ein Beauftragter Ersatz seiner Aufwendungen verlangen. In den Fällen des § 679 steht dieser Anspruch dem Geschäftsführer zu, auch wenn die Übernahme der Geschäftsführung mit dem Willen des Geschäftsherrn in Widerspruch steht.

§ 684
Herausgabe der Bereicherung

Liegen die Voraussetzungen des § 683 nicht vor, so ist der Geschäftsherr verpflichtet, dem Geschäftsführer alles, was er durch die Geschäftsführung erlangt, nach den Vorschriften über die Herausgabe einer ungerechtfertigten Bereicherung herauszugeben. Genehmigt der Geschäftsherr die Geschäftsführung, so steht dem Geschäftsführer der im § 683 bestimmte Anspruch zu.

§ 685
Schenkungsabsicht

(1) Dem Geschäftsführer steht ein Anspruch nicht zu, wenn er nicht die Absicht hatte, von dem Geschäftsherrn Ersatz zu verlangen.

(2) Gewähren Eltern oder Voreltern ihren Abkömmlingen oder diese jenen Unterhalt, so ist im Zweifel anzunehmen, dass die Absicht fehlt, von dem Empfänger Ersatz zu verlangen.

§ 686
Irrtum über Person des Geschäftsherrn

Ist der Geschäftsführer über die Person des Geschäftsherrn im Irrtum, so wird der wirkliche Geschäftsherr aus der Geschäftsführung berechtigt und verpflichtet.

§ 687
Unechte Geschäftsführung

(1) Die Vorschriften der §§ 677 bis 686 finden keine Anwendung, wenn jemand ein fremdes Geschäft in der Meinung besorgt, dass es sein eigenes sei.

(2) Behandelt jemand ein fremdes Geschäft als sein eigenes, obwohl er weiß, dass er nicht dazu berechtigt ist, so kann der Geschäftsherr die sich aus den §§ 677, 678, 681, 682 ergebenden Ansprüche geltend machen. Macht er sie geltend, so ist er dem Geschäftsführer nach § 684 Satz 1 verpflichtet.

§ 765
Vertragstypische Pflichten bei der Bürgschaft

(1) Durch den Bürgschaftsvertrag verpflichtet sich der Bürge gegenüber dem Gläubiger eines Dritten, für die Erfüllung der Verbindlichkeit des Dritten einzustehen.

(2) Die Bürgschaft kann auch für eine künftige oder eine bedingte Verbindlichkeit übernommen werden.

§ 766
Schriftform der Bürgschaftserklärung

Zur Gültigkeit des Bürgschaftsvertrags ist schriftliche Erteilung der Bürgschaftserklärung erforderlich. Die Erteilung der Bürgschaftserklärung in elektronischer Form ist ausgeschlossen. Soweit der Bürge die Hauptverbindlichkeit erfüllt, wird der Mangel der Form geheilt.

§ 767
Umfang der Bürgschaftsschuld

(1) Für die Verpflichtung des Bürgen ist der jeweilige Bestand der Hauptverbindlichkeit maßgebend. Dies gilt insbesondere auch, wenn die Hauptverbindlichkeit durch Verschulden oder Verzug des Hauptschuldners geändert wird. Durch ein Rechtsgeschäft, das der Hauptschuldner nach der Übernahme der Bürgschaft vornimmt, wird die Verpflichtung des Bürgen nicht erweitert.

(2) Der Bürge haftet für die dem Gläubiger von dem Hauptschuldner zu ersetzenden Kosten der Kündigung und der Rechtsverfolgung.

§ 768
Einreden des Bürgen

(1) Der Bürge kann die dem Hauptschuldner zustehenden Einreden geltend machen. Stirbt der Hauptschuldner, so kann sich der Bürge nicht darauf berufen, dass der Erbe für die Verbindlichkeit nur beschränkt haftet.

(2) Der Bürge verliert eine Einrede nicht dadurch, dass der Hauptschuldner auf sie verzichtet.

§ 769
Mitbürgschaft

Verbürgen sich mehrere für dieselbe Verbindlichkeit, so haften sie als Gesamtschuldner, auch wenn sie die Bürgschaft nicht gemeinschaftlich übernehmen.

§ 770
Einreden der Anfechtbarkeit und der Aufrechenbarkeit

(1) Der Bürge kann die Befriedigung des Gläubigers verweigern, solange dem Hauptschuldner das Recht zusteht, das seiner Verbindlichkeit zugrunde liegende Rechtsgeschäft anzufechten.

(2) Die gleiche Befugnis hat der Bürge, solange sich der Gläubiger durch Aufrechnung gegen eine fällige Forderung des Hauptschuldners befriedigen kann.

§ 771
Einrede der Vorausklage

Der Bürge kann die Befriedigung des Gläubigers verweigern, solange nicht der Gläubiger eine Zwangsvollstreckung gegen den Hauptschuldner ohne Erfolg versucht hat (Einrede der Vorausklage). Erhebt der Bürge die Einrede der Vorausklage, ist die Verjährung des Anspruchs des Gläubigers gegen den Bürgen gehemmt, bis der Gläubiger eine Zwangsvollstreckung gegen den Hauptschuldner ohne Erfolg versucht hat.

§ 772
Vollstreckungs- und Verwertungspflicht des Gläubigers

(1) Besteht die Bürgschaft für eine Geldforderung, so muss die Zwangsvollstreckung in die beweglichen Sachen des Hauptschuldners an seinem Wohnsitz und, wenn der Hauptschuldner an einem anderen Ort eine gewerbliche Niederlassung hat, auch an diesem Ort, in Ermangelung eines Wohnsitzes und einer gewerblichen Niederlassung an seinem Aufenthaltsort versucht werden.

(2) Steht dem Gläubiger ein Pfandrecht oder ein Zurückbehaltungsrecht an einer beweglichen Sache des Hauptschuldners zu, so muss er auch aus dieser Sache Befriedigung suchen. Steht dem Gläubiger ein solches Recht an der Sache auch für eine andere Forderung zu, so gilt dies nur, wenn beide Forderungen durch den Wert der Sache gedeckt werden.

§ 773
Ausschluss der Einrede der Vorausklage

(1) Die Einrede der Vorausklage ist ausgeschlossen:

1. wenn der Bürge auf die Einrede verzichtet, insbesondere wenn er sich als Selbstschuldner verbürgt hat,
2. wenn die Rechtsverfolgung gegen den Hauptschuldner infolge einer nach der Übernahme der Bürgschaft eingetretenen Änderung des Wohnsitzes, der gewerblichen Niederlassung oder des Aufenthaltsorts des Hauptschuldners wesentlich erschwert ist,
3. wenn über das Vermögen des Hauptschuldners das Insolvenzverfahren eröffnet ist,
4. wenn anzunehmen ist, dass die Zwangsvollstreckung in das Vermögen des Hauptschuldners nicht zur Befriedigung des Gläubigers führen wird.

(2) In den Fällen der Nummern 3, 4 ist die Einrede insoweit zulässig, als sich der Gläubiger aus einer beweglichen Sache des Hauptschuldners befriedigen kann, an der er ein Pfandrecht oder ein Zurückbehaltungsrecht hat; die Vorschrift des § 772 Abs. 2 Satz 2 findet Anwendung.

§ 774
Gesetzlicher Forderungsübergang

(1) Soweit der Bürge den Gläubiger befriedigt, geht die Forderung des Gläubigers gegen den Hauptschuldner auf ihn über. Der Übergang kann nicht zum Nachteil des Gläubigers geltend gemacht werden. Einwendungen des Hauptschuldners aus einem zwischen ihm und dem Bürgen bestehenden Rechtsverhältnis bleiben unberührt.

(2) Mitbürgen haften einander nur nach § 426.

§ 775
Anspruch des Bürgen auf Befreiung

(1) Hat sich der Bürge im Auftrag des Hauptschuldners verbürgt oder stehen ihm nach den Vorschriften über die Geschäftsführung ohne Auftrag wegen der Übernahme der Bürgschaft die Rechte eines Beauftragten gegen den Hauptschuldner zu, so kann er von diesem Befreiung von der Bürgschaft verlangen:

1. wenn sich die Vermögensverhältnisse des Hauptschuldners wesentlich verschlechtert haben,
2. wenn die Rechtsverfolgung gegen den Hauptschuldner infolge einer nach der Übernahme der Bürgschaft eingetretenen Änderung des Wohnsitzes, der gewerblichen Niederlassung oder des Aufenthaltsorts des Hauptschuldners wesentlich erschwert ist,
3. wenn der Hauptschuldner mit der Erfüllung seiner Verbindlichkeit im Verzug ist,
4. wenn der Gläubiger gegen den Bürgen ein vollstreckbares Urteil auf Erfüllung erwirkt hat.

(2) Ist die Hauptverbindlichkeit noch nicht fällig, so kann der Hauptschuldner dem Bürgen, statt ihn zu befreien, Sicherheit leisten.

§ 776
Aufgabe einer Sicherheit

Gibt der Gläubiger ein mit der Forderung verbundenes Vorzugsrecht, eine für sie bestehende Hypothek oder Schiffshypothek, ein für sie bestehendes Pfandrecht oder das Recht gegen einen Mitbürgen auf, so wird der Bürge insoweit frei, als er aus dem aufgegebenen Recht nach § 774 hätte Ersatz erlangen können. Dies gilt auch dann, wenn das aufgegebene Recht erst nach der Übernahme der Bürgschaft entstanden ist.

§ 777
Bürgschaft auf Zeit

(1) Hat sich der Bürge für eine bestehende Verbindlichkeit auf bestimmte Zeit verbürgt, so wird er nach dem Ablauf der bestimmten Zeit frei, wenn nicht der Gläubiger die Einziehung der Forderung unverzüglich nach Maßgabe des § 772 betreibt, das Verfahren ohne wesentliche Verzögerung fortsetzt und unverzüglich nach der Beendigung des Verfahrens dem Bürgen anzeigt, dass er ihn in Anspruch nehme. Steht dem Bürgen die Einrede der Vorausklage nicht zu, so wird er nach dem Ablauf der bestimmten Zeit frei, wenn nicht der Gläubiger ihm unverzüglich diese Anzeige macht.

(2) Erfolgt die Anzeige rechtzeitig, so beschränkt sich die Haftung des Bürgen im Falle des Absatzes 1 Satz 1 auf den Umfang, den die Hauptverbindlichkeit zur Zeit der Beendigung des Verfahrens hat, im Falle des Absatzes 1 Satz 2 auf den Umfang, den die Hauptverbindlichkeit bei dem Ablauf der bestimmten Zeit hat.

§ 778
Kreditauftrag

Wer einen anderen beauftragt, im eigenen Namen und auf eigene Rechnung einem Dritten ein Darlehen oder eine Finanzierungshilfe zu gewähren, haftet dem Beauftragten für die aus dem Darlehen oder der Finanzierungshilfe entstehende Verbindlichkeit des Dritten als Bürge.

§ 812
Herausgabeanspruch

(1) Wer durch die Leistung eines anderen oder in sonstiger Weise auf dessen Kosten etwas ohne rechtlichen Grund erlangt, ist ihm zur Herausgabe verpflichtet. Diese Verpflichtung besteht auch dann, wenn der rechtliche Grund später wegfällt oder der mit einer Leistung nach dem Inhalt des Rechtsgeschäfts bezweckte Erfolg nicht eintritt.

(2) Als Leistung gilt auch die durch Vertrag erfolgte Anerkennung des Bestehens oder des Nichtbestehens eines Schuldverhältnisses.

§ 813
Erfüllung trotz Einrede

(1) Das zum Zwecke der Erfüllung einer Verbindlichkeit Geleistete kann auch dann zurückgefordert werden, wenn dem Anspruch eine Einrede entgegenstand, durch welche die Geltendmachung des Anspruchs dauernd ausgeschlossen wurde. Die Vorschrift des § 214 Abs. 2 bleibt unberührt.

(2) Wird eine betagte Verbindlichkeit vorzeitig erfüllt, so ist die Rückforderung ausgeschlossen; die Erstattung von Zwischenzinsen kann nicht verlangt werden.

§ 814
Kenntnis der Nichtschuld

Das zum Zwecke der Erfüllung einer Verbindlichkeit Geleistete kann nicht zurückgefordert werden, wenn der Leistende gewusst hat, dass er zur Leistung nicht verpflichtet war, oder wenn die Leistung einer sittlichen Pflicht oder einer auf den Anstand zu nehmenden Rücksicht entsprach.

§ 823
Schadensersatzpflicht

(1) Wer vorsätzlich oder fahrlässig das Leben, den Körper, die Gesundheit, die Freiheit, das Eigentum oder ein sonstiges Recht eines anderen widerrechtlich verletzt, ist dem anderen zum Ersatz des daraus entstehenden Schadens verpflichtet.

(2) Die gleiche Verpflichtung trifft denjenigen, welcher gegen ein den Schutz eines anderen bezweckendes Gesetz verstößt. Ist nach dem Inhalt des Gesetzes ein Verstoß gegen dieses auch ohne Verschulden möglich, so tritt die Ersatzpflicht nur im Falle des Verschuldens ein.

§ 824
Kreditgefährdung

(1) Wer der Wahrheit zuwider eine Tatsache behauptet oder verbreitet, die geeignet ist, den Kredit eines anderen zu gefährden oder sonstige Nachteile für dessen Erwerb oder Fortkommen herbeizuführen, hat dem anderen den daraus entstehenden Schaden auch dann zu ersetzen, wenn er die Unwahrheit zwar nicht kennt, aber kennen muss.

(2) Durch eine Mitteilung, deren Unwahrheit dem Mitteilenden unbekannt ist, wird dieser nicht zum Schadensersatz verpflichtet, wenn er oder der Empfänger der Mitteilung an ihr ein berechtigtes Interesse hat.

§ 826
Sittenwidrige vorsätzliche Schädigung

Wer in einer gegen die guten Sitten verstoßenden Weise einem anderen vorsätzlich Schaden zufügt, ist dem anderen zum Ersatz des Schadens verpflichtet.

§ 831
Haftung für den Verrichtungsgehilfen

(1) Wer einen anderen zu einer Verrichtung bestellt, ist zum Ersatz des Schadens verpflichtet, den der andere in Ausführung der Verrichtung einem Dritten widerrechtlich zufügt. Die Ersatzpflicht tritt nicht ein, wenn der Geschäftsherr bei der Auswahl der bestellten Person und, sofern er Vorrichtungen oder Gerätschaften zu beschaffen oder die Ausführung der Verrichtung zu leiten hat, bei der Beschaffung oder der Leitung die im Verkehr erforderliche Sorgfalt beobachtet oder wenn der Schaden auch bei Anwendung dieser Sorgfalt entstanden sein würde.

(2) Die gleiche Verantwortlichkeit trifft denjenigen, welcher für den Geschäftsherrn die Besorgung eines der im Absatz 1 Satz 2 bezeichneten Geschäfte durch Vertrag übernimmt.

§ 836
Haftung des Grundstücksbesitzers

(1) Wird durch den Einsturz eines Gebäudes oder eines anderen mit einem Grundstück verbundenen Werkes oder durch die Ablösung von Teilen des Gebäudes oder des Werkes ein Mensch getötet, der Körper oder die Gesundheit eines Menschen verletzt oder eine Sache beschädigt, so ist der Besitzer des Grundstücks, sofern der Einsturz oder die Ablösung die Folge fehlerhafter Errichtung oder mangelhafter Unterhaltung ist, verpflichtet, dem Verletzten den daraus entstehenden Schaden zu ersetzen. Die Ersatzpflicht tritt nicht ein, wenn der Besitzer zum Zwecke der Abwendung der Gefahr die im Verkehr erforderliche Sorgfalt beobachtet hat.

(2) Ein früherer Besitzer des Grundstücks ist für den Schaden verantwortlich, wenn der Einsturz oder die Ablösung innerhalb eines Jahres nach der Beendigung seines Besitzes eintritt, es sei denn, dass er während seines Besitzes die im Verkehr erforderliche Sorgfalt beobachtet hat oder ein späterer Besitzer durch Beobachtung dieser Sorgfalt die Gefahr hätte abwenden können.

(3) Besitzer im Sinne dieser Vorschriften ist der Eigenbesitzer.

§ 837
Haftung des Gebäudebesitzers

Besitzt jemand auf einem fremden Grundstück in Ausübung eines Rechts ein Gebäude oder ein anderes Werk, so trifft ihn an Stelle des Besitzers des Grundstücks die im § 836 bestimmte Verantwortlichkeit.

§ 838
Haftung des Gebäudeunterhaltungspflichtigen

Wer die Unterhaltung eines Gebäudes oder eines mit einem Grundstück verbundenen Werkes für den Besitzer übernimmt oder das Gebäude oder das Werk vermöge eines ihm zustehenden Nutzungsrechts zu unterhalten hat, ist für den durch den Einsturz oder die Ablösung von Teilen verursachten Schaden in gleicher Weise verantwortlich wie der Besitzer.

§ 839
Haftung bei Amtspflichtverletzung

(1) Verletzt ein Beamter vorsätzlich oder fahrlässig die ihm einem Dritten gegenüber obliegende Amtspflicht, so hat er dem Dritten den daraus entstehenden Schaden zu ersetzen. Fällt dem Beamten nur Fahrlässigkeit zur Last, so kann er nur dann in Anspruch genommen werden, wenn der Verletzte nicht auf andere Weise Ersatz zu erlangen vermag.

(2) Verletzt ein Beamter bei dem Urteil in einer Rechtssache seine Amtspflicht, so ist er für den daraus entstehenden Schaden nur dann verantwortlich, wenn die Pflichtverletzung in einer Straftat besteht. Auf eine pflichtwidrige Verweigerung oder Verzögerung der Ausübung des Amts findet diese Vorschrift keine Anwendung.

(3) Die Ersatzpflicht tritt nicht ein, wenn der Verletzte vorsätzlich oder fahrlässig unterlassen hat, den Schaden durch Gebrauch eines Rechtsmittels abzuwenden.

§ 839a
Haftung des gerichtlichen Sachverständigen

(1) Erstattet ein vom Gericht ernannter Sachverständiger vorsätzlich oder grob fahrlässig ein unrichtiges Gutachten, so ist er zum Ersatz des Schadens verpflichtet, der einem Verfahrensbeteiligten durch eine gerichtliche Entscheidung entsteht, die auf diesem Gutachten beruht.

(2) § 839 Abs. 3 ist entsprechend anzuwenden.

§ 840
Haftung mehrerer

(1) Sind für den aus einer unerlaubten Handlung entstehenden Schaden mehrere nebeneinander verantwortlich, so haften sie als Gesamtschuldner.

(2) Ist neben demjenigen, welcher nach den §§ 831, 832 zum Ersatz des von einem anderen verursachten Schadens verpflichtet ist, auch der andere für den Schaden verantwortlich, so ist in ihrem Verhältnis zueinander der andere allein, im Falle des § 829 der Aufsichtspflichtige allein verpflichtet.

(3) Ist neben demjenigen, welcher nach den §§ 833 bis 838 zum Ersatz des Schadens verpflichtet ist, ein Dritter für den Schaden verantwortlich, so ist in ihrem Verhältnis zueinander der Dritte allein verpflichtet.

§ 903
Befugnisse des Eigentümers

Der Eigentümer einer Sache kann, soweit nicht das Gesetz oder Rechte Dritter entgegenstehen, mit der Sache nach Belieben verfahren und andere von jeder Einwirkung ausschließen. Der Eigentümer eines Tieres hat bei der Ausübung seiner Befugnisse die besonderen Vorschriften zum Schutz der Tiere zu beachten.

§ 904
Notstand

Der Eigentümer einer Sache ist nicht berechtigt, die Einwirkung eines anderen auf die Sache zu verbieten, wenn die Einwirkung zur Abwendung einer gegenwärtigen Gefahr notwendig und der drohende Schaden gegenüber dem aus der Einwirkung dem Eigentümer entstehenden Schaden unverhältnismäßig groß ist. Der Eigentümer kann Ersatz des ihm entstehenden Schadens verlangen.

§ 905
Begrenzung des Eigentums

Das Recht des Eigentümers eines Grundstücks erstreckt sich auf den Raum über der Oberfläche und auf den Erdkörper unter der Oberfläche. Der Eigentümer kann jedoch Einwirkungen nicht verbieten, die in solcher Höhe oder Tiefe vorgenommen werden, dass er an der Ausschließung kein Interesse hat.

§ 906
Zuführung unwägbarer Stoffe

(1) Der Eigentümer eines Grundstücks kann die Zuführung von Gasen, Dämpfen, Gerüchen, Rauch, Ruß, Wärme, Geräusch, Erschütterungen und ähnliche von einem anderen Grundstück ausgehende Einwirkungen insoweit nicht verbieten, als die Einwirkung die Benutzung seines Grundstücks nicht oder nur unwesentlich beeinträchtigt. Eine unwesentliche Beeinträchtigung liegt in der Regel vor, wenn die in Gesetzen oder Rechtsverordnungen festgelegten Grenz- oder Richtwerte von den nach diesen Vorschriften ermittelten und bewerteten Einwirkungen nicht überschritten werden. Gleiches gilt für Werte in allgemeinen Verwaltungsvorschriften, die nach § 48 des Bundes-Immissionsschutzgesetzes erlassen worden sind und den Stand der Technik wiedergeben.

(2) Das Gleiche gilt insoweit, als eine wesentliche Beeinträchtigung durch eine ortsübliche Benutzung des anderen Grundstücks herbeigeführt wird und nicht durch Maßnahmen verhindert werden kann, die Benutzern dieser Art wirtschaftlich zumutbar sind. Hat der Eigentümer hiernach eine Einwirkung zu dulden, so kann er von dem Benutzer des anderen Grundstücks einen angemessenen Ausgleich in Geld verlangen, wenn die Einwirkung eine ortsübliche Benutzung seines Grundstücks oder dessen Ertrag über das zumutbare Maß hinaus beeinträchtigt.

(3) Die Zuführung durch eine besondere Leitung ist unzulässig.

§ 907
Gefahr drohende Anlagen

(1) Der Eigentümer eines Grundstücks kann verlangen, dass auf den Nachbargrundstücken nicht Anlagen hergestellt oder gehalten werden, von denen mit Sicherheit vorauszusehen ist, dass ihr Bestand oder ihre Benutzung eine unzulässige Einwirkung auf sein Grundstück zur Folge hat. Genügt eine Anlage den landesgesetzlichen Vorschriften, die einen bestimmten Abstand von der Grenze oder sonstige Schutzmaßregeln vorschreiben, so kann die Beseitigung der Anlage erst verlangt werden, wenn die unzulässige Einwirkung tatsächlich hervortritt.

(2) Bäume und Sträucher gehören nicht zu den Anlagen im Sinne dieser Vorschriften.

§ 908
Drohender Gebäudeeinsturz

Droht einem Grundstück die Gefahr, dass es durch den Einsturz eines Gebäudes oder eines anderen Werkes, das mit einem Nachbargrundstück verbunden ist, oder durch die Ablösung von Teilen des Gebäudes oder des Werkes beschädigt wird, so kann der Eigentümer von demjenigen, welcher nach dem § 836 Abs. 1 oder den §§ 837, 838 für den eintretenden Schaden verantwortlich sein würde, verlangen, dass er die zur Abwendung der Gefahr erforderliche Vorkehrung trifft.

§ 909
Vertiefung

Ein Grundstück darf nicht in der Weise vertieft werden, dass der Boden des Nachbargrundstücks die erforderliche Stütze verliert, es sei denn, dass für eine genügende anderweitige Befestigung gesorgt ist.

§ 910
Überhang

(1) Der Eigentümer eines Grundstücks kann Wurzeln eines Baumes oder eines Strauches, die von einem Nachbargrundstück eingedrungen sind, abschneiden und behalten. Das Gleiche gilt von herüberragenden Zweigen, wenn der Eigentümer dem Besitzer des Nachbargrundstücks eine angemessene Frist zur Beseitigung bestimmt hat und die Beseitigung nicht innerhalb der Frist erfolgt.

(2) Dem Eigentümer steht dieses Recht nicht zu, wenn die Wurzeln oder die Zweige die Benutzung des Grundstücks nicht beeinträchtigen.

§ 911
Überfall

Früchte, die von einem Baum oder einem Strauche auf ein Nachbargrundstück hinüberfallen, gelten als Früchte dieses Grundstücks. Diese Vorschrift findet keine Anwendung, wenn das Nachbargrundstück dem öffentlichen Gebrauch dient.

§ 912
Überbau; Duldungspflicht

(1) Hat der Eigentümer eines Grundstücks bei der Errichtung eines Gebäudes über die Grenze gebaut, ohne dass ihm Vorsatz oder grobe Fahrlässigkeit zur Last fällt, so hat der Nachbar den Überbau zu dulden, es sei denn, dass er vor oder sofort nach der Grenzüberschreitung Widerspruch erhoben hat.

(2) Der Nachbar ist durch eine Geldrente zu entschädigen. Für die Höhe der Rente ist die Zeit der Grenzüberschreitung maßgebend.

§ 913
Zahlung der Überbaurente

(1) Die Rente für den Überbau ist dem jeweiligen Eigentümer des Nachbargrundstücks von dem jeweiligen Eigentümer des anderen Grundstücks zu entrichten.

(2) Die Rente ist jährlich im Voraus zu entrichten.

§ 914
Rang, Eintragung und Erlöschen der Rente

(1) Das Recht auf die Rente geht allen Rechten an dem belasteten Grundstück, auch den älteren, vor. Es erlischt mit der Beseitigung des Überbaus.

(2) Das Recht wird nicht in das Grundbuch eingetragen. Zum Verzicht auf das Recht sowie zur Feststellung der Höhe der Rente durch Vertrag ist die Eintragung erforderlich.

(3) Im Übrigen finden die Vorschriften Anwendung, die für eine zugunsten des jeweiligen Eigentümers eines Grundstücks bestehende Reallast gelten.

§ 915
Abkauf

(1) Der Rentenberechtigte kann jederzeit verlangen, dass der Rentenpflichtige ihm gegen Übertragung des Eigentums an dem überbauten Teil des Grundstücks den Wert ersetzt, den dieser Teil zur Zeit der Grenzüberschreitung gehabt hat. Macht er von dieser Befugnis Gebrauch, so bestimmen sich die Rechte und Verpflichtungen beider Teile nach den Vorschriften über den Kauf.

(2) Für die Zeit bis zur Übertragung des Eigentums ist die Rente fortzuentrichten.

§ 916
Beeinträchtigung von Erbbaurecht oder Dienstbarkeit

Wird durch den Überbau ein Erbbaurecht oder eine Dienstbarkeit an dem Nachbargrundstück beeinträchtigt, so finden zugunsten des Berechtigten die Vorschriften der §§ 912 bis 914 entsprechende Anwendung.

§ 917
Notweg

(1) Fehlt einem Grundstück die zur ordnungsmäßigen Benutzung notwendige Verbindung mit einem öffentlichen Weg, so kann der Eigentümer von den Nachbarn verlangen, dass sie bis zur Hebung des Mangels die Benutzung ihrer Grundstücke zur Herstellung der erforderlichen Verbindung dulden. Die Richtung des Notwegs und der Umfang des Benutzungsrechts werden erforderlichenfalls durch Urteil bestimmt.

(2) Die Nachbarn, über deren Grundstücke der Notweg führt, sind durch eine Geldrente zu entschädigen. Die Vorschriften des § 912 Abs. 2 Satz 2 und der §§ 913, 914, 916 finden entsprechende Anwendung.

§ 918
Ausschluss des Notwegrechts

(1) Die Verpflichtung zur Duldung des Notwegs tritt nicht ein, wenn die bisherige Verbindung des Grundstücks mit dem öffentlichen Weg durch eine willkürliche Handlung des Eigentümers aufgehoben wird.

(2) Wird infolge der Veräußerung eines Teils des Grundstücks der veräußerte oder der zurückbehaltene Teil von der Verbindung mit dem öffentlichen Weg abgeschnitten, so hat der Eigentümer desjenigen Teils, über welchen die Verbindung bisher stattgefunden hat, den Notweg zu dulden. Der Veräußerung eines Teils steht die Veräußerung eines von mehreren demselben Eigentümer gehörenden Grundstücken gleich.

§ 919
Grenzabmarkung

(1) Der Eigentümer eines Grundstücks kann von dem Eigentümer eines Nachbargrundstücks verlangen, dass dieser zur Errichtung fester Grenzzeichen und, wenn ein Grenzzeichen verrückt oder unkenntlich geworden ist, zur Wiederherstellung mitwirkt.

(2) Die Art der Abmarkung und das Verfahren bestimmen sich nach den Landesgesetzen; enthalten diese keine Vorschriften, so entscheidet die Ortsüblichkeit.

(3) Die Kosten der Abmarkung sind von den Beteiligten zu gleichen Teilen zu tragen, sofern nicht aus einem zwischen ihnen bestehenden Rechtsverhältnis sich ein anderes ergibt.

§ 920
Grenzverwirrung

(1) Lässt sich im Falle einer Grenzverwirrung die richtige Grenze nicht ermitteln, so ist für die Abgrenzung der Besitzstand maßgebend. Kann der Besitzstand nicht festgestellt werden, so ist jedem der Grundstücke ein gleich großes Stück der streitigen Fläche zuzuteilen.

(2) Soweit eine diesen Vorschriften entsprechende Bestimmung der Grenze zu einem Ergebnis führt, das mit den ermittelten Umständen, insbesondere mit der feststehenden Größe der Grundstücke, nicht übereinstimmt, ist die Grenze so zu ziehen, wie es unter Berücksichtigung dieser Umstände der Billigkeit entspricht.

§ 921
Gemeinschaftliche Benutzung von Grenzanlagen

Werden zwei Grundstücke durch einen Zwischenraum, Rain, Winkel, einen Graben, eine Mauer, Hecke, Planke oder eine andere Einrichtung, die zum Vorteil beider Grundstücke dient, voneinander geschieden, so wird vermutet, dass die Eigentümer der Grundstücke zur Benutzung der Einrichtung gemeinschaftlich berechtigt seien, sofern nicht äußere Merkmale darauf hinweisen, dass die Einrichtung einem der Nachbarn allein gehört.

§ 922
Art der Benutzung und Unterhaltung

Sind die Nachbarn zur Benutzung einer der in § 921 bezeichneten Einrichtungen gemeinschaftlich berechtigt, so kann jeder sie zu dem Zwecke, der sich aus ihrer Beschaffenheit ergibt, insoweit benutzen, als nicht die Mitbenutzung des anderen beeinträchtigt wird. Die Unterhaltungskosten sind von den Nachbarn zu gleichen Teilen zu tragen. Solange einer der Nachbarn an dem Fortbestand der Einrichtung ein Interesse hat, darf sie nicht ohne seine Zustimmung beseitigt oder geändert werden. Im Übrigen bestimmt sich das Rechtsverhältnis zwischen den Nachbarn nach den Vorschriften über die Gemeinschaft.

§ 923
Grenzbaum

(1) Steht auf der Grenze ein Baum, so gebühren die Früchte und, wenn der Baum gefällt wird, auch der Baum den Nachbarn zu gleichen Teilen.

(2) Jeder der Nachbarn kann die Beseitigung des Baumes verlangen. Die Kosten der Beseitigung fallen den Nachbarn zu gleichen Teilen zur Last. Der Nachbar, der die Beseitigung verlangt, hat jedoch die Kosten allein zu tragen, wenn der andere auf sein Recht an dem Baume verzichtet; er erwirbt in diesem Falle mit der Trennung das Alleineigentum. Der Anspruch auf die Beseitigung ist ausgeschlossen, wenn der Baum als Grenzzeichen dient und den Umständen nach nicht durch ein anderes zweckmäßiges Grenzzeichen ersetzt werden kann.

(3) Diese Vorschriften gelten auch für einen auf der Grenze stehenden Strauch.

§ 924
Unverjährbarkeit nachbarrechtlicher Ansprüche

Die Ansprüche, die sich aus den §§ 907 bis 909, 915, dem § 917 Abs. 1, dem § 918 Abs. 2, den §§ 919, 920 und dem § 923 Abs. 2 ergeben, unterliegen nicht der Verjährung.

§ 946
Verbindung mit einem Grundstück

Wird eine bewegliche Sache mit einem Grundstück dergestalt verbunden, dass sie wesentlicher Bestandteil des Grundstücks wird, so erstreckt sich das Eigentum an dem Grundstück auf diese Sache.

§ 950
Verarbeitung

(1) Wer durch Verarbeitung oder Umbildung eines oder mehrerer Stoffe eine neue bewegliche Sache herstellt, erwirbt das Eigentum an der neuen Sache, sofern nicht der Wert der Verarbeitung oder der Umbildung erheblich geringer ist als der Wert des Stoffes. Als Verarbeitung gilt auch das Schreiben, Zeichnen, Malen, Drucken, Gravieren oder eine ähnliche Bearbeitung der Oberfläche.

(2) Mit dem Erwerb des Eigentums an der neuen Sache erlöschen die an dem Stoffe bestehenden Rechte.

§ 958
Eigentumserwerb an beweglichen herrenlosen Sachen

(1) Wer eine herrenlose bewegliche Sache in Eigenbesitz nimmt, erwirbt das Eigentum an der Sache.

(2) Das Eigentum wird nicht erworben, wenn die Aneignung gesetzlich verboten ist oder wenn durch die Besitzergreifung das Aneignungsrecht eines anderen verletzt wird.

§ 985
Herausgabeanspruch

Der Eigentümer kann von dem Besitzer die Herausgabe der Sache verlangen.

§ 1004
Beseitigungs- und Unterlassungsanspruch

(1) Wird das Eigentum in anderer Weise als durch Entziehung oder Vorenthaltung des Besitzes beeinträchtigt, so kann der Eigentümer von dem Störer die Beseitigung der Beeinträchtigung verlangen. Sind weitere Beeinträchtigungen zu besorgen, so kann der Eigentümer auf Unterlassung klagen.

(2) Der Anspruch ist ausgeschlossen, wenn der Eigentümer zur Duldung verpflichtet ist.

9. Gesetz zur Reform des Bauvertragsrechts, zur Änderung der kaufrechtlichen Mängelhaftung, zur Stärkung des zivilprozessualen Rechtsschutzes und zum maschinellen Siegel im Grundbuch- und Schiffsregisterverfahren v. 28.4.2017 (BGBl I vom 04.05.2017, S. 969) – Auszug

Artikel 2
Änderung des Einführungsgesetzes zum Bürgerlichen Gesetzbuche

Das Einführungsgesetz zum Bürgerlichen Gesetzbuche in der Fassung der Bekanntmachung vom 21. September 1994 (BGBl. I S. 2494; 1997 I S. 1061), das zuletzt durch Artikel 17 des Gesetzes vom 20. November 2015 (BGBl. I S. 2010) geändert worden ist, wird wie folgt geändert:

Artikel 249
Informationspflichten bei Verbraucherbauverträgen

§ 1
Informationspflichten bei Verbraucherbauverträgen

Der Unternehmer ist nach § 650j des Bürgerlichen Gesetzbuchs verpflichtet, dem Verbraucher rechtzeitig vor Abgabe von dessen Vertragserklärung eine Baubeschreibung in Textform zur Verfügung zu stellen.

§ 2
Inhalt der Baubeschreibung

(1) In der Baubeschreibung sind die wesentlichen Eigenschaften des angebotenen Werks in klarer Weise darzustellen. Sie muss mindestens folgende Informationen enthalten:

allgemeine Beschreibung des herzustellenden Gebäudes oder der vorzunehmenden Umbauten, gegebenenfalls Haustyp und Bauweise,

Art und Umfang der angebotenen Leistungen, gegebenenfalls der Planung und der Bauleitung, der Arbeiten am Grundstück und der Baustelleneinrichtung sowie der Ausbaustufe,

Gebäudedaten, Pläne mit Raum- und Flächenangaben sowie Ansichten, Grundrisse und Schnitte,

gegebenenfalls Angaben zum Energie-, zum Brandschutz- und zum Schallschutzstandard sowie zur Bauphysik,

Angaben zur Beschreibung der Baukonstruktionen aller wesentlichen Gewerke,

gegebenenfalls Beschreibung des Innenausbaus,

gegebenenfalls Beschreibung der gebäudetechnischen Anlagen,

Angaben zu Qualitätsmerkmalen, denen das Gebäude oder der Umbau genügen muss,

gegebenenfalls Beschreibung der Sanitärobjekte, der Armaturen, der Elektroanlage, der Installationen, der Informationstechnologie und der Außenanlagen.

(2) Die Baubeschreibung hat verbindliche Angaben zum Zeitpunkt der Fertigstellung des Werks zu enthalten. Steht der Beginn der Baumaßnahme noch nicht fest, ist ihre Dauer anzugeben.

§ 3
Widerrufsbelehrung

(1) Steht dem Verbraucher ein Widerrufsrecht nach § 650l Satz 1 des Bürgerlichen Gesetzbuchs zu, ist der Unternehmer verpflichtet, den Verbraucher vor Abgabe von dessen Vertragserklärung in Textform über sein Widerrufsrecht zu belehren. Die Widerrufsbelehrung muss deutlich gestaltet sein und dem Verbraucher seine wesentlichen Rechte in einer an das benutzte Kommunikationsmittel angepassten Weise deutlich machen. Sie muss Folgendes enthalten:

einen Hinweis auf das Recht zum Widerruf,

einen Hinweis darauf, dass der Widerruf durch Erklärung gegenüber dem Unternehmer erfolgt und keiner Begründung bedarf,

den Namen, die ladungsfähige Anschrift und die Telefonnummer desjenigen, gegenüber dem der Widerruf zu erklären ist, gegebenenfalls seine Telefaxnummer und E-Mail-Adresse,

einen Hinweis auf die Dauer und den Beginn der Widerrufsfrist sowie darauf, dass zur Fristwahrung die rechtzeitige Absendung der Widerrufserklärung genügt, und

einen Hinweis darauf, dass der Verbraucher dem Unternehmer Wertersatz nach § 357d des Bürgerlichen Gesetzbuchs schuldet, wenn die Rückgewähr der bis zum Widerruf erbrachten Leistung ihrer Natur nach ausgeschlossen ist.

(2) Der Unternehmer kann seine Belehrungspflicht dadurch erfüllen, dass er dem Verbraucher das in Anlage 10 vorgesehene Muster für die Widerrufsbelehrung zutreffend ausgefüllt in Textform übermittelt.

Anlage 10 (zu Artikel 249 § 3)

Muster für die
Widerrufsbelehrung bei Verbraucherbauverträgen

Widerrufsbelehrung

Widerrufsrecht

Sie haben das Recht, binnen 14 Tagen ohne Angabe von Gründen diesen Vertrag zu widerrufen.

Die Widerrufsfrist beträgt 14 Tage ab dem Tag des Vertragsabschlusses. Sie beginnt nicht zu laufen, bevor Sie diese Belehrung in Textform erhalten haben.

Um Ihr Widerrufsrecht auszuüben, müssen Sie uns (*) mittels einer eindeutigen Erklärung (z. B. Brief, Telefax oder E-Mail) über Ihren Entschluss, diesen Vertrag zu widerrufen, informieren.

Zur Wahrung der Widerrufsfrist reicht es aus, dass Sie die Erklärung über die Ausübung des Widerrufsrechts vor Ablauf der Widerrufsfrist absenden.

Folgen des Widerrufs

Wenn Sie diesen Vertrag widerrufen, haben wir Ihnen alle Zahlungen, die wir von Ihnen erhalten haben, unverzüglich zurückzuzahlen.

Sie müssen uns im Falle des Widerrufs alle Leistungen zurückgeben, die Sie bis zum Widerruf von uns erhalten haben. Ist die Rückgewähr einer Leistung ihrer Natur nach ausgeschlossen, lassen sich etwa verwendete Baumaterialien nicht ohne Zerstörung entfernen, müssen Sie Wertersatz dafür bezahlen.

Gestaltungshinweis:

* Fügen Sie Ihren Namen oder den Namen Ihres Unternehmens, Ihre Anschrift und Ihre Telefonnummer ein. Sofern verfügbar sind zusätzlich anzugeben: Ihre Telefaxnummer und E-Mail-Adresse.

IV. Makler- und Bauträgerverordnung (Text)

Verordnung über die Pflichten der Makler, Darlehensvermittler, Bauträger und Baubetreuer (Makler- und Bauträgerverordnung – MaBV)

In der ab 01.01.2013 geltenden Fassung

Die Makler- und Bauträgerverordnung in der Fassung der Bekanntmachung vom 7. November 1990 (BGBl. I S. 2479), die zuletzt durch Artikel 2 der Verordnung vom 2. Mai 2012 (BGBl. I S. 1006) geändert worden ist:

§ 1
Anwendungsbereich

Diese Verordnung gilt für Gewerbetreibende, die Tätigkeiten nach § 34c Absatz 1 der Gewerbeordnung ausüben, unabhängig vom Bestehen einer Erlaubnispflicht. Die Verordnung gilt nicht, soweit § 34c Absatz 5 der Gewerbeordnung Anwendung findet. Gewerbetreibende, die

1. als Versicherungs- oder Bausparkassenvertreter im Rahmen ihrer Tätigkeit für ein der Aufsicht der Bundesanstalt für Finanzdienstleistungsaufsicht unterliegendes Versicherungs- oder Bausparunternehmen den Abschluß von Verträgen über Darlehen vermitteln oder die Gelegenheit zum Abschluß solcher Verträge nachweisen oder
2. den Abschluß von Verträgen über die Nutzung der von ihnen für Rechnung Dritter verwalteten Grundstücke, grundstücksgleichen Rechte, gewerblichen Räume oder Wohnräume vermitteln oder die Gelegenheit zum Abschluß solcher Verträge nachweisen,

unterliegen hinsichtlich dieser Tätigkeit nicht den Vorschriften dieser Verordnung.

§ 2
Sicherheitsleistung, Versicherung

(1) Bevor der Gewerbetreibende zur Ausführung des Auftrages Vermögenswerte des Auftraggebers erhält oder zu deren Verwendung ermächtigt wird, hat er dem Auftraggeber in Höhe dieser Vermögenswerte Sicherheit zu leisten oder eine zu diesem Zweck geeignete Versicherung abzuschließen; dies gilt nicht in den Fällen des § 34c Absatz 1 Satz 1 Nummer 3 Buchstabe a der Gewerbeordnung, sofern dem Auftraggeber Eigentum an einem Grundstück übertragen oder ein Erbbaurecht bestellt oder übertragen werden soll. Zu sichern sind Schadensersatzansprüche des Auftraggebers wegen etwaiger von dem Gewerbetreibenden und den Personen, die er zur Verwendung der Vermögenswerte ermächtigt hat, vorsätzlich begangener unerlaubter Handlungen, die sich gegen die in Satz 1 bezeichneten Vermögenswerte richten.

(2) Die Sicherheit kann nur durch die Stellung eines Bürgen geleistet werden. Als Bürge können nur Körperschaften des öffentlichen Rechts mit Sitz im Geltungsbereich dieser Verordnung, Kreditinstitute, die im Inland zum Geschäftsbetrieb befugt sind, sowie Versicherungsunternehmen bestellt werden, die zum Betrieb der Bürgschaftsversicherung im Inland befugt sind. Die Bürgschaftserklärung muß den Verzicht auf die Einrede der Vorausklage enthalten. Die Bürgschaft darf nicht vor dem Zeitpunkt ablaufen, der sich aus Absatz 5 ergibt.

(3) Versicherungen sind nur dann im Sinne des Absatzes 1 geeignet, wenn

1. das Versicherungsunternehmen zum Betrieb der Vertrauensschadensversicherung im Inland befugt ist und
2. die allgemeinen Versicherungsbedingungen dem Zweck dieser Verordnung gerecht werden, insbesondere den Auftraggeber aus dem Versicherungsvertrag auch in den Fällen des Insolvenzverfahrens des Gewerbetreibenden unmittelbar berechtigen.

(4) Sicherheiten und Versicherungen können nebeneinander geleistet und abgeschlossen werden. Sie können für jeden einzelnen Auftrag oder für mehrere gemeinsam geleistet oder abgeschlossen werden. Der Gewerbetreibende hat dem Auftraggeber die zur unmittelbaren Inanspruchnahme von Sicherheiten und Versicherungen erforderlichen Urkunden auszuhändigen, bevor er Vermögenswerte des Auftraggebers erhält oder zu deren Verwendung ermächtigt wird.

(5) Die Sicherheiten und Versicherungen sind aufrechtzuerhalten

1. in den Fällen des § 34c Absatz 1 Satz 1 Nummer 1 und 2 der Gewerbeordnung, bis der Gewerbetreibende die Vermögenswerte an den in dem Auftrag bestimmten Empfänger übermittelt hat,
2. in den Fällen des § 34c Absatz 1 Satz 1 Nummer 3 Buchstabe a der Gewerbeordnung, sofern ein Nutzungsverhältnis begründet werden soll, bis zur Einräumung des Besitzes und Begründung des Nutzungsverhältnisses,
3. in den Fällen des § 34c Absatz 1 Satz 1 Nummer 3 Buchstabe b der Gewerbeordnung bis zur Rechnungslegung; sofern die Rechnungslegungspflicht gemäß § 8 Abs. 2 entfällt, endet die Sicherungspflicht mit der vollständigen Fertigstellung des Bauvorhabens.

Erhält der Gewerbetreibende Vermögenswerte des Auftraggebers in Teilbeträgen, oder wird er ermächtigt, hierüber in Teilbeträgen zu verfügen, endet die Verpflichtung aus Absatz 1 Satz 1, erster Halbsatz, in Bezug auf die Teilbeträge, sobald er dem Auftraggeber die ordnungsgemäße Verwendung dieser Vermögenswerte nachgewiesen hat; die Sicherheiten und Versicherungen für den letzten Teilbetrag sind bis zu dem in Satz 1 bestimmten Zeitpunkt aufrechtzuerhalten.

(6) Soweit nach den Absätzen 2 und 3 eine Bürgschaft oder Versicherung verlangt wird, ist von Gewerbetreibenden aus einem anderen Mitgliedstaat der Europäischen Union oder einem anderen Vertragsstaat des Abkommens über den Europäischen Wirtschaftsraum als Nachweis eine Bescheinigung über den Abschluss einer Bürgschaft oder Versicherung als hinreichend anzuerkennen, die von einem Kreditinstitut oder einem Versicherungsunternehmen in einem anderen Mitgliedstaat oder Vertragsstaat ausgestellt wurde, sofern die in diesem Staat abgeschlossene Versicherung im Wesentlichen vergleichbar ist zu der, die von in Deutschland niedergelassenen Gewerbetreibenden verlangt wird, und zwar hinsichtlich der Zweckbestimmung, der vorgesehenen Deckung bezüglich des versicherten Risikos, der Versicherungssumme und möglicher Ausnahmen von der Deckung. Bei nur teilweiser Gleichwertigkeit kann eine zusätzliche Sicherheit verlangt werden, die die nicht gedeckten Risiken absichert.

§ 3
Besondere Sicherungspflichten für Bauträger

(1) Der Gewerbetreibende darf in den Fällen des § 34c Absatz 1 Satz 1 Nummer 3 Buchstabe a der Gewerbeordnung, sofern dem Auftraggeber Eigentum an einem Grundstück übertragen oder ein Erbbaurecht bestellt oder übertragen werden soll, Vermögenswerte des Auftraggebers zur Ausführung des Auftrages erst entgegennehmen oder sich zu deren Verwendung ermächtigen lassen, wenn

1. der Vertrag zwischen dem Gewerbetreibenden und dem Auftraggeber rechtswirksam ist und die für seinen Vollzug erforderlichen Genehmigungen vorliegen, diese Voraussetzungen durch eine schriftliche Mitteilung des Notars bestätigt und dem Gewerbetreibenden keine vertraglichen Rücktrittsrechte eingeräumt sind,
2. zur Sicherung des Anspruchs des Auftraggebers auf Eigentumsübertragung oder Bestellung oder Übertragung eines Erbbaurechts an dem Vertragsobjekt eine Vormerkung an der vereinbarten Rangstelle im Grundbuch eingetragen ist; bezieht sich der Anspruch auf Wohnungs- oder Teileigentum oder ein Wohnungs- oder Teilerbbaurecht, so muß außerdem die Begründung dieses Rechts im Grundbuch vollzogen sein,
3. die Freistellung des Vertragsobjekts von allen Grundpfandrechten, die der Vormerkung im Rang vorgehen oder gleichstehen und nicht übernommen werden sollen, gesichert ist, und zwar auch für den Fall, daß das Bauvorhaben nicht vollendet wird,
4. die Baugenehmigung erteilt worden ist oder, wenn eine Baugenehmigung nicht oder nicht zwingend vorgesehen ist,
   a) von der zuständigen Behörde bestätigt worden ist, daß
      aa) die Baugenehmigung als erteilt gilt oder
      bb) nach den baurechtlichen Vorschriften mit dem Vorhaben begonnen werden darf, oder,
   b) wenn eine derartige Bestätigung nicht vorgesehen ist, von dem Gewerbetreibenden bestätigt worden ist, daß
      aa) die Baugenehmigung als erteilt gilt oder
      bb) nach den baurechtlichen Vorschriften mit dem Bauvorhaben begonnen werden darf,
   c) und nach Eingang dieser Bestätigung beim Auftraggeber mindestens ein Monat vergangen ist.

Die Freistellung nach Satz 1 Nr. 3 ist gesichert, wenn gewährleistet ist, daß die nicht zu übernehmenden Grundpfandrechte im Grundbuch gelöscht werden, und zwar, wenn das Bauvorhaben vollendet wird, unverzüglich nach Zahlung der geschuldeten Vertragssumme, andernfalls unverzüglich nach Zahlung des dem erreichten Bautenstand entsprechenden Teils der geschuldeten Vertragssumme durch den Auftraggeber. Für den Fall, daß das Bauvorhaben nicht vollendet wird, kann sich der Kreditgeber vorbehalten, an Stelle der Freistellung alle vom Auftraggeber vertragsgemäß im Rahmen des Absatzes 2 bereits geleisteten Zahlungen bis zum anteiligen Wert des Vertragsobjekts zurückzuzahlen. Die zur Sicherung der Freistellung erforderlichen Erklärungen einschließlich etwaiger Erklärungen nach Satz 3 müssen dem Auftraggeber ausgehändigt worden sein. Liegen sie bei Abschluß des notariellen Vertrages bereits vor, muß auf sie in dem Vertrag Bezug genommen sein; andernfalls muß der Vertrag einen ausdrücklichen Hinweis auf die Verpflichtung des Gewerbetreibenden zur Aushändigung der Erklärungen und deren notwendigen Inhalt enthalten.

(2) Der Gewerbetreibende darf in den Fällen des Absatzes 1 die Vermögenswerte ferner in bis zu sieben Teilbeträgen entsprechend dem Bauablauf entgegennehmen oder sich zu deren Verwendung ermächtigen lassen. Die Teilbeträge können aus den nachfolgenden Vomhundertsätzen zusammengesetzt werden:

1. 30 vom Hundert der Vertragssumme in den Fällen, in denen Eigentum an einem Grundstück übertragen werden soll, oder 20 vom Hundert der Vertragssumme in den Fällen, in denen ein Erbbaurecht bestellt oder übertragen werden soll, nach Beginn der Erdarbeiten,

2. von der restlichen Vertragssumme
   - 40 vom Hundert nach Rohbaufertigstellung, einschließlich Zimmererarbeiten,
   - 8 vom Hundert für die Herstellung der Dachflächen und Dachrinnen,
   - 3 vom Hundert für die Rohinstallation der Heizungsanlagen,
   - 3 vom Hundert für die Rohinstallation der Sanitäranlagen,
   - 3 vom Hundert für die Rohinstallation der Elektroanlagen,
   - 10 vom Hundert für den Fenstereinbau, einschließlich der Verglasung,
   - 6 vom Hundert für den Innenputz, ausgenommen Beiputzarbeiten
   - 3 vom Hundert für den Estrich,
   - 4 vom Hundert für die Fliesenarbeiten im Sanitärbereich,
   - 12 vom Hundert nach Bezugsfertigkeit und Zug um Zug gegen Besitzübergabe,
   - 3 vom Hundert für die Fassadenarbeiten,
   - 5 vom Hundert nach vollständiger Fertigstellung.

Sofern einzelne der in Satz 2 Nr. 2 genannten Leistungen nicht anfallen, wird der jeweilige Vomhundertsatz anteilig auf die übrigen Raten verteilt. Betrifft das Bauvorhaben einen Altbau, so gelten die Sätze 1 und 2 mit der Maßgabe entsprechend, daß der hiernach zu errechnende Teilbetrag für schon erbrachte Leistungen mit Vorliegen der Voraussetzungen des Absatzes 1 entgegengenommen werden kann.

(3) Der Gewerbetreibende darf in den Fällen des § 34c Absatz 1 Satz 1 Nummer 3 Buchstabe a der Gewerbeordnung, sofern ein Nutzungsverhältnis begründet werden soll, Vermögenswerte des Auftraggebers zur Ausführung des Auftrages in Höhe von 20 vom Hundert der Vertragssumme nach Vertragsabschluß entgegennehmen oder sich zu deren Verwendung ermächtigen lassen; im übrigen gelten Absatz 1 Satz 1 Nr. 1 und 4 und Absatz 2 entsprechend.

§ 4
Verwendung von Vermögenswerten des Auftraggebers

(1) Der Gewerbetreibende darf Vermögenswerte des Auftraggebers, die er erhalten hat oder zu deren Verwendung er ermächtigt worden ist, nur verwenden

1. in den Fällen des § 34c Absatz 1 Satz 1 Nummer 1 und 2 der Gewerbeordnung zur Erfüllung des Vertrages, der durch die Vermittlung oder die Nachweistätigkeit des Gewerbetreibenden zustande gekommen ist,
2. in den Fällen des § 34c Absatz 1 Satz 1 Nummer 3 der Gewerbeordnung zur Vorbereitung und Durchführung des Bauvorhabens, auf das sich der Auftrag bezieht; als Bauvorhaben gilt das einzelne Gebäude, bei Einfamilienreihenhäusern die einzelne Reihe.

(2) Der Gewerbetreibende darf in den Fällen des § 34c Absatz 1 Satz 1 Nummer 3 Buchstabe b der Gewerbeordnung, in denen er das Bauvorhaben für mehrere Auftraggeber vorbereitet und durchführt, die Vermögenswerte der Auftraggeber nur im Verhältnis der Kosten der einzelnen Einheiten zu den Gesamtkosten des Bauvorhabens verwenden.

§ 5
Hilfspersonal

Ermächtigt der Gewerbetreibende andere Personen, Vermögenswerte des Auftraggebers zur Ausführung des Auftrages entgegenzunehmen oder zu verwenden, so hat er sicherzustellen, daß dies nur nach Maßgabe der §§ 3 und 4 geschieht.

§ 6
Getrennte Vermögensverwaltung

(1) Erhält der Gewerbetreibende zur Ausführung des Auftrages Vermögenswerte des Auftraggebers, so hat er sie von seinem Vermögen und dem seiner sonstigen Auftraggeber getrennt zu verwalten. Dies gilt nicht für vertragsgemäß im Rahmen des § 3 Abs. 2 oder 3 geleistete Zahlungen.

(2) Der Gewerbetreibende hat Gelder, die er vom Auftraggeber erhält, unverzüglich für Rechnung des Auftraggebers auf ein Sonderkonto bei einem Kreditinstitut im Sinne des § 2 Abs. 2 Satz 2 einzuzahlen und auf diesem Konto bis zur Verwendung im Sinne des § 4 zu belassen. Er hat dem Kreditinstitut offenzulegen, daß die Gelder für fremde Rechnung eingelegt werden und hierbei den Namen, Vornamen und die Anschrift des Auftraggebers anzugeben. Er hat das Kreditinstitut zu verpflichten, den Auftraggeber unverzüglich zu benachrichtigen, wenn die Einlage von dritter Seite gepfändet oder das Insolvenzverfahren über das Vermögen des Gewerbetreibenden eröffnet wird, und dem Auftraggeber jederzeit Auskunft über den Stand des Kontos zu erteilen. Er hat das Kreditinstitut ferner zu verpflichten, bei diesem Konto weder das Recht der Aufrechnung noch ein Pfand- oder Zurückbehaltungsrecht geltend zu machen, es sei denn wegen Forderungen, die in bezug auf das Konto selbst entstanden sind.

(3) Wertpapiere im Sinne des § 1 Abs. 1 des Gesetzes über die Verwahrung und Anschaffung von Wertpapieren, die der Gewerbetreibende vom Auftraggeber erhält, hat er unverzüglich für Rechnung des Auftraggebers einem Kreditinstitut im Sinne des § 2 Abs. 2 Satz 2 zur Verwahrung anzuvertrauen. Absatz 2 Satz 2 bis 4 ist anzuwenden.

§ 7
Ausnahmevorschrift

(1) Gewerbetreibende im Sinne des § 34c Absatz 1 Satz 1 Nummer 3 Buchstabe a der Gewerbeordnung, die dem Auftraggeber Eigentum an einem Grundstück zu übertragen oder ein Erbbaurecht zu bestellen oder zu übertragen haben, sind von den Verpflichtungen des § 3 Abs. 1 und 2, des § 4 Abs. 1 und der §§ 5 und 6, die übrigen Gewerbetreibenden im Sinne des § 34c Abs. 1 der Gewerbeordnung sind von den Verpflichtungen des § 2, des § 3 Abs. 3 und der §§ 4 bis 6 freigestellt, sofern sie Sicherheit für alle etwaigen Ansprüche des Auftraggebers auf Rückgewähr oder Auszahlung seiner Vermögenswerte im Sinne des § 2 Abs. 1 Satz 1 geleistet haben. § 2 Abs. 2, Abs. 4 Satz 2 und 3 und Abs. 5 Satz 1 gilt entsprechend. In den Fällen des § 34c Absatz 1 Satz 1 Nummer 3 Buchstabe a der Gewerbeordnung, in denen dem Auftraggeber Eigentum an einem Grundstück übertragen oder ein Erbbaurecht bestellt oder übertragen werden soll, ist die Sicherheit aufrechtzuerhalten, bis die Voraussetzungen des § 3 Abs. 1 erfüllt sind und das Vertragsobjekt vollständig fertiggestellt ist. Ein Austausch der Sicherungen der §§ 2 bis 6 und derjenigen des § 7 ist zulässig.

(2) Der Gewerbetreibende ist von den in Absatz 1 Satz 1 erwähnten Verpflichtungen auch dann freigestellt, wenn es sich bei dem Auftraggeber um

1. eine juristische Person des öffentlichen Rechts oder ein öffentlich-rechtliches Sondervermögen oder
2. einen in das Handelsregister oder das Genossenschaftsregister eingetragenen Kaufmann

handelt und der Auftraggeber in gesonderter Urkunde auf die Anwendung dieser Bestimmungen verzichtet. Im Falle des Satzes 1 Nr. 2 hat sich der Gewerbetreibende vom Auftraggeber dessen Eigenschaft als Kaufmann durch einen Auszug aus dem Handelsregister oder dem Genossenschaftsregister nachweisen zu lassen.

§ 8
Rechnungslegung

(1) Hat der Gewerbetreibende zur Ausführung des Auftrages Vermögenswerte des Auftraggebers erhalten oder verwendet, so hat er dem Auftraggeber nach Beendigung des Auftrages über die Verwendung dieser Vermögenswerte Rechnung zu legen. § 259 des Bürgerlichen Gesetzbuchs ist anzuwenden.

(2) Die Verpflichtung, Rechnung zu legen, entfällt, soweit der Auftraggeber nach Beendigung des Auftrages dem Gewerbetreibenden gegenüber schriftlich darauf verzichtet oder der Gewerbetreibende mit den Vermögenswerten des Auftraggebers eine Leistung zu einem Festpreis zu erbringen hat.

§ 9
Anzeigepflicht

Der Gewerbetreibende hat der zuständigen Behörde die jeweils mit der Leitung des Betriebes oder einer Zweigniederlassung beauftragten Personen unverzüglich anzuzeigen. Dies gilt bei juristischen Personen auch für die nach Gesetz, Satzung oder Gesellschaftsvertrag jeweils zur Vertretung berufenen Personen. In der Anzeige sind Name, Geburtsname, sofern er vom Namen abweicht, Vornamen, Staatsangehörigkeit, Geburtstag, Geburtsort und Anschrift der betreffenden Personen anzugeben.

§ 10
Buchführungspflicht

(1) Der Gewerbetreibende hat von der Annahme des Auftrages an nach Maßgabe der folgenden Vorschriften Aufzeichnungen zu machen sowie Unterlagen und Belege übersichtlich zu sammeln. Die Aufzeichnungen sind unverzüglich und in deutscher Sprache vorzunehmen.

(2) Aus den Aufzeichnungen und Unterlagen sämtlicher Gewerbetreibender müssen ersichtlich sein

1. der Name und Vorname oder die Firma sowie die Anschrift des Auftraggebers,
2. folgende Angaben, soweit sie im Einzelfall in Betracht kommen,
   a) das für die Vermittler- oder Nachweistätigkeit oder für die Tätigkeit als Baubetreuer vom Auftraggeber zu entrichtende Entgelt; Wohnungsvermittler haben das Entgelt in einem Bruchteil oder Vielfachen der Monatsmiete anzugeben;
   b) ob der Gewerbetreibende zur Entgegennahme von Zahlungen oder sonstigen Leistungen ermächtigt ist;
   c) Art und Höhe der Vermögenswerte des Auftraggebers, die der Gewerbetreibende zur Ausführung des Auftrages erhalten oder zu deren Verwendung er ermächtigt werden soll;
   d) daß der Gewerbetreibende den Auftraggeber davon unterrichtet hat, daß er von ihm nur im Rahmen des § 3 Vermögenswerte entgegennehmen oder sich zu deren Verwendung ermächtigen lassen und diese Vermögenswerte nur im Rahmen des § 4 verwenden darf, es sei denn, daß nach § 7 verfahren wird;

e) Art, Höhe und Umfang der vom Gewerbetreibenden für die Vermögenswerte zu leistenden Sicherheit und abzuschließenden Versicherung, Name oder Firma und Anschrift des Bürgen und der Versicherung;

f) Vertragsdauer.

(3) Aus den Aufzeichnungen und Unterlagen von Gewerbetreibenden im Sinne des § 34c Absatz 1 Satz 1 Nummer 1 der Gewerbeordnung müssen ferner folgende Angaben ersichtlich sein, soweit sie im Einzelfall in Betracht kommen,

1. bei der Vermittlung oder dem Nachweis der Gelegenheit zum Abschluß von Verträgen über den Erwerb von Grundstücken oder grundstücksgleichen Rechten: Lage, Größe und Nutzungsmöglichkeit des Grundstücks, Art, Alter und Zustand des Gebäudes, Ausstattung, Wohn- und Nutzfläche, Zahl der Zimmer, Höhe der Kaufpreisforderung einschließlich zu übernehmender Belastungen, Name, Vorname und Anschrift des Veräußerers;

2. bei der Vermittlung oder dem Nachweis der Gelegenheit zum Abschluß von Verträgen über die Nutzung von Grundstücken oder grundstücksgleichen Rechten: Lage, Größe und Nutzungsmöglichkeit des Grundstücks, Art, Alter und Zustand des Gebäudes, Ausstattung, Wohn- und Nutzfläche, Zahl der Zimmer, Höhe der Mietforderung sowie gegebenenfalls Höhe eines Baukostenzuschusses, einer Kaution, einer Mietvorauszahlung, eines Mieterdarlehens oder einer Abstandssumme, Name, Vorname und Anschrift des Vermieters;

3. bei der Vermittlung oder dem Nachweis der Gelegenheit zum Abschluß von Verträgen über die Nutzung von gewerblichen Räumen oder Wohnräumen: Lage des Grundstücks und der Räume, Ausstattung, Nutz- und Wohnfläche, Zahl der Räume, Höhe der Mietforderung sowie gegebenenfalls Höhe eines Baukostenzuschusses, einer Kaution, einer Mietvorauszahlung, eines Mieterdarlehens oder einer Abstandssumme, Name, Vorname und Anschrift des Vermieters.

(4) Aus den Aufzeichnungen und Unterlagen von Gewerbetreibenden im Sinne des § 34c Absatz 1 Satz 1 Nummer 3 der Gewerbeordnung müssen zusätzlich zu den Angaben nach Absatz 2 folgende Angaben ersichtlich sein, soweit sie im Einzelfall in Betracht kommen,

1. bei Bauvorhaben, die ganz oder teilweise zur Veräußerung bestimmt sind: Lage und Größe des Baugrundstücks, das Bauvorhaben mit den von der Bauaufsicht genehmigten Plänen nebst Baubeschreibung, sofern das Bauvorhaben nicht genehmigungspflichtig ist, neben den vorerwähnten Plänen und der Baubeschreibung die Bestätigung der Behörde oder des Gewerbetreibenden gemäß § 3 Abs. 1 Satz 1 Nr. 4 Buchstabe a oder b, der Zeitpunkt der Fertigstellung, die Kaufsache, die Kaufpreisforderung, die Belastungen, die Finanzierung, soweit sie nicht vom Erwerber erbracht werden soll;

2. bei Bauvorhaben, die ganz oder teilweise vermietet, verpachtet oder in anderer Weise zur Nutzung überlassen werden sollen: Lage und Größe des Baugrundstücks, das Bauvorhaben mit den von der Bauaufsicht genehmigten Plänen nebst Baubeschreibung, sofern das Bauvorhaben nicht genehmigungspflichtig ist, neben den vorerwähnten Plänen und der Baubeschreibung die Bestätigung der Behörde oder des Gewerbetreibenden gemäß § 3 Abs. 1 Satz 1 Nr. 4 Buchstabe a oder b, der Zeitpunkt der Fertigstellung, der Vertragsgegenstand, die Miet-, Pacht- oder sonstige Forderung, die darüber hinaus zu erbringenden laufenden Leistungen und die etwaigen einmaligen Leistungen, die nicht zur Vorbereitung oder Durchführung des Bauvorhabens verwendet werden sollen;

3. bei Bauvorhaben, die der Gewerbetreibende als Baubetreuer wirtschaftlich vorbereiten oder durchführen soll: Lage und Größe des Baugrundstücks, das Bauvorhaben mit Plänen und Baubeschreibung, der Zeitpunkt der Fertigstellung, die veranschlagten Kosten, die Kostenobergrenze und die von dem Gewerbetreibenden bei Dritten zu beschaffende Finanzierung.

(5) Aus den Aufzeichnungen, Unterlagen und Belegen sämtlicher Gewerbetreibender müssen ferner ersichtlich sein, soweit dies im Einzelfall in Betracht kommt,

1. Art und Höhe der Vermögenswerte des Auftraggebers, die der Gewerbetreibende zur Ausführung des Auftrages erhalten hat oder zu deren Verwendung er ermächtigt wurde,
2. das für die Vermittler- oder Nachweistätigkeit oder für die Tätigkeit als Baubetreuer vom Auftraggeber entrichtete Entgelt,
3. eine Bestätigung des Auftraggebers über die Aushändigung der in § 2 Abs. 4 Satz 3 bezeichneten Unterlagen,
4. Kopie der Bürgschaftsurkunde und des Versicherungsscheins,
5. Verwendungen von Vermögenswerten des Auftraggebers durch den Gewerbetreibenden nach Tag und Höhe, in den Fällen des § 2 Abs. 5 Satz 2 auch eine Bestätigung des Auftraggebers darüber, daß ihm die ordnungsgemäße Verwendung der Teilbeträge nachgewiesen worden ist,
6. Tag und Grund der Auftragsbeendigung,
7. Tag der Beendigung des Bürgschaftsvertrages und der Versicherung,
8. die in § 7 Abs. 2 erwähnten Unterlagen,
9. Nachweis, daß dem Auftraggeber die in § 11 bezeichneten Angaben rechtzeitig und vollständig mitgeteilt worden sind.

(6) Sonstige Vorschriften über Aufzeichnungs- und Buchführungspflichten des Gewerbetreibenden bleiben unberührt.

§ 11
Informationspflicht und Werbung

Der Gewerbetreibende hat dem Auftraggeber schriftlich und in deutscher Sprache folgende Angaben mitzuteilen, soweit sie im Einzelfall in Betracht kommen:

1. in den Fällen des § 34c Absatz 1 Satz 1 Nummer 1 der Gewerbeordnung
   a) unmittelbar nach der Annahme des Auftrags die in § 10 Absatz 2 Nummer 2 Buchstabe a und f genannten Angaben und
   b) spätestens bei Aufnahme der Vertragsverhandungen über den vermittelten oder nachgewiesenen Vertragsgegenstand die in § 10 Absatz 2 Nummer 2 Buchstabe b bis e und Absatz 3 Nummer 1 bis 3 genannten Angaben,
2. in den Fällen des § 34c Absatz 1 Satz 1 Nummer 3 der Gewerbeordnung spätestens bis zur Annahme des Auftrages die in § 10 Absatz 2 Nummer 2 und Absatz 4 genannten Angaben; vor diesem Zeitpunkt hat der Gewerbetreibende dem Auftraggeber die Angaben zu machen, die zur Beurteilung des Auftrags nach dem jeweiligen Verhandlungsstand erforderlich sind; im Fall des § 10 Absatz 4 Nummer 3 entfällt die Verpflichtung, soweit die Angaben vom Auftraggeber stammen.

Ist der Auftraggeber eine natürliche Person, kann er die Übermittlung der Angaben in der Amtssprache eines Mitgliedstaates der Europäischen Union oder eines Vertragsstaates des Abkommens über den Europäischen Wirtschaftsraum verlangen, wenn er in diesem Mitgliedsstaat oder Vertragsstaat seinen Wohnsitz hat.

§ 12
Unzulässigkeit abweichender Vereinbarungen

Der Gewerbetreibende darf seine Verpflichtungen nach den §§ 2 bis 8 sowie die nach § 2 Abs. 1 zu sichernden Schadensersatzansprüche des Auftraggebers durch vertragliche Vereinbarung weder ausschließen noch beschränken.

§ 13

(weggefallen)

§ 14
Aufbewahrung

(1) Die in § 10 bezeichneten Geschäftsunterlagen sind 5 Jahre in den Geschäftsräumen aufzubewahren. Die Aufbewahrungsfrist beginnt mit dem Schluss des Kalenderjahres, in dem der letzte aufzeichnungspflichtige Vorgang für den jeweiligen Auftrag angefallen ist. Vorschriften, die eine längere Frist bestimmen, bleiben unberührt.

(2) Die nach Absatz 1 aufzubewahrenden Unterlagen können auch in Form einer verkleinerten Wiedergabe aufbewahrt werden, wenn gesichert ist, daß die Wiedergabe mit der Urschrift übereinstimmt. Der Gewerbetreibende hat auf Verlangen der zuständigen Behörde auf seine Kosten die erforderliche Anzahl ohne Hilfsmittel lesbarer Reproduktionen vorzulegen; bei Ermittlungen oder Prüfungen in den Geschäftsräumen sind für verkleinerte Wiedergaben die erforderlichen Lesegeräte bereitzuhalten.

§ 15

(weggefallen)

§ 16
Prüfungen

(1) Gewerbetreibende im Sinne des § 34c Absatz 1 Satz 1 Nummer 3 der Gewerbeordnung haben auf ihre Kosten die Einhaltung der sich aus den §§ 2 bis 14 ergebenden Verpflichtungen für jedes Kalenderjahr durch einen geeigneten Prüfer prüfen zu lassen und der zuständigen Behörde den Prüfungsbericht bis spätestens zum 31. Dezember des darauffolgenden Jahres zu übermitteln. Sofern der Gewerbetreibende im Berichtszeitraum keine nach § 34c Abs. 1 Satz 1 der Gewerbeordnung erlaubnispflichtige Tätigkeit ausgeübt hat, hat er spätestens bis zu dem in Satz 1 genannten Termin anstelle des Prüfungsberichts eine entsprechende Erklärung zu übermitteln. Der Prüfungsbericht muß einen Vermerk darüber enthalten, ob Verstöße des Gewerbetreibenden festgestellt worden sind. Verstöße sind in dem Vermerk aufzuzeigen. Der Prüfer hat den Vermerk mit Angabe von Ort und Datum zu unterzeichnen.

(2) Die zuständige Behörde ist befugt, Gewerbetreibende im Sinne des § 34c Abs. 1 der Gewerbeordnung auf deren Kosten aus besonderem Anlaß im Rahmen einer außerordentlichen Prüfung durch einen geeigneten Prüfer überprüfen zu lassen. Der Prüfer wird von der zuständigen Behörde bestimmt. Absatz 1 Satz 3 bis 5 gilt entsprechend.

(3) Geeignete Prüfer sind

1. Wirtschaftsprüfer, vereidigte Buchprüfer, Wirtschaftsprüfungs- und Buchprüfungsgesellschaften,
2. Prüfungsverbände, zu deren gesetzlichem oder satzungsmäßigem Zweck die regelmäßige und außerordentliche Prüfung ihrer Mitglieder gehört, sofern
   a) von ihren gesetzlichen Vertretern mindestens einer Wirtschaftsprüfer ist,
   b) sie die Voraussetzungen des § 63b Abs. 5 des Gesetzes betreffend die Erwerbs- und Wirtschaftsgenossenschaften erfüllen oder
   c) sie sich für ihre Prüfungstätigkeit selbstständiger Wirtschaftsprüfer oder vereidigter Buchprüfer oder einer Wirtschaftsprüfungs- oder Buchprüfungsgesellschaft bedienen.

Bei Gewerbetreibenden im Sinne des § 34c Absatz 1 Satz 1 Nummer. 1 und 2 der Gewerbeordnung können mit der Prüfung nach Absatz 2 auch andere Personen, die öffentlich bestellt oder zugelassen worden sind und die auf Grund ihrer Vorbildung und Erfahrung in der Lage sind, eine ordnungsgemäße Prüfung in dem jeweiligen Gewerbebetrieb durchzuführen, sowie deren Zusammenschlüsse betraut werden. § 13a Absatz 1 und 2 Satz 1 und 2, Absatz 5 bis 7 der Gewerbeordnung gilt für die in Satz 2 genannten Personen, die mit der Prüfung betraut werden können, entsprechend. Ungeeignet für eine Prüfung sind Personen, bei denen die Besorgnis der Befangenheit besteht.

§ 17
Rechte und Pflichten der an der Prüfung Beteiligten

(1) Der Gewerbetreibende hat dem Prüfer die Einsicht in die Bücher, Aufzeichnungen und Unterlagen zu gestatten. Er hat ihm alle Aufklärungen und Nachweise zu geben, die der Prüfer für eine sorgfältige Prüfung benötigt.

(2) Der Prüfer ist zur gewissenhaften und unparteiischen Prüfung und zur Verschwiegenheit verpflichtet. Er darf nicht unbefugt Geschäfts- und Betriebsgeheimnisse verwerten, die er bei seiner Tätigkeit erfahren hat. Ein Prüfer, der vorsätzlich oder fahrlässig seine Pflichten verletzt, ist dem Gewerbetreibenden zum Ersatz des daraus entstehenden Schadens verpflichtet. Mehrere Personen haften als Gesamtschuldner.

§ 18
Ordnungswidrigkeiten

(1) Ordnungswidrig im Sinne des § 144 Abs. 2 Nr. 6 der Gewerbeordnung handelt, wer

1. Vermögenswerte des Auftraggebers annimmt oder sich zu deren Verwendung ermächtigen läßt, bevor er
   a) nach § 2 Abs. 1 Sicherheit geleistet oder eine Versicherung abgeschlossen oder
   b) die in § 2 Abs. 4 Satz 3 bezeichneten Urkunden ausgehändigt hat,
2. entgegen § 2 Abs. 5, auch in Verbindung mit § 7 Abs. 1 Satz 2, oder § 7 Abs. 1 Satz 3 die Sicherheit oder Versicherung nicht aufrechterhält,
3. einer Vorschrift des § 3 über die Entgegennahme oder die Ermächtigung zur Verwendung von Vermögenswerten des Auftraggebers zuwiderhandelt,
4. einer Vorschrift des § 4 über die Verwendung von Vermögenswerten des Auftraggebers zuwiderhandelt,

5. einer Vorschrift des § 6 Abs. 1, Abs. 2 Satz 1 oder 2, Abs. 3 Satz 1 oder Abs. 3 Satz 2 in Verbindung mit Abs. 2 Satz 2 über die getrennte Vermögensverwaltung zuwiderhandelt,
6. entgegen § 9 die Anzeige nicht, nicht richtig, nicht vollständig oder nicht rechtzeitig erstattet,
7. entgegen § 10 Abs. 1 bis 5 erforderliche Aufzeichnungen nicht, nicht richtig, nicht vollständig, nicht ordnungsgemäß oder nicht rechtzeitig macht oder Unterlagen oder Belege nicht oder nicht übersichtlich sammelt,
8. entgegen § 11 Satz 1 Nummer 1 oder 2 dem Auftraggeber die dort bezeichneten Angaben nicht, nicht richtig, nicht vollständig oder nicht rechtzeitig mitteilt,
9. (weggefallen)
10. entgegen § 14 Abs. 1 Satz 1 Geschäftsunterlagen nicht während der vorgeschriebenen Frist aufbewahrt,
11. (weggefallen)
12. entgegen § 16 Abs. 1 Satz 1 oder 2 einen Prüfungsbericht nicht, nicht richtig, nicht vollständig oder nicht rechtzeitig oder eine dort genannte Erklärung nicht, nicht richtig oder nicht rechtzeitig vorlegt oder
13. den Duldungs- oder Mitwirkungspflichten des § 17 Abs. 1 nicht, nicht ausreichend oder nicht rechtzeitig nachkommt.

(2) Ordnungswidrig im Sinne des § 145 Abs. 2 Nr. 9 der Gewerbeordnung handelt, wer vorsätzlich oder fahrlässig eine in Absatz 1 bezeichnete Handlung in Ausübung eines Reisegewerbes begeht.

(3) Ordnungswidrig im Sinne des § 146 Abs. 2 Nr. 11a der Gewerbeordnung handelt, wer vorsätzlich oder fahrlässig eine in Absatz 1 bezeichnete Handlung in Ausübung eines Messe-, Ausstellungs- oder Marktgewerbes begeht.

§ 19
Anwendung bei grenzüberschreitender Dienstleistungserbringung

(1) Üben Gewerbetreibende von einer Niederlassung in einem anderen Mitgliedstaat der Europäischen Union oder einem anderen Vertragsstaat des Abkommens über den Europäischen Wirtschaftsraum aus im Geltungsbereich dieser Verordnung vorübergehend selbständig gewerbsmäßig eine Tätigkeit nach § 34c Absatz 1 Satz 1 Nummer 1 oder Nummer 3 der Gewerbeordnung aus, sind die §§ 8 bis 11, 14 bis 17, 18 Absatz 1 Nummer 6 bis 13, jeweils auch in Verbindung mit § 18 Absatz 2 und 3, insoweit nicht anwendbar. § 4 Absatz 2 der Gewerbeordnung gilt entsprechend.

(2) In den Fällen des § 34c Absatz 1 Satz 1 Nummer 1 oder Nummer 3 der Gewerbeordnung sind die §§ 2, 4 bis 8, 10 bis 18 Absatz 1 Nummer 1, 2, 4, 5 und 7 bis 13, jeweils auch in Verbindung mit § 18 Absatz 2 und 3, auch anzuwenden, wenn der im Inland niedergelassene Gewerbetreibende die Dienstleistungsfreiheit in einem anderen Mitgliedstaat der Europäischen Union oder einem anderen Vertragsstaat des Abkommens über den Europäischen Wirtschaftsraum in Anspruch nimmt und dort vorübergehend selbständig gewerbsmäßig tätig wird.

§ 20
Übergangsvorschriften

Gewerbetreibende, die Vermögenswerte des Auftraggebers nach den §§ 3 oder 7 Abs. 1 in der bis zum 28. Februar 1991 geltenden Fassung abzusichern haben, können die Verträge weiterhin nach diesen Vorschriften abwickeln.

§ 21
Berlin-Klausel

(gegenstandslos)

§ 22
Inkrafttreten

(Inkrafttreten)

V. Gesetz über die Sicherung der Bauforderungen (BauFordSiG)

1. Einführung

Das ursprünglich aus dem Jahr 1909 stammende Gesetz führte jahrzehntelang ein Schattendasein. Erst die angespannte wirtschaftliche Lage auf dem Bausektor führte zu seiner „Wiederentdeckung“ Auf Initiative des Bundesrats wurde das Gesetz dann 2008 novelliert[1]. Anlass war, dass vor allem Handwerker und mittelständische Unternehmen des Baugewerbes in den neuen Bundesländern seit längerer Zeit erhebliche Forderungsausfälle und daraus resultierende teilweise existenzbedrohende Liquiditätsschwierigkeiten beklagt hatten.[2] Durch das Forderungssicherungsgesetz erhielt das Gesetz über die Sicherung der Bauforderungen seinen heutigen amtlichen Kurztitel. Die bedeutendste inhaltliche Änderung war eine erhebliche Ausweitung des Baugeldbegriffs in § 1 Abs. 3 BauFordSiG und damit des Anwendungsbereichs des Gesetzes. Es sollten nun alle Gelder von der Baugeldverwendungspflicht erfasst werden, die ein Unternehmer in der Kette nach dem Bauherrn erhält, auch Eigenmittel.[3] Das Gesetz wurde außerdem etwas entrümpelt und im Hinblick auf die heute einzig interessante Haftungsregelung aktualisiert. Das BauFordSiG gibt nämlich die Möglichkeit eines Haftungsdurchgriffs auf den Geschäftsführer oder Vorstand eines Generalunternehmers oder Bauträgers, sofern dieser Baugeldempfänger im Sinne des Gesetzes ist.[4]

2. Verwendungspflicht für Baugeld

Nach § 1 BauFordSiG ist der Empfänger von Baugeld verpflichtet, das Baugeld zur Befriedigung der an der Herstellung des Baus beteiligten Unternehmer zu verwenden. Das Gesetz gilt somit auch für Umbauleistungen. Geschützt werden ausdrücklich auch Unternehmer, die an der Herstellung/dem Umbau aufgrund eines Kaufvertrags beteiligt sind. Ferner wird klargestellt, dass die Verpflichtung zur ordnungsgemäßen Verwendung von Baugeld auch von einem Baubetreuer zu erfüllen ist, der bei der Betreuung des Bauvorhabens zur Verfügung über die Finanzierungsmittel des Bestellers ermächtigt ist.

Die entscheidenden Veränderungen gegenüber der alten Gesetzesfassung wurde in § 1 Abs. 3 BauFordSiG vorgenommen, indem die Definition des Begriffs Baugeld erweitert wurde. Das Baugeld umfasst im Ausgangspunkt solche Gelder, die grundpfandrechtlich gesichert sind. Diese Eingrenzung soll nach dem gesetzgeberischen Willen ausdrücklich aufrechterhalten werden.[5] Das BauFordSiG soll einen Ausgleich dafür geben, dass eine

---

1 Durch Artikel 3 des Gesetzes zur Sicherung von Werkunternehmeransprüchen und zur verbesserten Durchsetzung von Forderungen (Forderungssicherungsgesetz – FoSiG) vom 23. Oktober 2008, BGBl I S. 2022, berichtigt in BGBl I S. 2582.
2 vgl. BT-Drs. 16/511, S. 1, 11.
3 vgl. BT-Drs. 16/511, S. 23.
4 Näheres dazu Leinemann, NJW 2008, 3745.
5 BT-Drucks. 16/511, S. 23.

mögliche Bauhandwerkersicherungshypothek zugunsten des Unternehmers nach § 648 BGB wegen vorrangiger Grundpfandrechte anderer Kreditgeber im Rang zurücksteht und deshalb im Insolvenzfall wertlos werden könnte.

Nach § 1 Abs. 2 Ziff. 2 BauFordSiG sind Baugelder aber auch solche Geldbeträge, die der Empfänger von einem Dritten für eine im Zusammenhang mit der Herstellung des Baus oder Umbaus stehende Leistung, die der Empfänger dem Dritten versprochen hat, erhalten hat, wenn an dieser Leistung andere Unternehmer aufgrund eines Werk-, Dienst- oder Kaufvertrags beteiligt waren. Das Baugeld des Bauherrn verliert seinen Charakter auch dann nicht, wenn es an einen Generalunternehmer oder Bauträger gezahlt wird und von diesem an Nachunternehmer, gegebenenfalls dann wieder an weitere Nach-Nachunternehmer als Vergütung fließt. Seit dem 1.1.2009 sind alle Gelder Baugeld im Sinne des Gesetzes, die ein Unternehmer in der Kette nach dem Bauherrn für Leistungen an dessen Baumaßnahme erhält, und zwar auch Eigenmittel des Dritten.[6] Es kommt also nicht mehr darauf an, ob der Generalunternehmer seine Zahlung vom Bauherrn aus dem dinglich gesicherten Kreditverhältnis[7] und/oder aus Eigenmitteln erhalten hat. Entscheidend ist nur, dass der Generalunternehmer Zahlungen von seinem Auftraggeber für den Bau erhalten hat, um dieses Geld insgesamt im Verhältnis zu seinen Nachunternehmern zu Baugeld im Sinne von § 1 Abs. 1 BauFordSiG werden zu lassen.

Die Neufassung von § 1 Abs. 3 Satz 2 BauFordSiG enthält dann eine nähere Erläuterung des Begriffs der Beträge, die zum Zweck der Bestreitung der Kosten eines Baus oder Umbaus gewährt werden. Hierunter fallen insbesondere Abschlagszahlungen und andere Zahlungen, deren Auszahlung ohne nähere Bestimmung des Zwecks der Verwendung nach Maßgabe des Fortschrittes des Baus oder Umbaus erfolgen soll.

Mit der Schaffung eines neuen Absatzes 4 wurde schließlich noch zur Erleichterung der Beweisführung klargestellt, dass der Empfänger des Baugeldes die Beweislast dafür trägt, ob es sich bei dem von ihm vereinnahmten Geld um Baugeld handelt oder nicht. Damit soll dem Gläubiger die Durchsetzung eines Schadensersatzanspruchs erleichtert werden, der sich auf § 823 Abs. 2 BGB i.V.m. § 1 Abs. 1 BauFordSiG als Schutzgesetz stützt. Nach der allgemeinen Beweislastregelung müsste der Anspruchsteller die Eigenschaft als Baugeld und die zweckwidrige Verwendung darlegen, was häufig kaum möglich ist. Deshalb ist zur Erleichterung der Anspruchsdurchsetzung die Beweislast hier umgekehrt worden. Weil der bisherige § 2 BauFordSiG aufgehoben wurde, wird eine allgemeine Beweislastregel durch den neuen § 1 Abs. 4 BauFordSiG eingeführt. Bisher war die Beweislastumkehr an die unterbliebene Führung eines so genannten Baubuchs geknüpft und war in dem nun aufgehobenen § 2 BauFordSiG enthalten.[8] Ein Baubuch muss damit künftig auch nicht mehr geführt werden.

---

6 BT-Drucks. 16/511, S. 23.

7 Die Baugeldverwendungspflicht erstreckt sich jedoch nicht auf bewilligte Darlehensbeträge, auf deren Auszahlung zwar ein fälliger und durchsetzbarer Anspruch des Darlehensnehmers besteht, die aber von ihm nicht abgerufen werden, .BGH, Urteil vom 20.12.2012 – VII ZR 187/11.

8 BGH, BauR 1987, 229, 231.

3. Schadensersatzanspruch gegen den Baugeldempfänger

Der Baugeldempfänger, der das Baugeld zweckwidrig verwendet, macht sich gemäß § 823 Abs. 2 BGB i.V.m. § 1 Abs. 1 BauFordSiG gegenüber den Baubeteiligten schadensersatzpflichtig. Der Schadensersatzanspruch aus §§ 823 Abs. 2 BGB, 1 Abs. 1 S. 1 BauFordSiG wegen der nicht ordnungsgemäßen Verwendung von Baugeld richtet sich auch gegen den faktischen Geschäftsführer einer GmbH.[9] Das Baugeld darf also insbesondere nicht zur Deckung der eigenen allgemeinen Unkosten oder zur Tilgung anderweitiger Verbindlichkeiten verwendet werden. Dem Empfänger ist der Zugriff auf das Baugeld zwar nicht verwehrt, wenn er durch eigene Leistungen selbst Baubeteiligter ist, doch ist die Bestimmung des § 1 Abs. 1 Satz 2 BauFordSiG insofern zu beachten.

Gemäß 1 Abs. 4 BauFordSiG trägt im Rahmen eines Prozesses der Empfänger des Baugeldes die Beweislast dafür, ob es sich bei dem von ihm vereinnahmten Geld um Baugeld handelt. Er hat anhand geeigneter Belege nachzuweisen, dass er das empfangene Baugeld zweckentsprechend verwendet hat.[10] Mit dieser Beweislastverteilung soll grundsätzlich dem Gläubiger die Durchsetzung eines Schadensersatzanspruches erleichtert werden.

Geschützt ist der einzelne Baubeteiligte allerdings nur dann, wenn das Baugeld seiner Bestimmung nach ihm zugute kommen sollte. Weiterhin ist der Baugeldempfänger nicht verpflichtet, bei der Verwendung von Baugeld eine bestimmte Reihenfolge der Baugeldempfänger zu beachten oder diese anteilig zu befriedigen.[11] Alleine die Tatsache, dass ein werkvertraglicher Anspruch eines Subunternehmers nicht befriedigt worden ist, lässt daher noch nicht den Schluss zu, dass der den Subunternehmer beauftragende Generalunternehmer in diesem Umfang Baugeld zweckwidrig verwendet hat.

Schließlich ist entgegen dem Wortlaut des § 2 BauFordSiG die Zahlungseinstellung oder die Insolvenz des Empfängers von Baugeld nicht Haftungsvoraussetzung.[12]

4. Strafvorschriften

Die §§ 2, 3 und 6 des bisherigen GSB wurden aufgehoben. Der bisherige § 5 ist nun der neue § 2 BauFordSiG, wobei mit dieser Vorschrift das BauFordSiG auch endet. Es bleibt damit bei den besonderen Strafvorschriften, die das BauFordSiG schon immer vorsah. Es ist eine Freiheitsstrafe bis zu 5 Jahren oder Geldstrafe für den Fall vorgesehen, dass der Baugeldempfänger die Gläubiger gemäß § 1 Abs. 1 BauFordSiG infolge seiner Zahlungseinstellung oder der Eröffnung des Insolvenzverfahrens benachteiligt und die benachteiligenden Handlungen auf einen Verstoß gegen die Vorschriften des § 1 BauFordSiG zurückzuführen sind.

Nach § 2 BauFordSiG macht sich ein Baugeldempfänger strafbar, wenn er infolge Zahlungsunfähigkeit seine Nachunternehmer und Lieferanten nicht mehr aus dem Baugeld

9 KG Berlin, Teilurt. V. 31.01.2017, 21 U 36/14, 21 U 188/14.
10 OLG Jena, Urt. v. 18.04.2012, 7 U 762/11.
11 BGH, NZBau 2001, 445, 446.
12 RGZ 138, 156, 159.

bezahlen kann. Weil nach dem neu gefassten § 1 Abs. 3 BauFordSiG alle Zahlungen eines Auftraggebers an den Unternehmer als „Baugeld" eingestuft werden, wenn der Empfänger in irgendeiner Form Nachunternehmer oder auch Baustofflieferanten eingeschaltet hat und somit eine Leistungskette entsteht, kann dieser Straftatbestand jetzt sehr schnell gegeben sein, insbesondere auch bei einem Generalunternehmer.[13] Eine automatische Strafbarkeit der Verantwortlichen eines insolvent gewordenen Bauunternehmens kann allerdings nicht gewollt sein und würde auch eine grundgesetzwidrige Diskriminierung einer ganzen Branche darstellen.

Der Begriff des Baugelds ist bewusst ausgeweitet worden, um die Vergütung der Nachunternehmer und Lieferanten zu schützen. Aber: Eine Strafbarkeit des Baugeldempfängers kommt von vornherein nur in Betracht, wenn er tatsächlich zahlungsunfähig ist und seine Vertragspartner nicht mehr bezahlen kann. Ein Unternehmen, das seine Zahlungsströme wie üblich im normalen Geschäftsverlauf steuert, auch z.B. in einem „Cash-pool", macht sich damit noch nicht strafbar, solange die Zahlungsfähigkeit erhalten bleibt.

Entgegen den Forderungen der Bauwirtschaft ist die Separierungspflicht für alle Baugeldempfänger entsprechend der geltenden Fassung des BauFordSiG erhalten geblieben. Am 3.8.2009 wurde das Änderungsgesetz zum BauFordSiG im Bundesgesetzblatt veröffentlicht. Es trat am 4.8.2009 in Kraft. Nun darf die Eigenquote, die der Baugeldempfänger für von ihm selbst erbrachte Leistungen behalten darf, statt bisher 50 % jetzt 100 % betragen. Erhaltene Zahlungen für alle übrigen Leistungen soll der Baugeldempfänger nicht wie sein eigenes Vermögen behandeln dürfen, so dass teilweise empfohlen wird, ein separates Konto einzurichten, auf dem alle Baugelder gehalten werden, die noch zur Befriedigung von Baugeldgläubigern dienen sollen. Ob das kaufmännisch für alle Unternehmen angesichts der knappen Margen möglich ist, darf bezweifelt werden. Damit entsteht derzeit ein echtes Dilemma: Viele Unternehmen müssen zur Aufrechterhaltung ihrer Liquidität gegen § 1 Abs. 1 BauFordSiG verstoßen. Die Verantwortlichen sind dann aber nahezu automatisch strafbar, falls ihr Unternehmen insolvent wird und einzelne Baugeldgläubiger mit ihren Forderungen ausfallen. Gerät ein Unternehmen in die Krise, muss sofort der Geldbestand geordnet und Baugeld auf ein Treuhandkonto transferiert werden. Das gilt übrigens auch für Kleinunternehmer und Handwerker, denn auch sie erhalten Baugeld und müssen Lieferanten ebenso wie evtl. Nachunternehmer bezahlen.

Faktisch ist somit ein Sonderstrafrecht für Bauunternehmen eingeführt worden. Jeder Vorstand oder Geschäftsführer eines Bauunternehmens ist ab sofort strafbar, wenn sein insolventes Unternehmen Baugeldgläubiger nicht mehr bezahlen kann. Der Hauptverband der Deutschen Bauindustrie hat dazu ein Rechtsgutachten der Professoren Paulus und Battis anfertigen lassen, das Zweifel an der Verfassungsmäßigkeit des BauFordSiG erhebt und eine Gesetzeskorrektur fordert.[14] Eine solche steht nach wie vor aus, da das Bundesverfassungsgericht mit Beschluss vom 27.01.2011 (Az.: 1 BvR 3222/09) entschieden hat, dass das Bauforderungssicherungsgesetz verfassungsgemäß ist, wobei dem Gesetzgeber auch

13 OLG Brandenburg, Urt. v. 16.11.2011, 4 U 202/10.

14 Rechtsgutachten über die Praxistauglichkeit und Rechtmäßigkeit des BauFordSiG aus wirtschafts-, insolvenz- und verfassungsrechtlicher Sicht, zu beziehen über den Hauptverband der Deutschen Bauindustrie in Berlin.

die Pflicht zur Beobachtung der weiteren Entwicklung der Bauwirtschaft und erforderlichenfalls eine Anpassung des Gesetzes aufgegeben wurde.

Im Ergebnis wird das BauFordSiG damit zu einem durchaus interessanten Instrument insbesondere der Handwerker und Nachunternehmer von Bauträgern und Generalunternehmern ausgebaut. Zwar entsteht keine echte Sicherheit in dem Sinne, dass ein direkter Zugriff auf das Schuldnervermögen geschaffen wurde. Allerdings kann ein mit seinen Forderungen ausgefallener Nachunternehmer oder Lieferant für die handelnden Personen auf Auftraggeberseite auch dann noch einige Unannehmlichkeiten verursachen, wenn diese bereit sind, ihr bisheriges Unternehmen in Insolvenz verfallen zu lassen. Infolge des Schutzcharakters von § 1 BauFordSiG, aber auch des Straftatbestandes nach § 2 BauFordSiG bestehen i. V. m. § 823 Abs. 2 und der neu eingeführten Beweiserleichterung für die Verwendung des Baugeldes durchaus effektive Instrumente, um Gaunereien zu Lasten von Nachunternehmern und Handwerksbetrieben nicht nur strafrechtlich, sondern auch zivilrechtlich in Form einer persönlichen Haftung der handelnden Geschäftsführer und Vorstände zu ahnden.

VI. Die Baustellenverordnung und ergänzende Arbeitsschutzregelungen

1. Einführung

Beschäftigte im Baubereich sind einem besonders hohen Unfall- und Gesundheitsrisiko ausgesetzt. Diesem Umstand hat der Gesetzgeber Rechnung getragen, indem er bauspezifische und allgemeine, für den Baubereich aber teils ebenfalls relevante, Schutzregelungen für Arbeitnehmer in Kraft gesetzt hat. Näher einzugehen ist in diesem Zusammenhang zunächst auf die Baustellenverordnung als hier spezielle arbeitsschutzrechtliche Regelung. Anschließend wird die neue, im Jahr 2015 erlassene Verordnung über Sicherheit und Gesundheitsschutz bei der Verwendung von Arbeitsmitteln zu behandeln sein.

2. Die Baustellenverordnung

Zur Verbesserung der Sicherheit und des Gesundheitsschutzes der Beschäftigten auf Baustellen hat die Bundesregierung im Juni 1998 die Verordnung über Sicherheit und Gesundheitsschutz auf Baustellen (Baustellenverordnung, – BaustellV –)[1] erlassen. Die Verordnung dient in Verbindung mit dem Arbeitsschutzgesetz der Umsetzung der EG-Richtlinie 92/57/EWG des Rates vom 24.6.1992 über die auf zeitlich begrenzte oder ortsveränderliche Baustellen anzuwendenden Mindestvorschriften für die Sicherheit und den Gesundheitsschutz.[2] Die Bestimmungen dieser EG-Richtlinie fanden sich teilweise bereits vor Erlass der Baustellenverordnung im deutschen Arbeitsschutzrecht wieder. Mit der Baustellenverordnung waren noch vorhandene Lücken zu schließen. Die hierzu erlassenen Regelungen weisen im Kern folgende Inhalte auf:

- die Verpflichtung zur Übermittlung einer Vorankündigung gegenüber der zuständigen Behörde bei größeren Baustellen;
- die Erstellung eines Sicherheits- und Gesundheitsschutzplans bei größeren Baustellen und/oder bei besonders gefährlichen Arbeiten;
- die Bestellung eines Koordinators, wenn mehrere Arbeitgeber auf der Baustelle tätig werden[3].

Die Verordnung folgt weitgehend der Leitregel, dass der Umfang der Pflichten zur Durchführung konkreter Arbeitsschutzmaßnahmen vom Umfang des jeweiligen Bauvorhabens abhängt. Damit sollen unverhältnismäßige Belastungen des Bauherren ausgeschlossen werden. Eine Ausnahme bilden allerdings die allgemeinen Grundsätze nach § 4 des Arbeitsschutzgesetzes (ArbSchG), die bereits bei der Planung der Ausführung eines Bauvor-

---

1 Baustellenverordnung vom 10. Juni 1998 (BGBl. I S. 1283), die zuletzt durch Artikel 27 des Gesetzes vom 27. Juni 2017 (BGBl. I S. 1966) geändert worden ist.
2 8. Einzelrichtlinie i.S.d. § 16 Abs. 1 der Richtlinie 89/391/EWG, ABl. EG Nr. L 245 S. 6.
3 Hierzu siehe bspw. Bayerischer VGH, Beschluss vom 6. Februar 2013, Aktenzeichen: 22 CS 13.53, Rn. 19 ff.

habens zu berücksichtigen sind, soweit Beschäftigte auf der Baustelle tätig werden. Diese sehen, soweit sie bereits im Planungsstadium relevant sind, Folgendes vor:

1. Die Arbeit ist so zu gestalten, dass eine Gefährdung für Leben und Gesundheit möglichst vermieden und die verbleibende Gefährdung möglichst gering gehalten wird;
2. Gefahren sind an ihrer Quelle zu bekämpfen;
3. bei den Maßnahmen sind der Stand von Technik, Arbeitsmedizin und Hygiene sowie sonstige gesicherte arbeitswissenschaftliche Erkenntnisse zu berücksichtigen;
4. Maßnahmen sind mit dem Ziel zu planen, Technik, Arbeitsorganisation, sonstige Arbeitsbedingungen, soziale Beziehungen und Einfluss der Umwelt auf den Arbeitsplatz sachgerecht zu verknüpfen;
5. individuelle Schutzmaßnahmen sind nachrangig zu anderen Maßnahmen; spezielle Gefahren für besonders schutzbedürftige Beschäftigtengruppen sind zu berücksichtigen.

Neben der Berücksichtigung dieser Grundsätze ist im chronologischen Ablauf des Bauvorhabens zunächst zu prüfen, ob eine Vorankündigung nach § 2 Abs. 2 BaustellV erforderlich ist. Dies ist nur dann der Fall, wenn für jede Baustelle

1. die voraussichtliche Dauer der Arbeit mehr als 30 Arbeitstage beträgt und auf der Baustelle mehr als 20 Beschäftigte gleichzeitig tätig werden oder
2. der Umfang der Arbeiten voraussichtlich 500 Personentage überschreitet.

Der notwendige Inhalt der Vorankündigung ist in Anhang I der BaustellV wiedergegeben. Die Vorankündigung ist nicht nur der zuständigen Behörde (je nach landesrechtlicher Regelung dem Arbeitsschutzamt oder dem Gewerbeaufsichtsamt) zu übermitteln, sondern auch sichtbar auf der Baustelle auszuhängen und bei erheblichen Änderungen anzupassen.

In der Regel kann davon ausgegangen werden, dass zumindest für den Bau eines Einfamilienhauses keine Vorankündigung erforderlich ist. Eine entsprechende Kalkulation sollte trotzdem sorgfältig durchgeführt und auch dokumentiert werden. Für die Anlegung eines insoweit „großzügigen Maßstabs“[4] lässt die Verordnung keinen Raum. Nach europäischem Recht ist die Verwendung präzise definierter Schwellenwerte für die Eröffnung des Anwendungsbereiches rechtlicher Regelungen zulässig. Die gebotene richtlinienkonforme Auslegung der BaustellV lässt deshalb keine abweichende Handhabung zu.

Bereits das fahrlässige Unterlassen der rechtzeitigen Übermittlung einer richtigen und vollständigen Vorankündigung an die zuständige Behörde ist nach § 7 Abs. 1 Nr. 1 BaustellV i. V. m. § 25 ArbSchG als Ordnungswidrigkeit eingestuft, die mit einer Geldbuße bis zu 5.000 Euro geahndet werden kann. Bei vorsätzlicher Begehung können außerdem die Strafvorschriften des § 26 ArbSchG eingreifen.

4 So Kollmer, Baustellenverordnung, § 2 Rn. 48.

Der Sicherheits- und Gesundheitsschutzplan[5] ist immer dann zu erstellen, wenn für eine Baustelle, auf der Beschäftigte mehrerer Arbeitgeber tätig werden, eine Vorankündigung zu übermitteln ist, oder wenn, besonders gefährliche Arbeiten nach Anhang II der BaustellV[6] ausgeführt werden, § 2 Abs. 3 Satz 1 BaustellV. In Hinblick auf die Baupraxis geht heute auch bei großen Bauvorhaben die Verpflichtung zur Erstellung eines Sicherheits- und Gesundheitsschutzplans aufgrund der ersten Alternative zuweilen ins Leere. Erfolgt die Ausführung der gesamten Baumaßnahme mit eigenem Personal, existiert nur ein Arbeitgeber. Entsprechendes gilt für die ARGE, die seit der Grundsatzentscheidung des BGH vom 29.1.2001 über eine eigenständige Rechts- und Parteifähigkeit verfügt.[7] Beschäftigte mehrerer Arbeitgeber sind aber dann tätig, wenn ein Generalübernehmer tätig wird, der nicht mit eigenem Personal, sondern mit Subunternehmern arbeitet. Gleiches gilt für den Totalübernehmer, der neben der gesamten Ausführung auch die Planungsleistungen mit übernommen hat, sowie in dem Fall, in dem Nachunternehmer eingesetzt werden.

In den meisten Fällen ist der Sicherheits- und Gesundheitsschutzplan aber schon aufgrund der zweiten Alternative der Vorschrift, d. h. wegen der Ausführung besonders gefährlicher Arbeiten, erforderlich. Bereits die erste Definition im Anhang II der Verordnung erfasst schon jedes mittelgroße Bauvorhaben. Danach sind besonders gefährliche Arbeiten solche, bei denen die Beschäftigten der Gefahr des Versinkens, des Verschüttetwerdens in Baugruben oder in Gräben mit einer Tiefe von mehr als 5 m oder des Absturzes aus einer Höhe von mehr als 7 m ausgesetzt sind.

Der Plan muss die für die betreffende Baustelle anzuwendenden Arbeitsschutzbestimmungen erkennen lassen und besondere Maßnahmen für die besonders gefährlichen Arbeiten nach Anhang II enthalten. Erforderlichenfalls sind bei der Erstellung des Planes betriebliche Tätigkeiten auf dem Gelände zu berücksichtigen, § 2 Abs. 3 Satz 2 und 3 BaustellV.

Muster bzw. Hinweise für die Erstellung des Sicherheits- und Gesundheitsschutzplanes sind mittlerweile von verschiedenen Seiten entwickelt worden.[8]

Die pflichtwidrige Nichterstellung des Sicherheits- und Gesundheitsplans ist nach § 7 Abs. 1 Nr. 2, Abs. 2 BaustellV ordnungswidrig bzw. strafbar.

Die wohl wichtigste durch die BaustellV eingeführte Neuerung ist der Koordinator. Nach § 3 Satz 1 BaustellV sind für Baustellen, auf denen Beschäftigte mehrerer Arbeitgeber tätig werden, ein oder mehrere geeignete Koordinatoren zu bestellen. Dem Koordinator werden in § 3 Abs. 2 und 3 BaustellV umfassende Aufgaben zugewiesen. Von der Planung der Ausführung bis zur Ausführung hat der Koordinator für die Beachtung der einschlägigen

5 Siehe hierzu den Beschluss des OLG Hamm vom 9. August 2006, Aktenzeichen:1 Ss OWi 417/06, Rn. 50.
6 Anhang II der BaustellV enthält eine abschließende Aufzählung der Arbeiten, die als besonders gefährlich im Sinne der Verordnung eingestuft sind.
7 Ausführlich Leinemann-Brauns, VOB/B Kommentar, §1, Rn. 92.
8 Ausführlich erläutert wird dies in den Regeln zum Arbeitsschutz auf Baustellen (RAB), welche die frühere Erläuterung des BMWA über Sicherheit und Gesundheitsschutz auf Baustellen ersetzen, s. Bekanntmachung des BMWA vom 28. Juni 2004 (IIIB7-34515-3). Die RAB finden sich auf der Website der Berufsgenossenschaft der Bauwirtschaft (www.infopool-bau.de) und der Bundesanstalt für Arbeitsschutz und Arbeitsmedizin (www.baua.de). Zum Rechtscharakter der RAB s. OLG Celle, Beschluss vom 18. September 2013, Aktenzeichen: 322 SsRs 203/13, Rn. 20.

arbeitsschutzrechtlichen Bestimmungen Sorge zu tragen: Während der Planung der Ausführung des Bauvorhabens hat der Koordinator

1. die in § 2 Abs. 1 BaustellV (s.o.) vorgesehenen Maßnahmen zu koordinieren,
2. den Sicherheits- und Gesundheitsschutzplan auszuarbeiten oder ausarbeiten zu lassen und
3. eine Unterlage mit den erforderlichen, bei möglichen späteren Arbeiten an der baulichen Anlage zu berücksichtigenden Angaben zu Sicherheit und Gesundheitsschutz zusammenzustellen.

Während der Ausführung des Bauvorhabens hat der Koordinator

1. die Anwendung der allgemeinen Grundsätze nach § 4 des Arbeitsschutzgesetzes zu koordinieren,
2. darauf zu achten, dass die Arbeitgeber und die Unternehmer ohne Beschäftigte ihre Pflichten nach der Verordnung erfüllen,
3. den Sicherheits- und Gesundheitsschutzplan bei erheblichen Änderungen in der Ausführung des Bauvorhabens anzupassen oder anpassen zu lassen,
4. die Zusammenarbeit der Arbeitgeber zu organisieren und
5. die Überwachung der ordnungsgemäßen Anwendung der Arbeitsverfahren durch die Arbeitgeber zu koordinieren.

Obgleich dieser Pflichtenkatalog eine Regelung der Qualifikationserfordernisse des Koordinators erwarten lässt, hat der Gesetzgeber diese Frage offen gelassen. Dies stellt den Bauherrn vor ein Problem, da er sich mit Rücksicht auf seine Organisationsverantwortung von der Eignung des Koordinators überzeugen muss. Die Ausbildung zum Koordinator wird heute – auf recht unterschiedlichem Niveau – von verschiedenen Trägern angeboten. Bei der Auswahl des geeigneten Koordinators muss der Bauherr dafür sorgen, dass die Qualifikation des Koordinators mit Art und Umfang des Bauvorhabens in Einklang steht.

In den Pflichtenkreis des Bauherren gehören neben der Bestellung des oder der Koordinatoren nach § 4 BaustellV auch die Beachtung der allgemeinen Grundsätze nach § 4 des Arbeitsschutzgesetzes, die Übermittlung der Vorankündigung sowie die Erstellung des Sicherheits- und Gesundheitsschutzplanes. Der Bauherr kann nach dieser Vorschrift allerdings einen Dritten beauftragen, diese Maßnahmen in eigener Verantwortung zu treffen. Insofern ergeben sich nach dem Wortlaut der Verordnung folgende Möglichkeiten:

- Der Bauherr kann die Aufgabe des Koordinators selbst übernehmen[9] bzw. hierzu einen Mitarbeiter seines Betriebes abstellen;
- der Bauherr kann auch einen eigenständigen Koordinator im Rahmen eines Arbeitsvertrages verpflichten, diese Aufgabe wahrzunehmen;

9 Nach der EG-Baustellenrichtlinie ist die Übernahme der Aufgabe des Koordinators durch den Bauherrn nicht vorgesehen. Ausführlich behandeln dieses Problem Rozek/Röhl in BauR 1999, 1394 ff.

- der Bauherr kann einen Dritten beauftragen, die vorgenannten Maßnahmen in eigener Verantwortung zu treffen. Dies bedeutet, dass der Dritte seinerseits einen Koordinator bestellen kann;
- der Bauherr kann diese Aufgabe auch auf den Auftragnehmer delegieren, sodass der Auftragnehmer die Funktion des Koordinators (z. B. durch einen Mitarbeiter eines Unternehmens) selbst ausfüllt;
- auch der Auftragnehmer, dem die Aufgabe des Koordinators übertragen wurde, kann wiederum einen Dritten heranziehen und diesen auf Grund eines Arbeitsvertrages zur Wahrnehmung der Koordinatorentätigkeit verpflichten.

Der zentralen Funktion des Koordinators sind erstaunlicherweise keine klaren Anordnungsbefugnisse zur Seite gestellt. Solche Befugnisse lassen sich auch schwerlich aus der Verpflichtung zur Berücksichtigung der Hinweise des Koordinators nach § 5 BaustellV herleiten, dies widerspräche den verfassungsrechtlichen Anforderungen an eine derartige Eingriffsregelung. Ob es einer solchen ausdrücklichen Anordnungsbefugnis in der Praxis wirklich bedarf, ist fraglich. Der Koordinator kann eine Durchsetzung seiner Hinweise der zu treffenden Arbeitsschutzmaßnahmen über eine entsprechende Anordnung der Arbeitsschutzbehörde bewirken. Nach § 22 Abs. 3 Nr. 1 ArbSchG kann die zuständige Behörde im Einzelfall anordnen, welche Maßnahmen der Arbeitgeber und die verantwortlichen Personen oder die Beschäftigten zur Erfüllung der Pflichten zu treffen haben, die sich aus dem Arbeitsschutzgesetz und den auf Grund dieses Gesetzes erlassenen Rechtsverordnungen ergeben. Bei Nichtbeachtung solcher Anordnungen kann die Behörde die von der Anordnung betroffene Arbeit untersagen. Die Nichtbeachtung von Hinweisen des Koordinators kann außerdem als Verletzung eigener Pflichten Haftungsfolgen auslösen.

Die zivilrechtliche Haftung auf der Baustelle wird durch die Baustellenverordnung nicht grundlegend geändert. Neu ist allerdings die Zuweisung bestimmter Pflichten an den Bauherrn, den „Dritten" im Sinne von § 4 BaustellV sowie den Koordinator. An der Stellung der Arbeitgeber als primär Verantwortliche für die Einhaltung der Arbeitsschutzvorschriften hat die Verordnung nichts geändert. Den Bauherrn treffen nach § 4 BaustellV selbst umfangreiche Pflichten (Beachtung der allgemeinen Grundsätze des ArbSchG, Übermittlung der Vorankündigung usw., s.o.). Er unterliegt damit der uneingeschränkten Haftung für alle Schäden, die durch korrespondierende Pflichtverletzungen entstehen. Die Bauherrenpflichten können nach der Verordnung allerdings in den Verantwortungsbereich eines Dritten – in der Praxis häufig einen an der Planung beteiligten Architekten oder Ingenieur – verlagert werden. Dieser trifft die erforderlichen Maßnahmen dann in eigener Verantwortung.[10] Durch die Beauftragung eines Dritten wird der Bauherr aber nicht vollständig von seiner Haftung befreit, sondern seine Pflichten werden reduziert bzw. verändert. So wird z. B. aus der Pflicht zur Erstellung eines Sicherheits- und Gesundheitsschutzplanes die Pflicht, bei der Übertragung dieser Aufgabe auf einen Dritten dessen hinreichende Eignung zu prüfen.

10 Zur Honorierung des Sicherheits- und Gesundheitsschutz-Koordinators ausführlich Portz in BauR 2002, 1160. Zur Frage, inwieweit ein derartiger Vertrag Schutzwirkungen zugunsten Dritter entfaltet, siehe das insoweit ablehnende Urteil des OLG Hamm vom 9. November 2012, Aktenzeichen:I-9 U 7/11.

Anschließend ist der Bauherr auch noch in einem gewissen Rahmen zur Überwachung des beauftragten Dritten bei der Wahrnehmung der übertragenen Aufgaben verpflichtet, den nun die primäre Verkehrssicherungspflicht trifft. Dass eine haftungsrechtliche Freizeichnung des Bauherren bzw. des von ihm beauftragten Dritten nicht möglich ist, hat der Verordnungsgeber durch eine Änderung der BaustellV im Jahr 2004 endgültig klargestellt: Danach wird der Bauherr oder der von ihm beauftragte Dritte durch die Beauftragung geeigneter Koordinatoren nicht von seiner Verantwortung entbunden.[11] Auch den Koordinator treffen primäre Verkehrssicherungspflichten insoweit, als er im Rahmen seiner Aufgabenerfüllung selbst Maßnahmen veranlasst hat oder hätte veranlassen müssen. Insgesamt dürfte sich die Zuordnung der Haftung noch schwieriger als bisher darstellen. In der Praxis wird es aufgrund der Parallelität bzw. Überschneidung der Pflichten der am Bau Beteiligten selten eindeutige und alleinige Schuldzuweisungen geben. So trifft z. B. zunächst den Koordinator selbst aufgrund seiner Vertragsbeziehungen eine Haftung für die mangelhafte Wahrnehmung seiner Koordinierungspflichten. Auf der anderen Seite können den Bauherrn sowie den/die Arbeitgeber ein erhebliches Mitverschulden bzw. eine erhebliche Mitverursachung treffen. Im Ergebnis werden daher die vom Gericht notfalls festzusetzenden Haftungsquoten der Beteiligten häufiger werden.

3. Die Betriebssicherheitsverordnung

Die erst im Jahr 2015 eingeführte Betriebssicherheitsverordnung (BetrSichV)[12] enthält Arbeitsschutzanforderungen für die Benutzung von Arbeitsmitteln und für den Betrieb überwachungsbedürftiger Anlagen. Sie beinhaltet ein umfassendes Schutzkonzept, das auf alle von Arbeitsmitteln ausgehenden Gefährdungen der Sicherheit und der Gesundheit der Beschäftigten anwendbar ist. Herkömmlicherweise werden auf Baustellen zahlreiche Geräte, Maschinen, Anlagen und Werkzeuge eingesetzt, deren Benutzung mit Gefahren verbunden ist. Die Betriebssicherheitsverordnung soll das Gefährdungspotential hier minimieren. Dies soll nach § 1 Abs. 1 BetrSichV insbesondere erreicht werden durch die Auswahl geeigneter Arbeitsmittel und deren sichere Verwendung, die für den vorgesehenen Verwendungszweck geeignete Gestaltung von Arbeits- und Fertigungsverfahren sowie die Qualifikation und Unterweisung der Beschäftigten.

Grundbausteine des Gesetzes sind eine einheitliche Gefährdungsbeurteilung für die Bereitstellung und Benutzung von Arbeitsmitteln, eine einheitliche sicherheitstechnische Bewertung für den Betrieb überwachungsbedürftiger Anlagen, der Stand der Technik als wesentlicher Sicherheitsmaßstab sowie Mindestanforderungen für die Beschaffenheit von Arbeitsmitteln, soweit sie nicht bereits anderweitig geregelt sind.

Der Arbeitgeber hat vor der Verwendung von Arbeitsmitteln die auftretenden Gefährdungen zu beurteilen (Gefährdungsbeurteilung) und daraus notwendige und geeignete Schutzmaßnahmen abzuleiten, § 2 Abs. 1 Satz 1 BetrSichV. Arbeitsmittel dürfen erst ver-

---

11 Siehe § 3 Abs. 1a (neu) der BaustellV i. d. F. vom 23. Dezember 2004, BGBl. I S. 3816. Die Änderung entspricht inhaltlich der in den Vorauflagen vertretenen Rechtsauffassung der Autoren.

12 Betriebssicherheitsverordnung vom 3. Februar 2015 (BGBl. I S. 49), die durch Artikel 5 Absatz 7 der Verordnung vom 18. Oktober 2017 (BGBl. I S. 3584) geändert worden ist.

wendet werden, nachdem der Arbeitgeber eine Gefährdungsbeurteilung durchgeführt hat, die dabei ermittelten Schutzmaßnahmen nach dem Stand der Technik getroffen hat und festgestellt hat, dass die Verwendung der Arbeitsmittel nach dem Stand der Technik sicher ist, § 4 Abs. 1 BetrSichV. Der Arbeitgeber darf nur solche Arbeitsmittel zur Verfügung stellen und verwenden lassen, die unter Berücksichtigung der vorgesehenen Einsatzbedingungen bei der Verwendung sicher sind, § 5 Abs. 1 Satz 1 BetrSichV. Ferner hat der Arbeitgeber hat dafür zu sorgen, dass die Arbeitsmittel sicher verwendet und dabei die Grundsätze der Ergonomie beachtet werden, § 6 Abs. 1 Satz 1 BetrSichVO. Außerdem enthält das Gesetz ausführliche Prüf- und Unterweisungspflichten. Die einzelnen Pflichten werden in dem Gesetz sehr detailliert konkretisiert.

Hinzuweisen ist auf die umfassende Sanktionierung von Verstößen gegen die BetrSichV. Diese werden in § 22 Abs. 1 BetrSichVO als ordnungswidrig im Sinne des § 25 Absatz 1 Nummer 1 des Arbeitsschutzgesetzes bzw. in § 22 Abs. 2 nach § 39 Absatz 1 Nummer 7 Buchstabe a des Produktsicherheitsgesetzes qualifiziert.

Darüber hinaus macht sich nach § 23 BetrSichVO i.V.m. § 26 Nummer 2 des Arbeitsschutzgesetzes strafbar, wer durch eine in § 22 Absatz 1 bezeichnete vorsätzliche Handlung Leben oder Gesundheit eines Beschäftigten gefährdet. Wer eine in § 22 Absatz 2 bezeichnete vorsätzliche Handlung beharrlich wiederholt oder durch eine solche vorsätzliche Handlung Leben oder Gesundheit eines anderen oder fremde Sachen von bedeutendem Wert gefährdet, ist nach § 40 des Produktsicherheitsgesetzes strafbar.

VII. Gesetz zur Eindämmung illegaler Betätigung im Baugewerbe

1. Einführung

Seit dem 1.1.2002 unterliegen Vergütungen für Bauleistungen, die gegenüber öffentlichen Auftraggebern und Unternehmen im Sinne des Umsatzsteuergesetzes erbracht werden, dem Steuerabzug nach dem Gesetz zur Eindämmung illegaler Betätigung im Baugewerbe.

Die Intention des Gesetzes ist in erster Linie die Sicherung von Steueransprüchen bei Bauleistungen, nachdem es in der Vergangenheit durch Schwarzarbeit am Bau erhebliche Ausfälle beim Steuer- und Sozialversicherungsaufkommen gegeben hatte. Unter Bauleistungen versteht das Gesetz alle Leistungen, die der Herstellung, Instandsetzung oder -haltung, Änderung oder Beseitigung von Bauwerken dienen. Der Begriff des Bauwerks ist weit auszulegen und umfasst nicht nur Gebäude, sondern darüber hinaus auch sonstige aus Baustoffen oder Bauteilen mit baulichem Gerät hergestellte Anlagen. Leistungen von Architekten und Ingenieuren werden von dem Gesetz nicht erfasst, es sei denn, diese werden im Rahmen eines Vertragsverhältnisses erbracht, bei dem die Erbringung von Bauleistungen im Vordergrund steht. Zum Steuerabzug verpflichtet ist der Leistungsempfänger (Auftraggeber), also etwa der Generalübernehmer gegenüber seinen Subunternehmern. Der Auftraggeber ist verpflichtet, von der Vergütung des Auftragnehmers einen pauschalen Satz von 15 % an das Finanzamt abzuführen. Eine Befreiung von dieser Pflicht tritt nur dann ein, wenn entweder im Gesetz definierte Bagatellgrenzen nicht überschritten werden oder der Auftragnehmer eine sogenannte Freistellungsbescheinigung vorlegt. Eine solche Bescheinigung erhält der Auftragnehmer von seinem Finanzamt, sofern er seinen steuerlichen Pflichten in der Vergangenheit nachgekommen ist. Besondere Schärfe erreicht das Gesetz dadurch, dass der Auftraggeber selbst für den nicht oder nicht vollständig abgeführten Abzugsbetrag haftet. Daneben regelt das Gesetz eine Reihe von Fragen, die die Tätigkeit nicht in Deutschland niedergelassener Unternehmen sowie Arbeitnehmer mit Wohnsitz im Ausland betreffen.

2. Gesetz zur Eindämmung illegaler Betätigung im Baugewerbe (Text)

Gesetz zur Eindämmung illegaler Betätigung im Baugewerbe

Vom 30. August 2001 (BGBl. I S. 2267),
zuletzt geändert am 20. Dezember 2001 (BGBl. I S. 3794)

Der Bundestag hat mit Zustimmung des Bundesrates folgendes Gesetz beschlossen:

Inhaltsübersicht

Artikel 1
Änderung der Abgabenordnung

Die Abgabenordnung vom 16. März 1976 (BGBl. I S. 613, 1977 I S. 269), zuletzt geändert durch Artikel 44 des Gesetzes vom 27. Juli 2001 (BGBl. I S. 1887), wird wie folgt geändert:

1. Nach § 20 wird folgender § 20a eingefügt:

„§ 20a
Steuern vom Einkommen bei Bauleistungen

(1) Abweichend von den §§ 19 und 20 ist für die Besteuerung von Unternehmen, die Bauleistungen im Sinne von § 48 Abs. 1 Satz 2 des Einkommensteuergesetzes erbringen, das Finanzamt zuständig, das für die Besteuerung der entsprechenden Umsätze nach § 21 Abs. 1 zuständig ist, wenn der Unternehmer seinen Wohnsitz oder das Unternehmen seine Geschäftsleitung oder seinen Sitz außerhalb des Geltungsbereiches des Gesetzes hat. Das gilt auch abweichend von den §§ 38 bis 42f des Einkommensteuergesetzes beim Steuerabzug vom Arbeitslohn.

(2) Für die Verwaltung der Lohnsteuer in den Fällen der Arbeitnehmerüberlassung durch ausländische Verleiher nach § 38 Abs. 1 Satz 1 Nr. 2 des Einkommensteuergesetzes ist das Finanzamt zuständig, das für die Besteuerung der entsprechenden Umsätze nach § 21 Abs. 1 zuständig ist. Satz 1 gilt nur, wenn die überlassene Person im Baugewerbe eingesetzt ist.

(3) Für die Besteuerung von Personen, die von Unternehmen im Sinne des Absatzes 1 oder 2 im Inland beschäftigt werden, kann abweichend von § 19 das Bundesministerium der Finanzen durch

Rechtsverordnung mit Zustimmung des Bundesrates die örtliche Zuständigkeit einem Finanzamt für den Geltungsbereich des Gesetzes übertragen."

1. § 21 Abs. 1 wird wie folgt geändert:

   a) Satz 2 wird wie folgt gefasst:

      „Das Bundesministerium der Finanzen kann zur Sicherstellung der Besteuerung durch Rechtsverordnung mit Zustimmung des Bundesrates für Unternehmer und Unternehmen, die weder einen Wohnsitz, Sitz, Geschäftsleitung oder gewöhnlichen Aufenthalt im Geltungsbereich dieses Gesetzes haben, die örtliche Zuständigkeit einem Finanzamt für den Geltungsbereich des Gesetzes übertragen."[1]

   b) Satz 3 wird aufgehoben.

1. § 380 wird wie folgt geändert:

   a) In Absatz 2 wird das Wort „zehntausend" durch das Wort „fünfzigtausend" ersetzt.

Artikel 2
Änderung des Steuer-Euroglättungsgesetzes

Artikel 23 Nr. 18 des Steuer-Euroglättungsgesetzes vom 19. Dezember 2000 (BGBl. I S. 1790), das durch Artikel 2 des Gesetzes vom 21. Dezember 2000 (BGBl. I S. 1918) geändert worden ist, wird wie folgt gefasst:

„18. In § 380 Abs. 2 wird die Angabe ‚fünfzigtausend Deutsche Mark' durch die Angabe ‚fünfundzwanzigtausend Euro' ersetzt."

Artikel 3
Änderung der Verordnung über die örtliche Zuständigkeit für die Umsatzsteuer im Ausland ansässiger Unternehmer

Die Verordnung über die örtliche Zuständigkeit für die Umsatzsteuer im Ausland ansässiger Unternehmer vom 21. Februar 1995 (BGBl. I S. 225), zuletzt geändert durch Artikel 20 des Gesetzes vom 22. Dezember 1999 (BGBl. I S. 2601), wird wie folgt geändert:

1. Im Titel wird der Klammerzusatz wie folgt gefasst:

   „(Umsatzsteuerzuständigkeitsverordnung – UStZustVO)".

2. § 1 wird wie folgt geändert:

   a) Der Einleitungssatz in Absatz 1 wird wie folgt gefasst:

      „(1) Für die Umsatzsteuer der Unternehmer im Sinne des § 21 Abs. 1 Satz 2 der Abgabenordnung sind folgende Finanzämter örtlich zuständig:".

---

1 § 21 Abs. 1 Satz 2 AO wurde nunmehr wie folgt geändert : Das Bundesministerium der Finanzen kann zur Sicherstellung der Besteuerung durch Rechtsverordnung mit Zustimmung des Bundesrates für Unternehmer, die Wohnsitz, Sitz oder Geschäftsleitung außerhalb des Geltungsbereiches dieses Gesetzes haben, die örtliche Zuständigkeit einer Finanzbehörde für den Geltungsbereich des Gesetzes übertragen.

b) Nach Absatz 1 wird folgender Absatz 2 angefügt:

„(2) Für die Umsatzsteuer der Unternehmer im Sinne des § 21 Abs. 1 Satz 2 der Abgabenordnung, die nicht von Absatz 1 erfasst werden, ist das Finanzamt Berlin Neukölln-Nord zuständig."

c) Der bisherige Absatz 2 wird Absatz 3.

Artikel 4
Änderung des Einkommensteuergesetzes

Das Einkommensteuergesetz in der Fassung der Bekanntmachung vom 16. April 1997 (BGBl. I S. 821), zuletzt geändert durch Artikel 1 des Gesetzes vom 16. August 2001 (BGBl. I S. 2074), wird wie folgt geändert:

1. Nach Abschnitt VI wird folgender Abschnitt VII eingefügt:

„VII. Steuerabzug bei Bauleistungen

§ 48
Steuerabzug

(1) Erbringt jemand im Inland eine Bauleistung (Leistender) an einen Unternehmer im Sinne des § 2 des Umsatzsteuergesetzes oder an eine juristische Person des öffentlichen Rechts (Leistungsempfänger), ist der Leistungsempfänger verpflichtet, von der Gegenleistung einen Steuerabzug in Höhe von 15 vom Hundert für Rechnung des Leistenden vorzunehmen. Bauleistungen sind alle Leistungen, die der Herstellung, Instandsetzung, Instandhaltung, Änderung oder Beseitigung von Bauwerken dienen. Als Leistender gilt auch derjenige, der über eine Leistung abrechnet, ohne sie erbracht zu haben.

(2) Der Steuerabzug muss nicht vorgenommen werden, wenn der Leistende dem Leistungsempfänger eine im Zeitpunkt der Gegenleistung gültige Freistellungsbescheinigung nach § 48b Abs. 1 Satz 1 vorlegt oder die Gegenleistung im laufenden Kalenderjahr den folgenden Betrag voraussichtlich nicht übersteigen wird:

1. 15 000 Euro, wenn der Leistungsempfänger ausschließlich steuerfreie Umsätze nach § 4 Nr. 12 Satz 1 des Umsatzsteuergesetzes ausführt,
2. 5 000 Euro in den übrigen Fällen.

Für die Ermittlung des Betrags sind die für denselben Leistungsempfänger erbrachten und voraussichtlich zu erbringenden Bauleistungen zusammenzurechnen.

(3) Gegenleistung im Sinne des Absatzes 1 ist das Entgelt zuzüglich Umsatzsteuer.

(4) Wenn der Leistungsempfänger den Steuerabzugsbetrag angemeldet und abgeführt hat,

1. ist § 160 Abs. 1 Satz 1 der Abgabenordnung nicht anzuwenden,
2. sind § 42d Abs. 6 und 8 und § 50a Abs. 7 nicht anzuwenden.

§ 48a
Verfahren

(1) Der Leistungsempfänger hat bis zum 10. Tag nach Ablauf des Monats, in dem die Gegenleistung im Sinne des § 48 erbracht wird, eine Anmeldung nach amtlich vorgeschriebenem Vordruck abzugeben, in der er den Steuerabzug für den Anmeldungszeitraum selbst zu berechnen hat. Der Abzugsbetrag ist am 10. Tag nach Ablauf des Anmeldungszeitraums fällig und an das für den Leistenden zuständige Finanzamt für Rechnung des Leistenden abzuführen. Die Anmeldung des Abzugsbetrags steht einer Steueranmeldung gleich.

(2) Der Leistungsempfänger hat mit dem Leistenden unter Angabe

1. des Namens und der Anschrift des Leistenden,
2. des Rechnungsbetrags, des Rechnungsdatums und des Zahlungstags,
3. der Höhe des Steuerabzugs und
4. des Finanzamts, bei dem der Abzugsbetrag angemeldet worden ist,
5. über den Steuerabzug abzurechnen.

(3) Der Leistungsempfänger haftet für einen nicht oder zu niedrig abgeführten Abzugsbetrag. Der Leistungsempfänger haftet nicht, wenn ihm im Zeitpunkt der Gegenleistung eine Freistellungsbescheinigung (§ 48b) vorgelegen hat, auf deren Rechtmäßigkeit er vertrauen konnte. Er darf insbesondere dann nicht auf eine Freistellungsbescheinigung vertrauen, wenn diese durch unlautere Mittel oder durch falsche Angaben erwirkt wurde und ihm dies bekannt oder infolge grober Fahrlässigkeit nicht bekannt war. Den Haftungsbescheid erlässt das für den Leistenden zuständige Finanzamt.

(4) § 50b gilt entsprechend.

§ 48b
Freistellungsbescheinigung

(1) Auf Antrag des Leistenden hat das für ihn zuständige Finanzamt, wenn der zu sichernde Steueranspruch nicht gefährdet erscheint und ein inländischer Empfangsbevollmächtigter bestellt ist, eine Bescheinigung nach amtlich vorgeschriebenem Vordruck zu erteilen, die den Leistungsempfänger von der Pflicht zum Steuerabzug befreit. Eine Gefährdung kommt insbesondere dann in Betracht, wenn der Leistende

1. Anzeigepflichten nach § 138 der Abgabenordnung nicht erfüllt,
2. seiner Auskunfts- und Mitwirkungspflicht nach § 90 der Abgabenordnung nicht nachkommt,
3. den Nachweis der steuerlichen Ansässigkeit durch Bescheinigung der zuständigen ausländischen Steuerbehörde nicht erbringt.

(2) Eine Bescheinigung soll erteilt werden, wenn der Leistende glaubhaft macht, dass keine zu sichernden Steueransprüche bestehen.

(3) In der Bescheinigung sind anzugeben:

1. Name, Anschrift und Steuernummer des Leistenden,
2. Geltungsdauer der Bescheinigung,

3. Umfang der Freistellung sowie der Leistungsempfänger, wenn sie nur für bestimmte Bauleistungen gilt,
4. das ausstellende Finanzamt.

(4) Wird eine Freistellungsbescheinigung aufgehoben, die nur für bestimmte Bauleistungen gilt, ist dies den betroffenen Leistungsempfängern mitzuteilen.

(5) Wenn eine Freistellungsbescheinigung vorliegt, gilt § 48 Abs. 4 entsprechend.[2]

§ 48c
Anrechnung

(1) Soweit der Abzugsbetrag einbehalten und angemeldet worden ist, wird er auf vom Leistenden zu entrichtende Steuern nacheinander wie folgt angerechnet:

1. die nach § 41a Abs. 1 einbehaltene und angemeldete Lohnsteuer,
2. die Vorauszahlungen auf die Einkommen- oder Körperschaftsteuer,
3. die Einkommen- oder Körperschaftsteuer des Besteuerungs- oder Veranlagungszeitraums, in dem die Leistung erbracht worden ist, und
4. die vom Leistenden im Sinne der §§ 48, 48a anzumeldenden und abzuführenden Abzugsbeträge.

Die Anrechnung nach Satz 1 Nr. 2 kann nur für Vorauszahlungszeiträume innerhalb des Besteuerungs- oder Veranlagungszeitraums erfolgen, in dem die Leistung erbracht worden ist. Die Anrechnung nach Satz 1 Nr. 2 darf nicht zu einer Erstattung führen.

(2) Auf Antrag des Leistenden erstattet das nach § 20a Abs. 1 der Abgabenordnung zuständige Finanzamt den Abzugsbetrag. Die Erstattung setzt voraus, dass der Leistende nicht zur Abgabe von Lohnsteueranmeldungen verpflichtet ist und eine Veranlagung zur Einkommen- oder Körperschaftsteuer nicht in Betracht kommt oder der Leistende glaubhaft macht, dass im Veranlagungszeitraum keine zu sichernden Steueransprüche entstehen werden. Der Antrag ist nach amtlich vorgeschriebenem Muster bis zum Ablauf des zweiten Kalenderjahres zu stellen, das auf das Jahr folgt, in dem der Abzugsbetrag angemeldet worden ist; weitergehende Fristen nach einem Abkommen zur Vermeidung der Doppelbesteuerung bleiben unberührt.

(3) Das Finanzamt kann die Anrechnung ablehnen, soweit der angemeldete Abzugsbetrag nicht abgeführt worden ist und Anlass zu der Annahme besteht, dass ein Missbrauch vorliegt.

§ 48d
Besonderheiten im Fall von Doppelbesteuerungsabkommen

(1) Können Einkünfte, die dem Steuerabzug nach § 48 unterliegen, nach einem Abkommen zur Vermeidung der Doppelbesteuerung nicht besteuert werden, so sind die Vorschriften über die Einbehaltung, Abführung und Anmeldung der Steuer durch den Schuldner der Gegenleistung ungeachtet des Abkommens anzuwenden. Unberührt bleibt der Anspruch des Gläubigers der Gegenleistung auf Erstattung der einbehaltenen und abgeführten Steuer. Der Anspruch ist durch Antrag nach § 48c

2 § 48b EStG wurde um einen Absatz 6 ergänzt: (6) [1]Das Bundeszentralamt für Steuern erteilt dem Leistungsempfänger im Sinne des § 48 Absatz 1 Satz 1 im Wege einer elektronischen Abfrage Auskunft über die beim Bundeszentralamt für Steuern gespeicherten Freistellungsbescheinigungen. [2]Mit dem Antrag auf die Erteilung einer Freistellungsbescheinigung stimmt der Antragsteller zu, dass seine Daten nach § 48b Absatz 3 beim Bundeszentralamt für Steuern gespeichert werden und dass über die gespeicherten Daten an die Leistungsempfänger Auskunft gegeben wird.

Abs. 2 geltend zu machen. Der Gläubiger der Gegenleistung hat durch eine Bestätigung der für ihn zuständigen Steuerbehörde des anderen Staates nachzuweisen, dass er dort ansässig ist. § 48b gilt entsprechend. Der Leistungsempfänger kann sich im Haftungsverfahren nicht auf die Rechte des Gläubigers aus dem Abkommen berufen.

(2) Unbeschadet des § 5 Abs. 1 Nr. 2 des Finanzverwaltungsgesetzes liegt die Zuständigkeit für Entlastungsmaßnahmen nach Absatz 1 bei dem nach § 20a der Abgabenordnung zuständigen Finanzamt."

1. § 51 Abs. 4 Nr. 1 wird wie folgt geändert:

   a) Die folgenden Buchstaben f und g werden eingefügt:

      „f) die Anmeldung des Abzugsbetrags (§ 48a),

      g) die Erteilung der Freistellungsbescheinigung (§ 48b)".

   b) Die bisherigen Buchstaben f und g werden die Buchstaben h und i.

2. § 52 Abs. 56 wird wie folgt gefasst:

   „(56) § 48 in der Fassung des Gesetzes vom 30. August 2001 (BGBl. I S. 2267) ist erstmals auf Gegenleistungen anzuwenden, die nach dem 31. Dezember 2001 erbracht werden."[3]

Artikel 5
Änderung des Arbeitnehmer-Entsendegesetzes

§ 3 Abs. 4 Satz 2 des Arbeitnehmer-Entsendegesetzes vom 26. Februar 1996 (BGBl. I S. 227), das zuletzt durch Artikel 40 des Gesetzes vom 21. Dezember 2000 (BGBl. I S. 1983) geändert worden ist, wird wie folgt gefasst:

„Den Landesarbeitsämtern obliegt die Unterrichtung der zuständigen Finanzämter."

Artikel 6
Verordnung über die örtliche Zuständigkeit für die Einkommensteuer von im Ausland ansässigen Arbeitnehmern des Baugewerbes (Arbeitnehmer-Zuständigkeitsverordnung-Bau)

Auf Grund des § 20a Abs. 3 der Abgabenordnung vom 16. März 1976 (BGBl. I S. 613, 1977 I S. 269), der durch Artikel 1 des Gesetzes vom 30. August 2001 (BGBl. I S. 2267) eingefügt worden ist, verordnet das Bundesministerium der Finanzen:

§ 1

Für die Einkommensteuer des Arbeitnehmers, der von einem Unternehmer im Sinne des § 20a Abs. 1 oder 2 der Abgabenordnung im Inland beschäftigt ist und der seinen Wohnsitz im Ausland hat, ist das in § 1 Abs. 1 oder 2 der Umsatzsteuerzuständigkeitsverordnung für seinen Wohnsitzstaat genannte Finanzamt zuständig.

§ 2

Diese Verordnung tritt am 7. September 2001 in Kraft.

3 Diese Vorschrift wurde zwischenzeitlich gestrichen.

Artikel 7
Rückkehr zum einheitlichen Verordnungsrang

Die auf Artikel 3 und 6 beruhenden Teile der dort geänderten Rechtsverordnungen können auf Grund der einschlägigen Ermächtigungsgrundlagen durch Rechtsverordnung geändert oder aufgehoben werden.

Artikel 8
Inkrafttreten

(1) Dieses Gesetz tritt am Tag nach der Verkündung in Kraft.

(2) (aufgehoben)

Das vorstehende Gesetz wird hiermit ausgefertigt und wird im Bundesgesetzblatt verkündet.

Berlin, den 30. August 2001

VIII. Streitlösungsordnung für das Bauwesen

1. Einführung

Kommt es im Zuge der Ausführung von Bauvorhaben zu Rechtsstreitigkeiten, so sind für die Entscheidung über diese Streitigkeiten bei einem Streitwert von bis zu 5.000 Euro die Amtsgerichte, bei höheren Streitwerten die Landgerichte zuständig. Sofern die Parteien des Bauvertrages keine Gerichtsstandsvereinbarung getroffen haben, ist der Prozess nach § 29 ZPO bei demjenigen Gericht zu führen, in dessen Bezirk das Bauvorhaben errichtet wird. Die Parteien können aber auch vereinbaren, dass der Rechtsstreit nicht durch ein ordentliches Gericht, sondern durch ein Schiedsgericht entschieden werden soll.[1] Diese Vereinbarung muss nach § 1031 ZPO entweder in einem von den Vertragsparteien unterzeichneten Schriftstück oder in zwischen ihnen gewechselten Schreiben, Fernkopien, Telegrammen oder anderen Formen der Nachrichtenübermittlung, die einen Nachweis der Vereinbarung sicherstellen, enthalten sein.

Ist eine der Vertragsparteien ein Verbraucher (z. B. beim Bau einer Eigentumswohnung oder eines Einfamilienhauses), so muss die Schiedsvereinbarung auf einer von beiden Vertragsparteien eigenhändig unterzeichneten Urkunde getroffen werden. Diese Urkunde darf andere Vereinbarungen als solche, die sich auf das schiedsrichterliche Verfahren beziehen, nicht enthalten, es sei denn, der Vertrag würde notariell beurkundet.

Die Streitigkeit ist der Entscheidung durch das staatliche Gericht nur dann entzogen, wenn die Parteien eine ausdrückliche Schiedsgerichtsvereinbarung getroffen haben. Sie könnte z.B. wie folgt aussehen:

> „Alle Streitigkeiten im Zusammenhang mit dem Bauvertrag vom ... betreffend das Bauvorhaben ... sollen durch ein Schiedsgericht nach Abschnitt V der Streitlösungsordnung für das Bauwesen, herausgegeben vom Deutschen Beton- und Bautechnik-Verein e. V., in der jeweils gültigen Fassung unter Ausschluss des ordentlichen Rechtsweges entschieden werden. Das Schiedsgericht hat auch die Befugnis, über die Wirksamkeit und den Geltungsbereich dieser Schiedsgerichtsvereinbarung zu entscheiden.
>
> Hebt ein ordentliches Gericht den Schiedsspruch auf, so ist zur Klärung der streitigen Rechtsfrage wiederum ein neues Schiedsgerichtsverfahren einzuleiten. Für dieses Schiedsgericht gilt ebenfalls die hier getroffene Schiedsgerichtsvereinbarung.
>
> Für die Vornahme gerichtlicher Entscheidungen wird die Zuständigkeit des Oberlandesgerichts[2] vereinbart."

Ein Schiedsgerichtsverfahren hat den Vorteil, dass jede der am Verfahren beteiligten Parteien einen Schiedsrichter ihrer Wahl benennen kann. Dieser Schiedsrichter muss selbstverständlich unbefangen sein. So kann eine Vertragspartei nicht etwa einen Rechtsanwalt zum Schiedsrichter vorschlagen, der von ihr ständig als Berater beauftragt wird. Gleich-

1 Zu den Vor- und Nachteilen des Schiedsgerichtsverfahrens ausführlich Leinemann-Franz, Der Bauvertrag nach VOB/B, S. 213 ff. sowie zur Anwendbarkeit des § 18 Nr. 1 VOB/B auf das Schiedsgerichtsverfahren Leinemann-Franz, VOB/B, § 18, Rn. 31.

2 Hier sollte das OLG gewählt werden, in dessen Bezirk das Bauvorhaben liegt.

wohl kann durch die den Parteien obliegende Auswahl der Schiedsrichter sichergestellt werden, dass fachkompetente Persönlichkeiten zur Entscheidung der Streitigkeit berufen werden. Die beiden von den Parteien benannten Schiedsrichter verständigen sich dann auf den Obmann (Vorsitzenden) des Schiedsgerichts. Ist eine Verständigung nicht möglich, wird dieser vom Deutschen Beton- und Bautechnik-Verein e. V. aus einer dort geführten Liste geeigneter Persönlichkeiten bestimmt. Sodann wird üblicherweise durch den Obmann für den Schiedskläger eine Frist zur Einreichung der Schiedsklage gesetzt. Nach deren Eingang erhält der Beklagte eine Frist zur Einreichung der Klageerwiderung, wobei in der Regel zugleich auch in Abstimmung mit den Parteien die Festlegung eines Termins zur mündlichen Verhandlung erfolgt.

Im schiedsgerichtlichen Verfahren ist besondere Sorgfalt bei der Prozessführung angebracht, weil das Schiedsgericht als alleinige Instanz endgültig entscheidet. Der Umstand, dass praktisch nur eine Instanz zur Verfügung steht, lässt oft auch einen hohen Einigungsdruck der Parteien entstehen, sodass nahezu alle Schiedsverfahren in einem Vergleich enden. Häufig wirken gerade auch die Schiedsrichter sehr aktiv auf die Parteien ein, um einen aus der Sicht des Schiedsgerichts fairen Vergleich zu finden. Dieser hohe Vergleichsdruck und das Bewusstsein, mit dem Schiedsgericht die Sache in erster und letzter Instanz anhängig zu haben, führen bisweilen zur Akzeptanz eines von den Verfahrensbeteiligten als unbefriedigend empfundenen Ergebnisses. Andererseits erreicht das schiedsgerichtliche Verfahren in der Regel tragfähige Vergleichslösungen und führt zu einer raschen und effektiven Beendigung eines streitigen Komplexes. Manche Vertragsparteien empfinden es zudem als vorteilhaft, dass das schiedsgerichtliche Verfahren unter Ausschluss der Öffentlichkeit stattfindet; auch werden die Entscheidungen später nicht veröffentlicht.

Wer ein Schiedsgericht vereinbart, muss sich allerdings der erheblichen Kostenfolgen bewusst sein: Da jeder Schiedsrichter nach dem Rechtsanwaltsvergütungsgesetz (RVG) vergütet wird, während ein staatliches Gericht seine Gebühren nach dem Gerichtskostengesetz berechnet, ist das Schiedsverfahren hinsichtlich der Gerichtskosten fast ebenso teuer wie ein durch zwei Instanzen geführtes Verfahren vor dem staatlichen Gericht. Auch aus diesem Grund ist das Schiedsverfahren für kleinere Rechtsstreitigkeiten, und zumal dann, wenn auf einer Vertragsseite Privatleute beteiligt sind, nur begrenzt geeignet. Im kommerziellen Baugeschäft hingegen spielen Schiedsverfahren eine nicht unbedeutende Rolle.

Im Bauwesen war die „Schiedsgerichtsordnung für das Bauwesen (SGO Bau)" am meisten verbreitet. Sie wurde ab 1. Januar 2010 durch die Streitlösungsordnung für das Bauwesen (SL Bau) ersetzt. Diese ist nachfolgend abgedruckt, allerdings beschränkt auf die in ihrem Abschnitt V enthaltenen Regeln zum Schiedsgerichtsverfahren. Die Streitlösungsordnung bietet auch andere Möglichkeiten an, nämlich die Mediation, die Schlichtung und die Adjudikation. Letztere stellt nur eine vorläufige Regelung dar, die später durch ein Schiedsgerichtsverfahren überprüft und geändert werden kann.[3]

3 Vgl. Leinemann-Franz, VOB/B-Kommentar, § 18 VOB/B Rn. 48 ff.

2. Streitlösungsordnung für das Bauwesen (Text)

Streitlösungsordnung für das Bauwesen (SL Bau)

Fassung vom 1. Juli 2016 (Auszug)[4]

Abschnitt I – IV

(vom Abdruck wurde abgesehen)

Abschnitt V
Schiedsgerichtsverfahren

§ 30
Schiedsrichtervertrag

(1) Haben die Parteien gem. § 1 Abs. 2 die Durchführung eines Schiedsgerichtsverfahrens vereinbart, schließen sie gemeinsam einen schriftlichen Vertrag mit dem Schiedsgericht/Schiedsrichter (Schiedsgericht).

(2) Das Schiedsgericht besteht aus drei Schiedsrichtern. Die Parteien können etwas anderes vereinbaren. Bei einem voraussichtlichen Gegenstandswert unter 100.000 Euro sollen sich die Parteien auf einen Einzelschiedsrichter einigen.

(3) Für das Verfahren gelten die Bestimmungen der Zivilprozessordnung, insbesondere die §§ 1029 ff., soweit nicht im Folgenden abweichende Bestimmungen getroffen sind.

(4) Der Einzelschiedsrichter und der Vorsitzende müssen die Befähigung zum Richteramt haben. Schiedsrichter sollen über besondere Kenntnisse in bautechnischen, baubetriebswirtschaftlichen und baurechtlichen Fragen sowie der außergerichtlichen Streitlösung verfügen.

§ 31
Einleitung des Schiedsgerichtsverfahrens

(1) Die Partei, die das Schiedsgerichtsverfahren einleiten will (Schiedskläger), hat die andere Partei (Schiedsbeklagter) schriftlich zu benachrichtigen.

(2) Das Schiedsgerichtsverfahren beginnt an dem Tag, an dem die Benachrichtigung über die Einleitung des Schiedsgerichtsverfahrens dem Schiedsbeklagten zugegangen ist.

(3) Die Benachrichtigung muss enthalten:

1. die Namen und Anschriften der Parteien,
2. die Bezeichnung des Streitgegenstandes (Antrag und Sachverhalt), soweit nicht bereits eine Klageschrift gemäß § 253 ZPO vorgelegt wird,
3. den Hinweis auf die Schiedsgerichtsvereinbarung,
4. den Antrag, die Streitigkeit im Schiedsgerichtsverfahren zu entscheiden,

4 Abgedruckt mit freundlicher Genehmigung des Deutschen Beton- und Bautechnik-Vereins e. V. und der Deutschen Gesellschaft für Baurecht e. V. Eine vollständige Ausgabe der Streitlösungsordnung sowie eine Liste der Schiedsrichter und Sachverständigen kann bezogen werden über den Deutschen Beton- und Bautechnik-Verein e. V., Kurfürstenstraße 129, 10785 Berlin.

5. die Bezeichnung des vom Schiedskläger ernannten Schiedsrichters,
6. einen oder mehrere Vorschläge für einen Einzelschiedsrichter, sofern sich die Parteien auf ein Einzelschiedsgericht ohne Festlegung der Person des Schiedsrichters geeinigt haben.

§ 32
Ernennung des Dreier-Schiedsgerichts

(1) Mit Einleitung des Schiedsgerichtsverfahrens fordert der Schiedskläger den Schiedsbeklagten auf, innerhalb einer Frist von zwei Wochen nach Zugang des Einleitungsschriftsatzes ebenfalls einen Schiedsrichter zu ernennen und dessen Annahmeerklärung dem Schiedskläger schriftlich nachzuweisen. Dieser Aufforderung hat der Beklagte auch dann zu entsprechen, wenn er den vom Kläger ernannten Schiedsrichter ablehnt.

(2) Unterlässt der Schiedsbeklagte die fristgemäße Ernennung, kann der Schiedskläger die Ernennung des Schiedsrichters durch den DBV[5] beantragen (Ersatzernennung). Der Antrag muss außer den in § 31 geforderten Angaben auch die Erklärung enthalten, dass der Schiedsbeklagte säumig ist. Der DBV hat dem Schiedsbeklagten unter Fristsetzung von einer Woche Gelegenheit zur Stellungnahme zu dem Antrag und zu dem in Aussicht genommenen Schiedsrichter zu geben. Der DBV ernennt nach Ablauf dieser Frist unverzüglich den Schiedsrichter und gibt dessen Namen und Annahmeerklärung den Beteiligten schriftlich bekannt. Lehnt der DBV die Ersatzernennung gegenüber den Parteien schriftlich ab, ist der Schiedsrichter auf Antrag einer Partei durch das Gericht zu bestellen (§ 1035 Abs. 3 ZPO).

(3) Die Schiedsrichter ernennen nach Anhörung der Parteien einen Vorsitzenden. Die Ernennung soll innerhalb von zwei Wochen nach Mitteilung über die Benennung des zweiten Schiedsrichters erfolgen. Mit der schriftlichen Annahmeerklärung gegenüber den Beteiligten hat sich das Schiedsgericht konstituiert.

(4) Können sich die Schiedsrichter nicht über die Person des Vorsitzenden einigen, teilen sie dies den Parteien und dem DBV unverzüglich mit. Jeder der Schiedsrichter kann die Ernennung des Vorsitzenden durch den DBV beantragen (Ersatzernennung). Der Antrag muss die in § 31 geforderten Angaben sowie die Namen der bisher für den Vorsitz vorgeschlagenen Personen enthalten. Der DBV ernennt unverzüglich nach Anhörung der Schiedsrichter den Vorsitzenden und gibt dessen Namen und Annahmeerklärung den Beteiligten schriftlich bekannt. Lehnt der DBV die Ersatzernennung gegenüber den Schiedsrichtern schriftlich ab, ist der Vorsitzende auf Antrag einer Partei durch das Gericht zu bestellen (§ 1035 Abs. 4 ZPO).

(5) Ist einer der Schiedsrichter und/oder der Vorsitzende an der Ausübung des Amtes gehindert (§ 1038 ZPO), gelten die Absätze 1 bis 4 entsprechend.

§ 33
Ernennung des Einzelschiedsrichters

(1) Mit Einleitung des Schiedsgerichtsverfahrens fordert der Schiedskläger den Schiedsbeklagten auf, innerhalb einer Frist von zwei Wochen nach Zugang des Einleitungsschriftsatzes eine der vorgeschlagenen Personen (§ 31 Abs. 3 Nr. 6) auszuwählen oder einen Gegenvorschlag zu unterbreiten. Zu diesem Gegenvorschlag hat sich der Schiedskläger binnen einer Woche nach Zugang zu äußern.

(2) Haben sich die Parteien auf einen Einzelschiedsrichter geeinigt, kann jede Partei diesen von seiner Ernennung schriftlich benachrichtigen. Mit der schriftlichen Annahmeerklärung gegenüber den Parteien hat sich das Schiedsgericht konstituiert.

5 Deutscher Beton- und Bautechnikverein e. V. (DBV).

(3) Unterlässt eine Partei die fristgemäße Äußerung oder einigen sich die Parteien nicht über einen Vorschlag, ist eine verbindliche Ernennung des Einzelschiedsrichters durch den DBV zu beantragen (Ersatzernennung). Der DBV ernennt unverzüglich nach Anhörung der Parteien den Einzelschiedsrichter und gibt dessen Namen und Annahmeerklärung den Beteiligten schriftlich bekannt. Im Übrigen gilt § 32 Abs. 2.

§ 34
Ablehnung von Schiedsrichtern

(1) Ein Schiedsrichter ist verpflichtet, seine Ernennung abzulehnen, wenn Zweifel an seiner Unparteilichkeit oder Unabhängigkeit bestehen (§ 1036 ZPO). Dasselbe gilt, wenn ein Schiedsrichter nicht in der Lage ist, sein Amt unverzüglich auszuüben. Im Übrigen gilt § 6 Abs. 1.

(2) Ein Schiedsrichter kann abgelehnt werden, wenn Umstände vorliegen, die berechtigte Zweifel an seiner Unparteilichkeit oder Unabhängigkeit wecken können (§ 6 Abs. 2), oder wenn er die zwischen den Parteien vereinbarten Voraussetzungen nicht erfüllt.

(3) Sind einer Partei Ablehnungsgründe bekannt, hat sie die Ablehnung innerhalb von zwei Wochen gegenüber dem Schiedsgericht unter Benennung ihrer Gründe zu erklären.

(4) Einigen sich die Parteien nicht auf eine Abberufung des Schiedsrichters oder tritt der Schiedsrichter nicht von seinem Amt zurück, entscheidet das Schiedsgericht schriftlich mit begründetem Beschluss über die Ablehnung, bei einem Dreierschiedsgericht ohne Mitwirkung des Abgelehnten.

(5) Bleibt der Antrag auf Ablehnung erfolglos, kann die ablehnende Partei die Entscheidung innerhalb einer Woche nach deren Zugang bei dem zuständigen Gericht anfechten. Bis zur Entscheidung des Gerichts kann das Schiedsgericht einschließlich des abgelehnten Schiedsrichters das schiedsrichterliche Verfahren fortsetzen und einen Schiedsspruch erlassen.

§ 35
Verfahrensgrundsätze

(1) Nach Konstituierung des Schiedsgerichts hat der Schiedskläger die Klageschrift innerhalb einer vom Schiedsgericht festzusetzenden Frist und in der von diesem bestimmten Anzahl an alle Beteiligten zuzustellen und die Zustellung dem Schiedsgericht nachzuweisen.

(2) Der Vorsitzende setzt die Fristen, bestimmt die Termine (§ 3) und entscheidet über sonstige Verfahrensfragen. Er nimmt die Ladungen vor und fordert die Kostenvorschüsse an. Zwischen dem Zugang der Ladung und dem ersten Verhandlungstermin muss eine Frist von zwei Wochen liegen.

(3) Nach Zustellung der Klageschrift setzt der Vorsitzende dem Schiedsbeklagten eine dem Verfahren entsprechend angemessene Frist zur Erwiderung.

(4) Die Streitsache soll möglichst in einer Sitzung erledigt werden. Der Vorsitzende trifft alle hierzu erforderlichen Maßnahmen. Er kann daher insbesondere

- das persönliche Erscheinen der Parteien anordnen,
- anordnen, Zeugen, Sachverständige, und sonstige Beweismittel, auf die sich die Parteien bezogen haben, zur Sitzung bereit zu stellen,
- anordnen, dass die Sitzung mit einer Ortsbesichtigung verbunden wird.

Zur Vorbereitung der mündlichen Verhandlung kann der Vorsitzende vorläufige rechtliche Hinweise geben und Beweisbeschlüsse erlassen.

(5) Für die Abstimmung und Beschlussfassung gilt § 1052 Abs. 1 und 2 ZPO.

§ 36
Niederschrift

Über die mündliche Verhandlung ist eine Niederschrift gem. § 160 ZPO zu fertigen, die vom Vorsitzenden zu unterzeichnen ist. Die Protokollierung von Aussagen der Zeugen, Sachverständigen und der Anhörung der Parteien sowie der Ergebnisse eines Augenscheins liegt im Ermessen des Schiedsgerichts.

§ 37
Klageerweiterung, Klageänderung, Klagerücknahme

(1) Der Schiedskläger kann die Schiedsklage während des Verfahrens im Rahmen der Schiedsvereinbarung erweitern oder ergänzen (§ 264 ZPO). Eine Klageänderung ist zulässig, wenn der Schiedsbeklagte einwilligt oder das Schiedsgericht sie für sachdienlich erachtet (§ 263 ZPO).

(2) Für die Klagerücknahme gilt § 269 ZPO entsprechend.

§ 38
Widerklage, Aufrechnung

(1) Der Schiedsbeklagte kann Widerklage erheben, soweit der Streitgegenstand der Schiedsvereinbarung unterliegt. Besteht hierüber Streit, entscheidet das Schiedsgericht. Für die Widerklage gelten die Vorschriften über die Klage entsprechend.

(2) Mit Zustimmung der Parteien kann das Schiedsgericht über einen zur Aufrechnung gestellten Anspruch entscheiden, für den die Schiedsgerichtsvereinbarung nicht gilt.

§ 39
Vorläufige Regelungen

Das Schiedsgericht kann auf Antrag einer Partei vorläufige und sichernde Maßnahmen anordnen, die es in Bezug auf den Streitgegenstand für erforderlich hält. Für das weitere Verfahren gilt § 1041 ZPO entsprechend.

§ 40
Form, Inhalt und Wirkung des Schiedsspruchs

(1) Der Schiedsspruch ist schriftlich zu erlassen, zu begründen und durch das Schiedsgericht zu unterschreiben. Im Übrigen gilt § 1054 ZPO.

(2) In dem Schiedsspruch sind der Tag, an dem er erlassen wurde, und der Ort des schiedsrichterlichen Verfahrens anzugeben. Der Schiedsspruch gilt als an diesem Tag und diesem Ort erlassen.

(3) Jeder Partei ist ein von den Schiedsrichtern unterschriebener Schiedsspruch zuzustellen.

§ 41
Vergleich

Vergleichen sich die Parteien, beendet das Schiedsgericht das Verfahren. Auf Antrag der Parteien hält es den Vergleich in der Form eines Schiedsspruchs mit vereinbartem Wortlaut fest (§ 1053 ZPO).

§ 42
Beendigung des schiedsrichterlichen Verfahrens

(1) Das schiedsrichterliche Verfahren wird mit dem endgültigen Schiedsspruch oder mit einem Beschluss des Schiedsgerichts nach § 1056 Abs. 2 ZPO beendet.

(2) Vorbehaltlich § 1056 Abs. 3 ZPO endet das Amt des Schiedsgerichts mit der Beendigung des schiedsrichterlichen Verfahrens.

§ 43
Beitritt Dritter

(1) Haben die Parteien die Möglichkeit des Beitritts Dritter vereinbart, so können diese, sofern sie ein rechtliches Interesse am Obsiegen einer Partei haben, in jeder Lage des Verfahrens zum Zweck der Unterstützung dieser Partei beitreten.

(2) Der Beitritt erfolgt durch Einreichung eines Schriftsatzes beim Schiedsgericht. Der Schriftsatz hat zu enthalten:

1. die Bezeichnung der Parteien und der Schiedssache,
2. die bestimmte Bezeichnung des Interesses des Beitretenden,
3. die Erklärung des Beitritts.

Der Vorsitzende ordnet an, an wen der Beitretende den Schriftsatz in welcher Anzahl nachweislich zuzustellen hat.

(3) Der Beitretende muss das Verfahren in der Lage annehmen, in der es sich zur Zeit seines Beitritts befindet. Soweit seine Erklärungen nicht im Widerspruch zur unterstützten Partei stehen, ist der Beitretende berechtigt, Erklärungen abzugeben und Handlungen wirksam vorzunehmen.

(4) Im Streitfall entscheidet das Schiedsgericht über die Zulässigkeit des Beitritts.

§ 44
Streitverkündung

(1) Hat eine Partei die SL Bau mit Dritten vereinbart, ist sie berechtigt, diesen in jeder Lage des Verfahrens den Streit zu verkünden, wenn sie glaubt, für den Fall des ungünstigen Ausgangs des Verfahrens einen Anspruch gegen diese erheben zu können oder den Anspruch eines Dritten besorgt.

(2) Die Streitverkündung erfolgt durch Einreichung eines Schriftsatzes an das Schiedsgericht, in dem der Grund der Streitverkündung, das Schiedsgericht und die Lage des Schiedsverfahrens zu bezeichnen sind. Die Partei hat der anderen Partei, dem Streitverkündungsempfänger und etwaigen weiteren Nebenintervenienten und Streithelfern den Schriftsatz zuzustellen. Mit Zustellung an den Streitverkündungsempfänger wird die Streitverkündung wirksam.

(3) Tritt der Streitverkündungsempfänger bei, gilt für ihn § 43 entsprechend. Hat der Streitverkündungsempfänger mit einer weiteren Partei die SL Bau vereinbart, kann er dieser seinerseits den Streit verkünden.

(4) Besteht Streit über die Zulässigkeit der Streitverkündung, entscheidet hierüber das Schiedsgericht (§ 1040 ZPO).

§ 45
Wirkung von Beitritt und Streitverkündung

(1) In den Fällen der §§ 43 und 44 sind für den Beitretenden und den Streitverkündungsempfänger im Verhältnis zur Partei die diese begünstigenden tatsächlichen und rechtlichen Feststellungen des Schiedsgerichts bindend, soweit der Schiedsspruch darauf beruht. Für die tatsächlich getroffenen Feststellungen gilt das auch dann, wenn das Verfahren nicht mit einem Schiedsspruch endet. Gegenüber dem Streitverkündungsempfänger tritt diese Wirkung selbst dann ein, wenn er dem Verfahren nicht beigetreten ist. Satz 1 und 2 gelten nicht, wenn die Feststellungen vor dem Beitritt oder der Streitverkündung erfolgt sind oder der Dritte durch Verpflichtung gegenüber Versicherungsunternehmen gehindert war, ohne deren Zustimmung Erklärungen abzugeben oder Handlungen vorzunehmen.

(2) Für die Hemmung der Verjährung gegenüber dem Streitverkündungsempfänger gelten die §§ 204 ff. BGB entsprechend.

§ 46
Kosten des Schiedsgerichtsverfahrens

(1) Das Schiedsgericht entscheidet durch Schiedsspruch über die Kosten des Schiedsverfahrens und ihre Verteilung auf die Parteien gemäß § 1057 ZPO.

(2) Die durch den Beitritt oder die Streithilfe entstandenen Kosten trägt der Gegner der Partei, wenn und soweit er diese in entsprechender Anwendung der §§ 91 bis 98 ZPO zu tragen hat; soweit dies nicht der Fall ist, trägt sie der Streithelfer selbst (§ 101 ZPO).

(3) Das Schiedsgericht bestimmt auf Antrag den Gegenstandswert nach den Berechnungssätzen des GKG in Verbindung mit der ZPO.

IX. Gesetz zur Regelung eines allgemeinen Mindestlohns (Mindestlohngesetz – MiLoG)

1. Einführung

Die Einführung eines flächendeckenden gesetzlichen Mindestlohns beruht auf entsprechenden sozialpolitischen Forderungen. Zunächst hatten mehrere Bundesländer in eigenen Vergabe- und Mindestlohngesetzen Auflagen zur Vergabe öffentlicher Aufträge formuliert und den Zuschlag an die Einhaltung bestimmter sozialer Mindeststandards durch die Bewerber (sog. Tariftreueregelung) geknüpft. Dieser Praxis hatte der Europäische Gerichtshof 2008 am Beispiel des niedersächsischen Landesvergabegesetzes eine Absage erteilt mit der Begründung, dass dieses mit der Dienstleistungsfreiheit nicht vereinbar sei und daher gegen Europarecht verstoße.[1] Vor der Bundestagswahl 2013 wurde der Mindestlohn dann zum Wahlkampfthema. Im Koalitionsvertrag zwischen der CDU und der SPD vereinbarte man schließlich die Einführung eines Mindestlohns. Am 11.08.2014 wurde dann das Gesetz zur Stärkung der Tarifautonomie (Tarifautonomiestärkungsgesetz) ausgefertigt, dessen wesentlicher Bestandteil das Gesetz zur Regelung eines allgemeinen Mindestlohns (Mindestlohngesetz – MiLoG) ist, welches zunächst die schrittweise Einführung eines flächendeckenden Mindestlohns von 8,50 Euro je Zeitstunde ab dem 01.01.2015 vorsah.

Die Bundesregierung hat mittlerweile durch Rechtsverordnung auf Grundlage des § 11 Abs. 1 Satz 1 MiLoG eine von der Mindestlohnkommission vorgeschlagene Anpassung des Mindestlohns für alle Arbeitgeber sowie Arbeitnehmerinnen und Arbeitnehmer verbindlich gemacht. Damit gilt ab dem 1. Januar 2017 in Deutschland ein einheitlicher gesetzlicher Mindestlohn von brutto 8,84 Euro je Zeitstunde[2] Allgemeinverbindliche Tarifverträge konnten übergangsweise bis zum 31.12.2017 noch einen niedrigeren Lohn vorsehen, der allerdings ab dem 01.01.2017 mindestens 8,50 Euro je Zeitstunde betragen musste. Dieser Mindestlohn verdrängt allerdings keine Branchenmindestlöhne, soweit diese höher als der gesetzliche Mindestlohn sind. So sehen die Tarifverträge im Bauhauptgewerbe ohnehin nur Löhne oberhalb von EUR 8,84/h vor.

Der Mindestlohn gilt für sämtliche Arbeitnehmerinnen und Arbeitnehmer und auch für Praktikantinnen und Praktikanten im Sinne des § 26 des Berufsbildungsgesetzes wobei § 22 MiLog für Praktikanten sowie für andere Personengruppen (Jugendliche ohne abgeschlossene Berufsausbildung, Auszubildende, Ehrenämter, Langzeitarbeitslose) einige teils befristete Ausnahmen vorsieht. Für Zeitungszustellerinnen und Zeitungszusteller gilt eine Übergangsfrist.

Der Arbeitgeber ist zivilrechtlich zur Zahlung des Mindestlohns verpflichtet. Im Fall der Missachtung des Mindestlohns kann der Arbeitnehmer die Differenz einfordern. Außerdem kann die Missachtung des Mindestlohns mit einem Bußgeld belegt werden und zu

1 EuGH, Urteil vom 03.04.2008, Rs C-346/06; vgl. Leinemann, Die Vergabe öffentlicher Aufträge, 5. Aufl., Rn. 1580 ff.
2 Mindestlohnanpassungsverordnung vom 15. November 2016 (BGBl. I S. 2530).

einem Ausschluss bei der Vergabe öffentlicher Aufträge führen. Überdies drohen strafrechtliche Konsequenzen, sofern mit der Verkürzung des Lohns das Nichtabführen der zum Mindestlohn gehörenden Sozialbeiträge einhergeht. Ferner findet § 14 Arbeitnehmer-Entsendegesetz entsprechende Anwendung mit der Folge, dass ein Unternehmer, der einen anderen Unternehmer mit der Ausführung von Dienst- oder Werkleistungen beauftragt gegenüber dessen Arbeitnehmern, auch Leiharbeitnehmern für die Bezahlung des Mindestlohns selbstschuldnerisch haftet.

Das Mindestlohngesetz bürdet dem Arbeitgeber umfangreiche Dokumentationspflichten auf und wurde bereits als „Bürokratie Monster" bezeichnet. Aus diesem Grund hatte Arbeitsministerin Andrea Nahles (SPD) bereits angekündigt die Dokumentationspflichten für Arbeitgeber zu lockern.[3] Drei Verfassungsbeschwerden gegen das Mindestlohngesetz hatte das Bundesverfassungsgericht als unzulässig verworfen.[4] Die Überprüfung der Einhaltung des Mindestlohns erfolgt durch die Zollbehörden.

2. Gesetz zur Regelung eines allgemeinen Mindestlohns (Mindestlohngesetz – MiLoG) (Text)

Abschnitt 1
Festsetzung des allgemeinen Mindestlohns

Unterabschnitt 1
Inhalt des Mindestlohns

§ 1
Mindestlohn

(1) Jede Arbeitnehmerin und jeder Arbeitnehmer hat Anspruch auf Zahlung eines Arbeitsentgelts mindestens in Höhe des Mindestlohns durch den Arbeitgeber.

(2) Die Höhe des Mindestlohns beträgt ab dem 1. Januar 2015 brutto 8,50 Euro je Zeitstunde. Die Höhe des Mindestlohns kann auf Vorschlag einer ständigen Kommission der Tarifpartner (Mindestlohnkommission) durch Rechtsverordnung der Bundesregierung geändert werden.

(3) Die Regelungen des Arbeitnehmer-Entsendegesetzes, des Arbeitnehmerüberlassungsgesetzes und der auf ihrer Grundlage erlassenen Rechtsverordnungen gehen den Regelungen dieses Gesetzes vor, soweit die Höhe der auf ihrer Grundlage festgesetzten Branchenmindestlöhne die Höhe des Mindestlohns nicht unterschreitet. Der Vorrang nach Satz 1 gilt entsprechend für einen auf der Grundlage von § 5 des Tarifvertragsgesetzes für allgemeinverbindlich erklärten Tarifvertrag im Sinne von § 4 Absatz 1 Nummer 1 sowie §§ 5 und 6 Absatz 2 des Arbeitnehmer-Entsendegesetzes.

---

3 Spiegel-online vom 30.06.2015, Weniger Bürokratie: *Nahles entschärft Mindestlohn-Regeln*, abgerufen am 28.01.2016.
4 Bundesverfassungsgericht, Pressemitteilung Nr. 49/2015 vom 01.07.2015.

§ 2
Fälligkeit des Mindestlohns

(1) Der Arbeitgeber ist verpflichtet, der Arbeitnehmerin oder dem Arbeitnehmer den Mindestlohn

1. zum Zeitpunkt der vereinbarten Fälligkeit,
2. spätestens am letzten Bankarbeitstag (Frankfurt am Main) des Monats, der auf den Monat folgt, in dem die Arbeitsleistung erbracht wurde,

zu zahlen. Für den Fall, dass keine Vereinbarung über die Fälligkeit getroffen worden ist, bleibt § 614 des Bürgerlichen Gesetzbuchs unberührt.

(2) Abweichend von Absatz 1 Satz 1 sind bei Arbeitnehmerinnen und Arbeitnehmern die über die vertraglich vereinbarte Arbeitszeit hinausgehenden und auf einem schriftlich vereinbarten Arbeitszeitkonto eingestellten Arbeitsstunden spätestens innerhalb von zwölf Kalendermonaten nach ihrer monatlichen Erfassung durch bezahlte Freizeitgewährung oder Zahlung des Mindestlohns auszugleichen, soweit der Anspruch auf den Mindestlohn für die geleisteten Arbeitsstunden nach § 1 Absatz 1 nicht bereits durch Zahlung des verstetigten Arbeitsentgelts erfüllt ist. Im Falle der Beendigung des Arbeitsverhältnisses hat der Arbeitgeber nicht ausgeglichene Arbeitsstunden spätestens in dem auf die Beendigung des Arbeitsverhältnisses folgenden Kalendermonat auszugleichen. Die auf das Arbeitszeitkonto eingestellten Arbeitsstunden dürfen monatlich jeweils 50 Prozent der vertraglich vereinbarten Arbeitszeit nicht übersteigen.

(3) Die Absätze 1 und 2 gelten nicht für Wertguthabenvereinbarungen im Sinne des Vierten Buches Sozialgesetzbuch. Satz 1 gilt entsprechend für eine im Hinblick auf den Schutz der Arbeitnehmerinnen und Arbeitnehmer vergleichbare ausländische Regelung.

§ 3
Unabdingbarkeit des Mindestlohns

Vereinbarungen, die den Anspruch auf Mindestlohn unterschreiten oder seine Geltendmachung beschränken oder ausschließen, sind insoweit unwirksam. Die Arbeitnehmerin oder der Arbeitnehmer kann auf den entstandenen Anspruch nach § 1 Absatz 1 nur durch gerichtlichen Vergleich verzichten; im Übrigen ist ein Verzicht ausgeschlossen. Die Verwirkung des Anspruchs ist ausgeschlossen.

Unterabschnitt 2
Mindestlohnkommission

§ 4
Aufgabe und Zusammensetzung

(1) Die Bundesregierung errichtet eine ständige Mindestlohnkommission, die über die Anpassung der Höhe des Mindestlohns befindet.

(2) Die Mindestlohnkommission wird alle fünf Jahre neu berufen. Sie besteht aus einer oder einem Vorsitzenden, sechs weiteren stimmberechtigten ständigen Mitgliedern und zwei Mitgliedern aus Kreisen der Wissenschaft ohne Stimmrecht (beratende Mitglieder).

§ 5
Stimmberechtigte Mitglieder

(1) Die Bundesregierung beruft je drei stimmberechtigte Mitglieder auf Vorschlag der Spitzenorganisationen der Arbeitgeber und der Arbeitnehmer aus Kreisen der Vereinigungen von Arbeitgebern und Gewerkschaften. Die Spitzenorganisationen der Arbeitgeber und Arbeitnehmer sollen jeweils mindestens eine Frau und einen Mann als stimmberechtigte Mitglieder vorschlagen. Werden auf Arbeitgeber- oder auf Arbeitnehmerseite von den Spitzenorganisationen mehr als drei Personen vorgeschlagen, erfolgt die Auswahl zwischen den Vorschlägen im Verhältnis zur Bedeutung der jeweiligen Spitzenorganisationen für die Vertretung der Arbeitgeber- oder Arbeitnehmerinteressen im Arbeitsleben des Bundesgebietes. Übt eine Seite ihr Vorschlagsrecht nicht aus, werden die Mitglieder dieser Seite durch die Bundesregierung aus Kreisen der Vereinigungen von Arbeitgebern oder Gewerkschaften berufen.

(2) Scheidet ein Mitglied aus, wird nach Maßgabe des Absatzes 1 Satz 1 und 4 ein neues Mitglied berufen.

§ 6
Vorsitz

(1) Die Bundesregierung beruft die Vorsitzende oder den Vorsitzenden auf gemeinsamen Vorschlag der Spitzenorganisationen der Arbeitgeber und der Arbeitnehmer.

(2) Wird von den Spitzenorganisationen kein gemeinsamer Vorschlag unterbreitet, beruft die Bundesregierung jeweils eine Vorsitzende oder einen Vorsitzenden auf Vorschlag der Spitzenorganisationen der Arbeitgeber und der Arbeitnehmer. Der Vorsitz wechselt zwischen den Vorsitzenden nach jeder Beschlussfassung nach § 9. Über den erstmaligen Vorsitz entscheidet das Los. § 5 Absatz 1 Satz 3 und 4 gilt entsprechend.

(3) Scheidet die Vorsitzende oder der Vorsitzende aus, wird nach Maßgabe der Absätze 1 und 2 eine neue Vorsitzende oder ein neuer Vorsitzender berufen.

§ 7
Beratende Mitglieder

(1) Die Bundesregierung beruft auf Vorschlag der Spitzenorganisationen der Arbeitgeber und Arbeitnehmer zusätzlich je ein beratendes Mitglied aus Kreisen der Wissenschaft. Die Bundesregierung soll darauf hinwirken, dass die Spitzenorganisationen der Arbeitgeber und Arbeitnehmer eine Frau und einen Mann als beratendes Mitglied vorschlagen. Das beratende Mitglied soll in keinem Beschäftigungsverhältnis stehen zu

1. einer Spitzenorganisation der Arbeitgeber oder Arbeitnehmer,
2. einer Vereinigung der Arbeitgeber oder einer Gewerkschaft oder
3. einer Einrichtung, die von den in der Nummer 1 oder Nummer 2 genannten Vereinigungen getragen wird.

§ 5 Absatz 1 Satz 3 und 4 und Absatz 2 gilt entsprechend.

(2) Die beratenden Mitglieder unterstützen die Mindestlohnkommission insbesondere bei der Prüfung nach § 9 Absatz 2 durch die Einbringung wissenschaftlichen Sachverstands. Sie haben das Recht, an den Beratungen der Mindestlohnkommission teilzunehmen.

§ 8
Rechtsstellung der Mitglieder

(1) Die Mitglieder der Mindestlohnkommission unterliegen bei der Wahrnehmung ihrer Tätigkeit keinen Weisungen.

(2) Die Tätigkeit der Mitglieder der Mindestlohnkommission ist ehrenamtlich.

(3) Die Mitglieder der Mindestlohnkommission erhalten eine angemessene Entschädigung für den ihnen bei der Wahrnehmung ihrer Tätigkeit erwachsenden Verdienstausfall und Aufwand sowie Ersatz der Fahrtkosten entsprechend den für ehrenamtliche Richterinnen und Richter der Arbeitsgerichte geltenden Vorschriften. Die Entschädigung und die erstattungsfähigen Fahrtkosten setzt im Einzelfall die oder der Vorsitzende der Mindestlohnkommission fest.

§ 9
Beschluss der Mindestlohnkommission

(1) Die Mindestlohnkommission hat über eine Anpassung der Höhe des Mindestlohns erstmals bis zum 30. Juni 2016 mit Wirkung zum 1. Januar 2017 zu beschließen. Danach hat die Mindestlohnkommission alle zwei Jahre über Anpassungen der Höhe des Mindestlohns zu beschließen.

(2) Die Mindestlohnkommission prüft im Rahmen einer Gesamtabwägung, welche Höhe des Mindestlohns geeignet ist, zu einem angemessenen Mindestschutz der Arbeitnehmerinnen und Arbeitnehmer beizutragen, faire und funktionierende Wettbewerbsbedingungen zu ermöglichen sowie Beschäftigung nicht zu gefährden. Die Mindestlohnkommission orientiert sich bei der Festsetzung des Mindestlohns nachlaufend an der Tarifentwicklung.

(3) Die Mindestlohnkommission hat ihren Beschluss schriftlich zu begründen.

(4) Die Mindestlohnkommission evaluiert laufend die Auswirkungen des Mindestlohns auf den Schutz der Arbeitnehmerinnen und Arbeitnehmer, die Wettbewerbsbedingungen und die Beschäftigung im Bezug auf bestimmte Branchen und Regionen sowie die Produktivität und stellt ihre Erkenntnisse der Bundesregierung in einem Bericht alle zwei Jahre gemeinsam mit ihrem Beschluss zur Verfügung.

§ 10
Verfahren der Mindestlohnkommission

(1) Die Mindestlohnkommission ist beschlussfähig, wenn mindestens die Hälfte ihrer stimmberechtigten Mitglieder anwesend ist.

(2) Die Beschlüsse der Mindestlohnkommission werden mit einfacher Mehrheit der Stimmen der anwesenden Mitglieder gefasst. Bei der Beschlussfassung hat sich die oder der Vorsitzende zunächst der Stimme zu enthalten. Kommt eine Stimmenmehrheit nicht zustande, macht die oder der Vorsitzende einen Vermittlungsvorschlag. Kommt nach Beratung über den Vermittlungsvorschlag keine Stimmenmehrheit zustande, übt die oder der Vorsitzende ihr oder sein Stimmrecht aus.

(3) Die Mindestlohnkommission kann Spitzenorganisationen der Arbeitgeber und Arbeitnehmer, Vereinigungen von Arbeitgebern und Gewerkschaften, öffentlich-rechtliche Religionsgesellschaften, Wohlfahrtsverbände, Verbände, die wirtschaftliche und soziale Interessen organisieren, sowie sonstige von der Anpassung des Mindestlohns Betroffene vor Beschlussfassung anhören. Sie kann Informationen und fachliche Einschätzungen von externen Stellen einholen.

(4) Die Sitzungen der Mindestlohnkommission sind nicht öffentlich; der Inhalt ihrer Beratungen ist vertraulich. Die übrigen Verfahrensregelungen trifft die Mindestlohnkommission in einer Geschäftsordnung.

§ 11
Rechtsverordnung

(1) Die Bundesregierung kann die von der Mindestlohnkommission vorgeschlagene Anpassung des Mindestlohns durch Rechtsverordnung ohne Zustimmung des Bundesrates für alle Arbeitgeber sowie Arbeitnehmerinnen und Arbeitnehmer verbindlich machen. Die Rechtsverordnung tritt am im Beschluss der Mindestlohnkommission bezeichneten Tag, frühestens aber am Tag nach Verkündung in Kraft. Die Rechtsverordnung gilt, bis sie durch eine neue Rechtsverordnung abgelöst wird.

(2) Vor Erlass der Rechtsverordnung erhalten die Spitzenorganisationen der Arbeitgeber und Arbeitnehmer, die Vereinigungen von Arbeitgebern und Gewerkschaften, die öffentlich-rechtlichen Religionsgesellschaften, die Wohlfahrtsverbände sowie die Verbände, die wirtschaftliche und soziale Interessen organisieren, Gelegenheit zur schriftlichen Stellungnahme. Die Frist zur Stellungnahme beträgt drei Wochen; sie beginnt mit der Bekanntmachung des Verordnungsentwurfs.

§ 12
Geschäfts- und Informationsstelle für den Mindestlohn; Kostenträgerschaft

(1) Die Mindestlohnkommission wird bei der Durchführung ihrer Aufgaben von einer Geschäftsstelle unterstützt. Die Geschäftsstelle untersteht insoweit fachlich der oder dem Vorsitzenden der Mindestlohnkommission.

(2) Die Geschäftsstelle wird bei der Bundesanstalt für Arbeitsschutz und Arbeitsmedizin als selbständige Organisationeinheit eingerichtet.

(3) Die Geschäftsstelle informiert und berät als Informationsstelle für den Mindestlohn Arbeitnehmerinnen und Arbeitnehmer sowie Unternehmen zum Thema Mindestlohn.

(4) Die durch die Tätigkeit der Mindestlohnkommission und der Geschäftsstelle anfallenden Kosten trägt der Bund.

Abschnitt 2
Zivilrechtliche Durchsetzung

§ 13
Haftung des Auftraggebers

§ 14 des Arbeitnehmer-Entsendegesetzes findet entsprechende Anwendung.

Abschnitt 3
Kontrolle und Durchsetzung durch staatliche Behörden

§ 14
Zuständigkeit

Für die Prüfung der Einhaltung der Pflichten eines Arbeitgebers nach § 20 sind die Behörden der Zollverwaltung zuständig.

§ 15
Befugnisse der Behörden der Zollverwaltung und anderer Behörden; Mitwirkungspflichten des Arbeitgebers

Die §§ 2 bis 6, 14, 15, 20, 22 und 23 des Schwarzarbeitsbekämpfungsgesetzes sind entsprechend anzuwenden mit der Maßgabe, dass

1. die dort genannten Behörden auch Einsicht in Arbeitsverträge, Niederschriften nach § 2 des Nachweisgesetzes und andere Geschäftsunterlagen nehmen können, die mittelbar oder unmittelbar Auskunft über die Einhaltung des Mindestlohns nach § 20 geben, und
2. die nach § 5 Absatz 1 des Schwarzarbeitsbekämpfungsgesetzes zur Mitwirkung Verpflichteten diese Unterlagen vorzulegen haben.

§ 6 Absatz 3 sowie die §§ 16 bis 19 des Schwarzarbeitsbekämpfungsgesetzes finden entsprechende Anwendung.

§ 16
Meldepflicht[5]

(1) Ein Arbeitgeber mit Sitz im Ausland, der eine Arbeitnehmerin oder einen Arbeitnehmer oder mehrere Arbeitnehmerinnen oder Arbeitnehmer in den in § 2a des Schwarzarbeitsbekämpfungsgesetzes genannten Wirtschaftsbereichen oder Wirtschaftszweigen im Anwendungsbereich dieses Gesetzes beschäftigt, ist verpflichtet, vor Beginn jeder Werk- oder Dienstleistung eine schriftliche Anmeldung in deutscher Sprache bei der zuständigen Behörde der Zollverwaltung nach Absatz 6 vorzulegen, die die für die Prüfung wesentlichen Angaben enthält. Wesentlich sind die Angaben über

1. den Familiennamen, den Vornamen und das Geburtsdatum der von ihm im Geltungsbereich dieses Gesetzes beschäftigten Arbeitnehmerinnen und Arbeitnehmer,
2. den Beginn und die voraussichtliche Dauer der Beschäftigung,
3. den Ort der Beschäftigung,
4. den Ort im Inland, an dem die nach § 17 erforderlichen Unterlagen bereitgehalten werden,
5. den Familiennamen, den Vornamen, das Geburtsdatum und die Anschrift in Deutschland der oder des verantwortlich Handelnden und
6. den Familiennamen, den Vornamen und die Anschrift in Deutschland einer oder eines Zustellungsbevollmächtigten, soweit diese oder dieser nicht mit der oder dem in Nummer 5 genannten verantwortlich Handelnden identisch ist.

Änderungen bezüglich dieser Angaben hat der Arbeitgeber im Sinne des Satzes 1 unverzüglich zu melden.

(2) Der Arbeitgeber hat der Anmeldung eine Versicherung beizufügen, dass er die Verpflichtungen nach § 20 einhält.

(3) Überlässt ein Verleiher mit Sitz im Ausland eine Arbeitnehmerin oder einen Arbeitnehmer oder mehrere Arbeitnehmerinnen oder Arbeitnehmer zur Arbeitsleistung einem Entleiher, hat der Entleiher in den in § 2a des Schwarzarbeitsbekämpfungsgesetzes genannten Wirtschaftsbereichen oder Wirtschaftszweigen unter den Voraussetzungen des Absatzes 1 Satz 1 vor Beginn jeder Werk- oder

5 § 16 Abs. 1 bis 4: Zur Anwendung vgl. § 1 Abs. 1 u. 2 MiLoDokV.

Dienstleistung der zuständigen Behörde der Zollverwaltung eine schriftliche Anmeldung in deutscher Sprache mit folgenden Angaben zuzuleiten:

1. den Familiennamen, den Vornamen und das Geburtsdatum der überlassenen Arbeitnehmerinnen und Arbeitnehmer,
2. den Beginn und die Dauer der Überlassung,
3. den Ort der Beschäftigung,
4. den Ort im Inland, an dem die nach § 17 erforderlichen Unterlagen bereitgehalten werden,
5. den Familiennamen, den Vornamen und die Anschrift in Deutschland einer oder eines Zustellungsbevollmächtigten des Verleihers,
6. den Familiennamen, den Vornamen oder die Firma sowie die Anschrift des Verleihers.

Absatz 1 Satz 3 gilt entsprechend.

(4) Der Entleiher hat der Anmeldung eine Versicherung des Verleihers beizufügen, dass dieser die Verpflichtungen nach § 20 einhält.

(5) Das Bundesministerium der Finanzen kann durch Rechtsverordnung im Einvernehmen mit dem Bundesministerium für Arbeit und Soziales ohne Zustimmung des Bundesrates bestimmen,

1. dass, auf welche Weise und unter welchen technischen und organisatorischen Voraussetzungen eine Anmeldung, eine Änderungsmeldung und die Versicherung abweichend von Absatz 1 Satz 1 und 3, Absatz 2 und 3 Satz 1 und 2 und Absatz 4 elektronisch übermittelt werden kann,
2. unter welchen Voraussetzungen eine Änderungsmeldung ausnahmsweise entfallen kann, und
3. wie das Meldeverfahren vereinfacht oder abgewandelt werden kann, sofern die entsandten Arbeitnehmerinnen und Arbeitnehmer im Rahmen einer regelmäßig wiederkehrenden Werk- oder Dienstleistung eingesetzt werden oder sonstige Besonderheiten der zu erbringenden Werk- oder Dienstleistungen dies erfordern.

(6) Das Bundesministerium der Finanzen kann durch Rechtsverordnung ohne Zustimmung des Bundesrates die zuständige Behörde nach Absatz 1 Satz 1 und Absatz 3 Satz 1 bestimmen.

§ 17
Erstellen und Bereithalten von Dokumenten[6]

(1) Ein Arbeitgeber, der Arbeitnehmerinnen und Arbeitnehmer nach § 8 Absatz 1 des Vierten Buches Sozialgesetzbuch oder in den in § 2a des Schwarzarbeitsbekämpfungsgesetzes genannten Wirtschaftsbereichen oder Wirtschaftszweigen beschäftigt, ist verpflichtet, Beginn, Ende und Dauer der täglichen Arbeitszeit dieser Arbeitnehmerinnen und Arbeitnehmer spätestens bis zum Ablauf des siebten auf den Tag der Arbeitsleistung folgenden Kalendertages aufzuzeichnen und diese Aufzeichnungen mindestens zwei Jahre beginnend ab dem für die Aufzeichnung maßgeblichen Zeitpunkt aufzubewahren. Satz 1 gilt entsprechend für einen Entleiher, dem ein Verleiher eine Arbeitnehmerin oder einen Arbeitnehmer oder mehrere Arbeitnehmerinnen oder Arbeitnehmer zur Arbeitsleistung in einem der in § 2a des Schwarzarbeitsbekämpfungsgesetzes genannten Wirtschaftszweige überlässt. Satz 1 gilt nicht für Beschäftigungsverhältnisse nach § 8a des Vierten Buches Sozialgesetzbuch.

6 § 17 Abs. 1 u. 2: Zur Anwendung vgl. § 1 Abs. 1 u. 2 MiLoDokV.

(2) Arbeitgeber im Sinne des Absatzes 1 haben die für die Kontrolle der Einhaltung der Verpflichtungen nach § 20 in Verbindung mit § 2 erforderlichen Unterlagen im Inland in deutscher Sprache für die gesamte Dauer der tatsächlichen Beschäftigung der Arbeitnehmerinnen und Arbeitnehmer im Geltungsbereich dieses Gesetzes, mindestens für die Dauer der gesamten Werk- oder Dienstleistung, insgesamt jedoch nicht länger als zwei Jahre, bereitzuhalten. Auf Verlangen der Prüfbehörde sind die Unterlagen auch am Ort der Beschäftigung bereitzuhalten.

(3) Das Bundesministerium für Arbeit und Soziales kann durch Rechtsverordnung ohne Zustimmung des Bundesrates die Verpflichtungen des Arbeitgebers oder eines Entleihers nach § 16 und den Absätzen 1 und 2 hinsichtlich bestimmter Gruppen von Arbeitnehmerinnen und Arbeitnehmern oder der Wirtschaftsbereiche oder den Wirtschaftszweigen einschränken oder erweitern.

(4) Das Bundesministerium der Finanzen kann durch Rechtsverordnung im Einvernehmen mit dem Bundesministerium für Arbeit und Soziales ohne Zustimmung des Bundesrates bestimmen, wie die Verpflichtung des Arbeitgebers, die tägliche Arbeitszeit bei ihm beschäftigter Arbeitnehmerinnen und Arbeitnehmer aufzuzeichnen und diese Aufzeichnungen aufzubewahren, vereinfacht oder abgewandelt werden kann, sofern Besonderheiten der zu erbringenden Werk- oder Dienstleistungen oder Besonderheiten des jeweiligen Wirtschaftsbereiches oder Wirtschaftszweiges dies erfordern.

§ 18
Zusammenarbeit der in- und ausländischen Behörden

(1) Die Behörden der Zollverwaltung unterrichten die zuständigen örtlichen Landesfinanzbehörden über Meldungen nach § 16 Absatz 1 und 3.

(2) Die Behörden der Zollverwaltung und die übrigen in § 2 des Schwarzarbeitsbekämpfungsgesetzes genannten Behörden dürfen nach Maßgabe der datenschutzrechtlichen Vorschriften auch mit Behörden anderer Vertragsstaaten des Abkommens über den Europäischen Wirtschaftsraum zusammenarbeiten, die diesem Gesetz entsprechende Aufgaben durchführen oder für die Bekämpfung illegaler Beschäftigung zuständig sind oder Auskünfte geben können, ob ein Arbeitgeber seine Verpflichtungen nach § 20 erfüllt. Die Regelungen über die internationale Rechtshilfe in Strafsachen bleiben hiervon unberührt.

(3) Die Behörden der Zollverwaltung unterrichten das Gewerbezentralregister über rechtskräftige Bußgeldentscheidungen nach § 21 Absatz 1 bis 3, sofern die Geldbuße mehr als zweihundert Euro beträgt.

§ 19
Ausschluss von der Vergabe öffentlicher Aufträge

(1) Von der Teilnahme an einem Wettbewerb um einen Liefer-, Bau- oder Dienstleistungsauftrag der in § 98 des Gesetzes gegen Wettbewerbsbeschränkungen genannten Auftraggeber sollen Bewerberinnen oder Bewerber für eine angemessene Zeit bis zur nachgewiesenen Wiederherstellung ihrer Zuverlässigkeit ausgeschlossen werden, die wegen eines Verstoßes nach § 21 mit einer Geldbuße von wenigstens zweitausendfünfhundert Euro belegt worden sind.

(2) Die für die Verfolgung oder Ahndung der Ordnungswidrigkeiten nach § 21 zuständigen Behörden dürfen öffentlichen Auftraggebern nach § 98 Nummer 1 bis 3 und 5 des Gesetzes gegen Wettbewerbsbeschränkungen und solchen Stellen, die von öffentlichen Auftraggebern zugelassene Präqualifikationsverzeichnisse oder Unternehmer- und Lieferantenverzeichnisse führen, auf Verlangen die erforderlichen Auskünfte geben.

(3) Öffentliche Auftraggeber nach Absatz 2 fordern im Rahmen ihrer Tätigkeit beim Wettbewerbsregister Auskünfte über rechtskräftige Bußgeldentscheidungen wegen einer Ordnungswidrigkeit

nach § 21 Absatz 1 oder Absatz 2 an oder verlangen von Bewerberinnen oder Bewerbern eine Erklärung, dass die Voraussetzungen für einen Ausschluss nach Absatz 1 nicht vorliegen. Im Falle einer Erklärung der Bewerberin oder des Bewerbers können öffentliche Auftraggeber nach Absatz 2 jederzeit zusätzlich Auskünfte des Gewerbezentralregisters nach § 150a der Gewerbeordnung anfordern.

(4) Bei Aufträgen ab einer Höhe von 30 000 Euro fordert der öffentliche Auftraggeber nach Absatz 2 für die Bewerberin oder den Bewerber, die oder der den Zuschlag erhalten soll, vor der Zuschlagserteilung eine Auskunft aus dem Gewerbezentralregister nach § 150a der Gewerbeordnung an.

(5) Vor der Entscheidung über den Ausschluss ist die Bewerberin oder der Bewerber zu hören.

§ 20
Pflichten des Arbeitgebers zur Zahlung des Mindestlohns

Arbeitgeber mit Sitz im In- oder Ausland sind verpflichtet, ihren im Inland beschäftigten Arbeitnehmerinnen und Arbeitnehmern ein Arbeitsentgelt mindestens in Höhe des Mindestlohns nach § 1 Absatz 2 spätestens zu dem in § 2 Absatz 1 Satz 1 Nummer 2 genannten Zeitpunkt zu zahlen.

§ 21
Bußgeldvorschriften

(1) Ordnungswidrig handelt, wer vorsätzlich oder fahrlässig

1. entgegen § 15 Satz 1 in Verbindung mit § 5 Absatz 1 Satz 1 des Schwarzarbeitsbekämpfungsgesetzes eine Prüfung nicht duldet oder bei einer Prüfung nicht mitwirkt,
2. entgegen § 15 Satz 1 in Verbindung mit § 5 Absatz 1 Satz 2 des Schwarzarbeitsbekämpfungsgesetzes das Betreten eines Grundstücks oder Geschäftsraums nicht duldet,
3. entgegen § 15 Satz 1 in Verbindung mit § 5 Absatz 3 Satz 1 des Schwarzarbeitsbekämpfungsgesetzes Daten nicht, nicht richtig, nicht vollständig, nicht in der vorgeschriebenen Weise oder nicht rechtzeitig übermittelt,
4. entgegen § 16 Absatz 1 Satz 1 oder Absatz 3 Satz 1 eine Anmeldung nicht, nicht richtig, nicht vollständig, nicht in der vorgeschriebenen Weise oder nicht rechtzeitig vorlegt oder nicht, nicht richtig, nicht vollständig, nicht in der vorgeschriebenen Weise oder nicht rechtzeitig zuleitet,
5. entgegen § 16 Absatz 1 Satz 3, auch in Verbindung mit Absatz 3 Satz 2, eine Änderungsmeldung nicht, nicht richtig, nicht vollständig, nicht in der vorgeschriebenen Weise oder nicht rechtzeitig macht,
6. entgegen § 16 Absatz 2 oder 4 eine Versicherung nicht, nicht richtig oder nicht rechtzeitig beifügt,
7. entgegen § 17 Absatz 1 Satz 1, auch in Verbindung mit Satz 2, eine Aufzeichnung nicht, nicht richtig, nicht vollständig oder nicht rechtzeitig erstellt oder nicht oder nicht mindestens zwei Jahre aufbewahrt,
8. entgegen § 17 Absatz 2 eine Unterlage nicht, nicht richtig, nicht vollständig oder nicht in der vorgeschriebenen Weise bereithält oder
9. entgegen § 20 das dort genannte Arbeitsentgelt nicht oder nicht rechtzeitig zahlt.

(2) Ordnungswidrig handelt, wer Werk- oder Dienstleistungen in erheblichem Umfang ausführen lässt, indem er als Unternehmer einen anderen Unternehmer beauftragt, von dem er weiß oder fahrlässig nicht weiß, dass dieser bei der Erfüllung dieses Auftrags

1. entgegen § 20 das dort genannte Arbeitsentgelt nicht oder nicht rechtzeitig zahlt oder
2. einen Nachunternehmer einsetzt oder zulässt, dass ein Nachunternehmer tätig wird, der entgegen § 20 das

dort genannte Arbeitsentgelt nicht oder nicht rechtzeitig zahlt.

(3) Die Ordnungswidrigkeit kann in den Fällen des Absatzes 1 Nummer 9 und des Absatzes 2 mit einer Geldbuße bis zu fünfhunderttausend Euro, in den übrigen Fällen mit einer Geldbuße bis zu dreißigtausend Euro geahndet werden.

(4) Verwaltungsbehörden im Sinne des § 36 Absatz 1 Nummer 1 des Gesetzes über Ordnungswidrigkeiten sind die in § 14 genannten Behörden jeweils für ihren Geschäftsbereich.

(5) Für die Vollstreckung zugunsten der Behörden des Bundes und der bundesunmittelbaren juristischen Personen des öffentlichen Rechts sowie für die Vollziehung des dinglichen Arrestes nach § 111d der Strafprozessordnung in Verbindung mit § 46 des Gesetzes über Ordnungswidrigkeiten durch die in § 14 genannten Behörden gilt das Verwaltungs-Vollstreckungsgesetz des Bundes.

Abschnitt 4
Schlussvorschriften

§ 22
Persönlicher Anwendungsbereich

(1) Dieses Gesetz gilt für Arbeitnehmerinnen und Arbeitnehmer. Praktikantinnen und Praktikanten im Sinne des § 26 des Berufsbildungsgesetzes gelten als Arbeitnehmerinnen und Arbeitnehmer im Sinne dieses Gesetzes, es sei denn, dass sie

1. ein Praktikum verpflichtend auf Grund einer schulrechtlichen Bestimmung, einer Ausbildungsordnung, einer hochschulrechtlichen Bestimmung oder im Rahmen einer Ausbildung an einer gesetzlich geregelten Berufsakademie leisten,
2. ein Praktikum von bis zu drei Monaten zur Orientierung für eine Berufsausbildung oder für die Aufnahme eines Studiums leisten,
3. ein Praktikum von bis zu drei Monaten begleitend zu einer Berufs- oder Hochschulausbildung leisten, wenn nicht zuvor ein solches Praktikumsverhältnis mit demselben Ausbildenden bestanden hat, oder
4. an einer Einstiegsqualifizierung nach § 54a des Dritten Buches Sozialgesetzbuch oder an einer Berufsausbildungsvorbereitung nach §§ 68 bis 70 des Berufsbildungsgesetzes teilnehmen.

Praktikantin oder Praktikant ist unabhängig von der Bezeichnung des Rechtsverhältnisses, wer sich nach der tatsächlichen Ausgestaltung und Durchführung des Vertragsverhältnisses für eine begrenzte Dauer zum Erwerb praktischer Kenntnisse und Erfahrungen einer bestimmten betrieblichen Tätigkeit zur Vorbereitung auf eine berufliche Tätigkeit unterzieht, ohne dass es sich dabei um eine Berufsausbildung im Sinne des Berufsbildungsgesetzes oder um eine damit vergleichbare praktische Ausbildung handelt.

(2) Personen im Sinne von § 2 Absatz 1 und 2 des Jugendarbeitsschutzgesetzes ohne abgeschlossene Berufsausbildung gelten nicht als Arbeitnehmerinnen und Arbeitnehmer im Sinne dieses Gesetzes.

(3) Von diesem Gesetz nicht geregelt wird die Vergütung von zu ihrer Berufsausbildung Beschäftigten sowie ehrenamtlich Tätigen.

(4) Für Arbeitsverhältnisse von Arbeitnehmerinnen und Arbeitnehmern, die unmittelbar vor Beginn der Beschäftigung langzeitarbeitslos im Sinne des § 18 Absatz 1 des Dritten Buches Sozialgesetzbuch waren, gilt der Mindestlohn in den ersten sechs Monaten der Beschäftigung nicht. Die Bundesregierung hat den gesetzgebenden Körperschaften zum 1. Juni 2016 darüber zu berichten, inwieweit die Regelung nach Satz 1 die Wiedereingliederung von Langzeitarbeitslosen in den Arbeitsmarkt gefördert hat, und eine Einschätzung darüber abzugeben, ob diese Regelung fortbestehen soll.

§ 23
Evaluation

Dieses Gesetz ist im Jahr 2020 zu evaluieren.

§ 24
Übergangsregelung

(1) Bis zum 31. Dezember 2017 gehen abweichende Regelungen eines Tarifvertrages repräsentativer Tarifvertragsparteien dem Mindestlohn vor, wenn sie für alle unter den Geltungsbereich des Tarifvertrages fallenden Arbeitgeber mit Sitz im In- oder Ausland sowie deren Arbeitnehmerinnen und Arbeitnehmer verbindlich gemacht worden sind; ab dem 1. Januar 2017 müssen abweichende Regelungen in diesem Sinne mindestens ein Entgelt von brutto 8,50 Euro je Zeitstunde vorsehen. Satz 1 gilt entsprechend für Rechtsverordnungen, die auf der Grundlage von § 11 des Arbeitnehmer-Entsendegesetzes sowie § 3a des Arbeitnehmerüberlassungsgesetzes erlassen worden sind.

(2) Zeitungszustellerinnen und Zeitungszusteller haben ab dem 1. Januar 2015 einen Anspruch auf 75 Prozent und ab dem 1. Januar 2016 auf 85 Prozent des Mindestlohns nach § 1 Absatz 2 Satz 1. Vom 1. Januar 2017 bis zum 31. Dezember 2017 beträgt der Mindestlohn für Zeitungszustellerinnen und Zeitungszusteller brutto 8,50 Euro je Zeitstunde. Zeitungszustellerinnen und Zeitungszusteller im Sinne der Sätze 1 und 2 sind Personen, die in einem Arbeitsverhältnis ausschließlich periodische Zeitungen oder Zeitschriften an Endkunden zustellen; dies umfasst auch Zustellerinnen und Zusteller von Anzeigenblättern mit redaktionellem Inhalt.[7]

---

7 § 24 tritt gem. Art. 15 Abs. 2 des Gesetztes zur Stärkung der Tarifautonomie (Tarifautonomiestärkungsgesetz) vom 11.08.2014, BGBl. 2014, 1348 ff. mit Ablauf des 31.12.2017 außer Kraft.

X. Die VOB Teil A (Ausgabe 2016)

1. Funktion im deutschen Vergaberechtssystem

Die öffentliche Hand deckt ihren Beschaffungsbedarf grundsätzlich auf dem freien Markt; das Volumen der im Bausektor durch Träger staatlichen bzw. kommunalen Vermögens getätigten Investitionen ist erheblich. Es bedarf deshalb aus den Gesichtspunkten der wirtschaftlichen Verwendung öffentlicher Mittel und der Funktionsfähigkeit des Wettbewerbs eines gesetzlichen Ordnungsrahmens für die öffentliche Auftragsvergabe. Unter den deutschen vergaberechtlichen Regelungen erfüllt die VOB/A insofern auch nach der Reform des Vergaberechts im Jahr 2016 noch eine herausgehobene Funktion für die Vergabe öffentlicher Bauaufträge. In drei Abschnitten regelt sie wesentliche Aspekte der Bauauftragsvergabe im Anwendungsbereich des Haushaltsrechts und der europäischen Vergaberichtlinien mit Ausnahme des Sektorenbereichs und der Konzessionsvergabe. Aufgrund der individuellen Konstruktion des deutschen Vergaberechts (sog. „Kaskadenmodell") ist das Recht der Vergabe öffentlicher Bauaufträge allerdings auch insoweit in der VOB/A nach wie vor nicht umfassend geregelt. Zusätzlich zu beachtende Vergaberegeln sind auf eine Vielzahl bundes- und landesgesetzlicher Regelungen verstreut. Kernvorschriften finden sich im Vierten Teil des Gesetzes gegen Wettbewerbsbeschränkungen (GWB)[1], in der Vergabeverordnung[2], der und der Vergabeverordnung für die Bereiche Verteidigung und Sicherheit[3], in den Haushaltsordnungen des Bundes und der Länder, den Landesvergabegesetzen sowie in den Gemeindehaushaltsordnungen. Eigenständig geregelt sind die Bauvergaben ferner in der Sektorenverordnung[4] und die Baukonzessionsvergaben in der Konzessionsvergabeverordnung[5]. Trotz dieser komplizierten Konstruktion lässt sich in der Regel durch die Beantwortung weniger Fragen – insbesondere die nach der Art des Auftrags, dem Auftraggeber und nach dem Auftragswert – der Einstieg in das einschlägige Vergabesystem finden. Ohne einen Blick über den „Tellerrand" der VOB/A wird ein Vergabeverfahren allerdings nicht fehlerfrei durchgeführt werden können.

---

1 Gesetz gegen Wettbewerbsbeschränkungen vom 26.8.1998, BGBl. I S. 2545, zuletzt geändert durch das Gesetz zur Modernisierung des Vergaberechts (Vergaberechtsmodernisierungsgesetz – VergRModG) vom 17. Februar 2016 (BGBl. I Nr. 8 vom 23. Februar S. 203), auszugsweise abgedruckt unter Gliederungsabschnitt XVI.

2 Verordnung über die Vergabe öffentlicher Aufträge (Vergabeverordnung – VgV) in der Fassung vom 12.04.2016 (BGBl. I Nr. 16 vom 14. April 2016, S. 624), abgedruckt unter Gliederungsabschnitt XII. in diesem Buch.

3 Vergabeverordnung für die Bereiche Verteidigung und Sicherheit vom 12. Juli 2012 (BGBl. I S. 1509), zuletzt geändert durch Artikel 7 des Gesetzes vom 18. Juli 2017 (BGBl. I S. 2745, 2751), auszugsweise abgedruckt unter Gliederungsabschnitt X. in diesem Buch.

4 Sektorenverordnung – SektVO in der Fassung vom 12.04.2016 (BGBl. I Nr. 16 vom 14. April 2016, S. 624), zuletzt geändert durch Artikel 9 des Gesetzes vom 18. Juli 2017 (BGBl. I S. 2745, 2752), abgedruckt unter Gliederungsabschnitt XII in diesem Buch.

5 Verordnung über die Vergabe von Konzessionen (Konzessionsvergabeverordnung – KonzVgV) in der Fassung vom 12.04.2016 (BGBl. I Nr. 16 vom 14. April 2016, S. 624), zuletzt geändert durch Artikel 10 des Gesetzes vom 18. Juli 2017 (BGBl. I S. 2745, 2752).

2. Der Aufbau der VOB Teil A

Die VOB/A bestand nach ihrer Neufassung im Jahr 2009 zunächst nur noch aus zwei Abschnitten. Die früheren Abschnitte 3 und 4 betrafen den Sektorenbereich und wurden seinerzeit in einer eigenständigen Rechtsverordnung – der Sektorenverordnung – geregelt (hierzu s.u. XII). Mit der Neufassung der VOB in der Ausgabe 2012 wurde an dem Prinzip der Trennung zwischen öffentlichen Aufträgen und Sektorenaufträgen fest gehalten. Die Erweiterung der vergaberechtlichen Bindungen auf Vergaben in den Bereichen Verteidigung und Sicherheit auf Grund einer neuen EU-Richtlinie[6] wurde seinerzeit nur teilweise in einer neuen eigenständigen Rechtsverordnung vollzogen. Wesentliche bauvergaberechtliche Bestimmungen aus dieser Richtlinie wurden als neuer dritter Abschnitt unmittelbar in die VOB Teil A integriert. An diesem Ordnungsprinzip hat der Gesetzgeber auch bei der Neufassung der VOB/A im Jahr 2016 festgehalten. Diese ist nach wie vor wie folgt aufgebaut:

Abschnitt 1:	Basisparagrafen
Abschnitt 2:	Basisparagrafen mit zusätzlichen Bestimmungen nach der EU-Vergabekoordinierungsrichtlinie 2014/24/EG (VOB/A-EU)
Abschnitt 3:	Vergabebestimmungen im Anwendungsbereich der Richtlinie 2009/81/EG (VOB/A – VS)

Wie sich aus der Unterteilung ableiten lässt, besteht die VOB/A aus drei verschiedenen Vergabeordnungen. Die Abschnitte stellen insoweit – sieht man von der Notwendigkeit zur Anwendung ergänzender Regelungen außerhalb der VOB/A ab – auch weitgehend geschlossene Systeme zur Regelung des Beschaffungsvorgangs dar. Der Anwendungsbereich der drei Abschnitte wird im Folgenden näher betrachtet werden.

3. Anwendungsbereich der Abschnitte 1 bis 3 der VOB Teil A

Die VOB/A sieht unterschiedliche Regeln für die Vergabe von Bauleistungen vor, je nachdem, ob es sich um Aufträge unterhalb oder oberhalb der in der Vergabeverordnung oder der in der Vergabeverordnung Verteidigung und Sicherheit genannten Schwellenwerte handelt. Hinsichtlich der drei Abschnitte der VOB/A ergibt sich (vereinfacht) folgende Zuweisung:

Liegt der Wert der zu beschaffenden Bauleistung unterhalb der Schwelle von 5 548 000 EUR[7] ohne Umsatzsteuer und erfolgt die Beschaffung durch einen öffentlichen

6 Richtlinie 2009/81/EG des Europäischen Parlaments und des Rates vom 13. Juli 2009 über die Koordinierung der Verfahren zur Vergabe bestimmter Bau-, Liefer- und Dienstleistungsaufträge in den Bereichen Verteidigung und Sicherheit und zur Änderung der Richtlinien 2004/17/EG und 2004/18/EG.

7 § 1 VgV i.V.m. § 106 Abs. 2 Nr. 1 GWB, Art. 4 RL 2014/24 EU i.V.m. Art. 1 Abs.1 a) der delegierten Verordnung (EU) 2017/2365 der Kommission vom 18. Dezember 2017 zur Änderung der Richtlinie 2014/24/EU des Europäischen Parlaments und des Rates im Hinblick auf die Schwellenwerte für Auftragsvergabeverfahren, ABl. L 337 vom 19.12.2017.

Auftraggeber nicht im Sektorenbereich, sind die so genannten „Basisparagrafen" des Abschnitts 1 der VOB/A anzuwenden.

Entspricht der Wert eines Bauauftrags dem Schwellenwert von 5 548 000 EUR ohne Umsatzsteuer oder übersteigt sie diesen und erfolgt die Beschaffung durch einen Auftraggeber, der nicht im Sektorenbereich tätig ist, sind die Vorschriften des Abschnitts 2 der VOB/A und ergänzend bestimmte Vorschriften der Vergabeverordnung (VgV)[8] anzuwenden. Dies gilt auch für bestimmte Baumaßnahmen privater Auftraggeber, die überwiegend von öffentlichen Auftraggebern finanziert werden.

Für den Bereich verteidigungs- bzw. sicherheitsrelevanter Beschaffungen gilt für Bauaufträge derzeit der gleiche Schwellenwert[9]. Ist dieser erreicht und handelt es sich um einen derartigen Auftrag, ist Abschnitt 3 der VOB/A einschlägig[10].

Im Einzelnen ist der Anwendungsbereich der drei Abschnitte der VOB/A wie folgt definiert:

3.1 Abschnitt 1

Basisparagrafen – Vergabebestimmungen auf haushaltsrechtlicher Grundlage

Die Regelungen gelten für die Vergabe von Bauaufträgen und entsprechend für Baukonzessionen unterhalb des Schwellenwertes der EU-Vergaberichtlinien in Höhe von 5 548 000 EUR ohne Umsatzsteuer durch Auftraggeber, die auf Grund der Bundeshaushaltsordnung, der Landeshaushaltsordnungen und der Gemeindehaushaltsordnungen zur Anwendung der VOB/A verpflichtet sind. Dies sind in erster Linie die sog. klassischen öffentlichen Auftraggeber, d. h. im Wesentlichen die Gebietskörperschaften, so die Bundesrepublik Deutschland, Länder, Bezirke, Landkreise, Gemeinden sowie kommunale Verbände und Sondervermögen wie z. B. kommunale Stiftungen. Darüber hinaus werden häufig Empfänger öffentlicher Mittel auf subventionsrechtlicher Grundlage verpflichtet, bei Bauprojekten unterhalb der EU-Schwellenwerte Abschnitt 1 der VOB/A anzuwenden.

3.2 Abschnitt 2

Vergabebestimmungen im Anwendungsbereich der EU-Vergabekoordinierungsrichtlinie 2014/24/EU (VOB/A-EU)

Die Vorschriften des zweiten Abschnitts der VOB/A gelten für die Vergabe von Bauaufträgen durch öffentliche Auftraggeber in öffentlicher oder privater Rechtsform, die Aufträge mit einem Gesamtwert[11] ab 5 548 000 EUR ohne Umsatzsteuer vergeben. Hinsichtlich der

8 S. dort § 2.

9 § 1 VSVgV i.V.m. § 106 Abs. 2 Nr. 3 GWB, Art. Artikel 8 RL 2009/81/EG i.V.m. Art. 1 Nr. 2 der Verordnung (EU) 2017/2367 der Kommission vom 19. Dezember 2017 zur Änderung der Richtlinie 2009/81/EG des Europäischen Parlaments und des Rates im Hinblick auf die Schwellenwerte für Auftragsvergabeverfahren, ABl. L 337 vom 19.12.2017.

10 S. § 2 VSVgV.

11 Nach § 3 Abs. 6 VgV ist bei der Schätzung des Auftragswerts von Bauleistungen neben dem Auftragswert der Bauaufträge der geschätzte Gesamtwert aller Liefer- und Dienstleistungen zu berücksichtigen, die für die Ausführung der Bauleistungen erforderlich sind und vom öffentlichen Auftraggeber zur Verfügung gestellt werden. Neu ist hier die explizite Aufnahme von Dienstleistungen.

Berechnung der Schwellenwerte gelten bei der losweisen Vergabe bauauftragsspezifische Sonderregelungen, s. § 3 Abs. 6, 7 und 9 VgV.

Für Sektorenaufträge, bestimmte verteidigungs- und sicherheitsrelevante Aufträge und Baukonzessionen gelten besondere Vorschriften.

Konkret angesprochen werden bei der Regelung des persönlichen Anwendungsbereichs des Abschnitts 2 der VOB/A in § 1 EU Abs. 2 VOB/A die in § 99 GWB genannten Auftraggeber. Dies sind nach § 99 Nr. 1 GWB zunächst die Gebietskörperschaften sowie deren Sondervermögen, die so genannten klassischen Auftraggeber.[12]

Daneben werden als öffentliche Auftraggeber auch andere Personen des öffentlichen und des privaten Rechts eingeordnet, wenn sie von klassischen öffentlichen Auftraggebern beherrscht werden und zu dem Zweck gegründet wurden, im Allgemeininteresse liegende Aufgaben nichtgewerblicher Art zu erfüllen, s. § 99 Nr. 2 GWB.

Nach § 99 Nr. 3 GWB sind auch Verbände, deren Mitglieder unter Nr. 1 und 2 fallen, als öffentliche Auftraggeber anzusehen. Dies sind beispielsweise Kommunalkörperschaften wie Landschaftsverbände. Darüber hinaus werden als öffentliche Auftraggeber auch natürliche oder juristische Personen des privaten Rechts in den Fällen eingeordnet, in den Fällen, in denen sie für Tiefbaumaßnahmen, für die Errichtung von Krankenhäusern, Sport-, Erholungs- oder Freizeiteinrichtungen, Schul-, Hochschul- oder Verwaltungsgebäuden oder für damit in Verbindung stehende Dienstleistungen und Wettbewerbe von Stellen, die unter die Nummern 1, 2 oder 3 fallen, Mittel erhalten, mit denen diese Vorhaben zu mehr als 50 Prozent subventioniert werden, § 99 Nr. 4 GWB.

Im Anwendungsbereich der europäischen Vergaberichtlinien, d. h. in Abschnitt 2 der VOB/A, ergeben sich Besonderheiten für die Abgrenzung zu anderen Auftragsarten.

Die aus den EU-Vergaberichtlinien herrührenden Definitionen der Bauaufträge, Lieferaufträge und Dienstleistungsaufträge sind in § 103 GWB aufgenommen worden. Als öffentliche Aufträge definiert die Vorschrift in Abs. 1 zunächst entgeltliche Verträge zwischen öffentlichen Auftraggebern oder Sektorenauftraggebern und Unternehmen über die Beschaffung von Leistungen, die die Lieferung von Waren, die Ausführung von Bauleistungen oder die Erbringung von Dienstleistungen zum Gegenstand haben.

Nach § 103 Abs. 3 GWB sind Bauaufträge zunächst Verträge über die Ausführung oder die gleichzeitige Planung und Ausführung von Bauleistungen im Zusammenhang mit einer der Tätigkeiten, die in Anhang II der Richtlinie 2014/24/EU genannt sind. Im Einzelnen handelt es sich um folgende Tätigkeiten:

12 Dazu eingehend Leinemann, Die Vergabe öffentlicher Aufträge, Rn. 50 ff.

NACE Rev. 1 (1)					CPV-Code
ABSCHNITT F			BAUGEWERBE		
Abteilung	Gruppe	Klasse	Gegenstand	Bemerkungen	
45			Baugewerbe	Diese Abteilung umfasst: — Neubau, Renovierung und gewöhnliche Instandsetzung	45000000
	45.1		Vorbereitende Baustellenarbeiten		45100000
		45.11	Abbruch von Gebäuden, Erdbewegungsarbeiten	Diese Klasse umfasst: — Abbruch von Gebäuden und anderen Bauwerken — Aufräumen von Baustellen — Erdbewegungen: Ausschachtung, Erdauffüllung, Einebnung und Planierung von Baugelände, Grabenaushub, Felsabbau, Sprengen usw. — Erschließung von Lagerstätten — Auffahren von Grubenbauen, Abräumen des Deckgebirges und andere Aus- und Vorrichtungsarbeiten Diese Klasse umfasst ferner: — Baustellenentwässerung — Entwässerung von land- und forstwirtschaftlichen Flächen	45110000
		45.12	Test- und Suchbohrung	Diese Klasse umfasst: — Test-, Such- und Kernbohrung für bauliche, geophysikalische, geologische oder ähnliche Zwecke. Diese Klasse umfasst nicht: — Erdöl- und Erdgasbohrungen zu Förderzwecken (s. 11.20) — Brunnenbau (s. 45.25) — Schachtbau (s. 45.25) — Exploration von Erdöl- und Erdgasfeldern, geophysikalische, geologische und seismische Messungen (s. 74.20)	45120000
	45.2		Hoch- und Tiefbau		45200000

NACE Rev. 1 ([1])					CPV-Code
ABSCHNITT F			BAUGEWERBE		
Abteilung	Gruppe	Klasse	Gegenstand	Bemerkungen	
		45.21	Hochbau, Brücken- und Tunnelbau u.Ä.	Diese Klasse umfasst: — Errichtung von Gebäuden aller Art, Errichtung von Brücken, Tunneln u.Ä. — Brücken (einschließlich für Hochstraßen), Viadukte, Tunnel und Unterführungen — Rohrfernleitungen, Fernmelde- und Energieübertragungsleitungen — städtische Rohrleitungs- und Kabelnetze — dazugehörige Arbeiten — Herstellung von Fertigteilbauten aus Beton auf der Baustelle Diese Klasse umfasst nicht: — Erbringung von Dienstleistungen bei der Erdöl- und Erdgasförderung (s. 11.20) — Errichtung vollständiger Fertigteilbauten aus selbst gefertigten Teilen, soweit nicht aus Beton (s. Abteilungen 20, 26 und 28) — Bau von Sportplätzen, Stadien, Schwimmbädern, Sporthallen und anderen Sportanlagen (ohne Gebäude) (s. 45.23) — Bauinstallation (s. 45.3) — sonstiges Baugewerbe (s. 45.4) — Tätigkeiten von Architektur- und Ingenieurbüros (s. 74.20) — Projektleitung (s. 74.20)	45210000 außer: - 45213316 45220000 45231000 45232000
		45.22	Dachdeckerei, Abdichtung und Zimmerei	Diese Klasse umfasst: — Errichtung von Dächern — Dachdeckung — Abdichtung gegen Wasser und Feuchtigkeit	45261000
		45.23	Straßenbau und Eisenbahnoberbau	Diese Klasse umfasst: — Bau von Autobahnen, Straßen und Wegen — Bau von Bahnverkehrsstrecken — Bau von Rollbahnen — Bau von Sportplätzen, Stadien, Schwimmbädern, Tennis- und Golfplätzen (ohne Gebäude) — Markierung von Fahrbahnen und Parkplätzen Diese Klasse umfasst nicht: — Vorbereitende Erdbewegungen (s. 45.11)	45212212 und DA03 45230000 ausgenommen: - 45231000 - 45232000 - 45234115

NACE Rev. 1 (1)					CPV-Code
ABSCHNITT F			BAUGEWERBE		
Abteilung	Gruppe	Klasse	Gegenstand	Bemerkungen	
		45.24	Wasserbau	Diese Klasse umfasst: — Bau von: — Wasserstraßen, Häfen (einschließlich Jachthäfen), Flussbauten, Schleusen usw. — Talsperren und Deichen — Nassbaggerei — Unterwasserarbeiten	45240000
		45.25	Spezialbau und sonstiger Tiefbau	Diese Klasse umfasst: — spezielle Tätigkeiten im Hoch- und Tiefbau, die besondere Fachkenntnisse beziehungsweise Ausrüstungen erfordern — Herstellen von Fundamenten einschließlich Pfahlgründung — Brunnen- und Schachtbau — Montage von fremdbezogenen Stahlelementen — Eisenbiegerei — Mauer- und Pflasterarbeiten — Auf- und Abbau von Gerüsten und beweglichen Arbeitsbühnen einschließlich deren Vermietung — Schornstein-, Feuerungs- und Industrieofenbau Diese Klasse umfasst nicht: — Vermietung von Gerüsten ohne Auf- und Abbau (s. 71.32)	45250000 45262000
	45.3		Bauinstallation		45300000

NACE Rev. 1 (1)					CPV-Code
ABSCHNITT F			BAUGEWERBE		
Abteilung	Gruppe	Klasse	Gegenstand	Bemerkungen	
		45.31	Elektroinstallation	Diese Klasse umfasst: Installation oder Einbau von: — elektrischen Leitungen und Armaturen — Kommunikationssystemen — Elektroheizungen — Rundfunk- und Fernsehantennen (für Wohngebäude) — Feuermeldeanlagen — Einbruchsicherungen — Aufzügen und Rolltreppen — Blitzableitern usw. in Gebäuden und anderen Bauwerken	45213316 45310000 außer: - 45316000
		45.32	Dämmung gegen Kälte, Wärme, Schall und Erschütterung	Diese Klasse umfasst: — Dämmung gegen Kälte, Wärme, Schall und Erschütterung in Gebäuden und anderen Bauwerken Diese Klasse umfasst nicht: — Abdichtung gegen Wasser und Feuchtigkeit (s. 45.22)	45320000
		45.33	Klempnerei, Gas-, Wasser-, Heizungs- und Lüftungsinstallation	Diese Klasse umfasst: — Installation oder Einbau von: — Sanitäranlagen sowie Ausführung von Klempnerarbeiten — Gasarmaturen — Geräten und Leitungen für Heizungs-, Lüftungs-, Kühl- und Klimaanlagen — Sprinkleranlagen Diese Klasse umfasst nicht: — Installation von Elektroheizungen (s. 45.31)	45330000
		45.34	Sonstige Bauinstallation	Diese Klasse umfasst: — Installation von Beleuchtungs- und Signalanlagen für Straßen, Eisenbahnen, Flughäfen und Häfen — Installation von Ausrüstungen und Befestigungselementen a.n.g. in Gebäuden und anderen Bauwerken	45234115 45316000 45340000
	45.4		Sonstiger Ausbau		45400000

NACE Rev. 1 (1)					CPV-Code
ABSCHNITT F			BAUGEWERBE		
Abteilung	Gruppe	Klasse	Gegenstand	Bemerkungen	
		45.41	Anbringen von Stuckaturen, Gipserei und Verputzerei	Diese Klasse umfasst: — Stuck-, Gips- und Verputzarbeiten einschließlich damit verbundener Lattenschalung in und an Gebäuden und anderen Bauwerken	45410000
		45.42	Bautischlerei und -schlosserei	Diese Klasse umfasst: — Einbau von fremdbezogenen Türen, Toren, Fenstern, Rahmen und Zargen, Einbauküchen, Treppen, Ladeneinrichtungen u. Ä. aus Holz oder anderem Material — Einbau von Decken, Wandvertäfelungen, beweglichen Trennwänden u. Ä. Innenausbauarbeiten Diese Klasse umfasst nicht: — Verlegen von Parkett- und anderen Holzböden (s. 45.43)	45420000
		45.43	Fußboden-, Fliesen- und Plattenlegerei, Raumausstattung	Diese Klasse umfasst: — Verlegen von: — Fußboden- und Wandfliesen oder -platten aus Keramik, Beton oder Stein, — Parkett- und anderen Holzböden, Teppichen und Bodenbelägen aus Linoleum, — auch aus Kautschuk oder Kunststoff — Terrazzo-, Marmor-, Granit- oder Schiefer-Boden- oder Wandbelägen, — Tapeten	45430000
		45.44	Maler- und Glasergewerbe	Diese Klasse umfasst: — Innen- und Außenanstrich von Gebäuden — Anstrich von Hoch- und Tiefbauten, — Ausführung von Glaserarbeiten einschließlich Einbau von Glasverkleidungen, Spiegeln usw. Diese Klasse umfasst nicht: — Fenstereinbau (s. 45.42)	45440000

NACE Rev. 1 (¹)					CPV-Code
ABSCHNITT F			BAUGEWERBE		
Abteilung	Gruppe	Klasse	Gegenstand	Bemerkungen	
		45.45	Sonstiger Ausbau a.n.g.	Diese Klasse umfasst: — Einbau von Swimmingpools — Fassadenreinigung — Sonstige Baufertigstellung und Ausbauarbeiten a.n.g. Diese Klasse umfasst nicht: — Innenreinigung von Gebäuden und anderen Bauwerken (s. 74.70)	45212212 und DA04 45450000
	45.5		Vermietung von Baumaschinen und -geräten mit Bedienungspersonal		45500000
		45.50	Vermietung von Baumaschinen und -geräten mit Bedienungspersonal	Diese Klasse umfasst nicht: — Vermietung von Baumaschinen und -geräten ohne Bedienungspersonal (s. 71.32)	45500000

(¹) Verordnung (EWG) Nr. 3037/90 des Rates vom 9. Oktober 1990 betreffend die statistische Systematik der Wirtschaftszweige in der Europäischen Gemeinschaft (ABl. L 293 vom 24.10.1990, S. 1).

Bauaufträge sind nach § 103 Abs. 3 Nr. 2 GWB ferner Verträge über die Ausführung oder die gleichzeitige Planung und Ausführung eines Bauwerkes für den öffentlichen Auftraggeber oder Sektorenauftraggeber, das Ergebnis von Tief- oder Hochbauarbeiten ist und eine wirtschaftliche oder technische Funktion erfüllen soll.

Ein Bauauftrag liegt auch vor, wenn ein Dritter eine Bauleistung gemäß den vom öffentlichen Auftraggeber oder Sektorenauftraggeber genannten Erfordernissen erbringt, die Bauleistung dem Auftraggeber unmittelbar wirtschaftlich zugutekommt und dieser einen entscheidenden Einfluss auf Art und Planung der Bauleistung hat.

Die Formulierung des letzten Unterabsatzes geht auf einen mittlerweile entschiedenen Streit um die Auslegung des Begriffs des öffentlichen Bauauftrags zurück, der für erhebliche Turbulenzen gesorgt hatte. Mit der sogenannten „Ahlhorn"-Entscheidung des OLG Düsseldorf[13] wurden Grundstücksverkäufe durch Bund, Länder und Kommunen, auch wenn sie nur mit einer mittelbaren Bauverpflichtung verbunden waren, dem Vergaberecht unterworfen. Dies hat den Gesetzgeber veranlasst, bereits im Rahmen der Novellierung des Vergaberechts im Jahr 2009 mit einer Änderung des § 99 GWB klarzustellen, dass die Bauleistung dem öffentlichen Auftraggeber unmittelbar wirtschaftlich zugute kommen

13 OLG Düsseldorf, Beschl. v. 13.6.2007, VII Verg 2/07.

muss. Diese Regelung ist konsequent in die aktuelle Neufassung des GWB übernommen worden.

Ein Bauauftrag setzt nämlich einen eigenen Beschaffungsbedarf des Auftraggebers voraus, wobei allein die Verwirklichung einer von dem Planungsträger angestrebten städtebaulichen Entwicklung nicht als einzukaufende Leistung ausreicht. Diese einschränkende Präzisierung war schließlich auch vom Europäischen Gerichtshof bestätigt worden. Auch dieser stellte fest, dass die Bauleistung dem öffentlichen Auftraggeber unmittelbar zugute kommen und dass es sich insoweit um eine einklagbare Verpflichtung handeln muss.[14]

3.3 Abschnitt 3

Vergabebestimmungen im Anwendungsbereich der Richtlinie 2009/81/EG (VOB/A – VS)

Abschnitt 3 der VOB/A unterstellt die Vergabe verteidigungs- und sicherheitsspezifischer öffentlicher Aufträge im Sinne des § 104 GWB ab einem Schwellenwert von derzeit 5 548 000 Euro einem modifizierten Vergabeverfahren. Nicht erfasst ist die Vergabe von Aufträgen, die gemäß § 107 GWB dem Anwendungsbereich des vierten Teils des GWB und damit dem förmlichen Vergaberecht insgesamt entzogen sind. Ferner sind die weiteren besonderen Ausnahmen für die Vergabe von verteidigungs- oder sicherheitsspezifischen öffentlichen Aufträgen in §§ 117 und 145 GWB zu beachten.

Verteidigungs- oder sicherheitsspezifische Aufträge sind Aufträge, deren Auftragsgegenstand mindestens eine der nachfolgenden Leistungen umfasst:

1. die Lieferung von Militärausrüstung, einschließlich dazugehöriger Teile, Bauteile oder Bausätze,
2. die Lieferung von Ausrüstung, die im Rahmen eines Verschlusssachenauftrags vergeben wird, einschließlich der dazugehörigen Teile, Bauteile oder Bausätze,
3. Liefer-, Bau- und Dienstleistungen in unmittelbarem Zusammenhang mit der in den Nummern 1 und 2 genannten Ausrüstung in allen Phasen des Lebenszyklus der Ausrüstung oder
4. Bau- und Dienstleistungen speziell für militärische Zwecke oder Bau- und Dienstleistungen, die im Rahmen eines Verschlusssachenauftrags vergeben werden.

Zu berücksichtigen ist bei der Anwendung des Teils 3 der VOB/A, dass für die Vergabe von Bauaufträgen daneben die Allgemeinen Bestimmungen des Teils 1 (mit Ausnahme des § 5) sowie die Teile 3, 4 (mit Ausnahme des § 43) und 5 der VSVgV gelten. Diese Vorschriften enthalten bspw. allgemeine Vorschriften zum Anwendungsbereich, Definitionen, Auftragswert, Regeln zur Unterauftragsvergabe, zu ausgeschlossenen Personen, Melde- und Berichtspflichten und die erforderlichen Bestimmungen zum Inkrafttreten einschließlich der Übergangsbestimmungen (im Einzelnen siehe Teil XI, Auszüge aus der VSVgV).[15]

---

14 EuGH, Urt. v. 25.3.2010, Rs. C-451/08.

15 Ausführliche Kommentierung der VSVgV und der VOB/A-VS bei Leinemann/Kirch, VSVgV mit VOB/A-VS, Kommentar, München, 2013.

Abschnitt 3 der VOB/A orientiert sich in Struktur und Verfahrensablauf weitgehend an den Teilen 1 und 2, enthält teils jedoch ganz erhebliche inhaltliche Abweichungen wie etwa den Ausschluss des offenen Verfahrens.

4. Wesentliche Neuerungen in der VOB/A (Ausgabe 2016)

4.1 Verfahrenswahl

Die wirtschaftlich sicher bedeutendste Regelung in der Neufassung der VOB/A findet sich in Abschnitt 2 und betrifft die Frage der Verfahrenswahl.

Bislang enthielt hierzu § 3 EG Abs. 2 VOB/A (Fassung 2012) folgende Vorgabe: „Das offene Verfahren hat Vorrang vor den anderen Verfahren, es muss angewendet werden, wenn nicht die Eigenart der Leistung oder besondere Umstände eine Abweichung rechtfertigen." Dies entsprach der Umsetzung der Vorschriften der Vergaberichtlinie 2004/18/EG zu den Vergabeverfahren durch § 101 Abs. 7 Satz 1 des Gesetzes gegen Wettbewerbsbeschränkungen (GWB). Dieser so genannte „Vorrang des offenen Verfahrens" geht auf die im Haushaltsrecht verankerte Entscheidung des Gesetzgebers für die Vorgabe besonders wettbewerbsintensiver Verfahren zurück. Nach § 55 Bundeshaushaltsordnung (BHO) und den Parallelvorschriften in den Haushaltsordnungen der Länder muss dem Abschluss von Verträgen über Lieferungen oder Leistungen eine öffentliche Ausschreibung vorausgehen, sofern nicht die Natur des Geschäfts oder besondere Umstände ein Ausnahme rechtfertigen. Die Einführung der in das GWB erst im Rahmen einer Novellierung im Jahr 2009 aufgenommene Regelung hat der Gesetzgeber seinerzeit damit begründet, dass das Ziel einer wirtschaftlichen Beschaffung für Beschaffungen oberhalb der EG-Schwellenwerte besser erreicht werden kann, wenn das offene Verfahren weiter als Regelverfahren vorgegeben wird[16]. Der Bundesrechnungshof hat schon früher regelmäßig auf die Vorteile dieser Vorgehensweise hingewiesen und unter anderem ausgeführt: „Die öffentliche Ausschreibung ist am ehesten geeignet, Preisabsprachen und Manipulationen bei der Vergabe von Bauleistungen entgegenzuwirken, da durch den unbegrenzten Bieterkreis entsprechende Versuche erheblich erschwert werden"[17].

In der Vorschrift über die Verfahrenswahl der Richtlinie 2004/18/EG Artikel 28 waren insoweit folgende Maßgaben enthalten: „Für die Vergabe ihrer öffentlichen Aufträge wenden die öffentlichen Auftraggeber die einzelstaatlichen Verfahren in einer für die Zwecke dieser Richtlinie angepassten Form an. Sie vergeben diese Aufträge im Wege des offenen oder des nichtoffenen Verfahrens (...)". Die Neufassung der Vorschrift durch Art. 26 der Richtlinie 2014/24/EU lautet demgegenüber: „(2) Die Mitgliedstaaten schreiben vor, dass die öffentlichen Auftraggeber offene oder nichtoffene Verfahren nach Maßgabe dieser Richtlinie anwenden können." Die scheinbar marginale Änderung „schreiben vor, dass (...)"

16 Bundestagsdrucksache 16/10117, S. 20.
17 Schriftenreihe des Bundesbeauftragten für Wirtschaftlichkeit in der Verwaltung, Band 11, S. 56; siehe hierzu Hattig/Maibaum, Praxiskommentar Kartellvergaberecht, 2. Aufl. 2014, § 101 Rn. 90 m.w.N.; Maibaum in Compliance Berater 4/2015, S. 104 ff: Das neue europäische Vergaberecht – neue Anforderungen an das Compliance Management?

wurde durch den Bundesgesetzgeber dahin gehend ausgelegt, dass die Entscheidung über die Verfahrenswahl künftig ausschließlich beim Auftraggeber liegen soll. Bereits im Gesetzgebungsverfahren wurde hierfür der deskriptive Begriff „toolbox-Ansatz" geprägt. Zur Flexibilisierung des Vergaberechts soll danach der Auftraggeber künftig das Instrumentarium der in der Richtlinie definierten Verfahren wie einen „Werkzeugkasten" nutzen, ohne dass ihm insoweit durch den nationalen Gesetzgeber gesetzliche Schranken auferlegt werden. Schranken für die Nutzung bestimmter Verfahren sollen sich nach dieser Auffassung lediglich aus der Richtlinie selbst ergeben, die nach wie vor die Anwendung des Verhandlungsverfahrens, des Wettbewerblichen Dialogs und der neu eingeführten „Innovationspartnerschaft" nur unter bestimmten Voraussetzungen gestattet. In den Erläuterungen der Neuregelungen durch die Europäische Kommission heißt es hierzu denn auch: „The new Directives follow a „tool box approach" which gives contracting authorities more flexibility, greater options and new routes to procurement. They have much greater freedom to choose the type and design of procedure best suited to their needs (...)". Die Erwägungsgründe der Richtlinie hingegen enthalten keine ausdrückliche Aussage darüber, welche Grenzen der nationalen Gesetzgebung mit der Neuregelung gesetzt werden sollen.

Bereits im Entwurf der Eckpunkte zur Reform des Vergaberechts des Bundesministeriums für Wirtschaft und Technologie wurde daraufhin unter Punkt IV. angekündigt: „Inhaltliche Schwerpunkte der Vergaberechtsmodernisierung": „Öffentliche Auftraggeber sollen zudem zwischen offenem und nichtoffenem Verfahren frei wählen können." Diese Aussage ist offensichtlich von einem Verständnis der europäischen Neuregelung geprägt, nach dem keinerlei Einschränkungen der Entscheidung des öffentlichen Auftraggebers bei der Verfahrenswahl mehr zulässig sind, selbst wenn sie letztlich dem Zweck der Richtlinien zur Marktöffnung und zur Stärkung des Wettbewerbs dienen. Die seinerzeit angekündigte und nun tatsächlich im Gesetz vollzogene Abkehr von einem der tragenden Grundsätze des deutschen Haushalts- und Vergaberechts ist auf prompte Kritik gestoßen. Das Handelsblatt titelte bereits am 20. November 2014: „Schlupfloch für Korruption – EU-Richtlinie lockert Vorschriften für Vergaben der öffentlichen Hand." In dem Beitrag werden insbesondere die schlechten Erfahrungen mit der temporären Außerkraftsetzung des Vorrangs der öffentlichen Ausschreibung im Rahmen der Verfahrenserleichterungen des Konjunkturpakets II angeprangert. In einer Untersuchung der Auswirkungen der Außerkraftsetzung der Vorrangregelung im Jahr 2012 hatte der Bundesrechnungshof Mehrausgaben bis zu 13% festgestellt. Transparency International äußerte die Befürchtung eines erhöhten Korruptionsrisikos.[18]

Dessen ungeachtet wurde vom Gesetzgeber in der Neufassung des 4. Teils des GWB die Abschaffung des Vorrangs des offenen Verfahrens beschlossen. Nach § 119 Abs. 2 Satz 1 GWB stehen Öffentlichen Auftraggebern nunmehr das offene Verfahren und das nicht offene Verfahren, das stets einen Teilnahmewettbewerb erfordert, nach ihrer Wahl zur Verfügung.

Beibehalten wurde der Vorrang der öffentlichen Ausschreibung (entspricht dem offenen Verfahren) hingegen in Abschnitt 1 der VOB/A (dort: § 3a Abs. 1).

18 Handelsblatt von Donnerstag, 20. November 2014, Nr. 224, S. 16.

4.2 Rahmenvereinbarungen

Bislang sah die VOB/A den Abschluss von Rahmenvereinbarungen nicht vor. Dabei handelt es sich nach § 103 Abs. 5 GWB um „Vereinbarungen zwischen einem oder mehreren öffentlichen Auftraggebern oder Sektorenauftraggebern und einem oder mehreren Unternehmen, die dazu dienen, die Bedingungen für die öffentlichen Aufträge, die während eines bestimmten Zeitraums vergeben werden sollen, festzulegen, insbesondere in Bezug auf den Preis. Für die Vergabe von Rahmenvereinbarungen gelten, soweit nichts anderes bestimmt ist, dieselben Vorschriften wie für die Vergabe entsprechender öffentlicher Aufträge.Die Möglichkeit zum Abschluss derartiger Vereinbarungen ist nun ausdrücklich sowohl in die VgV (dort § 21) als auch (zwangsläufig) in den 2. Abschnitt der VOB/A aufgenommen worden. Dort finden sich nunmehr in § 4a EU dezidierte Regelungen zum Abschluss und zur möglichen inhaltlichen Ausgestaltung der Rahmenvereinbarung. Die Folgen der Aufnahme dieses Instruments in die VOB/A bleiben abzuwarten. Es ist nicht auszuschließen, dass es hierdurch neben positiven Effekten hinsichtlich des reduzierten Verfahrensaufwands zu einer stärkeren Konzentration der Aufträge auf weniger Einzelunternehmen und damit zu wettbewerbsschädlichen Marktverengungen kommt.

4.3 Neue Vergabeverfahren

In Abschnitt 2 der VOB/A ist ein neues Vergabeverfahren – die so genannte „Innovationspartnerschaft" aufgenommen worden. Die Innovationspartnerschaft ist nach § 3 EU Nr. 5 ein Verfahren zur Entwicklung innovativer, noch nicht auf dem Markt verfügbarer Bauleistungen und zum anschließenden Erwerb der daraus hervorgehenden Leistungen. Diese neuartige Kombination von Forschungs- und Entwicklungsleistungen mit einem integrierten Beschaffungsziel geht auf eine entsprechende Neuregelung im europäischen Richtlinienrecht zurück. Im Bausektor dürfte dieses Verfahren nur in Ausnahmefällen eine Rolle spielen.

4.4 Ausschluss / Selbstreinigung

Eine interessante Neuregelung enthalten die Abschnitte 2 und 3 zur Frage, unter welchen Voraussetzungen auch beim Vorliegen von Ausschlussgründen von einem Ausschluss abgesehen werden kann. Insoweit wird den betroffenen Unternehmen künftig ermöglicht, durch geeignete, in der VOB/A näher bestimmte Selbstreinigungsmaßnahmen eine ausreichende Zuverlässigkeit wieder herzustellen (§ 6f EU, § 6f VS).

4.5 Eignungsnachweise: Die Einheitliche Europäische Eigenerklärung (EEE)

Zur Verfahrensvereinfachung kann der öffentliche Auftraggeber vorsehen, dass für einzelne Angaben Eigenerklärungen ausreichend sind. Eigenerklärungen, die als vorläufiger Nachweis dienen, sind von den Bietern, deren Angebote in die engere Wahl kommen, durch entsprechende Bescheinigungen der zuständigen Stellen zu bestätigen.

Der öffentliche Auftraggeber akzeptiert als vorläufigen Nachweis auch eine Einheitliche Europäische Eigenerklärung (EEE). Hierzu ist am 06.01.2016 die Durchführungsverordnung zur Einführung der Einheitlichen Europäischen Eigenerklärung (EEE) im EU-Amtsblatt veröffentlicht worden[19]. Die Verordnung enthält neben dem Standardformular Hinweise zum Ausfüllen.

4.6 Eröffnungstermin

In der Neufassung des Abschnitts 2 der VOB/A ist der Eröffnungstermin in der bisherigen Ausgestaltung entfallen. Die VOB/A enthielt bis zur Fassung aus dem Jahr 2012 den so bezeichneten „Eröffnungstermin"(§ 14 EG VOB/A), der aus Gründen des Wettbewerbs, der Gleichbehandlung und vor allem auch der Korruptionsbekämpfung vorsah, dass bei Ausschreibungen für die Öffnung und Verlesung (Eröffnung) der Angebote ein Eröffnungstermin abzuhalten ist, in dem nur die Bieter und ihre Bevollmächtigten zugegen sein dürfen. Aufgrund der fortschreitenden Digitalisierung des Vergabeverfahrens wurde offensichtlich keine Notwendigkeit mehr gesehen, an diesem Procedere weiter festzuhalten. Die Neuregelung in § 14 EU VOB/A sieht nun nur mehr eine Öffnung der Angebote durch Vertreter des öffentlichen Auftraggebers vor. Manipulationen sollen durch andere Mittel verhindert werden:

- Die Öffnung der Angebote muss von mindestens zwei Vertretern des öffentlichen Auftraggebers gemeinsam an einem Termin (Öffnungstermin) unverzüglich nach Ablauf der Angebotsfrist durchgeführt werden.
- Bis zu diesem Termin sind die elektronischen Angebote zu kennzeichnen und verschlüsselt aufzubewahren. Per Post oder direkt zugegangene Angebote sind auf dem ungeöffneten Umschlag mit Eingangsvermerk zu versehen und unter Verschluss zu halten.
- Der Verhandlungsleiter muss feststellen, ob der Verschluss der schriftlichen Angebote unversehrt ist und die elektronischen Angebote verschlüsselt sind.
- Die Angebote müssen geöffnet und in allen wesentlichen Teilen im Öffnungstermin gekennzeichnet werden.
- Muster und Proben der Bieter müssen im Termin zur Stelle sein.
- Über den Öffnungstermin ist eine Niederschrift in Schriftform oder in elektronischer Form zu fertigen.
- Die Niederschrift ist von den beiden Vertretern des öffentlichen Auftraggebers zu unterschreiben oder mit einer Signatur nach § 13 EU Absatz 1 Nummer 1 zu versehen.

Ob diese Schutzmechanismen in der Praxis funktionieren, wird abzuwarten sein. Nur auf den ersten Blick erstaunlich ist, dass der „klassische" Eröffnungstermin in den Abschnitten 1 und 3 beibehalten worden ist. Für die dem Abschnitt 2 der VOB/A unterfallenden

19 Duchführungsverordnung (EU) 2016/7 der Kommission vom vom 5. Januar 2016 zur Einführung des Standardformulars für die Einheitliche Europäische Eigenerklärung, ABl. L 3/16 vom 6.1.2016.

Vergaben hat der Gesetzgeber besonders ambitionierte Vorgaben zur Beschleunigung der Digitalisierung des Vergabeverfahrens vorgesehen (hierzu s. nachfolgend unter 7.)

4.7 Kommunikation

Nicht unmittelbar in der VOB/A geregelt, aber von erheblicher Relevanz ist bei den Abschnitt 2 unterliegenden Vergaben der hier zu beachtende neue Unterabschnitt 2 (Kommunikation) der Vergabeverordnung (VgV).

Dieser enthält unter anderem die grundsätzliche Verpflichtung, dass in jedem Stadium eines öffentlichen Vergabeverfahrens sowohl die öffentlichen Auftraggeber als auch die Unternehmen grundsätzlich nur elektronische Mittel zu verwenden haben. Die hierzu erlassenen Übergangsbestimmungen (§ 81 VgV) ermöglichen aber einen „weichen" Übergang in die umfassende digitale Verfahrensabwicklung. Zentrale Beschaffungsstellen im Sinne von § 120 Absatz 4 Satz 1 GWB können danach bis zum 18. April 2017, andere öffentliche Auftraggeber bis zum 18. Oktober 2018, abweichend von § 53 Absatz 1 VgV die Übermittlung der Angebote, Teilnahmeanträge und Interessensbestätigungen auch auf dem Postweg, anderem geeigneten Weg, Fax oder durch die Kombination dieser Mittel verlangen. Dasselbe gilt für die sonstige Kommunikation im Sinne des § 9 Absatz 1 VgV, soweit sie nicht die Übermittlung von Bekanntmachungen und die Bereitstellung der Vergabeunterlagen betrifft.

Eine weitere in § 12 Abs. 2 VgV enthaltene Neuerung erlaubt, dass der öffentliche Auftraggeber für die Vergabe von Bauleistungen und für Wettbewerbe die Nutzung elektronischer Mittel im Rahmen der Bauwerksdatenmodellierung (bekannter unter der Bezeichnung „BIM" – Building Information Modeling) verlangt. Sofern die verlangten elektronischen Mittel für die Bauwerksdatenmodellierung nicht allgemein verfügbar sind – wovon derzeit noch auszugehen sein dürfte – muss der öffentliche Auftraggeber einen alternativen Zugang zu ihnen anbieten, indem er Unternehmen während des gesamten Vergabeverfahrens unter einer Internetadresse einen unentgeltlichen, uneingeschränkten, vollständigen und direkten Zugang zu diesen alternativen elektronischen Mitteln gewährt, die er selbst verwendet.

4.8 Zuschlag

Auch wenn der Zuschlag nach wie vor auf das wirtschaftlichste Angebot erteilt wird (s. § 16 d EU Abs. 2 VOB/A), bringt die Neufassung doch einige bemerkenswerte Änderungen mit sich. Grundlage für die Ermittlung des wirtschaftlichsten Angebots ist eine Bewertung des öffentlichen Auftraggebers, ob und inwieweit das Angebot die vorgegebenen Zuschlagskriterien erfüllt.

Das wirtschaftlichste Angebot bestimmt sich nach dem besten Preis-Leistungs-Verhältnis. Zu dessen Ermittlung können neben dem Preis oder den Kosten auch qualitative, umweltbezogene oder soziale Aspekte berücksichtigt werden. Zwar ist es auf der Grundlage des besten Preis-Leistungs-Verhältnisses auch künftig zulässig, den Zuschlag allein auf das preislich günstigste Angebot zu erteilen. Der öffentliche Auftraggeber wird jedoch – insbesondere bei der Beschaffung von nichtmarktüblichen, nicht standardisierten Leistungen – seine Vergabeentscheidung in der Regel auf weitere Zuschlagskriterien wie z.B. Qualität, Zweckmäßigkeit, technischer Wert, Lieferfrist oder Ausführungsdauer stützen. Soziale Aspekte, wie etwa die Förderung der sozialen Integration von benachteiligten Personen, der Berücksichtigung von Aspekten der Barrierefreiheit oder des „Designs für Alle" sowie positive Umwelteigenschaften (z.B. Klima- und Energieeffizienzeigenschaften) der Leistung können dabei vom öffentlichen Auftraggeber ebenfalls als Zuschlagskriterium vorgegeben werden.[20]

Es dürfen nur Zuschlagskriterien und deren Gewichtung berücksichtigt werden, die in der Auftragsbekanntmachung oder in den Vergabeunterlagen genannt sind. Zuschlagskriterien können insbesondere sein:

a) Qualität einschließlich technischer Wert, Ästhetik, Zweckmäßigkeit, Zugänglichkeit, Design für alle, soziale, umweltbezogene und innovative Eigenschaften;

b) Organisation, Qualifikation und Erfahrung des mit der Ausführung des Auftrags betrauten Personals, wenn die Qualität des eingesetzten Personals erheblichen Einfluss auf das Niveau der Auftragsausführung haben kann, oder

c) Kundendienst und technische Hilfe sowie Ausführungsfrist.

Die Zuschlagskriterien müssen mit dem Auftragsgegenstand in Verbindung stehen. Zuschlagskriterien stehen mit dem Auftragsgegenstand in Verbindung, wenn sie sich in irgendeiner Hinsicht und in irgendeinem Lebenszyklus- Stadium auf diesen beziehen, auch wenn derartige Faktoren sich nicht auf die materiellen Eigenschaften des Auftragsgegenstandes auswirken.

Damit werden die Zuschlagskriterien stark erweitert. Die Eignung des potentiellen Auftragnehmers (s. Buchstabe b) wurde bislang allein im Rahmen der Eignungsprüfung berücksichtigt und wird nun im Rahmen der Zuschlagsentscheidung wertungsfähig.

Der neue Rechtsrahmen ermöglicht es den Vergabestellen auch, die öffentliche Auftragsvergabe stärker zur Unterstützung strategischer Ziele zu nutzen. Dazu gehören vor allem soziale, umweltbezogene und innovative Aspekte. Dies kommt etwa Unternehmen zugute, die ihrer Verantwortung bis hinein in die Produktions- und Lieferketten nachkommen („keine Pflastersteine aus ausbeuterischer Kinderarbeit"), und setzt Anreize für Unternehmen, internationale Standards zur Unternehmensverantwortung zu berücksichtigen (z.B. die ILO-Kernarbeitsnormen).

Die aus § 127 Abs. 3 GWB folgende, auch hier zu berücksichtigende Bedingung des Bezugs zum Auftragsgegenstand schließt allerdings Kriterien und Bedingungen bezüglich der allgemeinen Unternehmenspolitik aus, da es sich dabei nicht um einen Faktor handelt, der den konkreten Prozess der Herstellung oder Bereitstellung der beauftragten Bauleistungen, Lieferungen oder Dienstleistungen charakterisiert. Daher ist es öffentlichen Auftraggebern nicht gestattet, losgelöst vom Beschaffungsgegenstand von Bietern eine bestimmte Politik der sozialen oder ökologischen Verantwortung zu verlangen.

20 S. Amtliche Begründung zu § 132 GWB, BR-Drs. 367/15 vom 14.08.15, S. 141.

4.9 Auftragsänderungen während der Vertragslaufzeit

In Abschnitt 2 und Abschnitt 3 der VOB/A wird nunmehr ausführlich geregelt, unter welchen Voraussetzungen bei (den in der der Praxis nicht seltenen) Änderungen des Auftrags während der Vertragslaufzeit eine erneute Durchführung des Vergabeverfahrens geboten, nicht erforderlich oder zulässig ist. Von besonderer Relevanz dürfte hier die Neuregelung sein, nach der die Änderung eines öffentlichen Auftrags ohne Durchführung eines neuen Vergabeverfahrens zulässig ist, wenn sich der Gesamtcharakter des Auftrags nicht ändert und der Wert der Änderung 1. die jeweiligen Schwellenwerte nach § 106 nicht übersteigt und 2. nicht mehr als 15 Prozent des ursprünglichen Bauauftragswertes beträgt (§ 22 EU Abs. 3 Nr.2, § 22 VS Abs. 3 Nr. 2).

Eine Auftragserhöhung um bis zu 50 % ist zulässig, wenn zusätzliche Leistungen erforderlich werden, die wegen zu großer wirtschaftlicher oder technischer Gründe oder sonstiger erheblicher Schwierigkeiten für den Auftraggeber nicht durch einen anderen Auftragnehmer durchgeführt werden können oder die Änderung aufgrund nicht vorhersehbarer, geänderter Umstände erforderlich wurde (§ 22 EU Abs. 2 Nr. 4 VOB/A, § 22 VS Abs. 2 Nr. 4).

5. Einführende Hinweise zur VOB/A (Ausgabe 2016)

Bekanntmachung der Vergabe- und Vertragsordnung für BauleistungenTeil A (VOB/A)Teil B (VOB/B)– Ausgabe 2016 – des Bundesministeriums für Umwelt, Naturschutz, Bau und Reaktorsicherheitvom 7. Januar 2016

Die vom Deutschen Vergabe- und Vertragsausschuss für Bauleistungen (DVA) erarbeiteten Abschnitte 1 bis 3 der Vergabe- und Vertragsordnung für Bauleistungen Teil A (VOB/A) und die Änderungen der Vergabe- und Vertragsordnung für Bauleistungen Teil B (VOB/B) werden hiermit bekannt gegeben (Anlage). Sie sind von den öffentlichen Auftraggebern aber noch nicht anzuwenden.

Der Abschnitt 1 VOB/A ersetzt den Abschnitt 1 VOB/A vom 26. Juni 2012 (BAnz AT 13.07.2012 B3).

Der Abschnitt 2 VOB/A ersetzt den Abschnitt 2 VOB/A vom 24. Oktober 2011 (BAnz. Nr. 182a vom 2. Dezember 2011, BAnz AT 07.05.2012 B1).

Der Abschnitt 3 VOB/A ersetzt den Abschnitt 3 VOB/A vom 24. Oktober 2011 (BAnz. Nr. 182a vom 2. Dezember 2011, BAnz AT 07.05.2012 B1).

Die VOB/B in der Fassung der Bekanntmachung vom 31. Juli 2009 (BAnz. Nr. 155a von 15. Oktober 2009, BAnz. 2010,S. 940) sowie durch Änderungen vom 26. Juni 2012 (BAnz AT 13.07.2012 B3), wird geändert.

Der Abschnitt 1 VOB/A soll wegen des Sachzusammenhangs mit den Änderungen der Abschnitte 2 und 3 VOB/A erst dann angewendet werden, wenn die übrigen Abschnitte der VOB/A in Kraft treten. Geplant ist hierfür der 18. April 2016. Das Bundesministerium für Umwelt, Naturschutz, Bau und Reaktorsicherheit (BMUB) wird den Zeitpunkt des Inkrafttretens für seinen Zuständigkeitsbereich durch Erlass bestimmen.

Die Anwendung der Vorschriften des Abschnitts 2 VOB/A wird durch eine Verweisung in der Verordnung über die Vergabe öffentlicher Aufträge (Vergabeverordnung – VgV) für die Vergabe von Bauaufträgen verbindlich vorgeschrieben. Die neue Vergabeverordnung soll am 18. April 2016 in Kraft treten.

Die Anwendung der Vorschriften des Abschnitts 3 VOB/A wird durch eine Verweisung in der Vergabeverordnung Verteidigung und Sicherheit für die Vergabe von sicherheits- und verteidigungsrelevanten Bauaufträgen verbindlich vorgeschrieben. Die Änderung der Vergabeverordnung Verteidigung und Sicherheit soll am 18. April 2016 in Kraft treten.

Wegen des Sachzusammenhangs mit den Änderungen in der VOB/A sollen die geänderten Vorschriften der VOB/B erst dann angewendet werden, wenn die geänderte VOB/A in Kraft tritt. Das BMUB wird den Zeitpunkt des Inkrafttretens für seinen Zuständigkeitsbereich durch Erlass bestimmen.

Einzelheiten zu den Änderungen in VOB/A und VOB/B ergeben sich aus den beigefügten Hinweisen.

Die Neufassung der VOB/A wird im Auftrag des DVA vom Deutschen Institut für Normung e.V. (DIN) als DIN 1960 herausgegeben. Die VOB/B wird als DIN 1961 herausgegeben.

Der DVA beabsichtigt, im Verlauf des Jahres 2016 alle Teile der VOB als Gesamtausgabe unter der Bezeichnung VOB 2016 herauszugeben.

Berlin, den 7. Januar 2016

B I 7 – 81063.6/1

B I 7 – 81063.7/1

Bundesministerium

für Umwelt, Naturschutz, Bau und Reaktorsicherheit

Im Auftrag

Reinhard Janssen

Vergabe- und Vertragsordnung für Bauleistungen Teil A (VOB/A)Hinweise für die VOB/A 2016

Die Neufassung der VOB/A dient der Umsetzung der Richtlinie 2014/24/EU des Europäischen Parlaments und des Rates vom 26. Februar 2014 über die öffentliche Auftragsvergabe. Zusammen mit den Richtlinien 2014/23/EU (Konzessionsvergabe) und 2014/25/EU (Sektorenauftraggeber) stellen sie eine umfassende Überarbeitung des europäischen Vergaberechts dar.

Die Bundesregierung hat im Eckpunktebeschluss vom 7. Januar 2015 die Grundsätze der durch die EU-Richtlinien angestoßenen nationalen Vergaberechtsreform beschlossen. Bestandteil dieser Eckpunkte ist auch eine Strukturreform des nationalen Vergaberechts im Bereich oberhalb der EU-Schwellenwerte. Die Regelungen für die Vergabe von Liefer- und Dienstleistungen, auch freiberuflichen Leistungen, werden künftig in der Vergabeverordnung (VgV) zusammengefasst. Sie erhält dadurch einen anderen Charakter und ist nicht mehr nur „Scharnier" zwischen dem Gesetz gegen Wettbewerbsbeschränkungen (GWB) und den Vergabeordnungen. In der Folge entfallen VOL/A Abschnitt 2 und VOF.

Die besonderen Regelungen für die Vergabe von Bauaufträgen werden weiterhin durch den Deutschen Vergabe- und Vertragsausschuss für Bauleistungen (DVA) in der VOB/A erarbeitet.

Zur Umsetzung der Konzessionsvergaberichtlinie wird die Bundesregierung eine eigenständige Konzessionsvergabeverordnung (KonzVgV) beschließen, die künftig umfassend auch für Baukonzessionen gelten wird.

Den Schwerpunkt dieser Überarbeitung der VOB/A bildet der Abschnitt 2. Dort sind die Vorgaben des europäischen Rechts umgesetzt worden, soweit sie nicht auf gesetzlicher Ebene im 4. Teil des GWB oder in übergreifend geltenden Vorschriften der VgV geregelt sind.

Der hohe Detaillierungsgrad der EU-Richtlinien hat zwangsläufig zu einem Anwachsen des Abschnitts 2 VOB/A geführt. Das hat den DVA dazu bewogen, die Struktur moderat zu ändern, um die VOB/A übersichtlicher zu gestalten. Dazu wurden die bisherigen Zwischenüberschriften als eigenständige Paragrafen ausgestaltet. Um dem Anwender gleichwohl möglichst viel Bekanntes zu erhalten, wurde dabei auf eine neue, durchgehende Nummerierung verzichtet, sondern das Paragrafengerüst durch Einfügung von Paragrafen mit dem Zusatz a, b usw. in der Grundform erhalten.

Um den bewährten Gleichlauf innerhalb der VOB/A zu bewahren, wurde diese neue Struktur auch auf die Abschnitte 1 und 3 übertragen.

Da, wo es aus Sicht des DVA für den Anwender besonders wichtig ist, wurden Vorschriften des GWB wiederholt. Dies gilt insbesondere für die unternehmensbezogenen Ausschlussgründe (§§ 123 ff. GWB) und die Regelung zu Auftragsänderungen während der Laufzeit (§ 132 GWB). Der DVA könnte zwar ohnehin keine andere Regelung treffen. Wegen der zentralen Bedeutung der Vorschriften sollen sie aber in der VOB/A erscheinen.

Grundsätzlich hat der DVA auf einen Gleichlauf mit den in der VgV geregelten Vorschriften zur Beschaffung von Liefer- und Dienstleistungen hingearbeitet. So werden z. B. die Vorschriften zur elektronischen Vergabe einheitlich ausgestaltet.

Im Abschnitt 3 wurden neben der Struktur einige wenige inhaltliche Änderungen des Abschnitts 2 übernommen, z.B. der geänderte Öffnungstermin. Ansonsten sind die Änderungen ganz überwiegend redaktioneller Art und Folge der Änderungen im GWB und der Vergabeverordnung Verteidigung und Sicherheit.

Eine umfassende Überprüfung des Abschnitts 1 auf Änderung zur Bewahrung eines möglichst weitgehenden Gleichlaufs mit dem Abschnitt 2 wird erst nach Abschluss der Vergaberechtsreform beginnen. Wo Angleichungen punktuell ohne tiefergehende Erörterung möglich und sinnvoll erschienen, sind sie vorgenommen worden, z. B. bei der Signatur von elektronischen Angeboten.

Hervorzuheben ist, dass auch der Abschnitt 1 sogleich die geänderte Struktur erhält.

Weitergehende Erläuterungen zu den wesentlichen inhaltlichen Änderungen der VOB/A sind für den Einführungserlass des Bundesministeriums für Umwelt, Naturschutz, Bau und Reaktorsicherheit vorgesehen, der im Gemeinsamen Ministerialblatt des Bundes veröffentlicht werden wird.

Vergabe- und Vertragsordnung für Bauleistungen Teil A (VOB/A) – nachträgliche Änderung des Abschnitts 1

Durch Bekanntmachung der Vergabe- und Vertragsordnung für Bauleistungen Teil A (VOB/A) – Ausgabe 2016 – des Bundesministeriums für Umwelt, Naturschutz, Bau und Reaktorsicherheit vom 1. Juli 2016, BAnz AT 01.07.2016 B4 ist der vom Deutschen Vergabe- und Vertragsausschuss für Bauleistungen (DVA) im Nachgang zur Umsetzung der Richtlinie 2014/24/EU in die Vergabe- und Vertragsordnung für Bauleistungen Teil A (VOB/A) überarbeitete Abschnitt 1 VOB/A bekannt gegeben worden.Er ersetzt den Abschnitt 1 VOB/A vom 7. Januar 2016 (BAnz AT 19.01.2016 B3). Einzelheiten zu den Änderungen ergeben sich aus den nachfolgenden Hinweisen.

Hinweise für den überarbeiteten Abschnitt 1 VOB/A 2016

Bereits im Zusammenhang mit der Umsetzung der Richtlinie 2014/24/EU in den Abschnitt 2 VOB/A hatte der Deutsche Vergabe- und Vertragsausschuss für Bauleistungen (DVA) punktuelle Änderungen im Abschnitt 1 vorgenommen. Hervorzuheben ist die in allen drei Abschnitten der VOB/A moderat geänderte Struktur.

Im Nachgang zum Umsetzungsprozess hat der DVA nun weitere Änderungen im Abschnitt 1 VOB/A beschlossen. Sie dienen dazu, kurzfristig in zentralen Punkten einen möglichst weitgehenden Gleichlauf der Regelungen für die Vergabe von Bauleistungen im Unter- und Oberschwellenbereich herzustellen bzw. zu erhalten.

Die Neufassung des Abschnitts 1 VOB/A hat insbesondere folgende Inhalte:

In § 4a wurde auch für den Unterschwellenbereich nunmehr eine Regelung zu Rahmenverträgen aufgenommen. Sie übernimmt bewusst nicht die sehr detaillierte, eng dem Richtlinientext folgende Formulierung des § 4a EU VOB/A, um dem Rahmenvertrag im Gefüge der Vertragsarten nicht überproportional Gewicht zu verleihen. Vielmehr lehnt sie sich an die bewährte Formulierung des § 4 VOL/A an.

Der Auftraggeber soll im Unterschwellenbereich künftig die Wahl haben, welche Kommunikationsmittel er im Vergabeverfahren einsetzt (§§ 11 ff. VOB/A). Der DVA führt – anders als im Abschnitt 2 VOB/A – bewusst nicht den Grundsatz der elektronischen Kommunikation ein. Nicht alle Vergabestellen und Bieter sind bereits auf eine durchgehende elektronische Kommunikation und Vergabe eingerichtet.

§ 13 VOB/A sah bislang vor, dass der Auftraggeber (anders als in der VOL/A) schriftliche Angebote immer zulassen musste, also nicht vollständig auf die E-Vergabe umstellen konnte. Dies gilt jetzt nur noch bis zum 18. Oktober 2018, also dem Zeitpunkt, ab dem im Oberschwellenbereich die E-Vergabe spätestens verpflichtend wird. Nach diesem Zeitpunkt kann der Auftraggeber im Unterschwellenbereich die Form der einzureichenden Angebote bestimmen. Er kann wählen, ob er weiterhin schriftliche Angebote zulässt oder ausschließlich elektronisch eingereichte. Entschließt sich der Auftraggeber nach dem

18. Oktober 2018, Angebote auch in schriftlicher Form zuzulassen, führt er weiterhin einen herkömmlichen Eröffnungstermin unter Anwesenheit der Bieter durch. Lässt er nur elektronische Angebote zu, führt er einen Öffnungstermin nach dem Vorbild von § 14 EU VOB/A durch, bei dem zwar die Anwesenheit der Bieter entfällt, diese aber die maßgeblichen Informationen des Öffnungstermins unverzüglich nach seiner Durchführung elektronisch mitgeteilt bekommen (vgl. die §§ 14, 14a VOB/A).

Weitere Erläuterungen zu den inhaltlichen Änderungen sind für den Einführungserlass des Bundesministeriums für Umwelt, Naturschutz, Bau und Reaktorsicherheit vorgesehen, der im Gemeinsamen Ministerialblatt des Bundes veröffentlicht werden wird.

Die Änderungen des Abschnitts 1 VOB/A werden noch in die für Oktober 2016 geplante neue Gesamtausgabe der VOB 2016 einfließen. Der DVA beabsichtigt darüber hinaus, den Abschnitt 1 alsbald systematisch zu überprüfen, um einen inhaltlich wie redaktionell noch weitergehenden Gleichlauf innerhalb der VOB/A herzustellen.

Inkrafttreten

Mit den Erlassen des BMUB vom 7. April 2016 und 9. September 2016 sind mittlerweile der Abschnitt 1 der VOB/A 2016 vom 23.Juni 2016 in der Fassung der Bekanntmachung im Bundesanzeiger BAnz AT 01.07.2016 B4, der Abschnitt 2 und 3 der VOB/A 2016 vom 7. Januar 2016 in der Fassung der Bekanntmachung im Bundesanzeiger BAnz AT 19.01.2016 B3, die VOB/B in der Ausgabe 2016 (BAnz. AT 13.07.2012 B3 mit den Änderungen, veröffentlicht in BAnz AT 19.01.2016 B3 sowie der Berichtigung in BAnz AT 01.04.2016 B1 2016) und die VOB/C 2016 für die Bundesbauverwaltungen und die für den Bund tätigen Länderbauverwaltungen verbindlich eingeführt worden.

6. VOB Teil A 2016 Allgemeine Bestimmungen für die Vergabe von Bauleistungen

Abschnitt 1 in der Fassung der Bekanntmachung vom 22. Juni 2016
(BAnz. AT 01.07.2016 B4).
In Anwendung für den Bereich des Bundes seit dem 1. Oktober 2016
gemäß Einführungserlass zur VOB 2016 vom 9. September 2016, B I 7 – 81063.6/1.

Abschnitt 2 (VOB/A-EU) in der Fassung vom 7. Januar 2016
(BAnz AT vom 19.01.2016 B3).
In Anwendung seit dem 18. April 2016 gemäß § 2 VgV
(erlassen durch Art. 1 der Verordnung vom 12.04.2016, BGBl. I S. 624).

Abschnitt 3 (VOB/A-VS) in der Fassung vom 7. Januar 2016
(BAnz AT vom 19.01.2016 B3).
In Anwendung seit dem 18. April 2016 gemäß § 2 VSVgV vom 12. Juli 2012
(BGBl. I S. 1509) in der Fassung der Änderung durch Art. 5 der Verordnung vom
12.04.2016, BGBl. I S. 624.

Abschnitt 1 Basisparagrafen

§ 1 Bauleistungen

Bauleistungen sind Arbeiten jeder Art, durch die eine bauliche Anlage hergestellt, instand gehalten, geändert oder beseitigt wird.

§ 2 Grundsätze

(1) 1. Bauleistungen werden an fachkundige, leistungsfähige und zuverlässige Unternehmen zu angemessenen Preisen in transparenten Vergabeverfahren vergeben.

2. Der Wettbewerb soll die Regel sein. Wettbewerbsbeschränkende und unlautere Verhaltensweisen sind zu bekämpfen.

(2) Bei der Vergabe von Bauleistungen darf kein Unternehmen diskriminiert werden.

(3) Es ist anzustreben, die Aufträge so zu erteilen, dass die ganzjährige Bautätigkeit gefördert wird.

(4) Die Durchführung von Vergabeverfahren zum Zwecke der Markterkundung ist unzulässig.

(5) Der Auftraggeber soll erst dann ausschreiben, wenn alle Vergabeunterlagen fertig gestellt sind und wenn innerhalb der angegebenen Fristen mit der Ausführung begonnen werden kann.

§ 3
Arten der Vergabe

(1) Bei Öffentlicher Ausschreibung werden Bauleistungen im vorgeschriebenen Verfahren nach öffentlicher Aufforderung einer unbeschränkten Zahl von Unternehmen zur Einreichung von Angeboten vergeben.

(2) Bei Beschränkter Ausschreibung werden Bauleistungen im vorgeschriebenen Verfahren nach Aufforderung einer beschränkten Zahl von Unternehmen zur Einreichung von Angeboten vergeben, gegebenenfalls nach öffentlicher Aufforderung, Teilnahmeanträge zu stellen (Beschränkte Ausschreibung nach Öffentlichem Teilnahmewettbewerb).

(3) Bei Freihändiger Vergabe werden Bauleistungen ohne ein förmliches Verfahren vergeben.

§ 3a
Zulässigkeitsvoraussetzungen

(1) Öffentliche Ausschreibung muss stattfinden, soweit nicht die Eigenart der Leistung oder besondere Umstände eine Abweichung rechtfertigen.

(2) Beschränkte Ausschreibung kann erfolgen,

1. bis zu folgendem Auftragswert der Bauleistung ohne Umsatzsteuer:
   a) 50 000 Euro für Ausbaugewerke (ohne Energie- und Gebäudetechnik), Landschaftsbau und Straßenausstattung,
   b) 150 000 Euro für Tief-, Verkehrswege- und Ingenieurbau,
   c) 100 000 Euro für alle übrigen Gewerke,
2. wenn eine Öffentliche Ausschreibung kein annehmbares Ergebnis gehabt hat,
3. wenn die Öffentliche Ausschreibung aus anderen Gründen (z. B. Dringlichkeit, Geheimhaltung) unzweckmäßig ist.

(3) Beschränkte Ausschreibung nach Öffentlichem Teilnahmewettbewerb ist zulässig,

1. wenn die Leistung nach ihrer Eigenart nur von einem beschränkten Kreis von Unternehmen in geeigneter Weise ausgeführt werden kann, besonders, wenn außergewöhnliche Zuverlässigkeit oder Leistungsfähigkeit (z. B. Erfahrung, technische Einrichtungen oder fachkundige Arbeitskräfte) erforderlich ist,
2. wenn die Bearbeitung des Angebots wegen der Eigenart der Leistung einen außergewöhnlich hohen Aufwand erfordert.

(4) Freihändige Vergabe ist zulässig, wenn die Öffentliche Ausschreibung oder Beschränkte Ausschreibung unzweckmäßig ist, besonders,

1. wenn für die Leistung aus besonderen Gründen (z. B. Patentschutz, besondere Erfahrung oder Geräte) nur ein bestimmtes Unternehmen in Betracht kommt,
2. wenn die Leistung besonders dringlich ist,
3. wenn die Leistung nach Art und Umfang vor der Vergabe nicht so eindeutig und erschöpfend festgelegt werden kann, dass hinreichend vergleichbare Angebote erwartet werden können,
4. wenn nach Aufhebung einer Öffentlichen Ausschreibung oder Beschränkten Ausschreibung eine erneute Ausschreibung kein annehmbares Ergebnis verspricht,

5. wenn es aus Gründen der Geheimhaltung erforderlich ist,

6. wenn sich eine kleine Leistung von einer vergebenen größeren Leistung nicht ohne Nachteil trennen lässt.

Freihändige Vergabe kann außerdem bis zu einem Auftragswert von 10 000 Euro ohne Umsatzsteuer erfolgen.

§ 3b
Ablauf der Verfahren

(1) Bei Öffentlicher Ausschreibung sind die Unterlagen an alle Unternehmen abzugeben.

(2) Bei Beschränkter Ausschreibung sollen mehrere, im Allgemeinen mindestens drei geeignete Unternehmen aufgefordert werden.

(3) Bei Beschränkter Ausschreibung und Freihändiger Vergabe soll unter den Unternehmen möglichst gewechselt werden.

§ 4
Vertragsarten

(1) Bauleistungen sind so zu vergeben, dass die Vergütung nach Leistung bemessen wird (Leistungsvertrag), und zwar:

1. in der Regel zu Einheitspreisen für technisch und wirtschaftlich einheitliche Teilleistungen, deren Menge nach Maß, Gewicht oder Stückzahl vom Auftraggeber in den Vertragsunterlagen anzugeben ist (Einheitspreisvertrag),

2. in geeigneten Fällen für eine Pauschalsumme, wenn die Leistung nach Ausführungsart und Umfang genau bestimmt ist und mit einer Änderung bei der Ausführung nicht zu rechnen ist (Pauschalvertrag).

(2) Abweichend von Absatz 1 können Bauleistungen geringeren Umfangs, die überwiegend Lohnkosten verursachen, im Stundenlohn vergeben werden (Stundenlohnvertrag).

(3) Das Angebotsverfahren ist darauf abzustellen, dass der Bieter die Preise, die er für seine Leistungen fordert, in die Leistungsbeschreibung einzusetzen oder in anderer Weise im Angebot anzugeben hat.

(4) Das Auf- und Abgebotsverfahren, bei dem vom Auftraggeber angegebene Preise dem Auf- und Abgebot der Bieter unterstellt werden, soll nur ausnahmsweise bei regelmäßig wiederkehrenden Unterhaltungsarbeiten, deren Umfang möglichst zu umgrenzen ist, angewandt werden.

§ 4a
Rahmenvereinbarungen

(1) Rahmenvereinbarungen sind Aufträge, die ein oder mehrere Auftraggeber an ein oder mehrere Unternehmen vergeben können, um die Bedingungen für Einzelaufträge, die während eines bestimmten Zeitraums vergeben werden sollen, festzulegen, insbesondere über den in Aussicht genommenen Preis. Das in Aussicht genommene Auftragsvolumen ist so genau wie möglich zu ermitteln und bekannt zu geben, braucht aber nicht abschließend festgelegt zu werden. Eine Rahmenvereinbarung darf nicht missbräuchlich oder in einer Art angewendet werden, die den Wettbewerb behindert, einschränkt oder verfälscht. Die Laufzeit einer Rahmenvereinbarung darf vier Jahre nicht überschreiten, es sei denn, es liegt ein im Gegenstand der Rahmenvereinbarung begründeter Ausnahmefall vor.

(2) Die Erteilung von Einzelaufträgen ist nur zulässig zwischen den Auftraggebern, die ihren voraussichtlichen Bedarf für das Vergabeverfahren gemeldet haben, und den Unternehmen, mit denen Rahmenvereinbarungen abgeschlossen wurden.

§ 5
Vergabe nach Losen, Einheitliche Vergabe

(1) Bauleistungen sollen so vergeben werden, dass eine einheitliche Ausführung und zweifelsfreie umfassende Haftung für Mängelansprüche erreicht wird; sie sollen daher in der Regel mit den zur Leistung gehörigen Lieferungen vergeben werden.

(2) Bauleistungen sind in der Menge aufgeteilt (Teillose) und getrennt nach Art oder Fachgebiet (Fachlose) zu vergeben. Bei der Vergabe kann aus wirtschaftlichen oder technischen Gründen auf eine Aufteilung oder Trennung verzichtet werden.

§ 6
Teilnehmer am Wettbewerb

(1) Der Wettbewerb darf nicht auf Unternehmen beschränkt werden, die in bestimmten Regionen oder Orten ansässig sind.

(2) Bietergemeinschaften sind Einzelbietern gleichzusetzen, wenn sie die Arbeiten im eigenen Betrieb oder in den Betrieben der Mitglieder ausführen.

(3) Am Wettbewerb können sich nur Unternehmen beteiligen, die sich gewerbsmäßig mit der Ausführung von Leistungen der ausgeschriebenen Art befassen.

§ 6a
Eignungsnachweise

(1) Zum Nachweis ihrer Eignung ist die Fachkunde, Leistungsfähigkeit und Zuverlässigkeit der Bewerber oder Bieter zu prüfen.

(2) Der Nachweis umfasst die folgenden Angaben:

1. den Umsatz des Unternehmens jeweils bezogen auf die letzten drei abgeschlossenen Geschäftsjahre, soweit er Bauleistungen und andere Leistungen betrifft, die mit der zu vergebenden Leistung vergleichbar sind, unter Einschluss des Anteils bei gemeinsam mit anderen Unternehmen ausgeführten Aufträgen,
2. die Ausführung von Leistungen in den letzten drei abgeschlossenen Geschäftsjahren, die mit der zu vergebenden Leistung vergleichbar sind,
3. die Zahl der in den letzten drei abgeschlossenen Geschäftsjahren jahresdurchschnittlich beschäftigten Arbeitskräfte, gegliedert nach Lohngruppen mit gesondert ausgewiesenem technischem Leitungspersonal,
4. die Eintragung in das Berufsregister ihres Sitzes oder Wohnsitzes,

sowie Angaben,

5. ob ein Insolvenzverfahren oder ein vergleichbares gesetzlich geregeltes Verfahren eröffnet oder die Eröffnung beantragt worden ist oder der Antrag mangels Masse abgelehnt wurde oder ein Insolvenzplan rechtskräftig bestätigt wurde,
6. ob sich das Unternehmen in Liquidation befindet,

7. dass nachweislich keine schwere Verfehlung begangen wurde, die die Zuverlässigkeit als Bewerber oder Bieter in Frage stellt,
8. dass die Verpflichtung zur Zahlung von Steuern und Abgaben sowie der Beiträge zur gesetzlichen Sozialversicherung ordnungsgemäß erfüllt wurde,
9. dass sich das Unternehmen bei der Berufsgenossenschaft angemeldet hat.

(3) Andere, auf den konkreten Auftrag bezogene zusätzliche, insbesondere für die Prüfung der Fachkunde geeignete Angaben können verlangt werden.

(4) Der Auftraggeber wird andere ihm geeignet erscheinende Nachweise der wirtschaftlichen und finanziellen Leistungsfähigkeit zulassen, wenn er feststellt, dass stichhaltige Gründe dafür bestehen.

§ 6b
Mittel der Nachweisführung, Verfahren

(1) Der Nachweis der Eignung kann mit der vom Auftraggeber direkt abrufbaren Eintragung in die allgemein zugängliche Liste des Vereins für die Präqualifikation von Bauunternehmen e.V. (Präqualifikationsverzeichnis) erfolgen.

(2) Die Angaben können die Bewerber oder Bieter auch durch Einzelnachweise erbringen. Der Auftraggeber kann dabei vorsehen, dass für einzelne Angaben Eigenerklärungen ausreichend sind. Eigenerklärungen, die als vorläufiger Nachweis dienen, sind von den Bietern, deren Angebote in die engere Wahl kommen, durch entsprechende Bescheinigungen der zuständigen Stellen zu bestätigen.

(3) Bei Öffentlicher Ausschreibung sind in der Aufforderung zur Angebotsabgabe die Nachweise zu bezeichnen, deren Vorlage mit dem Angebot verlangt oder deren spätere Anforderung vorbehalten wird. Bei Beschränkter Ausschreibung nach Öffentlichem Teilnahmewettbewerb ist zu verlangen, dass die Nachweise bereits mit dem Teilnahmeantrag vorgelegt werden.

(4) Bei Beschränkter Ausschreibung und Freihändiger Vergabe ist vor der Aufforderung zur Angebotsabgabe die Eignung der Unternehmen zu prüfen. Dabei sind die Unternehmen auszuwählen, deren Eignung die für die Erfüllung der vertraglichen Verpflichtungen notwendige Sicherheit bietet; dies bedeutet, dass sie die erforderliche Fachkunde, Leistungsfähigkeit und Zuverlässigkeit besitzen und über ausreichende technische und wirtschaftliche Mittel verfügen.

§ 7
Leistungsbeschreibung

(1) 1. Die Leistung ist eindeutig und so erschöpfend zu beschreiben, dass alle Unternehmen die Beschreibung im gleichen Sinne verstehen müssen und ihre Preise sicher und ohne umfangreiche Vorarbeiten berechnen können.

2. Um eine einwandfreie Preisermittlung zu ermöglichen, sind alle sie beeinflussenden Umstände festzustellen und in den Vergabeunterlagen anzugeben.

3. Dem Auftragnehmer darf kein ungewöhnliches Wagnis aufgebürdet werden für Umstände und Ereignisse, auf die er keinen Einfluss hat und deren Einwirkung auf die Preise und Fristen er nicht im Voraus schätzen kann.

4. Bedarfspositionen sind grundsätzlich nicht in die Leistungsbeschreibung aufzunehmen. Angehängte Stundenlohnarbeiten dürfen nur in dem unbedingt erforderlichen Umfang in die Leistungsbeschreibung aufgenommen werden.

5. Erforderlichenfalls sind auch der Zweck und die vorgesehene Beanspruchung der fertigen Leistung anzugeben.
6. Die für die Ausführung der Leistung wesentlichen Verhältnisse der Baustelle, z. B. Boden- und Wasserverhältnisse, sind so zu beschreiben, dass das Unternehmen ihre Auswirkungen auf die bauliche Anlage und die Bauausführung hinreichend beurteilen kann.
7. Die „Hinweise für das Aufstellen der Leistungsbeschreibung" in Abschnitt 0 der Allgemeinen Technischen Vertragsbedingungen für Bauleistungen, DIN 18299 ff., sind zu beachten.

(2) In technischen Spezifikationen darf nicht auf eine bestimmte Produktion oder Herkunft oder ein besonderes Verfahren, das die von einem bestimmten Unternehmen bereitgestellten Produkte charakterisiert, oder auf Marken, Patente, Typen oder einen bestimmten Ursprung oder eine bestimmte Produktion verwiesen werden, es sei denn

1. dies ist durch den Auftragsgegenstand gerechtfertigt oder
2. der Auftragsgegenstand kann nicht hinreichend genau und allgemein verständlich beschrieben werden; solche Verweise sind mit dem Zusatz „oder gleichwertig" zu versehen.

(3) Bei der Beschreibung der Leistung sind die verkehrsüblichen Bezeichnungen zu beachten.

§ 7a
Technische Spezifikationen

(1) Die technischen Anforderungen (Spezifikationen – siehe Anhang TS Nummer 1) an den Auftragsgegenstand müssen allen Unternehmen gleichermaßen zugänglich sein.

(2) Die technischen Spezifikationen sind in den Vergabeunterlagen zu formulieren:

1. entweder unter Bezugnahme auf die in Anhang TS definierten technischen Spezifikationen in der Rangfolge
   a) nationale Normen, mit denen europäische Normen umgesetzt werden,
   b) europäische technische Zulassungen,
   c) gemeinsame technische Spezifikationen,
   d) internationale Normen und andere technische Bezugssysteme, die von den europäischen Normungsgremien erarbeitet wurden oder,
   e) falls solche Normen und Spezifikationen fehlen, nationale Normen, nationale technische Zulassungen oder nationale technische Spezifikationen für die Planung, Berechnung und Ausführung von Bauwerken und den Einsatz von Produkten.

   Jede Bezugnahme ist mit dem Zusatz „oder gleichwertig" zu versehen;
2. oder in Form von Leistungs- oder Funktionsanforderungen, die so genau zu fassen sind, dass sie den Unternehmen ein klares Bild vom Auftragsgegenstand vermitteln und dem Auftraggeber die Erteilung des Zuschlags ermöglichen;
3. oder in Kombination von den Nummern 1 und 2, d. h.
   a) in Form von Leistungs- oder Funktionsanforderungen unter Bezugnahme auf die Spezifikationen gemäß Nummer 1 als Mittel zur Vermutung der Konformität mit diesen Leistungs- oder Funktionsanforderungen;

b) oder mit Bezugnahme auf die Spezifikationen gemäß Nummer 1 hinsichtlich bestimmter Merkmale und mit Bezugnahme auf die Leistungs- oder Funktionsanforderungen gemäß Nummer 2 hinsichtlich anderer Merkmale.

(3) Verweist der Auftraggeber in der Leistungsbeschreibung auf die in Absatz 2 Nummer 1 genannten Spezifikationen, so darf er ein Angebot nicht mit der Begründung ablehnen, die angebotene Leistung entspräche nicht den herangezogenen Spezifikationen, sofern der Bieter in seinem Angebot dem Auftraggeber nachweist, dass die von ihm vorgeschlagenen Lösungen den Anforderungen der technischen Spezifikation, auf die Bezug genommen wurde, gleichermaßen entsprechen. Als geeignetes Mittel kann eine technische Beschreibung des Herstellers oder ein Prüfbericht einer anerkannten Stelle gelten.

(4) Legt der Auftraggeber die technischen Spezifikationen in Form von Leistungs- oder Funktionsanforderungen fest, so darf er ein Angebot, das einer nationalen Norm entspricht, mit der eine europäische Norm umgesetzt wird, oder einer europäischen technischen Zulassung, einer gemeinsamen technischen Spezifikation, einer internationalen Norm oder einem technischen Bezugssystem, das von den europäischen Normungsgremien erarbeitet wurde, entspricht, nicht zurückweisen, wenn diese Spezifikationen die geforderten Leistungs- oder Funktionsanforderungen betreffen. Der Bieter muss in seinem Angebot mit geeigneten Mitteln dem Auftraggeber nachweisen, dass die der Norm entsprechende jeweilige Leistung den Leistungs- oder Funktionsanforderungen des Auftraggebers entspricht. Als geeignetes Mittel kann eine technische Beschreibung des Herstellers oder ein Prüfbericht einer anerkannten Stelle gelten.

(5) Schreibt der Auftraggeber Umwelteigenschaften in Form von Leistungs- oder Funktionsanforderungen vor, so kann er die Spezifikationen verwenden, die in europäischen, multinationalen oder anderen Umweltzeichen definiert sind, wenn

1. sie sich zur Definition der Merkmale des Auftragsgegenstands eignen,
2. die Anforderungen des Umweltzeichens auf Grundlage von wissenschaftlich abgesicherten Informationen ausgearbeitet werden,
3. die Umweltzeichen im Rahmen eines Verfahrens erlassen werden, an dem interessierte Kreise – wie z. B. staatliche Stellen, Verbraucher, Hersteller, Händler und Umweltorganisationen – teilnehmen können, und
4. wenn das Umweltzeichen für alle Betroffenen zugänglich und verfügbar ist.

Der Auftraggeber kann in den Vergabeunterlagen angeben, dass bei Leistungen, die mit einem Umweltzeichen ausgestattet sind, vermutet wird, dass sie den in der Leistungsbeschreibung festgelegten technischen Spezifikationen genügen. Der Auftraggeber muss jedoch auch jedes andere geeignete Beweismittel, wie technische Unterlagen des Herstellers oder Prüfberichte anerkannter Stellen, akzeptieren. Anerkannte Stellen sind die Prüf- und Eichlaboratorien sowie die Inspektions- und Zertifizierungsstellen, die mit den anwendbaren europäischen Normen übereinstimmen. Der Auftraggeber erkennt Bescheinigungen von in anderen Mitgliedstaaten ansässigen anerkannten Stellen an.

§ 7b
Leistungsbeschreibung mit Leistungsverzeichnis

(1) Die Leistung ist in der Regel durch eine allgemeine Darstellung der Bauaufgabe (Baubeschreibung) und ein in Teilleistungen gegliedertes Leistungsverzeichnis zu beschreiben.

(2) Erforderlichenfalls ist die Leistung auch zeichnerisch oder durch Probestücke darzustellen oder anders zu erklären, z. B. durch Hinweise auf ähnliche Leistungen, durch Mengen- oder statische Be-

rechnungen. Zeichnungen und Proben, die für die Ausführung maßgebend sein sollen, sind eindeutig zu bezeichnen.

(3) Leistungen, die nach den Vertragsbedingungen, den Technischen Vertragsbedingungen oder der gewerblichen Verkehrssitte zu der geforderten Leistung gehören (§ 2 Absatz 1 VOB/B), brauchen nicht besonders aufgeführt zu werden.

(4) Im Leistungsverzeichnis ist die Leistung derart aufzugliedern, dass unter einer Ordnungszahl (Position) nur solche Leistungen aufgenommen werden, die nach ihrer technischen Beschaffenheit und für die Preisbildung als in sich gleichartig anzusehen sind. Ungleichartige Leistungen sollen unter einer Ordnungszahl (Sammelposition) nur zusammengefasst werden, wenn eine Teilleistung gegenüber einer anderen für die Bildung eines Durchschnittspreises ohne nennenswerten Einfluss ist.

§ 7c
Leistungsbeschreibung mit Leistungsprogramm

(1) Wenn es nach Abwägen aller Umstände zweckmäßig ist, abweichend von § 7b Absatz 1 zusammen mit der Bauausführung auch den Entwurf für die Leistung dem Wettbewerb zu unterstellen, um die technisch, wirtschaftlich und gestalterisch beste sowie funktionsgerechteste Lösung der Bauaufgabe zu ermitteln, kann die Leistung durch ein Leistungsprogramm dargestellt werden.

(2) 1. Das Leistungsprogramm umfasst eine Beschreibung der Bauaufgabe, aus der die Unternehmen alle für die Entwurfsbearbeitung und ihr Angebot maßgebenden Bedingungen und Umstände erkennen können und in der sowohl der Zweck der fertigen Leistung als auch die an sie gestellten technischen, wirtschaftlichen, gestalterischen und funktionsbedingten Anforderungen angegeben sind, sowie gegebenenfalls ein Musterleistungsverzeichnis, in dem die Mengenangaben ganz oder teilweise offengelassen sind.

2. § 7b Absatz 2 bis 4 gilt sinngemäß.

(3) Von dem Bieter ist ein Angebot zu verlangen, das außer der Ausführung der Leistung den Entwurf nebst eingehender Erläuterung und eine Darstellung der Bauausführung sowie eine eingehende und zweckmäßig gegliederte Beschreibung der Leistung – gegebenenfalls mit Mengen- und Preisangaben für Teile der Leistung – umfasst. Bei Beschreibung der Leistung mit Mengen- und Preisangaben ist vom Bieter zu verlangen, dass er

1. die Vollständigkeit seiner Angaben, insbesondere die von ihm selbst ermittelten Mengen, entweder ohne Einschränkung oder im Rahmen einer in den Vergabeunterlagen anzugebenden Mengentoleranz vertritt, und dass er
2. etwaige Annahmen, zu denen er in besonderen Fällen gezwungen ist, weil zum Zeitpunkt der Angebotsabgabe einzelne Teilleistungen nach Art und Menge noch nicht bestimmt werden können (z. B. Aushub-, Abbruch- oder Wasserhaltungsarbeiten) – erforderlichenfalls anhand von Plänen und Mengenermittlungen – begründet.

§ 8
Vergabeunterlagen

(1) Die Vergabeunterlagen bestehen aus

1. dem Anschreiben (Aufforderung zur Angebotsabgabe), gegebenenfalls Teilnahmebedingungen (Absatz 2) und
2. den Vertragsunterlagen (§§ 7 bis 7c und 8a).

(2) 1. Das Anschreiben muss alle Angaben nach § 12 Absatz 1 Nummer 2 enthalten, die außer den Vertragsunterlagen für den Entschluss zur Abgabe eines Angebots notwendig sind, sofern sie nicht bereits veröffentlicht wurden.

2. Der Auftraggeber kann die Bieter auffordern, in ihrem Angebot die Leistungen anzugeben, die sie an Nachunternehmen zu vergeben beabsichtigen.

3. Der Auftraggeber hat anzugeben:

a) ob er Nebenangebote nicht zulässt,

b) ob er Nebenangebote ausnahmsweise nur in Verbindung mit einem Hauptangebot zulässt.

Es ist dabei auch zulässig, dass der Preis das einzige Zuschlagskriterium ist.

Von Bietern, die eine Leistung anbieten, deren Ausführung nicht in Allgemeinen Technischen Vertragsbedingungen oder in den Vergabeunterlagen geregelt ist, sind im Angebot entsprechende Angaben über Ausführung und Beschaffenheit dieser Leistung zu verlangen.

4. Auftraggeber, die ständig Bauleistungen vergeben, sollen die Erfordernisse, die die Unternehmen bei der Bearbeitung ihrer Angebote beachten müssen, in den Teilnahmebedingungen zusammenfassen und dem Anschreiben beifügen.

§ 8a
Allgemeine, Besondere und Zusätzliche Vertragsbedingungen

(1) In den Vergabeunterlagen ist vorzuschreiben, dass die Allgemeinen Vertragsbedingungen für die Ausführung von Bauleistungen (VOB/B) und die Allgemeinen Technischen Vertragsbedingungen für Bauleistungen (VOB/C) Bestandteile des Vertrags werden. Das gilt auch für etwaige Zusätzliche Vertragsbedingungen und etwaige Zusätzliche Technische Vertragsbedingungen, soweit sie Bestandteile des Vertrags werden sollen.

(2) 1. Die Allgemeinen Vertragsbedingungen bleiben grundsätzlich unverändert. Sie können von Auftraggebern, die ständig Bauleistungen vergeben, für die bei ihnen allgemein gegebenen Verhältnisse durch Zusätzliche Vertragsbedingungen ergänzt werden. Diese dürfen den Allgemeinen Vertragsbedingungen nicht widersprechen.

2. Für die Erfordernisse des Einzelfalls sind die Allgemeinen Vertragsbedingungen und etwaige Zusätzliche Vertragsbedingungen durch Besondere Vertragsbedingungen zu ergänzen. In diesen sollen sich Abweichungen von den Allgemeinen Vertragsbedingungen auf die Fälle beschränken, in denen dort besondere Vereinbarungen ausdrücklich vorgesehen sind und auch nur soweit es die Eigenart der Leistung und ihre Ausführung erfordern.

(3) Die Allgemeinen Technischen Vertragsbedingungen bleiben grundsätzlich unverändert. Sie können von Auftraggebern, die ständig Bauleistungen vergeben, für die bei ihnen allgemein gegebenen Verhältnisse durch Zusätzliche Technische Vertragsbedingungen ergänzt werden. Für die Erfordernisse des Einzelfalls sind Ergänzungen und Änderungen in der Leistungsbeschreibung festzulegen.

(4) 1. In den Zusätzlichen Vertragsbedingungen oder in den Besonderen Vertragsbedingungen sollen, soweit erforderlich, folgende Punkte geregelt werden:

a) Unterlagen (§ 8b Absatz 3; § 3 Absatz 5 und 6 VOB/B),

b) Benutzung von Lager- und Arbeitsplätzen, Zufahrtswegen, Anschlussgleisen, Wasser- und Energieanschlüssen (§ 4 Absatz 4 VOB/B),

c) Weitervergabe an Nachunternehmen (§ 4 Absatz 8 VOB/B),

d) Ausführungsfristen (§§ 9; 5 VOB/B),

e) Haftung (§ 10 Absatz 2 VOB/B),

f) Vertragsstrafen und Beschleunigungsvergütungen (§§ 9a; 11 VOB/B),

g) Abnahme (§ 12 VOB/B),

h) Vertragsart (§ 4), Abrechnung (§ 14 VOB/B),

i) Stundenlohnarbeiten (§ 15 VOB/B),

j) Zahlungen, Vorauszahlungen (§ 16 VOB/B),

k) Sicherheitsleistung (§§ 9c; 17 VOB/B),

l) Gerichtsstand (§ 18 Absatz 1 VOB/B),

m) Lohn- und Gehaltsnebenkosten,

n) Änderung der Vertragspreise (§ 9d).

2. Im Einzelfall erforderliche besondere Vereinbarungen über die Mängelansprüche sowie deren Verjährung (§§ 9b; 13 Absatz 1, 4 und 7 VOB/B) und über die Verteilung der Gefahr bei Schäden, die durch Hochwasser, Sturmfluten, Grundwasser, Wind, Schnee, Eis und dergleichen entstehen können (§ 7 VOB/B), sind in den Besonderen Vertragsbedingungen zu treffen. Sind für bestimmte Bauleistungen gleichgelagerte Voraussetzungen im Sinne von § 9b gegeben, so dürfen die besonderen Vereinbarungen auch in Zusätzlichen Technischen Vertragsbedingungen vorgesehen werden.

§ 8b
Kosten- und Vertrauensregelung, Schiedsverfahren

(1) 1. Bei Öffentlicher Ausschreibung kann eine Erstattung der Kosten für die Vervielfältigung der Leistungsbeschreibung und der anderen Unterlagen sowie für die Kosten der postalischen Versendung verlangt werden.

2. Bei Beschränkter Ausschreibung und Freihändiger Vergabe sind alle Unterlagen unentgeltlich abzugeben.

(2) 1. Für die Bearbeitung des Angebots wird keine Entschädigung gewährt. Verlangt jedoch der Auftraggeber, dass der Bieter Entwürfe, Pläne, Zeichnungen, statische Berechnungen, Mengenberechnungen oder andere Unterlagen ausarbeitet, insbesondere in den Fällen des § 7c, so ist einheitlich für alle Bieter in der Ausschreibung eine angemessene Entschädigung festzusetzen. Diese Entschädigung steht jedem Bieter zu, der ein der Ausschreibung entsprechendes Angebot mit den geforderten Unterlagen rechtzeitig eingereicht hat.

2. Diese Grundsätze gelten für die Freihändige Vergabe entsprechend.

(3) Der Auftraggeber darf Angebotsunterlagen und die in den Angeboten enthaltenen eigenen Vorschläge eines Bieters nur für die Prüfung und Wertung der Angebote (§§ 16c und 16d) verwenden. Eine darüber hinausgehende Verwendung bedarf der vorherigen schriftlichen Vereinbarung.

(4) Sollen Streitigkeiten aus dem Vertrag unter Ausschluss des ordentlichen Rechtswegs im schiedsrichterlichen Verfahren ausgetragen werden, so ist es in besonderer, nur das Schiedsverfahren betreffender Urkunde zu vereinbaren, soweit nicht § 1031 Absatz 2 der Zivilprozessordnung (ZPO) auch eine andere Form der Vereinbarung zulässt.

§ 9
Einzelne Vertragsbedingungen, Ausführungsfristen

(1) 1. Die Ausführungsfristen sind ausreichend zu bemessen; Jahreszeit, Arbeitsbedingungen und etwaige besondere Schwierigkeiten sind zu berücksichtigen. Für die Bauvorbereitung ist dem Auftragnehmer genügend Zeit zu gewähren.

2. Außergewöhnlich kurze Fristen sind nur bei besonderer Dringlichkeit vorzusehen.

3. Soll vereinbart werden, dass mit der Ausführung erst nach Aufforderung zu beginnen ist (§ 5 Absatz 2 VOB/B), so muss die Frist, innerhalb derer die Aufforderung ausgesprochen werden kann, unter billiger Berücksichtigung der für die Ausführung maßgebenden Verhältnisse zumutbar sein; sie ist in den Vergabeunterlagen festzulegen.

(2) 1. Wenn es ein erhebliches Interesse des Auftraggebers erfordert, sind Einzelfristen für in sich abgeschlossene Teile der Leistung zu bestimmen.

2. Wird ein Bauzeitenplan aufgestellt, damit die Leistungen aller Unternehmen sicher ineinandergreifen, so sollen nur die für den Fortgang der Gesamtarbeit besonders wichtigen Einzelfristen als vertraglich verbindliche Fristen (Vertragsfristen) bezeichnet werden.

(3) Ist für die Einhaltung von Ausführungsfristen die Übergabe von Zeichnungen oder anderen Unterlagen wichtig, so soll hierfür ebenfalls eine Frist festgelegt werden.

(4) Der Auftraggeber darf in den Vertragsunterlagen eine Pauschalierung des Verzugsschadens (§ 5 Absatz 4 VOB/B) vorsehen; sie soll 5 Prozent der Auftragssumme nicht überschreiten. Der Nachweis eines geringeren Schadens ist zuzulassen.

§ 9a
Vertragsstrafen, Beschleunigungsvergütung

Vertragsstrafen für die Überschreitung von Vertragsfristen sind nur zu vereinbaren, wenn die Überschreitung erhebliche Nachteile verursachen kann. Die Strafe ist in angemessenen Grenzen zu halten. Beschleunigungsvergütungen (Prämien) sind nur vorzusehen, wenn die Fertigstellung vor Ablauf der Vertragsfristen erhebliche Vorteile bringt.

§ 9b
Verjährung der Mängelansprüche

Andere Verjährungsfristen als nach § 13 Absatz 4 VOB/B sollen nur vorgesehen werden, wenn dies wegen der Eigenart der Leistung erforderlich ist. In solchen Fällen sind alle Umstände gegeneinander abzuwägen, insbesondere, wann etwaige Mängel wahrscheinlich erkennbar werden und wieweit die Mängelursachen noch nachgewiesen werden können, aber auch die Wirkung auf die Preise und die Notwendigkeit einer billigen Bemessung der Verjährungsfristen für Mängelansprüche.

§ 9c
Sicherheitsleistung

(1) Auf Sicherheitsleistung soll ganz oder teilweise verzichtet werden, wenn Mängel der Leistung voraussichtlich nicht eintreten. Unterschreitet die Auftragssumme 250 000 Euro ohne Umsatzsteuer, ist auf Sicherheitsleistung für die Vertragserfüllung und in der Regel auf Sicherheitsleistung für die Mängelansprüche zu verzichten. Bei Beschränkter Ausschreibung sowie bei Freihändiger Vergabe sollen Sicherheitsleistungen in der Regel nicht verlangt werden.

(2) Die Sicherheit soll nicht höher bemessen und ihre Rückgabe nicht für einen späteren Zeitpunkt vorgesehen werden, als nötig ist, um den Auftraggeber vor Schaden zu bewahren. Die Sicherheit für die Erfüllung sämtlicher Verpflichtungen aus dem Vertrag soll 5 Prozent der Auftragssumme nicht überschreiten. Die Sicherheit für Mängelansprüche soll 3 Prozent der Abrechnungssumme nicht überschreiten.

§ 9d
Änderung der Vergütung

Sind wesentliche Änderungen der Preisermittlungsgrundlagen zu erwarten, deren Eintritt oder Ausmaß ungewiss ist, so kann eine angemessene Änderung der Vergütung in den Vertragsunterlagen vorgesehen werden. Die Einzelheiten der Preisänderungen sind festzulegen.

§ 10
Fristen

(1) Für die Bearbeitung und Einreichung der Angebote ist eine ausreichende Angebotsfrist vorzusehen, auch bei Dringlichkeit nicht unter zehn Kalendertagen. Dabei ist insbesondere der zusätzliche Aufwand für die Besichtigung von Baustellen oder die Beschaffung von Unterlagen für die Angebotsbearbeitung zu berücksichtigen.

(2) Bis zum Ablauf der Angebotsfrist können Angebote in Textform zurückgezogen werden.

(3) Für die Einreichung von Teilnahmeanträgen bei Beschränkter Ausschreibung nach Öffentlichem Teilnahmewettbewerb ist eine ausreichende Bewerbungsfrist vorzusehen.

(4) Der Auftraggeber bestimmt eine angemessene Frist, innerhalb der die Bieter an ihre Angebote gebunden sind (Bindefrist). Diese soll so kurz wie möglich und nicht länger bemessen werden, als der Auftraggeber für eine zügige Prüfung und Wertung der Angebote (§§ 16 bis 16d) benötigt. Eine längere Bindefrist als 30 Kalendertage soll nur in begründeten Fällen festgelegt werden. Das Ende der Bindefrist ist durch Angabe des Kalendertags zu bezeichnen.

(5) Die Bindefrist beginnt mit dem Ablauf der Angebotsfrist.

(6) Die Absätze 4 und 5 gelten bei Freihändiger Vergabe entsprechend.

§ 11
Grundsätze der Informationsübermittlung

(1) Der Auftraggeber gibt in der Bekanntmachung oder den Vergabeunterlagen an, auf welchem Weg die Kommunikation erfolgen soll. Für den Fall der elektronischen Kommunikation gelten die Absätze 2 bis 6 sowie § 11a.[1] Eine mündliche Kommunikation ist jeweils zulässig, wenn sie nicht die Vergabeunterlagen, die Teilnahmeanträge oder die Angebote betrifft und wenn sie in geeigneter Weise ausreichend dokumentiert wird.

(2) Vergabeunterlagen sind elektronisch zur Verfügung zu stellen.

(3) Der Auftraggeber gibt in der Auftragsbekanntmachung eine elektronische Adresse an, unter der die Vergabeunterlagen unentgeltlich, uneingeschränkt, vollständig und direkt abgerufen werden können.

1 Auftraggeber müssen bis zum 18. Oktober 2018 die Übermittlung der Angebote und Teilnahmeanträge auch auf nicht elektronischem Weg akzeptieren.

(4) Die Unternehmen übermitteln ihre Angebote und Teilnahmeanträge in Textform mithilfe elektronischer Mittel.

(5) Der Auftraggeber prüft im Einzelfall, ob zu übermittelnde Daten erhöhte Anforderungen an die Sicherheit stellen. Soweit es erforderlich ist, kann der Auftraggeber verlangen, dass Angebote und Teilnahmeanträge mit einer fortgeschrittenen elektronischen Signatur gemäß § 2 Nummer 2 des Signaturgesetzes (SigG) oder gemäß § 2 Nummer 3 SigG zu versehen sind.

(6) Der Auftraggeber kann von jedem Unternehmen die Angabe einer eindeutigen Unternehmensbezeichnung sowie einer elektronischen Adresse verlangen (Registrierung). Für den Zugang zur Auftragsbekanntmachung und zu den Vergabeunterlagen darf der Auftraggeber keine Registrierung verlangen. Eine freiwillige Registrierung ist zulässig.

§ 11a
Anforderungen an elektronische Mittel

(1) Elektronische Mittel und deren technische Merkmale müssen allgemein verfügbar, nichtdiskriminierend und mit allgemein verbreiteten Geräten und Programmen der Informations- und Kommunikationstechnologie kompatibel sein. Sie dürfen den Zugang von Unternehmen zum Vergabeverfahren nicht einschränken. Der Auftraggeber gewährleistet die barrierefreie Ausgestaltung der elektronischen Mittel nach den §§ 4 und 11 des Behindertengleichstellungsgesetzes (BGG) vom 27. April 2002 (BGBl. I S. 1467, 1468) in der jeweils geltenden Fassung.

(2) Der Auftraggeber verwendet für das Senden, Empfangen, Weiterleiten und Speichern von Daten in einem Vergabeverfahren ausschließlich solche elektronischen Mittel, die die Unversehrtheit, die Vertraulichkeit und die Echtheit der Daten gewährleisten.

(3) Der Auftraggeber muss den Unternehmen alle notwendigen Informationen zur Verfügung stellen über

1. die in einem Vergabeverfahren verwendeten elektronischen Mittel,
2. die technischen Parameter zur Einreichung von Teilnahmeanträgen, Angeboten mithilfe elektronischer Mittel und
3. verwendete Verschlüsselungs- und Zeiterfassungsverfahren.

(4) Der Auftraggeber legt das erforderliche Sicherheitsniveau für die elektronischen Mittel fest. Elektronische Mittel, die vom Auftraggeber für den Empfang von Angeboten und Teilnahmeanträgen verwendet werden, müssen gewährleisten, dass

1. die Uhrzeit und der Tag des Datenempfangs genau zu bestimmen sind,
2. kein vorfristiger Zugriff auf die empfangenen Daten möglich ist,
3. der Termin für den erstmaligen Zugriff auf die empfangenen Daten nur von den Berechtigten festgelegt oder geändert werden kann,
4. nur die Berechtigten Zugriff auf die empfangenen Daten oder auf einen Teil derselben haben,
5. nur die Berechtigten nach dem festgesetzten Zeitpunkt Dritten Zugriff auf die empfangenen Daten oder auf einen Teil derselben einräumen dürfen,
6. empfangene Daten nicht an Unberechtigte übermittelt werden und
7. Verstöße oder versuchte Verstöße gegen die Anforderungen gemäß den Nummern 1 bis 6 eindeutig festgestellt werden können.

(5) Die elektronischen Mittel, die von dem Auftraggeber für den Empfang von Angeboten und Teilnahmeanträgen genutzt werden, müssen über eine einheitliche Datenaustauschschnittstelle verfügen. Es sind die jeweils geltenden Interoperabilitäts- und Sicherheitsstandards der Informationstechnik gemäß § 3 Absatz 1 des Vertrags über die Errichtung des IT-Planungsrats und über die Grundlagen der Zusammenarbeit beim Einsatz der Informationstechnologie in den Verwaltungen von Bund und Ländern vom 1. April 2010 zu verwenden.

(6) Der Auftraggeber kann im Vergabeverfahren die Verwendung elektronischer Mittel, die nicht allgemein verfügbar sind (alternative elektronische Mittel), verlangen, wenn er

1. Unternehmen während des gesamten Vergabeverfahrens unter einer Internetadresse einen unentgeltlichen, uneingeschränkten, vollständigen und direkten Zugang zu diesen alternativen elektronischen Mitteln gewährt.
2. diese alternativen elektronischen Mittel selbst verwendet.

(7) Der Auftraggeber kann für die Vergabe von Bauleistungen und für Wettbewerbe die Nutzung elektronischer Mittel im Rahmen der Bauwerksdatenmodellierung verlangen. Sofern die verlangten elektronischen Mittel für die Bauwerksdatenmodellierung nicht allgemein verfügbar sind, bietet der Auftraggeber einen alternativen Zugang zu ihnen gemäß Absatz 6 an.

§ 12
Bekanntmachung

(1) 1. Öffentliche Ausschreibungen sind bekannt zu machen, z. B. in Tageszeitungen, amtlichen Veröffentlichungsblättern oder auf Internetportalen; sie können auch auf www.bund.de veröffentlicht werden.

2. Diese Bekanntmachungen sollen folgende Angaben enthalten:

a) Name, Anschrift, Telefon-, Telefaxnummer sowie E-Mail-Adresse des Auftraggebers (Vergabestelle),

b) gewähltes Vergabeverfahren,

c) gegebenenfalls Auftragsvergabe auf elektronischem Wege und Verfahren der Ver- und Entschlüsselung,

d) Art des Auftrags,

e) Ort der Ausführung,

f) Art und Umfang der Leistung,

g) Angaben über den Zweck der baulichen Anlage oder des Auftrags, wenn auch Planungsleistungen gefordert werden,

h) falls die bauliche Anlage oder der Auftrag in mehrere Lose aufgeteilt ist, Art und Umfang der einzelnen Lose und Möglichkeit, Angebote für eines, mehrere oder alle Lose einzureichen,

i) Zeitpunkt, bis zu dem die Bauleistungen beendet werden sollen oder Dauer des Bauleistungsauftrags; sofern möglich, Zeitpunkt, zu dem die Bauleistungen begonnen werden sollen,

j) gegebenenfalls Angaben nach § 8 Absatz 2 Nummer 3 zur Zulässigkeit von Nebenangeboten,

k) Name und Anschrift, Telefon- und Telefaxnummer, E-Mail-Adresse der Stelle, bei der die Vergabeunterlagen und zusätzliche Unterlagen angefordert und eingesehen werden können,

l) gegebenenfalls Höhe und Bedingungen für die Zahlung des Betrags, der für die Unterlagen zu entrichten ist,

m) bei Teilnahmeantrag: Frist für den Eingang der Anträge auf Teilnahme, Anschrift, an die diese Anträge zu richten sind, Tag, an dem die Aufforderungen zur Angebotsabgabe spätestens abgesandt werden,

n) Frist für den Eingang der Angebote,

o) Anschrift, an die die Angebote zu richten sind, gegebenenfalls auch Anschrift, an die Angebote elektronisch zu übermitteln sind,

p) Sprache, in der die Angebote abgefasst sein müssen,

q) Datum, Uhrzeit und Ort des Eröffnungstermins sowie Angabe, welche Personen bei der Eröffnung der Angebote anwesend sein dürfen,

r) gegebenenfalls geforderte Sicherheiten,

s) wesentliche Finanzierungs- und Zahlungsbedingungen und/oder Hinweise auf die maßgeblichen Vorschriften, in denen sie enthalten sind,

t) gegebenenfalls Rechtsform, die die Bietergemeinschaft nach der Auftragsvergabe haben muss,

u) verlangte Nachweise für die Beurteilung der Eignung des Bewerbers oder Bieters,

v) Bindefrist,

w) Name und Anschrift der Stelle, an die sich der Bewerber oder Bieter zur Nachprüfung behaupteter Verstöße gegen Vergabebestimmungen wenden kann.

(2) 1. Bei Beschränkter Ausschreibung nach Öffentlichem Teilnahmewettbewerb sind die Unternehmen durch Bekanntmachungen, z. B. in Tageszeitungen, amtlichen Veröffentlichungsblättern oder auf Internetportalen, aufzufordern, ihre Teilnahme am Wettbewerb zu beantragen.

2. Diese Bekanntmachungen sollen die Angaben gemäß § 12 Absatz 1 Nummer 2 enthalten.

(3) Teilnahmeanträge sind auch dann zu berücksichtigen, wenn sie durch Telefax oder in sonstiger Weise elektronisch übermittelt werden, sofern die sonstigen Teilnahmebedingungen erfüllt sind.

§ 12a
Versand der Vergabeunterlagen

(1) Soweit die Vergabeunterlagen nicht elektronisch im Sinne von § 11 Absatz 2 und 3 zur Verfügung gestellt werden, sind sie

1. den Unternehmen unverzüglich in geeigneter Weise zu übermitteln,

2. bei Beschränkter Ausschreibung und Freihändiger Vergabe an alle ausgewählten Bewerber am selben Tag abzusenden.

(2) Wenn von den für die Preisermittlung wesentlichen Unterlagen keine Vervielfältigungen abgegeben werden können, sind diese in ausreichender Weise zur Einsicht auszulegen.

(3) Die Namen der Unternehmen, die Vergabeunterlagen erhalten oder eingesehen haben, sind geheim zu halten.

(4) Erbitten Unternehmen zusätzliche sachdienliche Auskünfte über die Vergabeunterlagen, so sind diese Auskünfte allen Unternehmen unverzüglich in gleicher Weise zu erteilen.

§ 13
Form und Inhalt der Angebote

(1) 1. Der Auftraggeber legt fest, in welcher Form die Angebote einzureichen sind. Bis zum 18. Oktober 2018 sind schriftlich eingereichte Angebote zuzulassen. Schriftlich eingereichte Angebote müssen unterzeichnet sein. Elektronische Angebote sind nach Wahl des Auftraggebers

- in Textform oder
- mit einer fortgeschrittenen elektronischen Signatur nach dem SigG und den Anforderungen des Auftraggebers oder
- mit einer qualifizierten elektronischen Signatur nach dem SigG

zu übermitteln.

2. Der Auftraggeber hat die Datenintegrität und die Vertraulichkeit der Angebote auf geeignete Weise zu gewährleisten. Per Post oder direkt übermittelte Angebote sind in einem verschlossenen Umschlag einzureichen, als solche zu kennzeichnen und bis zum Ablauf der für die Einreichung vorgesehenen Frist unter Verschluss zu halten. Bei elektronisch übermittelten Angeboten ist dies durch entsprechende technische Lösungen nach den Anforderungen des Auftraggebers und durch Verschlüsselung sicherzustellen. Die Verschlüsselung muss bis zur Öffnung des ersten Angebots aufrechterhalten bleiben.

3. Die Angebote müssen die geforderten Preise enthalten.

4. Die Angebote müssen die geforderten Erklärungen und Nachweise enthalten.

5. Änderungen an den Vergabeunterlagen sind unzulässig. Änderungen des Bieters an seinen Eintragungen müssen zweifelsfrei sein.

6. Bieter können für die Angebotsabgabe eine selbstgefertigte Abschrift oder Kurzfassung des Leistungsverzeichnisses benutzen, wenn sie den vom Auftraggeber verfassten Wortlaut des Leistungsverzeichnisses im Angebot als allein verbindlich anerkennen; Kurzfassungen müssen jedoch die Ordnungszahlen (Positionen) vollzählig, in der gleichen Reihenfolge und mit den gleichen Nummern wie in dem vom Auftraggeber verfassten Leistungsverzeichnis wiedergeben.

7. Muster und Proben der Bieter müssen als zum Angebot gehörig gekennzeichnet sein.

(2) Eine Leistung, die von den vorgesehenen technischen Spezifikationen nach § 7a Absatz 1 abweicht, kann angeboten werden, wenn sie mit dem geforderten Schutzniveau in Bezug auf Sicherheit, Gesundheit und Gebrauchstauglichkeit gleichwertig ist. Die Abweichung muss im Angebot eindeutig bezeichnet sein. Die Gleichwertigkeit ist mit dem Angebot nachzuweisen.

(3) Die Anzahl von Nebenangeboten ist an einer vom Auftraggeber in den Vergabeunterlagen bezeichneten Stelle aufzuführen. Etwaige Nebenangebote müssen auf besonderer Anlage erstellt und als solche deutlich gekennzeichnet werden.

(4) Soweit Preisnachlässe ohne Bedingungen gewährt werden, sind diese an einer vom Auftraggeber in den Vergabeunterlagen bezeichneten Stelle aufzuführen.

(5) Bietergemeinschaften haben die Mitglieder zu benennen sowie eines ihrer Mitglieder als bevollmächtigten Vertreter für den Abschluss und die Durchführung des Vertrags zu bezeichnen. Fehlt die Bezeichnung des bevollmächtigten Vertreters im Angebot, so ist sie vor der Zuschlagserteilung beizubringen.

(6) Der Auftraggeber hat die Anforderungen an den Inhalt der Angebote nach den Absätzen 1 bis 5 in die Vergabeunterlagen aufzunehmen.

§ 14
Öffnung der Angebote, Öffnungstermin bei ausschließlicher Zulassung elektronischer Angebote

(1) Sind nur elektronische Angebote zugelassen, wird die Öffnung der Angebote von mindestens zwei Vertretern des Auftraggebers gemeinsam an einem Termin (Öffnungstermin) unverzüglich nach Ablauf der Angebotsfrist durchgeführt. Bis zu diesem Termin sind die elektronischen Angebote zu kennzeichnen und verschlüsselt aufzubewahren.

(2) 1. Der Verhandlungsleiter stellt fest, ob die elektronischen Angebote verschlüsselt sind.

2. Die Angebote werden geöffnet und in allen wesentlichen Teilen im Öffnungstermin gekennzeichnet.

3. Muster und Proben der Bieter müssen im Termin zur Stelle sein.

(3) 1. Über den Öffnungstermin ist eine Niederschrift in elektronischer Form zu fertigen. Der Niederschrift ist eine Aufstellung mit folgenden Angaben beizufügen:

a) Name und Anschrift der Bieter,

b) die Endbeträge der Angebote oder einzelner Lose,

c) Preisnachlässe ohne Bedingungen,

d) Anzahl der jeweiligen Nebenangebote.

2. Sie ist von den beiden Vertretern des Auftraggebers zu unterschreiben oder mit einer Signatur nach § 13 Absatz 1 Nummer 1 zu versehen.

(4) Angebote, die zum Ablauf der Angebotsfrist nicht vorgelegen haben, sind in der Niederschrift oder in einem Nachtrag besonders aufzuführen. Die Eingangszeiten und die etwa bekannten Gründe, aus denen die Angebote nicht vorgelegen haben, sind zu vermerken.

(5) 1. Ein Angebot, das nachweislich vor Ablauf der Angebotsfrist dem Auftraggeber zugegangen war, aber aus vom Bieter nicht zu vertretenden Gründen dem Verhandlungsleiter nicht vorgelegen hat, ist wie ein rechtzeitig vorliegendes Angebot zu behandeln.

2. Den Bietern ist dieser Sachverhalt unverzüglich in Textform mitzuteilen. In die Mitteilung sind die Feststellung, ob die Angebote verschlüsselt waren, sowie die Angaben nach Absatz 3 Nummer 1 Buchstabe a bis d aufzunehmen.

3. Dieses Angebot ist mit allen Angaben in die Niederschrift oder in einen Nachtrag aufzunehmen. Im Übrigen gilt Absatz 4 Satz 2.

(6) Bei Ausschreibungen stellt der Auftraggeber den Bietern die in Absatz 3 Nummer 1 Buchstabe a bis d genannten Informationen unverzüglich elektronisch zur Verfügung. Den Bietern und ihren Bevollmächtigten ist die Einsicht in die Niederschrift und ihre Nachträge (Absätze 4 und 5 sowie § 16c Absatz 3) zu gestatten.

(7) Die Niederschrift darf nicht veröffentlicht werden.

(8) Die Angebote und ihre Anlagen sind sorgfältig zu verwahren und geheim zu halten.

§ 14a
Öffnung der Angebote, Eröffnungstermin bei Zulassung schriftlicher Angebote

(1) Sind schriftliche Angebote zugelassen, ist bei Ausschreibungen für die Öffnung und Verlesung (Eröffnung) der Angebote ein Eröffnungstermin abzuhalten, in dem nur die Bieter und ihre Bevollmächtigten zugegen sein dürfen. Bis zu diesem Termin sind die zugegangenen Angebote auf dem ungeöffneten Umschlag mit Eingangsvermerk zu versehen und unter Verschluss zu halten. Elektronische Angebote sind zu kennzeichnen und verschlüsselt aufzubewahren.

(2) Zur Eröffnung zuzulassen sind nur Angebote, die bis zum Ablauf der Angebotsfrist eingegangen sind.

(3) 1. Der Verhandlungsleiter stellt fest, ob der Verschluss der schriftlichen Angebote unversehrt ist und die elektronischen Angebote verschlüsselt sind.

2. Die Angebote werden geöffnet und in allen wesentlichen Teilen im Eröffnungstermin gekennzeichnet. Name und Anschrift der Bieter und die Endbeträge der Angebote oder einzelner Lose sowie Preisnachlässe ohne Bedingungen werden verlesen. Es wird bekannt gegeben, ob und von wem und in welcher Zahl Nebenangebote eingereicht sind. Weiteres aus dem Inhalt der Angebote soll nicht mitgeteilt werden.

3. Muster und Proben der Bieter müssen im Termin zur Stelle sein.

(4) 1. Über den Eröffnungstermin ist eine Niederschrift in Schriftform oder in elektronischer Form zu fertigen. Sie ist zu verlesen; in ihr ist zu vermerken, dass sie verlesen und als richtig anerkannt worden ist oder welche Einwendungen erhoben worden sind.

2. Sie ist vom Verhandlungsleiter zu unterschreiben oder mit einer Signatur nach § 13 Absatz 1 Nummer 1 zu versehen; die anwesenden Bieter und Bevollmächtigten sind berechtigt, mit zu unterzeichnen oder eine Signatur nach § 13 Absatz 1 Nummer 1 anzubringen.

(5) Angebote, die zum Ablauf der Angebotsfrist nicht vorgelegen haben (Absatz 2), sind in der Niederschrift oder in einem Nachtrag besonders aufzuführen. Die Eingangszeiten und die etwa bekannten Gründe, aus denen die Angebote nicht vorgelegen haben, sind zu vermerken. Der Umschlag und andere Beweismittel sind aufzubewahren.

(6) 1. Ein Angebot, das nachweislich vor Ablauf der Angebotsfrist dem Auftraggeber zugegangen war, aber aus vom Bieter nicht zu vertretenden Gründen dem Verhandlungsleiter nicht vorgelegen hat, ist wie ein rechtzeitig vorliegendes Angebot zu behandeln.

2. Den Bietern ist dieser Sachverhalt unverzüglich in Textform mitzuteilen. In die Mitteilung sind die Feststellung, dass der Verschluss unversehrt war und die Angaben nach Absatz 3 Nummer 2 aufzunehmen.

3. Dieses Angebot ist mit allen Angaben in die Niederschrift oder in einen Nachtrag aufzunehmen. Im Übrigen gilt Absatz 5 Satz 2 und 3.

(7) Den Bietern und ihren Bevollmächtigten ist die Einsicht in die Niederschrift und ihre Nachträge (Absätze 5 und 6 sowie § 16c Absatz 3) zu gestatten; den Bietern sind nach Antragstellung die Namen der Bieter sowie die verlesenen und die nachgerechneten Endbeträge der Angebote sowie die Zahl ihrer Nebenangebote nach der rechnerischen Prüfung unverzüglich mitzuteilen.

(8) Die Niederschrift darf nicht veröffentlicht werden.

(9) Die Angebote und ihre Anlagen sind sorgfältig zu verwahren und geheim zu halten; dies gilt auch bei Freihändiger Vergabe.

§ 15
Aufklärung des Angebotsinhalts

(1) 1. Bei Ausschreibungen darf der Auftraggeber nach Öffnung der Angebote bis zur Zuschlagserteilung von einem Bieter nur Aufklärung verlangen, um sich über seine Eignung, insbesondere seine technische und wirtschaftliche Leistungsfähigkeit, das Angebot selbst, etwaige Nebenangebote, die geplante Art der Durchführung, etwaige Ursprungsorte oder Bezugsquellen von Stoffen oder Bauteilen und über die Angemessenheit der Preise, wenn nötig durch Einsicht in die vorzulegenden Preisermittlungen (Kalkulationen), zu unterrichten.

2. Die Ergebnisse solcher Aufklärungen sind geheim zu halten. Sie sollen in Textform niedergelegt werden.

(2) Verweigert ein Bieter die geforderten Aufklärungen und Angaben oder lässt er die ihm gesetzte angemessene Frist unbeantwortet verstreichen, so ist sein Angebot auszuschließen.

(3) Verhandlungen, besonders über Änderung der Angebote oder Preise, sind unstatthaft, außer, wenn sie bei Nebenangeboten oder Angeboten aufgrund eines Leistungsprogramms nötig sind, um unumgängliche technische Änderungen geringen Umfangs und daraus sich ergebende Änderungen der Preise zu vereinbaren.

§ 16
Ausschluss von Angeboten

(1) Auszuschließen sind:

1. Angebote, die bei Ablauf der Angebotsfrist nicht vorgelegen haben, ausgenommen Angebote nach § 14 Absatz 5 bzw. § 14a Absatz 6,
2. Angebote, die den Bestimmungen des § 13 Absatz 1 Nummer 1, 2 und 5 nicht entsprechen,
3. Angebote, die den Bestimmungen des § 13 Absatz 1 Nummer 3 nicht entsprechen; ausgenommen solche Angebote, bei denen lediglich in einer einzelnen unwesentlichen Position die Angabe des Preises fehlt und durch die Außerachtlassung dieser Position der Wettbewerb und die Wertungsreihenfolge, auch bei Wertung dieser Position mit dem höchsten Wettbewerbspreis, nicht beeinträchtigt werden,
4. Angebote, bei denen der Bieter Erklärungen oder Nachweise, deren Vorlage sich der Auftraggeber vorbehalten hat, auf Anforderung nicht innerhalb einer angemessenen, nach dem Kalender bestimmten Frist vorgelegt hat. Satz 1 gilt für Teilnahmeanträge entsprechend,
5. Angebote von Bietern, die in Bezug auf die Ausschreibung eine Abrede getroffen haben, die eine unzulässige Wettbewerbsbeschränkung darstellt,
6. Nebenangebote, wenn der Auftraggeber in der Bekanntmachung oder in den Vergabeunterlagen erklärt hat, dass er diese nicht zulässt,
7. Nebenangebote, die dem § 13 Absatz 3 Satz 2 nicht entsprechen,
8. Angebote von Bietern, die im Vergabeverfahren vorsätzlich unzutreffende Erklärungen in Bezug auf ihre Fachkunde, Leistungsfähigkeit und Zuverlässigkeit abgegeben haben.

(2) Außerdem können Angebote von Bietern ausgeschlossen werden, wenn

1. ein Insolvenzverfahren oder ein vergleichbares gesetzlich geregeltes Verfahren eröffnet oder die Eröffnung beantragt worden ist oder der Antrag mangels Masse abgelehnt wurde oder ein Insolvenzplan rechtskräftig bestätigt wurde,
2. sich das Unternehmen in Liquidation befindet,
3. nachweislich eine schwere Verfehlung begangen wurde, die die Zuverlässigkeit als Bewerber oder Bieter in Frage stellt,
4. die Verpflichtung zur Zahlung von Steuern und Abgaben sowie der Beiträge zur gesetzlichen Sozialversicherung nicht ordnungsgemäß erfüllt wurde,
5. sich das Unternehmen nicht bei der Berufsgenossenschaft angemeldet hat.

§ 16a
Nachforderung von Unterlagen

Fehlen geforderte Erklärungen oder Nachweise und wird das Angebot nicht entsprechend § 16 Absatz 1 oder 2 ausgeschlossen, verlangt der Auftraggeber die fehlenden Erklärungen oder Nachweise nach. Diese sind spätestens innerhalb von sechs Kalendertagen nach Aufforderung durch den Auftraggeber vorzulegen. Die Frist beginnt am Tag nach der Absendung der Aufforderung durch den Auftraggeber. Werden die Erklärungen oder Nachweise nicht innerhalb der Frist vorgelegt, ist das Angebot auszuschließen.

§ 16b
Eignung

(1) Bei Öffentlicher Ausschreibung ist zunächst die Eignung der Bieter zu prüfen. Dabei sind anhand der vorgelegten Nachweise die Angebote der Bieter auszuwählen, deren Eignung die für die Erfüllung der vertraglichen Verpflichtungen notwendigen Sicherheiten bietet; dies bedeutet, dass sie die erforderliche Fachkunde, Leistungsfähigkeit und Zuverlässigkeit besitzen und über ausreichende technische und wirtschaftliche Mittel verfügen.

(2) Bei Beschränkter Ausschreibung und Freihändiger Vergabe sind nur Umstände zu berücksichtigen, die nach Aufforderung zur Angebotsabgabe Zweifel an der Eignung des Bieters begründen (vgl. § 6b Absatz 4).

§ 16c
Prüfung

(1) Die nicht ausgeschlossenen Angebote geeigneter Bieter sind auf die Einhaltung der gestellten Anforderungen, insbesondere in rechnerischer, technischer und wirtschaftlicher Hinsicht zu prüfen.

(2) 1. Entspricht der Gesamtbetrag einer Ordnungszahl (Position) nicht dem Ergebnis der Multiplikation von Mengenansatz und Einheitspreis, so ist der Einheitspreis maßgebend.

2. Bei Vergabe für eine Pauschalsumme gilt diese ohne Rücksicht auf etwa angegebene Einzelpreise.

3. Die Nummern 1 und 2 gelten auch bei Freihändiger Vergabe.

(3) Die aufgrund der Prüfung festgestellten Angebotsendsummen sind in der Niederschrift über den Eröffnungstermin zu vermerken.

§ 16d
Wertung

(1) 1. Auf ein Angebot mit einem unangemessen hohen oder niedrigen Preis darf der Zuschlag nicht erteilt werden.

2. Erscheint ein Angebotspreis unangemessen niedrig und ist anhand vorliegender Unterlagen über die Preisermittlung die Angemessenheit nicht zu beurteilen, ist in Textform vom Bieter Aufklärung über die Ermittlung der Preise für die Gesamtleistung oder für Teilleistungen zu verlangen, gegebenenfalls unter Festlegung einer zumutbaren Antwortfrist. Bei der Beurteilung der Angemessenheit sind die Wirtschaftlichkeit des Bauverfahrens, die gewählten technischen Lösungen oder sonstige günstige Ausführungsbedingungen zu berücksichtigen.

3. In die engere Wahl kommen nur solche Angebote, die unter Berücksichtigung rationellen Baubetriebs und sparsamer Wirtschaftsführung eine einwandfreie Ausführung einschließlich Haftung für Mängelansprüche erwarten lassen. Unter diesen Angeboten soll der Zuschlag auf das Angebot erteilt werden, das unter Berücksichtigung aller Gesichtspunkte, wie z. B. Qualität, Preis, technischer Wert, Ästhetik, Zweckmäßigkeit, Umwelteigenschaften, Betriebs- und Folgekosten, Rentabilität, Kundendienst und technische Hilfe oder Ausführungsfrist als das wirtschaftlichste erscheint. Der niedrigste Angebotspreis allein ist nicht entscheidend.

(2) Ein Angebot nach § 13 Absatz 2 ist wie ein Hauptangebot zu werten.

(3) Nebenangebote sind zu werten, es sei denn, der Auftraggeber hat sie in der Bekanntmachung oder in den Vergabeunterlagen nicht zugelassen.

(4) Preisnachlässe ohne Bedingung sind nicht zu werten, wenn sie nicht an der vom Auftraggeber nach § 13 Absatz 4 bezeichneten Stelle aufgeführt sind. Unaufgefordert angebotene Preisnachlässe mit Bedingungen für die Zahlungsfrist (Skonti) werden bei der Wertung der Angebote nicht berücksichtigt.

(5) Die Bestimmungen von Absatz 1 und § 16b gelten auch bei Freihändiger Vergabe. Die Absätze 2 bis 4, § 16 Absatz 1 und § 6 Absatz 2 sind entsprechend auch bei Freihändiger Vergabe anzuwenden.

§ 17
Aufhebung der Ausschreibung

(1) Die Ausschreibung kann aufgehoben werden, wenn:

1. kein Angebot eingegangen ist, das den Ausschreibungsbedingungen entspricht,

2. die Vergabeunterlagen grundlegend geändert werden müssen,

3. andere schwerwiegende Gründe bestehen.

(2) Die Bewerber und Bieter sind von der Aufhebung der Ausschreibung unter Angabe der Gründe, gegebenenfalls über die Absicht, ein neues Vergabeverfahren einzuleiten, unverzüglich in Textform zu unterrichten.

§ 18
Zuschlag

(1) Der Zuschlag ist möglichst bald, mindestens aber so rechtzeitig zu erteilen, dass dem Bieter die Erklärung noch vor Ablauf der Bindefrist (§ 10 Absatz 4 bis 6) zugeht.

(2) Werden Erweiterungen, Einschränkungen oder Änderungen vorgenommen oder wird der Zuschlag verspätet erteilt, so ist der Bieter bei Erteilung des Zuschlags aufzufordern, sich unverzüglich über die Annahme zu erklären.

§ 19
Nicht berücksichtigte Bewerbungen und Angebote

(1) Bieter, deren Angebote ausgeschlossen worden sind (§ 16) und solche, deren Angebote nicht in die engere Wahl kommen, sollen unverzüglich unterrichtet werden. Die übrigen Bieter sind zu unterrichten, sobald der Zuschlag erteilt worden ist.

(2) Auf Verlangen sind den nicht berücksichtigten Bewerbern oder Bietern innerhalb einer Frist von 15 Kalendertagen nach Eingang ihres in Textform gestellten Antrags die Gründe für die Nichtberücksichtigung ihrer Bewerbung oder ihres Angebots in Textform mitzuteilen, den Bietern auch die Merkmale und Vorteile des Angebots des erfolgreichen Bieters sowie dessen Name.

(3) Nicht berücksichtigte Angebote und Ausarbeitungen der Bieter dürfen nicht für eine neue Vergabe oder für andere Zwecke benutzt werden.

(4) Entwürfe, Ausarbeitungen, Muster und Proben zu nicht berücksichtigten Angeboten sind zurückzugeben, wenn dies im Angebot oder innerhalb von 30 Kalendertagen nach Ablehnung des Angebots verlangt wird.

(5) Der Auftraggeber informiert fortlaufend Unternehmen auf Internetportalen oder in seinem Beschafferprofil über beabsichtigte Beschränkte Ausschreibungen nach § 3a Absatz 2 Nummer 1 ab einem voraussichtlichen Auftragswert von 25 000 Euro ohne Umsatzsteuer.

Diese Informationen müssen folgende Angaben enthalten:

1. Name, Anschrift, Telefon-, Telefaxnummer und E-Mail-Adresse des Auftraggebers,
2. Auftragsgegenstand,
3. Ort der Ausführung,
4. Art und voraussichtlicher Umfang der Leistung,
5. voraussichtlicher Zeitraum der Ausführung.

§ 20
Dokumentation

(1) Das Vergabeverfahren ist zeitnah so zu dokumentieren, dass die einzelnen Stufen des Verfahrens, die einzelnen Maßnahmen, die maßgebenden Feststellungen sowie die Begründung der einzelnen Entscheidungen in Textform festgehalten werden. Diese Dokumentation muss mindestens enthalten:

1. Name und Anschrift des Auftraggebers,
2. Art und Umfang der Leistung,

3. Wert des Auftrags,
4. Namen der berücksichtigten Bewerber oder Bieter und Gründe für ihre Auswahl,
5. Namen der nicht berücksichtigten Bewerber oder Bieter und die Gründe für die Ablehnung,
6. Gründe für die Ablehnung von ungewöhnlich niedrigen Angeboten,
7. Name des Auftragnehmers und Gründe für die Erteilung des Zuschlags auf sein Angebot,
8. Anteil der beabsichtigten Weitergabe an Nachunternehmen, soweit bekannt,
9. bei Beschränkter Ausschreibung, Freihändiger Vergabe Gründe für die Wahl des jeweiligen Verfahrens,
10. gegebenenfalls die Gründe, aus denen der Auftraggeber auf die Vergabe eines Auftrags verzichtet hat.

Der Auftraggeber trifft geeignete Maßnahmen, um den Ablauf der mit elektronischen Mitteln durchgeführten Vergabeverfahren zu dokumentieren.

(2) Wird auf die Vorlage zusätzlich zum Angebot verlangter Unterlagen und Nachweise verzichtet, ist dies in der Dokumentation zu begründen.

(3) Nach Zuschlagserteilung hat der Auftraggeber auf geeignete Weise, z. B. auf Internetportalen oder im Beschafferprofil zu informieren, wenn bei

1. Beschränkten Ausschreibungen ohne Teilnahmewettbewerb der Auftragswert 25 000 Euro ohne Umsatzsteuer,
2. Freihändigen Vergaben der Auftragswert 15 000 Euro ohne Umsatzsteuer

übersteigt. Diese Informationen werden sechs Monate vorgehalten und müssen folgende Angaben enthalten:

a) Name, Anschrift, Telefon-, Telefaxnummer und E-Mail-Adresse des Auftraggebers,
b) gewähltes Vergabeverfahren,
c) Auftragsgegenstand,
d) Ort der Ausführung,
e) Name des beauftragten Unternehmens.

§ 21
Nachprüfungsstellen

In der Bekanntmachung und den Vergabeunterlagen sind die Nachprüfungsstellen mit Anschrift anzugeben, an die sich der Bewerber oder Bieter zur Nachprüfung behaupteter Verstöße gegen die Vergabebestimmungen wenden kann.

§ 22
Änderungen während der Vertragslaufzeit

Vertragsänderungen nach den Bestimmungen der VOB/B erfordern kein neues Vergabeverfahren; ausgenommen davon sind Vertragsänderungen nach § 1 Absatz 4 Satz 2 VOB/B.

§ 23
Baukonzessionen

(1) Eine Baukonzession ist ein Vertrag über die Durchführung eines Bauauftrags, bei dem die Gegenleistung für die Bauarbeiten statt in einem Entgelt in dem befristeten Recht auf Nutzung der baulichen Anlage, gegebenenfalls zuzüglich der Zahlung eines Preises besteht.

(2) Für die Vergabe von Baukonzessionen sind die §§ 1 bis 22 sinngemäß anzuwenden.

Anhang TS
Technische Spezifikationen

1. „Technische Spezifikation" hat eine der folgenden Bedeutungen:

   a) bei öffentlichen Bauaufträgen die Gesamtheit der insbesondere in den Vergabeunterlagen enthaltenen technischen Beschreibungen, in denen die erforderlichen Eigenschaften eines Werkstoffs, eines Produkts oder einer Lieferung definiert sind, damit dieser/diese den vom Auftraggeber beabsichtigten Zweck erfüllt; zu diesen Eigenschaften gehören Umwelt- und Klimaleistungsstufen, „Design für alle" (einschließlich des Zugangs von Menschen mit Behinderungen) und Konformitätsbewertung, Leistung, Vorgaben für Gebrauchstauglichkeit, Sicherheit oder Abmessungen, einschließlich der Qualitätssicherungsverfahren, der Terminologie, der Symbole, der Versuchs- und Prüfmethoden, der Verpackung, der Kennzeichnung und Beschriftung, der Gebrauchsanleitungen sowie der Produktionsprozesse und -methoden in jeder Phase des Lebenszyklus der Bauleistungen; außerdem gehören dazu auch die Vorschriften für die Planung und die Kostenrechnung, die Bedingungen für die Prüfung, Inspektion und Abnahme von Bauwerken, die Konstruktionsmethoden oder -verfahren und alle anderen technischen Anforderungen, die der Auftraggeber für fertige Bauwerke oder dazu notwendige Materialien oder Teile durch allgemeine und spezielle Vorschriften anzugeben in der Lage ist;

   b) bei öffentlichen Dienstleistungs- oder Lieferaufträgen eine Spezifikation, die in einem Schriftstück enthalten ist, das Merkmale für ein Produkt oder eine Dienstleistung vorschreibt, wie Qualitätsstufen, Umwelt- und Klimaleistungsstufen, „Design für alle" (einschließlich des Zugangs von Menschen mit Behinderungen) und Konformitätsbewertung, Leistung, Vorgaben für Gebrauchstauglichkeit, Sicherheit oder Abmessungen des Produkts, einschließlich der Vorschriften über Verkaufsbezeichnung, Terminologie, Symbole, Prüfungen und Prüfverfahren, Verpackung, Kennzeichnung und Beschriftung, Gebrauchsanleitungen, Produktionsprozesse und -methoden in jeder Phase des Lebenszyklus der Lieferung oder der Dienstleistung sowie über Konformitätsbewertungsverfahren;

2. „Norm" bezeichnet eine technische Spezifikation, die von einer anerkannten Normungsorganisation zur wiederholten oder ständigen Anwendung angenommen wurde, deren Einhaltung nicht zwingend ist und die unter eine der nachstehenden Kategorien fällt:

   a) internationale Norm: Norm, die von einer internationalen Normungsorganisation angenommen wurde und der Öffentlichkeit zugänglich ist;

   b) europäische Norm: Norm, die von einer europäischen Normungsorganisation angenommen wurde und der Öffentlichkeit zugänglich ist;

   c) nationale Norm: Norm, die von einer nationalen Normungsorganisation angenommen wurde und der Öffentlichkeit zugänglich ist;

3. „Europäische technische Bewertung" bezeichnet eine dokumentierte Bewertung der Leistung eines Bauprodukts in Bezug auf seine wesentlichen Merkmale im Einklang mit dem betreffenden

Europäischen Bewertungsdokument gemäß der Begriffsbestimmung in Artikel 2 Nummer 12 der Verordnung (EU) Nr. 305/2011 des Europäischen Parlaments und des Rates;

4. „gemeinsame technische Spezifikationen" sind technische Spezifikationen im IKT-Bereich, die gemäß den Artikeln 13 und 14 der Verordnung (EU) Nr. 1025/2012 festgelegt wurden;

5. „technische Bezugsgröße" bezeichnet jeden Bezugsrahmen, der keine europäische Norm ist und von den europäischen Normungsorganisationen nach den an die Bedürfnisse des Markts angepassten Verfahren erarbeitet wurde.

Abschnitt 2
Vergabebestimmungen im Anwendungsbereich der Richtlinie 2014/24/EU[2] (VOB/A – EU)[3]

§ 1 EU
Anwendungsbereich

(1) Bauaufträge sind Verträge über die Ausführung oder die gleichzeitige Planung und Ausführung

1. eines Bauvorhabens oder eines Bauwerks für einen öffentlichen Auftraggeber, das
   a) Ergebnis von Tief- oder Hochbauarbeiten ist und
   b) eine wirtschaftliche oder technische Funktion erfüllen soll oder
2. einer dem öffentlichen Auftraggeber unmittelbar wirtschaftlich zugutekommenden Bauleistung, die Dritte gemäß den vom öffentlichen Auftraggeber genannten Erfordernissen erbringen, wobei der öffentliche Auftraggeber einen entscheidenden Einfluss auf die Art und die Planung des Vorhabens hat.

(2) Die Bestimmungen dieses Abschnittes sind von öffentlichen Auftraggebern im Sinne von § 99 GWB für Bauaufträge anzuwenden, bei denen der geschätzte Gesamtauftragswert der Baumaßnahme oder des Bauwerkes (alle Bauaufträge für eine bauliche Anlage) mindestens dem im § 106 GWB geregelten Schwellenwert für Bauaufträge ohne Umsatzsteuer entspricht. Die Schätzung des Auftragswerts ist gemäß § 3 VgV vorzunehmen.

§ 2 EU
Grundsätze

(1) Öffentliche Aufträge werden im Wettbewerb und im Wege transparenter Verfahren vergeben. Dabei werden die Grundsätze der Wirtschaftlichkeit und der Verhältnismäßigkeit gewahrt. Wettbewerbsbeschränkende und unlautere Verhaltensweisen sind zu bekämpfen.

(2) Die Teilnehmer an einem Vergabeverfahren sind gleich zu behandeln, es sei denn, eine Ungleichbehandlung ist aufgrund des GWB ausdrücklich geboten oder gestattet.

(3) Öffentliche Aufträge werden an fachkundige und leistungsfähige (geeignete) Unternehmen vergeben, die nicht nach § 6e EU ausgeschlossen worden sind.

(4) Mehrere öffentliche Auftraggeber können vereinbaren, einen bestimmten Auftrag gemeinsam zu vergeben. Es gilt § 4 VgV.

---

2 Richtlinie 2014/24/EU des Europäischen Parlaments und des Rates vom 26. Februar 2014 über die öffentliche Auftragsvergabe und zur Aufhebung der Richtlinie 2004/18/EG (ABl. L 94 vom 28.3.2014, S. 65)

3 Zitierweise: § x EU Absatz y VOB/A

(5) Die Regelungen darüber, wann natürliche Personen bei Entscheidungen in einem Vergabeverfahren für einen öffentlichen Aufraggeber als voreingenommen gelten und an einem Vergabeverfahren nicht mitwirken dürfen, richten sich nach § 6 VgV.

(6) Öffentliche Auftraggeber, Bewerber, Bieter und Auftragnehmer wahren die Vertraulichkeit aller Informationen und Unterlagen nach Maßgabe dieser Vergabeordnung oder anderen Rechtsvorschriften.

(7) Vor der Einleitung eines Vergabeverfahrens kann der öffentliche Auftraggeber Marktkonsultationen zur Vorbereitung der Auftragsvergabe und zur Unterrichtung der Unternehmer über seine Pläne zur Auftragsvergabe und die Anforderungen an den Auftrag durchführen. Die Durchführung von Vergabeverfahren zum Zwecke der Markterkundung ist unzulässig.

(8) Der öffentliche Auftraggeber soll erst dann ausschreiben, wenn alle Vergabeunterlagen fertig gestellt sind und wenn innerhalb der angegebenen Fristen mit der Ausführung begonnen werden kann.

(9) Es ist anzustreben, die Aufträge so zu erteilen, dass die ganzjährige Bautätigkeit gefördert wird.

§ 3 EU
Arten der Vergabe

Die Vergabe von öffentlichen Aufträgen erfolgt im offenen Verfahren, im nicht offenen Verfahren, im Verhandlungsverfahren, im wettbewerblichen Dialog oder in der Innovationspartnerschaft.

1. Das offene Verfahren ist ein Verfahren, in dem der öffentliche Auftraggeber eine unbeschränkte Anzahl von Unternehmen öffentlich zur Abgabe von Angeboten auffordert.
2. Das nicht offene Verfahren ist ein Verfahren, bei dem der öffentliche Auftraggeber nach vorheriger öffentlicher Aufforderung zur Teilnahme eine beschränkte Anzahl von Unternehmen nach objektiven, transparenten und nichtdiskriminierenden Kriterien auswählt (Teilnahmewettbewerb), die er zur Abgabe von Angeboten auffordert.
3. Das Verhandlungsverfahren ist ein Verfahren, bei dem sich der öffentliche Auftraggeber mit oder ohne Teilnahmewettbewerb an ausgewählte Unternehmen wendet, um mit einem oder mehreren dieser Unternehmen über die Angebote zu verhandeln.
4. Der wettbewerbliche Dialog ist ein Verfahren zur Vergabe öffentlicher Aufträge mit dem Ziel der Ermittlung und Festlegung der Mittel, mit denen die Bedürfnisse des öffentlichen Auftraggebers am besten erfüllt werden können.
5. Die Innovationspartnerschaft ist ein Verfahren zur Entwicklung innovativer, noch nicht auf dem Markt verfügbarer Bauleistungen und zum anschließenden Erwerb der daraus hervorgehenden Leistungen.

§ 3a EU
Zulässigkeitsvoraussetzungen

(1) Dem öffentlichen Auftraggeber stehen nach seiner Wahl das offene und das nicht offene Verfahren zur Verfügung. Die anderen Verfahrensarten stehen nur zur Verfügung, soweit dies durch gesetzliche Bestimmungen oder nach den Absätzen 2 bis 5 gestattet ist.

(2) Das Verhandlungsverfahren mit Teilnahmewettbewerb ist zulässig,

1. wenn mindestens eines der folgenden Kriterien erfüllt ist:

   a) die Bedürfnisse des öffentlichen Auftraggebers können nicht ohne die Anpassung bereits verfügbarer Lösungen erfüllt werden;

   b) der Auftrag umfasst konzeptionelle oder innovative Lösungen;

   c) der Auftrag kann aufgrund konkreter Umstände, die mit der Art, der Komplexität oder dem rechtlichen oder finanziellen Rahmen oder den damit einhergehenden Risiken zusammenhängen, nicht ohne vorherige Verhandlungen vergeben werden;

   d) die technischen Spezifikationen können von dem öffentlichen Auftraggeber nicht mit ausreichender Genauigkeit unter Verweis auf eine Norm, eine europäische technische Bewertung (ETA), eine gemeinsame technische Spezifikation oder technische Referenzen im Sinne des Anhangs TS Nummern 2 bis 5 der Richtlinie 2014/24/EU erstellt werden.

2. wenn ein offenes Verfahren oder nicht offenes Verfahren wegen nicht ordnungsgemäßer oder nicht annehmbarer Angebote aufgehoben wurde. Nicht ordnungsgemäß sind insbesondere Angebote, die nicht den Vergabeunterlagen entsprechen, nicht fristgerecht eingegangen sind, nachweislich auf kollusiven Absprachen oder Korruption beruhen oder nach Einschätzung des öffentlichen Auftraggebers ungewöhnlich niedrig sind. Unannehmbar sind insbesondere Angebote von Bietern, die nicht über die erforderlichen Qualifikationen verfügen und Angebote, deren Preis das vor Einleitung des Vergabeverfahrens festgelegte und schriftlich dokumentierte Budget des öffentlichen Auftraggebers übersteigt.

(3) Das Verhandlungsverfahren ohne Teilnahmewettbewerb ist zulässig,

1. wenn bei einem offenen Verfahren oder bei einem nicht offenen Verfahren

   a) keine ordnungsgemäßen oder nur unannehmbare Angebote abgegeben worden sind und

   b) in das Verhandlungsverfahren alle – und nur die – Bieter aus dem vorausgegangenen Verfahren einbezogen werden, die fachkundig und leistungsfähig (geeignet) sind und die nicht nach § 6e EU ausgeschlossen worden sind.

2. wenn bei einem offenen Verfahren oder bei einem nicht offenen Verfahren

   a) keine Angebote oder keine Teilnahmeanträge abgegeben worden sind oder

   b) nur Angebote oder Teilnahmeanträge solcher Bewerber oder Bieter abgegeben worden sind, die nicht fachkundig oder leistungsfähig (geeignet) sind oder die nach § 6e EU ausgeschlossen worden sind oder

   c) nur solche Angebote abgegeben worden sind, die den in den Vergabeunterlagen genannten Bedingungen nicht entsprechen

   und die ursprünglichen Vertragsunterlagen nicht grundlegend geändert werden. Der Europäischen Kommission wird auf Anforderung ein Bericht vorgelegt.

3. wenn die Leistungen aus einem der folgenden Gründe nur von einem bestimmten Unternehmen erbracht werden können:

   a) Erschaffung oder Erwerb eines einzigartigen Kunstwerks oder einer einzigartigen künstlerischen Leistung als Ziel der Auftragsvergabe;

   b) nicht vorhandener Wettbewerb aus technischen Gründen;

   c) Schutz von ausschließlichen Rechten, einschließlich der Rechte des geistigen Eigentums.

Die in Buchstabe a und b festgelegten Ausnahmen gelten nur dann, wenn es keine vernünftige Alternative oder Ersatzlösung gibt und der mangelnde Wettbewerb nicht das Ergebnis einer künstlichen Einschränkung der Auftragsvergabeparameter ist.

4. wenn wegen der äußersten Dringlichkeit der Leistung aus zwingenden Gründen infolge von Ereignissen, die der öffentliche Auftraggeber nicht verursacht hat und nicht voraussehen konnte, die in § 10a EU, § 10b EU und § 10c EU Absatz 1 vorgeschriebenen Fristen nicht eingehalten werden können.

5. wenn gleichartige Bauleistungen wiederholt werden, die durch denselben öffentlichen Auftraggeber an den Auftragnehmer vergeben werden, der den ursprünglichen Auftrag erhalten hat, und wenn sie einem Grundentwurf entsprechen und dieser Gegenstand des ursprünglichen Auftrags war, der in Einklang mit § 3a EU vergeben wurde. Der Umfang der nachfolgenden Bauleistungen und die Bedingungen, unter denen sie vergeben werden, sind im ursprünglichen Projekt anzugeben. Die Möglichkeit, dieses Verfahren anzuwenden, muss bereits bei der Auftragsbekanntmachung der Ausschreibung für das erste Vorhaben angegeben werden; der für die Fortsetzung der Bauarbeiten in Aussicht gestellte Gesamtauftragswert wird vom öffentlichen Auftraggeber bei der Anwendung von § 3 VgV berücksichtigt. Dieses Verfahren darf jedoch nur innerhalb von drei Jahren nach Abschluss des ersten Auftrags angewandt werden.

(4) Der wettbewerbliche Dialog ist unter den Voraussetzungen des Absatzes 2 zulässig.

(5) Der öffentliche Auftraggeber kann für die Vergabe eines öffentlichen Auftrags eine Innovationspartnerschaft mit dem Ziel der Entwicklung einer innovativen Leistung und deren anschließenden Erwerb eingehen. Der Beschaffungsbedarf, der der Innovationspartnerschaft zugrunde liegt, darf nicht durch auf dem Markt bereits verfügbare Bauleistungen befriedigt werden können.

§ 3b EU
Ablauf der Verfahren

(1) Bei einem offenen Verfahren wird eine unbeschränkte Anzahl von Unternehmen öffentlich zur Abgabe von Angeboten aufgefordert. Jedes interessierte Unternehmen kann ein Angebot abgeben.

(2) 1. Bei einem nicht offenen Verfahren wird im Rahmen eines Teilnahmewettbewerbs eine unbeschränkte Anzahl von Unternehmen öffentlich zur Abgabe von Teilnahmeanträgen aufgefordert. Jedes interessierte Unternehmen kann einen Teilnahmeantrag abgeben. Mit dem Teilnahmeantrag übermitteln die Unternehmen die vom öffentlichen Auftraggeber geforderten Informationen für die Prüfung der Eignung und das Nichtvorliegen von Ausschlussgründen.

2. Nur diejenigen Unternehmen, die vom öffentlichen Auftraggeber infolge einer Bewertung der übermittelten Information dazu aufgefordert werden, können ein Angebot einreichen.

3. Der öffentliche Auftraggeber kann die Zahl geeigneter Bewerber, die zur Angebotsabgabe aufgefordert werden, begrenzen. Dazu gibt der öffentliche Auftraggeber in der Auftragsbekanntmachung oder der Aufforderung zur Interessensbestätigung die von ihm vorgesehenen objektiven und nicht diskriminierenden Eignungskriterien für die Begrenzung der Zahl, die vorgesehene Mindestzahl und gegebenenfalls auch die Höchstzahl der einzuladenden Bewerber an. Die vorgesehene Mindestzahl der einzuladenden Bewerber darf nicht niedriger als fünf sein. In jedem Fall muss die Zahl der eingeladenen Bewerber ausreichend hoch sein, dass ein echter Wettbewerb gewährleistet ist. Sofern geeignete Bewerber in ausreichender Zahl zur Verfügung stehen, lädt der öffentliche Auftraggeber von diesen eine Anzahl ein, die nicht niedriger als die festgelegte Mindestzahl ist.

Sofern die Zahl geeigneter Bewerber unter der Mindestzahl liegt, darf der öffentliche Auftraggeber das Verfahren ausschließlich mit diesem oder diesen geeigneten Bewerber(n) fortführen.

(3) 1. Bei einem Verhandlungsverfahren mit Teilnahmewettbewerb wird im Rahmen des Teilnahmewettbewerbs eine unbeschränkte Anzahl von Unternehmen öffentlich zur Abgabe von Teilnahmeanträgen aufgefordert. Jedes interessierte Unternehmen kann einen Teilnahmeantrag abgeben. Mit dem Teilnahmeantrag übermitteln die Unternehmen die vom öffentlichen Auftraggeber geforderten Informationen für die Prüfung der Eignung und das Nichtvorliegen von Ausschlussgründen.

2. Nur diejenigen Unternehmen, die vom öffentlichen Auftraggeber infolge einer Bewertung der übermittelten Informationen dazu aufgefordert werden, können ein Erstangebot übermitteln, das die Grundlage für die späteren Verhandlungen bildet.

3. Im Übrigen gilt Absatz 2 Nummer 3 mit der Maßgabe, dass die in der Auftragsbekanntmachung oder der Aufforderung zur Interessensbestätigung anzugebende Mindestzahl nicht niedriger als drei sein darf.

4. Bei einem Verhandlungsverfahren ohne Teilnahmewettbewerb erfolgt keine öffentliche Aufforderung zur Teilnahme.

5. Die Mindestanforderungen und die Zuschlagskriterien sind nicht Gegenstand von Verhandlungen.

6. Der öffentliche Auftraggeber verhandelt mit den Bietern über die von ihnen eingereichten Erstangebote und alle Folgeangebote, mit Ausnahme der endgültigen Angebote, mit dem Ziel, die Angebote inhaltlich zu verbessern.

7. Der öffentliche Auftraggeber kann öffentliche Aufträge auf der Grundlage der Erstangebote vergeben, ohne in Verhandlungen einzutreten, wenn er in der Auftragsbekanntmachung oder in der Aufforderung zur Interessensbestätigung darauf hingewiesen hat, dass er sich diese Möglichkeit vorbehält.

8. Der öffentliche Auftraggeber kann vorsehen, dass das Verhandlungsverfahren in verschiedenen aufeinander folgenden Phasen abgewickelt wird, um so die Zahl der Angebote, über die verhandelt wird, oder die zu erörternden Lösungen anhand der vorgegebenen Zuschlagskriterien zu verringern. Wenn der öffentliche Auftraggeber dies vorsieht, gibt er dies in der Auftragsbekanntmachung, der Aufforderung zur Interessensbestätigung oder in den Vergabeunterlagen an. In der Schlussphase des Verfahrens müssen so viele Angebote vorliegen, dass ein echter Wettbewerb gewährleistet ist, sofern eine ausreichende Anzahl von geeigneten Bietern vorhanden ist.

9. Der öffentliche Auftraggeber stellt sicher, dass alle Bieter bei den Verhandlungen gleich behandelt werden. Insbesondere enthält er sich jeder diskriminierenden Weitergabe von Informationen, durch die bestimmte Bieter gegenüber anderen begünstigt werden könnten. Er unterrichtet alle Bieter, deren Angebote nicht gemäß Nummer 8 ausgeschieden wurden, schriftlich über etwaige Änderungen der Leistungsbeschreibung, insbesondere der technischen Anforderungen oder anderer Bestandteile der Vergabeunterlagen, die nicht die Festlegung der Mindestanforderungen betreffen. Im Anschluss an solche Änderungen gewährt der öffentliche Auftraggeber den Bietern ausreichend Zeit, um ihre Angebote zu ändern und gegebenenfalls überarbeitete Angebote einzureichen. Der öffentliche Auftraggeber darf vertrauliche Informationen eines an den Verhandlungen teilnehmenden Bieters nicht ohne dessen Zustimmung an die anderen Teilnehmer weitergeben. Eine solche Zustimmung darf nicht allgemein erteilt werden, sondern wird nur in Bezug auf die beabsichtigte Mitteilung bestimmter Informationen erteilt.

10. Beabsichtigt der öffentliche Auftraggeber, die Verhandlungen abzuschließen, so unterrichtet er die verbleibenden Bieter und legt eine einheitliche Frist für die Einreichung neuer oder überarbeiteter Angebote fest. Er vergewissert sich, dass die endgültigen Angebote den Mindestanforderungen entsprechen und erteilt den Zuschlag.

(4) 1. Beim wettbewerblichen Dialog fordert der öffentliche Auftraggeber eine unbeschränkte Anzahl von Unternehmen im Rahmen eines Teilnahmewettbewerbs öffentlich zur Abgabe von Teilnahmeanträgen auf. Jedes interessierte Unternehmen kann einen Teilnahmeantrag abgeben. Mit dem Teilnahmeantrag übermitteln die Unternehmen die vom öffentlichen Auftraggeber geforderten Informationen für die Prüfung der Eignung und das Nichtvorliegen von Ausschlussgründen.

2. Nur diejenigen Unternehmen, die vom öffentlichen Auftraggeber infolge einer Bewertung der übermittelten Informationen dazu aufgefordert werden, können in den Dialog mit dem öffentlichen Auftraggeber eintreten. Im Übrigen gilt Absatz 2 Nummer 3 mit der Maßgabe, dass die in der Auftragsbekanntmachung anzugebende Mindestzahl nicht niedriger als drei sein darf.

3. In der Auftragsbekanntmachung oder den Vergabeunterlagen zur Durchführung eines wettbewerblichen Dialogs beschreibt der öffentliche Auftraggeber seine Bedürfnisse und Anforderungen an die zu beschaffende Leistung. Gleichzeitig erläutert und definiert er die hierbei zugrunde gelegten Zuschlagskriterien und legt einen vorläufigen Zeitrahmen für Verhandlungen fest.

4. Der öffentliche Auftraggeber eröffnet mit den ausgewählten Unternehmen einen Dialog, in dem er ermittelt und festlegt, wie seine Bedürfnisse am besten erfüllt werden können. Dabei kann er mit den ausgewählten Unternehmen alle Einzelheiten des Auftrages erörtern. Er sorgt dafür, dass alle Unternehmen bei dem Dialog gleich behandelt werden, gibt Lösungsvorschläge oder vertrauliche Informationen eines Unternehmens nicht ohne dessen Zustimmung an die anderen Unternehmen weiter und verwendet diese nur im Rahmen des Vergabeverfahrens.

5. Der öffentliche Auftraggeber kann vorsehen, dass der Dialog in verschiedenen aufeinander folgenden Phasen geführt wird, sofern der öffentliche Auftraggeber darauf in der Auftragsbekanntmachung oder in den Vergabeunterlagen hingewiesen hat. In jeder Dialogphase kann die Zahl der zu erörternden Lösungen anhand der vorgegebenen Zuschlagskriterien verringert werden. Der öffentliche Auftraggeber hat die Unternehmen zu informieren, wenn deren Lösungen nicht für die folgende Dialogphase vorgesehen sind. In der Schlussphase müssen noch so viele Lösungen vorliegen, dass ein echter Wettbewerb gewährleistet ist, sofern ursprünglich eine ausreichende Anzahl von Lösungen oder geeigneten Bietern vorhanden war.

6. Der öffentliche Auftraggeber schließt den Dialog ab, wenn

   a) eine Lösung gefunden worden ist, die seine Bedürfnisse und Anforderungen erfüllt, oder

   b) erkennbar ist, dass keine Lösung gefunden werden kann.

Der öffentliche Auftraggeber informiert die Unternehmen über den Abschluss des Dialogs.

1. Im Fall von Nummer 6 Buchstabe a fordert der öffentliche Auftraggeber die Unternehmen auf, auf der Grundlage der eingereichten und in der Dialogphase näher ausgeführten Lösungen ihr endgültiges Angebot vorzulegen. Die Angebote müssen alle Einzelheiten enthalten, die zur Ausführung des Projekts erforderlich sind. Der öffentliche Auftraggeber kann Klarstellungen und Ergänzungen zu diesen Angeboten verlangen. Diese Klarstellungen oder

Ergänzungen dürfen nicht dazu führen, dass grundlegende Elemente des Angebots oder der Auftragsbekanntmachung geändert werden, der Wettbewerb verzerrt wird oder andere am Verfahren beteiligte Unternehmen diskriminiert werden.

2. Der öffentliche Auftraggeber bewertet die Angebote anhand der in der Auftragsbekanntmachung oder in der Beschreibung festgelegten Zuschlagskriterien. Der öffentliche Auftraggeber kann mit dem Unternehmen, dessen Angebot als das wirtschaftlichste ermittelt wurde, mit dem Ziel Verhandlungen führen, um im Angebot enthaltene finanzielle Zusagen oder andere Bedingungen zu bestätigen, die in den Auftragsbedingungen abschließend festgelegt werden. Dies darf nicht dazu führen, dass wesentliche Bestandteile des Angebots oder des öffentlichen Auftrags einschließlich der in der Auftragsbekanntmachung oder der Beschreibung festgelegten Bedürfnisse und Anforderungen grundlegend geändert werden, und dass der Wettbewerb verzerrt wird oder andere am Verfahren beteiligte Unternehmen diskriminiert werden.

3. Verlangt der öffentliche Auftraggeber, dass die am wettbewerblichen Dialog teilnehmenden Unternehmen Entwürfe, Pläne, Zeichnungen, Berechnungen oder andere Unterlagen ausarbeiten, muss er einheitlich allen Unternehmen, die die geforderten Unterlagen rechtzeitig vorgelegt haben, eine angemessene Kostenerstattung gewähren.

(5) 1. Bei einer Innovationspartnerschaft beschreibt der öffentliche Auftraggeber in der Auftragsbekanntmachung oder den Vergabeunterlagen die Nachfrage nach der innovativen Bauleistung. Dabei ist anzugeben, welche Elemente dieser Beschreibung Mindestanforderungen darstellen. Es sind Eignungskriterien vorzugeben, die die Fähigkeiten der Unternehmen auf dem Gebiet der Forschung und Entwicklung sowie die Ausarbeitung und Umsetzung innovativer Lösungen betreffen. Die bereitgestellten Informationen müssen so genau sein, dass die Unternehmen Art und Umfang der geforderten Lösung erkennen und entscheiden können, ob sie eine Teilnahme an dem Verfahren beantragen.

2. Der öffentliche Auftraggeber fordert eine unbeschränkte Anzahl von Unternehmen im Rahmen eines Teilnahmewettbewerbs öffentlich zur Abgabe von Teilnahmeanträgen auf. Jedes interessierte Unternehmen kann einen Teilnahmeantrag abgeben. Mit dem Teilnahmeantrag übermitteln die Unternehmen die vom öffentlichen Auftraggeber geforderten Informationen für die Prüfung der Eignung und das Nichtvorliegen von Ausschlussgründen.

3. Nur diejenigen Unternehmen, die vom öffentlichen Auftraggeber infolge einer Bewertung der übermittelten Informationen dazu aufgefordert werden, können ein Angebot in Form von Forschungs- und Innovationsprojekten einreichen. Im Übrigen gilt Absatz 2 Nummer 3 mit der Maßgabe, dass die in der Auftragsbekanntmachung anzugebende Mindestzahl nicht niedriger als drei sein darf.

4. Der öffentliche Auftraggeber verhandelt mit den Bietern über die von ihnen eingereichten Erstangebote und alle Folgeangebote, mit Ausnahme der endgültigen Angebote, mit dem Ziel, die Angebote inhaltlich zu verbessern. Dabei darf über den gesamten Auftragsinhalt verhandelt werden mit Ausnahme der vom öffentlichen Auftraggeber in den Vergabeunterlagen festgelegten Mindestanforderungen und Zuschlagskriterien. Sofern der öffentliche Auftraggeber in der Auftragsbekanntmachung oder in den Vergabeunterlagen darauf hingewiesen hat, kann er die Verhandlungen in verschiedenen aufeinander folgenden Phasen abwickeln, um so die Zahl der Angebote, über die verhandelt wird, anhand der vorgegebenen Zuschlagskriterien zu verringern.

5. Der öffentliche Auftraggeber trägt dafür Sorge, dass alle Bieter bei den Verhandlungen gleich behandelt werden. Insbesondere enthält er sich jeder diskriminierenden Weitergabe

von Informationen, durch die bestimmte Bieter gegenüber anderen begünstigt werden könnten. Er unterrichtet alle Bieter, deren Angebote gemäß Nummer 4 Satz 3 nicht ausgeschieden wurden, in Textform über etwaige Änderungen der Anforderungen und sonstigen Informationen in den Vergabeunterlagen, die nicht die Festlegung der Mindestanforderungen betreffen. Im Anschluss an solche Änderungen gewährt der öffentliche Auftraggeber den Bietern ausreichend Zeit, um ihre Angebote zu ändern und gegebenenfalls überarbeitete Angebote einzureichen. Der öffentliche Auftraggeber darf vertrauliche Informationen eines an den Verhandlungen teilnehmenden Bieters nicht ohne dessen Zustimmung an die anderen Teilnehmer weitergeben. Eine solche Zustimmung darf nicht allgemein, sondern nur in Bezug auf die beabsichtigte Mitteilung bestimmter Informationen erteilt werden. Der öffentliche Auftraggeber muss in den Vergabeunterlagen die zum Schutz des geistigen Eigentums geltenden Vorkehrungen festlegen.

6. Die Innovationspartnerschaft wird durch Zuschlag auf Angebote eines oder mehrerer Bieter eingegangen. Eine Erteilung des Zuschlags allein auf der Grundlage des niedrigsten Preises oder der niedrigsten Kosten ist ausgeschlossen. Der öffentliche Auftraggeber kann die Innovationspartnerschaft mit einem Partner oder mit mehreren Partnern, die getrennte Forschungs- und Entwicklungstätigkeiten durchführen, eingehen.

7. Die Innovationspartnerschaft wird entsprechend dem Forschungs- und Innovationsprozess in zwei aufeinander folgenden Phasen strukturiert:

   a) einer Forschungs- und Entwicklungsphase, die die Herstellung von Prototypen oder die Entwicklung der Bauleistung umfasst, und

   b) einer Leistungsphase, in der die aus der Partnerschaft hervorgegangene Leistung erbracht wird.

Die Phasen sind durch die Festlegung von Zwischenzielen zu untergliedern, bei deren Erreichen die Zahlung der Vergütung in angemessenen Teilbeträgen vereinbart wird. Der öffentliche Auftraggeber stellt sicher, dass die Struktur der Partnerschaft und insbesondere die Dauer und der Wert der einzelnen Phasen den Innovationsgrad der vorgeschlagenen Lösung und der Abfolge der Forschungs- und Innovationstätigkeiten widerspiegeln. Der geschätzte Wert der Bauleistung darf in Bezug auf die für ihre Entwicklung erforderlichen Investitionen nicht unverhältnismäßig sein.

1. Auf der Grundlage der Zwischenziele kann der öffentliche Auftraggeber am Ende jedes Entwicklungsabschnitts entscheiden, ob er die Innovationspartnerschaft beendet oder, im Fall einer Innovationspartnerschaft mit mehreren Partnern, die Zahl der Partner durch die Kündigung einzelner Verträge reduziert, sofern der öffentliche Auftraggeber in der Auftragsbekanntmachung oder in den Vergabeunterlagen darauf hingewiesen hat, dass diese Möglichkeiten bestehen und unter welchen Umständen davon Gebrauch gemacht werden kann.

2. Nach Abschluss der Forschungs- und Entwicklungsphase ist der öffentliche Auftraggeber zum anschließenden Erwerb der innovativen Leistung nur dann verpflichtet, wenn das bei Eingehung der Innovationspartnerschaft festgelegte Leistungsniveau und die Kostenobergrenze eingehalten werden.

§ 4 EU
Vertragsarten

(1) Bauaufträge sind so zu vergeben, dass die Vergütung nach Leistung bemessen wird (Leistungsvertrag), und zwar:

1. in der Regel zu Einheitspreisen für technisch und wirtschaftlich einheitliche Teilleistungen, deren Menge nach Maß, Gewicht oder Stückzahl vom öffentlichen Auftraggeber in den Vertragsunterlagen anzugeben ist (Einheitspreisvertrag),

2. in geeigneten Fällen für eine Pauschalsumme, wenn die Leistung nach Ausführungsart und Umfang genau bestimmt ist und mit einer Änderung bei der Ausführung nicht zu rechnen ist (Pauschalvertrag).

(2) Abweichend von Absatz 1 können Bauaufträge geringeren Umfangs, die überwiegend Lohnkosten verursachen, im Stundenlohn vergeben werden (Stundenlohnvertrag).

(3) Das Angebotsverfahren ist darauf abzustellen, dass der Bieter die Preise, die er für seine Leistungen fordert, in die Leistungsbeschreibung einzusetzen oder in anderer Weise im Angebot anzugeben hat.

(4) Das Auf- und Abgebotsverfahren, bei dem vom öffentlichen Auftraggeber angegebene Preise dem Auf- und Abgebot der Bieter unterstellt werden, soll nur ausnahmsweise bei regelmäßig wiederkehrenden Unterhaltungsarbeiten, deren Umfang möglichst zu umgrenzen ist, angewandt werden.

§ 4a EU
Rahmenvereinbarungen

(1) Der Abschluss einer Rahmenvereinbarung erfolgt im Rahmen einer nach dieser Vergabeordnung anwendbaren Verfahrensart. Das in Aussicht genommene Auftragsvolumen ist so genau wie möglich zu ermitteln und bekannt zu geben, braucht aber nicht abschließend festgelegt zu werden. Eine Rahmenvereinbarung darf nicht missbräuchlich oder in einer Art angewendet werden, die den Wettbewerb behindert, einschränkt oder verfälscht.

(2) Auf einer Rahmenvereinbarung beruhende Einzelaufträge werden nach den Kriterien dieses Absatzes und der Absätze 3 bis 5 vergeben. Die Einzelauftragsvergabe erfolgt ausschließlich zwischen den in der Auftragsbekanntmachung oder der Aufforderung zur Interessensbestätigung genannten öffentlichen Auftraggebern und denjenigen Unternehmen, die zum Zeitpunkt des Abschlusses des Einzelauftrags Vertragspartei der Rahmenvereinbarung sind. Dabei dürfen keine wesentlichen Änderungen an den Bedingungen der Rahmenvereinbarung vorgenommen werden.

(3) Wird eine Rahmenvereinbarung mit nur einem Unternehmen geschlossen, so werden die auf dieser Rahmenvereinbarung beruhenden Einzelaufträge entsprechend den Bedingungen der Rahmenvereinbarung vergeben. Für die Vergabe der Einzelaufträge kann der öffentliche Auftraggeber das an der Rahmenvereinbarung beteiligte Unternehmen in Textform auffordern, sein Angebot erforderlichenfalls zu vervollständigen.

(4) Wird eine Rahmenvereinbarung mit mehr als einem Unternehmen geschlossen, werden die Einzelaufträge wie folgt vergeben:

1. gemäß den Bedingungen der Rahmenvereinbarung ohne erneutes Vergabeverfahren, wenn in der Rahmenvereinbarung alle Bedingungen für die Erbringung der Bauleistung sowie die objektiven Bedingungen für die Auswahl der Unternehmen festgelegt sind, die sie als Partei der Rah-

menvereinbarung ausführen werden; die letztgenannten Bedingungen sind in der Auftragsbekanntmachung oder den Vergabeunterlagen für die Rahmenvereinbarung zu nennen;

2. wenn in der Rahmenvereinbarung alle Bedingungen für die Erbringung der Bauleistung festgelegt sind, teilweise ohne erneutes Vergabeverfahren gemäß Nummer 1 und teilweise mit erneutem Vergabeverfahren zwischen den Unternehmen, die Partei der Rahmenvereinbarung sind, gemäß Nummer 3, wenn diese Möglichkeit in der Auftragsbekanntmachung oder den Vergabeunterlagen für die Rahmenvereinbarung durch den öffentlichen Auftraggeber festgelegt ist; die Entscheidung, ob bestimmte Bauleistungen nach erneutem Vergabeverfahren oder direkt entsprechend den Bedingungen der Rahmenvereinbarung beschafft werden sollen, wird nach objektiven Kriterien getroffen, die in der Auftragsbekanntmachung oder den Vergabeunterlagen für die Rahmenvereinbarung festgelegt sind; in der Auftragsbekanntmachung oder den Vergabeunterlagen ist außerdem festzulegen, welche Bedingungen einem erneuten Vergabeverfahren unterliegen können; diese Möglichkeiten gelten auch für jedes Los einer Rahmenvereinbarung, für das alle Bedingungen für die Erbringung der Bauleistung in der Rahmenvereinbarung festgelegt sind, ungeachtet dessen, ob alle Bedingungen für die Erbringung einer Bauleistung für andere Lose festgelegt wurden; oder

3. sofern nicht alle Bedingungen zur Erbringung der Bauleistung in der Rahmenvereinbarung festgelegt sind, mittels eines erneuten Vergabeverfahrens zwischen den Unternehmen, die Parteien der Rahmenvereinbarung sind.

(5) Die in Absatz 4 Nummer 2 und 3 genannten Vergabeverfahren beruhen auf denselben Bedingungen wie der Abschluss der Rahmenvereinbarung und erforderlichenfalls auf genauer formulierten Bedingungen sowie gegebenenfalls auf weiteren Bedingungen, die in der Auftragsbekanntmachung oder den Vergabeunterlagen für die Rahmenvereinbarung in Übereinstimmung mit dem folgenden Verfahren genannt werden:

1. vor Vergabe jedes Einzelauftrags konsultiert der öffentliche Auftraggeber in Textform die Unternehmen, die in der Lage sind, den Auftrag auszuführen;

2. der öffentliche Auftraggeber setzt eine ausreichende Frist für die Abgabe der Angebote für jeden Einzelauftrag fest; dabei berücksichtigt er unter anderem die Komplexität des Auftragsgegenstands und die für die Übermittlung der Angebote erforderliche Zeit;

3. die Angebote sind in Textform einzureichen und dürfen bis zum Ablauf der Einreichungsfrist nicht geöffnet werden;

4. der öffentliche Auftraggeber vergibt die Einzelaufträge an den Bieter, der auf der Grundlage der in der Auftragsbekanntmachung oder den Vergabeunterlagen für die Rahmenvereinbarung genannten Zuschlagskriterien das jeweils wirtschaftlichste Angebot vorgelegt hat.

(6) Die Laufzeit einer Rahmenvereinbarung darf höchstens vier Jahre betragen, es sei denn, es liegt ein im Gegenstand der Rahmenvereinbarung begründeter Sonderfall vor.

§ 4b EU
Besondere Instrumente und Methoden

(1) Der öffentliche Auftraggeber kann unter den Voraussetzungen der §§ 22 bis 24 VgV für die Beschaffung marktüblicher Leistungen ein dynamisches Beschaffungssystem nutzen.

(2) Der öffentliche Auftraggeber kann im Rahmen eines offenen, eines nicht offenen oder eines Verhandlungsverfahrens vor der Zuschlagserteilung eine elektronische Auktion durchführen, sofern die Voraussetzungen der §§ 25 und 26 VgV vorliegen.

(3) Ist der Rückgriff auf elektronische Kommunikationsmittel vorgeschrieben, kann der öffentliche Auftraggeber festlegen, dass die Angebote in Form eines elektronischen Katalogs einzureichen sind oder einen elektronischen Katalog beinhalten müssen. Das Verfahren richtet sich nach § 27 VgV.

§ 5 EU
Einheitliche Vergabe, Vergabe nach Losen

(1) Bauaufträge sollen so vergeben werden, dass eine einheitliche Ausführung und zweifelsfreie umfassende Haftung für Mängelansprüche erreicht wird; sie sollen daher in der Regel mit den zur Leistung gehörigen Lieferungen vergeben werden.

(2) 1. Mittelständische Interessen sind bei der Vergabe öffentlicher Aufträge vornehmlich zu berücksichtigen. Leistungen sind in der Menge aufgeteilt (Teillose) und getrennt nach Art oder Fachgebiet (Fachlose) zu vergeben. Mehrere Teil- oder Fachlose dürfen zusammen vergeben werden, wenn wirtschaftliche oder technische Gründe dies erfordern. Wird ein Unternehmen, das nicht öffentlicher Auftraggeber ist, mit der Wahrnehmung oder Durchführung einer öffentlichen Aufgabe betraut, verpflichtet der öffentliche Auftraggeber das Unternehmen, sofern es Unteraufträge an Dritte vergibt, nach den Sätzen 1 bis 3 zu verfahren.

2. Weicht der öffentliche Auftraggeber vom Gebot der Losaufteilung ab, begründet er dies im Vergabevermerk.

3. Der öffentliche Auftraggeber gibt in der Auftragsbekanntmachung oder in der Aufforderung zur Interessensbestätigung an, ob Angebote nur für ein Los oder für mehrere oder alle Lose eingereicht werden können.

Der öffentliche Auftraggeber kann die Zahl der Lose beschränken, für die ein einzelner Bieter einen Zuschlag erhalten kann. Dies gilt auch dann, wenn ein Bieter Angebote für mehrere oder alle Lose einreichen darf. Diese Begrenzung ist nur zulässig, sofern der öffentliche Auftraggeber die Höchstzahl der Lose pro Bieter in der Auftragsbekanntmachung oder in der Aufforderung zur Interessensbestätigung angegeben hat. Für den Fall, dass ein einzelner Bieter nach Anwendung der Zuschlagskriterien eine größere Zahl an Losen als die zuvor festgelegte Höchstzahl erhalten würde, legt der öffentliche Auftraggeber in den Vergabeunterlagen objektive und nichtdiskriminierende Regeln für die Erteilung des Zuschlags fest.

In Fällen, in denen ein einziger Bieter den Zuschlag für mehr als ein Los erhalten kann, kann der öffentliche Auftraggeber Aufträge über mehrere oder alle Lose vergeben, wenn er in der Auftragsbekanntmachung oder in der Aufforderung zur Interessensbestätigung angegeben hat, dass er sich diese Möglichkeit vorbehält und die Lose oder Losgruppen angibt, die kombiniert werden können.

§ 6 EU
Teilnehmer am Wettbewerb

(1) Öffentliche Aufträge werden an fachkundige und leistungsfähige (geeignete) Unternehmen vergeben, die nicht nach § 6e EU ausgeschlossen worden sind.

(2) Ein Unternehmen ist geeignet, wenn es die durch den öffentlichen Auftraggeber im Einzelnen zur ordnungsgemäßen Ausführung des öffentlichen Auftrags festgelegten Kriterien (Eignungskriterien) erfüllt. Die Eignungskriterien dürfen ausschließlich Folgendes betreffen:

1. Befähigung und Erlaubnis zur Berufsausübung,
2. wirtschaftliche und finanzielle Leistungsfähigkeit,
3. technische und berufliche Leistungsfähigkeit.

Die Eignungskriterien müssen mit dem Auftragsgegenstand in Verbindung und zu diesem in einem angemessenen Verhältnis stehen.

(3) 1. Der Wettbewerb darf nicht auf Unternehmen beschränkt werden, die in bestimmten Regionen oder Orten ansässig sind.

2. Bewerber- und Bietergemeinschaften sind Einzelbewerbern und -bietern gleichzusetzen. Für den Fall der Auftragserteilung kann der öffentliche Auftraggeber verlangen, dass eine Bietergemeinschaft eine bestimmte Rechtsform annimmt, sofern dies für die ordnungsgemäße Durchführung des Auftrages notwendig ist.

3. Der öffentliche Auftraggeber kann das Recht zur Teilnahme an dem Vergabeverfahren unter den Voraussetzungen des § 118 GWB beschränken.

4. Hat ein Bewerber oder Bieter oder ein mit ihm in Verbindung stehendendes Unternehmen vor Einleitung des Vergabeverfahrens den öffentlichen Auftraggeber beraten oder sonst unterstützt, so ergreift der öffentliche Auftraggeber angemessene Maßnahmen, um sicherzustellen, dass der Wettbewerb durch die Teilnahme dieses Bieters oder Bewerbers nicht verfälscht wird.

Der betreffende Bewerber oder Bieter wird vom Verfahren nur dann ausgeschlossen, wenn keine andere Möglichkeit besteht, den Grundsatz der Gleichbehandlung zu gewährleisten.

Vor einem solchen Ausschluss gibt der öffentliche Auftraggeber den Bewerbern oder Bietern die Möglichkeit, nachzuweisen, dass ihre Beteiligung an der Vorbereitung des Vergabeverfahrens den Wettbewerb nicht verzerren kann. Die ergriffenen Maßnahmen werden im Vergabevermerk dokumentiert.

§ 6a EU
Eignungsnachweise

Der öffentliche Auftraggeber kann Unternehmen nur die in den Nummern 1 bis 3 genannten Anforderungen an die Teilnahme auferlegen.

1. Zum Nachweis der Befähigung und Erlaubnis zur Berufsausübung kann der öffentliche Auftraggeber die Eintragung in das Berufs- oder Handelsregister oder der Handwerksrolle ihres Sitzes oder Wohnsitzes verlangen.

2. Zum Nachweis der wirtschaftlichen und finanziellen Leistungsfähigkeit kann der öffentliche Auftraggeber verlangen:

   a) die Vorlage entsprechender Bankerklärungen oder gegebenenfalls den Nachweis einer entsprechenden Berufshaftpflichtversicherung.

   b) die Vorlage von Jahresabschlüssen, falls deren Veröffentlichung in dem Land, in dem das Unternehmen ansässig ist, gesetzlich vorgeschrieben ist.

   Zusätzlich können weitere Informationen, zum Beispiel über das Verhältnis zwischen Vermögen und Verbindlichkeiten in den Jahresabschlüssen, verlangt werden. Die Methoden und Kriterien für die Berücksichtigung weiterer Informationen müssen in den Vergabeunterlagen spezifiziert werden; sie müssen transparent, objektiv und nichtdiskriminierend sein.

   c) eine Erklärung über den Umsatz des Unternehmens jeweils bezogen auf die letzten drei abgeschlossenen Geschäftsjahre, soweit er Bauleistungen und andere Leistungen betrifft, die mit der zu vergebenden Leistung vergleichbar sind, unter Einschluss des Anteils bei gemeinsam mit anderen Unternehmen ausgeführten Aufträgen.

Der öffentliche Auftraggeber kann von den Unternehmen insbesondere verlangen, einen bestimmten Mindestjahresumsatz, einschließlich eines Mindestumsatzes in dem vom Auftrag abgedeckten Bereich nachzuweisen. Der geforderte Mindestjahresumsatz darf das Zweifache des geschätzten Auftragswerts nur in hinreichend begründeten Fällen übersteigen. Die Gründe sind in den Vergabeunterlagen oder in dem Vergabevermerk gemäß § 20 EU anzugeben.

Ist ein Auftrag in Lose unterteilt, finden diese Regelungen auf jedes einzelne Los Anwendung. Der öffentliche Auftraggeber kann jedoch den Mindestjahresumsatz, der von Unternehmen verlangt wird, unter Bezugnahme auf eine Gruppe von Losen in dem Fall festlegen, dass der erfolgreiche Bieter den Zuschlag für mehrere Lose erhält, die gleichzeitig auszuführen sind.

Sind auf einer Rahmenvereinbarung basierende Aufträge infolge eines erneuten Aufrufs zum Wettbewerb zu vergeben, wird der Höchstjahresumsatz aufgrund des erwarteten maximalen Umfangs spezifischer Aufträge berechnet, die gleichzeitig ausgeführt werden, oder – wenn dieser nicht bekannt ist – aufgrund des geschätzten Werts der Rahmenvereinbarung. Bei dynamischen Beschaffungssystemen wird der Höchstjahresumsatz auf der Basis des erwarteten Höchstumfangs konkreter Aufträge berechnet, die nach diesem System vergeben werden sollen.

Der öffentliche Auftraggeber wird andere ihm geeignet erscheinende Nachweise der wirtschaftlichen und finanziellen Leistungsfähigkeit zulassen, wenn er feststellt, dass stichhaltige Gründe dafür bestehen.

3. Zum Nachweis der beruflichen und technischen Leistungsfähigkeit kann der öffentliche Auftraggeber je nach Art, Menge oder Umfang oder Verwendungszweck der ausgeschriebenen Leistung verlangen:

   a) Angaben über die Ausführung von Leistungen in den letzten bis zu fünf abgeschlossenen Kalenderjahren, die mit der zu vergebenden Leistung vergleichbar sind, wobei für die wichtigsten Bauleistungen Bescheinigungen über die ordnungsgemäße Ausführung und das Ergebnis beizufügen sind. Um einen ausreichenden Wettbewerb sicherzustellen, kann der öffentliche Auftraggeber darauf hinweisen, dass er auch einschlägige Bauleistungen berücksichtigen werde, die mehr als fünf Jahre zurückliegen;

   b) Angabe der technischen Fachkräfte oder der technischen Stellen, unabhängig davon, ob sie seinem Unternehmen angehören oder nicht, und zwar insbesondere derjenigen, die mit der Qualitätskontrolle beauftragt sind, und derjenigen, über die der Unternehmer für die Errichtung des Bauwerks verfügt;

   c) die Beschreibung der technischen Ausrüstung und Maßnahmen des Unternehmens zur Qualitätssicherung und seiner Untersuchungs- und Forschungsmöglichkeiten;

   d) Angabe des Lieferkettenmanagement- und -überwachungssystems, das dem Unternehmen zur Vertragserfüllung zur Verfügung steht;

e) Studiennachweise und Bescheinigungen über die berufliche Befähigung des Dienstleisters oder Unternehmers und/oder der Führungskräfte des Unternehmens, sofern sie nicht als Zuschlagskriterium bewertet werden;

f) Angabe der Umweltmanagementmaßnahmen, die der Unternehmer während der Auftragsausführung anwenden kann;

g) Angaben über die Zahl der in den letzten drei abgeschlossenen Kalenderjahren jahresdurchschnittlich beschäftigten Arbeitskräfte, gegliedert nach Lohngruppen mit gesondert ausgewiesenem technischen Leitungspersonal;

h) eine Erklärung, aus der hervorgeht, über welche Ausstattung, welche Geräte und welche technische Ausrüstung das Unternehmen für die Ausführung des Auftrags verfügt;

i) Angabe, welche Teile des Auftrags der Unternehmer unter Umständen als Unteraufträge zu vergeben beabsichtigt.

§ 6b EU
Mittel der Nachweisführung, Verfahren

(1) Der Nachweis, auch über das Nichtvorliegen von Ausschlussgründen nach § 6e EU, kann wie folgt geführt werden:

1. durch die vom öffentlichen Auftraggeber direkt abrufbare Eintragung in die allgemein zugängliche Liste des Vereins für die Präqualifikation von Bauunternehmen e.V. (Präqualifikationsverzeichnis). Die im Präqualifikationsverzeichnis hinterlegten Angaben werden nicht ohne Begründung in Zweifel gezogen. Hinsichtlich der Zahlung von Steuern und Abgaben sowie der Sozialversicherungsbeiträge kann grundsätzlich eine zusätzliche Bescheinigung verlangt werden.

   Die Eintragung in ein gleichwertiges Verzeichnis anderer Mitgliedstaaten ist als Nachweis ebenso zugelassen.

2. durch Vorlage von Einzelnachweisen. Der öffentliche Auftraggeber kann vorsehen, dass für einzelne Angaben Eigenerklärungen ausreichend sind. Eigenerklärungen, die als vorläufiger Nachweis dienen, sind von den Bietern, deren Angebote in die engere Wahl kommen, durch entsprechende Bescheinigungen der zuständigen Stellen zu bestätigen.

Der öffentliche Auftraggeber akzeptiert als vorläufigen Nachweis auch eine Einheitliche Europäische Eigenerklärung (EEE).

(2) 1. Wenn dies zur angemessenen Durchführung des Verfahrens erforderlich ist, kann der öffentliche Auftraggeber Bewerber und Bieter, die eine Eigenerklärung abgegeben haben, jederzeit während des Verfahrens auffordern, sämtliche oder einen Teil der Nachweise beizubringen.

2. Beim offenen Verfahren fordert der öffentliche Auftraggeber vor Zuschlagserteilung den Bieter, an den er den Auftrag vergeben will und der bislang nur eine Eigenerklärung als vorläufigen Nachweis vorgelegt hat, auf, die einschlägigen Nachweise unverzüglich beizubringen und prüft diese.

3. Beim nicht offenen Verfahren, beim Verhandlungsverfahren sowie beim wettbewerblichen Dialog und bei der Innovationspartnerschaft fordert der öffentliche Auftraggeber die in Frage kommenden Bewerber auf, ihre Eigenerklärungen durch einschlägige Nachweise un-

verzüglich zu belegen und prüft diese. Dabei sind die Bewerber auszuwählen, deren Eignung die für die Erfüllung der vertraglichen Verpflichtungen notwendige Sicherheit bietet.

4. Der öffentliche Auftraggeber greift auf das Informationssystem e-Certis zurück und verlangt in erster Linie jene Arten von Bescheinigungen und dokumentarischen Nachweisen, die von e-Certis abgedeckt sind.

(3) Unternehmen müssen keine Nachweise vorlegen,

- sofern und soweit die Zuschlag erteilende Stelle diese direkt über eine gebührenfreie nationale Datenbank in einem Mitgliedstaat erhalten kann, oder
- wenn die Zuschlag erteilende Stelle bereits im Besitz dieser Nachweise ist.

§ 6c EU
Qualitätssicherung und Umweltmanagement

(1) Verlangt der öffentliche Auftraggeber zum Nachweis dafür, dass Bewerber oder Bieter bestimmte Normen der Qualitätssicherung erfüllen, die Vorlage von Bescheinigungen unabhängiger Stellen, so bezieht sich der öffentliche Auftraggeber auf Qualitätssicherungssysteme, die

1. den einschlägigen europäischen Normen genügen und
2. von akkreditierten Stellen zertifiziert sind.

Der öffentliche Auftraggeber erkennt auch gleichwertige Bescheinigungen von akkreditierten Stellen aus anderen Staaten an. Konnte ein Unternehmen aus Gründen, die es nicht zu vertreten hat, die betreffenden Bescheinigungen nicht innerhalb der einschlägigen Fristen einholen, so muss der öffentliche Auftraggeber auch andere Unterlagen über gleichwertige Qualitätssicherungssysteme anerkennen, sofern das Unternehmen nachweist, dass die vorgeschlagenen Qualitätssicherungsmaßnahmen den geforderten Qualitätssicherungsnormen entsprechen.

(2) Verlangt der öffentliche Auftraggeber zum Nachweis dafür, dass Bewerber oder Bieter bestimmte Systeme oder Normen des Umweltmanagements erfüllen, die Vorlage von Bescheinigungen unabhängiger Stellen, so bezieht sich der öffentliche Auftraggeber

1. entweder auf das Gemeinschaftssystem für das Umweltmanagement und die Umweltbetriebsprüfung (EMAS) der Europäischen Union oder
2. auf andere nach Artikel 45 der Verordnung (EG) 1221/2009 anerkannte Umweltmanagementsysteme oder
3. auf andere Normen für das Umweltmanagement, die auf den einschlägigen europäischen oder internationalen Normen beruhen und von akkreditierten Stellen zertifiziert sind.

Der öffentliche Auftraggeber erkennt auch gleichwertige Bescheinigungen von Stellen in anderen Staaten an. Hatte ein Unternehmen aus Gründen, die ihm nicht zugerechnet werden können, nachweislich keinen Zugang zu den betreffenden Bescheinigungen oder aus Gründen, die es nicht zu vertreten hat, keine Möglichkeit, diese innerhalb der einschlägigen Fristen zu erlangen, so muss der öffentliche Auftraggeber auch andere Nachweise über gleichwertige Umweltmanagementmaßnahmen anerkennen, sofern das Unternehmen nachweist, dass diese Maßnahmen mit denen, die nach dem geltenden System oder den geltenden Normen für das Umweltmanagement erforderlich sind, gleichwertig sind.

§ 6d EU
Kapazitäten anderer Unternehmen

(1) Ein Bewerber oder Bieter kann sich zum Nachweis seiner Eignung auf andere Unternehmen stützen – ungeachtet des rechtlichen Charakters der zwischen ihm und diesen Unternehmen bestehenden Verbindungen (Eignungsleihe).

In diesem Fall weist er dem öffentlichen Auftraggeber gegenüber nach, dass ihm die erforderlichen Kapazitäten zur Verfügung stehen werden, indem er beispielsweise die diesbezüglichen verpflichtenden Zusagen dieser Unternehmen vorlegt.

Eine Inanspruchnahme der Kapazitäten anderer Unternehmen für die berufliche Befähigung (§ 6a EU Absatz 1 Nummer 3 Buchstabe e) oder die berufliche Erfahrung (§ 6a EU Absatz 1 Nummer 3 Buchstaben a und b) ist nur möglich, wenn diese Unternehmen die Arbeiten ausführen, für die diese Kapazitäten benötigt werden.

Der öffentliche Auftraggeber hat zu überprüfen, ob diese Unternehmen die entsprechenden Anforderungen an die Eignung gemäß § 6a EU erfüllen und ob Ausschlussgründe gemäß § 6e EU vorliegen. Der öffentliche Auftraggeber schreibt vor, dass der Bieter ein Unternehmen, das eine einschlägige Eignungsanforderung nicht erfüllt oder bei dem Ausschlussgründe gemäß § 6e EU Absatz 1 bis 5 vorliegen, zu ersetzen hat. Der öffentliche Auftraggeber kann vorschreiben, dass der Bieter ein Unternehmen, bei dem Ausschlussgründe gemäß § 6e EU Absatz 6 vorliegen, ersetzt.

(2) Nimmt ein Bewerber oder Bieter im Hinblick auf die Kriterien für die wirtschaftliche und finanzielle Leistungsfähigkeit die Kapazitäten anderer Unternehmen in Anspruch, so kann der öffentliche Auftraggeber vorschreiben, dass Bewerber oder Bieter und diese Unternehmen gemeinsam für die Auftragsausführung haften.

(3) Werden die Kapazitäten anderer Unternehmen gemäß Absatz 1 in Anspruch genommen, so muss die Nachweisführung entsprechend § 6b EU auch für diese Unternehmen erfolgen.

(4) Der öffentliche Auftraggeber kann vorschreiben, dass bestimmte kritische Aufgaben direkt vom Bieter selbst oder – wenn der Bieter einer Bietergemeinschaft angehört – von einem Mitglied der Bietergemeinschaft ausgeführt werden.

§ 6e EU
Ausschlussgründe

(1) Der öffentliche Auftraggeber schließt ein Unternehmen zu jedem Zeitpunkt des Vergabeverfahrens von der Teilnahme aus, wenn er Kenntnis davon hat, dass eine Person, deren Verhalten nach Absatz 3 dem Unternehmen zuzurechnen ist, rechtskräftig verurteilt worden ist nach:

1. § 129 des Strafgesetzbuchs (StGB) (Bildung krimineller Vereinigungen), § 129a StGB (Bildung terroristischer Vereinigungen) oder § 129b StGB (kriminelle und terroristische Vereinigungen im Ausland),
2. § 89c StGB (Terrorismusfinanzierung) oder wegen der Teilnahme an einer solchen Tat oder wegen der Bereitstellung oder Sammlung finanzieller Mittel in Kenntnis dessen, dass diese finanziellen Mittel ganz oder teilweise dazu verwendet werden oder verwendet werden sollen, eine Tat nach § 89a Absatz 2 Nummer 2 StGB zu begehen,
3. § 261 StGB (Geldwäsche; Verschleierung unrechtmäßig erlangter Vermögenswerte),
4. § 263 StGB (Betrug), soweit sich die Straftat gegen den Haushalt der Europäischen Union oder gegen Haushalte richtet, die von der Europäischen Union oder in ihrem Auftrag verwaltet werden,

5. § 264 StGB (Subventionsbetrug), soweit sich die Straftat gegen den Haushalt der Europäischen Union oder gegen Haushalte richtet, die von der Europäischen Union oder in ihrem Auftrag verwaltet werden,
6. § 299 StGB (Bestechlichkeit und Bestechung im geschäftlichen Verkehr),
7. § 108e StGB (Bestechlichkeit und Bestechung von Mandatsträgern),
8. den §§ 333 und 334 StGB (Vorteilsgewährung und Bestechung), jeweils auch in Verbindung mit § 335a StGB (Ausländische und internationale Bedienstete),
9. Artikel 2 § 2 des Gesetzes zur Bekämpfung internationaler Bestechung (Bestechung ausländischer Abgeordneter im Zusammenhang mit internationalem Geschäftsverkehr),
10. den §§ 232 und 233 StGB (Menschenhandel) oder § 233a StGB (Förderung des Menschenhandels).

(2) Einer Verurteilung oder der Festsetzung einer Geldbuße im Sinne des Absatzes 1 stehen eine Verurteilung oder die Festsetzung einer Geldbuße nach den vergleichbaren Vorschriften anderer Staaten gleich.

(3) Das Verhalten einer rechtskräftig verurteilten Person ist einem Unternehmen zuzurechnen, wenn diese Person als für die Leitung des Unternehmens Verantwortlicher gehandelt hat; dazu gehört auch die Überwachung der Geschäftsführung oder die sonstige Ausübung von Kontrollbefugnissen in leitender Stellung.

(4) Der öffentliche Auftraggeber schließt ein Unternehmen von der Teilnahme an einem Vergabeverfahren aus, wenn

1. das Unternehmen seinen Verpflichtungen zur Zahlung von Steuern, Abgaben und Beiträgen zur Sozialversicherung nicht nachgekommen ist und dies durch eine rechtskräftige Gerichts- oder bestandskräftige Verwaltungsentscheidung festgestellt wurde, oder
2. der öffentliche Auftraggeber auf sonstige geeignete Weise die Verletzung einer Verpflichtung nach Nummer 1 nachweisen kann.

Satz 1 findet keine Anwendung, wenn das Unternehmen seinen Verpflichtungen dadurch nachgekommen ist, dass es die Zahlung vorgenommen oder sich zur Zahlung der Steuern, Abgaben und Beiträge zur Sozialversicherung einschließlich Zinsen, Säumnis- und Strafzuschlägen verpflichtet hat.

(5) Von einem Ausschluss nach Absatz 1 kann abgesehen werden, wenn dies aus zwingenden Gründen des öffentlichen Interesses geboten ist. Von einem Ausschluss nach Absatz 4 Satz 1 kann abgesehen werden, wenn dies aus zwingenden Gründen des öffentlichen Interesses geboten ist oder ein Ausschluss offensichtlich unverhältnismäßig wäre. § 6f EU Absatz 1 und 2 bleiben unberührt.

(6) Der öffentliche Auftraggeber kann unter Berücksichtigung des Grundsatzes der Verhältnismäßigkeit ein Unternehmen zu jedem Zeitpunkt des Vergabeverfahrens von der Teilnahme an einem Vergabeverfahren ausschließen, wenn

1. das Unternehmen bei der Ausführung öffentlicher Aufträge nachweislich gegen geltende umwelt-, sozial- und arbeitsrechtliche Verpflichtungen verstoßen hat,
2. das Unternehmen zahlungsunfähig ist, über das Vermögen des Unternehmens ein Insolvenzverfahren oder ein vergleichbares Verfahren beantragt oder eröffnet worden ist, die Eröffnung eines solchen Verfahrens mangels Masse abgelehnt worden ist, sich das Unternehmen im Verfahren der Liquidation befindet oder seine Tätigkeit eingestellt hat,

3. das Unternehmen im Rahmen der beruflichen Tätigkeit nachweislich eine schwere Verfehlung begangen hat, durch die die Integrität des Unternehmens infrage gestellt wird; § 6e EU Absatz 3 ist entsprechend anzuwenden,
4. der öffentliche Auftraggeber über hinreichende Anhaltspunkte dafür verfügt, dass das Unternehmen Vereinbarungen mit anderen Unternehmen getroffen hat, die eine Verhinderung, Einschränkung oder Verfälschung des Wettbewerbs bezwecken oder bewirken,
5. ein Interessenkonflikt bei der Durchführung des Vergabeverfahrens besteht, der die Unparteilichkeit und Unabhängigkeit einer für den öffentlichen Auftraggeber tätigen Person bei der Durchführung des Vergabeverfahrens beeinträchtigen könnte und der durch andere, weniger einschneidende Maßnahmen nicht wirksam beseitigt werden kann,
6. eine Wettbewerbsverzerrung daraus resultiert, dass das Unternehmen bereits in die Vorbereitung des Vergabeverfahrens einbezogen war, und diese Wettbewerbsverzerrung nicht durch andere, weniger einschneidende Maßnahmen beseitigt werden kann,
7. das Unternehmen eine wesentliche Anforderung bei der Ausführung eines früheren öffentlichen Auftrags erheblich oder fortdauernd mangelhaft erfüllt hat und dies zu einer vorzeitigen Beendigung, zu Schadensersatz oder zu einer vergleichbaren Rechtsfolge geführt hat,
8. das Unternehmen in Bezug auf Ausschlussgründe oder Eignungskriterien eine schwerwiegende Täuschung begangen, Auskünfte zurückgehalten hat oder nicht in der Lage ist, die erforderlichen Nachweise zu übermitteln oder
9. das Unternehmen
   a) versucht hat, die Entscheidungsfindung des öffentlichen Auftraggebers in unzulässiger Weise zu beeinflussen,
   b) versucht hat, vertrauliche Informationen zu erhalten, durch die es unzulässige Vorteile beim Vergabeverfahren erlangen könnte, oder
   c) fahrlässig oder vorsätzlich irreführende Informationen übermittelt hat, die die Vergabeentscheidung des öffentlichen Auftraggebers erheblich beeinflussen könnten oder versucht hat, solche Informationen zu übermitteln.

§ 6f EU
Selbstreinigung

(1) Der öffentliche Auftraggeber schließt ein Unternehmen, bei dem ein Ausschlussgrund nach § 6e EU vorliegt, nicht von der Teilnahme an dem Vergabeverfahren aus, wenn das Unternehmen nachgewiesen hat, dass es

1. für jeden durch eine Straftat oder ein Fehlverhalten verursachten Schaden einen Ausgleich gezahlt oder sich zur Zahlung eines Ausgleichs verpflichtet hat,
2. die Tatsachen und Umstände, die mit der Straftat oder dem Fehlverhalten und dem dadurch verursachten Schaden in Zusammenhang stehen, durch eine aktive Zusammenarbeit mit den Ermittlungsbehörden und dem öffentlichen Auftraggeber umfassend geklärt hat und
3. konkrete technische, organisatorische und personelle Maßnahmen ergriffen hat, die geeignet sind, weitere Straftaten oder weiteres Fehlverhalten zu vermeiden.

§ 6e EU Absatz 4 Satz 2 bleibt unberührt.

(2) Der öffentliche Auftraggeber bewertet die von dem Unternehmen ergriffenen Selbstreinigungsmaßnahmen im Hinblick auf ihre Bedeutung für den zu vergebenden öffentlichen Auftrag;

dabei berücksichtigt er die Schwere und die besonderen Umstände der Straftat oder des Fehlverhaltens. Erachtet der öffentliche Auftraggeber die Selbstreinigungsmaßnahmen des Unternehmens als unzureichend, so begründet er diese Entscheidung gegenüber dem Unternehmen.

(3) Wenn ein Unternehmen, bei dem ein Ausschlussgrund vorliegt, keine oder keine ausreichenden Selbstreinigungsmaßnahmen nach Absatz 1 ergreift, darf es

1. bei Vorliegen eines Ausschlussgrundes nach § 6e EU Absatz 1 bis 4 höchstens für einen Zeitraum von fünf Jahren ab dem Tag der rechtskräftigen Verurteilung von der Teilnahme an Vergabeverfahren ausgeschlossen werden,
2. bei Vorliegen eines Ausschlussgrundes nach § 6e EU Absatz 6 höchstens für einen Zeitraum von drei Jahren ab dem betreffenden Ereignis von der Teilnahme an Vergabeverfahren ausgeschlossen werden.

§ 7 EU
Leistungsbeschreibung

(1)
1. Die Leistung ist eindeutig und so erschöpfend zu beschreiben, dass alle Bewerber die Beschreibung im gleichen Sinne verstehen müssen und ihre Preise sicher und ohne umfangreiche Vorarbeiten berechnen können.
2. Um eine einwandfreie Preisermittlung zu ermöglichen, sind alle sie beeinflussenden Umstände festzustellen und in den Vergabeunterlagen anzugeben.
3. Dem Auftragnehmer darf kein ungewöhnliches Wagnis aufgebürdet werden für Umstände und Ereignisse, auf die er keinen Einfluss hat und deren Einwirkung auf die Preise und Fristen er nicht im Voraus schätzen kann.
4. Bedarfspositionen sind grundsätzlich nicht in die Leistungsbeschreibung aufzunehmen. Angehängte Stundenlohnarbeiten dürfen nur in dem unbedingt erforderlichen Umfang in die Leistungsbeschreibung aufgenommen werden.
5. Erforderlichenfalls sind auch der Zweck und die vorgesehene Beanspruchung der fertigen Leistung anzugeben.
6. Die für die Ausführung der Leistung wesentlichen Verhältnisse der Baustelle, z. B. Boden- und Wasserverhältnisse, sind so zu beschreiben, dass der Bewerber ihre Auswirkungen auf die bauliche Anlage und die Bauausführung hinreichend beurteilen kann.
7. Die „Hinweise für das Aufstellen der Leistungsbeschreibung" in Abschnitt 0 der Allgemeinen Technischen Vertragsbedingungen für Bauleistungen, DIN 18299 ff., sind zu beachten.

(2) Soweit es nicht durch den Auftragsgegenstand gerechtfertigt ist, darf in technischen Spezifikationen nicht auf eine bestimmte Produktion oder Herkunft oder ein besonderes Verfahren, das die von einem bestimmten Unternehmen bereitgestellten Produkte charakterisiert, oder auf Marken, Patente, Typen oder einen bestimmten Ursprung oder eine bestimmte Produktion verwiesen werden, wenn dadurch bestimmte Unternehmen oder bestimmte Produkte begünstigt oder ausgeschlossen werden. Solche Verweise sind jedoch ausnahmsweise zulässig, wenn der Auftragsgegenstand nicht hinreichend genau und allgemein verständlich beschrieben werden kann; solche Verweise sind mit dem Zusatz „oder gleichwertig" zu versehen.

(3) Bei der Beschreibung der Leistung sind die verkehrsüblichen Bezeichnungen zu beachten.

§ 7a EU
Technische Spezifikationen, Testberichte, Zertifizierungen, Gütezeichen

(1) 1. Die technischen Anforderungen (Spezifikationen – siehe Anhang TS Nummer 1) an den Auftragsgegenstand müssen allen Unternehmen gleichermaßen zugänglich sein.

2. Die geforderten Merkmale können sich auch auf den spezifischen Prozess oder die spezifische Methode zur Produktion beziehungsweise Erbringung der angeforderten Leistungen oder auf einen spezifischen Prozess eines anderen Lebenszyklus-Stadiums davon beziehen, auch wenn derartige Faktoren nicht materielle Bestandteile von ihnen sind, sofern sie in Verbindung mit dem Auftragsgegenstand stehen und zu dessen Wert und Zielen verhältnismäßig sind.

3. In den technischen Spezifikationen kann angegeben werden, ob Rechte des geistigen Eigentums übertragen werden müssen.

4. Bei jeglicher Beschaffung, die zur Nutzung durch natürliche Personen – ganz gleich, ob durch die Allgemeinheit oder das Personal des öffentlichen Auftraggebers – vorgesehen ist, werden die technischen Spezifikationen – außer in ordnungsgemäß begründeten Fällen – so erstellt, dass die Kriterien der Zugänglichkeit für Personen mit Behinderungen oder der Konzeption für alle Nutzer berücksichtigt werden.

5. Werden verpflichtende Zugänglichkeitserfordernisse mit einem Rechtsakt der Europäischen Union erlassen, so müssen die technischen Spezifikationen, soweit die Kriterien der Zugänglichkeit für Personen mit Behinderungen oder der Konzeption für alle Nutzer betroffen sind, darauf Bezug nehmen.

(2) Die technischen Spezifikationen sind in den Vergabeunterlagen zu formulieren:

1. entweder unter Bezugnahme auf die in Anhang TS definierten technischen Spezifikationen in der Rangfolge

   a) nationale Normen, mit denen europäische Normen umgesetzt werden,

   b) europäische technische Bewertungen,

   c) gemeinsame technische Spezifikationen,

   d) internationale Normen und andere technische Bezugssysteme, die von den europäischen Normungsgremien erarbeitet wurden oder,

   e) falls solche Normen und Spezifikationen fehlen, nationale Normen, nationale technische Zulassungen oder nationale technische Spezifikationen für die Planung, Berechnung und Ausführung von Bauleistungen und den Einsatz von Produkten.

   Jede Bezugnahme ist mit dem Zusatz „oder gleichwertig" zu versehen;

2. oder in Form von Leistungs- oder Funktionsanforderungen, die so genau zu fassen sind, dass sie den Unternehmen ein klares Bild vom Auftragsgegenstand vermitteln und dem Auftraggeber die Erteilung des Zuschlags ermöglichen;

3. oder in Kombination von Nummer 1 und Nummer 2, das heißt

   f) in Form von Leistungs- oder Funktionsanforderungen unter Bezugnahme auf die Spezifikationen gemäß Nummer 1 als Mittel zur Vermutung der Konformität mit diesen Leistungs- oder Funktionsanforderungen;

g) oder mit Bezugnahme auf die Spezifikationen gemäß Nummer 1 hinsichtlich bestimmter Merkmale und mit Bezugnahme auf die Leistungs- oder Funktionsanforderungen gemäß Nummer 2 hinsichtlich anderer Merkmale.

(3) 1. Verweist der öffentliche Auftraggeber in der Leistungsbeschreibung auf die in Absatz 2 Nummer 1 genannten Spezifikationen, so darf er ein Angebot nicht mit der Begründung ablehnen, die angebotene Leistung entspräche nicht den herangezogenen Spezifikationen, sofern der Bieter in seinem Angebot dem öffentlichen Auftraggeber nachweist, dass die von ihm vorgeschlagenen Lösungen den Anforderungen der technischen Spezifikation, auf die Bezug genommen wurde, gleichermaßen entsprechen. Als geeignetes Mittel kann ein Prüfbericht oder eine Zertifizierung einer akkreditierten Konformitätsbewertungsstelle gelten.

2. Eine Konformitätsbewertungsstelle im Sinne dieses Absatzes muss gemäß der Verordnung (EG) Nr. 765/2008 des Europäischen Parlaments und des Rates akkreditiert sein.

3. Der öffentliche Auftraggeber akzeptiert auch andere geeignete Nachweise, wie beispielsweise eine technische Beschreibung des Herstellers, wenn

a) das betreffende Unternehmen keinen Zugang zu den genannten Zertifikaten oder Prüfberichten hatte oder

b) das betreffende Unternehmen keine Möglichkeit hatte, diese Zertifikate oder Prüfberichte innerhalb der einschlägigen Fristen einzuholen, sofern das betreffende Unternehmen den fehlenden Zugang nicht zu verantworten hat

c) und sofern es anhand dieser Nachweise die Erfüllung der festgelegten Anforderungen belegt.

(4) Legt der öffentliche Auftraggeber die technischen Spezifikationen in Form von Leistungs- oder Funktionsanforderungen fest, so darf er ein Angebot, das einer nationalen Norm entspricht, mit der eine europäische Norm umgesetzt wird, oder einer europäischen technischen Zulassung, einer gemeinsamen technischen Spezifikation, einer internationalen Norm oder einem technischen Bezugssystem, das von den europäischen Normungsgremien erarbeitet wurde, entspricht, nicht zurückweisen, wenn diese Spezifikationen die geforderten Leistungs- oder Funktionsanforderungen betreffen. Der Bieter muss in seinem Angebot mit geeigneten Mitteln dem öffentlichen Auftraggeber nachweisen, dass die der Norm entsprechende jeweilige Leistung den Leistungs- oder Funktionsanforderungen des öffentlichen Auftraggebers entspricht. Als geeignetes Mittel kann eine technische Beschreibung des Herstellers oder ein Prüfbericht einer Konformitätsbewertungsstelle gelten.

(5) 1. Zum Nachweis dafür, dass eine Bauleistung bestimmten, in der Leistungsbeschreibung geforderten Merkmalen entspricht, kann der öffentliche Auftraggeber die Vorlage von Bescheinigungen, insbesondere Testberichten oder Zertifizierungen, einer Konformitätsbewertungsstelle verlangen. Wird die Vorlage einer Bescheinigung einer bestimmten Konformitätsbewertungsstelle verlangt, hat der öffentliche Auftraggeber auch Bescheinigungen gleichwertiger anderer Konformitätsbewertungsstellen zu akzeptieren.

2. Der öffentliche Auftraggeber akzeptiert auch andere als die in Nummer 1 genannten geeigneten Nachweise, insbesondere ein technisches Dossier des Herstellers, wenn das Unternehmen keinen Zugang zu den in Nummer 1 genannten Bescheinigungen oder keine Möglichkeit hatte, diese innerhalb der einschlägigen Fristen einzuholen, sofern das Unternehmen den fehlenden Zugang nicht zu vertreten hat. In diesen Fällen hat das Unternehmen durch die vorgelegten Nachweise zu belegen, dass die von ihm zu erbringende Leistung die vom öffentlichen Auftraggeber angegebenen spezifischen Anforderungen erfüllt.

3. Eine Konformitätsbewertungsstelle ist eine Stelle, die gemäß der Verordnung (EG) Nr. 765/2008 des Europäischen Parlaments und des Rates vom 9. Juli 2008 über die Vorschriften für die Akkreditierung und Marktüberwachung im Zusammenhang mit der Vermarktung von Produkten und zur Aufhebung der Verordnung (EWG) Nr. 339/93 des Rates (ABl. L 218 vom 13.08.2008, S. 30) akkreditiert ist und Konformitätsbewertungstätigkeiten durchführt.

(6) 1. Der öffentliche Auftraggeber kann für Leistungen mit spezifischen umweltbezogenen, sozialen oder sonstigen Merkmalen in den technischen Spezifikationen, den Zuschlagskriterien oder den Ausführungsbedingungen ein bestimmtes Gütezeichen als Nachweis dafür verlangen, dass die Leistungen den geforderten Merkmalen entsprechen, sofern alle nachfolgend genannten Bedingungen erfüllt sind:

a) die Gütezeichen-Anforderungen betreffen lediglich Kriterien, die mit dem Auftragsgegenstand in Verbindung stehen und für die Bestimmung der Merkmale des Auftragsgegenstandes geeignet sind;

b) die Gütezeichen-Anforderungen basieren auf objektiv nachprüfbaren und nichtdiskriminierenden Kriterien;

c) die Gütezeichen werden im Rahmen eines offenen und transparenten Verfahrens eingeführt, an dem alle relevanten interessierten Kreise – wie z. B. staatliche Stellen, Verbraucher, Sozialpartner, Hersteller, Händler und Nichtregierungsorganisationen – teilnehmen können;

d) die Gütezeichen sind für alle Betroffenen zugänglich;

e) die Anforderungen an die Gütezeichen werden von einem Dritten festgelegt, auf den der Unternehmer, der das Gütezeichen beantragt, keinen maßgeblichen Einfluss ausüben kann.

2. Für den Fall, dass die Leistung nicht allen Anforderungen des Gütezeichens entsprechen muss, hat der öffentliche Auftraggeber die betreffenden Anforderungen anzugeben.

3. Der öffentliche Auftraggeber akzeptiert andere Gütezeichen, die gleichwertige Anforderungen an die Leistung stellen.

4. Hatte ein Unternehmen aus Gründen, die ihm nicht zugerechnet werden können, nachweislich keine Möglichkeit, das vom öffentlichen Auftraggeber angegebene oder ein gleichwertiges Gütezeichen innerhalb der einschlägigen Fristen zu erlangen, so muss der öffentliche Auftraggeber andere geeignete Nachweise akzeptieren, sofern das Unternehmen nachweist, dass die von ihm zu erbringende Leistung die Anforderungen des geforderten Gütezeichens oder die vom öffentlichen Auftraggeber angegebenen spezifischen Anforderungen erfüllt.

§ 7b EU
Leistungsbeschreibung mit Leistungsverzeichnis

(1) Die Leistung ist in der Regel durch eine allgemeine Darstellung der Bauaufgabe (Baubeschreibung) und ein in Teilleistungen gegliedertes Leistungsverzeichnis zu beschreiben.

(2) Erforderlichenfalls ist die Leistung auch zeichnerisch oder durch Probestücke darzustellen oder anders zu erklären, z. B. durch Hinweise auf ähnliche Leistungen, durch Mengen- oder statische Berechnungen. Zeichnungen und Proben, die für die Ausführung maßgebend sein sollen, sind eindeutig zu bezeichnen.

(3) Leistungen, die nach den Vertragsbedingungen, den Technischen Vertragsbedingungen oder der gewerblichen Verkehrssitte zu der geforderten Leistung gehören (§ 2 Absatz 1 VOB/B), brauchen nicht besonders aufgeführt zu werden.

(4) Im Leistungsverzeichnis ist die Leistung derart aufzugliedern, dass unter einer Ordnungszahl (Position) nur solche Leistungen aufgenommen werden, die nach ihrer technischen Beschaffenheit und für die Preisbildung als in sich gleichartig anzusehen sind. Ungleichartige Leistungen sollen unter einer Ordnungszahl (Sammelposition) nur zusammengefasst werden, wenn eine Teilleistung gegenüber einer anderen für die Bildung eines Durchschnittspreises ohne nennenswerten Einfluss ist.

§ 7c EU
Leistungsbeschreibung mit Leistungsprogramm

(1) Wenn es nach Abwägen aller Umstände zweckmäßig ist, abweichend von § 7b EU Absatz 1 zusammen mit der Bauausführung auch den Entwurf für die Leistung dem Wettbewerb zu unterstellen, um die technisch, wirtschaftlich und gestalterisch beste sowie funktionsgerechteste Lösung der Bauaufgabe zu ermitteln, kann die Leistung durch ein Leistungsprogramm dargestellt werden.

(2) 1. Das Leistungsprogramm umfasst eine Beschreibung der Bauaufgabe, aus der die Unternehmen alle für die Entwurfsbearbeitung und ihr Angebot maßgebenden Bedingungen und Umstände erkennen können und in der sowohl der Zweck der fertigen Leistung als auch die an sie gestellten technischen, wirtschaftlichen, gestalterischen und funktionsbedingten Anforderungen angegeben sind, sowie gegebenenfalls ein Musterleistungsverzeichnis, in dem die Mengenangaben ganz oder teilweise offengelassen sind.

2. § 7b EU Absätze 2 bis 4 gelten sinngemäß.

(3) 1. Von dem Bieter ist ein Angebot zu verlangen, das außer der Ausführung der Leistung den Entwurf nebst eingehender Erläuterung und eine Darstellung der Bauausführung sowie eine eingehende und zweckmäßig gegliederte Beschreibung der Leistung – gegebenenfalls mit Mengen- und Preisangaben für Teile der Leistung – umfasst. Bei Beschreibung der Leistung mit Mengen- und Preisangaben ist vom Bieter zu verlangen, dass er

2. die Vollständigkeit seiner Angaben, insbesondere die von ihm selbst ermittelten Mengen, entweder ohne Einschränkung oder im Rahmen einer in den Vergabeunterlagen anzugebenden Mengentoleranz vertritt, und

3. etwaige Annahmen, zu denen er in besonderen Fällen gezwungen ist, weil zum Zeitpunkt der Angebotsabgabe einzelne Teilleistungen nach Art und Menge noch nicht bestimmt werden können (z. B. Aushub-, Abbruch- oder Wasserhaltungsarbeiten) – erforderlichenfalls anhand von Plänen und Mengenermittlungen – begründet.

§ 8 EU
Vergabeunterlagen

(1) Die Vergabeunterlagen bestehen aus

1. dem Anschreiben (Aufforderung zur Angebotsabgabe), gegebenenfalls Teilnahmebedingungen (Absatz 2) und

2. den Vertragsunterlagen (§ 8a EU und §§ 7 EU bis 7c EU).

(2) 1. Das Anschreiben muss die nach Anhang V Teil C der Richtlinie 2014/24/EU geforderten Informationen enthalten, die außer den Vertragsunterlagen für den Entschluss zur Abgabe eines Angebots notwendig sind, sofern sie nicht bereits veröffentlicht wurden.

2. In den Vergabeunterlagen kann der öffentliche Auftraggeber den Bieter auffordern, in seinem Angebot die Leistungen, die er im Wege von Unteraufträgen an Dritte zu vergeben gedenkt, sowie die gegebenenfalls vorgeschlagenen Unterauftragnehmer mit Namen, gesetzlichen Vertretern und Kontaktdaten anzugeben.

3. Der öffentliche Auftraggeber kann Nebenangebote in der Auftragsbekanntmachung oder in der Aufforderung zur Interessensbestätigung zulassen oder vorschreiben. Fehlt eine entsprechende Angabe, sind keine Nebenangebote zugelassen. Nebenangebote müssen mit dem Auftragsgegenstand in Verbindung stehen. Hat der öffentliche Auftraggeber in der Auftragsbekanntmachung oder in der Aufforderung zur Interessensbestätigung Nebenangebote zugelassen oder vorgeschrieben, hat er anzugeben,

   a) in welcher Art und Weise Nebenangebote einzureichen sind, insbesondere, ob er Nebenangebote ausnahmsweise nur in Verbindung mit einem Hauptangebot zulässt,

   b) die Mindestanforderungen an Nebenangebote.

   Die Zuschlagskriterien sind so festzulegen, dass sie sowohl auf Hauptangebote als auch auf Nebenangebote anwendbar sind. Es ist auch zulässig, dass der Preis das einzige Zuschlagskriterium ist.

   Von Bietern, die eine Leistung anbieten, deren Ausführung nicht in Allgemeinen Technischen Vertragsbedingungen oder in den Vergabeunterlagen geregelt ist, sind im Angebot entsprechende Angaben über Ausführung und Beschaffenheit dieser Leistung zu verlangen.

4. Öffentliche Auftraggeber, die ständig Bauaufträge vergeben, sollen die Erfordernisse, die die Unternehmen bei der Bearbeitung ihrer Angebote beachten müssen, in den Teilnahmebedingungen zusammenfassen und dem Anschreiben beifügen.

§ 8a EU
Allgemeine, Besondere und Zusätzliche Vertragsbedingungen

(1) In den Vergabeunterlagen ist vorzuschreiben, dass die Allgemeinen Vertragsbedingungen für die Ausführung von Bauleistungen (VOB/B) und die Allgemeinen Technischen Vertragsbedingungen für Bauleistungen (VOB/C) Bestandteile des Vertrags werden. Das gilt auch für etwaige Zusätzliche Vertragsbedingungen und etwaige Zusätzliche Technische Vertragsbedingungen, soweit sie Bestandteile des Vertrags werden sollen.

(2) 1. Die Allgemeinen Vertragsbedingungen bleiben grundsätzlich unverändert. Sie können von öffentlichen Auftraggebern, die ständig Bauaufträge vergeben, für die bei ihnen allgemein gegebenen Verhältnisse durch Zusätzliche Vertragsbedingungen ergänzt werden. Diese dürfen den Allgemeinen Vertragsbedingungen nicht widersprechen.

2. Für die Erfordernisse des Einzelfalles sind die Allgemeinen Vertragsbedingungen und etwaige Zusätzliche Vertragsbedingungen durch Besondere Vertragsbedingungen zu ergänzen. In diesen sollen sich Abweichungen von den Allgemeinen Vertragsbedingungen auf die Fälle beschränken, in denen dort besondere Vereinbarungen ausdrücklich vorgesehen sind und auch nur soweit es die Eigenart der Leistung und ihre Ausführung erfordern.

(3) Die Allgemeinen Technischen Vertragsbedingungen bleiben grundsätzlich unverändert. Sie können von öffentlichen Auftraggebern, die ständig Bauaufträge vergeben, für die bei ihnen allgemein gegebenen Verhältnisse durch Zusätzliche Technische Vertragsbedingungen ergänzt werden. Für die Erfordernisse des Einzelfalles sind Ergänzungen und Änderungen in der Leistungsbeschreibung festzulegen.

(4) 1. In den Zusätzlichen Vertragsbedingungen oder in den Besonderen Vertragsbedingungen sollen, soweit erforderlich, folgende Punkte geregelt werden:

a) Unterlagen (§ 8b EU Absatz 2; § 3 Absatz 5 und 6 VOB/B),

b) Benutzung von Lager- und Arbeitsplätzen, Zufahrtswegen, Anschlussgleisen, Wasser- und Energieanschlüssen (§ 4 Absatz 4 VOB/B),

c) Weitervergabe an Nachunternehmen (§ 4 Absatz 8 VOB/B),

d) Ausführungsfristen (§ 9 EU; § 5 VOB/B),

e) Haftung (§ 10 Absatz 2 VOB/B),

f) Vertragsstrafen und Beschleunigungsvergütungen (§ 9a EU; § 11 VOB/B),

g) Abnahme (§ 12 VOB/B),

h) Vertragsart (§§ 4 EU, 4a EU), Abrechnung (§ 14 VOB/B),

i) Stundenlohnarbeiten (§ 15 VOB/B),

j) Zahlungen, Vorauszahlungen (§ 16 VOB/B),

k) Sicherheitsleistung (§ 9c EU; § 17 VOB/B),

l) Gerichtsstand (§ 18 Absatz 1 VOB/B),

m) Lohn- und Gehaltsnebenkosten,

n) Änderung der Vertragspreise (§ 9d EU).

2. Im Einzelfall erforderliche besondere Vereinbarungen über die Mängelansprüche sowie deren Verjährung (§ 9b EU; § 13 Absatz 1, 4 und 7 VOB/B) und über die Verteilung der Gefahr bei Schäden, die durch Hochwasser, Sturmfluten, Grundwasser, Wind, Schnee, Eis und dergleichen entstehen können (§ 7 VOB/B), sind in den Besonderen Vertragsbedingungen zu treffen. Sind für bestimmte Bauleistungen gleichgelagerte Voraussetzungen im Sinne von § 9b EU gegeben, so dürfen die besonderen Vereinbarungen auch in Zusätzlichen Technischen Vertragsbedingungen vorgesehen werden.

§ 8b EU
Kosten- und Vertrauensregelung, Schiedsverfahren

(1) 1. Für die Bearbeitung des Angebotes wird keine Entschädigung gewährt. Verlangt jedoch der öffentliche Auftraggeber, dass das Unternehmen Entwürfe, Pläne, Zeichnungen, statische Berechnungen, Mengenberechnungen oder andere Unterlagen ausarbeitet, insbesondere in den Fällen des § 7c EU, so ist einheitlich für alle Bieter in der Ausschreibung eine angemessene Entschädigung festzusetzen. Diese Entschädigung steht jedem Bieter zu, der ein der Ausschreibung entsprechendes Angebot mit den geforderten Unterlagen rechtzeitig eingereicht hat.

2. Diese Grundsätze gelten für Verhandlungsverfahren, wettbewerbliche Dialoge und Innovationspartnerschaften entsprechend.

(2) Der öffentliche Auftraggeber darf Angebotsunterlagen und die in den Angeboten enthaltenen eigenen Vorschläge eines Bieters nur für die Prüfung und Wertung der Angebote (§§ 16c EU und 16d EU) verwenden. Eine darüber hinausgehende Verwendung bedarf der vorherigen schriftlichen Vereinbarung.

(3) Sollen Streitigkeiten aus dem Vertrag unter Ausschluss des ordentlichen Rechtsweges im schiedsrichterlichen Verfahren ausgetragen werden, so ist es in besonderer, nur das Schiedsverfahren betreffender Urkunde zu vereinbaren, soweit nicht § 1031 Absatz 2 ZPO auch eine andere Form der Vereinbarung zulässt.

§ 8c EU
Anforderungen an energieverbrauchsrelevante Waren, technische Geräte oder Ausrüstungen

(1) Wenn die Lieferung von energieverbrauchsrelevanten Waren, technischen Geräten oder Ausrüstungen wesentlicher Bestandteil einer Bauleistung ist, müssen die Anforderungen der Absätze 2 bis 4 beachtet werden.

(2) In der Leistungsbeschreibung sollen im Hinblick auf die Energieeffizienz insbesondere folgende Anforderungen gestellt werden:

1. das höchste Leistungsniveau an Energieeffizienz und
2. soweit vorhanden, die höchste Energieeffizienzklasse im Sinne der Energieverbrauchskennzeichnungsverordnung.

(3) In der Leistungsbeschreibung oder an anderer geeigneter Stelle in den Vergabeunterlagen sind von den Bietern folgende Informationen zu fordern:

1. konkrete Angaben zum Energieverbrauch, es sei denn, die auf dem Markt angebotenen Waren, technischen Geräte oder Ausrüstungen unterscheiden sich im zulässigen Energieverbrauch nur geringfügig, und
2. in geeigneten Fällen,
   a) eine Analyse minimierter Lebenszykluskosten oder
   b) die Ergebnisse einer Buchstabe a vergleichbaren Methode zur Überprüfung der Wirtschaftlichkeit.

(4) Sind energieverbrauchende Waren, technische Geräte oder Ausrüstungen wesentlicher Bestandteil einer Bauleistung und sind über die in der Leistungsbeschreibung gestellten Mindestanforderungen hinsichtlich der Energieeffizienz hinaus nicht nur geringfügige Unterschiede im Energieverbrauch zu erwarten, ist das Zuschlagskriterium „Energieeffizienz" zu berücksichtigen.

§ 9 EU
Einzelne Vertragsbedingungen, Ausführungsfristen

(1) 1. Die Ausführungsfristen sind ausreichend zu bemessen; Jahreszeit, Arbeitsbedingungen und etwaige besondere Schwierigkeiten sind zu berücksichtigen. Für die Bauvorbereitung ist dem Auftragnehmer genügend Zeit zu gewähren.

2. Außergewöhnlich kurze Fristen sind nur bei besonderer Dringlichkeit vorzusehen.

3. Soll vereinbart werden, dass mit der Ausführung erst nach Aufforderung zu beginnen ist (§ 5 Absatz 2 VOB/B), so muss die Frist, innerhalb derer die Aufforderung ausgesprochen werden kann, unter billiger Berücksichtigung der für die Ausführung maßgebenden Verhältnisse zumutbar sein; sie ist in den Vergabeunterlagen festzulegen.

(2) 1. Wenn es ein erhebliches Interesse des öffentlichen Auftraggebers erfordert, sind Einzelfristen für in sich abgeschlossene Teile der Leistung zu bestimmen.

2. Wird ein Bauzeitenplan aufgestellt, damit die Leistungen aller Unternehmen sicher ineinandergreifen, so sollen nur die für den Fortgang der Gesamtarbeit besonders wichtigen Einzelfristen als vertraglich verbindliche Fristen (Vertragsfristen) bezeichnet werden.

(3) Ist für die Einhaltung von Ausführungsfristen die Übergabe von Zeichnungen oder anderen Unterlagen wichtig, so soll hierfür ebenfalls eine Frist festgelegt werden.

(4) Der öffentliche Auftraggeber darf in den Vertragsunterlagen eine Pauschalierung des Verzugsschadens (§ 5 Absatz 4 VOB/B) vorsehen; sie soll fünf Prozent der Auftragssumme nicht überschreiten. Der Nachweis eines geringeren Schadens ist zuzulassen.

§ 9a EU
Vertragsstrafen, Beschleunigungsvergütung

Vertragsstrafen für die Überschreitung von Vertragsfristen sind nur zu vereinbaren, wenn die Überschreitung erhebliche Nachteile verursachen kann. Die Strafe ist in angemessenen Grenzen zu halten. Beschleunigungsvergütungen (Prämien) sind nur vorzusehen, wenn die Fertigstellung vor Ablauf der Vertragsfristen erhebliche Vorteile bringt.

§ 9b EU
Verjährung der Mängelansprüche

Andere Verjährungsfristen als nach § 13 Absatz 4 VOB/B sollen nur vorgesehen werden, wenn dies wegen der Eigenart der Leistung erforderlich ist. In solchen Fällen sind alle Umstände gegeneinander abzuwägen, insbesondere, wann etwaige Mängel wahrscheinlich erkennbar werden und wieweit die Mängelursachen noch nachgewiesen werden können, aber auch die Wirkung auf die Preise und die Notwendigkeit einer billigen Bemessung der Verjährungsfristen für Mängelansprüche.

§ 9c EU
Sicherheitsleistung

(1) Auf Sicherheitsleistung soll ganz oder teilweise verzichtet werden, wenn Mängel der Leistung voraussichtlich nicht eintreten. Unterschreitet die Auftragssumme 250 000 Euro ohne Umsatzsteuer, ist auf Sicherheitsleistung für die Vertragserfüllung und in der Regel auf Sicherheitsleistung für die Mängelansprüche zu verzichten. Bei nicht offenen Verfahren sowie bei Verhandlungsverfahren und wettbewerblichen Dialogen sollen Sicherheitsleistungen in der Regel nicht verlangt werden.

(2) Die Sicherheit soll nicht höher bemessen und ihre Rückgabe nicht für einen späteren Zeitpunkt vorgesehen werden, als nötig ist, um den öffentlichen Auftraggeber vor Schaden zu bewahren. Die Sicherheit für die Erfüllung sämtlicher Verpflichtungen aus dem Vertrag soll fünf Prozent der Auftragssumme nicht überschreiten. Die Sicherheit für Mängelansprüche soll drei Prozent der Abrechnungssumme nicht überschreiten.

§ 9d EU
Änderung der Vergütung

Sind wesentliche Änderungen der Preisermittlungsgrundlagen zu erwarten, deren Eintritt oder Ausmaß ungewiss ist, so kann eine angemessene Änderung der Vergütung in den Vertragsunterlagen vorgesehen werden. Die Einzelheiten der Preisänderungen sind festzulegen.

§ 10 EU
Fristen

(1) Bei der Festsetzung der Fristen für den Eingang der Angebote (Angebotsfrist) und der Anträge auf Teilnahme (Teilnahmefrist) berücksichtigt der öffentliche Auftraggeber die Komplexität des Auftrags und die Zeit, die für die Ausarbeitung der Angebote erforderlich ist (Angemessenheit). Die Angemessenheit der Frist prüft der öffentliche Auftraggeber in jedem Einzelfall gesondert. Die nachstehend genannten Mindestfristen stehen unter dem Vorbehalt der Angemessenheit.

(2) Falls die Angebote nur nach einer Ortsbesichtigung oder Einsichtnahme in nicht übersandte Unterlagen erstellt werden können, sind längere Fristen als die Mindestfristen festzulegen, damit alle Unternehmen von allen Informationen, die für die Erstellung des Angebotes erforderlich sind, Kenntnis nehmen können.

§ 10a EU
Fristen im offenen Verfahren

(1) Beim offenen Verfahren beträgt die Angebotsfrist mindestens 35 Kalendertage, gerechnet vom Tag nach Absendung der Auftragsbekanntmachung.

(2) Die Angebotsfrist kann auf 15 Kalendertage, gerechnet vom Tag nach Absendung der Auftragsbekanntmachung, verkürzt werden. Voraussetzung dafür ist, dass eine Vorinformation nach dem vorgeschriebenen Muster gemäß § 12 EU Absatz 1 Nummer 3 mindestens 35 Kalendertage, höchstens aber zwölf Monate vor dem Tag der Absendung der Auftragsbekanntmachung an das Amt für Veröffentlichungen der Europäischen Union abgesandt wurde. Diese Vorinformation muss mindestens die im Muster einer Auftragsbekanntmachung nach Anhang V Teil C der Richtlinie 2014/24/EU für das offene Verfahren geforderten Angaben enthalten, soweit diese Informationen zum Zeitpunkt der Absendung der Vorinformation vorlagen.

(3) Für den Fall, dass eine vom öffentlichen Auftraggeber hinreichend begründete Dringlichkeit die Einhaltung der Frist nach Absatz 1 unmöglich macht, kann der öffentliche Auftraggeber eine Frist festlegen, die 15 Kalendertage, gerechnet vom Tag nach Absendung der Auftragsbekanntmachung, nicht unterschreiten darf.

(4) Die Angebotsfrist nach Absatz 1 kann um fünf Kalendertage verkürzt werden, wenn die elektronische Übermittlung der Angebote gemäß § 11 EU Absatz 4 akzeptiert wird.

(5) Kann ein unentgeltlicher, uneingeschränkter und vollständiger direkter Zugang aus den in § 11b EU genannten Gründen zu bestimmten Vergabeunterlagen nicht angeboten werden, so kann in der Auftragsbekanntmachung angegeben werden, dass die betreffenden Vergabeunterlagen im Einklang mit § 11b EU Absatz 1 nicht elektronisch, sondern durch andere Mittel übermittelt werden, bzw. welche Maßnahmen zum Schutz der Vertraulichkeit der Informationen gefordert werden und wie auf die betreffenden Dokumente zugegriffen werden kann.

In einem derartigen Fall wird die Angebotsfrist um fünf Kalendertage verlängert, außer im Fall einer hinreichend begründeten Dringlichkeit gemäß Absatz 3.

(6) In den folgenden Fällen verlängert der öffentliche Auftraggeber die Fristen für den Eingang der Angebote, sodass alle betroffenen Unternehmen Kenntnis aller Informationen haben können, die für die Erstellung des Angebots erforderlich sind:

1. wenn rechtzeitig angeforderte Zusatzinformationen nicht spätestens sechs Kalendertage vor Ablauf der Angebotsfrist allen Unternehmen in gleicher Weise zur Verfügung gestellt werden können. Bei beschleunigten Verfahren (Dringlichkeit) im Sinne von Absatz 3 beträgt dieser Zeitraum vier Kalendertage;

2. wenn an den Vergabeunterlagen wesentliche Änderungen vorgenommen werden.

Die Fristverlängerung muss in einem angemessenen Verhältnis zur Bedeutung der Informationen oder Änderungen stehen.

Wurden die Zusatzinformationen entweder nicht rechtzeitig angefordert oder ist ihre Bedeutung für die Erstellung zulässiger Angebote unerheblich, so ist der öffentlichen Auftraggeber nicht verpflichtet, die Fristen zu verlängern.

(7) Bis zum Ablauf der Angebotsfrist können Angebote in Textform zurückgezogen werden.

(8) Der öffentliche Auftraggeber bestimmt eine angemessene Frist, innerhalb der die Bieter an ihre Angebote gebunden sind (Bindefrist). Diese soll so kurz wie möglich und nicht länger bemessen werden, als der öffentliche Auftraggeber für eine zügige Prüfung und Wertung der Angebote (§§ 16 EU bis 16d EU) benötigt. Die Bindefrist beträgt regelmäßig 60 Kalendertage. In begründeten Fällen kann der öffentliche Auftraggeber eine längere Frist festlegen. Das Ende der Bindefrist ist durch Angabe des Kalendertages zu bezeichnen.

(9) Die Bindefrist beginnt mit dem Ablauf der Angebotsfrist.

§ 10b EU
Fristen im nicht offenen Verfahren

(1) Beim nicht offenen Verfahren beträgt die Teilnahmefrist mindestens 30 Kalendertage, gerechnet vom Tag nach Absendung der Auftragsbekanntmachung oder der Aufforderung zur Interessensbestätigung.

(2) Die Angebotsfrist beträgt mindestens 30 Kalendertage, gerechnet vom Tag nach Absendung der Aufforderung zur Angebotsabgabe.

(3) Die Angebotsfrist nach Absatz 2 kann auf zehn Kalendertage, gerechnet vom Tag nach Absendung der Aufforderung zur Angebotsabgabe, verkürzt werden. Voraussetzung dafür ist, dass eine Vorinformation nach dem vorgeschriebenen Muster gemäß § 12 EU Absatz 1 Nummer 3 mindestens 35 Kalendertage, höchstens aber zwölf Monate vor dem Tag der Absendung der Auftragsbekanntmachung an das Amt für Veröffentlichungen der Europäischen Union abgesandt wurde. Diese Vorinformation muss mindestens die im Muster einer Auftragsbekanntmachung nach Anhang V Teil C der Richtlinie 2014/24/EU für das nicht offene Verfahren geforderten Angaben enthalten, soweit diese Informationen zum Zeitpunkt der Absendung der Vorinformation vorlagen.

(4) Die Angebotsfrist nach Absatz 2 kann um fünf Kalendertage verkürzt werden, wenn die elektronische Übermittlung der Angebote gemäß § 11 EU Absatz 4 akzeptiert wird.

(5) Aus Gründen der Dringlichkeit kann

1. die Teilnahmefrist auf mindestens 15 Kalendertage, gerechnet vom Tag nach Absendung der Auftragsbekanntmachung,

2. die Angebotsfrist auf mindestens zehn Kalendertage, gerechnet vom Tag nach Absendung der Aufforderung zur Angebotsabgabe

verkürzt werden.

(6) In den folgenden Fällen verlängert der öffentliche Auftraggeber die Angebotsfrist, sodass alle betroffenen Unternehmen Kenntnis aller Informationen haben können, die für die Erstellung des Angebots erforderlich sind:

1. wenn rechtzeitig angeforderte Zusatzinformationen nicht spätestens sechs Kalendertage vor Ablauf der Angebotsfrist allen Unternehmen in gleicher Weise zur Verfügung gestellt werden kön-

nen. Bei beschleunigten Verfahren im Sinne von Absatz 5 beträgt dieser Zeitraum vier Kalendertage;

2. wenn an den Vergabeunterlagen wesentliche Änderungen vorgenommen werden.

Die Fristverlängerung muss in einem angemessenen Verhältnis zur Bedeutung der Informationen oder Änderungen stehen.

Wurden die Zusatzinformationen entweder nicht rechtzeitig angefordert oder ist ihre Bedeutung für die Erstellung zulässiger Angebote unerheblich, so ist der öffentliche Auftraggeber nicht verpflichtet, die Fristen zu verlängern.

(7) Bis zum Ablauf der Angebotsfrist können Angebote in Textform zurückgezogen werden.

(8) Der öffentliche Auftraggeber bestimmt eine angemessene Frist, innerhalb der die Bieter an ihre Angebote gebunden sind (Bindefrist). Diese soll so kurz wie möglich und nicht länger bemessen werden, als der öffentliche Auftraggeber für eine zügige Prüfung und Wertung der Angebote (§§ 16 EU bis 16d EU) benötigt. Die Bindefrist beträgt regelmäßig 60 Kalendertage. In begründeten Fällen kann der öffentliche Auftraggeber eine längere Frist festlegen. Das Ende der Bindefrist ist durch Angabe des Kalendertages zu bezeichnen.

(9) Die Bindefrist beginnt mit dem Ablauf der Angebotsfrist.

§ 10c EU
Fristen im Verhandlungsverfahren

(1) Beim Verhandlungsverfahren mit Teilnahmewettbewerb ist entsprechend § 10 EU und § 10b EU zu verfahren.

(2) Beim Verhandlungsverfahren ohne Teilnahmewettbewerb ist auch bei Dringlichkeit für die Bearbeitung und Einreichung der Angebote eine ausreichende Angebotsfrist nicht unter zehn Kalendertagen vorzusehen. Dabei ist insbesondere der zusätzliche Aufwand für die Besichtigung von Baustellen oder die Beschaffung von Unterlagen für die Angebotsbearbeitung zu berücksichtigen. Es ist entsprechend § 10b EU Absatz 7 bis 9 zu verfahren.

§ 10d EU
Fristen im wettbewerblichen Dialog bei der Innovationspartnerschaft

Beim wettbewerblichen Dialog und bei einer Innovationspartnerschaft beträgt die Teilnahmefrist mindestens 30 Kalendertage, gerechnet vom Tag nach Absendung der Auftragsbekanntmachung. § 10b EU Absatz 7 bis 9 gilt entsprechend.

§ 11 EU
Grundsätze der Informationsübermittlung

(1) Für das Senden, Empfangen, Weiterleiten und Speichern von Daten in einem Vergabeverfahren verwenden der öffentliche Auftraggeber und die Unternehmen grundsätzlich Geräte und Programme für die elektronische Datenübermittlung (elektronische Mittel).[4]

---

4 Zentrale Beschaffungsstellen können bis zum 18. April 2017, andere öffentliche Auftraggeber bis zum 18. Oktober 2018, für die Kommunikation, soweit sie nicht die Übermittlung von Bekanntmachungen und die Bereitstellung der Vergabeunterlagen betrifft, den Postweg, einen anderen geeigneten Weg, Telefax oder eine Kombination dieser Mittel nutzen. Eine Zentrale Beschaffungsstelle ist gemäß § 120 Absatz 4 GWB ein öffentlicher Auftraggeber, der für andere öffentliche Auftraggeber dauerhaft Liefer- und Dienstleistungen beschafft, öffentliche Aufträge vergibt oder Rahmenvereinbarungen abschließt (zentrale Beschaffungstätigkeit).

(2) Auftragsbekanntmachungen, Vorinformationen nach § 12 EU Absatz 1 oder Absatz 2, Vergabebekanntmachungen und Bekanntmachungen über Auftragsänderungen (Bekanntmachungen) sind dem Amt für Veröffentlichungen der Europäischen Union mit elektronischen Mitteln zu übermitteln. Der öffentliche Auftraggeber muss den Tag der Absendung nachweisen können.

(3) Der öffentliche Auftraggeber gibt in der Auftragsbekanntmachung oder der Aufforderung zur Interessensbestätigung eine elektronische Adresse an, unter der die Vergabeunterlagen unentgeltlich, uneingeschränkt, vollständig und direkt abgerufen werden können.

(4) Die Unternehmen übermitteln ihre Angebote, Teilnahmeanträge, Interessensbekundungen und Interessensbestätigungen in Textform mithilfe elektronischer Mittel.[5]

(5) Der öffentliche Auftraggeber prüft im Einzelfall, ob zu übermittelnde Daten erhöhte Anforderungen an die Sicherheit stellen. Soweit es erforderlich ist, kann der öffentliche Auftraggeber verlangen, dass Angebote, Teilnahmeanträge, Interessensbestätigungen und Interessensbekundungen mit einer fortgeschrittenen elektronischen Signatur gemäß § 2 Nummer 2 des Gesetzes über Rahmenbedingungen für elektronische Signaturen oder mit einer qualifizierten elektronischen Signatur gemäß § 2 Nummer 3 des Gesetzes über Rahmenbedingungen für elektronische Signaturen versehen sind.[6]

(6) Der öffentliche Auftraggeber kann von jedem Unternehmen die Angabe einer eindeutigen Unternehmensbezeichnung sowie einer elektronischen Adresse verlangen (Registrierung). Für den Zugang zur Auftragsbekanntmachung und zu den Vergabeunterlagen darf der öffentliche Auftraggeber keine Registrierung verlangen. Eine freiwillige Registrierung ist zulässig.

(7) Die Kommunikation in einem Vergabeverfahren kann mündlich erfolgen, wenn sie nicht die Vergabeunterlagen, die Teilnahmeanträge, die Interessensbestätigungen oder die Angebote betrifft und wenn sie ausreichend und in geeigneter Weise dokumentiert wird.

§ 11a EU
Anforderungen an elektronische Mittel

(1) Elektronische Mittel und deren technische Merkmale müssen allgemein verfügbar, nichtdiskriminierend und mit allgemein verbreiteten Geräten und Programmen der Informations- und Kommunikationstechnologie kompatibel sein. Sie dürfen den Zugang von Unternehmen zum Vergabeverfahren nicht einschränken. Der öffentliche Auftraggeber gewährleistet die barrierefreie Ausgestaltung der elektronischen Mittel nach den §§ 4 und 11 des Gesetzes zur Gleichstellung behinderter Menschen vom 27. April 2002 (BGBl. I S. 1467, 1468) in der jeweils geltenden Fassung.

(2) Der öffentliche Auftraggeber verwendet für das Senden, Empfangen, Weiterleiten und Speichern von Daten in einem Vergabeverfahren ausschließlich solche elektronischen Mittel, die die Unversehrtheit, die Vertraulichkeit und die Echtheit der Daten gewährleisten.

(3) Der öffentliche Auftraggeber muss den Unternehmen alle notwendigen Informationen zur Verfügung stellen über

1. die in einem Vergabeverfahren verwendeten elektronischen Mittel,
2. die technischen Parameter zur Einreichung von Teilnahmeanträgen, Angeboten und

5 Zentrale Beschaffungsstellen können bis zum 18. April 2017, andere öffentliche Auftraggeber bis zum 18. Oktober 2018, abweichend die Übermittlung der Angebote, Teilnahmeanträge und Interessensbestätigungen auch auf dem Postweg, anderem geeigneten Weg, Telefax oder durch die Kombination dieser Mittel verlangen.

6 Muss von Zentralen Beschaffungsstellen erst ab dem 18. April 2017, von öffentlichen Auftraggebern, die keine Zentrale Beschaffungsstelle sind, erst ab dem 18. Oktober 2018 angewendet werden.

3. verwendete Verschlüsselungs- und Zeiterfassungsverfahren.

(4) Der öffentliche Auftraggeber legt das erforderliche Sicherheitsniveau für die elektronischen Mittel fest. Elektronische Mittel, die vom öffentlichen Auftraggeber für den Empfang von Angeboten, Teilnahmeanträgen und Interessensbestätigungen sowie von Plänen und Entwürfen für Planungswettbewerbe verwendet werden, müssen gewährleisten, dass

1. die Uhrzeit und der Tag des Datenempfanges genau zu bestimmen sind,
2. kein vorfristiger Zugriff auf die empfangenen Daten möglich ist,
3. der Termin für den erstmaligen Zugriff auf die empfangenen Daten nur von den Berechtigten festgelegt oder geändert werden kann,
4. nur die Berechtigten Zugriff auf die empfangenen Daten oder auf einen Teil derselben haben,
5. nur die Berechtigten nach dem festgesetzten Zeitpunkt Dritten Zugriff auf die empfangenen Daten oder auf einen Teil derselben einräumen dürfen,
6. empfangene Daten nicht an Unberechtigte übermittelt werden und
7. Verstöße oder versuchte Verstöße gegen die Anforderungen gemäß Nummern 1 bis 6 eindeutig festgestellt werden können.

(5) Die elektronischen Mittel, die von dem öffentlichen Auftraggeber für den Empfang von Angeboten, Teilnahmeanträgen und Interessensbestätigungen sowie von Plänen und Entwürfen für Planungswettbewerbe genutzt werden, müssen über eine einheitliche Datenaustauschschnittstelle verfügen. Es sind die jeweils geltenden Interoperabilitäts- und Sicherheitsstandards der Informationstechnik gemäß § 3 Absatz 1 des Vertrags über die Errichtung des IT-Planungsrats und über die Grundlagen der Zusammenarbeit beim Einsatz der Informationstechnologie in den Verwaltungen von Bund und Ländern vom 1. April 2010 zu verwenden.

(6) Der öffentliche Auftraggeber kann im Vergabeverfahren die Verwendung elektronischer Mittel, die nicht allgemein verfügbar sind (alternative elektronische Mittel), verlangen, wenn er

1. Unternehmen während des gesamten Vergabeverfahrens unter einer Internetadresse einen unentgeltlichen, uneingeschränkten, vollständigen und direkten Zugang zu diesen alternativen elektronischen Mitteln gewährt,
2. diese alternativen elektronischen Mittel selbst verwendet.

(7) Der öffentliche Auftraggeber kann für die Vergabe von Bauleistungen und für Wettbewerbe die Nutzung elektronischer Mittel im Rahmen der Bauwerksdatenmodellierung verlangen. Sofern die verlangten elektronischen Mittel für die Bauwerksdatenmodellierung nicht allgemein verfügbar sind, bietet der öffentliche Auftraggeber einen alternativen Zugang zu ihnen gemäß Absatz 6 an.

§ 11b EU
Ausnahmen von der Verwendung elektronischer Mittel

(1) Der öffentliche Auftraggeber kann die Vergabeunterlagen auf einem anderen geeigneten Weg übermitteln, wenn die erforderlichen elektronischen Mittel zum Abruf der Vergabeunterlagen

1. aufgrund der besonderen Art der Auftragsvergabe nicht mit allgemein verfügbaren oder verbreiteten Geräten und Programmen der Informations- und Kommunikationstechnologie kompatibel sind,

2. Dateiformate zur Beschreibung der Angebote verwenden, die nicht mit allgemein verfügbaren oder verbreiteten Programmen verarbeitet werden können oder die durch andere als kostenlose und allgemein verfügbare Lizenzen geschützt sind, oder

3. die Verwendung von Bürogeräten voraussetzen, die öffentlichen Auftraggebern nicht allgemein zur Verfügung stehen.

Die Angebotsfrist wird in diesen Fällen um fünf Kalendertage verlängert, sofern nicht ein Fall hinreichend begründeter Dringlichkeit gemäß § 10a EU Absatz 3 oder § 10b EU Absatz 5 vorliegt.

(2) In den Fällen des § 5 Absatz 3 VgV gibt der öffentliche Auftraggeber in der Auftragsbekanntmachung oder in der Aufforderung zur Interessensbestätigung an, welche Maßnahmen zum Schutz der Vertraulichkeit von Informationen er anwendet und wie auf die Vergabeunterlagen zugegriffen werden kann. Die Angebotsfrist wird um fünf Kalendertage verlängert, sofern nicht ein Fall hinreichend begründeter Dringlichkeit gemäß § 10a EU Absatz 3 oder § 10b EU Absatz 5 vorliegt.

(3) Der öffentliche Auftraggeber ist nicht verpflichtet, die Einreichung von Angeboten mithilfe elektronischer Mittel zu verlangen, wenn auf die zur Einreichung erforderlichen elektronischen Mittel einer der in Absatz 1 Nummer 1 bis 3 genannten Gründe zutrifft oder wenn zugleich physische oder maßstabsgetreue Modelle einzureichen sind, die nicht elektronisch übermittelt werden können. In diesen Fällen erfolgt die Kommunikation auf dem Postweg oder auf einem anderen geeigneten Weg oder in Kombination von postalischem oder einem anderen geeigneten Weg und Verwendung elektronischer Mittel. Der öffentliche Auftraggeber gibt im Vergabevermerk die Gründe an, warum die Angebote mithilfe anderer als elektronischer Mittel eingereicht werden können.[6]

(4) Der öffentliche Auftraggeber kann festlegen, dass Angebote mithilfe anderer als elektronischer Mittel einzureichen sind, wenn sie besonders schutzwürdige Daten enthalten, die bei Verwendung allgemein verfügbarer oder alternativer elektronischer Mittel nicht angemessen geschützt werden können, oder wenn die Sicherheit der elektronischen Mittel nicht gewährleistet werden kann. Der öffentliche Auftraggeber gibt im Vergabevermerk die Gründe an, warum er die Einreichung der Angebote mithilfe anderer als elektronischer Mittel für erforderlich hält.[6]

§ 12 EU
Vorinformation, Auftragsbekanntmachung

(1) 1. Die Absicht einer geplanten Auftragsvergabe kann mittels einer Vorinformation bekannt gegeben werden, die die wesentlichen Merkmale des beabsichtigten Bauauftrags enthält.

2. Eine Vorinformation ist nur dann verpflichtend, wenn der öffentliche Auftraggeber von der Möglichkeit einer Verkürzung der Angebotsfrist gemäß § 10a EU Absatz 2 oder § 10b EU Absatz 3 Gebrauch machen möchte.

3. Die Vorinformation ist nach den von der Europäischen Kommission festgelegten Standardformularen zu erstellen und enthält die Informationen nach Anhang V Teil B der Richtlinie 2014/24/EU.

4. Nach Genehmigung der Planung ist die Vorinformation sobald wie möglich dem Amt für Veröffentlichungen der Europäischen Union zu übermitteln oder im Beschafferprofil zu veröffentlichen; in diesem Fall ist dem Amt für Veröffentlichungen der Europäischen Union zuvor auf elektronischem Weg die Ankündigung dieser Veröffentlichung mit den von der Europäischen Kommission festgelegten Standardformularen zu melden. Dabei ist der Tag der Übermittlung anzugeben. Die Vorinformation kann außerdem in Tageszeitungen, amtlichen Veröffentlichungsblättern oder Internetportalen veröffentlicht werden.

(2) 1. Bei nicht offenen Verfahren und Verhandlungsverfahren kann ein subzentraler öffentlicher Auftraggeber eine Vorinformation als Aufruf zum Wettbewerb bekannt geben, sofern die Vorinformation sämtliche folgenden Bedingungen erfüllt:

a) sie bezieht sich eigens auf den Gegenstand des zu vergebenden Auftrags;

b) sie muss den Hinweis enthalten, dass dieser Auftrag im nicht offenen Verfahren oder im Verhandlungsverfahren ohne spätere Veröffentlichung eines Aufrufs zum Wettbewerb vergeben wird, sowie die Aufforderung an die interessierten Unternehmen, ihr Interesse mitzuteilen;

c) sie muss darüber hinaus die Informationen nach Anhang V Teil B Abschnitt I und die Informationen nach Anhang V Teil B Abschnitt II der Richtlinie 2014/24/EU enthalten;

d) sie muss spätestens 35 Kalendertage und frühestens zwölf Monate vor dem Zeitpunkt der Absendung der Aufforderung zur Interessensbestätigung an das Amt für Veröffentlichungen der Europäischen Union zur Veröffentlichung übermittelt worden sein.

Derartige Vorinformationen werden nicht in einem Beschafferprofil veröffentlicht. Allerdings kann gegebenenfalls die zusätzliche Veröffentlichung auf nationaler Ebene gemäß Absatz 3 Nummer 5 in einem Beschafferprofil erfolgen.

2. Die Regelungen des Absatzes 3 Nummer 3 bis 5 gelten entsprechend.

3. Subzentrale öffentliche Auftraggeber sind alle öffentlichen Auftraggeber mit Ausnahme der obersten Bundesbehörden.

(3) 1. Die Unternehmen sind durch Auftragsbekanntmachung aufzufordern, am Wettbewerb teilzunehmen. Dies gilt für alle Arten der Vergabe nach § 3 EU, ausgenommen Verhandlungsverfahren ohne Teilnahmewettbewerb und Verfahren, bei denen eine Vorinformation als Aufruf zum Wettbewerb nach Absatz 2 durchgeführt wurde.

2. Die Auftragsbekanntmachung erfolgt mit den von der Europäischen Kommission festgelegten Standardformularen und enthält die Informationen nach Anhang V Teil C der Richtlinie 2014/24/EU. Dabei sind zu allen Nummern Angaben zu machen; die Texte des Formulars sind nicht zu wiederholen. Die Auftragsbekanntmachung ist dem Amt für Veröffentlichungen der Europäischen Union elektronisch[7] zu übermitteln.

3. Die Auftragsbekanntmachung wird unentgeltlich fünf Kalendertage nach ihrer Übermittlung in der Originalsprache veröffentlicht. Eine Zusammenfassung der wichtigsten Angaben wird in den übrigen Amtssprachen der Europäischen Union veröffentlicht; der Wortlaut der Originalsprache ist verbindlich.

4. Der öffentliche Auftraggeber muss den Tag der Absendung der Auftragsbekanntmachung nachweisen können. Das Amt für Veröffentlichungen der Europäischen Union stellt dem öffentlichen Auftraggeber eine Bestätigung des Erhalts der Auftragsbekanntmachung und der Veröffentlichung der übermittelten Informationen aus, in denen der Tag dieser Veröffentlichung angegeben ist. Diese Bestätigung dient als Nachweis der Veröffentlichung.

5. Die Auftragsbekanntmachung kann zusätzlich im Inland veröffentlicht werden, beispielsweise in Tageszeitungen, amtlichen Veröffentlichungsblättern oder Internetportalen; sie kann auch auf www.bund.de veröffentlicht werden. Sie darf nur die Angaben enthalten, die dem Amt für Veröffentlichungen der Europäischen Union übermittelt wurden und muss auf den Tag der Übermittlung hinweisen. Sie darf nicht vor der Veröffentlichung durch die-

7 http://simap.europa.eu/

ses Amt veröffentlicht werden. Die Veröffentlichung auf nationaler Ebene kann jedoch in jedem Fall erfolgen, wenn der öffentliche Auftraggeber nicht innerhalb von 48 Stunden nach Bestätigung des Eingangs der Auftragsbekanntmachung gemäß Nummer 4 über die Veröffentlichung unterrichtet wurde.

§ 12a EU
Versand der Vergabeunterlagen

(1) 1. Die Vergabeunterlagen werden ab dem Tag der Veröffentlichung einer Auftragsbekanntmachung gemäß § 12 EU Absatz 3 oder dem Tag der Aufforderung zur Interessensbestätigung gemäß Nummer 3 unentgeltlich mit uneingeschränktem und vollständigem direkten Zugang anhand elektronischer Mittel angeboten. Die Auftragsbekanntmachung oder die Aufforderung zur Interessensbestätigung muss die Internet-Adresse, über die diese Vergabeunterlagen abrufbar sind, enthalten.

2. Diese Verpflichtung entfällt in den in Fällen nach § 11b EU Absatz 1.

3. Bei nicht offenen Verfahren, Verhandlungsverfahren, wettbewerblichen Dialogen und Innovationspartnerschaften werden alle ausgewählten Bewerber gleichzeitig in Textform aufgefordert, am Wettbewerb teilzunehmen oder wenn eine Vorinformation als Aufruf zum Wettbewerb gemäß § 12 EU Absatz 2 genutzt wurde, zu einer Interessensbestätigung aufgefordert.

Die Aufforderungen enthalten einen Verweis auf die elektronische Adresse, über die die Vergabeunterlagen direkt elektronisch zur Verfügung gestellt werden.

Bei den in Nummer 2 genannten Gründen sind den Aufforderungen die Vergabeunterlagen beizufügen, soweit sie nicht bereits auf andere Art und Weise zur Verfügung gestellt wurden.

(2) Die Namen der Unternehmen, die Vergabeunterlagen erhalten oder eingesehen haben, sind geheim zu halten.

(3) Rechtzeitig beantragte Auskünfte über die Vergabeunterlagen sind spätestens sechs Kalendertage vor Ablauf der Angebotsfrist allen Unternehmen in gleicher Weise zu erteilen. Bei beschleunigten Verfahren nach § 10a EU Absatz 2, sowie § 10b EU Absatz 5 beträgt diese Frist vier Kalendertage.

§ 13 EU
Form und Inhalt der Angebote

(1) 1. Der öffentliche Auftraggeber legt unter Berücksichtigung von § 11 EU fest, in welcher Form die Angebote einzureichen sind. Schriftliche Angebote müssen unterzeichnet sein. Elektronisch übermittelte Angebote sind nach Wahl des Auftraggebers mit einer fortgeschrittenen elektronischen Signatur gemäß § 2 Nummer 2 SigG oder mit einer qualifizierten elektronischen Signatur gemäß § 2 Nummer 3 SigG zu versehen, sofern der öffentliche Auftraggeber dies in Einzelfällen entsprechend § 11 EU verlangt hat.

2. Der öffentliche Auftraggeber hat die Datenintegrität und die Vertraulichkeit der Angebote gemäß § 11a EU Absatz 2 zu gewährleisten.

Per Post oder direkt übermittelte Angebote sind in einem verschlossenen Umschlag einzureichen, als solche zu kennzeichnen und bis zum Ablauf der für die Einreichung vorgesehenen Frist unter Verschluss zu halten. Bei elektronisch übermittelten Angeboten ist dies durch entsprechende technische Lösungen nach den Anforderungen des öffentlichen Auftraggebers und durch Verschlüsselung sicherzustellen. Die Verschlüsselung muss bis zur Öffnung des ersten Angebots aufrechterhalten bleiben.

3. Die Angebote müssen die geforderten Preise enthalten.

4. Die Angebote müssen die geforderten Erklärungen und Nachweise enthalten.

5. Das Angebot ist auf der Grundlage der Vergabeunterlagen zu erstellen. Änderungen an den Vergabeunterlagen sind unzulässig. Änderungen des Bieters an seinen Eintragungen müssen zweifelsfrei sein.

6. Bieter können für die Angebotsabgabe eine selbstgefertigte Abschrift oder Kurzfassung des Leistungsverzeichnisses benutzen, wenn sie den vom öffentlichen Auftraggeber verfassten Wortlaut des Leistungsverzeichnisses im Angebot als allein verbindlich anerkennen; Kurzfassungen müssen jedoch die Ordnungszahlen (Positionen) vollzählig, in der gleichen Reihenfolge und mit den gleichen Nummern wie in dem vom öffentlichen Auftraggeber verfassten Leistungsverzeichnis, wiedergeben.

7. Muster und Proben der Bieter müssen als zum Angebot gehörig gekennzeichnet sein.

(2) Eine Leistung, die von den vorgesehenen technischen Spezifikationen nach § 7a EU Absatz 1 Nummer 1 abweicht, kann angeboten werden, wenn sie mit dem geforderten Schutzniveau in Bezug auf Sicherheit, Gesundheit und Gebrauchstauglichkeit gleichwertig ist. Die Abweichung muss im Angebot eindeutig bezeichnet sein. Die Gleichwertigkeit ist mit dem Angebot nachzuweisen.

(3) Die Anzahl von Nebenangeboten ist an einer vom öffentlichen Auftraggeber in den Vergabeunterlagen bezeichneten Stelle aufzuführen. Etwaige Nebenangebote müssen auf besonderer Anlage erstellt und als solche deutlich gekennzeichnet werden.

(4) Soweit Preisnachlässe ohne Bedingungen gewährt werden, sind diese an einer vom öffentlichen Auftraggeber in den Vergabeunterlagen bezeichneten Stelle aufzuführen.

(5) Bietergemeinschaften haben die Mitglieder zu benennen sowie eines ihrer Mitglieder als bevollmächtigten Vertreter für den Abschluss und die Durchführung des Vertrags zu bezeichnen. Fehlt die Bezeichnung des bevollmächtigten Vertreters im Angebot, so ist sie vor der Zuschlagserteilung beizubringen.

(6) Der öffentliche Auftraggeber hat die Anforderungen an den Inhalt der Angebote nach den Absätzen 1 bis 5 in die Vergabeunterlagen aufzunehmen.

§ 14 EU
Öffnung der Angebote, Öffnungstermin

(1) Die Öffnung der Angebote wird von mindestens zwei Vertretern des öffentlichen Auftraggebers gemeinsam an einem Termin (Öffnungstermin) unverzüglich nach Ablauf der Angebotsfrist durchgeführt. Bis zu diesem Termin sind die elektronischen Angebote zu kennzeichnen und verschlüsselt aufzubewahren. Per Post oder direkt zugegangene Angebote sind auf dem ungeöffneten Umschlag mit Eingangsvermerk zu versehen und unter Verschluss zu halten.

(2) 1. Der Verhandlungsleiter stellt fest, ob der Verschluss der schriftlichen Angebote unversehrt ist und die elektronischen Angebote verschlüsselt sind.

2. Die Angebote werden geöffnet und in allen wesentlichen Teilen im Öffnungstermin gekennzeichnet.

3. Muster und Proben der Bieter müssen im Termin zur Stelle sein.

(3) 1. Über den Öffnungstermin ist eine Niederschrift in Schriftform oder in elektronischer Form zu fertigen. Der Niederschrift ist eine Aufstellung mit folgenden Angaben beizufügen:

a) Name und Anschrift der Bieter,

b) die Endbeträge der Angebote oder einzelner Lose,

c) Preisnachlässe ohne Bedingungen,

d) Anzahl der jeweiligen Nebenangebote.

2. Sie ist von den beiden Vertretern des öffentlichen Auftraggebers zu unterschreiben oder mit einer Signatur nach § 13 EU Absatz 1 Nummer 1 zu versehen.

(4) Angebote, die zum Ablauf der Angebotsfrist nicht vorgelegen haben, sind in der Niederschrift oder in einem Nachtrag besonders aufzuführen. Die Eingangszeiten und die etwa bekannten Gründe, aus denen die Angebote nicht vorgelegen haben, sind zu vermerken. Der Umschlag und andere Beweismittel sind aufzubewahren.

(5) 1. Ein Angebot, das nachweislich vor Ablauf der Angebotsfrist dem öffentlichen Auftraggeber zugegangen war, aber aus vom Bieter nicht zu vertretenden Gründen dem Verhandlungsleiter nicht vorgelegen hat, ist wie ein rechtzeitig vorliegendes Angebot zu behandeln.

2. Den Bietern ist dieser Sachverhalt unverzüglich in Textform mitzuteilen. In die Mitteilung sind die Feststellung, dass bei schriftlichen Angeboten der Verschluss unversehrt war oder bei elektronischen Angeboten diese verschlüsselt waren und die Angaben nach Absatz 3 Nummer 1 Buchstabe a bis d aufzunehmen.

3. Dieses Angebot ist mit allen Angaben in die Niederschrift oder in einen Nachtrag aufzunehmen. Im Übrigen gilt Absatz 4 Satz 2 und 3.

(6) In offenen und nicht offenen Verfahren stellt der öffentliche Auftraggeber den Bietern die in Absatz 3 Nummer 1 Buchstabe a bis d genannten Informationen unverzüglich elektronisch zur Verfügung. Den Bietern und ihren Bevollmächtigten ist die Einsicht in die Niederschrift und ihre Nachträge (Absätze 4 und 5 sowie § 16c EU Absatz 3) zu gestatten.

(7) Die Niederschrift darf nicht veröffentlicht werden.

(8) Die Angebote und ihre Anlagen sind sorgfältig zu verwahren und geheim zu halten.

§ 15 EU
Aufklärung des Angebotsinhalts

(1) 1. Im offenen und nicht offenen Verfahren darf der öffentliche Auftraggeber nach Öffnung der Angebote bis zur Zuschlagserteilung von einem Bieter nur Aufklärung verlangen, um sich über seine Eignung, insbesondere seine technische und wirtschaftliche Leistungsfähigkeit, das Angebot selbst, etwaige Nebenangebote, die geplante Art der Durchführung, etwaige Ursprungsorte oder Bezugsquellen von Stoffen oder Bauteilen und über die Angemessenheit der Preise, wenn nötig durch Einsicht in die vorzulegenden Preisermittlungen (Kalkulationen) zu unterrichten.

2. Die Ergebnisse solcher Aufklärungen sind geheim zu halten. Sie sollen in Textform niedergelegt werden.

(2) Verweigert ein Bieter die geforderten Aufklärungen und Angaben oder lässt er die ihm gesetzte angemessene Frist unbeantwortet verstreichen, so ist sein Angebot auszuschließen.

(3) Verhandlungen in offenen und nicht offenen Verfahren, besonders über Änderung der Angebote oder Preise, sind unstatthaft, außer, wenn sie bei Nebenangeboten oder Angeboten aufgrund eines Leistungsprogramms nötig sind, um unumgängliche technische Änderungen geringen Umfangs und daraus sich ergebende Änderungen der Preise zu vereinbaren.

(4) Der öffentliche Auftraggeber darf nach § 8c EU Absatz 3 übermittelte Informationen überprüfen und hierzu ergänzende Erläuterungen von den Bietern fordern.

§ 16 EU
Ausschluss von Angeboten

Auszuschließen sind

1. Angebote, die bei Ablauf der Angebotsfrist nicht vorgelegen haben, ausgenommen Angebote nach § 14 EU Absatz 5,
2. Angebote, die den Bestimmungen des § 13 EU Absatz 1 Nummer 1, 2 und 5 nicht entsprechen,
3. Angebote, die den Bestimmungen des § 13 EU Absatz 1 Nummer 3 nicht entsprechen; ausgenommen solche Angebote, bei denen lediglich in einer einzelnen unwesentlichen Position die Angabe des Preises fehlt und durch die Außerachtlassung dieser Position der Wettbewerb und die Wertungsreihenfolge, auch bei Wertung dieser Position mit dem jeweils höchsten Wettbewerbspreis, nicht beeinträchtigt werden,
4. Angebote, bei denen der Bieter Erklärungen oder Nachweise, deren Vorlage sich der öffentliche Auftraggeber vorbehalten hat, auf Anforderung nicht innerhalb einer angemessenen, nach dem Kalender bestimmten Frist vorgelegt hat. Satz 1 gilt für Teilnahmeanträge entsprechend,
5. nicht zugelassene Nebenangebote sowie Nebenangebote, die den Mindestanforderungen nicht entsprechen,
6. Nebenangebote, die dem § 13 EU Absatz 3 Satz 2 nicht entsprechen.

§ 16a EU
Nachforderung von Unterlagen

Fehlen geforderte Erklärungen oder Nachweise und wird das Angebot nicht entsprechend § 16 EU Nummern 1 und 2 ausgeschlossen, verlangt der öffentliche Auftraggeber die fehlenden Erklärungen oder Nachweise nach. Diese sind spätestens innerhalb von sechs Kalendertagen nach Aufforderung durch den öffentlichen Auftraggeber vorzulegen. Die Frist beginnt am Tag nach der Absendung der Aufforderung durch den öffentlichen Auftraggeber. Werden die Erklärungen oder Nachweise nicht innerhalb der Frist vorgelegt, ist das Angebot auszuschließen.

§ 16b EU
Eignung

(1) Beim offenen Verfahren ist die Eignung der Bieter zu prüfen. Dabei sind anhand der vorgelegten Nachweise die Angebote der Bieter auszuwählen, deren Eignung die für die Erfüllung der vertraglichen Verpflichtungen notwendigen Sicherheiten bietet; dies bedeutet, dass sie die erforderli-

che Fachkunde und Leistungsfähigkeit besitzen, keine Ausschlussgründe gemäß § 6e EU vorliegen und sie über ausreichende technische und wirtschaftliche Mittel verfügen.

(2) Abweichend von Absatz 1 können die Angebote zuerst geprüft werden, sofern sichergestellt ist, dass die anschließende Prüfung des Nichtvorliegens von Ausschlussgründen und der Einhaltung der Eignungsanforderungen unparteiisch und transparent erfolgt.

(3) Beim nicht offenen Verfahren, Verhandlungsverfahren, beim wettbewerblichen Dialog und bei einer Innovationspartnerschaft sind nur Umstände zu berücksichtigen, die nach Aufforderung zur Angebotsabgabe Zweifel an der Eignung des Bieters begründen (vgl. § 6b EU Absatz 2 Nummer 3).

§ 16c EU
Prüfung

(1) Die nicht ausgeschlossenen Angebote geeigneter Bieter sind auf die Einhaltung der gestellten Anforderungen, insbesondere in rechnerischer, technischer und wirtschaftlicher Hinsicht zu prüfen. Als Nachweis für die Erfüllung spezifischer umweltbezogener, sozialer oder sonstiger Merkmale der zu vergebenden Leistung sind Bescheinigungen, insbesondere Gütezeichen, Testberichte, Konformitätserklärungen und Zertifizierungen, welche die in § 7a EU genannten Bedingungen erfüllen, zugelassen.

(2) 1. Entspricht der Gesamtbetrag einer Ordnungszahl (Position) nicht dem Ergebnis der Multiplikation von Mengenansatz und Einheitspreis, so ist der Einheitspreis maßgebend.

2. Bei Vergabe für eine Pauschalsumme gilt diese ohne Rücksicht auf etwa angegebene Einzelpreise.

(3) Die aufgrund der Prüfung festgestellten Angebotsendsummen sind in der Niederschrift über den Öffnungstermin zu vermerken.

§ 16d EU
Wertung

(1) 1. Auf ein Angebot mit einem unangemessen hohen oder niedrigen Preis oder mit unangemessen hohen oder niedrigen Kosten darf der Zuschlag nicht erteilt werden. Insbesondere lehnt der öffentliche Auftraggeber ein Angebot ab, das unangemessen niedrig ist, weil es den geltenden umwelt-, sozial- und arbeitsrechtlichen Anforderungen nicht genügt.

2. Erscheint ein Angebotspreis unangemessen niedrig und ist anhand vorliegender Unterlagen über die Preisermittlung die Angemessenheit nicht zu beurteilen, ist vor Ablehnung des Angebots vom Bieter in Textform Aufklärung über die Ermittlung der Preise oder Kosten für die Gesamtleistung oder für Teilleistungen zu verlangen, gegebenenfalls unter Festlegung einer zumutbaren Antwortfrist. Bei der Beurteilung der Angemessenheit prüft der öffentliche Auftraggeber – in Rücksprache mit dem Bieter – die betreffende Zusammensetzung und berücksichtigt dabei die gelieferten Nachweise.

3. Sind Angebote auf Grund einer staatlichen Beihilfe ungewöhnlich niedrig, ist dies nur dann ein Grund sie zurückzuweisen, wenn der Bieter nicht nachweisen kann, dass die betreffende Beihilfe rechtmäßig gewährt wurde. Für diesen Nachweis hat der öffentliche Auftraggeber dem Bieter eine ausreichende Frist zu gewähren. Öffentliche Auftraggeber, die trotz entsprechender Nachweise des Bieters ein Angebot zurückweisen, müssen die Kommission der Europäischen Union darüber unterrichten.

4. In die engere Wahl kommen nur solche Angebote, die unter Berücksichtigung rationellen Baubetriebs und sparsamer Wirtschaftsführung eine einwandfreie Ausführung einschließlich Haftung für Mängelansprüche erwarten lassen.

(2) 1. Der Zuschlag wird auf das wirtschaftlichste Angebot erteilt. Grundlage dafür ist eine Bewertung des öffentlichen Auftraggebers, ob und inwieweit das Angebot die vorgegebenen Zuschlagskriterien erfüllt. Das wirtschaftlichste Angebot bestimmt sich nach dem besten Preis-Leistungs-Verhältnis. Zu dessen Ermittlung können neben dem Preis oder den Kosten auch qualitative, umweltbezogene oder soziale Aspekte berücksichtigt werden.

2. Es dürfen nur Zuschlagskriterien und deren Gewichtung berücksichtigt werden, die in der Auftragsbekanntmachung oder in den Vergabeunterlagen genannt sind.

Zuschlagskriterien können insbesondere sein:

a) Qualität einschließlich technischer Wert, Ästhetik, Zweckmäßigkeit, Zugänglichkeit, Design für alle, soziale, umweltbezogene und innovative Eigenschaften;

b) Organisation, Qualifikation und Erfahrung des mit der Ausführung des Auftrags betrauten Personals, wenn die Qualität des eingesetzten Personals erheblichen Einfluss auf das Niveau der Auftragsausführung haben kann, oder

c) Kundendienst und technische Hilfe sowie Ausführungsfrist.

Die Zuschlagskriterien müssen mit dem Auftragsgegenstand in Verbindung stehen. Zuschlagskriterien stehen mit dem Auftragsgegenstand in Verbindung, wenn sie sich in irgendeiner Hinsicht und in irgendeinem Lebenszyklus-Stadium auf diesen beziehen, auch wenn derartige Faktoren sich nicht auf die materiellen Eigenschaften des Auftragsgegenstandes auswirken.

3. Die Zuschlagskriterien müssen so festgelegt und bestimmt sein, dass die Möglichkeit eines wirksamen Wettbewerbs gewährleistet wird, der Zuschlag nicht willkürlich erteilt werden kann und eine wirksame Überprüfung möglich ist, ob und inwieweit die Angebote die Zuschlagskriterien erfüllen.

4. Es können auch Festpreise oder Festkosten vorgegeben werden, sodass der Wettbewerb nur über die Qualität stattfindet.

5. Die Lebenszykluskostenrechnung umfasst die folgenden Kosten ganz oder teilweise:

d) von dem öffentlichen Auftraggeber oder anderen Nutzern getragene Kosten, insbesondere Anschaffungskosten, Nutzungskosten, Wartungskosten, sowie Kosten am Ende der Nutzungsdauer (wie Abholungs- und Recyclingkosten);

e) Kosten, die durch die externen Effekte der Umweltbelastung entstehen, die mit der Leistung während ihres Lebenszyklus in Verbindung stehen, sofern ihr Geldwert bestimmt und geprüft werden kann; solche Kosten können Kosten der Emission von Treibhausgasen und anderen Schadstoffen sowie sonstige Kosten für die Eindämmung des Klimawandels umfassen.

6. Bewertet der öffentliche Auftraggeber den Lebenszykluskostenansatz, hat er in der Auftragsbekanntmachung oder in den Vergabeunterlagen die vom Unternehmer bereitzustellenden Daten und die Methode zur Ermittlung der Lebenszykluskosten zu benennen. Die Methode zur Bewertung der externen Umweltkosten muss

f) auf objektiv nachprüfbaren und nichtdiskriminierenden Kriterien beruhen,

g) für alle interessierten Parteien zugänglich sein und

h) gewährleisten, dass sich die geforderten Daten von den Unternehmen mit vertretbarem Aufwand bereitstellen lassen.

7. Für den Fall, dass eine gemeinsame Methode zur Berechnung der Lebenszykluskosten durch einen Rechtsakt der Europäischen Union verbindlich vorgeschrieben wird, findet diese gemeinsame Methode bei der Bewertung der Lebenszykluskosten Anwendung.

(3) Ein Angebot nach § 13 EU Absatz 2 ist wie ein Hauptangebot zu werten.

(4) Preisnachlässe ohne Bedingung sind nicht zu werten, wenn sie nicht an der vom öffentlichen Auftraggeber nach § 13 EU Absatz 4 bezeichneten Stelle aufgeführt sind. Unaufgefordert angebotene Preisnachlässe mit Bedingungen für die Zahlungsfrist (Skonti) werden bei der Wertung der Angebote nicht berücksichtigt.

(5) Die Bestimmungen der Absätze 1 und 2 sowie der §§ 16b EU, 16c EU Absatz 2 gelten auch bei Verhandlungsverfahren, wettbewerblichen Dialogen und Innovationspartnerschaften. Die Absätze 3 und 4 sowie §§ 16 EU, 16c EU Absatz 1 sind entsprechend auch bei Verhandlungsverfahren, wettbewerblichen Dialogen und Innovationspartnerschaften anzuwenden.

§ 17 EU
Aufhebung der Ausschreibung

(1) Die Ausschreibung kann aufgehoben werden, wenn:

1. kein Angebot eingegangen ist, das den Ausschreibungsbedingungen entspricht,
2. die Vergabeunterlagen grundlegend geändert werden müssen,
3. andere schwerwiegende Gründe bestehen.

(2) 1. Die Bewerber und Bieter sind von der Aufhebung der Ausschreibung unter Angabe der Gründe, gegebenenfalls über die Absicht, ein neues Vergabeverfahren einzuleiten, unverzüglich in Textform zu unterrichten.

2. Dabei kann der öffentliche Auftraggeber bestimmte Informationen zurückhalten, wenn die Weitergabe

a) den Gesetzesvollzug behindern,

b) dem öffentlichen Interesse zuwiderlaufen,

c) die berechtigten geschäftlichen Interessen von öffentlichen oder privaten Unternehmen schädigen oder

d) den fairen Wettbewerb beeinträchtigen würde.

§ 18 EU
Zuschlag

(1) Der Zuschlag ist möglichst bald, mindestens aber so rechtzeitig zu erteilen, dass dem Bieter die Erklärung noch vor Ablauf der Bindefrist zugeht.

(2) Werden Erweiterungen, Einschränkungen oder Änderungen vorgenommen oder wird der Zuschlag verspätet erteilt, so ist der Bieter bei Erteilung des Zuschlags aufzufordern, sich unverzüglich über die Annahme zu erklären.

(3) 1. Die Erteilung eines Bauauftrages ist bekannt zu machen.

2. Die Vergabebekanntmachung erfolgt mit den von der Europäischen Kommission festgelegten Standardformularen und enthält die Informationen nach Anhang V Teil D der Richtlinie 2014/24/EU.

3. Aufgrund einer Rahmenvereinbarung vergebene Einzelaufträge werden nicht bekannt gemacht.

4. Erfolgte eine Vorinformation als Aufruf zum Wettbewerb nach § 12 EU Absatz 2 und soll keine weitere Auftragsvergabe während des Zeitraums, der von der Vorinformation abgedeckt ist, vorgenommen werden, so enthält die Vergabebekanntmachung einen entsprechenden Hinweis.

5. Nicht in die Vergabebekanntmachung aufzunehmen sind Angaben, deren Veröffentlichung

a) den Gesetzesvollzug behindern,

b) dem öffentlichen Interesse zuwiderlaufen,

c) die berechtigten geschäftlichen Interessen öffentlicher oder privater Unternehmen schädigen oder

d) den fairen Wettbewerb beeinträchtigen würde.

(4) Die Vergabebekanntmachung ist dem Amt für Veröffentlichungen der Europäischen Union in kürzester Frist – spätestens 30 Kalendertage nach Auftragserteilung – elektronisch zu übermitteln.

§ 19 EU
Nicht berücksichtigte Bewerbungen und Angebote

(1) Bewerber, deren Bewerbung abgelehnt wurde, sowie Bieter, deren Angebote ausgeschlossen worden sind (§ 16 EU), und solche, deren Angebote nicht in die engere Wahl kommen, sollen unverzüglich unterrichtet werden.

(2) Der öffentliche Auftraggeber hat die betroffenen Bieter, deren Angebote nicht berücksichtigt werden sollen,

1. über den Namen des Unternehmens, dessen Angebot angenommen werden soll,

2. über die Gründe der vorgesehenen Nichtberücksichtigung ihres Angebots und

3. über den frühesten Zeitpunkt des Vertragsschlusses

unverzüglich in Textform zu informieren.

Dies gilt auch für Bewerber, denen keine Information nach Absatz 1 über die Ablehnung ihrer Bewerbung zur Verfügung gestellt wurde, bevor die Mitteilung über die Zuschlagsentscheidung an die betroffenen Bieter ergangen ist.

Ein Vertrag darf erst 15 Kalendertage nach Absendung der Information nach den Sätzen 1 und 2 geschlossen werden. Wird die Information per Telefax oder auf elektronischem Weg versendet, verkürzt sich die Frist auf zehn Kalendertage. Die Frist beginnt am Tag nach Absendung der Information durch den öffentlichen Auftraggeber; auf den Tag des Zugangs beim betroffenen Bewerber oder Bieter kommt es nicht an.

(3) Die Informationspflicht nach Absatz 2 entfällt in den Fällen, in denen das Verhandlungsverfahren ohne Teilnahmewettbewerb wegen besonderer Dringlichkeit gerechtfertigt ist.

(4) Auf Verlangen des Bewerbers oder Bieters unterrichtet der öffentliche Auftraggeber in Textform so schnell wie möglich, spätestens jedoch innerhalb einer Frist von 15 Kalendertagen nach Eingang des Antrags,

1. jeden nicht erfolgreichen Bewerber über die Gründe für die Ablehnung seines Teilnahmeantrags;
2. jeden Bieter, der ein ordnungsgemäßes Angebot eingereicht hat, über die Merkmale und relativen Vorteile des ausgewählten Angebots sowie über den Namen des erfolgreichen Bieters oder der Parteien der Rahmenvereinbarung;
3. jeden Bieter, der ein ordnungsgemäßes Angebot eingereicht hat, über den Verlauf und die Fortschritte der Verhandlungen und des Dialogs mit den Bietern.

§ 17 EU Absatz 2 Nummer 2 gilt entsprechend.

(5) Nicht berücksichtigte Angebote und Ausarbeitungen der Bieter dürfen nicht für eine neue Vergabe oder für andere Zwecke benutzt werden.

(6) Entwürfe, Ausarbeitungen, Muster und Proben zu nicht berücksichtigten Angeboten sind zurückzugeben, wenn dies im Angebot oder innerhalb von 30 Kalendertagen nach Ablehnung des Angebots verlangt wird.

§ 20 EU
Dokumentation

Das Vergabeverfahren ist gemäß § 8 VgV zu dokumentieren.

§ 21 EU
Nachprüfungsbehörden

In der Bekanntmachung und den Vergabeunterlagen ist die Nachprüfungsbehörde mit Anschrift anzugeben, an die sich der Bewerber oder Bieter zur Nachprüfung behaupteter Verstöße gegen die Vergabebestimmungen wenden kann.

§ 22 EU
Auftragsänderungen während der Vertragslaufzeit

(1) Wesentliche Änderungen eines öffentlichen Auftrags während der Vertragslaufzeit erfordern ein neues Vergabeverfahren.

Wesentlich sind Änderungen, die dazu führen, dass sich der öffentliche Auftrag erheblich von dem ursprünglich vergebenen öffentlichen Auftrag unterscheidet. Eine wesentliche Änderung liegt insbesondere vor, wenn

1. mit der Änderung Bedingungen eingeführt werden, die, wenn sie für das ursprüngliche Vergabeverfahren gegolten hätten,
   a) die Zulassung anderer Bewerber oder Bieter ermöglicht hätten,
   b) die Annahme eines anderen Angebots ermöglicht hätten oder
   c) das Interesse weiterer Teilnehmer am Vergabeverfahren geweckt hätten,
2. mit der Änderung das wirtschaftliche Gleichgewicht des öffentlichen Auftrags zugunsten des Auftragnehmers in einer Weise verschoben wird, die im ursprünglichen Auftrag nicht vorgesehen war,

3. mit der Änderung der Umfang des öffentlichen Auftrags erheblich ausgeweitet wird oder
4. ein neuer Auftragnehmer den Auftragnehmer in anderen als den in Absatz 2 Nummer 4 vorgesehenen Fällen ersetzt.

(2) Unbeschadet des Absatzes 1 ist die Änderung eines öffentlichen Auftrags ohne Durchführung eines neuen Vergabeverfahrens zulässig, wenn

1. in den ursprünglichen Vergabeunterlagen klare, genaue und eindeutig formulierte Überprüfungsklauseln oder Optionen vorgesehen sind, die Angaben zu Art, Umfang und Voraussetzungen möglicher Auftragsänderungen enthalten, und sich aufgrund der Änderung der Gesamtcharakter des Auftrags nicht verändert,
2. zusätzliche Liefer-, Bau- oder Dienstleistungen erforderlich geworden sind, die nicht in den ursprünglichen Vergabeunterlagen vorgesehen waren, und ein Wechsel des Auftragnehmers
   a) aus wirtschaftlichen oder technischen Gründen nicht erfolgen kann und
   b) mit erheblichen Schwierigkeiten oder beträchtlichen Zusatzkosten für den öffentlichen Auftraggeber verbunden wäre,
3. die Änderung aufgrund von Umständen erforderlich geworden ist, die der öffentliche Auftraggeber im Rahmen seiner Sorgfaltspflicht nicht vorhersehen konnte und sich aufgrund der Änderung der Gesamtcharakter des Auftrags nicht verändert oder
4. ein neuer Auftragnehmer den bisherigen Auftragnehmer ersetzt
   c) aufgrund einer Überprüfungsklausel im Sinne von Nummer 1,
   d) aufgrund der Tatsache, dass ein anderes Unternehmen, das die ursprünglich festgelegten Anforderungen an die Eignung erfüllt, im Zuge einer Unternehmensumstrukturierung, wie zum Beispiel durch Übernahme, Zusammenschluss, Erwerb oder Insolvenz, ganz oder teilweise an die Stelle des ursprünglichen Auftragnehmers tritt, sofern dies keine weiteren wesentlichen Änderungen im Sinne des Absatzes 1 zur Folge hat, oder
   e) aufgrund der Tatsache, dass der öffentliche Auftraggeber selbst die Verpflichtungen des Hauptauftragnehmers gegenüber seinen Unterauftragnehmern übernimmt.

   In den Fällen der Nummer 2 und 3 darf der Preis um nicht mehr als 50 Prozent des Werts des ursprünglichen Auftrags erhöht werden. Bei mehreren aufeinander folgenden Änderungen des Auftrags gilt diese Beschränkung für den Wert jeder einzelnen Änderung, sofern die Änderungen nicht mit dem Ziel vorgenommen werden, die Vorschriften dieses Teils zu umgehen.

(3) Die Änderung eines öffentlichen Auftrags ohne Durchführung eines neuen Vergabeverfahrens ist ferner zulässig, wenn sich der Gesamtcharakter des Auftrags nicht ändert und der Wert der Änderung

1. die jeweiligen Schwellenwerte nach § 106 GWB nicht übersteigt und
2. bei Liefer- und Dienstleistungsaufträgen nicht mehr als 10 Prozent und bei Bauaufträgen nicht mehr als 15 Prozent des ursprünglichen Auftragswertes beträgt.

Bei mehreren aufeinander folgenden Änderungen ist der Gesamtwert der Änderungen maßgeblich.

(4) Enthält der Vertrag eine Indexierungsklausel, wird für die Wertberechnung gemäß Absatz 2 Satz 2 und 3 sowie gemäß Absatz 3 der höhere Preis als Referenzwert herangezogen.

(5) Änderungen nach Absatz 2 Nummer 2 und 3 sind im Amtsblatt der Europäischen Union bekannt zu machen.

§ 23 EU
Übergangsregelung

Zentrale Beschaffungsstellen können bis zum 18. April 2017, andere öffentliche Auftraggeber bis zum 18. Oktober 2018, abweichend von § 11 EU Absatz 4 die Übermittlung der Angebote, Teilnahmeanträge und Interessensbestätigungen auch auf dem Postweg, anderem geeigneten Weg, Telefax oder durch die Kombination dieser Mittel verlangen. Dasselbe gilt für sonstige Kommunikation im Sinne von § 11 EU Absatz 1, soweit sie nicht die Übermittlung von Bekanntmachungen und die Bereitstellung der Vergabeunterlagen betrifft.

Anhang TS
Technische Spezifikationen

1. „Technische Spezifikation" hat eine der folgenden Bedeutungen:

   a) bei öffentlichen Bauaufträgen die Gesamtheit der insbesondere in den Vergabeunterlagen enthaltenen technischen Beschreibungen, in denen die erforderlichen Eigenschaften eines Werkstoffs, eines Produkts oder einer Lieferung definiert sind, damit dieser/diese den vom öffentlichen Auftraggeber beabsichtigten Zweck erfüllt; zu diesen Eigenschaften gehören Umwelt- und Klimaleistungsstufen, „Design für alle" (einschließlich des Zugangs von Menschen mit Behinderungen) und Konformitätsbewertung, Leistung, Vorgaben für Gebrauchstauglichkeit, Sicherheit oder Abmessungen, einschließlich der Qualitätssicherungsverfahren, der Terminologie, der Symbole, der Versuchs- und Prüfmethoden, der Verpackung, der Kennzeichnung und Beschriftung, der Gebrauchsanleitungen sowie der Produktionsprozesse und -methoden in jeder Phase des Lebenszyklus der Bauleistungen; außerdem gehören dazu auch die Vorschriften für die Planung und die Kostenrechnung, die Bedingungen für die Prüfung, Inspektion und Abnahme von Bauwerken, die Konstruktionsmethoden oder -verfahren und alle anderen technischen Anforderungen, die der öffentliche Auftraggeber für fertige Bauwerke oder dazu notwendige Materialien oder Teile durch allgemeine und spezielle Vorschriften anzugeben in der Lage ist;

   b) bei öffentlichen Dienstleistungs- oder Lieferaufträgen eine Spezifikation, die in einem Schriftstück enthalten ist, das Merkmale für ein Produkt oder eine Dienstleistung vorschreibt, wie Qualitätsstufen, Umwelt- und Klimaleistungsstufen, „Design für alle" (einschließlich des Zugangs von Menschen mit Behinderungen) und Konformitätsbewertung, Leistung, Vorgaben für Gebrauchstauglichkeit, Sicherheit oder Abmessungen des Produkts, einschließlich der Vorschriften über Verkaufsbezeichnung, Terminologie, Symbole, Prüfungen und Prüfverfahren, Verpackung, Kennzeichnung und Beschriftung, Gebrauchsanleitungen, Produktionsprozesse und -methoden in jeder Phase des Lebenszyklus der Lieferung oder der Dienstleistung sowie über Konformitätsbewertungsverfahren;

2. „Norm" bezeichnet eine technische Spezifikation, die von einer anerkannten Normungsorganisation zur wiederholten oder ständigen Anwendung angenommen wurde, deren Einhaltung nicht zwingend ist und die unter eine der nachstehenden Kategorien fällt:

c) internationale Norm: Norm, die von einer internationalen Normungsorganisation angenommen wurde und der Öffentlichkeit zugänglich ist;

d) europäische Norm: Norm, die von einer europäischen Normungsorganisation angenommen wurde und der Öffentlichkeit zugänglich ist;

e) nationale Norm: Norm, die von einer nationalen Normungsorganisation angenommen wurde und der Öffentlichkeit zugänglich ist;

3. „Europäische technische Bewertung" bezeichnet eine dokumentierte Bewertung der Leistung eines Bauprodukts in Bezug auf seine wesentlichen Merkmale im Einklang mit dem betreffenden Europäischen Bewertungsdokument gemäß der Begriffsbestimmung in Artikel 2 Nummer 12 der Verordnung (EU) Nr. 305/2011 des Europäischen Parlaments und des Rates;

4. „gemeinsame technische Spezifikationen" sind technische Spezifikationen im IKT-Bereich, die gemäß den Artikeln 13 und 14 der Verordnung (EU) Nr. 1025/2012 festgelegt wurden;

5. „technische Bezugsgröße" bezeichnet jeden Bezugsrahmen, der keine europäische Norm ist und von den europäischen Normungsorganisationen nach den an die Bedürfnisse des Marktes angepassten Verfahren erarbeitet wurde.

Abschnitt 3
Vergabebestimmungen im Anwendungsbereich der Richtlinie 2009/81/EG[8] (VOB/A – VS)[9]

§ 1 VS
Anwendungsbereich

(1) Bauaufträge sind Verträge über die Ausführung oder die gleichzeitige Planung und Ausführung

1. eines Bauvorhabens oder eines Bauwerks für den Auftraggeber, das

   a) Ergebnis von Tief- oder Hochbauarbeiten ist und

   b) eine wirtschaftliche oder technische Funktion erfüllen soll, oder

2. einer dem Auftraggeber unmittelbar wirtschaftlich zugutekommenden Bauleistung durch Dritte gemäß den vom Auftraggeber genannten Erfordernissen.

Im Bereich Verteidigung und Sicherheit haben Bauaufträge Bauleistungen zum Gegenstand, die in allen Phasen ihres Lebenszyklus im unmittelbaren Zusammenhang mit den in § 104 Absatz 1 GWB genannten Ausrüstungen stehen, sowie Bauleistungen speziell für militärische Zwecke oder Bauleistungen im Rahmen eines Verschlusssachenauftrages. Bauleistungen im Rahmen eines Verschlusssachenauftrages sind Bauleistungen, bei deren Erbringung Verschlusssachen nach § 4 des Gesetzes über die Voraussetzungen und das Verfahren von Sicherheitsüberprüfungen des Bundes oder nach

---

8 Richtlinie 2009/81/EG des Europäischen Parlaments und des Rates vom 13. Juli 2009 über die Koordinierung der Verfahren zur Vergabe öffentlicher Bauaufträge, Lieferaufträge und Dienstleistungsaufträge, (ABl. L 216 vom 20.8.2009 S. 76).

9 Zitierweise: § x VS Absatz y VOB/A.

den entsprechenden Bestimmungen der Länder verwendet werden oder die solche Verschlusssachen erfordern oder beinhalten.

(2) 1. Die Bestimmungen dieses Abschnitts sind von Auftraggebern im Sinne von § 99 GWB und Sektorenauftraggebern im Sinne von § 100 GWB für Bauaufträge nach Absatz 1 anzuwenden, bei denen der geschätzte Gesamtauftragswert der Baumaßnahme oder des Bauwerkes (alle Bauaufträge für eine bauliche Anlage) mindestens dem sich aus § 106 Absatz 2 Nummer 3 GWB ergebenden Schwellenwert ohne Umsatzsteuer entspricht.

2. Die Schätzung des Auftragswerts richtet sich nach § 3 der Vergabeverordnung Verteidigung und Sicherheit (VSVgV).

(3) Ist bei einem Bauauftrag ein Teil der Leistung verteidigungs- oder sicherheitsspezifisch, gelten die Bestimmungen des § 111 GWB.

§ 2 VS
Grundsätze

(1) Öffentliche Aufträge werden im Wettbewerb und im Wege transparenter Verfahren vergeben. Dabei werden die Grundsätze der Wirtschaftlichkeit und der Verhältnismäßigkeit gewahrt. Wettbewerbsbeschränkende und unlautere Verhaltensweisen sind zu bekämpfen.

(2) Die Teilnehmer an einem Vergabeverfahren sind gleich zu behandeln, es sei denn, eine Ungleichbehandlung ist aufgrund des GWB ausdrücklich geboten oder gestattet.

(3) Öffentliche Aufträge werden an fachkundige und leistungsfähige (geeignete) Unternehmen vergeben, die nicht nach § 6e VS ausgeschlossen worden sind.

(4) Die Regelungen darüber, wann natürliche Personen bei Entscheidungen in einem Vergabeverfahren für einen Auftraggeber als voreingenommen gelten und an einem Vergabeverfahren nicht mitwirken dürfen, richten sich nach § 6 VSVgV.

(5) Auftraggeber, Bewerber, Bieter und Auftragnehmer wahren die Vertraulichkeit aller Informationen und Unterlagen nach Maßgabe dieser Vergabeordnung oder anderen Rechtsvorschriften.

(6) Vor der Einleitung eines Vergabeverfahrens kann der Auftraggeber Marktkonsultationen zur Vorbereitung der Auftragsvergabe und zur Unterrichtung der Unternehmer über seine Pläne zur Auftragsvergabe und die Anforderungen an den Auftrag durchführen. Die Durchführung von Vergabeverfahren zum Zwecke der Markterkundung ist unzulässig.

(7) Der Auftraggeber kann Bewerbern und Bietern Auflagen zum Schutz von Verschlusssachen machen, die sie diesen im Zuge des Verfahrens zur Vergabe eines Auftrags übermitteln. Er kann von diesen Bewerbern und Bietern verlangen, die Einhaltung dieser Auflagen durch ihre Unterauftragnehmer sicherzustellen.

§ 3 VS
Arten der Vergabe

Bauaufträge im Sinne von § 1 VS werden von öffentlichen Auftraggebern nach § 99 GWB und Sektorenauftraggebern im Sinne von § 100 GWB vergeben:

1. im nicht offenen Verfahren; bei einem nicht offenen Verfahren wird öffentlich zur Teilnahme, aus dem Bewerberkreis sodann eine beschränkte Anzahl von Unternehmen zur Angebotsabgabe aufgefordert,

2. im Verhandlungsverfahren; beim Verhandlungsverfahren mit oder ohne Teilnahmewettbewerb wendet sich der Auftraggeber an ausgewählte Unternehmen und verhandelt mit einem oder mehreren dieser Unternehmen über die von diesen unterbreiteten Angebote, um diese entsprechend den in der Auftragsbekanntmachung, den Vergabeunterlagen und etwaigen sonstigen Unterlagen angegebenen Anforderungen anzupassen,

3. im wettbewerblichen Dialog; ein wettbewerblicher Dialog ist ein Verfahren zur Vergabe öffentlicher Aufträge mit dem Ziel der Ermittlung und Festlegung der Mittel, mit denen die Bedürfnisse des öffentlichen Auftraggebers am besten erfüllt werden können.

§ 3a VS
Zulässigkeitsvoraussetzungen

(1) Die Vergabe von Aufträgen erfolgt im nicht offenen Verfahren oder im Verhandlungsverfahren mit Teilnahmewettbewerb. In begründeten Ausnahmefällen ist ein Verhandlungsverfahren ohne Teilnahmewettbewerb oder ein wettbewerblicher Dialog zulässig.

(2) Das Verhandlungsverfahren ohne Teilnahmewettbewerb ist zulässig,

1. wenn bei einem nicht offenen Verfahren, einem Verhandlungsverfahren mit Teilnahmewettbewerb oder einem wettbewerblichen Dialog

   a) keine wirtschaftlichen Angebote abgegeben worden sind und

   b) die ursprünglichen Vertragsunterlagen nicht grundlegend geändert werden und

   c) in das Verhandlungsverfahren alle Bieter aus dem vorausgegangenen Verfahren einbezogen werden, die fachkundig und leistungsfähig (geeignet) sind und die nicht nach § 6e VS ausgeschlossen worden sind,

2. wenn bei einem nicht offenen Verfahren, einem Verhandlungsverfahren mit Teilnahmewettbewerb oder einem wettbewerblichen Dialog

   d) keine Angebote oder keine Bewerbungen abgegeben worden sind oder

   e) nur solche Angebote abgegeben worden sind, die nach § 16 VS auszuschließen sind,

und die ursprünglichen Vertragsunterlagen nicht grundlegend geändert werden.

1. wenn die Arbeiten aus technischen Gründen oder auf Grund des Schutzes von Ausschließlichkeitsrechten nur von einem bestimmten Unternehmen ausgeführt werden können,

2. wenn wegen der Dringlichkeit der Leistung aus zwingenden Gründen infolge von Ereignissen, die der Auftraggeber nicht verursacht hat und nicht voraussehen konnte, oder wegen dringlicher Gründe in Krisensituationen die in §§ 10b VS bis 10d VS vorgeschriebenen Fristen nicht eingehalten werden können,

3. wenn gleichartige Bauleistungen wiederholt werden, die durch denselben Auftraggeber an den Auftragnehmer vergeben werden, der den ursprünglichen Auftrag erhalten hat, und wenn sie einem Grundentwurf entsprechen und dieser Gegenstand des ursprünglichen Auftrags war, der nach einem nicht offenen Verfahren, einem Verhandlungsverfahren mit Teilnahmewettbewerb oder im wettbewerblichen Dialog vergeben wurde. Die Möglichkeit, dieses Verfahren anzuwenden, muss bereits bei der Auftragsbekanntmachung für das erste Vorhaben angegeben werden; der für die Fortsetzung der Bauarbeiten in Aussicht gestellte Gesamtauftragswert wird vom Auf-

traggeber bei der Anwendung von § 1 VS berücksichtigt. Dieses Verfahren darf jedoch nur innerhalb von fünf Jahren nach Abschluss des ersten Auftrags angewandt werden.

(3) Der wettbewerbliche Dialog ist zulässig, wenn der Auftraggeber objektiv nicht in der Lage ist,

1. die technischen Mittel anzugeben, mit denen seine Bedürfnisse und Anforderungen erfüllt werden können, oder

2. die rechtlichen oder finanziellen Bedingungen des Vorhabens anzugeben.

§ 3b VS
Ablauf der Verfahren

(1) Beim nicht offenen Verfahren müssen mindestens drei geeignete Bewerber aufgefordert werden. Auf jeden Fall muss die Zahl der aufgeforderten Bewerber einen echten Wettbewerb sicherstellen. Die Eignung ist anhand der mit dem Teilnahmeantrag vorgelegten Nachweise zu prüfen.

(2) 1. Beim Verhandlungsverfahren mit Teilnahmewettbewerb und beim wettbewerblichen Dialog müssen bei einer hinreichenden Anzahl geeigneter Bewerber mindestens drei Bewerber zu Verhandlungen oder zum Dialog aufgefordert werden.

2. Will der Auftraggeber die Zahl der Teilnehmer im Verhandlungsverfahren mit Teilnahmewettbewerb oder im wettbewerblichen Dialog begrenzen, so gibt er in der Auftragsbekanntmachung Folgendes an:

a) die von ihm vorgesehenen objektiven, nicht diskriminierenden und auftragsbezogenen Kriterien und

b) die vorgesehene Mindestzahl und gegebenenfalls auch die Höchstzahl der einzuladenden Bewerber.

Sofern die Zahl von Bewerbern, die die Eignungskriterien und die Mindestanforderungen an die Leistungsfähigkeit erfüllen, unter der Mindestanzahl liegt, kann der Auftraggeber das Verfahren fortführen, indem er den oder die Bewerber einlädt, die über die geforderte Leistungsfähigkeit verfügen.

Ist der Auftraggeber der Auffassung, dass die Zahl der geeigneten Bewerber zu gering ist, um einen echten Wettbewerb zu gewährleisten, so kann er das Verfahren aussetzen und die erste Auftragsbekanntmachung gemäß § 12 VS Absatz 2 zur Festsetzung einer neuen Frist für die Einreichung von Anträgen auf Teilnahme erneut veröffentlichen. In diesem Fall werden die nach der ersten sowie die nach der zweiten Veröffentlichung ausgewählten Bewerber eingeladen. Diese Möglichkeit besteht unbeschadet des Rechts des Auftraggebers, das laufende Vergabeverfahren einzustellen und ein neues Verfahren auszuschreiben.

3. Der Auftraggeber trägt dafür Sorge, dass alle Bieter bei den Verhandlungen gleich behandelt werden. Insbesondere enthält er sich jeder diskriminierenden Weitergabe von Informationen, durch die bestimmte Bieter gegenüber anderen begünstigt werden könnten.

4. Der Auftraggeber kann vorsehen, dass das Verhandlungsverfahren in verschiedenen aufeinander folgenden Phasen durchgeführt wird. In jeder Verhandlungsphase kann die Zahl der Angebote, über die verhandelt wird, auf der Grundlage der in der Auftragsbekanntmachung oder in den Vertragsunterlagen angegebenen Zuschlagskriterien verringert werden. In der Schlussphase müssen noch so viele Angebote vorliegen, dass ein Wettbewerb gewährleistet ist.

(3) 1. Beim wettbewerblichen Dialog hat der Auftraggeber seine Bedürfnisse und Anforderungen bekannt zu machen; die Erläuterung dieser Anforderungen erfolgt in der Auftragsbekanntmachung oder in einer Beschreibung.

2. Mit den Unternehmen, die ausgewählt wurden, ist ein Dialog zu eröffnen. In dem Dialog legt der Auftraggeber fest, wie seine Bedürfnisse am besten erfüllt werden können; er kann mit den ausgewählten Unternehmen alle Einzelheiten des Auftrags erörtern.

3. Der Auftraggeber hat dafür zu sorgen, dass alle Unternehmen bei dem Dialog gleich behandelt werden; insbesondere darf er Informationen nicht so weitergeben, dass bestimmte Unternehmen begünstigt werden könnten. Der Auftraggeber darf Lösungsvorschläge oder vertrauliche Informationen eines Unternehmens

   a) nicht ohne dessen Zustimmung an die anderen Unternehmen weitergeben und

   b) nur im Rahmen des Vergabeverfahrens verwenden.

4. Der Auftraggeber kann vorsehen, dass der Dialog in verschiedenen aufeinander folgenden Phasen geführt wird. In jeder Dialogphase kann die Zahl der zu erörternden Lösungen auf Grundlage der in der Auftragsbekanntmachung oder in den Vergabeunterlagen angegebenen Zuschlagskriterien verringert werden. Der Auftraggeber hat die Unternehmen zu informieren, wenn deren Lösungen nicht für die nächstfolgende Dialogphase vorgesehen sind. In der Schlussphase müssen noch so viele Angebote vorliegen, dass ein Wettbewerb gewährleistet ist.

5. Der Auftraggeber hat den Dialog für abgeschlossen zu erklären, wenn

   c) eine Lösung gefunden worden ist, die seine Bedürfnisse und Anforderungen erfüllt, oder

   d) erkennbar ist, dass keine Lösung gefunden werden kann.

   Der Auftraggeber hat die Unternehmen über den Abschluss des Dialogs zu informieren.

6. Im Fall von Nummer 5 Buchstabe a hat der Auftraggeber die Unternehmen aufzufordern, auf der Grundlage der eingereichten und in der Dialogphase näher ausgeführten Lösungen ihr endgültiges Angebot vorzulegen. Die Angebote müssen alle Einzelheiten enthalten, die zur Ausführung des Projekts erforderlich sind. Der Auftraggeber kann verlangen, dass Präzisierungen, Klarstellungen und Ergänzungen zu diesen Angeboten gemacht werden. Diese Präzisierungen, Klarstellungen oder Ergänzungen dürfen jedoch nicht dazu führen, dass grundlegende Elemente des Angebotes oder der Ausschreibung geändert werden, dass der Wettbewerb verzerrt wird oder andere am Verfahren beteiligte Unternehmen diskriminiert werden.

7. Der Auftraggeber hat die Angebote auf Grund der in der Auftragsbekanntmachung oder in den Vergabeunterlagen festgelegten Zuschlagskriterien zu bewerten und das wirtschaftlichste Angebot auszuwählen. Der Auftraggeber darf das Unternehmen, dessen Angebot als das wirtschaftlichste ermittelt wurde, auffordern, bestimmte Einzelheiten des Angebotes näher zu erläutern oder im Angebot enthaltene Zusagen zu bestätigen. Dies darf nicht dazu führen, dass wesentliche Aspekte des Angebotes oder der Ausschreibung geändert werden, und dass der Wettbewerb verzerrt wird oder andere am Verfahren beteiligte Unternehmen diskriminiert werden.

8. Verlangt der Auftraggeber, dass die am wettbewerblichen Dialog teilnehmenden Unternehmen Entwürfe, Pläne, Zeichnungen, Berechnungen oder andere Unterlagen ausarbeiten, muss er einheitlich allen Unternehmen, die die geforderten Unterlagen rechtzeitig vorgelegt haben, eine angemessene Kostenerstattung gewähren.

§ 4 VS
Vertragsarten

(1) Bauaufträge sind so zu vergeben, dass die Vergütung nach Leistung bemessen wird (Leistungsvertrag), und zwar:

1. in der Regel zu Einheitspreisen für technisch und wirtschaftlich einheitliche Teilleistungen, deren Menge nach Maß, Gewicht oder Stückzahl vom Auftraggeber in den Vertragsunterlagen anzugeben ist (Einheitspreisvertrag),
2. in geeigneten Fällen für eine Pauschalsumme, wenn die Leistung nach Ausführungsart und Umfang genau bestimmt ist und mit einer Änderung bei der Ausführung nicht zu rechnen ist (Pauschalvertrag).

(2) Abweichend von Absatz 1 können Bauaufträge geringeren Umfangs, die überwiegend Lohnkosten verursachen, im Stundenlohn vergeben werden (Stundenlohnvertrag).

(3) Das Angebotsverfahren ist darauf abzustellen, dass der Bieter die Preise, die er für seine Leistungen fordert, in die Leistungsbeschreibung einzusetzen oder in anderer Weise im Angebot anzugeben hat.

(4) Das Auf- und Abgebotsverfahren, bei dem vom Auftraggeber angegebene Preise dem Auf- und Abgebot der Bieter unterstellt werden, soll nur ausnahmsweise bei regelmäßig wiederkehrenden Unterhaltungsarbeiten, deren Umfang möglichst zu umgrenzen ist, angewandt werden.

§ 5 VS
Einheitliche Vergabe, Vergabe nach Losen

(1) Bauaufträge sollen so vergeben werden, dass eine einheitliche Ausführung und zweifelsfreie umfassende Haftung für Mängelansprüche erreicht wird; sie sollen daher in der Regel mit den zur Leistung gehörigen Lieferungen vergeben werden.

(2) Mittelständische Interessen sind bei der Vergabe öffentlicher Aufträge vornehmlich zu berücksichtigen. Leistungen sind in der Menge aufgeteilt (Teillose) und getrennt nach Art oder Fachgebiet (Fachlose) zu vergeben. Mehrere Teil- oder Fachlose dürfen zusammen vergeben werden, wenn wirtschaftliche oder technische Gründe dies erfordern. Wird ein Unternehmen, das nicht öffentlicher Auftraggeber ist, mit der Wahrnehmung oder Durchführung einer öffentlichen Aufgabe betraut, verpflichtet der Auftraggeber das Unternehmen, sofern es Unteraufträge an Dritte vergibt, nach den Sätzen 1 bis 3 zu verfahren.

§ 6 VS
Teilnehmer am Wettbewerb

(1) Öffentliche Aufträge werden an fachkundige und leistungsfähige (geeignete) Unternehmen vergeben, die nicht nach § 6e VS ausgeschlossen worden sind.

(2) Ein Unternehmen ist geeignet, wenn es die durch den Auftraggeber im Einzelnen zur ordnungsgemäßen Ausführung des Auftrags festgelegten Kriterien (Eignungskriterien) erfüllt. Die Eignungskriterien dürfen ausschließlich Folgendes betreffen:

1. Befähigung und Erlaubnis zur Berufsausübung,
2. wirtschaftliche und finanzielle Leistungsfähigkeit,
3. technische und berufliche Leistungsfähigkeit.

Die Eignungskriterien müssen mit dem Auftragsgegenstand in Verbindung und zu diesem in einem angemessenen Verhältnis stehen.

(3) 1. Der Wettbewerb darf nicht auf Unternehmen beschränkt werden, die in bestimmten Regionen oder Orten ansässig sind.

2. Bietergemeinschaften sind Einzelbietern gleichzusetzen. Der Auftraggeber kann von Bietergemeinschaften die Annahme einer bestimmten Rechtsform verlangen, wenn dies für die ordnungsgemäße Durchführung des Auftrages notwendig ist. Die Annahme dieser Rechtsform kann von der Bietergemeinschaft nur verlangt werden, wenn ihr der Auftrag erteilt wird.

3. Hat ein Bewerber oder Bieter vor Einleitung des Vergabeverfahrens den Auftraggeber beraten oder sonst unterstützt, so hat der Auftraggeber sicherzustellen, dass der Wettbewerb durch die Teilnahme dieses Bewerbers oder Bieters nicht verfälscht wird.

§ 6a VS
Eignungsnachweise

(1) Zum Nachweis ist die Eignung (Fachkunde und Leistungsfähigkeit) sowie das Nichtvorliegen von Ausschlussgründen gemäß § 6e VS der Bewerber oder Bieter zu prüfen.

(2) 1. Der Nachweis umfasst die folgenden Angaben:

a) den Umsatz des Unternehmens jeweils bezogen auf die letzten drei abgeschlossenen Geschäftsjahre, soweit er Bauleistungen und andere Leistungen betrifft, die mit der zu vergebenden Leistung vergleichbar sind, unter Einschluss des Anteils bei gemeinsam mit anderen Unternehmen ausgeführten Aufträgen,

b) die Ausführung von Leistungen in den letzten fünf abgeschlossenen Geschäftsjahren, die mit der zu vergebenden Leistung vergleichbar sind,

c) die Zahl der in den letzten drei abgeschlossenen Geschäftsjahren jahresdurchschnittlich beschäftigten Arbeitskräfte, gegliedert nach Lohngruppen mit gesondert ausgewiesenem technischem Leitungspersonal,

d) die Eintragung in das Berufsregister ihres Sitzes oder Wohnsitzes und

e) die Anmeldung des Unternehmens bei der Berufsgenossenschaft.

2. Andere, auf den konkreten Auftrag bezogene zusätzliche geeignete Angaben können verlangt werden, insbesondere Angaben und Nachweise, die für den Umgang mit Verschlusssachen erforderlich sind oder die Versorgungssicherheit gewährleisten sollen, sowie Angaben, die für die Prüfung der Fachkunde geeignet sind.

3. Der Auftraggeber wird andere ihm geeignet erscheinende Nachweise der wirtschaftlichen und finanziellen Leistungsfähigkeit zulassen, wenn er feststellt, dass stichhaltige Gründe dafür bestehen.

4. Kann ein Unternehmen aus einem berechtigten Grund die geforderten Nachweise nicht beibringen, kann es den Nachweis seiner Eignung durch Vorlage anderer Belege erbringen, die der Auftraggeber für geeignet hält.

§ 6b VS
Mittel der Nachweisführung, Verfahren

(1) Der Nachweis, auch über das Nichtvorliegen von Ausschlussgründen nach § 6e VS, kann mit der vom Auftraggeber direkt abrufbaren Eintragung in die allgemein zugängliche Liste des Vereins für die Präqualifikation von Bauunternehmen e.V. (Präqualifikationsverzeichnis) erfolgen.

Die Eintragung in ein gleichwertiges Verzeichnis anderer Mitgliedstaaten ist als Nachweis zugelassen.

(2) Die Angaben können die Bewerber oder Bieter auch durch Einzelnachweise erbringen. Der Auftraggeber kann dabei vorsehen, dass für einzelne Angaben Eigenerklärungen ausreichend sind, soweit es mit Verteidigungs- und Sicherheitsinteressen vereinbar ist. Eigenerklärungen, die als vorläufiger Nachweis dienen, sind von den Bietern, deren Angebote in die engere Wahl kommen, durch entsprechende Bescheinigungen der zuständigen Stellen zu bestätigen.

(3) Der Auftraggeber verlangt, dass die Nachweise bereits mit dem Teilnahmeantrag vorgelegt werden.

(4) Vor der Aufforderung zur Angebotsabgabe ist die Eignung der Unternehmen zu prüfen. Dabei sind die Unternehmen auszuwählen, deren Eignung die für die Erfüllung der vertraglichen Verpflichtungen notwendige Sicherheit bietet.

(5) Muss einem Bewerber für das Erstellen eines Angebotes der Zugang zu Verschlusssachen des Grades „VS-VERTRAULICH" oder höher gewährt werden, muss der Bewerber bereits vor Gewährung des Zugangs die geforderten Angaben und Nachweise vorlegen. Kommt der Bewerber dem nicht nach, schließt der Auftraggeber ihn von der Teilnahme am Vergabeverfahren aus.

§ 6c VS
Qualitätssicherung und Umweltmanagement

(1) Der Auftraggeber kann zusätzlich Angaben über Umweltmanagementverfahren verlangen, die der Bewerber oder Bieter bei der Ausführung des Auftrags gegebenenfalls anwenden will. In diesem Fall kann der Auftraggeber zum Nachweis dafür, dass der Bewerber oder Bieter bestimmte Normen für das Umweltmanagement erfüllt, die Vorlage von Bescheinigungen unabhängiger Stellen verlangen. Der Auftraggeber nimmt dabei Bezug auf

1. das Gemeinschaftssystem für das Umweltmanagement und die Umweltbetriebsprüfung (EMAS) oder

2. Normen für das Umweltmanagement, die

   a) auf den einschlägigen europäischen oder internationalen Normen beruhen und

   b) von entsprechenden Stellen zertifiziert sind, die dem Gemeinschaftsrecht oder einschlägigen europäischen oder internationalen Zertifizierungsnormen entsprechen.

   Gleichwertige Bescheinigungen von Stellen in anderen Mitgliedstaaten sind anzuerkennen. Der Auftraggeber erkennt auch andere Nachweise für gleichwertige Umweltmanagement-Maßnahmen an, die von Bewerbern oder Bietern vorgelegt werden.

(2) Auftraggeber können zum Nachweis dafür, dass der Bewerber oder Bieter bestimmte Qualitätssicherungsnormen erfüllt, die Vorlage von Bescheinigungen unabhängiger Stellen verlangen. Der Auftraggeber nimmt dabei auf Qualitätssicherungsverfahren Bezug, die

1. den einschlägigen europäischen Normen genügen und

2. von entsprechenden Stellen zertifiziert sind, die den europäischen Zertifizierungsnormen entsprechen.

Gleichwertige Bescheinigungen von Stellen aus anderen Mitgliedstaaten sind anzuerkennen. Der Auftraggeber erkennt auch andere gleichwertige Nachweise für Qualitätssicherungsmaßnahmen an.

§ 6d VS
Kapazitäten anderer Unternehmen

Ein Bewerber oder Bieter kann sich, gegebenenfalls auch als Mitglied einer Bietergemeinschaft, zur Erfüllung eines Auftrags der Fähigkeiten anderer Unternehmen bedienen. Dabei kommt es nicht auf den rechtlichen Charakter der Verbindung zwischen ihm und diesen Unternehmen an. In diesem Fall fordert der Auftraggeber von den in der engeren Wahl befindlichen Bewerbern oder Bietern den Nachweis darüber, dass ihnen die erforderlichen Mittel zur Verfügung stehen. Als Nachweise können beispielsweise entsprechende Verpflichtungserklärungen dieser Unternehmen vorgelegt werden.

§ 6e VS
Ausschlussgründe

(1) Der Auftraggeber schließt ein Unternehmen zu jedem Zeitpunkt des Vergabeverfahrens von der Teilnahme aus, wenn er Kenntnis davon hat, dass eine Person, deren Verhalten nach Absatz 3 dem Unternehmen zuzurechnen ist, rechtskräftig verurteilt worden ist nach:

1. § 129 StGB (Bildung krimineller Vereinigungen), § 129a StGB (Bildung terroristischer Vereinigungen) oder § 129b StGB (kriminelle und terroristische Vereinigungen im Ausland),
2. § 89c StGB (Terrorismusfinanzierung) oder wegen der Teilnahme an einer solchen Tat oder wegen der Bereitstellung oder Sammlung finanzieller Mittel in Kenntnis dessen, dass diese finanziellen Mittel ganz oder teilweise dazu verwendet werden oder verwendet werden sollen, eine Tat nach § 89a Absatz 2 Nummer 2 StGB zu begehen,
3. § 261 StGB (Geldwäsche; Verschleierung unrechtmäßig erlangter Vermögenswerte),
4. § 263 StGB (Betrug), soweit sich die Straftat gegen den Haushalt der Europäischen Union oder gegen Haushalte richtet, die von der Europäischen Union oder in ihrem Auftrag verwaltet werden,
5. § 264 StGB (Subventionsbetrug), soweit sich die Straftat gegen den Haushalt der Europäischen Union oder gegen Haushalte richtet, die von der Europäischen Union oder in ihrem Auftrag verwaltet werden,
6. § 299 StGB (Bestechlichkeit und Bestechung im geschäftlichen Verkehr),
7. § 108e StGB (Bestechlichkeit und Bestechung von Mandatsträgern),
8. den §§ 333 und 334 StGB (Vorteilsgewährung und Bestechung), jeweils auch in Verbindung mit § 335a StGB (Ausländische und internationale Bedienstete),
9. Artikel 2 § 2 des Gesetzes zur Bekämpfung internationaler Bestechung (Bestechung ausländischer Abgeordneter im Zusammenhang mit internationalem Geschäftsverkehr),
10. den §§ 232 und 233 StGB (Menschenhandel) oder § 233a StGB (Förderung des Menschenhandels).

(2) Einer Verurteilung nach diesen Vorschriften oder der Festsetzung einer Geldbuße im Sinne des Absatzes 1 stehen eine Verurteilung oder die Festsetzung einer Geldbuße nach den vergleichbaren Vorschriften anderer Staaten gleich.

(3) Das Verhalten einer rechtskräftig verurteilten Person ist einem Unternehmen zuzurechnen, wenn diese Person als für die Leitung des Unternehmens Verantwortlicher gehandelt hat; dazu gehört auch die Überwachung der Geschäftsführung oder die sonstige Ausübung von Kontrollbefugnissen in leitender Stellung.

(4) Der Auftraggeber schließt ein Unternehmen von der Teilnahme an einem Vergabeverfahren aus, wenn

1. das Unternehmen seinen Verpflichtungen zur Zahlung von Steuern, Abgaben und Beiträgen zur Sozialversicherung nicht nachgekommen ist und dies durch eine rechtskräftige Gerichts- oder bestandskräftige Verwaltungsentscheidung festgestellt wurde, oder
2. der Auftraggeber auf sonstige geeignete Weise die Verletzung einer Verpflichtung nach Nummer 1 nachweisen kann.

Satz 1 findet keine Anwendung, wenn das Unternehmen seinen Verpflichtungen dadurch nachgekommen ist, dass es die Zahlung vorgenommen oder sich zur Zahlung der Steuern, Abgaben und Beiträge zur Sozialversicherung einschließlich Zinsen, Säumnis- und Strafzuschlägen verpflichtet hat.

(5) Von einem Ausschluss nach Absatz 1 kann abgesehen werden, wenn dies aus zwingenden Gründen des öffentlichen Interesses geboten ist. Von einem Ausschluss nach Absatz 4 Satz 1 kann abgesehen werden, wenn dies aus zwingenden Gründen des öffentlichen Interesses geboten ist oder ein Ausschluss offensichtlich unverhältnismäßig wäre. § 6f VS Absatz 1 und 2 bleiben unberührt.

(6) Der Auftraggeber kann unter Berücksichtigung des Grundsatzes der Verhältnismäßigkeit ein Unternehmen zu jedem Zeitpunkt des Vergabeverfahrens von der Teilnahme an einem Vergabeverfahren ausschließen, wenn

1. das Unternehmen bei der Ausführung öffentlicher Aufträge nachweislich gegen geltende umwelt-, sozial- und arbeitsrechtliche Verpflichtungen verstoßen hat,
2. das Unternehmen zahlungsunfähig ist, über das Vermögen des Unternehmens ein Insolvenzverfahren oder ein vergleichbares Verfahren beantragt oder eröffnet worden ist, die Eröffnung eines solchen Verfahrens mangels Masse abgelehnt worden ist, sich das Unternehmen im Verfahren der Liquidation befindet oder seine Tätigkeit eingestellt hat,
3. das Unternehmen im Rahmen der beruflichen Tätigkeit nachweislich eine schwere Verfehlung begangen hat, durch die die Integrität des Unternehmens infrage gestellt wird insbesondere im Rahmen seiner beruflichen Tätigkeit seine Pflicht zur Gewährleistung der Informations- oder Versorgungssicherheit bei einem früheren Auftrag verletzt hat; Absatz 3 ist entsprechend anzuwenden,
4. der Auftraggeber über hinreichende Anhaltspunkte dafür verfügt, dass das Unternehmen Vereinbarungen mit anderen Unternehmen getroffen hat, die eine Verhinderung, Einschränkung oder Verfälschung des Wettbewerbs bezwecken oder bewirken,
5. ein Interessenkonflikt bei der Durchführung des Vergabeverfahrens besteht, der die Unparteilichkeit und Unabhängigkeit einer für den Auftraggeber tätigen Person bei der Durchführung des Vergabeverfahrens beeinträchtigen könnte und der durch andere, weniger einschneidende Maßnahmen nicht wirksam beseitigt werden kann,

6. eine Wettbewerbsverzerrung daraus resultiert, dass das Unternehmen bereits in die Vorbereitung des Vergabeverfahrens einbezogen war, und diese Wettbewerbsverzerrung nicht durch andere, weniger einschneidende Maßnahmen beseitigt werden kann,
7. das Unternehmen eine wesentliche Anforderung bei der Ausführung eines früheren öffentlichen Auftrags erheblich oder fortdauernd mangelhaft erfüllt hat und dies zu einer vorzeitigen Beendigung, zu Schadensersatz oder zu einer vergleichbaren Rechtsfolge geführt hat,
8. das Unternehmen in Bezug auf Ausschlussgründe oder Eignungskriterien eine schwerwiegende Täuschung begangen, Auskünfte zurückgehalten hat oder nicht in der Lage ist, die erforderlichen Nachweise zu übermitteln oder
9. das Unternehmen
    a) versucht hat, die Entscheidungsfindung des Auftraggebers in unzulässiger Weise zu beeinflussen,
    b) versucht hat, vertrauliche Informationen zu erhalten, durch die es unzulässige Vorteile beim Vergabeverfahren erlangen könnte,
    c) fahrlässig oder vorsätzlich irreführende Informationen übermittelt hat, die die Vergabeentscheidung des Auftraggebers erheblich beeinflussen könnten oder versucht hat, solche Informationen zu übermitteln, oder
10. das Unternehmen nachweislich nicht die erforderliche Vertrauenswürdigkeit aufweist, um Risiken für die nationale Sicherheit auszuschließen; als Beweismittel kommen auch geschützte Datenquellen in Betracht.

§ 6f VS
Selbstreinigung

(1) Der Auftraggeber schließt ein Unternehmen, bei dem ein Ausschlussgrund nach § 6e VS vorliegt, nicht von der Teilnahme an dem Vergabeverfahren aus, wenn das Unternehmen nachgewiesen hat, dass es

1. für jeden durch eine Straftat oder ein Fehlverhalten verursachten Schaden einen Ausgleich gezahlt oder sich zur Zahlung eines Ausgleichs verpflichtet hat,
2. die Tatsachen und Umstände, die mit der Straftat oder dem Fehlverhalten und dem dadurch verursachten Schaden in Zusammenhang stehen, durch eine aktive Zusammenarbeit mit den Ermittlungsbehörden und dem öffentlichen Auftraggeber umfassend geklärt hat und
3. konkrete technische, organisatorische und personelle Maßnahmen ergriffen hat, die geeignet sind, weitere Straftaten oder weiteres Fehlverhalten zu vermeiden.

§ 6e VS Absatz 4 Satz 2 bleibt unberührt.

(2) Der Auftraggeber bewertet die von dem Unternehmen ergriffenen Selbstreinigungsmaßnahmen im Hinblick auf ihre Bedeutung für den zu vergebenden öffentlichen Auftrag; dabei berücksichtigt er die Schwere und die besonderen Umstände der Straftat oder des Fehlverhaltens. Erachtet der Auftraggeber die Selbstreinigungsmaßnahmen des Unternehmens als unzureichend, so begründet er diese Entscheidung gegenüber dem Unternehmen.

(3) Wenn ein Unternehmen, bei dem ein Ausschlussgrund vorliegt, keine oder keine ausreichenden Selbstreinigungsmaßnahmen nach Absatz 1 ergreift, darf es

1. bei Vorliegen eines Ausschlussgrundes nach § 6e VS Absatz 1 bis 4 höchstens für einen Zeitraum von fünf Jahren ab dem Tag der rechtskräftigen Verurteilung von der Teilnahme an Vergabeverfahren ausgeschlossen werden,
2. bei Vorliegen eines Ausschlussgrundes nach § 6e VS Absatz 6 höchstens für einen Zeitraum von drei Jahren ab dem betreffenden Ereignis von der Teilnahme an Vergabeverfahren ausgeschlossen werden.

§ 7 VS
Leistungsbeschreibung

(1) 1. Die Leistung ist eindeutig und so erschöpfend zu beschreiben, dass alle Unternehmen die Beschreibung im gleichen Sinne verstehen müssen und ihre Preise sicher und ohne umfangreiche Vorarbeiten berechnen können.

2. Um eine einwandfreie Preisermittlung zu ermöglichen, sind alle sie beeinflussenden Umstände festzustellen und in den Vergabeunterlagen anzugeben.

3. Dem Auftragnehmer darf kein ungewöhnliches Wagnis aufgebürdet werden für Umstände und Ereignisse, auf die er keinen Einfluss hat und deren Einwirkung auf die Preise und Fristen er nicht im Voraus schätzen kann.

4. Bedarfspositionen sind grundsätzlich nicht in die Leistungsbeschreibung aufzunehmen. Angehängte Stundenlohnarbeiten dürfen nur in dem unbedingt erforderlichen Umfang in die Leistungsbeschreibung aufgenommen werden.

5. Erforderlichenfalls sind auch der Zweck und die vorgesehene Beanspruchung der fertigen Leistung anzugeben.

6. Die für die Ausführung der Leistung wesentlichen Verhältnisse der Baustelle, z. B. Boden- und Wasserverhältnisse, sind so zu beschreiben, dass das Unternehmen ihre Auswirkungen auf die bauliche Anlage und die Bauausführung hinreichend beurteilen kann.

7. Die „Hinweise für das Aufstellen der Leistungsbeschreibung" in Abschnitt 0 der Allgemeinen Technischen Vertragsbedingungen für Bauleistungen, DIN 18299 ff., sind zu beachten.

(2) Soweit es nicht durch den Auftragsgegenstand gerechtfertigt ist, darf in technischen Spezifikationen nicht auf eine bestimmte Produktion oder Herkunft oder ein besonderes Verfahren, das die von einem bestimmten Unternehmen bereitgestellten Produkte charakterisiert, oder auf Marken, Patente, Typen oder einen bestimmten Ursprung oder eine bestimmte Produktion verwiesen werden, wenn dadurch bestimmte Unternehmen oder bestimmte Produkte begünstigt oder ausgeschlossen werden. Solche Verweise sind jedoch ausnahmsweise zulässig, wenn der Auftragsgegenstand nicht hinreichend genau und allgemein verständlich beschrieben werden kann; solche Verweise sind mit dem Zusatz „oder gleichwertig" zu versehen.

(3) Bei der Beschreibung der Leistung sind die verkehrsüblichen Bezeichnungen zu beachten.

§ 7a VS
Technische Spezifikationen

(1) Die technischen Anforderungen (Spezifikationen – siehe Anhang TS Nummer 1) an den Auftragsgegenstand müssen allen Unternehmen gleichermaßen zugänglich sein.

(2) Die technischen Spezifikationen sind in den Vergabeunterlagen zu formulieren:

1. entweder unter Bezugnahme auf die in Anhang TS definierten technischen Spezifikationen in der Rangfolge

   a) nationale zivile Normen, mit denen europäische Normen umgesetzt werden,

   b) europäische technische Zulassungen,

   c) gemeinsame zivile technische Spezifikationen,

   d) nationale zivile Normen, mit denen internationale Normen umgesetzt werden,

   e) andere internationale zivile Normen,

   f) andere technische Bezugssysteme, die von den europäischen Normungsgremien erarbeitet wurden oder, falls solche Normen und Spezifikationen fehlen, nationale Normen, nationale technische Zulassungen oder nationale technische Spezifikationen für die Planung, Berechnung und Ausführung von Bauwerken und den Einsatz von Produkten,

   g) zivile technische Spezifikationen, die von der Industrie entwickelt wurden und von ihr allgemein anerkannt werden oder

   h) die in Anhang III Nummer 3 der Richtlinie 2009/81/EG definierten nationalen „Verteidigungsnormen" und Spezifikationen für Verteidigungsgüter, die diesen Normen entsprechen.

   Jede Bezugnahme ist mit dem Zusatz „oder gleichwertig" zu versehen;

2. oder in Form von Leistungs- oder Funktionsanforderungen, die so genau zu fassen sind, dass sie den Unternehmen ein klares Bild vom Auftragsgegenstand vermitteln und dem Auftraggeber die Erteilung des Zuschlags ermöglichen;

3. oder in Kombination von Nummer 1 und Nummer 2, das heißt

   i) in Form von Leistungs- oder Funktionsanforderungen unter Bezugnahme auf die Spezifikationen gemäß Nummer 1 als Mittel zur Vermutung der Konformität mit diesen Leistungs- oder Funktionsanforderungen;

   j) oder mit Bezugnahme auf die Spezifikationen gemäß Nummer 1 hinsichtlich bestimmter Merkmale und mit Bezugnahme auf die Leistungs- oder Funktionsanforderungen gemäß Nummer 2 hinsichtlich anderer Merkmale.

(3) Verweist der Auftraggeber in der Leistungsbeschreibung auf die in Absatz 2 Nummer 1 genannten Spezifikationen, so darf er ein Angebot nicht mit der Begründung ablehnen, die angebotene Leistung entspräche nicht den herangezogenen Spezifikationen, sofern der Bieter in seinem Angebot dem Auftraggeber nachweist, dass die von ihm vorgeschlagenen Lösungen den Anforderungen der technischen Spezifikation, auf die Bezug genommen wurde, gleichermaßen entsprechen. Als geeignetes Mittel kann eine technische Beschreibung des Herstellers oder ein Prüfbericht einer anerkannten Stelle gelten.

(4) Legt der Auftraggeber die technischen Spezifikationen in Form von Leistungs- oder Funktionsanforderungen fest, so darf er ein Angebot, das einer nationalen Norm entspricht, mit der eine europäische Norm umgesetzt wird, oder einer europäischen technischen Zulassung, einer gemeinsamen

technischen Spezifikation, einer internationalen Norm oder einem technischen Bezugssystem, das von den europäischen Normungsgremien erarbeitet wurde, entspricht, nicht zurückweisen, wenn diese Spezifikationen die geforderten Leistungs- oder Funktionsanforderungen betreffen. Der Bieter muss in seinem Angebot mit geeigneten Mitteln dem Auftraggeber nachweisen, dass die der Norm entsprechende jeweilige Leistung den Leistungs- oder Funktionsanforderungen des Auftraggebers entspricht. Als geeignetes Mittel kann eine technische Beschreibung des Herstellers oder ein Prüfbericht einer anerkannten Stelle gelten.

(5) Schreibt der Auftraggeber Umwelteigenschaften in Form von Leistungs- oder Funktionsanforderungen vor, so kann er die Spezifikationen verwenden, die in europäischen, multinationalen oder anderen Umweltzeichen definiert sind, wenn

1. sie sich zur Definition der Merkmale des Auftragsgegenstands eignen,
2. die Anforderungen des Umweltzeichens auf Grundlage von wissenschaftlich abgesicherten Informationen ausgearbeitet werden,
3. die Umweltzeichen im Rahmen eines Verfahrens erlassen werden, an dem interessierte Kreise – wie z. B. staatliche Stellen, Verbraucher, Hersteller, Händler und Umweltorganisationen – teilnehmen können, und
4. das Umweltzeichen für alle Betroffenen zugänglich und verfügbar ist.

Der Auftraggeber kann in den Vergabeunterlagen angeben, dass bei Leistungen, die mit einem Umweltzeichen ausgestattet sind, vermutet wird, dass sie den in der Leistungsbeschreibung festgelegten technischen Spezifikationen genügen. Der Auftraggeber muss jedoch auch jedes andere geeignete Beweismittel, wie technische Unterlagen des Herstellers oder Prüfberichte anerkannter Stellen, akzeptieren. Anerkannte Stellen sind die Prüf- und Eichlaboratorien sowie die Inspektions- und Zertifizierungsstellen, die mit den anwendbaren europäischen Normen übereinstimmen. Der Auftraggeber erkennt Bescheinigungen von in anderen Mitgliedstaaten ansässigen anerkannten Stellen an.

§ 7b VS
Leistungsbeschreibung mit Leistungsverzeichnis

(1) Die Leistung ist in der Regel durch eine allgemeine Darstellung der Bauaufgabe (Baubeschreibung) und ein in Teilleistungen gegliedertes Leistungsverzeichnis zu beschreiben.

(2) Erforderlichenfalls ist die Leistung auch zeichnerisch oder durch Probestücke darzustellen oder anders zu erklären, z. B. durch Hinweise auf ähnliche Leistungen, durch Mengen- oder statische Berechnungen. Zeichnungen und Proben, die für die Ausführung maßgebend sein sollen, sind eindeutig zu bezeichnen.

(3) Leistungen, die nach den Vertragsbedingungen, den Technischen Vertragsbedingungen oder der gewerblichen Verkehrssitte zu der geforderten Leistung gehören (§ 2 Absatz 1 VOB/B), brauchen nicht besonders aufgeführt zu werden.

(4) Im Leistungsverzeichnis ist die Leistung derart aufzugliedern, dass unter einer Ordnungszahl (Position) nur solche Leistungen aufgenommen werden, die nach ihrer technischen Beschaffenheit und für die Preisbildung als in sich gleichartig anzusehen sind. Ungleichartige Leistungen sollen unter einer Ordnungszahl (Sammelposition) nur zusammengefasst werden, wenn eine Teilleistung gegenüber einer anderen für die Bildung eines Durchschnittspreises ohne nennenswerten Einfluss ist.

§ 7c VS
Leistungsbeschreibung mit Leistungsprogramm

(1) Wenn es nach Abwägen aller Umstände zweckmäßig ist, abweichend von § 7b VS Absatz 1 zusammen mit der Bauausführung auch den Entwurf für die Leistung dem Wettbewerb zu unterstellen, um die technisch, wirtschaftlich und gestalterisch beste sowie funktionsgerechteste Lösung der Bauaufgabe zu ermitteln, kann die Leistung durch ein Leistungsprogramm dargestellt werden.

(2) 1. Das Leistungsprogramm umfasst eine Beschreibung der Bauaufgabe, aus der die Unternehmen alle für die Entwurfsbearbeitung und ihr Angebot maßgebenden Bedingungen und Umstände erkennen können und in der sowohl der Zweck der fertigen Leistung als auch die an sie gestellten technischen, wirtschaftlichen, gestalterischen und funktionsbedingten Anforderungen angegeben sind, sowie gegebenenfalls ein Musterleistungsverzeichnis, in dem die Mengenangaben ganz oder teilweise offengelassen sind.

2. § 7b VS Absätze 2 bis 4 gelten sinngemäß.

(3) Von dem Bieter ist ein Angebot zu verlangen, das außer der Ausführung der Leistung den Entwurf nebst eingehender Erläuterung und eine Darstellung der Bauausführung sowie eine eingehende und zweckmäßig gegliederte Beschreibung der Leistung – gegebenenfalls mit Mengen- und Preisangaben für Teile der Leistung – umfasst. Bei Beschreibung der Leistung mit Mengen- und Preisangaben ist vom Bieter zu verlangen, dass er

1. die Vollständigkeit seiner Angaben, insbesondere die von ihm selbst ermittelten Mengen, entweder ohne Einschränkung oder im Rahmen einer in den Vergabeunterlagen anzugebenden Mengentoleranz vertritt, und

2. etwaige Annahmen, zu denen er in besonderen Fällen gezwungen ist, weil zum Zeitpunkt der Angebotsabgabe einzelne Teilleistungen nach Art und Menge noch nicht bestimmt werden können (z. B. Aushub-, Abbruch- oder Wasserhaltungsarbeiten) – erforderlichenfalls anhand von Plänen und Mengenermittlungen – begründet.

§ 8 VS
Vergabeunterlagen

(1) Die Vergabeunterlagen bestehen aus

1. dem Anschreiben (Aufforderung zur Angebotsabgabe), gegebenenfalls Teilnahmebedingungen (Absatz 2) und

2. den Vertragsunterlagen (Absatz 3 und §§ 7 VS bis 7c VS, § 8a VS Absatz 1 bis 3).

(2) 1. Das Anschreiben muss die in Anhang XV der Durchführungsverordnung (EU) Nr. 2015/1986 geforderten Informationen enthalten, die außer den Vertragsunterlagen für den Entschluss zur Abgabe eines Angebots notwendig sind, sofern sie nicht bereits veröffentlicht wurden.

2. Der Auftraggeber kann die Bieter auffordern, in ihrem Angebot die Leistungen anzugeben, die sie an Nachunternehmen zu vergeben beabsichtigen.

3. Hat der Auftraggeber in der Auftragsbekanntmachung Nebenangebote zugelassen, hat er anzugeben:

a) ob er Nebenangebote ausnahmsweise nur in Verbindung mit einem Hauptangebot zulässt,

b) die Mindestanforderungen für Nebenangebote.

Von Bietern, die eine Leistung anbieten, deren Ausführung nicht in Allgemeinen Technischen Vertragsbedingungen oder in den Vergabeunterlagen geregelt ist, sind im Angebot entsprechende Angaben über Ausführung und Beschaffenheit dieser Leistung zu verlangen.

4. Auftraggeber, die ständig Bauaufträge vergeben, sollen die Erfordernisse, die die Unternehmen bei der Bearbeitung ihrer Angebote beachten müssen, in den Teilnahmebedingungen zusammenfassen und dem Anschreiben beifügen.

(3) Bei der Vergabe von Verschlusssachenaufträgen und Aufträgen, die Anforderungen an die Versorgungssicherheit beinhalten, benennt der Auftraggeber in der Auftragsbekanntmachung oder den Vergabeunterlagen alle Maßnahmen und Anforderungen, die erforderlich sind, um den Schutz solcher Verschlusssachen entsprechend der jeweiligen Sicherheitsstufe zu gewährleisten bzw. um die Versorgungssicherheit zu gewährleisten.

§ 8a VS
Allgemeine, Besondere und Zusätzliche Vertragsbedingungen

(1) In den Vergabeunterlagen ist vorzuschreiben, dass die Allgemeinen Vertragsbedingungen für die Ausführung von Bauleistungen (VOB/B) und die Allgemeinen Technischen Vertragsbedingungen für Bauleistungen (VOB/C) Bestandteile des Vertrags werden. Das gilt auch für etwaige Zusätzliche Vertragsbedingungen und etwaige Zusätzliche Technische Vertragsbedingungen, soweit sie Bestandteile des Vertrags werden sollen.

(2) 1. Die Allgemeinen Vertragsbedingungen bleiben grundsätzlich unverändert. Sie können von Auftraggebern, die ständig Bauaufträge vergeben, für die bei ihnen allgemein gegebenen Verhältnisse durch Zusätzliche Vertragsbedingungen ergänzt werden. Diese dürfen den Allgemeinen Vertragsbedingungen nicht widersprechen.

2. Für die Erfordernisse des Einzelfalles sind die Allgemeinen Vertragsbedingungen und etwaige Zusätzliche Vertragsbedingungen durch Besondere Vertragsbedingungen zu ergänzen. In diesen sollen sich Abweichungen von den Allgemeinen Vertragsbedingungen auf die Fälle beschränken, in denen dort besondere Vereinbarungen ausdrücklich vorgesehen sind und auch nur soweit es die Eigenart der Leistung und ihre Ausführung erfordern.

(3) Die Allgemeinen Technischen Vertragsbedingungen bleiben grundsätzlich unverändert. Sie können von Auftraggebern, die ständig Bauaufträge vergeben, für die bei ihnen allgemein gegebenen Verhältnisse durch Zusätzliche Technische Vertragsbedingungen ergänzt werden. Für die Erfordernisse des Einzelfalles sind Ergänzungen und Änderungen in der Leistungsbeschreibung festzulegen.

(4) 1. In den Zusätzlichen Vertragsbedingungen oder in den Besonderen Vertragsbedingungen sollen, soweit erforderlich, folgende Punkte geregelt werden:

a) Unterlagen (§ 8b VS Absatz 3; § 3 Absatz 5 und 6 VOB/B),

b) Benutzung von Lager- und Arbeitsplätzen, Zufahrtswegen, Anschlussgleisen, Wasser- und Energieanschlüssen (§ 4 Absatz 4 VOB/B),

c) Weitervergabe an Nachunternehmen (§ 4 Absatz 8 VOB/B),

d) Ausführungsfristen (§ 9 VS; § 5 VOB/B),

e) Haftung (§ 10 Absatz 2 VOB/B),

f) Vertragsstrafen und Beschleunigungsvergütungen (§ 9a VS; § 11 VOB/B),

g) Abnahme (§ 12 VOB/B),

h) Vertragsart (§ 4 VS), Abrechnung (§ 14 VOB/B),

i) Stundenlohnarbeiten (§ 15 VOB/B),

j) Zahlungen, Vorauszahlungen (§ 16 VOB/B),

k) Sicherheitsleistung (§ 9c VS; § 17 VOB/B),

l) Gerichtsstand (§ 18 Absatz 1 VOB/B),

m) Lohn- und Gehaltsnebenkosten,

n) Änderung der Vertragspreise (§ 9d VS).

2. Im Einzelfall erforderliche besondere Vereinbarungen über die Mängelansprüche sowie deren Verjährung (§ 9b VS; § 13 Absatz 1, 4 und 7 VOB/B) und über die Verteilung der Gefahr bei Schäden, die durch Hochwasser, Sturmfluten, Grundwasser, Wind, Schnee, Eis und dergleichen entstehen können (§ 7 VOB/B), sind in den Besonderen Vertragsbedingungen zu treffen. Sind für bestimmte Bauleistungen gleichgelagerte Voraussetzungen im Sinne von § 9b VS gegeben, so dürfen die besonderen Vereinbarungen auch in Zusätzlichen Technischen Vertragsbedingungen vorgesehen werden.

§ 8b VS
Kosten- und Vertrauensregelung, Schiedsverfahren

(1) Beim nicht offenen Verfahren, beim Verhandlungsverfahren und beim wettbewerblichen Dialog sind alle Unterlagen unentgeltlich abzugeben.

(2) 1. Für die Bearbeitung des Angebotes wird keine Entschädigung gewährt. Verlangt jedoch der Auftraggeber, dass der Bieter Entwürfe, Pläne, Zeichnungen, statische Berechnungen, Mengenberechnungen oder andere Unterlagen ausarbeitet, insbesondere in den Fällen des § 7c VS, so ist einheitlich für alle Bieter in der Ausschreibung eine angemessene Entschädigung festzusetzen. Diese Entschädigung steht jedem Bieter zu, der ein der Ausschreibung entsprechendes Angebot mit den geforderten Unterlagen rechtzeitig eingereicht hat.

2. Diese Grundsätze gelten für Verhandlungsverfahren und wettbewerblichen Dialog entsprechend.

(3) Der Auftraggeber darf Angebotsunterlagen und die in den Angeboten enthaltenen eigenen Vorschläge eines Bieters nur für die Prüfung und Wertung der Angebote (§§ 16c VS und 16d VS) verwenden. Eine darüber hinausgehende Verwendung bedarf der vorherigen schriftlichen Vereinbarung.

(4) Sollen Streitigkeiten aus dem Vertrag unter Ausschluss des ordentlichen Rechtsweges im schiedsrichterlichen Verfahren ausgetragen werden, so ist es in besonderer, nur das Schiedsverfahren betreffender Urkunde zu vereinbaren, soweit nicht § 1031 Absatz 2 ZPO auch eine andere Form der Vereinbarung zulässt.

§ 9 VS
Einzelne Vertragsbedingungen, Ausführungsfristen

(1) 1. Die Ausführungsfristen sind ausreichend zu bemessen; Jahreszeit, Arbeitsbedingungen und etwaige besondere Schwierigkeiten sind zu berücksichtigen. Für die Bauvorbereitung ist dem Auftragnehmer genügend Zeit zu gewähren.

2. Außergewöhnlich kurze Fristen sind nur bei besonderer Dringlichkeit vorzusehen.

3. Soll vereinbart werden, dass mit der Ausführung erst nach Aufforderung zu beginnen ist (§ 5 Absatz 2 VOB/B), so muss die Frist, innerhalb derer die Aufforderung ausgesprochen werden kann, unter billiger Berücksichtigung der für die Ausführung maßgebenden Verhältnisse zumutbar sein; sie ist in den Vergabeunterlagen festzulegen.

(2) 1. Wenn es ein erhebliches Interesse des Auftraggebers erfordert, sind Einzelfristen für in sich abgeschlossene Teile der Leistung zu bestimmen.

2. Wird ein Bauzeitenplan aufgestellt, damit die Leistungen aller Unternehmen sicher ineinandergreifen, so sollen nur die für den Fortgang der Gesamtarbeit besonders wichtigen Einzelfristen als vertraglich verbindliche Fristen (Vertragsfristen) bezeichnet werden.

(3) Ist für die Einhaltung von Ausführungsfristen die Übergabe von Zeichnungen oder anderen Unterlagen wichtig, so soll hierfür ebenfalls eine Frist festgelegt werden.

(4) Der Auftraggeber darf in den Vertragsunterlagen eine Pauschalierung des Verzugsschadens (§ 5 Absatz 4 VOB/B) vorsehen; sie soll fünf Prozent der Auftragssumme nicht überschreiten. Der Nachweis eines geringeren Schadens ist zuzulassen.

§ 9a VS
Vertragsstrafen, Beschleunigungsvergütung

Vertragsstrafen für die Überschreitung von Vertragsfristen sind nur zu vereinbaren, wenn die Überschreitung erhebliche Nachteile verursachen kann. Die Strafe ist in angemessenen Grenzen zu halten. Beschleunigungsvergütungen (Prämien) sind nur vorzusehen, wenn die Fertigstellung vor Ablauf der Vertragsfristen erhebliche Vorteile bringt.

§ 9b VS
Verjährung der Mängelansprüche

Andere Verjährungsfristen als nach § 13 Absatz 4 VOB/B sollen nur vorgesehen werden, wenn dies wegen der Eigenart der Leistung erforderlich ist. In solchen Fällen sind alle Umstände gegeneinander abzuwägen, insbesondere, wann etwaige Mängel wahrscheinlich erkennbar werden und wieweit die Mängelursachen noch nachgewiesen werden können, aber auch die Wirkung auf die Preise und die Notwendigkeit einer billigen Bemessung der Verjährungsfristen für Mängelansprüche.

§ 9c VS
Sicherheitsleistung

(1) Auf Sicherheitsleistung soll ganz oder teilweise verzichtet werden, wenn Mängel der Leistung voraussichtlich nicht eintreten. Unterschreitet die Auftragssumme 250 000 Euro ohne Umsatzsteuer, ist auf Sicherheitsleistung für die Vertragserfüllung und in der Regel auf Sicherheitsleistung für die Mängelansprüche zu verzichten. Bei nicht offenen Verfahren sowie bei Verhandlungsverfahren und wettbewerblichem Dialog sollen Sicherheitsleistungen in der Regel nicht verlangt werden.

(2) Die Sicherheit soll nicht höher bemessen und ihre Rückgabe nicht für einen späteren Zeitpunkt vorgesehen werden, als nötig ist, um den Auftraggeber vor Schaden zu bewahren. Die Sicherheit für die Erfüllung sämtlicher Verpflichtungen aus dem Vertrag soll fünf Prozent der Auftragssumme nicht überschreiten. Die Sicherheit für Mängelansprüche soll drei Prozent der Abrechnungssumme nicht überschreiten.

§ 9d VS
Änderung der Vergütung

Sind wesentliche Änderungen der Preisermittlungsgrundlagen zu erwarten, deren Eintritt oder Ausmaß ungewiss ist, so kann eine angemessene Änderung der Vergütung in den Vertragsunterlagen vorgesehen werden. Die Einzelheiten der Preisänderungen sind festzulegen.

§ 10 VS
Fristen

Falls die Angebote nur nach einer Ortsbesichtigung oder Einsichtnahme in nicht übersandte Unterlagen erstellt werden können, sind längere Fristen als die Mindestfristen festzulegen, damit alle Unternehmen von allen Informationen, die für die Erstellung des Angebotes erforderlich sind, Kenntnis nehmen können.

§ 10a VS
frei

§ 10b VS
Fristen im nicht offenen Verfahren

(1) Beim nicht offenen Verfahren beträgt die Frist für den Eingang der Anträge auf Teilnahme (Bewerbungsfrist) mindestens 37 Kalendertage, gerechnet vom Tag nach Absendung der Auftragsbekanntmachung.

(2) Die Bewerbungsfrist kann bei Auftragsbekanntmachungen, die über das Internetportal des Amtes für Veröffentlichungen der Europäischen Union auf elektronischem Weg erstellt und übermittelt werden (elektronischen Auftragsbekanntmachungen), um sieben Kalendertage verkürzt werden.

(3) Die Angebotsfrist beträgt mindestens 40 Kalendertage, gerechnet vom Tag nach Absendung der Aufforderung zur Angebotsabgabe.

(4) Die Angebotsfrist kann auf 36 Kalendertage, gerechnet vom Tag nach Absendung der Aufforderung zur Angebotsabgabe, verkürzt werden; sie darf 22 Kalendertage nicht unterschreiten. Voraussetzung dafür ist, dass eine Vorinformation nach dem vorgeschriebenen Muster gemäß § 12 VS Absatz 1 Nummer 3 mindestens 52 Kalendertage, höchstens aber zwölf Monate vor Absendung der Auftragsbekanntmachung des Auftrages an das Amt für Veröffentlichungen der Europäischen Union abgesandt wurde. Diese Vorinformation muss mindestens die im Muster einer Auftragsbekanntmachung nach § 12 VS Absatz 2 Nummer 2 für das nicht offene Verfahren geforderten Angaben enthalten, soweit diese Informationen zum Zeitpunkt der Absendung der Vorinformation vorlagen.

(5) Die Angebotsfrist kann um weitere fünf Kalendertage verkürzt werden, wenn ab der Veröffentlichung der Auftragsbekanntmachung die Vertragsunterlagen und alle zusätzlichen Unterlagen auf elektronischem Weg frei zugänglich, direkt und vollständig zur Verfügung gestellt werden; in der Auftragsbekanntmachung ist die Internetadresse anzugeben, unter der diese Unterlagen abgerufen werden können.

(6) Aus Gründen der Dringlichkeit kann

1. die Bewerbungsfrist auf mindestens 15 Kalendertage oder mindestens zehn Kalendertage bei elektronischer Auftragsbekanntmachung, wenn ab der Veröffentlichung der Auftragsbekanntmachung die Vertragsunterlagen und alle zusätzlichen Unterlagen auf elektronischem Weg frei zugänglich, direkt und vollständig zur Verfügung gestellt werden; in der Auftragsbekanntmachung ist die Internetadresse anzugeben, unter der diese Unterlagen abgerufen werden können,
2. die Angebotsfrist auf mindestens zehn Kalendertage

verkürzt werden.

(7) Bis zum Ablauf der Angebotsfrist können Angebote in Textform zurückgezogen werden.

(8) Der Auftraggeber bestimmt eine angemessene Frist, innerhalb der die Bieter an ihre Angebote gebunden sind (Bindefrist). Diese soll so kurz wie möglich und nicht länger bemessen werden, als der Auftraggeber für eine zügige Prüfung und Wertung der Angebote (§§ 16 VS bis 16d VS) benötigt. Eine längere Bindefrist als 30 Kalendertage soll nur in begründeten Fällen festgelegt werden. Das Ende der Bindefrist ist durch Angabe des Kalendertages zu bezeichnen.

(9) Die Bindefrist beginnt mit dem Ablauf der Angebotsfrist.

§ 10c VS
Fristen im Verhandlungsverfahren

(1) Beim Verhandlungsverfahren mit Teilnahmewettbewerb ist entsprechend §§ 10 VS und 10b VS Absatz 1, 2, 6 Nummer 1 und Absatz 8 bis 9 zu verfahren.

(2) Beim Verhandlungsverfahren ohne Teilnahmewettbewerb ist auch bei Dringlichkeit für die Bearbeitung und Einreichung der Angebote eine ausreichende Angebotsfrist nicht unter zehn Kalendertagen vorzusehen. Dabei ist insbesondere der zusätzliche Aufwand für die Besichtigung von Baustellen oder die Beschaffung von Unterlagen für die Angebotsbearbeitung zu berücksichtigen. Es ist entsprechend § 10b VS Absatz 8 und 9 zu verfahren.

§ 10d VS
Fristen im wettbewerblichen Dialog

Beim wettbewerblichen Dialog ist entsprechend §§ 10 VS und 10b VS Absatz 1, 2 und 8 bis 9 zu verfahren.

§ 11 VS
Grundsätze der Informationsübermittlung

(1) 1. Der Auftraggeber gibt in der Auftragsbekanntmachung oder den Vergabeunterlagen an, ob Informationen per Post, Telefax, direkt, elektronisch oder durch eine Kombination dieser Kommunikationsmittel übermittelt werden.

2. Das für die elektronische Übermittlung gewählte Netz muss allgemein verfügbar sein und darf den Zugang der Bewerber und Bieter zu den Vergabeverfahren nicht beschränken. Die dafür zu verwendenden Programme und ihre technischen Merkmale müssen allgemein zugänglich, mit allgemein verbreiteten Erzeugnissen der Informations- und Kommunikationstechnologie kompatibel und nicht diskriminierend sein.

3. Der Auftraggeber hat dafür Sorge zu tragen, dass den interessierten Unternehmen die Informationen über die Spezifikationen der Geräte, die für die elektronische Übermittlung der

Anträge auf Teilnahme und der Angebote erforderlich sind, einschließlich Verschlüsselung zugänglich sind. Außerdem muss gewährleistet sein, dass die in § 11a VS genannten Anforderungen erfüllt sind.

(2) Der Auftraggeber kann im Internet ein Beschafferprofil einrichten, in dem allgemeine Informationen wie Kontaktstelle, Telefon- und Telefaxnummer, Postanschrift und E-Mail-Adresse sowie Angaben über Ausschreibungen, geplante und vergebene Aufträge oder aufgehobene Verfahren veröffentlicht werden können.

(3) Der Auftraggeber hat die Datenintegrität und die Vertraulichkeit der übermittelten Anträge auf Teilnahme am Vergabeverfahren auf geeignete Weise zu gewährleisten. Per Post oder direkt übermittelte Anträge sind

1. in einem verschlossenen Umschlag einzureichen,
2. als Anträge auf Teilnahme auf dem Umschlag zu kennzeichnen und
3. bis zum Ablauf der vorgesehenen Frist unter Verschluss zu halten.

Bei elektronisch übermittelten Teilnahmeanträgen sind Datenintegrität und Vertraulichkeit durch entsprechende organisatorische und technische Lösungen nach den Anforderungen des Auftraggebers und durch Verschlüsselung sicherzustellen. Die Verschlüsselung muss bis zum Ablauf der Frist, die für die Einreichung der Anträge bestimmt ist, aufrechterhalten bleiben.

(4) Anträge auf Teilnahme am Vergabeverfahren können auch per Telefax oder telefonisch gestellt werden, müssen dann aber vom Unternehmen bis zum Ablauf der Frist für die Abgabe der Teilnahmeanträge durch Übermittlung per Post, direkt oder elektronisch bestätigt werden.

§ 11a VS
Anforderungen an elektronische Mittel

Die Geräte müssen gewährleisten, dass

1. für die Angebote eine elektronische Signatur verwendet werden kann,
2. Tag und Uhrzeit des Eingangs der Teilnahmeanträge oder Angebote genau bestimmbar sind,
3. ein Zugang zu den Daten nicht vor Ablauf des hierfür festgesetzten Termins erfolgt,
4. bei einem Verstoß gegen das Zugangsverbot der Verstoß sicher festgestellt werden kann,
5. ausschließlich die hierfür bestimmten Personen den Zeitpunkt der Öffnung der Daten festlegen oder ändern können,
6. der Zugang zu den übermittelten Daten nur möglich ist, wenn die hierfür bestimmten Personen gleichzeitig und erst nach dem festgesetzten Zeitpunkt tätig werden und
7. die übermittelten Daten ausschließlich den zur Kenntnisnahme bestimmten Personen zugänglich bleiben.

§ 12 VS
Vorinformation, Auftragsbekanntmachung

(1) 1. Als Vorinformation sind die wesentlichen Merkmale der beabsichtigten Bauaufträge mit mindestens einem geschätzten Gesamtauftragswert für Bauleistungen nach § 106 Absatz 2 Nummer 3 GWB ohne Umsatzsteuer bekannt zu machen.

2. Eine Vorinformation ist nur dann verpflichtend, wenn der Auftraggeber von der Möglichkeit einer Verkürzung der Angebotsfrist gemäß § 10b VS Absatz 4 Gebrauch machen möchte.
3. Die Vorinformation ist nach dem Muster gemäß Anhang XIII der Durchführungsverordnung (EU) Nr. 2015/1986 zu erstellen.
4. Nach Genehmigung der Planung ist die Vorinformation sobald wie möglich dem Amt für Veröffentlichungen der Europäischen Union[10] zu übermitteln oder im Beschafferprofil nach § 11 VS Absatz 2 zu veröffentlichen; in diesem Fall ist dem Amt für Veröffentlichungen der Europäischen Union zuvor auf elektronischem Weg die Veröffentlichung mit dem Muster gemäß Anhang VIII der Durchführungsverordnung (EU) Nr. 2015/1986 zu melden, Anhang VI der Richtlinie 2009/81/EG ist zu beachten. Die Vorinformation kann außerdem in Tageszeitungen, amtlichen Veröffentlichungsblättern oder Internetportalen veröffentlicht werden.

(2) 1. Die Unternehmen sind durch Auftragsbekanntmachungen aufzufordern, ihre Teilnahme am Wettbewerb zu beantragen, wenn Bauaufträge im Sinne von § 1 VS in einem nicht offenen Verfahren, in einem Verhandlungsverfahren mit Teilnahmewettbewerb oder in einem wettbewerblichen Dialog vergeben werden.
2. Die Auftragsbekanntmachungen müssen die in Anhang XV der Durchführungsverordnung (EU) Nr. 2015/1986 geforderten Informationen enthalten und sollen nicht mehr als 650 Wörter umfassen, wenn der Inhalt der Auftragsbekanntmachung nicht auf elektronischem Weg gemäß dem Muster und unter Beachtung der Verfahren bei der Übermittlung nach Anhang VI Nummer 3 der Richtlinie 2009/81/EG abgesendet wird. Auftragsbekanntmachungen sind im Amtsblatt der Europäischen Union zu veröffentlichen und dem Amt für Veröffentlichungen der Europäischen Union unverzüglich, in Fällen des beschleunigten Verfahrens per Telefax oder elektronisch[11] zu übermitteln.
3. Der Auftraggeber muss nachweisen können, an welchem Tag die Auftragsbekanntmachung an das Amt für Veröffentlichungen der Europäischen Union abgesendet wurde.
4. Die Auftragsbekanntmachung wird unentgeltlich, spätestens zwölf Kalendertage nach der Absendung im Supplement zum Amtsblatt der Europäischen Union in der Originalsprache veröffentlicht. Eine Zusammenfassung der wichtigsten Angaben wird in den übrigen Amtssprachen der Europäischen Union veröffentlicht; der Wortlaut der Originalsprache ist verbindlich.
5. Auftragsbekanntmachungen, die über das Internetportal des Amtes für Veröffentlichungen der Europäischen Union[12]auf elektronischem Weg erstellt und übermittelt wurden, werden abweichend von Nummer 4 spätestens fünf Kalendertage nach ihrer Absendung veröffentlicht.
6. Die Auftragsbekanntmachungen können zusätzlich im Inland veröffentlicht werden, beispielsweise in Tageszeitungen, amtlichen Veröffentlichungsblättern oder Internetportalen; sie können auch auf www.bund.de veröffentlicht werden. Sie dürfen nur die Angaben enthalten, die dem Amt für Veröffentlichungen der Europäischen Union übermittelt wurden, und dürfen nicht vor Absendung an dieses Amt veröffentlicht werden.

10 Amt für Veröffentlichungen der Europäischen Union, 2, rue Mercier, L-2985 Luxemburg.
11 http://simap.europa.eu/
12 http://simap.europa.eu/

(3) 1. Die Auftragsbekanntmachung ist beim nicht offenen Verfahren, Verhandlungsverfahren und wettbewerblichen Dialog nach dem Muster gemäß Anhang XV der Durchführungsverordnung (EU) Nr. 2015/1986 zu erstellen.

2. Dabei sind zu allen Nummern Angaben zu machen; die Texte des Musters sind nicht zu wiederholen.

§ 12a VS
Versand der Vergabeunterlagen

(1) 1. Die Vergabeunterlagen sind den Unternehmen unverzüglich in geeigneter Weise zu übermitteln.

2. Die Vergabeunterlagen sind bei nicht offenen Verfahren sowie bei Verhandlungsverfahren und wettbewerblichem Dialog an alle ausgewählten Bewerber am selben Tag abzusenden.

(2) Wenn von den für die Preisermittlung wesentlichen Unterlagen keine Vervielfältigungen abgegeben werden können, sind diese in ausreichender Weise zur Einsicht auszulegen.

(3) Die Namen der Unternehmen, die Vergabeunterlagen erhalten oder eingesehen haben, sind geheim zu halten.

(4) Rechtzeitig beantragte Auskünfte über die Vergabeunterlagen sind spätestens sechs Kalendertage vor Ablauf der Angebotsfrist allen Unternehmen in gleicher Weise zu erteilen. Bei nicht offenen Verfahren und beschleunigten Verhandlungsverfahren nach § 10b VS Absatz 6 beträgt diese Frist vier Kalendertage.

§ 13 VS
Form und Inhalt der Angebote

(1) 1. Der Auftraggeber legt fest, in welcher Form die Angebote einzureichen sind. Sie müssen unterzeichnet sein. Elektronisch übermittelte Angebote sind nach Wahl des Auftraggebers mit einer fortgeschrittenen elektronischen Signatur nach dem SigG und den Anforderungen des Auftraggebers oder mit einer qualifizierten elektronischen Signatur nach dem SigG zu versehen.

2. Der Auftraggeber hat die Datenintegrität und die Vertraulichkeit der Angebote auf geeignete Weise zu gewährleisten. Per Post oder direkt übermittelte Angebote sind in einem verschlossenen Umschlag einzureichen, als solche zu kennzeichnen und bis zum Ablauf der für die Einreichung vorgesehenen Frist unter Verschluss zu halten. Bei elektronisch übermittelten Angeboten ist dies durch entsprechende technische Lösungen nach den Anforderungen des Auftraggebers und durch Verschlüsselung sicherzustellen. Die Verschlüsselung muss bis zur Öffnung des ersten Angebots aufrechterhalten bleiben.

3. Die Angebote müssen die geforderten Preise enthalten.

4. Die Angebote müssen die geforderten Erklärungen und Nachweise enthalten.

5. Änderungen an den Vergabeunterlagen sind unzulässig. Änderungen des Bieters an seinen Eintragungen müssen zweifelsfrei sein.

6. Bieter können für die Angebotsabgabe eine selbstgefertigte Abschrift oder Kurzfassung des Leistungsverzeichnisses benutzen, wenn sie den vom Auftraggeber verfassten Wortlaut des Leistungsverzeichnisses im Angebot als allein verbindlich anerkennen; Kurzfassungen müssen jedoch die Ordnungszahlen (Positionen) vollzählig, in der gleichen Reihenfolge und mit

den gleichen Nummern wie in dem vom Auftraggeber verfassten Leistungsverzeichnis wiedergeben.

7. Muster und Proben der Bieter müssen als zum Angebot gehörig gekennzeichnet sein.

(2) Eine Leistung, die von den vorgesehenen technischen Spezifikationen nach § 7a VS Absatz 1 abweicht, kann angeboten werden, wenn sie mit dem geforderten Schutzniveau in Bezug auf Sicherheit, Gesundheit und Gebrauchstauglichkeit gleichwertig ist. Die Abweichung muss im Angebot eindeutig bezeichnet sein. Die Gleichwertigkeit ist mit dem Angebot nachzuweisen.

(3) Die Anzahl von Nebenangeboten ist an einer vom Auftraggeber in den Vergabeunterlagen bezeichneten Stelle aufzuführen. Etwaige Nebenangebote müssen auf besonderer Anlage erstellt und als solche deutlich gekennzeichnet werden.

(4) Soweit Preisnachlässe ohne Bedingungen gewährt werden, sind diese an einer vom Auftraggeber in den Vergabeunterlagen bezeichneten Stelle aufzuführen.

(5) Bietergemeinschaften haben die Mitglieder zu benennen sowie eines ihrer Mitglieder als bevollmächtigten Vertreter für den Abschluss und die Durchführung des Vertrags zu bezeichnen. Fehlt die Bezeichnung des bevollmächtigten Vertreters im Angebot, so ist sie vor der Zuschlagserteilung beizubringen.

(6) Der Auftraggeber hat die Anforderungen an den Inhalt der Angebote nach den Absätzen 1 bis 5 in die Vergabeunterlagen aufzunehmen.

§ 14 VS
Öffnung der Angebote, Öffnungstermin

(1) Die Öffnung der Angebote wird von mindestens zwei Vertretern des Auftraggebers gemeinsam an einem Termin (Öffnungstermin) unverzüglich nach Ablauf der Angebotsfrist durchgeführt. Bis zu diesem Termin sind die elektronischen Angebote zu kennzeichnen und verschlüsselt aufzubewahren. Per Post oder direkt zugegangene Angebote sind auf dem ungeöffneten Umschlag mit Eingangsvermerk zu versehen und unter Verschluss zu halten.

(2) 1. Der Verhandlungsleiter stellt fest, ob der Verschluss der schriftlichen Angebote unversehrt ist und die elektronischen Angebote verschlüsselt sind.

2. Die Angebote werden geöffnet und in allen wesentlichen Teilen im Öffnungstermin gekennzeichnet.

3. Muster und Proben der Bieter müssen im Termin zur Stelle sein.

(3) 1. Über den Öffnungstermin ist eine Niederschrift in Schriftform oder in elektronischer Form zu fertigen. Der Niederschrift ist eine Aufstellung mit folgenden Angaben beizufügen:

a) Name und Anschrift der Bieter,

b) die Endbeträge der Angebote oder einzelner Lose,

c) Preisnachlässe ohne Bedingungen,

d) Anzahl der jeweiligen Nebenangebote.

2. Sie ist von den beiden Vertretern des Auftraggebers zu unterschreiben oder mit einer Signatur nach § 13 VS Absatz 1 Nummer 1 zu versehen.

(4) Angebote, die zum Ablauf der Angebotsfrist nicht vorgelegen haben, sind in der Niederschrift oder in einem Nachtrag besonders aufzuführen. Die Eingangszeiten und die etwa bekannten

Gründe, aus denen die Angebote nicht vorgelegen haben, sind zu vermerken. Der Umschlag und andere Beweismittel sind aufzubewahren.

(5) 1. Ein Angebot, das nachweislich vor Ablauf der Angebotsfrist dem Auftraggeber zugegangen war, aber aus vom Bieter nicht zu vertretenden Gründen dem Verhandlungsleiter nicht vorgelegen hat, ist wie ein rechtzeitig vorliegendes Angebot zu behandeln.

2. Den Bietern ist dieser Sachverhalt unverzüglich in Textform mitzuteilen. In die Mitteilung sind die Feststellung, dass der Verschluss unversehrt war und die Angaben nach Absatz 3 Nummer 1 Buchstabe a bis d aufzunehmen.

3. Dieses Angebot ist mit allen Angaben in die Niederschrift oder in einen Nachtrag aufzunehmen. Im Übrigen gilt Absatz 5 Satz 2 und 3.

(6) In nicht offenen Verfahren stellt der Auftraggeber den Bietern die in Absatz 3 Nummer 1 Buchstabe a bis d genannten Informationen unverzüglich elektronisch zur Verfügung. Den Bietern und ihren Bevollmächtigten ist die Einsicht in die Niederschrift und ihre Nachträge (Absätze 4 und 5 sowie § 16c VS Absatz 3) zu gestatten.

(7) Die Niederschrift darf nicht veröffentlicht werden.

(8) Die Angebote und ihre Anlagen sind sorgfältig zu verwahren und geheim zu halten.

§ 15 VS
Aufklärung des Angebotsinhalts

(1) 1. Im nicht offenen Verfahren darf der Auftraggeber nach Öffnung der Angebote bis zur Zuschlagserteilung von einem Bieter nur Aufklärung verlangen, um sich über seine Eignung, insbesondere seine technische und wirtschaftliche Leistungsfähigkeit, das Angebot selbst, etwaige Nebenangebote, die geplante Art der Durchführung, etwaige Ursprungsorte oder Bezugsquellen von Stoffen oder Bauteilen und über die Angemessenheit der Preise, wenn nötig durch Einsicht in die vorzulegenden Preisermittlungen (Kalkulationen) zu unterrichten.

2. Die Ergebnisse solcher Aufklärungen sind geheim zu halten. Sie sollen in Textform niedergelegt werden.

(2) Verweigert ein Bieter die geforderten Aufklärungen und Angaben oder lässt er die ihm gesetzte angemessene Frist unbeantwortet verstreichen, so ist sein Angebot auszuschließen.

(3) Verhandlungen in nicht offenen Verfahren, besonders über Änderung der Angebote oder Preise, sind unstatthaft, außer, wenn sie bei Nebenangeboten oder Angeboten aufgrund eines Leistungsprogramms nötig sind, um unumgängliche technische Änderungen geringen Umfangs und daraus sich ergebende Änderungen der Preise zu vereinbaren.

§ 16 VS
Ausschluss von Angeboten

Auszuschließen sind:

1. Angebote, die bei Ablauf der Angebotsfrist nicht vorgelegen haben, ausgenommen Angebote nach § 14 VS Absatz 5,
2. Angebote, die den Bestimmungen des § 13 VS Absatz 1 Nummer 1, 2 und 5 nicht entsprechen,

3. Angebote die den Bestimmungen des § 13 VS Absatz 1 Nummer 3 nicht entsprechen; ausgenommen solche Angebote, bei denen lediglich in einer einzelnen unwesentlichen Position die Angabe des Preises fehlt und durch die Außerachtlassung dieser Position der Wettbewerb und die Wertungsreihenfolge, auch bei Wertung dieser Position mit dem höchsten Wettbewerbspreis, nicht beeinträchtigt werden,
4. Angebote, bei denen der Bieter Erklärungen oder Nachweise, deren Vorlage sich der öffentliche Auftraggeber vorbehalten hat, auf Anforderung nicht innerhalb einer angemessenen, nach dem Kalendertag bestimmten Frist vorgelegt hat. Satz 1 gilt für Teilnahmeanträge entsprechend,
5. nicht zugelassene Nebenangebote sowie Nebenangebote, die den Mindestanforderungen nicht entsprechen,
6. Nebenangebote, die dem § 13 VS Absatz 3 Satz 2 nicht entsprechen.

§ 16a VS
Nachforderung von Unterlagen

Fehlen geforderte Erklärungen oder Nachweise und wird das Angebot nicht entsprechend § 16 VS ausgeschlossen, verlangt der Auftraggeber die fehlenden Erklärungen oder Nachweise nach. Diese sind spätestens innerhalb von sechs Kalendertagen nach Aufforderung durch den Auftraggeber vorzulegen. Die Frist beginnt am Tag nach der Absendung der Aufforderung durch den Auftraggeber. Werden die Erklärungen oder Nachweise nicht innerhalb der Frist vorgelegt, ist das Angebot auszuschließen.

§ 16b VS
Eignung

Beim nicht offenen Verfahren, Verhandlungsverfahren und beim wettbewerblichen Dialog sind nur Umstände zu berücksichtigen, die nach Aufforderung zur Angebotsabgabe Zweifel an der Eignung des Bieters begründen (vgl. § 6b VS Absatz 4).

§ 16c VS
Prüfung

(1) Die nicht ausgeschlossenen Angebote geeigneter Bieter sind auf die Einhaltung der gestellten Anforderungen, insbesondere in rechnerischer, technischer und wirtschaftlicher Hinsicht zu prüfen.

1. Entspricht der Gesamtbetrag einer Ordnungszahl (Position) nicht dem Ergebnis der Multiplikation von Mengenansatz und Einheitspreis, so ist der Einheitspreis maßgebend.
2. Bei Vergabe für eine Pauschalsumme gilt diese ohne Rücksicht auf etwa angegebene Einzelpreise.

(2) Die aufgrund der Prüfung festgestellten Angebotsendsummen sind in der Niederschrift über den Eröffnungstermin zu vermerken.

§ 16d VS
Wertung

(1) 1. Auf ein Angebot mit einem unangemessen hohen oder niedrigen Preis darf der Zuschlag nicht erteilt werden.

2. Erscheint ein Angebotspreis unangemessen niedrig und ist anhand vorliegender Unterlagen über die Preisermittlung die Angemessenheit nicht zu beurteilen, ist vor Ablehnung des Angebots vom Bieter in Textform Aufklärung über die Ermittlung der Preise für die Gesamtleistung oder für Teilleistungen zu verlangen, gegebenenfalls unter Festlegung einer zumutbaren Antwortfrist. Bei der Beurteilung der Angemessenheit prüft der Auftraggeber – in Rücksprache mit dem Bieter – die betreffende Zusammensetzung und berücksichtigt dabei die gelieferten Nachweise.

3. In die engere Wahl kommen nur solche Angebote, die unter Berücksichtigung rationellen Baubetriebs und sparsamer Wirtschaftsführung eine einwandfreie Ausführung einschließlich Haftung für Mängelansprüche erwarten lassen.

(2) Bei der Wertung der Angebote dürfen nur Zuschlagskriterien und deren Gewichtung berücksichtigt werden, die in der Auftragsbekanntmachung oder in den Vergabeunterlagen genannt sind. Die Zuschlagskriterien müssen mit dem Auftragsgegenstand zusammenhängen und können beispielsweise sein: Qualität, Preis, technischer Wert, Ästhetik, Zweckmäßigkeit, Umwelteigenschaften, Betriebs- und Folgekosten, Rentabilität, Kundendienst, Versorgungssicherheit, Interoperabilität und Eigenschaft beim Einsatz und technische Hilfe oder Ausführungsfrist.

(3) Sind Angebote auf Grund einer staatlichen Beihilfe ungewöhnlich niedrig, ist dies nur dann ein Grund sie zurückzuweisen, wenn der Bieter nicht nachweisen kann, dass die betreffende Beihilfe rechtmäßig gewährt wurde. Für diesen Nachweis hat der Auftraggeber dem Bieter eine ausreichende Frist zu gewähren. Auftraggeber, die trotz entsprechender Nachweise des Bieters ein Angebot zurückweisen, müssen die Kommission der Europäischen Union darüber unterrichten.

(4) Ein Angebot nach § 13 VS Absatz 2 ist wie ein Hauptangebot zu werten.

(5) Preisnachlässe ohne Bedingung sind nicht zu werten, wenn sie nicht an der vom Auftraggeber nach § 13 VS Absatz 4 bezeichneten Stelle aufgeführt sind. Unaufgefordert angebotene Preisnachlässe mit Bedingungen für die Zahlungsfrist (Skonti) werden bei der Wertung der Angebote nicht berücksichtigt.

(6) Die Bestimmungen der Absätze 1 bis 3, § 16b VS, § 16c VS Absatz 2 gelten auch bei Verhandlungsverfahren und wettbewerblichem Dialog. Die Absätze 4 und 5, § 16 VS sowie § 16c VS Absatz 1 sind entsprechend auch bei Verhandlungsverfahren und wettbewerblichem Dialog anzuwenden.

§ 17 VS
Aufhebung der Ausschreibung

(1) Die Ausschreibung kann aufgehoben werden, wenn:

1. kein Angebot eingegangen ist, das den Ausschreibungsbedingungen entspricht,

2. die Vergabeunterlagen grundlegend geändert werden müssen,

3. andere schwerwiegende Gründe bestehen.

(2) 1. Die Bewerber und Bieter sind von der Aufhebung der Ausschreibung unter Angabe der Gründe, gegebenenfalls über die Absicht, ein neues Vergabeverfahren einzuleiten, unverzüglich in Textform zu unterrichten.

2. Dabei kann der Auftraggeber bestimmte Informationen zurückhalten, wenn die Weitergabe

3. den Gesetzesvollzug behindern,

4. dem öffentlichen Interesse zuwiderlaufen,

5. die berechtigten geschäftlichen Interessen von öffentlichen oder privaten Unternehmen schädigen oder

6. den fairen Wettbewerb beeinträchtigen würde.

§ 18 VS
Zuschlag

(1) Der Zuschlag ist möglichst bald, mindestens aber so rechtzeitig zu erteilen, dass dem Bieter die Erklärung noch vor Ablauf der Bindefrist zugeht.

(2) Werden Erweiterungen, Einschränkungen oder Änderungen vorgenommen oder wird der Zuschlag verspätet erteilt, so ist der Bieter bei Erteilung des Zuschlags aufzufordern, sich unverzüglich über die Annahme zu erklären.

(3) 1. Die Erteilung eines Bauauftrages ist bekannt zu machen.

2. Die Vergabebekanntmachung ist nach dem Muster gemäß Anhang XIV der Durchführungsverordnung (EU) Nr. 2015/1986 zu erstellen. Beim Verhandlungsverfahren ohne Teilnahmewettbewerb hat der Auftraggeber die Gründe, die die Wahl dieses Verfahrens rechtfertigen, in der Vergabebekanntmachung mitzuteilen.

3. Nicht in die Vergabebekanntmachung aufzunehmen sind Angaben, deren Veröffentlichung

a) den Gesetzesvollzug behindern,

b) dem öffentlichen Interesse, insbesondere Verteidigungs- und Sicherheitsinteressen, zuwiderlaufen,

c) die berechtigten geschäftlichen Interessen öffentlicher oder privater Unternehmen schädigen oder

d) den fairen Wettbewerb beeinträchtigen würde.

(4) Die Vergabebekanntmachung ist dem Amt für Veröffentlichungen der Europäischen Union in kürzester Frist – spätestens 48 Kalendertage nach Auftragserteilung – zu übermitteln.

§ 19 VS
Nicht berücksichtigte Bewerbungen und Angebote

(1) Bewerber, deren Bewerbung abgelehnt wurde, sowie Bieter, deren Angebote ausgeschlossen worden sind (§ 16 VS), und solche, deren Angebote nicht in die engere Wahl kommen, sollen unverzüglich unterrichtet werden.

(2) Der Auftraggeber hat die betroffenen Bieter, deren Angebote nicht berücksichtigt werden sollen,

1. über den Namen des Unternehmens, dessen Angebot angenommen werden soll,

2. über die Gründe der vorgesehenen Nichtberücksichtigung ihres Angebots und

3. über den frühesten Zeitpunkt des Vertragsschlusses

unverzüglich in Textform zu informieren.

Dies gilt auch für Bewerber, denen keine Information über die Ablehnung ihrer Bewerbung zur Verfügung gestellt wurde, bevor die Mitteilung über die Zuschlagserteilung an die betroffenen Bieter ergangen ist.

Ein Vertrag darf erst 15 Kalendertage nach Absendung der Information nach den Sätzen 1 und 2 geschlossen werden. Wird die Information per Telefax oder auf elektronischem Weg versendet, verkürzt sich die Frist auf zehn Kalendertage. Die Frist beginnt am Tag nach Absendung der Information durch den Auftraggeber; auf den Tag des Zugangs beim betroffenen Bewerber oder Bieter kommt es nicht an.

(3) Die Informationspflicht nach Absatz 2 entfällt in den Fällen, in denen das Verhandlungsverfahren ohne Teilnahmewettbewerb wegen besonderer Dringlichkeit gerechtfertigt ist.

(4) Auf Verlangen ist den nicht berücksichtigten Bewerbern unverzüglich, spätestens jedoch innerhalb einer Frist von 15 Kalendertagen nach Eingang ihres schriftlichen Antrags Folgendes mitzuteilen:

1. die Entscheidung über die Zuschlagserteilung sowie
2. die Gründe für die Ablehnung ihrer Bewerbung, einschließlich der nicht ausreichenden Erfüllung der Anforderungen in Bezug auf die Informations- und Versorgungssicherheit.

Auf Verlangen sind den Bietern, die ein ordnungsgemäßes Angebot eingereicht haben, die Merkmale und Vorteile des Angebots des erfolgreichen Bieters schriftlich mitzuteilen. Sofern keine Gleichwertigkeit insbesondere in Bezug auf die erforderliche Informations- und Versorgungssicherheit vorliegt, teilt der Auftraggeber dem Bieter dies mit.

§ 17 VS Absatz 2 Nummer 2 gilt entsprechend.

(5) Nicht berücksichtigte Angebote und Ausarbeitungen der Bieter dürfen nicht für eine neue Vergabe oder für andere Zwecke benutzt werden.

(6) Entwürfe, Ausarbeitungen, Muster und Proben zu nicht berücksichtigten Angeboten sind zurückzugeben, wenn dies im Angebot oder innerhalb von 30 Kalendertagen nach Ablehnung des Angebots verlangt wird.

§ 20 VS
Dokumentation

(1) Das Vergabeverfahren ist zeitnah so zu dokumentieren, dass die einzelnen Stufen des Verfahrens, die einzelnen Maßnahmen, die maßgebenden Feststellungen sowie die Begründung der einzelnen Entscheidungen in Textform festgehalten werden. Diese Dokumentation muss mindestens enthalten:

1. Name und Anschrift des Auftraggebers,
2. Art und Umfang der Leistung,
3. Wert des Auftrages,
4. Namen der berücksichtigten Bewerber oder Bieter und Gründe für ihre Auswahl,
5. Namen der nicht berücksichtigten Bewerber oder Bieter und die Gründe für die Ablehnung,

6. Gründe für die Ablehnung von ungewöhnlich niedrigen Angeboten,
7. Name des Auftragnehmers und Gründe für die Erteilung des Zuschlags auf sein Angebot,
8. Anteil der beabsichtigten Weitergabe an Nachunternehmen, soweit bekannt,
9. bei nicht offenen Verfahren, Verhandlungsverfahren und wettbewerblichem Dialog Gründe für die Wahl des jeweiligen Verfahrens sowie die Gründe für das Überschreiten der Fünfjahresfrist in § 3a VS Absatz 2 Nummer 5,
10. gegebenenfalls die Gründe, aus denen der Auftraggeber auf die Vergabe eines Auftrags verzichtet hat.

Der Auftraggeber trifft geeignete Maßnahmen, um den Ablauf der mit elektronischen Mitteln durchgeführten Vergabeverfahren zu dokumentieren.

(2) Wird auf die Vorlage zusätzlich zum Angebot verlangter Unterlagen und Nachweise verzichtet, ist dies in der Dokumentation zu begründen.

§ 21 VS
Nachprüfungsbehörden

In der Bekanntmachung und den Vergabeunterlagen ist die Nachprüfungsbehörde mit der Anschrift anzugeben, an die sich der Bewerber oder Bieter zur Nachprüfung behaupteter Verstöße gegen die Vergabebestimmungen wenden kann.

§ 22 VS
Auftragsänderungen während der Vertragslaufzeit

(1) Wesentliche Änderungen eines öffentlichen Auftrags während der Vertragslaufzeit erfordern ein neues Vergabeverfahren.

Wesentlich sind Änderungen, die dazu führen, dass sich der öffentliche Auftrag erheblich von dem ursprünglich vergebenen öffentlichen Auftrag unterscheidet. Eine wesentliche Änderung liegt insbesondere vor, wenn

1. mit der Änderung Bedingungen eingeführt werden, die, wenn sie für das ursprüngliche Vergabeverfahren gegolten hätten,
   a) die Zulassung anderer Bewerber oder Bieter ermöglicht hätten,
   b) die Annahme eines anderen Angebots ermöglicht hätten oder
   c) das Interesse weiterer Teilnehmer am Vergabeverfahren geweckt hätten,
2. mit der Änderung das wirtschaftliche Gleichgewicht des öffentlichen Auftrags zugunsten des Auftragnehmers in einer Weise verschoben wird, die im ursprünglichen Auftrag nicht vorgesehen war,
3. mit der Änderung der Umfang des öffentlichen Auftrags erheblich ausgeweitet wird oder
4. ein neuer Auftragnehmer den Auftragnehmer in anderen als den in Absatz 2 Nummer 4 vorgesehenen Fällen ersetzt.

(2) Unbeschadet des Absatzes 1 ist die Änderung eines öffentlichen Auftrags ohne Durchführung eines neuen Vergabeverfahrens zulässig, wenn

1. in den ursprünglichen Vergabeunterlagen klare, genaue und eindeutig formulierte Überprüfungsklauseln oder Optionen vorgesehen sind, die Angaben zu Art, Umfang und Voraussetzun-

gen möglicher Auftragsänderungen enthalten, und sich aufgrund der Änderung der Gesamtcharakter des Auftrags nicht verändert,

2. zusätzliche Bauleistungen erforderlich geworden sind, die nicht in den ursprünglichen Vergabeunterlagen vorgesehen waren, und ein Wechsel des Auftragnehmers
   a) aus wirtschaftlichen oder technischen Gründen nicht erfolgen kann und
   b) mit erheblichen Schwierigkeiten oder beträchtlichen Zusatzkosten für den Auftraggeber verbunden wäre,
3. die Änderung aufgrund von Umständen erforderlich geworden ist, die der Auftraggeber im Rahmen seiner Sorgfaltspflicht nicht vorhersehen konnte und sich aufgrund der Änderung der Gesamtcharakter des Auftrags nicht verändert oder
4. ein neuer Auftragnehmer den bisherigen Auftragnehmer ersetzt
   c) aufgrund einer Überprüfungsklausel im Sinne von Nummer 1,
   d) aufgrund der Tatsache, dass ein anderes Unternehmen, das die ursprünglich festgelegten Anforderungen an die Eignung erfüllt, im Zuge einer Unternehmensumstrukturierung, wie zum Beispiel durch Übernahme, Zusammenschluss, Erwerb oder Insolvenz, ganz oder teilweise an die Stelle des ursprünglichen Auftragnehmers tritt, sofern dies keine weiteren wesentlichen Änderungen im Sinne des Absatzes 1 zur Folge hat, oder
   e) aufgrund der Tatsache, dass der Auftraggeber selbst die Verpflichtungen des Hauptauftragnehmers gegenüber seinen Unterauftragnehmern übernimmt.

In den Fällen der Nummer 2 und 3 darf der Preis um nicht mehr als 50 Prozent des Werts des ursprünglichen Auftrags erhöht werden. Bei mehreren aufeinander folgenden Änderungen des Auftrags gilt diese Beschränkung für den Wert jeder einzelnen Änderung, sofern die Änderungen nicht mit dem Ziel vorgenommen werden, die Vorschriften dieses Teils zu umgehen.

(3) Die Änderung eines öffentlichen Auftrags ohne Durchführung eines neuen Vergabeverfahrens ist ferner zulässig, wenn sich der Gesamtcharakter des Auftrags nicht ändert und der Wert der Änderung

1. die jeweiligen Schwellenwerte nach § 106 GWB nicht übersteigt und
2. bei Liefer- und Dienstleistungsaufträgen nicht mehr als zehn Prozent und bei Bauaufträgen nicht mehr als 15 Prozent des ursprünglichen Auftragswertes beträgt.

Bei mehreren aufeinander folgenden Änderungen ist der Gesamtwert der Änderungen maßgeblich.

(4) Enthält der Vertrag eine Indexierungsklausel, wird für die Wertberechnung gemäß Absatz 2 Satz 2 und 3 sowie gemäß Absatz 3 der höhere Preis als Referenzwert herangezogen.

(5) Änderungen nach Absatz 2 Nummer 2 und 3 sind im Amtsblatt der Europäischen Union bekannt zu machen.

Anhang TS
Technische Spezifikationen

1. „Technische Spezifikation" hat eine der folgenden Bedeutungen:
   a) bei öffentlichen Bauaufträgen die Gesamtheit der insbesondere in den Vergabeunterlagen enthaltenen technischen Beschreibungen, in denen die erforderlichen Eigenschaften eines Werkstoffs, eines Produkts oder einer Lieferung definiert sind,

damit dieser/diese den vom Auftraggeber beabsichtigten Zweck erfüllt; zu diesen Eigenschaften gehören Umwelt- und Klimaleistungsstufen, „Design für alle" (einschließlich des Zugangs von Menschen mit Behinderungen) und Konformitätsbewertung, Leistung, Vorgaben für Gebrauchstauglichkeit, Sicherheit oder Abmessungen, einschließlich der Qualitätssicherungsverfahren, der Terminologie, der Symbole, der Versuchs- und Prüfmethoden, der Verpackung, der Kennzeichnung und Beschriftung, der Gebrauchsanleitungen sowie der Produktionsprozesse und -methoden in jeder Phase des Lebenszyklus der Bauleistungen; außerdem gehören dazu auch die Vorschriften für die Planung und die Kostenrechnung, die Bedingungen für die Prüfung, Inspektion und Abnahme von Bauwerken, die Konstruktionsmethoden oder -verfahren und alle anderen technischen Anforderungen, die der Auftraggeber für fertige Bauwerke oder dazu notwendige Materialien oder Teile durch allgemeine und spezielle Vorschriften anzugeben in der Lage ist;

b) bei öffentlichen Dienstleistungs- oder Lieferaufträgen eine Spezifikation, die in einem Schriftstück enthalten ist, das Merkmale für ein Produkt oder eine Dienstleistung vorschreibt, wie Qualitätsstufen, Umwelt- und Klimaleistungsstufen, „Design für alle" (einschließlich des Zugangs von Menschen mit Behinderungen) und Konformitätsbewertung, Leistung, Vorgaben für Gebrauchstauglichkeit, Sicherheit oder Abmessungen des Produkts, einschließlich der Vorschriften über Verkaufsbezeichnung, Terminologie, Symbole, Prüfungen und Prüfverfahren, Verpackung, Kennzeichnung und Beschriftung, Gebrauchsanleitungen, Produktionsprozesse und -methoden in jeder Phase des Lebenszyklus der Lieferung oder der Dienstleistung sowie über Konformitätsbewertungsverfahren;

2. „Norm" bezeichnet eine technische Spezifikation, die von einer anerkannten Normungsorganisation zur wiederholten oder ständigen Anwendung angenommen wurde, deren Einhaltung nicht zwingend ist und die unter eine der nachstehenden Kategorien fällt:

   c) internationale Norm: Norm, die von einer internationalen Normungsorganisation angenommen wurde und der Öffentlichkeit zugänglich ist;

   d) europäische Norm: Norm, die von einer europäischen Normungsorganisation angenommen wurde und der Öffentlichkeit zugänglich ist;

   e) nationale Norm: Norm, die von einer nationalen Normungsorganisation angenommen wurde und der Öffentlichkeit zugänglich ist;

3. „Europäische technische Bewertung" bezeichnet eine dokumentierte Bewertung der Leistung eines Bauprodukts in Bezug auf seine wesentlichen Merkmale im Einklang mit dem betreffenden Europäischen Bewertungsdokument gemäß der Begriffsbestimmung in Artikel 2 Nummer 12 der Verordnung (EU) Nr. 305/2011 des Europäischen Parlaments und des Rates;

4. „gemeinsame technische Spezifikationen" sind technische Spezifikationen im IKT-Bereich, die gemäß den Artikeln 13 und 14 der Verordnung (EU) Nr. 1025/2012 festgelegt wurden;

5. „technische Bezugsgröße" bezeichnet jeden Bezugsrahmen, der keine europäische Norm ist und von den europäischen Normungsorganisationen nach den an die Bedürfnisse des Marktes angepassten Verfahren erarbeitet wurde.

XI. Vergabeverordnung Verteidigung und Sicherheit – VSVgV (Text – Auszug)

Vergabeverordnung für die Bereiche Verteidigung und Sicherheit zur Umsetzung der Richtlinie 2009/81/EG des Europäischen Parlaments und des Rates vom 13. Juli 2009

Vom 12. Juli 2012 (BGBl. I S. 1509),
zuletzt geändert durch Artikel 7 des Gesetzes vom 18. Juli 2017
(BGBl. I S. 2745, 2751)

Teil 1
Allgemeine Bestimmungen

§ 1
Anwendungsbereich

Diese Verordnung gilt für die Vergabe von verteidigungs- oder sicherheitsspezifischen öffentlichen Aufträgen im Sinne des § 104 Absatz 1 des Gesetzes gegen Wettbewerbsbeschränkungen, die dem Teil 4 des Gesetzes gegen Wettbewerbsbeschränkungen unterfallen und durch öffentliche Auftraggeber im Sinne des § 99 und Sektorenauftraggeber im Sinne des § 100 des Gesetzes gegen Wettbewerbsbeschränkungen vergeben werden.

§ 2
Anzuwendende Vorschriften für Liefer-, Dienstleistungs- und Bauaufträge

(1) Für die Vergabe von verteidigungs- oder sicherheitsspezifischen Liefer- und Dienstleistungsaufträgen sind die Vorschriften dieser Verordnung anzuwenden.

(2) Für die Vergabe von verteidigungs- oder sicherheitsspezifischen Bauaufträgen sind die §§ 1 bis 4, §§ 6 bis 9 und §§ 38 bis 42 sowie §§ 44 und 45 anzuwenden. Im Übrigen ist der dritte Abschnitt der Vergabe-und Vertragsordnung für Bauleistungen (VOB/A) in der Fassung der Bekanntmachung vom 19. Januar 2016 (BAnz AT 19.01.2016 B3) anzuwenden.

§ 3
Schätzung des Auftragswertes

(1) Bei der Schätzung des Auftragswertes ist von der voraussichtlichen Gesamtvergütung ohne Umsatzsteuer für die vorgesehene Leistung einschließlich etwaiger Prämien oder Zahlungen an Bewerber oder Bieter auszugehen. Dabei sind alle Optionen und etwaige Vertragsverlängerungen zu berücksichtigen.

(2) Der Wert eines beabsichtigten Auftrages darf nicht in der Absicht geschätzt oder aufgeteilt werden, den Auftrag der Anwendung dieser Verordnung zu entziehen.

(3) Bei regelmäßig wiederkehrenden Aufträgen oder Daueraufträgen über Liefer- oder Dienstleistungen ist der Auftragswert zu schätzen

1. entweder auf der Grundlage des tatsächlichen Gesamtwertes entsprechender aufeinanderfolgender Aufträge aus dem vorangegangenen Haushaltsjahr; dabei sind voraussichtliche Änderun-

gen bei Mengen oder Kosten möglichst zu berücksichtigen, die während der zwölf Monate zu erwarten sind, die auf den ursprünglichen Auftrag folgen, oder

2. auf der Grundlage des geschätzten Gesamtwertes aufeinanderfolgender Aufträge, die während der auf die erste Lieferung folgenden zwölf Monate oder während des auf die erste Lieferung folgenden Haushaltsjahres, wenn dieses länger als zwölf Monate ist, vergeben werden.

(4) Bei Aufträgen über Liefer- oder Dienstleistungen, für die kein Gesamtpreis angegeben wird, ist Berechnungsgrundlage für den geschätzten Auftragswert

1. bei zeitlich begrenzten Aufträgen mit einer Laufzeit von bis zu 48 Monaten der Gesamtwert für die Laufzeit dieser Aufträge;

2. bei Aufträgen mit unbestimmter Laufzeit oder mit einer Laufzeit von mehr als 48 Monaten der 48-fache Monatswert.

(5) Bei Bauleistungen ist neben dem Auftragswert der Bauaufträge der geschätzte Wert aller Lieferleistungen zu berücksichtigen, die für die Ausführungen der Bauleistungen erforderlich sind und von Auftraggebern zur Verfügung gestellt werden.

(6) Der Wert einer Rahmenvereinbarung wird auf der Grundlage des geschätzten Gesamtwertes aller Einzelaufträge berechnet, die während deren Laufzeit geplant sind.

(7) Besteht die beabsichtigte Beschaffung aus mehreren Losen, für die jeweils ein gesonderter Auftrag vergeben wird, ist bei der Schätzung der Wert aller Lose zugrunde zu legen. Bei Lieferaufträgen gilt dies nur für Lose über gleichartige Lieferungen. Bei Planungsleistungen gilt dies nur für Lose über gleichartige Leistungen. Erreicht oder überschreitet der Gesamtwert den maßgeblichen EU-Schwellenwert, gilt diese Verordnung für die Vergabe jedes Loses. Dies gilt nicht bis zu einer Summe der Werte dieser Lose von 20 Prozent des Gesamtwertes ohne Umsatzsteuer für

1. Liefer- oder Dienstleistungsaufträge mit einem Wert unter 80 000 Euro und

2. Bauaufträge mit einem Wert unter 1 000 000 Euro.

(8) Maßgeblicher Zeitpunkt für die Schätzung des Auftragswertes ist der Tag, an dem die Bekanntmachung der beabsichtigten Auftragsvergabe abgesendet oder das Vergabeverfahren auf andere Weise eingeleitet wird.

§ 4
Begriffsbestimmungen

(1) Krise ist jede Situation in einem Mitgliedstaat der Europäischen Union oder einem Drittland, in der ein Schadensereignis eingetreten ist, das deutlich über die Ausmaße von Schadensereignissen des täglichen Lebens hinausgeht und

1. dabei Leben und Gesundheit zahlreicher Menschen erheblich gefährdet oder einschränkt,

2. eine erhebliche Auswirkung auf Sachwerte hat oder

3. lebensnotwendige Versorgungsmaßnahmen für die Bevölkerung erforderlich macht.

Eine Krise liegt auch vor, wenn konkrete Umstände dafür vorliegen, dass ein solches Schadensereignis unmittelbar bevorsteht. Bewaffnete Konflikte und Kriege sind Krisen im Sinne dieser Verordnung.

(2) Unterauftrag ist ein zwischen einem erfolgreichen Bieter und einem oder mehreren Unternehmen geschlossener entgeltlicher Vertrag über die Ausführung des betreffenden Auftrags oder von Teilen des Auftrags.

(3) Forschung und Entwicklung sind alle Tätigkeiten, die Grundlagenforschung, angewandte Forschung und experimentelle Entwicklung umfassen, wobei letztere die Herstellung von technologischen Demonstrationssystemen einschließen kann. Technologische Demonstrationssysteme sind Vorrichtungen zur Demonstration der Leistungen eines neuen Konzepts oder einer neuen Technologie in einem relevanten oder repräsentativen Umfeld.

[...]

§ 6
Wahrung der Vertraulichkeit

(1) Auftraggeber, Bewerber, Bieter und Auftragnehmer wahren gegenseitig die Vertraulichkeit aller Angaben und Unterlagen. Für die Anforderungen an den Schutz von Verschlusssachen einschließlich ihrer Weitergabe an Unterauftragnehmer gilt § 7.

(2) Sofern in dieser Verordnung nichts anderes bestimmt ist, dürfen Auftraggeber nach anderen Rechtsvorschriften vorbehaltlich vertraglich erworbener Rechte keine von den Bewerbern, Bietern und Auftragnehmern übermittelte und von diesen als vertraulich eingestufte Information weitergeben. Dies gilt insbesondere für technische Geheimnisse und Betriebsgeheimnisse.

(3) Bewerber, Bieter und Auftragnehmer dürfen keine von den Auftraggebern als vertraulich eingestufte Information an Dritte weitergeben. Dies gilt nicht für die Unterauftragsvergabe, wenn die Weitergabe der als vertraulich eingestuften Information für den Teilnahmeantrag, das Angebot oder die Auftragsausführung erforderlich ist. Bewerber, Bieter und Auftragnehmer müssen die Wahrung der Vertraulichkeit mit den in Aussicht genommenen Unterauftragnehmern vereinbaren. Auftraggeber können an Bewerber, Bieter und Auftragnehmer weitere Anforderungen zur Wahrung der Vertraulichkeit stellen, die mit dem Auftragsgegenstand im sachlichen Zusammenhang stehen und durch ihn gerechtfertigt sind.

§ 7
Anforderungen an den Schutz von Verschlusssachen durch Unternehmen

(1) Im Falle eines Verschlusssachenauftrags im Sinne des § § 104 Absatz 3 des Gesetzes gegen Wettbewerbsbeschränkungen müssen Auftraggeber in der Bekanntmachung oder den Vergabeunterlagen die erforderlichen Maßnahmen, Anforderungen und Auflagen benennen, die ein Unternehmen als Bewerber, Bieter oder Auftragnehmer sicherstellen oder erfüllen muss, um den Schutz von Verschlusssachen entsprechend dem jeweiligen Geheimhaltungsgrad zu gewährleisten. Auftraggeber müssen in der Bekanntmachung oder den Vergabeunterlagen auch die erforderlichen Maßnahmen, Anforderungen und Auflagen benennen, die Unterauftragnehmer sicherstellen müssen, um den Schutz von Verschlusssachen entsprechend dem jeweiligen Geheimhaltungsgrad zu gewährleisten, und deren Einhaltung der Bewerber, Bieter oder Auftragnehmer mit dem Unterauftragnehmer vereinbaren muss.

(2) Auftraggeber müssen insbesondere verlangen, dass der Teilnahmeantrag oder das Angebot folgende Angaben enthält:

1. Wenn der Auftrag Verschlusssachen des Geheimhaltungsgrades „VS-VERTRAULICH" oder höher umfasst, Erklärungen des Bewerbers oder Bieters und der bereits in Aussicht genommenen Unterauftragnehmer,
   a) ob und in welchem Umfang für diese Sicherheitsbescheide des Bundesministeriums für Wirtschaft und Technologie oder entsprechender Landesbehörden bestehen oder

b) dass sie bereit sind, alle notwendigen Maßnahmen und Anforderungen zu erfüllen, die zum Erhalt eines Sicherheitsbescheids zum Zeitpunkt der Auftragsausführung vorausgesetzt werden;

2. Verpflichtungserklärungen

   a) des Bewerbers oder Bieters und

   b) der bereits in Aussicht genommenen Unterauftragnehmer

   während der gesamten Vertragsdauer sowie nach Kündigung, Auflösung oder Ablauf des Vertrags den Schutz aller in ihrem Besitz befindlichen oder ihnen zur Kenntnis gelangter Verschlusssachen gemäß den einschlägigen Rechts- und Verwaltungsvorschriften zu gewährleisten;

3. Verpflichtungserklärungen des Bewerbers oder Bieters, von Unterauftragnehmern, an die er im Zuge der Auftragsausführung Unteraufträge vergibt, Erklärungen und Verpflichtungserklärungen gemäß den Nummern 1 und 2 einzuholen und vor der Vergabe des Unterauftrags den Auftraggebern vorzulegen.

(3) Muss einem Bewerber, Bieter oder bereits in Aussicht genommenen Unterauftragnehmern für den Teilnahmeantrag oder das Erstellen eines Angebotes der Zugang zu Verschlusssachen des Geheimhaltungsgrades „VS-VERTRAULICH" oder höher gewährt werden, verlangen Auftraggeber bereits vor Gewährung dieses Zugangs einen Sicherheitsbescheid vom Bundesministerium für Wirtschaft und Technologie oder von entsprechenden Landesbehörden und die Verpflichtungserklärungen nach Absatz 2 Nummer 2 und 3. Kann zu diesem Zeitpunkt noch kein Sicherheitsbescheid durch das Bundesministerium für Wirtschaft und Technologie oder durch entsprechende Landesbehörden ausgestellt werden und machen Auftraggeber von der Möglichkeit Gebrauch, Zugang zu diesen Verschlusssachen zu gewähren, müssen Auftraggeber die zum Einsatz kommenden Mitarbeiter des Unternehmens überprüfen und ermächtigen, bevor diesen Zugang gewährt wird.

(4) Muss einem Bewerber, Bieter oder bereits in Aussicht genommenen Unterauftragnehmern für den Teilnahmeantrag oder das Erstellen eines Angebots der Zugang zu Verschlusssachen des Geheimhaltungsgrades „VS-NUR FÜR DEN DIENSTGEBRAUCH" gewährt werden, verlangen Auftraggeber bereits vor Gewährung dieses Zugangs die Verpflichtungserklärungen nach Absatz 2 Nummer 2 und 3.

(5) Kommt der Bewerber oder Bieter dem Verlangen des Auftraggebers nach Absatz 3 und 4 nicht nach, die Verpflichtungserklärungen vorzulegen, oder können auch im weiteren Verfahren weder ein Sicherheitsbescheid vom Bundesministerium für Wirtschaft und Technologie oder von entsprechenden Landesbehörden ausgestellt noch Mitarbeiter zum Zugang ermächtigt werden, müssen Auftraggeber den Bewerber oder Bieter von der Teilnahme am Vergabeverfahren ausschließen.

(6) Auftraggeber können Bewerbern, Bietern oder bereits in Aussicht genommenen Unterauftragnehmern, die noch nicht in der Geheimschutzbetreuung des Bundesministeriums für Wirtschaft und Technologie oder entsprechender Landesbehörden sind oder deren Personal noch nicht überprüft und ermächtigt ist, zusätzliche Zeit gewähren, um diese Anforderungen zu erfüllen. In diesem Fall müssen Auftraggeber diese Möglichkeit und die Frist in der Bekanntmachung mitteilen.

(7) Das Bundesministerium für Wirtschaft und Technologie erkennt Sicherheitsbescheide und Ermächtigungen anderer Mitgliedstaaten an, wenn diese den nach den Bestimmungen des Sicherheitsüberprüfungsgesetzes und des § 21 Absatz 4 und 6 der Allgemeinen Verwaltungsvorschrift des Bundesministeriums des Inneren zum materiellen und organisatorischen Schutz von Verschlusssachen[1] erforderlichen Sicherheitsbescheiden und Ermächtigungen gleichwertig sind. Auf begründe-

1 VS-Anweisung-VSAvom 31.3.2006 in der Fassung vom 26.4.2010 (GMBl 2010, S. 846).

tes Ersuchen der auftraggebenden Behörde hat das Bundesministerium für Wirtschaft und Technologie weitere Untersuchungen zur Sicherstellung des Schutzes von Verschlusssachen zu veranlassen und deren Ergebnisse zu berücksichtigen. Das Bundesministerium für Wirtschaft und Technologie kann im Einvernehmen mit der Nationalen Sicherheitsbehörde für den Geheimschutz von weiteren Ermittlungen absehen.

(8) Das Bundesministerium für Wirtschaft und Technologie kann die Nationale Sicherheitsbehörde des Landes, in dem der Bewerber oder Bieter oder bereits in Aussicht genommene Unterauftragnehmer ansässig ist, oder die designierte Sicherheitsbehörde dieses Landes ersuchen, zu überprüfen, ob die voraussichtlich genutzten Räumlichkeiten und Einrichtungen, die vorgesehenen Produktions- und Verwaltungsverfahren, die Verfahren zur Behandlung von Informationen oder die persönliche Lage des im Rahmen des Auftrags voraussichtlich eingesetzten Personals den einzuhaltenden Sicherheitsvorschriften entsprechen.

§ 8
Versorgungssicherheit

(1) Auftraggeber legen in der Bekanntmachung oder den Vergabeunterlagen ihre Anforderungen an die Versorgungssicherheit fest.

(2) Auftraggeber können insbesondere verlangen, dass der Teilnahmeantrag oder das Angebot folgende Angaben enthält:

1. eine Bescheinigung oder Unterlagen, die belegen, dass der Bewerber oder Bieter in Bezug auf Güterausfuhr, -verbringung und -durchfuhr die mit der Auftragsausführung verbundenen Verpflichtungen erfüllen kann, wozu auch unterstützende Unterlagen der zuständigen Behörden des oder der betreffenden Mitgliedstaaten zählen;
2. die Information über alle für den Auftraggeber aufgrund von Ausfuhrkontroll- oder Sicherheitsbeschränkungen geltenden Einschränkungen bezüglich der Angabepflicht, Verbringung oder Verwendung der Güter und Dienstleistungen oder über Festlegungen zu diesen Gütern und Dienstleistungen;
3. eine Bescheinigung oder Unterlagen, die belegen, dass Organisation und Standort der Lieferkette des Bewerbers oder Bieters ihm erlauben, die vom Auftraggeber in der Bekanntmachung oder den Vergabeunterlagen genannten Anforderungen an die Versorgungssicherheit zu erfüllen, und die Zusage des Bewerbers oder Bieters, sicherzustellen, dass mögliche Änderungen in seiner Lieferkette während der Auftragsausführung die Erfüllung dieser Anforderungen nicht beeinträchtigen werden;
4. die Zusage des Bewerbers oder Bieters, die zur Deckung möglicher Bedarfssteigerungen des Auftraggebers infolge einer Krise erforderlichen Kapazitäten unter zu vereinbarenden Bedingungen zu schaffen oder beizubehalten;
5. unterstützende Unterlagen bezüglich der Deckung des zusätzlichen Bedarfs des Auftraggebers infolge einer Krise, die durch die für den Bewerber oder Bieter zuständige nationale Behörde ausgestellt worden sind;
6. die Zusage des Bewerbers oder Bieters, für Wartung, Modernisierung oder Anpassung der im Rahmen des Auftrags gelieferten Güter zu sorgen;
7. die Zusage des Bewerbers oder Bieters, den Auftraggeber rechtzeitig über jede Änderung seiner Organisation, Lieferkette oder Unternehmensstrategie zu unterrichten, die seine Verpflichtungen dem Auftraggeber gegenüber berühren könnte;

8. die Zusage des Bewerbers oder Bieters, dem Auftraggeber unter zu vereinbarenden Bedingungen alle 8. speziellen Mittel zur Verfügung zu stellen, die für die Herstellung von Ersatzteilen, Bauteilen, Bausätzen und speziellen Testgeräten erforderlich sind, einschließlich technischer Zeichnungen, Lizenzen und Bedienungsanleitungen, sofern er nicht mehr in der Lage sein sollte, diese Güter zu liefern.

(3) Von einem Bieter darf nicht verlangt werden, eine Zusage eines Mitgliedstaats einzuholen, welche die Freiheit dieses Mitgliedstaats einschränken würde, im Einklang mit internationalen Verträgen und europarechtlichen Rechtsvorschriften seine eigenen Kriterien für die Erteilung einer Ausfuhr-, Verbringungs- oder Durchfuhrgenehmigung unter den zum Zeitpunkt der Genehmigungsentscheidung geltenden Bedingungen anzuwenden.

§ 9
Unteraufträge

(1) Auftraggeber können den Bieter auffordern, in seinem Angebot den Teil des Auftrags, den er im Wege von Unteraufträgen an Dritte zu vergeben beabsichtigt, und die bereits vorgeschlagenen Unterauftragnehmer sowie den Gegenstand der Unteraufträge bekannt zu geben. Sie können außerdem verlangen, dass der Auftragnehmer ihnen jede im Zuge der Ausführung des Auftrags eintretende Änderung auf Ebene der Unterauftragnehmer mitteilt.

(2) Auftragnehmer dürfen ihre Unterauftragnehmer für alle Unteraufträge frei wählen, soweit Auftraggeber keine Anforderungen an die Erteilung der Unteraufträge im wettbewerblichen Verfahren gemäß Absatz 3 Nummer 1 und Nummer 2 stellen. Von Auftragnehmern darf insbesondere nicht verlangt werden, potenzielle Unterauftragnehmer anderer EU-Mitgliedstaaten aus Gründen der Staatsangehörigkeit zu diskriminieren.

(3) Folgende Anforderungen können Auftraggeber an die Erteilung von Unteraufträgen im wettbewerblichen Verfahren stellen:

1. Auftraggeber können Auftragnehmer verpflichten, einen Teil des Auftrags an Dritte weiter zu vergeben. Dazu benennen Auftraggeber eine Wertspanne unter Einschluss eines Mindest- und Höchstprozentsatzes. Der Höchstprozentsatz darf 30 Prozent des Auftragswerts nicht übersteigen. Diese Spanne muss im angemessenen Verhältnis zum Gegenstand und zum Wert des Auftrags und zur Art des betroffenen Industriesektors stehen, einschließlich des auf diesem Markt herrschenden Wettbewerbsniveaus und der einschlägigen technischen Fähigkeiten der industriellen Basis. Jeder Prozentsatz der Unterauftragsvergabe, der in die angegebene Wertspanne fällt, gilt als Erfüllung der Verpflichtung zur Vergabe von Unteraufträgen. Auftragnehmer vergeben die Unteraufträge gemäß §§ 38 bis 41. In ihrem Angebot geben die Bieter an, welchen Teil oder welche Teile ihres Angebots sie durch Unteraufträge zu vergeben beabsichtigen, um die Wertspanne zu erfüllen. Auftraggeber können die Bieter auffordern, den oder die Teile ihres Angebots, den sie über den geforderten Prozentsatz hinaus durch Unteraufträge zu vergeben beabsichtigen sowie die bereits in Aussicht genommenen Unterauftragnehmer offenzulegen.
2. Auftraggeber können verlangen, dass Auftragnehmer die Bestimmungen der §§ 38 bis 41 auf alle oder bestimmte Unteraufträge anwenden, die diese an Dritte zu vergeben beabsichtigen.

(4) Die in den Absätzen 1 und 3 genannten Anforderungen geben die Auftraggeber in der Bekanntmachung oder den Vergabeunterlagen an.

(5) Auftraggeber dürfen einen vom Bieter oder Auftragnehmer ausgewählten Unterauftragnehmer nur auf Grundlage der Kriterien ablehnen, die für den Hauptauftrag gelten und in der Bekanntmachung oder den Vergabeunterlagen angegeben wurden. Lehnen Auftraggeber einen Unterauftragnehmer ab, müssen sie dies gegenüber dem betroffenen Bieter oder dem Auftragnehmer schriftlich

begründen und darlegen, warum der Unterauftragnehmer ihres Erachtens die für den Hauptauftrag vorgegebenen Kriterien nicht erfüllt.

(6) Die Haftung des Auftragnehmers gegenüber dem Auftraggeber bleibt von den Vorschriften dieser Verordnung zur Unterauftragsvergabe unberührt.

[...]

Teil 3
Unterauftragsvergabe

§ 38
Allgemeine Vorgaben zur Unterauftragsvergabe

(1) In den Fällen des § 9 Absatz 3 Nummer 1 und 2 vergeben Auftragnehmer, die keine öffentlichen Auftraggeber im Sinne des § 99 oder Sektorenauftraggeber im Sinne des § 100 des Gesetzes gegen Wettbewerbsbeschränkungen oder vergleichbarer Normen anderer Mitgliedstaaten der Europäischen Union sind, Unteraufträge an Dritte nach den Vorschriften dieses Teils. Die Auftragnehmer vergeben Unteraufträge im Wege transparenter Verfahren und behandeln sämtliche potenzielle Unterauftragnehmer gleich und in nichtdiskriminierender Weise.

(2) Für die Zwecke von Absatz 1 gelten Bietergemeinschaften oder mit dem Auftragnehmer verbundene Unternehmen nicht als Unterauftragnehmer im Sinne dieses Teils. Der Bieter fügt dem Angebot eine vollständige Liste dieser Unternehmen bei. Ergeben sich Änderungen in den Beziehungen zwischen den Unternehmen, ist dem Auftraggeber darüber eine aktualisierte Liste zur Verfügung zu stellen.

(3) Auftragnehmer, die öffentliche Auftraggeber sind, halten bei der Unterauftragsvergabe die Vorschriften dieser Verordnung über die Vergabe von Hauptaufträgen ein.

(4) Für die Schätzung des Wertes von Unteraufträgen gilt § 3 entsprechend.

§ 39
Bekanntmachung

(1) Der Auftragnehmer veröffentlicht seine Absicht, einen Unterauftrag zu vergeben, in Form einer Bekanntmachung. Die Bekanntmachung enthält zumindest die in Anhang V der Richtlinie 2009/81/EG aufgeführten Informationen sowie die Auswahlkriterien des § 40 Absatz 1. Für die Bekanntmachung ist die Einwilligung des Auftraggebers einzuholen. Die Bekanntmachung wird nach dem Muster gemäß Anhang XVI der Durchführungsverordnung (EU) Nr. 2015/1986 erstellt und wird gemäß § 18 Absatz 4 und 5 veröffentlicht. Die Bekanntmachung ist gemäß den Mustern der Europäischen Kommission für Standardformulare abzufassen und wird gemäß § 18 Absatz 4 und 5 veröffentlicht.

(2) Eine Bekanntmachung über Unteraufträge ist nicht erforderlich, wenn in entsprechender Anwendung des § 12 eine Bekanntmachung verzichtbar ist, weil ein Verhandlungsverfahren ohne Teilnahmewettbewerb zulässig wäre.

§ 40
Kriterien zur Auswahl der Unterauftragsnehmer

(1) In der Bekanntmachung für den Unterauftrag gibt der Auftragnehmer die vom Auftraggeber festgelegten Eignungskriterien sowie alle anderen Kriterien an, die er für die Auswahl der Unterauftragnehmer anwenden wird. Diese Kriterien müssen objektiv und nichtdiskriminierend sein und im Einklang mit den Kriterien stehen, die der Auftraggeber für die Auswahl der Bieter für den Hauptauf-

trag angewandt hat. Die geforderte Leistungsfähigkeit muss in unmittelbarem Zusammenhang mit dem Gegenstand des Unterauftrags stehen und das Niveau der geforderten Fähigkeiten muss dem Gegenstand des Unterauftrags angemessen sein.

(2) Der Auftraggeber darf vom Auftragnehmer nicht verlangen, einen Unterauftrag zu vergeben, wenn dieser nachweist, dass keiner der Unterauftragnehmer, die an dem Wettbewerb teilnehmen, oder keines der eingereichten Angebote die in der Bekanntmachung über den Unterauftrag genannten Kriterien erfüllt und es daher dem erfolgreichen Bieter unmöglich wäre, die Anforderungen des Hauptauftrags zu erfüllen.

§ 41
Unteraufträge aufgrund einer Rahmenvereinbarung

(1) Der Auftragnehmer kann die Anforderungen an die Vergabe von Unteraufträgen im Sinne des § 9 Absatz 3 Nummer 1 und 2 erfüllen, indem er Unteraufträge auf der Grundlage einer Rahmenvereinbarung vergibt, die unter Einhaltung des § 38 Absatz 1 Satz 2, der §§ 39 und 40 geschlossen wurde. Unteraufträge auf der Grundlage einer solchen Rahmenvereinbarung werden gemäß den Bedingungen der Rahmenvereinbarung vergeben. Sie dürfen nur an Unternehmen vergeben werden, die von Anfang an Parteien der Rahmenvereinbarung waren.

(2) Für die durch den Auftragnehmer geschlossene Rahmenvereinbarung gilt § 14 Absatz 1 Satz 2 und Absatz 6 Satz 1 und 2 entsprechend.

Teil 4
Besondere Bestimmungen

§ 42
Ausgeschlossene Personen

(1) Als Organmitglied oder Mitarbeiter eines Auftraggebers oder als Beauftragter oder als Mitarbeiter eines Beauftragten eines Auftraggebers dürfen bei Entscheidungen in einem Vergabeverfahren für einen Auftraggeber als voreingenommen geltende natürliche Personen nicht mitwirken, soweit sie in diesem Verfahren

1. Bieter oder Bewerber sind,
2. einen Bieter oder Bewerber beraten oder sonst unterstützen oder als gesetzlicher Vertreter oder nur in dem Vergabeverfahren vertreten,
3. beschäftigt oder tätig sind
   a) bei einem Bieter oder Bewerber gegen Entgelt oder bei ihm als Mitglied des Vorstandes, Aufsichtsrates oder gleichartigen Organs,
   b) für ein in das Vergabeverfahren eingeschaltetes Unternehmen, wenn dieses Unternehmen zugleich geschäftliche Beziehungen zum Auftraggeber und zum Bieter oder Bewerber hat,

es sei denn, dass daraus kein Interessenkonflikt für die Person entsteht oder sich die Tätigkeiten nicht auf die Entscheidungen in dem Vergabeverfahren auswirken.

(2) Als voreingenommen gelten auch die Personen, deren Angehörige die Voraussetzungen nach Absatz 1 Nummer 1 bis 3 erfüllen. Angehörige sind der Verlobte, der Ehegatte, Lebenspartner, Verwandte und Verschwägerte gerader Linie, Geschwister, Kinder der Geschwister, Ehegatten und Le-

benspartner der Geschwister und Geschwister der Ehegatten und Lebenspartner, Geschwister der Eltern sowie Pflegeeltern und Pflegekinder.

[…]

Teil 5
Übergangs- und Schlussbestimmungen

§ 44
Übergangsbestimmung

Vergabeverfahren, die vor dem Inkrafttreten der Verordnung begonnen haben, werden einschließlich der sich an diese anschließenden Nachprüfungsverfahren nach dem Recht zu Ende geführt, das zum Zeitpunkt der Einleitung des Verfahrens galt.

§ 45
Inkrafttreten

Die Verordnung tritt am Tag nach Verkündung in Kraft.

XII. Die Sektorenverordnung

1. Vergaberecht im Sektorenbereich

Die erst 2009 in Kraft getretene Sektorenverordnung (SektVO) ist im Rahmen der Novellierung des Vergaberechts grundlegend überarbeitet worden. Die Neufassung vom 12.04.2016[1] dient der weiteren Umsetzung der im Zuge der europäischen Vergaberechtsreform bereits im Jahr 2014 modernisierten Richtlinie über die Vergabe von Aufträgen in den Bereichen Wasser-, Energie- und Verkehrsversorgung sowie der Postdienste[2].

Der Aufbau der Sektorenverordnung ist erheblich geändert worden und entspricht in weiten Teilen dem der ebenfalls neu gefassten Vergabeverordnung, trägt aber den Besonderheiten des Sektorenbereichs Rechnung. Ein Teil der Normen ist daher identisch mit denen der Vergabeverordnung, das gilt insbesondere für die Regelungen zur elektronischen Kommunikation sowie zur Zuschlagserteilung. Andere Regelungsbereiche unterscheiden sich deutlich. So regelt die Sektorenverordnung z.B. auch die Antragsverfahren für Tätigkeiten, die unmittelbar dem Wettbewerb ausgesetzt sind. Die Regelungen zur Wahl der Verfahrensarten unterscheiden sich ebenfalls. Weitere Unterschiede bestehen bei den Anforderungen an die Unternehmen; das gilt insbesondere für die Qualifizierungssysteme. Ein ganz wesentlicher struktureller Unterschied zur Vergabeverordnung ergibt sich aus der Tatsache, dass die Sektorenverordnung in ihrer Gesamtheit für alle Arten von Leistungen gilt, also auch für Bauleistungen[3].

In der nachfolgenden Darstellung werden insbesondere die Themen erläutert, die für die Vergabe von Bauaufträgen von besonderer Relevanz sind.

2. Sektorenauftraggeber / Sektorenaufträge

Die SektVO trifft nach § 1 Abs. 1 nähere Bestimmungen über das einzuhaltende Verfahren bei der dem Teil 4 des Gesetzes gegen Wettbewerbsbeschränkungen unterliegenden Vergabe von Aufträgen und die Ausrichtung von Wettbewerben zum Zwecke von Tätigkeiten auf dem Gebiet der Trinkwasser- oder Energieversorgung oder des Verkehrs (Sektorentätigkeiten) durch Sektorenauftraggeber.

Wer oder was ein Sektorenauftraggeber ist, wird nun grundlegend in § 100 GWB geregelt. Danach handelt es sich um

1. öffentliche Auftraggeber gemäß § 99 Nummer 1 bis 3, die eine Sektorentätigkeit gemäß § 102 ausüben,

---

1 Sektorenverordnung vom 12. April 2016 (BGBl. I S. 624, 657), die durch Artikel 9 des Gesetzes vom 18. Juli 2017 (BGBl. I S. 2745) geändert worden ist.

2 Richtlinie 2014/25/EU DES Europäischen Parlaments und des Rates vom 26. Februar 2014 über die Vergabe von Aufträgen durch Auftraggeber im Bereich der Wasser-, Energie- und Verkehrsversorgung sowie der Postdienste und zur Aufhebung der Richtlinie 2004/17/EG, ABl. L 94/243 vom 28.3.2014.

3 S. Amtliche Begründung zu Artikel 2 der Verordnung zur Modernisierung des Vergaberechts (Vergaberechtsmodernisierungsverordnung – VergRModVO), BR-Drs. 87/16 vom 29.02.16, S. 150.

2. natürliche oder juristische Personen des privaten Rechts, die eine Sektorentätigkeit gemäß § 102 ausüben, wenn
   a) diese Tätigkeit auf der Grundlage von besonderen oder ausschließlichen Rechten ausgeübt wird, die von einer zuständigen Behörde gewährt wurden, oder
   b) öffentliche Auftraggeber gemäß § 99 Nummer 1 bis 3 auf diese Personen einzeln oder gemeinsam einen beherrschenden Einfluss ausüben können.

Bei den in § 100 Nr. 1 GWB genannten öffentlichen Auftraggebern handelt es sich gemäß § 99 Nr. 1-3 GWB um

1. Gebietskörperschaften sowie deren Sondervermögen,
2. andere juristische Personen des öffentlichen und des privaten Rechts, die zu dem besonderen Zweck gegründet wurden, im Allgemeininteresse liegende Aufgaben nichtgewerblicher Art zu erfüllen, sofern
   a) sie überwiegend von Stellen nach Nummer 1 oder 3 einzeln oder gemeinsam durch Beteiligung oder auf sonstige Weise finanziert werden,
   b) ihre Leitung der Aufsicht durch Stellen nach Nummer 1 oder 3 unterliegt oder
   c) mehr als die Hälfte der Mitglieder eines ihrer zur Geschäftsführung oder zur Aufsicht berufenen Organe durch Stellen nach Nummer 1 oder 3 bestimmt worden sind; dasselbe gilt, wenn diese juristische Person einer anderen juristischen Person des öffentlichen oder privaten Rechts einzeln oder gemeinsam mit anderen die überwiegende Finanzierung gewährt, über deren Leitung die Aufsicht ausübt oder die Mehrheit der Mitglieder eines zur Geschäftsführung oder Aufsicht berufenen Organs bestimmt hat, sowie
3. Verbände, deren Mitglieder unter Nummer 1 oder 2 fallen.

Die in § 100 Nr. 1 GWB genannten Sektorentätigkeiten sind nach § 102 GWB wie folgt definiert:

Sektorentätigkeiten im Bereich Wasser sind nach § 102 Abs. 1 Satz 1 GWB

1. die Bereitstellung oder das Betreiben fester Netze zur Versorgung der Allgemeinheit im Zusammenhang mit der Gewinnung, der Fortleitung und der Abgabe von Trinkwasser und
2. die Einspeisung von Trinkwasser in diese Netze.

Als Sektorentätigkeiten gelten auch Tätigkeiten nach Satz 1, die im Zusammenhang mit Wasserbau-, Bewässerungs- oder Entwässerungsvorhaben stehen, sofern die zur Trinkwasserversorgung bestimmte Wassermenge mehr als 20 Prozent der Gesamtwassermenge ausmacht, die mit den entsprechenden Vorhaben oder Bewässerungs- oder Entwässerungsanlagen zur Verfügung gestellt wird oder die im Zusammenhang mit der Abwasserbeseitigung oder -behandlung steht. Die Einspeisung von Trinkwasser in feste Netze zur Versorgung der Allgemeinheit durch einen Sektorenauftraggeber nach § 100 Absatz 1 Nummer 2 gilt nicht als Sektorentätigkeit, sofern die Erzeugung von Trinkwasser durch den betreffenden Auftraggeber erfolgt, weil dessen Verbrauch für die Ausübung einer Tätigkeit erforderlich ist, die keine Sektorentätigkeit nach den Absätzen 1 bis 4 ist, und die Einspeisung in das öffentliche Netz nur von dem Eigenverbrauch des betreffenden Auftraggebers abhängt und bei Zugrundelegung des Durchschnitts der letzten drei Jahre einschließlich des laufenden Jahres nicht mehr als 30 Prozent der gesamten Trinkwassererzeugung des betreffenden Auftraggebers ausmacht.

Sektorentätigkeiten im Bereich Elektrizität sind nach § 102 Abs. 2 GWB

1. die Bereitstellung oder das Betreiben fester Netze zur Versorgung der Allgemeinheit im Zusammenhang mit der Erzeugung, der Fortleitung und der Abgabe von Elektrizität,
2. die Einspeisung von Elektrizität in diese Netze, es sei denn,
   a) die Elektrizität wird durch den Sektorenauftraggeber nach § 100 Absatz 1 Nummer 2 erzeugt, weil ihr Verbrauch für die Ausübung einer Tätigkeit erforderlich ist, die keine Sektorentätigkeit nach den Absätzen 1 bis 4 ist, und
   b) die Einspeisung hängt nur von dem Eigenverbrauch des Sektorenauftraggebers ab und macht bei Zugrundelegung des Durchschnitts der letzten drei Jahre einschließlich des laufenden Jahres nicht mehr als 30 Prozent der gesamten Energieerzeugung des Sektorenauftraggebers aus.

Sektorentätigkeiten im Bereich von Gas und Wärme sind nach § 102 Abs. 3 GWB

1. die Bereitstellung oder das Betreiben fester Netze zur Versorgung der Allgemeinheit im Zusammenhang mit der Erzeugung, der Fortleitung und der Abgabe von Gas und Wärme,
2. die Einspeisung von Gas und Wärme in diese Netze, es sei denn,
   a) die Erzeugung von Gas oder Wärme durch den Sektorenauftraggeber nach § 100 Absatz 1 Nummer 2 ergibt sich zwangsläufig aus der Ausübung einer Tätigkeit, die keine Sektorentätigkeit nach den Absätzen 1 bis 4 ist, und
   b) die Einspeisung zielt nur darauf ab, diese Erzeugung wirtschaftlich zu nutzen und macht bei Zugrundelegung des Durchschnitts der letzten drei Jahre einschließlich des laufenden Jahres nicht mehr als 20 Prozent des Umsatzes des Sektorenauftraggebers aus.

Sektorentätigkeiten im Bereich Verkehrsleistungen sind nach § 102 Abs. 4 GWB die Bereitstellung oder das Betreiben von Netzen zur Versorgung der Allgemeinheit mit Verkehrsleistungen per Eisenbahn, automatischen Systemen, Straßenbahn, Trolleybus, Bus oder Seilbahn; ein Netz gilt als vorhanden, wenn die Verkehrsleistung gemäß den von einer zuständigen Behörde festgelegten Bedingungen erbracht wird; dazu gehören die Festlegung der Strecken, die Transportkapazitäten und die Fahrpläne.

Sektorentätigkeiten im Bereich Häfen und Flughäfen sind nach § 102 Abs. 5 GWB Tätigkeiten im Zusammenhang mit der Nutzung eines geografisch abgegrenzten Gebiets mit dem Zweck, für Luft-, See- oder Binnenschifffahrtsverkehrsunternehmen Flughäfen, See oder Binnenhäfen oder andere Terminaleinrichtungen bereitzustellen.

Sektorentätigkeiten im Bereich fossiler Brennstoffe sind nach § 102 Abs. 6 GWB Tätigkeiten zur Nutzung eines geografisch abgegrenzten Gebiets zum Zweck

1. der Förderung von Öl oder Gas oder

2. der Exploration oder Förderung von Kohle oder anderen festen Brennstoffen.

§ 102 Abs. 7 GWB legt fest, dass für die Zwecke der Absätze 1 bis 3 der Begriff „Einspeisung" die Erzeugung und Produktion sowie den Groß- und Einzelhandel umfasst. Die Erzeugung von Gas fällt unter Absatz 6.

Die Verordnung gilt mithin auch für die „klassischen" öffentlichen Auftraggeber nach § 99 Nr. 1 bis 3 GWB. Nach dem Willen des Verordnungsgebers soll die SektVO daher auch für einen klassischen öffentlichen Auftraggeber wie etwa eine Gemeinde gelten (Auftraggeber nach § 99 Nr. 1 GWB), wenn diese im Bereich der Sektoren beschafft. Das wäre etwa dann der Fall, wenn die Trinkwasserversorgung einer Gemeinde einem kommunalen Regiebetrieb übertragen ist und dieser Aufträge im Zusammenhang mit der Trinkwasserversorgung erteilen will.[4]

Die SektVO ist vor allem von folgenden Auftraggebern anzuwenden:

- staatlich beherrschten Unternehmen, die andere mit Gas oder Wärme oder Elektrizität versorgen oder Wasser gewinnen oder verteilen oder ein Netz für die allgemeine Versorgung betreiben, insbesondere Stadtwerke,
- der Deutschen Bahn AG und Konzerntöchter,
- anderen Unternehmen, die Schienenverkehrsleistungen für die Öffentlichkeit gem. § 2 Abs. 1 des Allgemeinen Eisenbahngesetzes vom 27.12.1993, zuletzt geändert am 28.5.2015, ausführen,
- Unternehmen, die genehmigungspflichtige Verkehrsleistungen im öffentlichen Personennahverkehr im Sinne des Personenbeförderungsgesetzes vom 8.8.1990, zuletzt geändert am 31.8.2015, erbringen,
- Unternehmen zur Aufsuchung oder Gewinnung von Kohle oder anderen Festbrennstoffen,
- Häfen und Binnenhäfen unter staatlicher Kontrolle,
- Flughäfen.

Nach § 1 Abs. 1 und 2 SektVO ist diese nicht auf die Vergabe von verteidigungs- oder sicherheitsspezifischen öffentlichen Aufträgen sowie auf die Beschaffung im Wege von Konzessionen anzuwenden. In diesen Fällen gelten für Bauauftragsvergaben die VSVgV i.V.m. Abschnitt 3 der VOB/A bzw. für die Vergabe von Baukonzessionen die KonzVgV.

4 Begründung zu § 1 SektVO, BR-Drucks. 522/09, S. 39.

3. Wahl der Kommunikationsmittel

Die SektVO enthält nun in Unterabschnitt 2 des Abschnitts 1 ausführliche Neuregelungen zur Kommunikation, die weitestgehend denen der neu gefassten VgV entsprechen. Auch die SektVO enthält damit in § 9 Abs. 1 zunächst die grundsätzliche Verpflichtung, dass in jedem Stadium eines öffentlichen Vergabeverfahrens sowohl die öffentlichen Auftraggeber als auch die Unternehmen grundsätzlich nur elektronische Mittel zu verwenden haben. Die hierzu erlassenen Übergangsbestimmungen (§ 64 SektVo) ermöglichen aber ebenfalls einen „weichen" Übergang in die umfassende digitale Verfahrensabwicklung. Zentrale Beschaffungsstellen im Sinne von § 120 Absatz 4 Satz 1 GWB können danach bis zum 18. April 2017, andere öffentliche Auftraggeber bis zum 18. Oktober 2018, abweichend von § 43 Absatz 1 VgV die Übermittlung der Angebote, Teilnahmeanträge und Interessensbestätigungen auch auf dem Postweg, anderem geeigneten Weg, per Fax oder durch die Kombination dieser Mittel verlangen. Dasselbe gilt für die sonstige Kommunikation im Sinne des § 9 Absatz 1 SektVO, soweit sie nicht die Übermittlung von Bekanntmachungen und die Bereitstellung der Vergabeunterlagen betrifft.

Eine weitere Neuerung ist, dass der öffentliche Auftraggeber für die Vergabe von Bauleistungen und für Wettbewerbe nach § 12 Abs. 2 SektVO die Nutzung elektronischer Mittel im Rahmen der Bauwerksdatenmodellierung (bekannter unter der Bezeichnung „BIM" – Building Information Modeling) verlangen kann. Sofern die verlangten elektronischen Mittel für die Bauwerksdatenmodellierung nicht allgemein verfügbar sind – wovon derzeit noch auszugehen sein dürfte – muss der öffentliche Auftraggeber einen alternativen Zugang zu ihnen anbieten, indem er Unternehmen während des gesamten Vergabeverfahrens unter einer Internetadresse einen unentgeltlichen, uneingeschränkten, vollständigen und direkten Zugang zu diesen alternativen elektronischen Mitteln gewährt, die er selbst verwendet.

4. Freie Wahl der Verfahrensart

§ 13 Abs. 1 SektVO ermöglicht es den Sektorenauftraggebern, bei der Vergabe öffentlicher Aufträge frei zwischen dem offenen Verfahren, dem nichtoffenen Verfahren mit Bekanntmachung, dem Verhandlungsverfahren mit Bekanntmachung sowie dem wettbewerblichen Dialog zu wählen. Ferner steht dem Auftraggeber nach der Neufassung der SektVO auch die Innovationspartnerschaft nach Maßgabe der in § 18 SektVO hierzu aufgestellten Voraussetzungen zur Verfügung. Es besteht keinerlei Vorrangigkeit einer bestimmten Verfahrensart. Lediglich dann, wenn ein Verhandlungsverfahren ohne Bekanntmachung durchgeführt werden soll, bleibt diese Verfahrensart auf die in § 13 Abs. 2 SektVO ausdrücklich aufgezählten Ausnahmefälle beschränkt.

5. Bestimmung des Beschaffungsgegenstands und Leistungsbeschreibung

In § 28 enthält die SektVO für alle Sektorenauftraggeber einheitlich geltende Vorgaben im Hinblick auf die Leistungsbeschreibung und das Aufstellen von technischen Anforderungen.

Dem Aufstellen der eigentlichen Leistungsbeschreibung vorgelagert ist die Bestimmung des Beschaffungsgegenstands durch den (Sektoren-)Auftraggeber. Im Hinblick auf das „Ob" und „Was" einer Beschaffung kommt den Auftraggebern ein einseitiges Bestimmungsrecht zu. Fragen der Zweckmäßigkeit und Wirtschaftlichkeit sind insoweit nicht unmittelbar vergaberechtlich beeinflusst. Dementsprechend ist ein Nachprüfungsantrag bereits unzulässig, mit dem ein Unternehmen eine Änderung des Beschaffungsgegenstands durchsetzen möchte, da schon das Interesse am konkret ausgeschriebenen Auftrag zu verneinen ist.[5]

Ein Rangverhältnis zwischen der Leistungsbeschreibung mittels Leistungsverzeichnis oder lediglich funktionalen Anforderungen kennt die SektVO, die sich hier an der Neuregelung der Leistungsbeschreibung in § 121 GWB orientiert – anders als etwa § 7 b EU Abs. 1 VOB/A – nicht. Das den Sektorenauftraggebern hier zukommende Ermessen wird lediglich durch die allgemeinen vergaberechtlichen Anforderungen und insbesondere das Prinzip der Verhältnismäßigkeit begrenzt. Nur dann, wenn es tatsächlich darum geht, dass Know-how und die Kreativität der Marktteilnehmer für komplexe oder innovative Leistungen zu nutzen, wird auf eine funktionale Leistungsbeschreibung zurückgegriffen werden können. Angesichts des für die Bieterseite erheblichen Aufwands ist demgegenüber zweifelhaft, ob eine funktionale Ausschreibung zum Ausgleich unzureichender Vorbereitungen und von Planungsdefiziten durch Sektorenauftraggeber zulässig ist. Wenn keine angemessene Kostenerstattung für die zu erbringende Planung für alle am Verfahren teilnehmenden Bieter erfolgt, wird es wohl regelmäßig unzumutbar sein, die Konkretisierung des Beschaffungsbedarfs im Wege einer Funktionalausschreibung den Bietern aufzubürden, wenn der Auftraggeber die Planung auch selbst erbringen könnte.

6. Eindeutige und erschöpfende Beschreibung

Auch im Sektorenbereich gilt nach § 28 Abs. 2 Nr. 1 SektVO, dass die Merkmale des Auftragsgegenstandes in der Leistungsbeschreibung in Form von Leistungs- oder Funktionsanforderungen oder einer Beschreibung der zu lösenden Aufgabe so genau wie möglich zu fassen sind, dass sie ein klares Bild vom Auftragsgegenstand vermitteln und hinreichend vergleichbare Angebote erwarten lassen, die dem Auftraggeber die Erteilung des Zuschlags ermöglichen. § 28 Abs. 1 SektVO fordert die Leistungsbeschreibung in einer Weise, dass sie allen Unternehmen den gleichen Zugang zum Vergabeverfahren gewährt und die Öffnung des nationalen Beschaffungsmarktes für den Wettbewerb nicht in ungerechtfer-

5 Vgl. OLG Düsseldorf, Beschl. v. 17.11.2008, VergabeNews 2009, S. 103.

tigter Weise behindert. Die Vorschrift verweist außerdem auf § 121 GWB, der in Abs. 1 eine eindeutige und erschöpfende Leistungsbeschreibung fordert. Insoweit gilt für Sektorenauftraggeber nichts anderes als für klassische Auftraggeber gem. § 7 EU Abs. 1 VOB/A und § 31 Abs. 1 VgV.[6] Hierzu haben die Sektorenauftraggeber alle kalkulationsrelevanten Umstände mitzuteilen, die ihnen bekannt sind. Die Leistungsbeschreibung ist „eindeutig", wenn sie klar und unmissverständlich ist. Sie ist „erschöpfend", wenn sie gründlich vorbereitet und vollständig ist. Den hier zu beachtenden Anforderungen kommt unmittelbar bieterschützende Wirkung i.S.v. § 97 Abs. 6 GWB zu, sodass eine dem nicht genügende Leistungsbeschreibung nach erfolgloser Verfahrensrüge zum Gegenstand eines Vergabenachprüfungsverfahrens gemacht werden kann.[7] Im Zweifelsfall empfiehlt sich daher bei entsprechenden Bieternachfragen, die Leistungsbeschreibung gegebenenfalls klarzustellen und/oder das Verfahren soweit zurückzuversetzen, dass eine Korrektur der unklaren Anforderungen noch möglich wird, ggf. unter Verlängerung der Frist zur Angebotsbearbeitung. Unter Berücksichtigung der zentralen Vergabegrundsätze der Transparenz, des Wettbewerbs und der Gleichbehandlung der Bieter sowie auch der konkreten Vorgaben gem. § 28 Abs. 1 SektVO kommen Sektorenauftraggeber bei der Abfassung der Leistungsbeschreibung keine relevant größeren Spielräume als klassischen Auftraggebern zu.

Zwar fehlt etwa im Sektorenbereich die in § 7 EU Abs. 1 Nr. 4 VOB/A aufgestellte Vorgabe, dass Bedarfs- und Eventualpositionen nur ausnahmsweise in die Leistungsbeschreibung aufgenommen werden dürfen, wozu die Rechtsprechung klargestellt hat, dass Bedarfspositionen die Grenze von maximal 10 % bis 15 % des Gesamtauftragswerts nicht überschreiten dürfen.[8] Um ein transparentes und dem Grundsatz der Gleichbehandlung genügendes Vergabeverfahren zu gewährleisten, können aber auch Sektorenauftraggeber nicht uneingeschränkt auf Bedarfs- und Eventualpositionen zurückgreifen. Ein hoher Anteil an solchen Positionen, von denen sich erst nach Auftragserteilung zeigt, ob sie tatsächlich zur Ausführung kommt, beeinträchtigt eine transparente Vergabe, sodass sie nur dort vorgesehen werden dürfen, wo auch Sektorenauftraggeber nach Erschöpfung der Erkenntnismöglichkeiten keine hinreichend präzise Vorgabe in die Leistungsbeschreibung aufnehmen können.[9] Keinesfalls ist es möglich, Bedarfs- oder auch Wahl-/Alternativpositionen in einem Umfang vorzusehen, dass letztlich ein Baukastenleistungsverzeichnis entsteht, aus dem sich der Auftraggeber nach Zuschlagserteilung nach Belieben bedienen kann.

7. Kein ungewöhnliches Wagnis

Ein ausdrückliches Verbot, dem Auftragnehmer ungewöhnliche Wagnisse zu überbürden, findet sich in der SektVO im Gegensatz zu VOB/A nicht. Auch ohne ausdrückliches Verbot ungewöhnlicher Wagnisse sind Sektorenauftraggeber hier nicht wesentlich freier als die übrigen öffentlichen Auftraggeber. Für Sektorenauftraggeber gelten nach wie vor die allgemeinen Vergabegrundsätze gem. § 97 Abs. 1 und 2 GWB. § 7 Abs. 1 SektVO stellt auch

6 Leinemann, Die Vergabe öff. Aufträge, Rn. 1685.
7 OLG Dresden, BauR 2000, 1582, 1585; Leinemann/Kirch, VSVgV-Kommentar, § 18 VSVgV, Rn. 25.
8 VK Bund, Beschl. v. 14.7.2005, VK 1-50/05.
9 Zur analogen Regelung in § 15 Abs. 2 VSVgV vgl. Leinemann/Kirch, § 18 VSVgV, Rn. 30.

ausdrücklich klar, dass die Leistung so genau und umfassend zu beschreiben ist, dass ein einheitliches Verständnis der am Auftrag interessierten Unternehmen und vergleichbare Angebote gewährleistet sind. Ungewöhnliche Wagnisse i.S.d. Vergaberechts liegen vor, wenn ein Risiko, welches außerhalb des Einflussbereichs des Bieters und potentiellen Auftragnehmers liegt, diesem übertragen wird und eine kaufmännisch vernünftige Kalkulation des Angebotspreises insoweit nicht möglich ist. Damit werden in aller Regel auch keine objektiv miteinander vergleichbaren Angebote eingehen, da die Preisbildung der Bieter insoweit auf spekulativen Annahmen basieren wird. Jedenfalls dann, wenn das Risiko nicht kalkuliert werden kann, liegt daher zugleich auch ein Verstoß gegen § 7 Abs. 1 SektVO vor. Den Bietern dürfen nur solche Risiken aufgebürdet werden, deren Eintritt und die damit verbundenen wirtschaftlichen Folgen im Vorfeld überblickt und kalkuliert werden können[10].

8. Umwelteigenschaften

In Umsetzung der europäischen Energieeffizienzrichtlinie bestimmt § 58 SektVO, dass bei Beschaffung energieverbrauchsrelevanter Leistungen mit der Leistungsbeschreibung im Rahmen der technischen Spezifikationen von den Bietern Angaben zum Energieverbrauch von technischen Geräten und Ausrüstungen zu fordern sind. § 58 überführt den Regelungsgehalt des bisherigen § 7 Absatz 4 der SektVO in diese Verordnung.

Bei Bauleistungen sind diese Angaben dann zu fordern, wenn die Lieferung von technischen Geräten und Ausrüstungen Bestandteil dieser Bauleistungen sind. Dabei ist in geeigneten Fällen eine Analyse minimierter Lebenszykluskosten oder eine vergleichbare Methode zur Gewährleistung der Wirtschaftlichkeit vom Bieter zu fordern. Dies wird dann eine Rolle spielen, wenn der Auftraggeber den Energiebedarf der angebotenen technischen Ausrüstungsgegenstände bei der Zuschlagsentscheidung zur Ermittlung des wirtschaftlichsten Angebots berücksichtigen will. Eine entsprechende Anforderung kann daher sinnvoll nur dann gefordert werden, wenn die geforderte Angabe nach den mitgeteilten Wertungskriterien auch zur Ermittlung des wirtschaftlichsten Angebots herangezogen werden kann. Anderenfalls besteht schon kein erhebliches Informationsinteresse auf Auftraggeberseite.

Bei technischen Geräten und Ausrüstungen kann deren Energieverbrauch bei der Entscheidung über den Zuschlag berücksichtigt werden, bei Bauleistungen jedoch nur dann, wenn die Lieferung der technischen Geräte oder Ausrüstungen ein wesentlicher Bestandteil der Bauleistung ist.

10 Das OLG Düsseldorf hat – trotz seiner grundsätzlich ablehnenden Haltung gegenüber der Fortgeltung des Grundsatzes der Unzulässigkeit der Aufbürdung ungewöhnlicher Wagnisse nach Streichung der Regelung in der VOL/A in seinem Beschluss vom 19.06.2013 – VII-Verg 4/13 – ausgeführt, dass eine entsprechende Risikoverteilung zu Lasten der Auftragnehmer mit Blick auf den Wettbewerbsgrundsatz unangemessen sein kann.

9. Nebenangebote

Aufgrund der Bedeutung von Innovation sollten nach den Vorstellungen des Gesetzgebers öffentliche Auftraggeber so oft wie möglich Nebenangebote zulassen[11]. Die SektVO enthält hierfür in § 33 eine ausführliche, durch die Vergaberechtsnovelle 2016 teilweise neu gefasste Regelung, die es Auftraggebern ermöglicht, Nebenangebote zuzulassen oder vorzuschreiben. Dabei sind auch Mindestanforderungen, denen die Nebenangebote genügen müssen, festzulegen. Fehlt eine Angabe von Mindestanforderungen, können Nebenangebote trotz entsprechender Zulassung nicht gewertet werden.[12] Angaben zur Zulassung und zu den Mindestanforderungen von Nebenangeboten machen die Auftraggeber in der Bekanntmachung oder den Vergabeunterlagen. Fehlt eine entsprechende Angabe, sind keine Nebenangebote zugelassen.

Es ist auch anzugeben, ob ein Nebenangebot unabhängig oder nur in Verbindung mit einem Hauptangebot eingereicht werden darf. Fehlt eine solche Angabe, sind Nebenangebote auch ohne ein Hauptangebot zugelassen. Die Zuschlagskriterien sind gemäß § 127 Absatz 4 GWB so festzulegen, dass sie sowohl auf Hauptangebote als auch auf Nebenangebote anwendbar sind. Nebenangebote können auch zugelassen oder vorgeschrieben werden, wenn der Preis oder die Kosten das alleinige Zuschlagskriterium sind. Der Auftraggeber darf nur Nebenangebote berücksichtigen, die die Mindestanforderungen erfüllen.

10. Unteraufträge

Als eigenständige Vorschrift enthält die SektVO nach der Vergaberechtsnovelle 2016 nun auch eine Regelung zu Unteraufträgen, der in der Baupraxis eine besondere Relevanz zukommt. Nach § 34 kann der Auftraggeber Unternehmen in der Auftragsbekanntmachung oder den Vergabeunterlagen auffordern, bei Angebotsabgabe die Teile des Auftrags, die sie im Wege der Unterauftragsvergabe an Dritte zu vergeben beabsichtigen, sowie, falls zumutbar, die vorgesehenen Unterauftragnehmer zu benennen. Die Haftung des Hauptauftragnehmers gegenüber dem Auftraggeber bleibt dadurch unberührt. Im Rahmen der Unterauftragsvergabe wird der gesamte oder ein Teil des Auftrags auf eine dritte Person übertragen. Die Unterauftragsvergabe, bei der die Erbringung von Teilen der Leistung durch den Auftragnehmer auf einen Unterauftragnehmer übertragen wird, ist von der Eignungsleihe nach § 47 SektVO zu unterscheiden, bei der sich ein Bieter auf die Eignung eines Dritten berufen kann, ohne dass dieser zwingend zugleich als Nachunternehmer mit einem Teil der Leistungserbringung beauftragt werden muss.

Vor Zuschlagserteilung kann der Auftraggeber von den Bietern, deren Angebote in die engere Wahl kommen, verlangen, die Unterauftragnehmer zu benennen und nachzuweisen, dass ihnen die erforderlichen Mittel dieser Unterauftragnehmer zur Verfügung stehen. Bei der Vergabe von Bau- oder Dienstleistungsaufträgen, die in einer Einrichtung des Auftraggebers unter dessen direkter Aufsicht zu erbringen sind, bestehen nach § 34 Abs. 3 SektVO

11 Amtliche Begründung zu § 127 Abs. 4 GWB, s. BR-Drs. 367/15 vom 14.08.15, S. 133.
12 EuGH, Urt. v. 16.10.2003, RS.C-421/01 „Traunfellner“.

noch weitergehende Möglichkeiten des Auftraggebers zur Festsetzung von Mitteilungspflichten des Auftragnehmers.

Auch für Unterauftragnehmer aller Stufen gilt § 128 Absatz 1 des Gesetzes gegen Wettbewerbsbeschränkungen, nach dem Unternehmen bei der Ausführung des öffentlichen Auftrags alle für sie geltenden rechtlichen Verpflichtungen einzuhalten, insbesondere Steuern, Abgaben und Beiträge zur Sozialversicherung zu entrichten, die arbeitsschutzrechtlichen Regelungen einzuhalten und den Arbeitnehmerinnen und Arbeitnehmern wenigstens diejenigen Mindestarbeitsbedingungen einschließlich des Mindestentgelts zu gewähren haben, die nach dem Mindestlohngesetz, einem nach dem Tarifvertragsgesetz mit den Wirkungen des Arbeitnehmer-Entsendegesetzes für allgemein verbindlich erklärten Tarifvertrag oder einer nach § 7, § 7a oder § 11 des Arbeitnehmer-Entsendegesetzes oder einer nach § 3a des Arbeitnehmerüberlassungsgesetzes erlassenen Rechtsverordnung für die betreffende Leistung verbindlich vorgegeben werden.

Auftraggeber im Sinne des § 100 Abs. 1 Nr. 1 GWB, d.h. öffentliche Auftraggeber nach § 99 Nr. 1-3 GWB, die eine Sektorentätigkeit ausüben, müssen vor der Erteilung des Zuschlags überprüfen, ob Gründe für den Ausschluss des Unterauftragnehmers vorliegen. Bei Vorliegen zwingender Ausschlussgründe müssen sie die Ersetzung des Unterauftragnehmers verlangen. Bei Vorliegen fakultativer Ausschlussgründe können sie verlangen, dass dieser ersetzt wird. Der öffentliche Auftraggeber kann dem Bewerber oder Bieter dafür eine Frist setzen.

11. Reduzierung der Bewerberzahl

Nach § 45 Abs. 3 SektVO kann der Auftraggeber in Fällen, in denen er ein angemessenes Gleichgewicht zwischen bestimmten Merkmalen des Vergabeverfahrens und den notwendigen Ressourcen für dessen Durchführung sicherstellen muss, bei nicht offenen Verfahren, Verhandlungsverfahren, wettbewerblichen Dialogen oder Innovationspartnerschaften objektive Kriterien festlegen, die es ermöglichen, die Zahl der Bewerber, die zur Angebotsabgabe oder zur Aufnahme von Verhandlungen aufgefordert werden, zu begrenzen. Die danach vom öffentlichen Auftraggeber zu treffende Auswahl erfolgt nach objektiven, diskriminierungsfreien Gesichtspunkten und ist im Vergabevermerk zu dokumentieren[13]. Der öffentliche Auftraggeber hat eine im vergaberechtlichen Zusammenhang pflichtgemäße Ermessensentscheidung zu treffen, wobei er insbesondere das Wettbewerbs-, Gleichbehandlungs- und Transparenzgebot als Ausprägungen des generellen Willkürverbots beachten muss.[14] Die Zahl der ausgewählten Bewerber muss jedoch der Notwendigkeit Rechnung tragen, dass ein angemessener Wettbewerb gewährleistet sein muss.

---

13 BayObLG, Beschluss vom 20. April 2005, Az. Verg 26/04.
14 VK Bund, Beschluss vom 25. Juni 2003, Az. VK 1-45/03.

12. Prüfung und Wertung der Angebote

Nach § 54 SektVO gelten besondere Regeln für den Umgang mit ungewöhnlich niedrigen Angeboten. Erscheinen der Preis oder die Kosten eines Angebots im Verhältnis zu der zu erbringenden Leistung ungewöhnlich niedrig, verlangt der Auftraggeber gemäß Abs. 1 vom Bieter Aufklärung. Nach Abs. 2 prüft der Auftraggeber insofern die Zusammensetzung des Angebots und berücksichtigt die übermittelten Unterlagen. Die Prüfung kann insbesondere betreffen:

1. die Wirtschaftlichkeit des Fertigungsverfahrens einer Lieferleistung oder der Erbringung der Dienstleistung,
2. die gewählten technischen Lösungen oder die außergewöhnlich günstigen Bedingungen, über die das Unternehmen bei der Lieferung der Waren oder bei der Erbringung der Dienstleistung verfügt,
3. die Besonderheiten der angebotenen Liefer- oder Dienstleistung,
4. die Einhaltung der Verpflichtungen nach § 128 Absatz 1 GWB, insbesondere der für das Unternehmen geltenden umwelt-, sozial und arbeitsrechtlichen Vorschriften, oder
5. die etwaige Gewährung einer staatlichen Beihilfe an das Unternehmen.

Kann der Auftraggeber nach der Prüfung gemäß den Absätzen 1 und 2 die geringe Höhe des angebotenen Preises oder der angebotenen Kosten nicht zufriedenstellend aufklären, darf er den Zuschlag auf dieses Angebot ablehnen. Er lehnt das Angebot ab, wenn er festgestellt hat, dass der Preis oder die Kosten des Angebots ungewöhnlich niedrig sind, weil Verpflichtungen nach Absatz 2 Nummer 4 nicht eingehalten werden, s. § 54 Abs. 3 SektVO.

Stellt der Auftraggeber fest, dass ein Angebot ungewöhnlich niedrig ist, weil der Bieter eine staatliche Beihilfe erhalten hat, so lehnt der Auftraggeber das Angebot ab, wenn der Bieter nicht fristgemäß nachweisen kann, dass die staatliche Beihilfe rechtmäßig gewährt wurde. Der Auftraggeber teilt die Ablehnung der Europäischen Kommission mit, s. § 54 Abs. 4 SektVO.

13. Aufhebung des Vergabeverfahrens

Die SektVO ermöglichst es den Sektorenauftraggebern durch die Regelung in § 57 SektVO, ein Vergabeverfahren ganz oder im Falle der Losvergabe für einzelne Lose aufzuheben. § 57 SektVO nennt allerdings nicht die Gründe, die zu einer Verfahrensaufhebung oder Einstellung führen können. Daraus wird sich indes nicht ableiten lassen, dass Sektorenauftraggeber ein Vergabeverfahren ohne Zuschlag nach freiem Belieben beenden könnten. Ungeachtet dessen sind die aus dem Primärrecht und den Richtlinien folgenden allgemeinen Grundsätze zu beachten.[15] Auch Bieter in einem Vergabeverfahren nach SektVO dürfen darauf vertrauen, dass der bekannt gemachte Verfahrensablauf eingehalten und der

15 So die amtliche Begründung zu § 57 SektVO.

Transparenz- und Gleichbehandlungsgrundsatz nach § 97 Abs. 1, 2 GWB beachtet wird. Insofern ist auch ein Sektorenauftraggeber gehalten, nur bei Vorliegen besonderer Gründe das Verfahren aufzuheben oder einzustellen. Die Entscheidung darf nicht gegen das Diskriminierungsgebot verstoßen und muss dem Transparenzgebot genügen.[16] Die Aufhebung eines Vergabeverfahrens kommt daher auch im Sektorenbereich nur im Betracht, wenn eine Verletzung des vorvertraglichen Schuldverhältnisses, namentlich des Vertrauens auf die Einhaltung der Regelungen der SektVO, nicht gegeben ist.[17]

14. Verfahrensdokumentation

In § 8 SektVO werden die Dokumentationspflichten geregelt, die in erster Linie als Ausfluss des Transparenzgrundsatzes anzusehen sind. Dabei sind die maßgeblichen Aspekte des Vergabeverfahrens von Beginn an fortlaufend zu dokumentieren. Die Dokumentation ist Ausfluss des Transparenzgrundsatzes. Sie dient dazu, die Entscheidungen des Auftraggebers nachvollziehen und rechtlich prüfen zu können.

Die Dokumentation umfasst die Unterlagen über die Qualifizierung und Auswahl der Teilnehmer sowie Zuschlagserteilung, ggfs. den Rückgriff auf Verhandlungsverfahren ohne vorherigen Teilnahmewettbewerb, ggfs. die Nichtanwendung dieser Verordnung aufgrund der Ausnahmen nach dem Teil 4 des GWB und Gründe, aus denen andere als elektronische Kommunikationsmittel für die elektronische Einreichung von Angeboten verwendet wurden. Sie ist bis zum Ende der Vertragslaufzeit oder Rahmenvereinbarung aufzubewahren, mindestens jedoch für drei Jahre ab dem Tag des Zuschlags. Gleiches gilt für Kopien von Bauverträgen mit einem Vertragswert von mindestens 10.000.000 Euro.

Die Dokumentationspflicht gilt auch für die verfahrensrechtlichen Vorentscheidungen, etwa die Wahl des Verfahrens. Weil die Dokumentation ebenfalls Ausdruck des in § 97 Abs. 1 GWB verankerten Transparenzprinzips ist, haben die Bieter nach § 97 Abs. 7 GWB Anspruch darauf, dass die Vergabe im Wege transparenter Vergabeverfahren erfolgt.[18] Besteht ein Dokumentationsmangel und wirkt sich dieser auf die Rechtsstellung des Bieters im Vergabeverfahren aus, so liegt eine Rechtsverletzung des Bieters im Sinne von § 97 Abs. 6 GWB vor.[19] In der Konsequenz dessen ist eine nicht oder nur unzureichend dokumentierte Entscheidung des Auftraggebers nicht mehr zu halten und führt zur Wiederholung der Wertungsentscheidung und anschließenden Dokumentation. Die Dokumentation als solche kann nicht isoliert nachgeholt werden.[20]

Nach § 5 Abs. 2 Satz 2 SektVO sind die Interessensbekundungen, Interessensbestätigungen, Teilnahmeanträge und Angebote einschließlich ihrer Anlagen sowie die Dokumentation über Öffnung und Wertung der Teilnahmeanträge und Angebote auch nach Abschluss des Vergabeverfahrens vertraulich zu behandeln.

---

16 OLG München, Beschl. v. 12.7.2005, Verg 8/05.
17 Leinemann, Die Vergabe öff. Aufträge, Rn. 1853.
18 OLG Düsseldorf, VergabeR 2003, 87, 89.
19 OLG Celle, Beschl. v. 11.2.2010, 13 Verg 16/09 hinsichtlich der inhaltsgleichen Vorgängerregelung in § 97 Abs. 7 GWB, VergabeNews 2010, 29; OLG Düsseldorf, VergabeR 2003, 87, 89.
20 OLG Celle, Beschl. v. 11.2.2010, 13 Verg 16/09, VergabeNews 2010, 29.

15. Sektorenverordnung – SektVO (Text)

Verordnung über die Vergabe von öffentlichen Aufträgen im Bereich des Verkehrs, der Trinkwasserversorgung und der Energieversorgung (Sektorenverordnung – SektVO)

In der Fassung vom 12.04.2016 (BGBl. I Nr. 16 vom 14. April 2016, S. 624), zuletzt geändert durch Artikel 9 des Gesetzes vom 18. Juli 2017 (BGBl. I S. 2745, 2752)

Abschnitt 1
Allgemeine Bestimmungen und Kommunikation

Unterabschnitt 1
Allgemeine Bestimmungen

§ 1
Anwendungsbereich

(1) Diese Verordnung trifft nähere Bestimmungen über das einzuhaltende Verfahren bei der dem Teil 4 des Gesetzes gegen Wettbewerbsbeschränkungen unterliegenden Vergabe von Aufträgen und die Ausrichtung von Wettbewerben zum Zwecke von Tätigkeiten auf dem Gebiet der Trinkwasser- oder Energieversorgung oder des Verkehrs (Sektorentätigkeiten) durch Sektorenauftraggeber.

(2) Diese Verordnung ist nicht anzuwenden auf die Vergabe von verteidigungs- oder sicherheitsspezifischen öffentlichen Aufträgen.

(3) Für die Beschaffung im Wege von Konzessionen im Sinne des § 105 des Gesetzes gegen Wettbewerbsbeschränkungen gilt die Verordnung über die Vergabe von Konzessionen.

§ 2
Schätzung des Auftragswerts

(1) Bei der Schätzung des Auftragswerts ist vom voraussichtlichen Gesamtwert der vorgesehenen Leistung ohne Umsatzsteuer auszugehen. Zudem sind etwaige Optionen oder Vertragsverlängerungen zu berücksichtigen. Sieht der Auftraggeber Prämien oder Zahlungen an den Bewerber oder Bieter vor, sind auch diese zu berücksichtigen.

(2) Die Wahl der Methode zur Berechnung des geschätzten Auftragswerts darf nicht in der Absicht erfolgen, die Anwendung der Bestimmungen des Teils 4 des Gesetzes gegen Wettbewerbsbeschränkungen oder dieser Verordnung zu umgehen. Eine Auftragsvergabe darf nicht so unterteilt werden, dass sie nicht in den Anwendungsbereich der Bestimmungen des Teils 4 des Gesetzes gegen Wettbewerbsbeschränkungen oder dieser Verordnung fällt, es sei denn, es liegen objektive Gründe dafür vor, etwa wenn eine eigenständige Organisationseinheit selbständig für ihre Auftragsvergabe oder bestimmte Kategorien der Auftragsvergabe zuständig ist.

(3) Maßgeblicher Zeitpunkt für die Schätzung des Auftragswerts ist der Tag, an dem die Auftragsbekanntmachung abgesendet wird oder das Vergabeverfahren auf sonstige Weise eingeleitet wird.

(4) Der Wert einer Rahmenvereinbarung oder eines dynamischen Beschaffungssystems wird auf der Grundlage des geschätzten Gesamtwertes aller Einzelaufträge berechnet, die während der gesamten Laufzeit einer Rahmenvereinbarung oder eines dynamischen Beschaffungssystems geplant sind.

(5) Der zu berücksichtigende Wert im Falle einer Innovationspartnerschaft entspricht dem geschätzten Gesamtwert der Forschungs- und Entwicklungstätigkeiten, die während sämtlicher Phasen der geplanten Partnerschaft stattfinden sollen, sowie der Bau-, Liefer- oder Dienstleistungen, die zu entwickeln und am Ende der geplanten Partnerschaft zu beschaffen sind.

(6) Bei der Schätzung des Auftragswerts von Bauleistungen ist neben dem Auftragswert der Bauaufträge der geschätzte Gesamtwert aller Liefer- und Dienstleistungen zu berücksichtigen, die für die Ausführung der Bauleistungen erforderlich sind und vom Auftraggeber zur Verfügung gestellt werden. Die Möglichkeit des Auftraggebers, Aufträge für die Planung und die Ausführung von Bauleistungen entweder getrennt oder gemeinsam zu vergeben, bleibt unberührt.

(7) Kann das beabsichtigte Bauvorhaben oder die vorgesehene Erbringung einer Dienstleistung zu einem Auftrag führen, der in mehreren Losen vergeben wird, ist der geschätzte Gesamtwert aller Lose zugrunde zu legen. Bei Planungsleistungen gilt dies nur für Lose über gleichartige Leistungen. Erreicht oder überschreitet der geschätzte Gesamtwert den maßgeblichen Schwellenwert, gilt diese Verordnung für die Vergabe jedes Loses.

(8) Kann ein Vorhaben zum Zweck des Erwerbs gleichartiger Lieferungen zu einem Auftrag führen, der in mehreren Losen vergeben wird, ist der geschätzte Gesamtwert aller Lose zugrunde zu legen.

(9) Der Auftraggeber kann bei der Vergabe einzelner Lose von Absatz 7 Satz 3 sowie Absatz 8 abweichen, wenn der geschätzte Nettowert des betreffenden Loses bei Liefer- und Dienstleistungsaufträgen unter 80 000 Euro und bei Bauleistungen unter 1 Million Euro liegt und die Summe der Nettowerte dieser Lose 20 Prozent des Gesamtwertes aller Lose nicht übersteigt.

(10) Bei regelmäßig wiederkehrenden Aufträgen oder Daueraufträgen über Liefer- oder Dienstleistungen sowie bei Liefer- oder Dienstleistungsaufträgen, die innerhalb eines bestimmten Zeitraums verlängert werden sollen, ist der Auftragswert zu schätzen

1. auf der Grundlage des tatsächlichen Gesamtwertes entsprechender aufeinander folgender Aufträge aus dem vorangegangenen Haushaltsjahr oder Geschäftsjahr; dabei sind voraussichtliche Änderungen bei Mengen oder Kosten möglichst zu berücksichtigen, die während der zwölf Monate zu erwarten sind, die auf den ursprünglichen Auftrag folgen; oder
2. auf der Grundlage des geschätzten Gesamtwertes aufeinander folgender Aufträge, die während der auf die erste Lieferung folgenden zwölf Monate oder während des auf die erste Lieferung folgenden Haushaltsjahres oder Geschäftsjahres, wenn dieses länger als zwölf Monate ist, vergeben werden.

(11) Bei Aufträgen über Liefer- oder Dienstleistungen, für die kein Gesamtpreis angegeben wird, ist Berechnungsgrundlage für den geschätzten Auftragswert

1. bei zeitlich begrenzten Aufträgen mit einer Laufzeit von bis zu 48 Monaten der Gesamtwert für die Laufzeit dieser Aufträge und
2. bei Aufträgen mit unbestimmter Laufzeit oder mit einer Laufzeit von mehr als 48 Monaten der 48-fache Monatswert.

(12) Bei einem Planungswettbewerb nach § 60, der zu einem Dienstleistungsauftrag führen soll, ist der Wert des Dienstleistungsauftrags zu schätzen zuzüglich etwaiger Preisgelder und Zahlungen an Teilnehmer. Bei allen übrigen Planungswettbewerben entspricht der Auftragswert der Summe der Preisgelder und Zahlungen an die Teilnehmer einschließlich des Wertes des Dienstleistungsauftrags, der vergeben werden könnte, soweit der Auftraggeber diese Vergabe in der Wettbewerbsbekanntmachung des Planungswettbewerbs nicht ausschließt.

§ 3
Antragsverfahren für Tätigkeiten, die unmittelbar dem Wettbewerb ausgesetzt sind

(1) Auftraggeber können bei der Europäischen Kommission beantragen festzustellen, dass die Vorschriften des Teils 4 des Gesetzes gegen Wettbewerbsbeschränkungen sowie der Sektorenverordnung auf die Auftragsvergabe oder Ausrichtung von Wettbewerben für die Ausübung dieser Tätigkeit keine Anwendung finden. Dem Antrag ist eine Stellungnahme des Bundeskartellamtes beizufügen. Dem Antrag sind alle sachdienlichen Informationen beizufügen, insbesondere Gesetze, Verordnungen, Verwaltungsvorschriften oder Vereinbarungen, die darlegen, dass die betreffende Tätigkeit unmittelbar dem Wettbewerb auf Märkten ausgesetzt ist, die keiner Zugangsbeschränkung unterliegen. Eine Kopie des Antrags ist dem Bundesministerium für Wirtschaft und Energie zu übermitteln.

(2) Der Antrag des Auftraggebers an das Bundeskartellamt auf Stellungnahme muss die in § 39 Absatz 3 Satz 2 Nummer 1 bis 4 des Gesetzes gegen Wettbewerbsbeschränkungen bezeichneten Angaben enthalten. § 39 Absatz 3 Satz 4 und 5 des Gesetzes gegen Wettbewerbsbeschränkungen gilt entsprechend. Der Antrag nach Absatz 1 kann auch von einem Verband der Auftraggeber gestellt werden. In diesem Fall gelten für die Verbände die Regelungen für Auftraggeber.

(3) Das Bundeskartellamt soll die Stellungnahme innerhalb von vier Monaten nach Antragseingang abgeben. Für die Erarbeitung der beantragten Stellungnahme hat das Bundeskartellamt die Ermittlungsbefugnisse nach den §§ 57 bis 59 des Gesetzes gegen Wettbewerbsbeschränkungen. Das Bundeskartellamt holt eine Stellungnahme der Bundesnetzagentur ein. § 50c Absatz 1 des Gesetzes gegen Wettbewerbsbeschränkungen gilt entsprechend.

(4) Die Stellungnahme des Bundeskartellamtes besitzt keine Bindungswirkung für seine Entscheidungen nach den Teilen 1 bis 3 des Gesetzes gegen Wettbewerbsbeschränkungen.

(5) Einen Antrag nach Absatz 1 kann auch das Bundesministerium für Wirtschaft und Energie stellen. In diesem Fall teilt es der Europäischen Kommission sachdienlichen Informationen nach Absatz 1 Satz 3 mit. Es holt zur wettbewerblichen Beurteilung eine Stellungnahme des Bundeskartellamtes ein, die ebenfalls der Kommission der Europäischen Union übermittelt wird. Dies gilt auch für den Fall, dass die Europäische Kommission auf eigene Veranlassung für eine der Sektorentätigkeiten in Deutschland ein solches Verfahren einleitet.

(6) Die Feststellung, dass die betreffende Tätigkeit unmittelbar dem Wettbewerb auf Märkten ausgesetzt ist, die keiner Zugangsbeschränkung unterliegen, gilt als getroffen, wenn die Europäische Kommission dies bestätigt hat oder wenn sie innerhalb der Frist nach Artikel 35 in Verbindung mit Anhang IV der Richtlinie 2014/25/EU des Europäischen Parlaments und des Rates vom 26. Februar 2014 über die Vergabe von Aufträgen im Bereich der Wasser-, Energie- und Verkehrsversorgung sowie der Postdienste und zur Aufhebung der Richtlinie 2004/17/EG (ABl. L 94 vom 28.3.2014, S. 243) keine Feststellung getroffen hat und das Bundesministerium für Wirtschaft und Energie die Feststellung oder den Ablauf der Frist im Bundesanzeiger bekannt gemacht hat.

(7) Die Absätze 1 bis 6 gelten für Auftraggeber im Sinne des § 143 des Gesetzes gegen Wettbewerbsbeschränkungen entsprechend.

§ 4
Gelegentliche gemeinsame Auftragsvergabe

(1) Mehrere Auftraggeber können vereinbaren, bestimmte Aufträge gemeinsam zu vergeben. Dies gilt auch für die Auftragsvergabe gemeinsam mit Auftraggebern aus anderen Mitgliedstaaten der Europäischen Union. Die Möglichkeiten zur Nutzung von zentralen Beschaffungsstellen bleiben unberührt.

(2) Soweit das Vergabeverfahren im Namen und im Auftrag aller Auftraggeber insgesamt gemeinsam durchgeführt wird, sind diese für die Einhaltung der Bestimmungen über das Vergabeverfahren gemeinsam verantwortlich. Das gilt auch, wenn ein Auftraggeber das Verfahren in seinem Namen und im Auftrag der anderen Auftraggeber allein ausführt. Bei nur teilweise gemeinsamer Durchführung sind die Auftraggeber nur für jene Teile gemeinsam verantwortlich, die gemeinsam durchgeführt wurden. Wird ein Auftrag durch Auftraggeber aus verschiedenen Mitgliedstaaten der Europäischen Union gemeinsam vergeben, legen diese die Zuständigkeiten und die anwendbaren Bestimmungen des nationales Rechts durch Vereinbarung fest und geben das in den Vergabeunterlagen an.

§ 5
Wahrung der Vertraulichkeit

(1) Sofern in dieser Verordnung oder anderen Rechtsvorschriften nichts anderes bestimmt ist, darf der Auftraggeber keine von den Unternehmen übermittelten und von diesen als vertraulich gekennzeichneten Informationen weitergeben. Dazu gehören insbesondere Betriebs- und Geschäftsgeheimnisse und die vertraulichen Aspekte der Angebote einschließlich ihrer Anlagen.

(2) Bei der gesamten Kommunikation sowie beim Austausch und der Speicherung von Informationen muss der Auftraggeber die Integrität der Daten und die Vertraulichkeit der Interessensbekundungen, Interessensbestätigungen, Teilnahmeanträge und Angebote einschließlich ihrer Anlagen gewährleisten. Die Interessensbekundungen, Interessensbestätigungen, Teilnahmeanträge und Angebote einschließlich ihrer Anlagen sowie die Dokumentation über Öffnung und Wertung der Teilnahmeanträge und Angebote sind auch nach Abschluss des Vergabeverfahrens vertraulich zu behandeln.

(3) Der Auftraggeber kann Unternehmen Anforderungen vorschreiben, die auf den Schutz der Vertraulichkeit der Informationen im Rahmen des Vergabeverfahrens abzielen, einschließlich der Informationen, die in Verbindung mit der Verwendung eines Qualifizierungssystems zur Verfügung gestellt werden. Hierzu gehört insbesondere die Abgabe einer Verschwiegenheitserklärung.

§ 6
Vermeidung von Interessenkonflikten

(1) Organmitglieder oder Mitarbeiter des öffentlichen Auftraggebers oder eines im Namen des öffentlichen Auftraggebers handelnden Beschaffungsdienstleisters, bei denen ein Interessenkonflikt besteht, dürfen in einem Vergabeverfahren nicht mitwirken.

(2) Ein Interessenkonflikt besteht für Personen, die an der Durchführung des Vergabeverfahrens beteiligt sind oder Einfluss auf den Ausgang eines Vergabeverfahrens nehmen können und die ein direktes oder indirektes finanzielles, wirtschaftliches oder persönliches Interesse haben, das ihre Unparteilichkeit und Unabhängigkeit im Rahmen des Vergabeverfahrens beeinträchtigen könnte.

(3) Es wird vermutet, dass ein Interessenkonflikt besteht, wenn die in Absatz 1 genannten Personen

1. Bewerber oder Bieter sind,
2. einen Bewerber oder Bieter beraten oder sonst unterstützen oder als gesetzliche Vertreter oder nur in dem Vergabeverfahren vertreten,

3. beschäftigt oder tätig sind

   a) bei einem Bewerber oder Bieter gegen Entgelt oder bei ihm als Mitglied des Vorstandes, Aufsichtsrates oder gleichartigen Organs oder

   b) für ein in das Vergabeverfahren eingeschaltetes Unternehmen, wenn dieses Unternehmen zugleich geschäftliche Beziehungen zum öffentlichen Auftraggeber und zum Bewerber oder Bieter hat.

(4) Die Vermutung des Absatzes 3 gilt auch für Personen, deren Angehörige die Voraussetzungen nach Absatz 3 Nummer 1 bis 3 erfüllen. Angehörige sind der Verlobte, der Ehegatte, Lebenspartner, Verwandte und Verschwägerte gerader Linie, Geschwister, Kinder der Geschwister, Ehegatten und Lebenspartner der Geschwister und Geschwister der Ehegatten und Lebenspartner, Geschwister der Eltern sowie Pflegeeltern und Pflegekinder.

§ 7
Mitwirkung an der Vorbereitung des Vergabeverfahrens

(1) Hat ein Unternehmen oder ein mit ihm in Verbindung stehendes Unternehmen den Auftraggeber beraten oder war auf andere Art und Weise an der Vorbereitung des Vergabeverfahrens beteiligt (vorbefasstes Unternehmen), so ergreift der Auftraggeber angemessene Maßnahmen, um sicherzustellen, dass der Wettbewerb durch die Teilnahme dieses Unternehmens nicht verzerrt wird.

(2) Die Maßnahmen nach Absatz 1 umfassen insbesondere die Unterrichtung der anderen am Vergabeverfahren teilnehmenden Unternehmen in Bezug auf die einschlägigen Informationen, die im Zusammenhang mit der Einbeziehung des vorbefassten Unternehmens in der Vorbereitung des Vergabeverfahrens ausgetauscht wurden oder daraus resultieren und die Festlegung angemessener Fristen für den Eingang der Angebote und Teilnahmeanträge.

(3) Vor einem Ausschluss nach § 124 Absatz 1 Nummer 6 des Gesetzes gegen Wettbewerbsbeschränkungen ist dem vorbefassten Unternehmen die Möglichkeit zu geben, nachzuweisen, dass seine Beteiligung an der Vorbereitung des Vergabeverfahrens den Wettbewerb nicht verzerren kann.

§ 8
Dokumentation

(1) Der Auftraggeber ist verpflichtet, den Fortgang des Vergabeverfahrens jeweils zeitnah zu dokumentieren. Hierzu stellt er sicher, dass er über ausreichend Dokumentation verfügt, um Entscheidungen in allen Phasen des Vergabeverfahrens, insbesondere zu den Verhandlungs- oder Dialogphasen, der Auswahl der Teilnehmer sowie der Zuschlagsentscheidung nachvollziehbar zu begründen.

(2) Der Auftraggeber bewahrt die sachdienlichen Unterlagen zu jedem Auftrag auf. Die Unterlagen müssen so ausführlich sein, dass zu einem späteren Zeitpunkt mindestens folgende Entscheidungen nachvollzogen und gerechtfertigt werden können:

1. Qualifizierung und Auswahl der Teilnehmer sowie Zuschlagserteilung,

2. Rückgriff auf Verhandlungsverfahren ohne vorherigen Teilnahmewettbewerb,

3. Nichtanwendung dieser Verordnung aufgrund der Ausnahmen nach dem Teil 4 des Gesetzes gegen Wettbewerbsbeschränkungen und

4. Gründe, aus denen andere als elektronische Kommunikationsmittel für die elektronische Einreichung von Angeboten verwendet wurden.

(3) Die Dokumentation ist bis zum Ende der Vertragslaufzeit oder Rahmenvereinbarung aufzubewahren, mindestens jedoch für drei Jahre ab dem Tag des Zuschlags. Gleiches gilt für Kopien aller abgeschlossenen Verträge, die mindestens den folgenden Auftragswert haben:

1. 1 Million Euro im Falle von Liefer- oder Dienstleistungsaufträgen,
2. 10 Millionen Euro im Falle von Bauaufträgen.

(4) Die Dokumentation oder deren Hauptelemente ist der Europäischen Kommission sowie den zuständigen Aufsichts- oder Prüfbehörden auf deren Anforderung hin zu übermitteln.

Unterabschnitt 2
Kommunikation

§ 9
Grundsätze der Kommunikation

(1) Für das Senden, Empfangen, Weiterleiten und Speichern von Daten in einem Vergabeverfahren verwenden Auftraggeber und Unternehmen grundsätzlich Geräte und Programme für die elektronische Datenübermittlung (elektronische Mittel).

(2) Die Kommunikation in einem Vergabeverfahren kann mündlich erfolgen, wenn sie nicht die Vergabeunterlagen, die Teilnahmeanträge, die Interessensbestätigungen oder die Angebote betrifft und wenn sie ausreichend und in geeigneter Weise dokumentiert wird.

(3) Der Auftraggeber kann von jedem Unternehmen die Angabe einer eindeutigen Unternehmensbezeichnung sowie einer elektronischen Adresse verlangen (Registrierung). Für den Zugang zur Auftragsbekanntmachung und zu den Vergabeunterlagen darf der Auftraggeber keine Registrierung verlangen; eine freiwillige Registrierung ist zulässig.

§ 10
Anforderungen an die verwendeten elektronischen Mittel

(1) Der Auftraggeber legt das erforderliche Sicherheitsniveau für die elektronischen Mittel fest. Elektronische Mittel, die vom Auftraggeber für den Empfang von Angeboten, Teilnahmeanträgen und Interessensbestätigungen sowie von Plänen und Entwürfen für Planungswettbewerbe verwendet werden, müssen gewährleisten, dass

1. die Uhrzeit und der Tag des Datenempfanges genau zu bestimmen sind,
2. kein vorfristiger Zugriff auf die empfangenen Daten möglich ist,
3. der Termin für den erstmaligen Zugriff auf die empfangenen Daten nur von den Berechtigten festgelegt oder geändert werden kann,
4. nur die Berechtigten Zugriff auf die empfangenen Daten oder auf einen Teil derselben haben,
5. nur die Berechtigten nach dem festgesetzten Zeitpunkt Dritten Zugriff auf die empfangenen Daten oder auf einen Teil derselben einräumen dürfen,
6. empfangene Daten nicht an Unberechtigte übermittelt werden und
7. Verstöße oder versuchte Verstöße gegen die Anforderungen gemäß Nummer 1 bis 6 eindeutig festgestellt werden können.

(2) Die elektronischen Mittel, die vom Auftraggeber für den Empfang von Angeboten, Teilnahmeanträgen und Interessensbestätigungen sowie von Plänen und Entwürfen für Planungswettbewerbe

genutzt werden, müssen über eine einheitliche Datenaustauschschnittstelle verfügen. Es sind die jeweils geltenden Interoperabilitäts- und Sicherheitsstandards der Informationstechnik gemäß § 3 Absatz 1 des Vertrags über die Errichtung des IT-Planungsrats und über die Grundlagen der Zusammenarbeit beim Einsatz der Informationstechnologie in den Verwaltungen von Bund und Ländern vom 1. April 2010 zu verwenden.

§ 11
Anforderungen an den Einsatz elektronischer Mittel im Vergabeverfahren

(1) Elektronische Mittel und deren technische Merkmale müssen allgemein verfügbar, nichtdiskriminierend und mit allgemein verbreiteten Geräten und Programmen der Informations- und Kommunikationstechnologie kompatibel sein. Sie dürfen den Zugang von Unternehmen zum Vergabeverfahren nicht einschränken. Der Auftraggeber gewährleistet die barrierefreie Ausgestaltung der elektronischen Mittel nach den §§ 4 und 12 des Gesetzes zur Gleichstellung behinderter Menschen vom 27. April 2002 (BGBl. I S. 1467, 1468) in der jeweils geltenden Fassung.

(2) Der Auftraggeber verwendet für das Senden, Empfangen, Weiterleiten und Speichern von Daten in einem Vergabeverfahren ausschließlich solche elektronischen Mittel, die die Unversehrtheit, die Vertraulichkeit und die Echtheit der Daten gewährleisten.

(3) Der Auftraggeber muss den Unternehmen alle notwendigen Informationen zur Verfügung stellen über

1. die in einem Vergabeverfahren verwendeten elektronischen Mittel,
2. die technischen Parameter zur Einreichung von Teilnahmeanträgen, Angeboten und Interessenbestätigungen mithilfe elektronischer Mittel und
3. verwendete Verschlüsselungs- und Zeiterfassungsverfahren.

§ 12
Einsatz alternativer elektronischer Mittel bei der Kommunikation

(1) Der Auftraggeber kann im Vergabeverfahren die Verwendung elektronischer Mittel, die nicht allgemein verfügbar sind (alternative elektronische Mittel), verlangen, wenn er

1. Unternehmen während des gesamten Vergabeverfahrens unter einer Internetadresse einen unentgeltlichen, uneingeschränkten, vollständigen und direkten Zugang zu diesen alternativen elektronischen Mitteln gewährt und
2. diese alternativen elektronischen Mittel selbst verwendet.

(2) Der Auftraggeber kann im Rahmen der Vergabe von Bauleistungen und für Planungswettbewerbe die Nutzung elektronischer Mittel für die Bauwerksdatenmodellierung verlangen. Sofern die verlangten elektronischen Mittel für die Bauwerksdatenmodellierung nicht allgemein verfügbar sind, bietet der Auftraggeber einen alternativen Zugang zu ihnen gemäß Absatz 1 an.

Abschnitt 2
Vergabeverfahren

Unterabschnitt 1
Die Verfahrensarten, Fristen

§ 13
Wahl der Verfahrensart

(1) Dem Auftraggeber steht zur Vergabe von Aufträgen das offene Verfahren, das nicht offene Verfahren und das Verhandlungsverfahren mit Teilnahmewettbewerb sowie der wettbewerbliche Dialog nach seiner Wahl zur Verfügung. Die Innovationspartnerschaft steht nach Maßgabe dieser Verordnung zur Verfügung.

(2) Der Auftraggeber kann Aufträge im Verhandlungsverfahren ohne Teilnahmewettbewerb vergeben,

1. wenn im Rahmen eines Verhandlungsverfahrens mit Teilnahmewettbewerb keine oder keine geeigneten Angebote oder keine geeigneten Teilnahmeanträge abgegeben worden sind, sofern die ursprünglichen Bedingungen des Auftrags nicht grundlegend geändert werden; ein Angebot gilt als ungeeignet, wenn es ohne Abänderung den in der Auftragsbekanntmachung oder den Vergabeunterlagen genannten Bedürfnissen und Anforderungen des Auftraggebers offensichtlich nicht entsprechen kann; ein Teilnahmeantrag gilt als ungeeignet, wenn das Unternehmen aufgrund des § 142 Nummer 2 des Gesetzes gegen Wettbewerbsbeschränkungen auszuschließen ist oder ausgeschlossen werden kann, oder wenn es die objektiven Kriterien bezüglich der Eignung nicht erfüllt;
2. wenn ein Auftrag rein den Zwecken von Forschung, Experimenten, Studien oder Entwicklung dient und nicht den Zwecken einer Gewinnerzielungsabsicht oder Abdeckung von Forschungs- und Entwicklungskosten und sofern der Zuschlag dem Zuschlag für Folgeaufträge nicht abträglich ist, die insbesondere diesen Zwecken dienen;
3. wenn der Auftrag nur von einem bestimmten Unternehmen erbracht oder bereitgestellt werden kann,
   a) weil ein einzigartiges Kunstwerks oder eine einzigartigen künstlerische Leistung erschaffen oder erworben werden soll,
   b) weil aus technischen Gründen kein Wettbewerb vorhanden ist oder
   c) wegen des Schutzes von ausschließlichen Rechten, einschließlich der Rechte des geistigen Eigentums;
4. wenn äußerst dringliche, zwingende Gründe im Zusammenhang mit Ereignissen, die der betreffende Auftraggeber nicht voraussehen konnte, es nicht zulassen, die Mindestfristen einzuhalten, die für das offene und das nicht offene Verfahren sowie für das Verhandlungsverfahren mit Teilnahmewettbewerb vorgeschriebenen sind; die Umstände zur Begründung der äußersten Dringlichkeit, dürfen dem Auftraggeber nicht zuzurechnen sein;
5. wenn zusätzliche Lieferleistungen des ursprünglichen Auftragnehmers beschafft werden sollen, die entweder zur teilweisen Erneuerung oder Erweiterung bereits erbrachter Leistungen bestimmt sind, und ein Wechsel des Unternehmens dazu führen würde, dass der Auftraggeber eine Leistung mit unterschiedlichen technischen Merkmalen kaufen müsste und dies eine technische Unvereinbarkeit oder unverhältnismäßige technische Schwierigkeiten bei Gebrauch und Wartung mit sich bringen würde;

6. wenn eine Bau- oder Dienstleistung beschafft werden soll, die in der Wiederholung gleichartiger Leistungen besteht, die durch denselben Auftraggeber an das Unternehmen vergeben werden, das den ersten Auftrag erhalten hat, sofern sie einem Grundprojekt entsprechen und dieses Projekt Gegenstand des ersten Auftrags war, das im Rahmen eines Vergabeverfahrens mit Ausnahme eines Verhandlungsverfahrens ohne Teilnahmewettbewerb vergeben wurde; die Möglichkeit der Anwendung des Verhandlungsverfahrens muss bereits in der Auftragsbekanntmachung des ersten Vorhabens angegeben werden; darüber hinaus sind im Grundprojekt bereits der Umfang möglicher Bau- oder Dienstleistungen sowie die Bedingungen, unter denen sie vergeben werden, anzugeben; der für die nachfolgenden Bau- oder Dienstleistungen in Aussicht genommene Gesamtauftragswert wird vom Auftraggeber bei der Berechnung des Auftragswerts berücksichtigt;
7. wenn es sich um eine auf einer Warenbörse notierte und gekaufte Lieferleistung handelt;
8. bei Gelegenheitsbeschaffungen, bei denen es möglich ist, Lieferungen zu beschaffen, indem eine besonders vorteilhafte Gelegenheit genutzt wird, die nur kurzfristig besteht und bei der ein Preis erheblich unter den üblichen Marktpreisen liegt;
9. wenn Liefer- oder Dienstleistungen zu besonders günstigen Bedingungen bei Lieferanten, die ihre Geschäftstätigkeit endgültig einstellen, oder bei Insolvenzverwaltern im Rahmen eines Insolvenzverfahrens oder eines in den Vorschriften eines anderen Mitgliedstaats der Europäischen Union vorgesehenen gleichartigen Verfahrens erworben werden; oder
10. wenn im Anschluss an einen Planungswettbewerb im Sinne des § 60 ein Dienstleistungsauftrag nach den Bedingungen dieses Wettbewerbs an den Gewinner oder an einen der Preisträger vergeben werden muss; im letzteren Fall müssen alle Preisträger des Wettbewerbs zur Teilnahme an den Verhandlungen aufgefordert werden.

(3) Die in Absatz 2 Nummer 3 Buchstabe b und c genannten Voraussetzungen für die Anwendung des Verhandlungsverfahrens ohne Teilnahmewettbewerb gelten nur dann, wenn es keine vernünftige Alternative oder Ersatzlösung gibt und der mangelnde Wettbewerb nicht das Ergebnis einer künstlichen Einschränkung der Auftragsvergabeparameter ist.

§ 14
Offenes Verfahren; Fristen

(1) In einem offenen Verfahren kann jedes interessierte Unternehmen ein Angebot abgeben.

(2) Die Frist für den Eingang der Angebote (Angebotsfrist) beträgt mindestens 35 Tage, gerechnet ab dem Tag nach der Absendung der Auftragsbekanntmachung.

(3) Für den Fall, dass eine hinreichend begründete Dringlichkeit die Einhaltung der Frist gemäß Absatz 2 unmöglich macht, kann der Auftraggeber eine Frist festlegen, die 15 Tage, gerechnet ab dem Tag nach der Absendung der Auftragsbekanntmachung, nicht unterschreiten darf.

(4) Der Auftraggeber kann die Frist gemäß Absatz 2 um fünf Tage verkürzen, wenn er die elektronische Übermittlung der Angebote akzeptiert.

§ 15
Nicht offenes Verfahren und Verhandlungsverfahren mit vorherigem Teilnahmewettbewerb, Fristen

(1) In einem nicht offenen Verfahren sowie einem Verhandlungsverfahren mit vorherigem Teilnahmewettbewerb kann jedes interessierte Unternehmen einen Teilnahmeantrag abgeben.

(2) Die Frist für den Eingang der Teilnahmeanträge (Teilnahmefrist) beträgt mindestens 30 Tage, gerechnet ab dem Tag nach der Absendung der Auftragsbekanntmachung oder der Aufforderung zur Interessenbekundung. Sie darf auf keinen Fall weniger als 15 Tage betragen.

(3) Die Angebotsfrist kann im gegenseitigen Einvernehmen zwischen dem Auftraggeber und ausgewählten Bewerbern festgelegt werden. Allen ausgewählten Bewerbern muss dieselbe Angebotsfrist eingeräumt werden. Unterbleibt eine einvernehmliche Fristfestlegung, beträgt die Angebotsfrist mindestens 10 Tage, gerechnet ab dem Tag nach der Versendung der Aufforderung zur Angebotsabgabe.

(4) Der Auftraggeber kann im Verhandlungsverfahren den Auftrag auf der Grundlage der Erstangebote vergeben, ohne in Verhandlungen einzutreten, wenn er sich diese Möglichkeit in der Auftragsbekanntmachung oder in der Aufforderung zur Interessensbestätigung vorbehalten hat.

§ 16
Fristsetzung; Pflicht zur Fristverlängerung

(1) Bei der Festlegung der Fristen für den Eingang der Angebote und der Teilnahmeanträge berücksichtigt der Auftraggeber die Komplexität der Leistung und die Zeit, die für die Ausarbeitung der Angebote erforderlich ist.

(2) Können die Angebote nur nach einer Ortsbesichtigung oder Einsichtnahme in Anlagen zu den Vergabeunterlagen beim Auftraggeber erstellt werden, so ist die Mindestangebotsfrist erforderlichenfalls so zu bemessen, dass die Bewerber im Besitz aller Informationen sind, die sie für die Angebotserstellung benötigen.

(3) Die Angebotsfristen sind zu verlängern,

1. wenn zusätzliche Informationen trotz rechtzeitiger Anforderung durch ein Unternehmen nicht spätestens sechs Tage vor Ablauf der Angebotsfrist zur Verfügung gestellt werden; in Fällen hinreichend begründeter Dringlichkeit nach § 14 Absatz 3 beträgt dieser Zeitraum vier Tage, oder
2. wenn der Auftraggeber wesentliche Änderungen an den Vergabeunterlagen vornimmt.

Die Fristverlängerung muss in einem angemessenen Verhältnis zur Bedeutung der Information oder Änderung stehen und gewährleisten, dass alle Unternehmen Kenntnis von den Informationen oder Änderungen nehmen können. Dies gilt nicht, wenn die Information oder Änderung nicht rechtzeitig angefordert wurde oder ihre Bedeutung für die Erstellung des Angebots unerheblich ist.

§ 17
Wettbewerblicher Dialog

(1) In der Auftragsbekanntmachung oder den Vergabeunterlagen zur Durchführung eines wettbewerblichen Dialogs beschreibt der Auftraggeber seine Bedürfnisse und Anforderungen an die zu beschaffende Leistung. Gleichzeitig nennt und erläutert er die hierbei zugrunde gelegten Zuschlagskriterien und legt einen vorläufigen Zeitrahmen für den Dialog fest.

(2) Der Auftraggeber fordert eine unbeschränkte Anzahl von Unternehmen im Rahmen eines Teilnahmewettbewerbs öffentlich zur Abgabe von Teilnahmeanträgen auf. Jedes interessierte Unternehmen kann einen Teilnahmeantrag abgeben. Mit dem Teilnahmeantrag übermitteln die Unternehmen die vom Auftraggeber geforderten Informationen für die Prüfung ihrer Eignung.

(3) Die Frist für den Eingang der Teilnahmeanträge beträgt mindestens 30 Tage, gerechnet ab dem Tag nach der Absendung der Auftragsbekanntmachung. Sie darf auf keinen Fall weniger als 15 Tage betragen.

(4) Nur diejenigen Unternehmen, die vom Auftraggeber nach Prüfung der übermittelten Informationen dazu aufgefordert werden, können am Dialog teilnehmen. Der Auftraggeber kann die Zahl geeigneter Bewerber, die zur Teilnahme am Dialog aufgefordert werden, gemäß § 45 Absatz 3 begrenzen.

(5) Der Auftraggeber eröffnet mit den ausgewählten Unternehmen einen Dialog, in dem er ermittelt und festlegt, wie seine Bedürfnisse und Anforderungen am besten erfüllt werden können. Dabei kann er mit den ausgewählten Unternehmen alle Aspekte des Auftrags erörtern. Er sorgt dafür, dass alle Unternehmen bei dem Dialog gleich behandelt werden, gibt Lösungsvorschläge oder vertrauliche Informationen eines Unternehmens nicht ohne dessen Zustimmung an die anderen Unternehmen weiter und verwendet diese nur im Rahmen des jeweiligen Vergabeverfahrens. Eine solche Zustimmung darf nicht allgemein, sondern nur in Bezug auf die beabsichtigte Mitteilung bestimmter Informationen erteilt werden.

(6) Der Auftraggeber kann vorsehen, dass der Dialog in verschiedenen aufeinander folgenden Phasen geführt wird, sofern der Auftraggeber darauf in der Auftragsbekanntmachung oder in den Vergabeunterlagen hingewiesen hat. In jeder Dialogphase kann die Zahl der zu erörternden Lösungen anhand der vorgegebenen Zuschlagskriterien verringert werden. Der Auftraggeber hat die Unternehmen zu informieren, wenn deren Lösungen nicht für die folgende Dialogphase vorgesehen sind. In der Schlussphase müssen noch so viele Lösungen vorliegen, dass ein echter Wettbewerb gewährleistet ist, sofern ursprünglich eine ausreichende Anzahl von Lösungen oder geeigneten Bietern vorhanden war.

(7) Der Auftraggeber schließt den Dialog ab, wenn er die Lösungen ermittelt hat, mit denen die Bedürfnisse und Anforderungen an die zu beschaffende Leistung befriedigt werden können. Die im Verfahren verbliebenen Teilnehmer sind hierüber zu informieren.

(8) Nach Abschluss des Dialogs fordert der Auftraggeber die Unternehmen auf, auf der Grundlage der eingereichten und in der Dialogphase näher ausgeführten Lösungen ihr endgültiges Angebot vorzulegen. Die Angebote müssen alle Einzelheiten enthalten, die zur Ausführung des Projekts erforderlich sind. Der Auftraggeber kann Klarstellungen und Ergänzungen zu diesen Angeboten verlangen. Diese Klarstellungen oder Ergänzungen dürfen nicht dazu führen, dass wesentliche Bestandteile des Angebots oder des öffentlichen Auftrags einschließlich der in der Auftragsbekanntmachung oder in den Vergabeunterlagen festgelegten Bedürfnisse und Anforderungen grundlegend geändert werden, wenn dadurch der Wettbewerb verzerrt wird oder andere am Verfahren beteiligte Unternehmen diskriminiert werden.

(9) Der Auftraggeber hat die Angebote anhand der in der Auftragsbekanntmachung oder in den Vergabeunterlagen festgelegten Zuschlagskriterien zu bewerten. Der Auftraggeber kann mit dem Unternehmen, dessen Angebot als das wirtschaftlichste ermittelt wurde, mit dem Ziel Verhandlungen führen, im Angebot enthaltene finanzielle Zusagen oder andere Bedingungen zu bestätigen, die in den Auftragsbedingungen abschließend festgelegt werden. Dies darf nicht dazu führen, dass wesentliche Bestandteile des Angebots oder des öffentlichen Auftrags einschließlich der in der Auftragsbekanntmachung oder den Vergabeunterlagen festgelegten Bedürfnisse und Anforderungen grundlegend geändert werden, der Wettbewerb verzerrt wird oder andere am Verfahren beteiligte Unternehmen diskriminiert werden.

(10) Der Auftraggeber kann Prämien oder Zahlungen an die Teilnehmer am Dialog vorsehen.

§ 18
Innovationspartnerschaft

(1) Der Auftraggeber kann für die Vergabe eines Auftrags eine Innovationspartnerschaft mit dem Ziel der Entwicklung einer innovativen Leistung und deren anschließenden Erwerb eingehen. Der Beschaffungsbedarf, der der Innovationspartnerschaft zugrunde liegt, darf nicht durch auf dem Markt bereits verfügbare Leistungen befriedigt werden können. Der Auftraggeber beschreibt in der Auftragsbekanntmachung, der Bekanntmachung über das Bestehen eines Qualifizierungssystems oder den Vergabeunterlagen die Nachfrage nach der innovativen Leistung. Dabei ist anzugeben, welche Elemente dieser Beschreibung Mindestanforderungen darstellen. Es sind Eignungskriterien vorzugeben, die die Fähigkeiten der Unternehmen auf dem Gebiet der Forschung und Entwicklung sowie die Ausarbeitung und Umsetzung innovativer Lösungen betreffen. Die bereitgestellten Informationen müssen so genau sein, dass die Unternehmen Art und Umfang der geforderten Lösung erkennen und entscheiden können, ob sie eine Teilnahme an dem Verfahren beantragen.

(2) Der Auftraggeber fordert eine unbeschränkte Anzahl von Unternehmen im Rahmen eines Teilnahmewettbewerbs öffentlich zur Abgabe von Teilnahmeanträgen auf. Jedes interessierte Unternehmen kann einen Teilnahmeantrag abgeben. Mit dem Teilnahmeantrag übermitteln die Unternehmen die vom Auftraggeber geforderten Informationen für die Prüfung ihrer Eignung.

(3) Die Frist für den Eingang der Teilnahmeanträge beträgt mindestens 30 Tage, gerechnet ab dem Tag nach der Absendung der Bekanntmachung nach Absatz 1. Sie darf auf keinen Fall weniger als 15 Tage betragen.

(4) Nur diejenigen Unternehmen, die vom Auftraggeber infolge einer Bewertung der übermittelten Informationen dazu aufgefordert werden, können ein Angebot in Form von Forschungs- und Innovationsprojekten einreichen. Der Auftraggeber kann die Zahl geeigneter Bewerber, die zur Angebotsabgabe aufgefordert werden gemäß § 45 Absatz 3 begrenzen.

(5) Der Auftraggeber verhandelt mit den Bietern über die von ihnen eingereichten Erstangebote und alle Folgeangebote, mit Ausnahme der endgültigen Angebote, mit dem Ziel, die Angebote inhaltlich zu verbessern. Dabei darf über den gesamten Auftragsinhalt verhandelt werden mit Ausnahme der vom Auftraggeber in den Vergabeunterlagen festgelegten Mindestanforderungen und Zuschlagskriterien. Sofern der Auftraggeber in der Auftragsbekanntmachung oder in den Vergabeunterlagen darauf hingewiesen hat, kann er die Verhandlungen in verschiedenen aufeinander folgenden Phasen abwickeln, um so die Zahl der Angebote, über die verhandelt wird, anhand der vorgegebenen Zuschlagskriterien zu verringern.

(6) Der Auftraggeber trägt dafür Sorge, dass alle Bieter bei den Verhandlungen gleich behandelt werden. Insbesondere enthält er sich jeder diskriminierenden Weitergabe von Informationen, durch die bestimmte Bieter gegenüber anderen begünstigt werden könnten. Er unterrichtet alle Bieter, deren Angebote gemäß Absatz 5 nicht ausgeschieden wurden, in Textform nach § 126b des Bürgerlichen Gesetzbuchs über etwaige Änderungen der Anforderungen und sonstigen Informationen in den Vergabeunterlagen, die nicht die Festlegung der Mindestanforderungen betreffen. Im Anschluss an solche Änderungen gewährt der Auftraggeber den Bietern ausreichend Zeit, um ihre Angebote zu ändern und gegebenenfalls überarbeitete Angebote einzureichen. Der Auftraggeber darf vertrauliche Informationen eines an den Verhandlungen teilnehmenden Bieters nicht ohne dessen Zustimmung an die anderen Teilnehmer weitergeben. Eine solche Zustimmung darf nicht allgemein, sondern nur in Bezug auf die beabsichtigte Mitteilung bestimmter Informationen erteilt werden. Der Auftraggeber muss in den Vergabeunterlagen die zum Schutz des geistigen Eigentums geltenden Vorkehrungen festlegen.

(7) Die Innovationspartnerschaft wird durch Zuschlag auf Angebote eines oder mehrerer Bieter eingegangen. Eine Erteilung des Zuschlags allein auf der Grundlage des niedrigsten Preises oder der niedrigsten Kosten ist ausgeschlossen. Der Auftraggeber kann eine Innovationspartnerschaft mit einem Partner oder mit mehreren Partnern, die getrennte Forschungs- und Entwicklungstätigkeiten durchführen, eingehen.

(8) Die Innovationspartnerschaft wird entsprechend dem Forschungs- und Innovationsprozess in zwei aufeinander folgenden Phasen strukturiert:

1. einer Forschungs- und Entwicklungsphase, die die Herstellung von Prototypen oder die Entwicklung der Dienstleistung umfasst, und
2. einer Leistungsphase, in der die aus der Partnerschaft hervorgegangene Leistung erbracht wird.

Die Phasen sind durch die Festlegung von Zwischenzielen zu untergliedern, bei deren Erreichen die Zahlung der Vergütung in angemessenen Teilbeträgen vereinbart wird. Der Auftraggeber stellt sicher, dass die Struktur der Partnerschaft und insbesondere die Dauer und der Wert der einzelnen Phasen den Innovationsgrad der vorgeschlagenen Lösung und der Abfolge der Forschungs- und Innovationstätigkeiten widerspiegeln. Der geschätzte Wert der Liefer- oder Dienstleistung darf in Bezug auf die für ihre Entwicklung erforderlichen Investitionen nicht unverhältnismäßig sein.

(9) Auf der Grundlage der Zwischenziele kann der Auftraggeber am Ende jedes Entwicklungsabschnittes entscheiden, ob er die Innovationspartnerschaft beendet oder, im Fall einer Innovationspartnerschaft mit mehreren Partnern, die Zahl der Partner durch die Kündigung einzelner Verträge reduziert, sofern der Auftraggeber in der Bekanntmachung oder in den Vergabeunterlagen darauf hingewiesen hat, dass diese Möglichkeiten bestehen und unter welchen Umständen davon Gebrauch gemacht werden kann.

(10) Nach Abschluss der Forschungs- und Entwicklungsphase ist der Auftraggeber zum anschließenden Erwerb der innovativen Liefer- oder Dienstleistung nur dann verpflichtet, wenn das bei Eingehung der Innovationspartnerschaft festgelegte Leistungsniveau und die Kostenobergrenze eingehalten werden.

Unterabschnitt 2
Besondere Methoden und Instrumente im Vergabeverfahren

§ 19
Rahmenvereinbarungen

(1) Der Abschluss einer Rahmenvereinbarung erfolgt im Wege einer nach dieser Verordnung geltenden Verfahrensart. Das in Aussicht genommene Auftragsvolumen ist so genau wie möglich zu ermitteln und bekannt zu geben, braucht aber nicht abschließend festgelegt zu werden. Eine Rahmenvereinbarung darf nicht missbräuchlich oder in einer Art angewendet werden, die den Wettbewerb behindert, einschränkt oder verfälscht.

(2) Auf einer Rahmenvereinbarung beruhende Einzelaufträge werden nach vom Auftraggeber festzulegenden objektiven und nichtdiskriminierenden Regeln und Kriterien vergeben. Dazu kann auch die Durchführung eines erneuten Wettbewerbs zwischen denjenigen Unternehmen, die zum Zeitpunkt des Abschlusses Vertragspartei der Rahmenvereinbarung sind, gehören. Die Regeln und Kriterien sind in den Vergabeunterlagenunterlagen oder der Bekanntmachung für die Rahmenvereinbarung festzulegen.

(3) Mit Ausnahme angemessen begründeter Sonderfälle, in denen dies insbesondere aufgrund des Gegenstands der Rahmenvereinbarung gerechtfertigt werden kann, beträgt die Laufzeit einer Rahmenvereinbarung maximal acht Jahre.

§ 20
Grundsätze für den Betrieb dynamischer Beschaffungssysteme

(1) Der Auftraggeber kann für die Beschaffung marktüblicher Leistungen ein dynamisches Beschaffungssystem nutzen.

(2) Bei der Auftragsvergabe über ein dynamisches Beschaffungssystem befolgt der Auftraggeber die Vorschriften für das nicht offene Verfahren.

(3) Ein dynamisches Beschaffungssystem wird mithilfe elektronischer Mittel eingerichtet und betrieben. Die §§ 11 und 12 finden Anwendung.

(4) Ein dynamisches Beschaffungssystem steht den gesamten Zeitraum seiner Einrichtung allen Bietern offen, die die im jeweiligen Vergabeverfahren festgelegten Eignungskriterien erfüllen. Die Zahl der zum dynamischen Beschaffungssystem zugelassenen Bewerber darf nicht begrenzt werden.

(5) Der Zugang zu einem dynamischen Beschaffungssystem ist für alle Unternehmen kostenlos.

§ 21
Betrieb eines dynamisches Beschaffungssystems

(1) Der Auftraggeber gibt in der Auftragsbekanntmachung an, dass er ein dynamisches Beschaffungssystem nutzt und für welchen Zeitraum es betrieben wird.

(2) Auftraggeber informieren die Europäische Kommission wie folgt über eine Änderung der Gültigkeitsdauer:

1. Wird die Gültigkeitsdauer ohne Einstellung des dynamischen Beschaffungssystems geändert, ist das im Anhang II der Durchführungsverordnung der Kommission (EU) Nr. 2015/1986 vom 11. November 2015 zur Einführung von Standardformularen für die Veröffentlichung von Vergabebekanntmachungen für öffentliche Aufträge und zur Aufhebung der Durchführungsverordnung (EU) Nr. 842/2011 (ABl. L 296 vom 12.11.2015, S. 1) in der jeweils geltenden Fassung enthaltene Muster zu verwenden.
2. Wird das dynamische Beschaffungssystem eingestellt, ist das im Anhang III der Durchführungsverordnung (EU) Nr. 2015/1986 enthaltene Muster zu verwenden.

(3) In den Vergabeunterlagen sind mindestens die Art und die geschätzte Menge der zu beschaffenden Leistung sowie alle erforderlichen Daten des dynamischen Beschaffungssystems anzugeben.

(4) In den Vergabeunterlagen ist anzugeben, ob ein dynamisches Beschaffungssystem in Kategorien von Leistungen untergliedert wurde. Gegebenenfalls sind die objektiven Merkmale jeder Kategorie anzugeben.

(5) Hat ein Auftraggeber ein dynamisches Beschaffungssystem in Kategorien von Leistungen untergliedert, legt er für jede Kategorie die Eignungskriterien gesondert fest.

(6) Die zugelassenen Bewerber sind für jede einzelne, über ein dynamisches Beschaffungssystem stattfindende Auftragsvergabe gesondert zur Angebotsabgabe aufzufordern. Wurde ein dynamisches Beschaffungssystem in Kategorien von Leistungen untergliedert, werden jeweils alle für die einem konkreten Auftrag entsprechende Kategorie zugelassenen Bewerber aufgefordert, ein Angebot zu unterbreiten.

§ 22
Fristen beim Betrieb eines dynamischen Beschaffungssystems

(1) Abweichend von § 15 gelten bei der Nutzung eines dynamischen Beschaffungssystems die Bestimmungen der Absätze 2 bis 5.

(2) Die Frist für den Eingang der Teilnahmeanträge beträgt mindestens 30 Tage, gerechnet ab dem Tag nach der Absendung der Auftragsbekanntmachung oder im Falle einer regelmäßigen nicht verbindlichen Bekanntmachung nach § 36 Absatz 4 nach der Absendung der Aufforderung zur Interessensbestätigung. Sobald die Aufforderung zur Angebotsabgabe für die erste einzelne Auftragsvergabe im Rahmen eines dynamischen Beschaffungssystems abgesandt worden ist, gelten keine weiteren Fristen für den Eingang der Teilnahmeanträge.

(3) Der Auftraggeber bewertet den Antrag eines Unternehmens auf Teilnahme an einem dynamischen Beschaffungssystem unter Zugrundelegung objektiver Kriterien innerhalb von zehn Arbeitstagen nach dessen Eingang. In begründeten Einzelfällen, insbesondere wenn Unterlagen geprüft werden müssen oder um auf sonstige Art und Weise zu überprüfen, ob die Eignungskriterien erfüllt sind, kann die Frist auf 15 Arbeitstage verlängert werden. Wurde die Aufforderung zur Angebotsabgabe für die erste einzelne Auftragsvergabe im Rahmen eines dynamischen Beschaffungssystems noch nicht versandt, kann der Auftraggeber die Frist verlängern, sofern während der verlängerten Frist keine Aufforderung zur Angebotsabgabe versandt wird. Die Fristverlängerung ist in den Vergabeunterlagen anzugeben. Jedes Unternehmen wird unverzüglich darüber informiert, ob es zur Teilnahme an einem dynamischen Beschaffungssystem zugelassen wurde oder nicht.

(4) Die Frist für den Eingang der Angebote beträgt mindestens zehn Tage, gerechnet ab dem Tag nach der Absendung der Aufforderung zur Angebotsabgabe. § 15 Absatz 3 findet Anwendung.

§ 23
Grundsätze für die Durchführung elektronischer Auktionen

(1) Der Auftraggeber kann im Rahmen eines offenen, eines nicht offenen oder eines Verhandlungsverfahrens vor der Zuschlagserteilung eine elektronische Auktion durchführen, sofern der Inhalt der Vergabeunterlagen hinreichend präzise beschrieben und die Leistung mithilfe automatischer Bewertungsmethoden eingestuft werden kann. Geistig-schöpferische Leistungen können nicht Gegenstand elektronischer Auktionen sein. Der elektronischen Auktion hat eine vollständige erste Bewertung aller Angebote anhand der Zuschlagskriterien und der jeweils dafür festgelegten Gewichtung vorauszugehen. Die Sätze 1 und 2 gelten entsprechend bei einem erneuten Vergabeverfahren zwischen den Parteien einer Rahmenvereinbarung nach § 19 und bei einem erneuten Vergabeverfahren während der Laufzeit eines dynamischen Beschaffungssystems nach § 20. Eine elektronische Auktion kann mehrere, aufeinander folgende Phasen umfassen.

(2) Im Rahmen der elektronischen Auktion werden die Angebote mittels festgelegter Methoden elektronisch bewertet und automatisch in eine Rangfolge gebracht. Die sich schrittweise wiederholende, elektronische Bewertung der Angebote beruht auf

1. neuen, nach unten korrigierten Preisen, wenn der Zuschlag allein aufgrund des Preises erfolgt, oder
2. neuen, nach unten korrigierten Preisen oder neuen, auf bestimmte Angebotskomponenten abstellenden Werten, wenn das Angebot mit dem besten Preis-Leistungs-Verhältnis oder, bei Verwendung eines Kosten-Wirksamkeits-Ansatzes, mit den niedrigsten Kosten den Zuschlag erhält.

(3) Die Bewertungsmethoden werden mittels einer mathematischen Formel definiert und in der Aufforderung zur Teilnahme an der elektronischen Auktion bekanntgemacht. Wird der Zuschlag

nicht allein aufgrund des Preises erteilt, muss aus der mathematischen Formel auch die Gewichtung aller Angebotskomponenten nach Absatz 2 Nummer 2 hervorgehen. Sind Nebenangebote zugelassen, ist für diese ebenfalls eine mathematische Formel bekanntzumachen.

(4) Angebotskomponenten nach Absatz 2 Nummer 2 müssen numerisch oder prozentual beschrieben werden.

§ 24
Durchführung elektronischer Auktionen

(1) Der Auftraggeber kündigt in der Auftragsbekanntmachung oder in der Aufforderung zur Interessensbestätigung an, dass er eine elektronische Auktion durchführt.

(2) Die Vergabeunterlagen müssen mindestens folgende Angaben enthalten:

1. alle Angebotskomponenten, deren Werte Grundlage der automatischen Neureihung der Angebote sein werden,
2. gegebenenfalls die Obergrenzen der Werte nach Nummer 1, wie sie sich aus den technischen Spezifikationen ergeben,
3. eine Auflistung aller Daten, die den Bietern während der elektronischen Auktion zur Verfügung gestellt werden,
4. den Termin, an dem die Daten nach Nummer 3 den Bietern zur Verfügung gestellt werden,
5. alle für den Ablauf der elektronischen Auktion relevanten Daten und
6. die Bedingungen, unter denen die Bieter während der elektronischen Auktion Gebote abgeben können, insbesondere die Mindestabstände zwischen den der automatischen Neureihung der Angebote zugrunde liegenden Preisen oder Werten.

(3) Der Auftraggeber fordert alle Bieter, die zulässige Angebote unterbreitet haben, gleichzeitig zur Teilnahme an der elektronischen Auktion auf. Ab dem genannten Zeitpunkt ist die Internetverbindung gemäß den in der Aufforderung zur Teilnahme an der elektronischen Auktion genannten Anweisungen zu nutzen. Der Aufforderung zur Teilnahme an der elektronischen Auktion ist jeweils das Ergebnis der vollständigen Bewertung des betreffenden Angebots nach § 23 Absatz 1 Satz 3 beizufügen.

(4) Eine elektronische Auktion darf frühestens zwei Arbeitstage nach der Versendung der Aufforderung zur Teilnahme gemäß Absatz 3 beginnen.

(5) Der Auftraggeber teilt allen Bietern im Laufe einer jeden Phase der elektronischen Auktion unverzüglich zumindest den jeweiligen Rang ihres Angebotes innerhalb der Reihenfolge aller Angebote mit. Er kann den Bietern weitere Daten nach Absatz 2 Nummer 3 zur Verfügung stellen. Die Identität der Bieter darf in keiner Phase einer elektronischen Auktion offengelegt werden.

(6) Der Zeitpunkt des Beginns und des Abschlusses einer jeden Phase ist in der Aufforderung zur Teilnahme an einer elektronischen Auktion ebenso anzugeben wie gegebenenfalls die Zeit, die jeweils nach Eingang der letzten neuen Preise oder Werte nach § 25 Absatz 2 Nummer 1 und 2 vergangen sein muss, bevor eine Phase einer elektronischen Auktion abgeschlossen wird.

(7) Eine elektronische Auktion wird abgeschlossen, wenn

1. der vorher festgelegte und in der Aufforderung zur Teilnahme an einer elektronischen Auktion bekanntgemachte Zeitpunkt erreicht ist,

2. von den Bietern keine neuen Preise oder Werte nach § 23 Absatz 2 Nummer 1 und 2 mitgeteilt werden, die die Anforderungen an Mindestabstände nach Absatz 2 Nummer 6 erfüllen, und die vor Beginn einer elektronischen Auktion bekanntgemachte Zeit, die zwischen Eingang der letzten neuen Preise oder Werte und dem Abschluss der elektronischen Auktion vergangen sein muss, abgelaufen ist, oder
3. die letzte Phase einer elektronischen Auktion abgeschlossen ist.

(8) Der Zuschlag wird nach Abschluss einer elektronischen Auktion entsprechend ihrem Ergebnis mitgeteilt.

§ 25
Elektronische Kataloge

(1) Der Auftraggeber kann festlegen, dass Angebote in Form eines elektronischen Kataloges einzureichen sind oder einen elektronischen Katalog beinhalten müssen. Angeboten, die in Form eines elektronischen Kataloges eingereicht werden, können weitere Unterlagen beigefügt werden.

(2) Akzeptiert der Auftraggeber Angebote in Form eines elektronischen Kataloges oder schreibt er vor, dass Angebote in Form eines elektronischen Kataloges einzureichen sind, so weist er in der Auftragsbekanntmachung oder, sofern eine regelmäßige nichtverbindliche Bekanntmachung als Auftragsbekanntmachung dient, in der Aufforderung zur Interessensbestätigung darauf hin.

(3) Schließt der Auftraggeber mit einem oder mehreren Unternehmen eine Rahmenvereinbarung im Anschluss an die Einreichung der Angebote in Form eines elektronischen Kataloges, kann er vorschreiben, dass ein erneutes Vergabeverfahren für Einzelaufträge auf der Grundlage aktualisierter elektronischer Kataloge erfolgt, indem er:

1. die Bieter auffordert, ihre elektronischen Kataloge an die Anforderungen des zu vergebenden Einzelauftrages anzupassen und erneut einzureichen, oder
2. die Bieter informiert, dass sie den bereits eingereichten elektronischen Katalogen zu einem bestimmten Zeitpunkt die Daten entnehmen, die erforderlich sind, um Angebote zu erstellen, die den Anforderungen des zu vergebenden Einzelauftrages entsprechen; dieses Verfahren ist in der Auftragsbekanntmachung oder den Vergabeunterlagen für den Abschluss einer Rahmenvereinbarung anzukündigen; der Bieter kann diese Methode der Datenerhebung ablehnen.

(4) Vor der Erteilung des Zuschlags sind dem jeweiligen Bieter die gesammelten Daten vorzulegen, sodass dieser die Möglichkeit zum Einspruch oder zur Bestätigung, dass das Angebot keine materiellen Fehler enthält, hat.

Unterabschnitt 3
Vorbereitung des Vergabeverfahrens

§ 26
Markterkundung

(1) Vor der Einleitung eines Vergabeverfahrens darf der Auftraggeber eine Markterkundung zur Vorbereitung der Auftragsvergabe und zur Unterrichtung der Marktteilnehmer über seine Auftragsvergabepläne und -anforderungen durchführen.

(2) Die Durchführung von Vergabeverfahren lediglich zur Markterkundung und zum Zwecke der Kosten- oder Preisermittlung ist unzulässig.

§ 27
Aufteilung nach Losen

(1) Unbeschadet des § 97 Absatz 4 des Gesetzes gegen Wettbewerbsbeschränkungen kann der Auftraggeber festlegen, ob die Angebote nur für ein Los, für mehrere oder für alle Lose eingereicht werden dürfen. Er kann, auch wenn Angebote für mehrere oder alle Lose eingereicht werden dürfen, die Zahl der Lose auf eine Höchstzahl beschränken, für die ein einzelner Bieter den Zuschlag erhalten kann.

(2) Der Auftraggeber gibt die Vorgaben nach Absatz 1 in der Auftragsbekanntmachung, der Aufforderung zur Interessenbestätigung oder im Falle einer Bekanntmachung über das Bestehen eines Qualifizierungssystems in der Aufforderung zu Verhandlungen oder zur Angebotsabgabe bekannt. Er gibt die objektiven und nicht diskriminierenden Kriterien an, die er bei der Vergabe von Losen anzuwenden beabsichtigt, wenn die Anwendung der Zuschlagskriterien dazu führen würde, dass ein einzelner Bieter den Zuschlag für eine größere Zahl von Losen als die Höchstzahl erhält.

(3) In Fällen, in denen ein einziger Bieter den Zuschlag für mehr als ein Los erhalten kann, kann der Auftraggeber Aufträge über mehrere oder alle Lose vergeben, wenn er in der Auftragsbekanntmachung oder in der Aufforderung zur Interessensbestätigung angegeben hat, dass er sich diese Möglichkeit vorbehält und die Lose oder Losgruppen angibt, die kombiniert werden können.

§ 28
Leistungsbeschreibung

(1) Der Auftraggeber fasst die Leistungsbeschreibung (§ 121 des Gesetzes gegen Wettbewerbsbeschränkungen) in einer Weise, dass sie allen Unternehmen den gleichen Zugang zum Vergabeverfahren gewährt und die Öffnung des nationalen Beschaffungsmarktes für den Wettbewerb nicht in ungerechtfertigter Weise behindert.

(2) In der Leistungsbeschreibung sind die Merkmale des Auftragsgegenstandes zu beschreiben:

1. in Form von Leistungs- oder Funktionsanforderungen oder einer Beschreibung der zu lösenden Aufgabe die so genau wie möglich zu fassen sind, dass sie ein klares Bild vom Auftragsgegenstand vermitteln und hinreichend vergleichbare Angebote erwarten lassen, die dem Auftraggeber die Erteilung des Zuschlags ermöglichen,
2. unter Bezugnahme auf die in der Anlage 1 definierten technischen Anforderungen in der Rangfolge:
   a) nationale Normen, mit denen europäische Normen umgesetzt werden,
   b) europäische technische Bewertungen,
   c) gemeinsame technische Spezifikationen,
   d) internationale Normen und andere technische Bezugssysteme, die von den europäischen Normungsgremien erarbeitet wurden oder,
   e) falls solche Normen und Spezifikationen fehlen, nationale Normen, nationale technische Zulassungen oder nationale technische Spezifikationen für die Planung, Berechnung und Ausführung von Bauwerken und den Einsatz von Produkten, oder
3. als Kombination von Nummer 1 und 2
   a) in Form von Leistungs- oder Funktionsanforderungen unter Bezugnahme auf die technischen Anforderungen gemäß Nummer 2 als Mittel zur Vermutung der Konformität mit diesen Leistungs- und Funktionsanforderungen oder

b) mit Bezugnahme auf die technischen Anforderungen gemäß Nummer 2 hinsichtlich bestimmter Merkmale und mit Bezugnahme auf die Leistungs- und Funktionsanforderungen gemäß Nummer 1 hinsichtlich anderer Merkmale. Jede Bezugnahme auf eine Anforderung nach Nummer 2 Buchstabe a bis e ist mit dem Zusatz „oder gleichwertig" zu versehen.

Jede Bezugnahme auf eine Anforderung nach Nummer 2 Buchstabe a bis e ist mit dem Zusatz „oder gleichwertig" zu versehen.

(3) Die Merkmale können auch Aspekte der Qualität und der Innovation sowie soziale und umweltbezogene Aspekte betreffen. Sie können sich auch auf den Prozess oder die Methode zur Herstellung oder Erbringung der Leistung oder auf ein anderes Stadium im Lebenszyklus des Auftragsgegenstandes einschließlich der Produktions- und Lieferkette beziehen, auch wenn derartige Faktoren keine materiellen Bestandteile der Leistung sind, sofern diese Merkmale in Verbindung mit dem Auftragsgegenstand stehen und zu dessen Wert und Beschaffungszielen verhältnismäßig sind.

(4) In der Leistungsbeschreibung kann ferner festgelegt werden, ob Rechte des geistigen Eigentums übertragen oder dem Auftraggeber daran Nutzungsrechte eingeräumt werden müssen.

(5) Werden verpflichtende Zugänglichkeitserfordernisse im Sinne des § 121 Absatz 2 des Gesetzes gegen Wettbewerbsbeschränkungen mit einem Rechtsakt der Europäischen Union erlassen, so muss die Leistungsbeschreibung, soweit die Kriterien der Zugänglichkeit für Menschen mit Behinderungen oder der Konzeption für alle Nutzer betroffen sind, darauf Bezug nehmen.

(6) In der Leistungsbeschreibung darf nicht auf eine bestimmte Produktion oder Herkunft oder ein besonderes Verfahren oder auf gewerbliche Schutzrechte, Typen oder einen bestimmten Ursprung verwiesen werden, wenn dadurch bestimmte Unternehmen oder bestimmte Produkte begünstigt oder ausgeschlossen werden, es sei denn, dieser Verweis ist durch den Auftragsgegenstand gerechtfertigt. Solche Verweise sind ausnahmsweise zulässig, wenn der Auftragsgegenstand anderenfalls nicht hinreichend genau und allgemein verständlich beschrieben werden kann; die Verweise sind mit dem Zusatz „oder gleichwertig" zu versehen.

§ 29
Technische Anforderungen

(1) Verweist der Auftraggeber in der Leistungsbeschreibung auf technische Anforderungen nach § 28 Absatz 2 Nummer 2, so darf er ein Angebot nicht mit der Begründung ablehnen, dass die angebotenen Liefer- und Dienstleistungen nicht den von ihm herangezogenen technischen Anforderungen der Leistungsbeschreibung entsprechen, wenn das Unternehmen in seinem Angebot dem Auftraggeber mit geeigneten Mitteln nachweist, dass die vom Unternehmen vorgeschlagenen Lösungen diesen technischen Anforderungen gleichermaßen entsprechen.

(2) Legt der Auftraggeber die technischen Anforderungen in Form von Leistungs- oder Funktionsanforderungen fest, so darf der Auftraggeber ein Angebot nicht ablehnen, das Folgendem entspricht:

1. einer nationalen Norm, mit der eine europäische Norm umgesetzt wird,
2. einer europäischen technischen Bewertung,
3. einer gemeinsamen technischen Spezifikation,
4. einer internationalen Norm oder
5. einem technischen Bezugssystem, das von den europäischen Normungsgremien erarbeitet wurde, wenn diese technischen Anforderungen die von ihm geforderten Leistungs- und Funktionsanforderungen betreffen.

Das Unternehmen muss in seinem Angebot belegen, dass die jeweilige der Norm entsprechende Liefer- oder Dienstleistung den Leistungs- oder Funktionsanforderungen des Auftraggebers entspricht. Belege können insbesondere eine technische Beschreibung des Herstellers oder ein Prüfbericht einer anerkannten Stelle sein.

§ 30
Bekanntmachung technischer Anforderungen

(1) Der Auftraggeber stellt den interessierten Unternehmen auf deren Anfrage die technischen Anforderungen zur Verfügung, auf die er sich in seinen Aufträgen regelmäßig bezieht oder die er anzuwenden beabsichtigt.

(2) Diese technischen Anforderungen sind elektronisch uneingeschränkt, vollständig, unentgeltlich und unmittelbar zugänglich zu machen.

(3) Können die technischen Anforderungen nicht gemäß Absatz 2 elektronisch zugänglich gemacht werden, so wählt der Auftraggeber einen anderen Weg, um die technischen Anforderungen zugänglich zu machen. Dies gilt auch für den Fall, dass der Auftraggeber Anforderungen an die Vertraulichkeit von durch ihn den Bewerbern oder Bietern zur Verfügung gestellten Unterlagen oder Dokumenten nach § 45 Absatz 4 stellt.

§ 31
Nachweisführung durch Bescheinigungen von Konformitätsbewertungsstellen

(1) Als Beleg dafür, dass eine Leistung bestimmten, in der Leistungsbeschreibung geforderten Merkmalen entspricht, kann der Auftraggeber die Vorlage von Bescheinigungen, insbesondere Testberichten oder Zertifizierungen, einer Konformitätsbewertungsstelle verlangen. Wird die Vorlage einer Bescheinigung einer bestimmten Konformitätsbewertungsstelle verlangt, hat der Auftraggeber auch Bescheinigungen gleichwertiger anderer Konformitätsbewertungsstellen zu akzeptieren.

(2) Der Auftraggeber akzeptiert auch andere als die in Absatz 1 genannten geeigneten Unterlagen, insbesondere ein technisches Dossier des Herstellers, wenn das Unternehmen keinen Zugang zu den in Absatz 1 genannten Bescheinigungen oder keine Möglichkeit hatte, diese innerhalb der einschlägigen Fristen einzuholen, sofern das Unternehmen den fehlenden Zugang nicht zu vertreten hat. In den Fällen des Satzes 1 hat das Unternehmen durch die vorgelegten Unterlagen zu belegen, dass die von ihm zu erbringende Leistung die angegebenen Anforderungen erfüllt.

(3) Eine Konformitätsbewertungsstelle ist eine Stelle, die gemäß der Verordnung (EG) Nr. 765/2008 des Europäischen Parlaments und des Rates vom 9. Juli 2008 über die Vorschriften für die Akkreditierung und Marktüberwachung im Zusammenhang mit der Vermarktung von Produkten und zur Aufhebung der Verordnung (EWG) Nr. 339/93 des Rates (ABl. L 218 vom 13.8.2008, S. 30) akkreditiert ist und Konformitätsbewertungstätigkeiten durchführt.

§ 32
Nachweisführung durch Gütezeichen

(1) Als Beleg dafür, dass eine Leistung bestimmten, in der Leistungsbeschreibung geforderten Merkmalen entspricht, kann der Auftraggeber die Vorlage von Gütezeichen nach Maßgabe der Absätze 2 bis 5 verlangen.

(2) Das Gütezeichen muss allen folgenden Bedingungen genügen:

1. Alle Anforderungen des Gütezeichens sind für die Bestimmung der Merkmale der Leistung geeignet und stehen mit dem Auftragsgegenstand nach § 28 Absatz 3 in Verbindung.

2. Die Anforderungen des Gütezeichens beruhen auf objektiv nachprüfbaren und nichtdiskriminierenden Kriterien.
3. Das Gütezeichen wurde im Rahmen eines offenen und transparenten Verfahrens entwickelt, an dem alle interessierten Kreise teilnehmen können.
4. Alle betroffenen Unternehmen müssen Zugang zum Gütezeichen haben.
5. Die Anforderungen wurden von einem Dritten festgelegt, auf den das Unternehmen, das das Gütezeichen erwirbt, keinen maßgeblichen Einfluss ausüben konnte.

(3) Für den Fall, dass die Leistung nicht allen Anforderungen des Gütezeichens entsprechen muss, hat der Auftraggeber die betreffenden Anforderungen anzugeben.

(4) Der Auftraggeber muss andere Gütezeichen akzeptieren, die gleichwertige Anforderungen an die Leistung stellen.

(5) Hatte ein Unternehmen aus Gründen, die ihm nicht zugerechnet werden können, nachweislich keine Möglichkeit, das vom Auftraggeber angegebene oder ein gleichwertiges Gütezeichen innerhalb einer einschlägigen Frist zu erlangen, so muss der Auftraggeber andere geeignete Belege akzeptieren, sofern das Unternehmen nachweist, dass die von ihm zu erbringende Leistung die Anforderungen des geforderten Gütezeichens oder die vom Auftraggeber angegebenen spezifischen Anforderungen erfüllt.

§ 33
Nebenangebote

(1) Der Auftraggeber kann Nebenangebote zulassen oder vorschreiben. Dabei legt er Mindestanforderungen, denen die Nebenangebote genügen müssen, fest.

(2) Die entsprechenden Angaben machen die Auftraggeber in der Bekanntmachung oder den Vergabeunterlagen. Fehlt eine entsprechende Angabe, sind keine Nebenangebote zugelassen. Es ist auch anzugeben, ob ein Nebenangebot unabhängig oder nur in Verbindung mit einem Hauptangebot eingereicht werden darf. Fehlt eine solche Angabe, sind Nebenangebote auch ohne ein Hauptangebot zugelassen.

(3) Die Zuschlagskriterien sind gemäß § 127 Absatz 4 des Gesetzes gegen Wettbewerbsbeschränkungen so festzulegen, dass sie sowohl auf Hauptangebote als auch auf Nebenangebote anwendbar sind. Nebenangebote können auch zugelassen oder vorgeschrieben werden, wenn der Preis oder die Kosten das alleinige Zuschlagskriterium sind.

(4) Der Auftraggeber berücksichtigt nur Nebenangebote, die die Mindestanforderungen erfüllen. Bei den Verfahren zur Vergabe von Liefer- oder Dienstleistungsaufträgen dürfen Auftraggeber, die Nebenangebote zugelassen oder vorgeschrieben haben, ein Nebenangebot nicht allein deshalb zurückweisen, weil es, wenn darauf der Zuschlag erteilt werden sollte, entweder zu einem Dienstleistungsauftrag anstatt zu einem Lieferauftrag oder zu einem Lieferauftrag anstatt zu einem Dienstleistungsauftrag führen würde.

§ 34
Unteraufträge

(1) Der Auftraggeber kann Unternehmen in der Auftragsbekanntmachung oder den Vergabeunterlagen auffordern, bei Angebotsabgabe die Teile des Auftrags, die sie im Wege der Unterauftragsvergabe an Dritte zu vergeben beabsichtigen, sowie, falls zumutbar, die vorgesehenen Unterauftragnehmer zu benennen. Vor Zuschlagserteilung kann der Auftraggeber von den Bietern, deren Ange-

bote in die engere Wahl kommen, verlangen, die Unterauftragnehmer zu benennen und nachzuweisen, dass ihnen die erforderlichen Mittel dieser Unterauftragnehmer zur Verfügung stehen.

(2) Die Haftung des Hauptauftragnehmers gegenüber dem Auftraggeber bleibt von Absatz 1 unberührt.

(3) Bei der Vergabe von Bau- oder Dienstleistungsaufträgen, die in einer Einrichtung des Auftraggebers unter dessen direkter Aufsicht zu erbringen sind, schreibt der Auftraggeber in den Vertragsbedingungen vor, dass der Auftragnehmer spätestens bei Beginn der Auftragsausführung die Namen, die Kontaktdaten und die gesetzlichen Vertreter seiner Unterauftragnehmer mitteilt und dass jede im Rahmen der Auftragsausführung eintretende Änderung auf der Ebene der Unterauftragnehmer mitzuteilen ist. Der Auftraggeber kann die Mitteilungspflichten nach Satz 1 auch als Vertragsbedingungen bei der Vergabe anderer Dienstleistungsaufträge oder bei der Vergabe von Lieferaufträgen vorsehen. Des Weiteren können die Mitteilungspflichten auch auf Lieferanten, die an Dienstleistungsaufträgen beteiligt sind, sowie auf weitere Stufen in der Kette der Unterauftragnehmer ausgeweitet werden.

(4) Für Unterauftragnehmer aller Stufen gilt § 128 Absatz 1 des Gesetzes gegen Wettbewerbsbeschränkungen.

(5) Der öffentliche Auftraggeber im Sinne des § 100 Absatz 1 Nummer 1 des Gesetzes gegen Wettbewerbsbeschränkungen überprüft vor der Erteilung des Zuschlags, ob Gründe für den Ausschluss des Unterauftragnehmers vorliegen. Bei Vorliegen zwingender Ausschlussgründe verlangt der öffentliche Auftraggeber die Ersetzung des Unterauftragnehmers. Bei Vorliegen fakultativer Ausschlussgründe kann der öffentliche Auftraggeber verlangen, dass dieser ersetzt wird. Der öffentliche Auftraggeber kann dem Bewerber oder Bieter dafür eine Frist setzen.

Unterabschnitt 4
Veröffentlichung, Transparenz

§ 35
Auftragsbekanntmachungen, Beschafferprofil

(1) Der Auftraggeber teilt seine Absicht, einen Auftrag zu vergeben oder eine Rahmenvereinbarung abzuschließen in einer Auftragsbekanntmachung mit. § 13 Absatz 2, § 36 Absatz 4 und § 37 bleiben unberührt.

(2) Die Auftragsbekanntmachung wird nach dem im Anhang V der Durchführungsverordnung (EU) Nr. 2015/1986 enthaltenen Muster erstellt.

(3) Der Auftraggeber benennt in der Auftragsbekanntmachung die Vergabekammer, an die sich die Unternehmen zur Nachprüfung geltend gemachter Vergabeverstöße wenden können.

(4) Der Auftraggeber kann im Internet zusätzlich ein Beschafferprofil einrichten. Dieses kann regelmäßige nicht verbindliche Bekanntmachungen, Angaben über laufende oder aufgehobene Vergabeverfahren, über vergebene Aufträge sowie alle sonstigen Informationen von allgemeinem Interesse wie Kontaktstelle, Telefon- und Faxnummer, Anschrift und E-Mail-Adresse des Auftraggebers enthalten.

§ 36
Regelmäßige nicht verbindliche Bekanntmachung

(1) Der Auftraggeber kann die Absicht einer geplanten Auftragsvergabe mittels Veröffentlichung einer regelmäßigen nicht verbindlichen Bekanntmachung nach dem im Anhang IV der Durchführungsverordnung (EU) Nr. 2015/1986 enthaltenen Muster bekanntgeben.

(2) Die regelmäßige nicht verbindliche Bekanntmachung kann durch das Amt für Veröffentlichungen der Europäischen Union oder im Beschafferprofil veröffentlicht werden. Erfolgt die Veröffentlichung im Beschafferprofil, übermittelt der Auftraggeber die Mitteilung dieser Veröffentlichung dem Amt für Veröffentlichungen der Europäischen Union nach dem Muster gemäß Anhang VIII der Durchführungsverordnung (EU) 2015/1986.

(3) Hat der Auftraggeber eine regelmäßige nicht verbindliche Bekanntmachung nach Absatz 1 veröffentlicht, kann die Mindestfrist für den Eingang von Angeboten im offenen Verfahren auf 15 Tage verkürzt werden, sofern

1. die regelmäßige nicht verbindliche Bekanntmachung alle nach Anhang IV der Durchführungsverordnung (EU) Nr. 2015/1986 geforderten Informationen enthält, soweit diese zum Zeitpunkt der Veröffentlichung der regelmäßigen nicht verbindlichen Bekanntmachung vorlagen, und
2. die regelmäßige nicht verbindliche Bekanntmachung wenigstens 35 Tage und nicht mehr als 12 Monaten vor dem Tag der Absendung der Auftragsbekanntmachung zur Veröffentlichung an das Amt für Veröffentlichungen der Europäischen Union übermittelt wurde.

(4) Der Auftraggeber kann im nicht offenen Verfahren und im Verhandlungsverfahren auf eine Auftragsbekanntmachung nach § 35 verzichten, sofern die regelmäßige nicht verbindliche Bekanntmachung

1. die Liefer- oder Dienstleistungen benennt, die Gegenstand des zu vergebenden Auftrages sein werden,
2. den Hinweis enthält, dass dieser Auftrag im nicht offenen Verfahren oder Verhandlungsverfahren ohne gesonderte Auftragsbekanntmachung vergeben wird,
3. die interessierten Unternehmen auffordert, ihr Interesse mitzuteilen (Interessensbekundung),
4. alle nach Anhang IV der Durchführungsverordnung (EU) Nr. 2015/1986 geforderten Informationen enthält und,
5. wenigstens 35 Tage und nicht mehr als 12 Monate vor dem Zeitpunkt der Absendung der Aufforderung zur Interessenbestätigung veröffentlicht wird.

Ungeachtet der Verpflichtung zur Veröffentlichung der Bekanntmachung können solche regelmäßigen nicht verbindlichen Bekanntmachungen zusätzlich in einem Beschafferprofil veröffentlicht werden.

(5) Der Auftraggeber fordert alle Unternehmen, die auf die Veröffentlichung einer regelmäßigen nicht verbindlichen Bekanntmachung nach Absatz 4 eine Interessensbekundung übermittelt haben, zur Bestätigung ihres Interesses an einer weiteren Teilnahme auf (Aufforderung zur Interessensbestätigung). Mit der Aufforderung zur Interessensbestätigung wird der Teilnahmewettbewerb eingeleitet. Die Frist für den Eingang der Interessensbestätigung beträgt 30 Tage, gerechnet ab dem Tag nach der Absendung der Aufforderung zur Interessensbestätigung.

(6) Der von der regelmäßigen nicht verbindlichen Bekanntmachung abgedeckte Zeitraum beträgt höchstens 12 Monate ab dem Tag der Übermittlung der regelmäßigen nicht verbindlichen Bekanntmachung an das Amt für Veröffentlichung der Europäischen Union.

§ 37
Bekanntmachung über das Bestehen eines Qualifizierungssystems

(1) Der Auftraggeber kann die Absicht einer Auftragsvergabe mittels der Bekanntmachung über das Bestehen eines Qualifizierungssystems bekanntmachen.

(2) Die Bekanntmachung über das Bestehen eines Qualifizierungssystems wird nach dem im Anhang VII der Durchführungsverordnung (EU) Nr. 2015/1986 enthaltenen Muster erstellt. Der Auftraggeber gibt in der Bekanntmachung den Zweck und die Gültigkeitsdauer des Systems an.

(3) Änderungen der Gültigkeitsdauer, ohne das System zu ändern, werden nach dem im Anhang XI der Durchführungsverordnung (EU) Nr. 2015/1986 enthaltenen Muster erstellt. Bei Beendigung des Systems wird das im Anhang VI der Durchführungsverordnung (EU) Nr. 2015/1986 enthaltenen Muster für Vergabebekanntmachungen nach § 38 verwendet.

§ 38
Vergabebekanntmachungen; Bekanntmachung über Auftragsänderungen

(1) Der Auftraggeber übermittelt spätestens 30 Tage nach Zuschlagserteilung oder nach dem Abschluss einer Rahmenvereinbarung eine Vergabebekanntmachung mit den Ergebnissen des Vergabeverfahrens an das Amt für Veröffentlichungen der Europäischen Union.

(2) Die Vergabebekanntmachung wird nach dem im Anhang VI der Durchführungsverordnung (EU) Nr. 2015/1986 enthaltenen Muster erstellt.

(3) Ist das Vergabeverfahren durch eine regelmäßige nichtverbindliche Bekanntmachung in Gang gesetzt worden und hat der Auftraggeber beschlossen, keine weitere Auftragsvergabe während des Zeitraums vorzunehmen, der von der regelmäßige nicht verbindliche Bekanntmachung abgedeckt ist, muss die Vergabebekanntmachung einen entsprechenden Hinweis enthalten.

(4) Die Vergabebekanntmachung umfasst die abgeschlossenen Rahmenvereinbarungen, aber nicht die auf ihrer Grundlage vergebenen Einzelaufträge. Bei Aufträgen, die im Rahmen eines dynamischen Beschaffungssystems vergeben werden, umfasst die Vergabebekanntmachung eine vierteljährliche Zusammenstellung der Einzelaufträge, die Zusammenstellung muss spätestens 30 Tage nach Quartalsende versendet werden.

(5) Auftragsänderungen gemäß § 132 Absatz 2 Nummer 2 und 3 des Gesetzes gegen Wettbewerbsbeschränkungen sind gemäß § 132 Absatz 5 des Gesetzes gegen Wettbewerbsbeschränkungen unter Verwendung des Musters gemäß Anhang XVII der Durchführungsverordnung (EU) Nr. 2015/1986 bekannt zu machen.

(6) Der Auftraggeber ist nicht verpflichtet, einzelne Angaben zu veröffentlichen, wenn deren Veröffentlichung

1. den Gesetzesvollzug behindern,
2. dem öffentlichen Interessen zuwiderlaufen,
3. den berechtigten geschäftlichen Interessen eines Unternehmens schaden oder
4. den lauteren Wettbewerb zwischen Unternehmen beeinträchtigen

würde.

(7) Bei vergebenen Dienstleistungsaufträgen auf dem Gebiet der Forschung und Entwicklung (F & E-Dienstleistungen) können die Angaben zur Art und Menge der Dienstleistung auf Folgendes beschränkt werden:

1. auf die Angabe „F & E-Dienstleistungen", sofern der Auftrag im Zuge eines Verhandlungsverfahrens ohne vorherigen Teilnahmewettbewerb vergeben wurde,
2. auf Angaben in der Auftragsbekanntmachung, die mindestens ebenso detailliert sind wie in der Auftragsbekanntmachung.

§ 39
Bekanntmachungen über die Vergabe sozialer und anderer besonderer Dienstleistungen

(1) Der Auftraggeber teilt seine Absicht, einen Auftrag zur Erbringung sozialer oder anderer besonderer Dienstleistungen im Sinne von § 130 Absatz 1 des Gesetzes gegen Wettbewerbsbeschränkungen zu vergeben, mittels

1. einer Auftragsbekanntmachung gemäß § 35;
2. einer regelmäßigen nicht verbindlichen Bekanntmachung gemäß § 36 Absatz 4; oder
3. einer Bekanntmachung über das Bestehen eines Qualifizierungssystems gemäß § 37 mit. Dies gilt nicht, wenn ein Verhandlungsverfahren ohne vorherigen Teilnahmewettbewerb nach § 13 Absatz 2 zulässig wäre; § 13 Absatz 2 bleibt unberührt.

(2) Die Bekanntmachungen nach Absatz 2 werden nach dem im Muster gemäß Anhang XIX der Durchführungsverordnung (EU) 2015/1986 erstellt.

(3) Der Auftraggeber, der einen Auftrag zur Erbringung von sozialen und anderen besonderen Dienstleistungen vergeben hat, teilt die Ergebnisse des Vergabeverfahrens unter Verwendung des im Anhang XIX der Durchführungsverordnung (EU) Nr. 2015/1986 enthaltenen Musters mit. Er kann die Vergabebekanntmachungen quartalsweise bündeln. In diesem Fall versendet er die Zusammenstellung spätestens 30 Tage nach Quartalsende.

§ 40
Veröffentlichung von Bekanntmachungen

(1) Auftragsbekanntmachungen, regelmäßige nicht verbindliche Bekanntmachungen nach § 36 Absatz 4, Bekanntmachungen über das Bestehen von Qualifikationssystemen und Vergabebekanntmachungen (Bekanntmachungen) sind dem Amt für Veröffentlichungen der Europäischen Union mit elektronischen Mitteln zu übermitteln. Der Auftraggeber muss den Tag der Absendung nachweisen können.

(2) Bekanntmachungen werden durch das Amt für Veröffentlichungen der Europäischen Union veröffentlicht. Als Nachweis der Veröffentlichung dient die Bestätigung der Veröffentlichung der übermittelten Informationen, die der Auftraggeber vom Amt für Veröffentlichungen der Europäischen Union erhält.

(3) Bekanntmachungen auf nationaler Ebene dürfen nach der Veröffentlichung durch das Amt für Veröffentlichungen der Europäischen Union oder 48 Stunden nach der Bestätigung über den Eingang der Bekanntmachung durch das Amt für Veröffentlichungen der Europäischen Union veröffentlicht werden. Die Veröffentlichung darf nur Angaben enthalten, die in den an das Amt für Veröffentlichung der Europäischen Union übermittelten Bekanntmachungen enthalten sind oder in einem Beschafferprofil veröffentlicht wurden. In der nationalen Bekanntmachung ist der Tag der Übermittlung an das Amt für Veröffentlichung der Europäischen Union oder der Tag der Veröffentlichung im Beschafferprofil anzugeben.

(4) Der Auftraggeber kann auch Bekanntmachungen über Bau-, Liefer- oder Dienstleistungsaufträge, die nicht der Bekanntmachungspflicht unterliegen, an das Amt für Veröffentlichungen der Europäischen Union übermitteln.

§ 41
Bereitstellung der Vergabeunterlagen

(1) Der Auftraggeber gibt in der Auftragsbekanntmachung oder der Aufforderung zur Interessensbestätigung eine elektronische Adresse an, unter der die Vergabeunterlagen unentgeltlich, uneingeschränkt, vollständig und direkt abgerufen werden können.

(2) Im Falle einer Bekanntmachung über das Bestehen eines Qualifizierungssystems nach § 37 ist dieser Zugang unverzüglich, spätestens zum Zeitpunkt der Absendung der Aufforderung zur Angebotsabgabe oder zu Verhandlungen anzubieten. Der Text der Bekanntmachung oder dieser Aufforderung muss die Internetadresse, über die diese Vergabeunterlagen abrufbar sind, enthalten.

(3) Der Auftraggeber kann die Vergabeunterlagen auf einem anderen geeigneten Weg zur Verfügung stellen oder übermitteln, wenn die erforderlichen elektronischen Mittel zum Abruf der Unterlagen

1. aufgrund der besonderen Art der Auftragsvergabe nicht mit allgemein verfügbaren oder verbreiteten Geräten und Programmen der Informations- und Kommunikationstechnologie kompatibel sind,
2. Dateiformate zur Beschreibung der Angebote verwenden, die nicht mit allgemein verfügbaren oder verbreiteten Programmen verarbeitet werden können oder die durch andere als kostenlose und allgemein verfügbare Lizenzen geschützt sind, oder
3. die Verwendung von Bürogeräten voraussetzen, die Auftraggebern nicht allgemein zur Verfügung stehen.

Die Angebotsfrist wird in diesen Fällen um fünf Tage verlängert, sofern nicht ein Fall hinreichend begründeter Dringlichkeit gemäß § 14 Absatz 3 vorliegt oder die Frist gemäß § 15 Absatz 3 im gegenseitigen Einvernehmen festgelegt wurde.

(4) Der Auftraggeber gibt in der Auftragsbekanntmachung oder der Aufforderung zur Interessensbestätigung oder, sofern eine Bekanntmachung über das Bestehen eines Qualifizierungssystems erfolgt, in den Vergabeunterlagen an, welche Maßnahmen er zum Schutz der Vertraulichkeit von Informationen anwendet und wie auf die Vergabeunterlagen zugegriffen werden kann. Die Angebotsfrist wird in diesen Fällen um fünf Tage verlängert, es sei denn, die Maßnahme zum Schutz der Vertraulichkeit besteht ausschließlich in der Abgabe einer Verschwiegenheitserklärung, es liegt ein Fall hinreichend begründeter Dringlichkeit gemäß § 14 Absatz 3 vor oder die Frist wurde gemäß § 15 Absatz 3 im gegenseitigen Einvernehmen festgelegt.

§ 42
Aufforderungen zur Interessensbestätigung, zur Angebotsabgabe, zur Verhandlung oder zur Teilnahme am Dialog

(1) Ist ein Teilnahmewettbewerb durchgeführt worden, wählt der Auftraggeber Bewerber aus, die er auffordert, in einem nicht offenen Verfahren ein Angebot oder einem Verhandlungsverfahren ein Erstangebot einzureichen und darüber zu verhandeln, am wettbewerblichen Dialog teilzunehmen oder an Verhandlungen im Rahmen einer Innovationspartnerschaft teilzunehmen.

(2) Die Aufforderung nach Absatz 1 enthält mindestens:

1. einen Hinweis auf die veröffentlichte Auftragsbekanntmachung,
2. den Tag, bis zu dem ein Angebot eingehen muss, die Anschrift der Stelle, bei der es einzureichen ist, die Art der Einreichung sowie die Sprache, in der es abzufassen sind,
3. beim wettbewerblichen Dialog den Termin und den Ort des Beginns der Dialogphase sowie die verwendete Sprache,
4. die Bezeichnung der gegebenenfalls beizufügenden Unterlagen, sofern nicht bereits in der Auftragsbekanntmachung enthalten,
5. die Gewichtung der Zuschlagskriterien oder gegebenenfalls die Kriterien in der absteigenden Rangfolge ihrer Bedeutung, sofern nicht bereits in der Auftragsbekanntmachung oder der Aufforderung zur Interessensbestätigung enthalten.

Bei öffentlichen Aufträgen, die in einem wettbewerblichen Dialog oder im Rahmen einer Innovationspartnerschaft vergeben werden, sind die in Nummer 2 genannten Angaben nicht in der Aufforderung zur Teilnahme am Dialog oder an den Verhandlungen aufzuführen, sondern zu einem späteren Zeitpunkt in der Aufforderung zur Angebotsabgabe.

(3) Im Falle einer regelmäßigen nicht verbindlichen Bekanntmachung nach § 36 Absatz 4 fordert der Auftraggeber gleichzeitig alle Unternehmen, die eine Interessensbekundung übermittelt haben, nach § 36 Absatz 5 auf, ihr Interesse zu bestätigen. Diese Aufforderung umfasst zumindest folgende Angaben:

1. Umfang des Auftrags, einschließlich aller Optionen auf zusätzliche Aufträge, und, sofern möglich, eine Einschätzung der Frist für die Ausübung dieser Optionen; bei wiederkehrenden Aufträgen Art und Umfang und, sofern möglich, das voraussichtliche Datum der Veröffentlichung zukünftiger Auftragsbekanntmachungen für die Liefer- oder Dienstleistungen, die Gegenstand des Auftrags sein sollen,
2. Art des Verfahrens,
3. gegebenenfalls Zeitpunkt, an dem die Lieferleistung erbracht oder die Dienstleistung beginnen oder abgeschlossen sein soll,
4. Internetadresse, über die die Vergabeunterlagen unentgeltlich, uneingeschränkt und vollständig direkt verfügbar sind,
5. falls kein elektronischer Zugang zu den Vergabeunterlagen bereitgestellt werden kann, Anschrift und Schlusstermin für die Anforderung der Vergabeunterlagen sowie die Sprache, in der diese abgefasst sind,
6. Anschrift des öffentlichen Auftraggebers, der den Zuschlag erteilt,
7. alle wirtschaftlichen und technischen Anforderungen, finanziellen Sicherheiten und Angaben, die von den Unternehmen verlangt werden,
8. Art des Auftrags, der Gegenstand des Vergabeverfahrens ist und
9. die Zuschlagskriterien sowie deren Gewichtung oder gegebenenfalls die Kriterien in der Rangfolge ihrer Bedeutung, wenn diese Angaben nicht in der regelmäßigen nicht verbindlichen Bekanntmachung oder den Vergabeunterlagen enthalten sind.

§ 43
Form und Übermittlung der Angebote, Teilnahmeanträge, Interessensbekundungen und Interessensbestätigungen

(1) Die Unternehmen übermitteln ihre Angebote, Teilnahmeanträge, Interessensbekundungen und Interessensbestätigungen in Textform nach § 126b des Bürgerlichen Gesetzbuchs mithilfe elektronischer Mittel.

(2) Der Auftraggeber ist nicht verpflichtet, die Einreichung von Angeboten, Teilnahmeanträgen, Interessensbekundungen und Interessensbestätigungen mithilfe mittels elektronischer Mittel zu verlangen, wenn auf die zur Einreichung erforderlichen elektronischen Mittel einer der in § 41 Absatz 3 genannten Gründe zutrifft oder wenn zugleich physische oder maßstabsgetreue Modelle einzureichen sind, die nicht elektronisch übermittelt werden können. In diesen Fällen erfolgt die Kommunikation auf dem Postweg oder auf einem anderen geeigneten Weg oder in Kombination von postalischem oder einem anderen geeigneten Weg und Verwendung elektronischer Mittel.

(3) Der Auftraggeber gibt im Vergabevermerk die Gründe an, warum die Angebote mithilfe anderer als elektronischer Mittel eingereicht werden können.

§ 44
Erhöhte Sicherheitsanforderungen bei der Übermittlung der Angebote, Teilnahmeanträge, Interessensbekundungen und Interessensbestätigungen

(1) Der Auftraggeber prüft im Einzelfall, ob zu übermittelnde Daten erhöhte Anforderungen an die Sicherheit stellen. Soweit es erforderlich ist, kann der Auftraggeber verlangen, dass Interessensbekundungen, Interessensbestätigungen, Teilnahmeanträge und Angebote zu versehen sind mit

1. einer fortgeschrittenen elektronischen Signatur,
2. einer qualifizierten elektronischen Signatur,
3. einem fortgeschrittenen elektronischen Siegel oder
4. einem qualifizierten elektronischen Siegel."

(2) Der Auftraggeber kann festlegen, dass Angebote mithilfe anderer als elektronischer Mittel einzureichen sind, wenn sie besonders schutzwürdige Daten enthalten, die bei Verwendung allgemein verfügbarer oder alternativer elektronischer Mittel nicht angemessen geschützt werden können, oder wenn die Sicherheit der elektronischen Mittel nicht gewährleistet werden kann. Der Auftraggeber dokumentiert die Gründe, warum er die Einreichung der Angebote mithilfe anderer als elektronischer Mittel für erforderlich hält.

Unterabschnitt 5
Anforderungen an die Unternehmen

§ 45
Grundsätze

(1) Bei der Auswahl der Teilnehmer an Vergabeverfahren beachtet der Auftraggeber die in den Absätzen 2 und 3 genannten Grundsätze.

(2) Bei einem nicht offenen Verfahren, Verhandlungsverfahren, wettbewerblichem Dialog oder einer Innovationspartnerschaft darf der Auftraggeber bezüglich seiner Auswahlentscheidung Unternehmen keine administrativen, technischen oder finanziellen Anforderungen stellen, die er anderen

Unternehmen nicht stellt sowie bei der Aktualisierung von Kriterien keine Nachweise fordern, die sich mit bereits vorhandenen Nachweisen decken.

(3) In Fällen, in denen der Auftraggeber ein angemessenes Gleichgewicht zwischen bestimmten Merkmalen des Vergabeverfahrens und den notwendigen Ressourcen für dessen Durchführung sicherstellen muss, kann er bei nicht offenen Verfahren, Verhandlungsverfahren, wettbewerblichen Dialogen oder Innovationspartnerschaften objektive Kriterien festlegen, die es ermöglichen, die Zahl der Bewerber, die zur Angebotsabgabe oder zur Aufnahme von Verhandlungen aufgefordert werden, zu begrenzen. Die Zahl der ausgewählten Bewerber muss jedoch der Notwendigkeit Rechnung tragen, dass ein angemessener Wettbewerb gewährleistet sein muss.

§ 46
Objektive und nichtdiskriminierende Kriterien

(1) Der Auftraggeber wählt die Unternehmen anhand objektiver Kriterien aus, die allen interessierten Unternehmen zugänglich sein müssen.

(2) Die objektiven und nichtdiskriminierenden Kriterien für die Auswahl der Unternehmen, die eine Qualifizierung im Rahmen eines Qualifizierungssystems beantragen sowie für die Auswahl der Bewerber und Bieter im offenen Verfahren, nicht offenen Verfahren, Verhandlungsverfahren, wettbewerblichen Dialog oder einer Innovationspartnerschaft können nach § 142 Nummer 2 des Gesetzes gegen Wettbewerbsbeschränkungen die Anwendung des § 123 des Gesetzes gegen Wettbewerbsbeschränkungen beinhalten. Handelt es sich um einen Auftraggeber nach § 100 Absatz 1 Nummer 1 des Gesetzes gegen Wettbewerbsbeschränkungen, beinhalten diese Kriterien nach § 142 Nummer 2 des Gesetzes gegen Wettbewerbsbeschränkungen die Anwendung des § 123 des Gesetzes gegen Wettbewerbsbeschränkungen.

§ 47
Eignungsleihe

(1) Ein Bewerber oder Bieter kann für einen bestimmten Auftrag im Hinblick auf die erforderliche wirtschaftliche und finanzielle sowie die technische und berufliche Leistungsfähigkeit die Kapazitäten anderer Unternehmen in Anspruch nehmen, wenn er nachweist, dass ihm die für den Auftrag erforderlichen Mittel tatsächlich zur Verfügung stehen werden, indem er beispielsweise eine entsprechende Verpflichtungserklärung dieser Unternehmen vorlegt. Diese Möglichkeit besteht unabhängig von der Rechtsnatur der zwischen dem Bewerber oder Bieter und den anderen Unternehmen bestehenden Verbindungen. Ein Bewerber oder Bieter kann jedoch im Hinblick auf Nachweise für die erforderliche berufliche Leistungsfähigkeit wie Ausbildungs- und Befähigungsnachweise oder die einschlägige berufliche Erfahrung die Kapazitäten anderer Unternehmen nur dann in Anspruch nehmen, wenn diese die Leistung erbringen, für die diese Kapazitäten benötigt werden.

(2) Der Auftraggeber überprüft im Rahmen der Eignungsprüfung, ob die Unternehmen, deren Kapazitäten der Bewerber oder Bieter für die Erfüllung bestimmter Eignungskriterien in Anspruch nehmen will, die entsprechenden Kriterien erfüllen und ob Ausschlussgründe vorliegen, sofern er solche festgelegt hat. Hat der Auftraggeber auf zwingende Ausschlussgründe nach § 123 des Gesetzes gegen Wettbewerbsbeschränkungen Bezug genommen, schreibt er vor, dass der Bewerber oder Bieter ein Unternehmen, das das entsprechende Eignungskriterium nicht erfüllt oder bei dem zwingende Ausschlussgründe nach § 123 des Gesetzes gegen Wettbewerbsbeschränkungen vorliegen, ersetzen muss. Hat der Auftraggeber auf fakultative Ausschlussgründe nach § 124 des Gesetzes gegen Wettbewerbsbeschränkungen Bezug genommen, kann er vorschreiben, dass der Bewerber oder Bieter auch ein Unternehmen, bei dem fakultative Ausschlussgründe nach § 124 des Gesetzes ge-

gen Wettbewerbsbeschränkungen vorliegen ersetzen muss. Der Auftraggeber kann dem Bewerber oder Bieter dafür eine Frist setzen.

(3) Nimmt ein Bewerber oder Bieter die Kapazitäten eines anderen Unternehmens im Hinblick auf die erforderliche wirtschaftliche und finanzielle Leistungsfähigkeit in Anspruch, so kann der Auftraggeber eine gemeinsame Haftung des Bewerbers oder Bieters und des anderen Unternehmens für die Auftragsausführung entsprechend dem Umfang der Eignungsleihe verlangen.

(4) Die Absätze 1 bis 3 gelten auch für Bewerber- oder Bietergemeinschaften.

(5) Der Auftraggeber kann vorschreiben, dass bestimmte kritische Aufgaben bei Bauaufträgen, Dienstleistungsaufträgen oder kritische Verlege- oder Installationsarbeiten im Zusammenhang mit einem Lieferauftrag direkt vom Bieter selbst oder im Fall einer Bietergemeinschaft von einem Teilnehmer der Bietergemeinschaft ausgeführt werden müssen.

§ 48
Qualifizierungssysteme

(1) Der Auftraggeber kann zur Eignungsfeststellung ein Qualifizierungssystem für Unternehmen einrichten und betreiben. Unternehmen müssen jederzeit die Zulassung zum Qualifizierungssystem beantragen können. Das Qualifizierungssystem kann verschiedene Qualifizierungsstufen umfassen.

(2) Der Auftraggeber legt für den Ausschluss und die Eignung von Unternehmen objektive Kriterien fest. Enthalten diese Kriterien technische Anforderungen, so gelten § 28 und § 29.

(3) Für die Funktionsweise des Qualifizierungssystems, wie etwa die Aufnahme in das System, die Aktualisierung der Kriterien und dessen Dauer, legt der Auftraggeber objektive Vorschriften fest.

(4) Die nach den Absätzen 2 und 3 festgelegten Kriterien und Vorschriften werden den Unternehmen auf Antrag zur Verfügung gestellt. Aktualisierungen sind diesen Unternehmen mitzuteilen. Entspricht nach Ansicht des Auftraggebers das Qualifizierungssystem bestimmter anderer Auftraggeber, Stellen oder Einrichtungen seinen Anforderungen, so teilt er den Unternehmen deren Namen und Adressen mit.

(5) Enthalten die Kriterien gemäß Absatz 2 Anforderungen an die wirtschaftliche und finanzielle Leistungsfähigkeit oder die fachliche und berufliche Befähigung des Unternehmens, kann das Unternehmen auch die Kapazitäten eines anderen Unternehmens in Anspruch nehmen, unabhängig von dem Rechtsverhältnis in dem es zu ihm steht.

(6) Bezüglich der Kriterien Ausbildungsnachweise und Bescheinigungen über die berufliche Befähigung des Unternehmens einschließlich der einschlägigen beruflichen Erfahrung können Unternehmen nur die Kapazitäten anderer Unternehmen in Anspruch nehmen, wenn diese auch die Leistung erbringen, für die die Kapazitäten benötigt werden.

(7) Beabsichtigt ein Unternehmen die Kapazitäten eines anderen Unternehmens in Anspruch zu nehmen, weist es dem Auftraggeber beispielsweise durch eine entsprechende Verpflichtungserklärung des anderen Unternehmens nach, dass es während der gesamten Gültigkeitsdauer des Qualifizierungssystems auf dessen Kapazitäten zurückgreifen kann.

(8) Der Auftraggeber führt ein Verzeichnis der geprüften Unternehmen. Dieses kann nach Auftragsarten, für die die Prüfung Gültigkeit hat, aufgegliedert werden.

(9) Ist eine Bekanntmachung über das Bestehen eines Qualifizierungssystems gemäß § 37 erfolgt, werden die Aufträge im Wege eines nicht offenen Verfahrens oder eines Verhandlungsverfahrens unter den gemäß diesem System qualifizierten und im Verzeichnis nach Absatz 8 geführten Bewerber vergeben.

(10) Der Auftraggeber kann im Zusammenhang mit Anträgen auf Qualifizierung, der Aktualisierung oder der Aufrechterhaltung einer bereits bestehenden Qualifizierung für das System Gebühren erheben. Die Gebühr muss im Verhältnis zu den angefallenen Kosten stehen.

(11) Der Auftraggeber teilt seine Entscheidung hinsichtlich der Qualifizierung den Unternehmen innerhalb von sechs Monaten nach Eingang der Beantragung zur Aufnahme in das Qualifizierungssystem mit. Kann eine Entscheidung nicht innerhalb von vier Monaten getroffen werden, so teilt der Auftraggeber innerhalb von zwei Monaten nach Eingang des Antrags dies sowie den voraussichtlichen Entscheidungszeitpunkt dem Unternehmen mit.

(12) Eine Ablehnung ist dem Unternehmen innerhalb von 15 Tagen nach der Entscheidung unter Angabe der Gründe mitzuteilen. Dabei darf sich eine Ablehnung nur auf die gemäß Absatz 2 festgelegten objektiven Kriterien beziehen. Dasselbe gilt für die Beendigung einer Qualifizierung. Die beabsichtigte Beendigung ist dem Unternehmen 15 Tage vor dem vorgesehenen Ausschluss unter Angabe der Gründe mitzuteilen.

§ 49
Beleg der Einhaltung von Normen der Qualitätssicherung und des Umweltmanagements

(1) Verlangt der Auftraggeber als Beleg dafür, dass Bewerber oder Bieter bestimmte Normen der Qualitätssicherung erfüllen, die Vorlage von Bescheinigungen unabhängiger Stellen, so bezieht er sich auf Qualitätssicherungssysteme, die

1. den einschlägigen europäischen Normen genügen und

2. von akkreditierten Stellen zertifiziert sind.

Der Auftraggeber erkennt auch gleichwertige Bescheinigungen von akkreditierten Stellen aus anderen Staaten an. Konnte ein Bewerber oder Bieter aus Gründen, die er nicht zu vertreten hat, die betreffenden Bescheinigungen nicht innerhalb einer angemessenen Frist einholen, so muss der Auftraggeber auch andere Unterlagen über gleichwertige Qualitätssicherungssysteme anerkennen, sofern der Bewerber oder Bieter nachweist, dass die vorgeschlagenen Qualitätssicherungsmaßnahmen den geforderten Qualitätssicherungsnormen entsprechen.

(2) Verlangt der Auftraggeber als Beleg dafür, dass Bewerber oder Bieter bestimmte Systeme oder Normen des Umweltmanagements erfüllen, die Vorlage von Bescheinigungen unabhängiger Stellen, so bezieht er sich

1. entweder auf das Gemeinschaftssystem für das Umweltmanagement und die Umweltbetriebsprüfung EMAS der Europäischen Union oder

2. auf andere nach Artikel 45 der Verordnung (EG) Nr. 1221/2009 des Europäischen Parlaments und des Rates vom 25. November 2009 über die freiwillige Teilnahme von Organisationen an einem Gemeinschaftssystem für Umweltmanagement und Umweltbetriebsprüfung (ABl. L 342 vom 22.12.2009, S. 1) anerkannte Umweltmanagementsysteme oder

3. auf andere Normen für das Umweltmanagement, die auf den einschlägigen europäischen oder internationalen Normen beruhen und von akkreditierten Stellen zertifiziert sind.

Der Auftraggeber erkennt auch gleichwertige Bescheinigungen von Stellen in anderen Staaten an. Hatte ein Bewerber oder Bieter aus Gründen, die ihm nicht zugerechnet werden können, nachweislich keinen Zugang zu den betreffenden Bescheinigungen oder aus Gründen, die es nicht zu vertreten hat, keine Möglichkeit, diese innerhalb der einschlägigen Fristen zu erlangen, so muss der Auftraggeber auch andere Unterlagen über gleichwertige Umweltmanagementmaßnahmen anerkennen, sofern der Bewerber oder Bieter nachweist, dass diese Maßnahmen mit denen, die nach dem geltenden System oder den geltenden Normen für das Umweltmanagement erforderlich sind, gleichwertig sind.

§ 50
Rechtsform von Unternehmen und Bietergemeinschaften

(1) Bewerber oder Bieter, die gemäß den Rechtsvorschriften des Staates, in dem sie niedergelassen sind, zur Erbringung der betreffenden Leistung berechtigt sind, dürfen nicht allein deshalb zurückgewiesen werden, weil sie gemäß den deutschen Rechtsvorschriften eine natürliche oder juristische Person sein müssten. Juristische Personen können jedoch bei Dienstleistungsaufträgen sowie bei Lieferaufträgen, die zusätzlich Dienstleistungen umfassen, verpflichtet werden, in ihrem Antrag auf Teilnahme oder in ihrem Angebot die Namen und die berufliche Befähigung der Personen anzugeben, die für die Erbringung der Leistung als verantwortlich vorgesehen sind.

(2) Bewerber- und Bietergemeinschaften sind wie Einzelbewerber und -bieter zu behandeln. Der Auftraggeber darf nicht verlangen, dass Gruppen von Unternehmen eine bestimmte Rechtsform haben müssen, um einen Antrag auf Teilnahme zu stellen oder ein Angebot abzugeben. Sofern erforderlich kann der Auftraggeber in den Vergabeunterlagen Bedingungen festlegen, wie Gruppen von Unternehmen die Eignungskriterien zu erfüllen und den Auftrag auszuführen haben; solche Bedingungen müssen durch sachliche Gründe gerechtfertigt und angemessen sein.

(3) Unbeschadet des Absatzes 2 kann der Auftraggeber verlangen, dass eine Bietergemeinschaft nach Zuschlagserteilung eine bestimmte Rechtsform annimmt, soweit dies für die ordnungsgemäße Durchführung des Auftrags erforderlich ist.

Unterabschnitt 6
Prüfung und Wertung der Angebote

§ 51
Prüfung und Wertung der Angebote; Nachforderung von Unterlagen

(1) Die Angebote werden geprüft und gewertet, bevor der Zuschlag erteilt wird.

(2) Der Auftraggeber kann den Bewerber oder Bieter unter Einhaltung der Grundsätze der Transparenz und der Gleichbehandlung auffordern, fehlende, unvollständige oder fehlerhafte unternehmensbezogene Unterlagen, insbesondere Eigenerklärungen, Angaben, Bescheinigungen oder sonstige Nachweise, nachzureichen, zu vervollständigen oder zu korrigieren, oder fehlende oder unvollständige leistungsbezogene Unterlagen nachzureichen oder zu vervollständigen. Der Auftraggeber ist berechtigt, in der Auftragsbekanntmachung oder den Vergabeunterlagen festzulegen, dass er keine Unterlagen nachfordern wird.

(3) Die Nachforderung von leistungsbezogenen Unterlagen, die die Wirtschaftlichkeitsbewertung der Angebote anhand der Zuschlagskriterien betreffen, ist ausgeschlossen. Dies gilt nicht für Preisangaben, wenn es sich um unwesentliche Einzelpositionen handelt, deren Einzelpreise den Gesamtpreis nicht verändern oder die Wertungsreihenfolge und den Wettbewerb beeinträchtigen.

(4) Die Unterlagen sind vom Bewerber oder Bieter nach Aufforderung durch den Auftraggeber innerhalb einer von diesem festzulegenden angemessenen, nach dem Kalender bestimmten Frist vorzulegen.

(5) Die Entscheidung zur und das Ergebnis der Nachforderung sind zu dokumentieren.

§ 52
Zuschlag und Zuschlagskriterien

(1) Der Zuschlag wird nach Maßgabe des § 127 des Gesetzes gegen Wettbewerbsbeschränkungen auf das wirtschaftlichste Angebot erteilt.

(2) Die Ermittlung des wirtschaftlichsten Angebots erfolgt auf der Grundlage des besten Preis-Leistungs-Verhältnisses. Neben dem Preis oder den Kosten können auch qualitative, umweltbezogene oder soziale Zuschlagskriterien berücksichtigt werden, insbesondere:

1. die Qualität, einschließlich technischer Wert, Ästhetik, Zweckmäßigkeit, Zugänglichkeit der Leistung insbesondere für Menschen mit Behinderungen, ihrer Übereinstimmung mit Anforderungen des „Designs für Alle", soziale, umweltbezogene und innovative Eigenschaften sowie Vertriebs- und Handelsbedingungen,
2. die Organisation, Qualifikation und Erfahrung des mit der Ausführung des Auftrags betrauten Personals, wenn die Qualität des eingesetzten Personals erheblichen Einfluss auf das Niveau der Auftragsausführung haben kann, oder
3. die Verfügbarkeit von Kundendienst und technischer Hilfe sowie Lieferbedingungen wie Liefertermin, Lieferverfahren sowie Liefer- oder Ausführungsfristen.

Der Auftraggeber kann auch Festpreise oder Festkosten vorgeben, sodass das wirtschaftlichste Angebot ausschließlich nach qualitativen, umweltbezogenen oder sozialen Zuschlagskriterien nach Satz 1 bestimmt wird.

(3) Der Auftraggeber gibt in der Auftragsbekanntmachung oder den Vergabeunterlagen an, wie er die einzelnen Zuschlagskriterien gewichtet, um das wirtschaftlichste Angebot zu ermitteln. Diese Gewichtung kann auch mittels einer Spanne angegeben werden, deren Bandbreite angemessen sein muss. Ist die Gewichtung aus objektiven Gründen nicht möglich, so gibt der Auftraggeber die Zuschlagskriterien in absteigender Rangfolge an.

(4) Für den Beleg, ob und inwieweit die angebotene Leistung den geforderten Zuschlagskriterien entspricht, gelten die §§ 31 und 32 entsprechend.

(5) Für den Beleg, dass die angebotene Leistung den geforderten Ausführungsbedingungen gemäß § 128 Absatz 2 des Gesetzes gegen Wettbewerbsbeschränkungen entspricht, gelten die §§ 31 und 32 entsprechend.

§ 53
Berechnung von Lebenszykluskosten

(1) Der Auftraggeber kann vorgeben, dass das Zuschlagskriterium „Kosten" auf der Grundlage der Lebenszykluskosten der Leistung berechnet wird.

(2) Der Auftraggeber gibt die Methode zur Berechnung der Lebenszykluskosten und die zur Berechnung vom Unternehmen zu übermittelnden Informationen in der Auftragsbekanntmachung oder den Vergabeunterlagen an. Die Berechnungsmethode kann umfassen

1. die Anschaffungskosten,
2. die Nutzungskosten, insbesondere den Verbrauch von Energie und anderen Ressourcen,
3. die Wartungskosten,
4. Kosten am Ende der Nutzungsdauer, insbesondere die Abholungs-, Entsorgungs- oder Recyclingkosten, oder

5. Kosten, die durch die externen Effekte der Umweltbelastung entstehen, die mit der Leistung während ihres Lebenszyklus in Verbindung stehen, sofern ihr Geldwert nach Absatz 3 bestimmt und geprüft werden kann; solche Kosten können Kosten der Emission von Treibhausgasen und anderen Schadstoffen sowie sonstige Kosten für die Eindämmung des Klimawandels umfassen.

(3) Die Methode zur Berechnung der Kosten, die durch die externen Effekte der Umweltbelastung entstehen, muss folgende Bedingungen erfüllen:

1. Sie beruht auf objektiv nachprüfbaren und nichtdiskriminierenden Kriterien; ist die Methode nicht für die wiederholte oder dauerhafte Anwendung entwickelt worden, darf sie bestimmte Unternehmen weder bevorzugen noch benachteiligen,

2. sie ist für alle interessierten Beteiligten zugänglich, und

3. die zur Berechnung erforderlichen Informationen lassen sich von Unternehmen, die ihrer Sorgfaltspflicht im üblichen Maße nachkommen, einschließlich Unternehmen aus Drittstaaten, die dem Übereinkommen über das öffentliche Beschaffungswesen von 1994 (ABl. C 256 vom 3.9.1996, S. 1), geändert durch das Protokoll zur Änderung des Übereinkommens über das öffentliche Beschaffungswesen (ABl. L 68 vom 7.3.2014, S. 2) oder anderen, für die Europäische Union bindenden internationalen Übereinkommen beigetreten sind, mit angemessenem Aufwand bereitstellen.

(4) Sofern eine Methode zur Berechnung der Lebenszykluskosten durch einen Rechtsakt der Europäischen Union verbindlich vorgeschrieben worden ist, hat der Auftraggeber diese Methode vorzugeben.

§ 54
Ungewöhnlich niedrige Angebote

(1) Erscheinen der Preis oder die Kosten eines Angebots im Verhältnis zu der zu erbringenden Leistung ungewöhnlich niedrig, verlangt der Auftraggeber vom Bieter Aufklärung.

(2) Der Auftraggeber prüft die Zusammensetzung des Angebots und berücksichtigt die übermittelten Unterlagen. Die Prüfung kann insbesondere betreffen:

1. die Wirtschaftlichkeit des Fertigungsverfahrens einer Lieferleistung oder der Erbringung der Dienstleistung,

2. die gewählten technischen Lösungen oder die außergewöhnlich günstigen Bedingungen, über die das Unternehmen bei der Lieferung der Waren oder bei der Erbringung der Dienstleistung verfügt,

3. die Besonderheiten der angebotenen Liefer- oder Dienstleistung,

4. die Einhaltung der Verpflichtungen nach § 128 Absatz 1 des Gesetzes gegen Wettbewerbsbeschränkungen, insbesondere der für das Unternehmen geltenden umwelt-, sozial- und arbeitsrechtlichen Vorschriften, oder

5. die etwaige Gewährung einer staatlichen Beihilfe an das Unternehmen.

(3) Kann der Auftraggeber nach der Prüfung gemäß den Absätzen 1 und 2 die geringe Höhe des angebotenen Preises oder der angebotenen Kosten nicht zufriedenstellend aufklären, darf er den Zuschlag auf dieses Angebot ablehnen. Er lehnt das Angebot ab, wenn er festgestellt hat, dass der Preis oder die Kosten des Angebots ungewöhnlich niedrig sind, weil Verpflichtungen nach Absatz 2 Nummer 4 nicht eingehalten werden.

(4) Stellt der Auftraggeber fest, dass ein Angebot ungewöhnlich niedrig ist, weil der Bieter eine staatliche Beihilfe erhalten hat, so lehnt der Auftraggeber das Angebot ab, wenn der Bieter nicht fristgemäß nachweisen kann, dass die staatliche Beihilfe rechtmäßig gewährt wurde. Der Auftraggeber teilt die Ablehnung der Europäischen Kommission mit.

§ 55
Angebote, die Erzeugnisse aus Drittländern umfassen

(1) Der Auftraggeber eines Lieferauftrags kann Angebote zurückweisen, bei denen der Warenanteil zu mehr als 50 Prozent des Gesamtwertes aus Ländern stammt, die nicht Vertragsparteien des Abkommens über den Europäischen Wirtschaftsraum sind und mit denen auch keine sonstigen Vereinbarungen über gegenseitigen Marktzugang bestehen. Das Bundesministerium für Wirtschaft und Energie gibt im Bundesanzeiger bekannt, mit welchen Ländern und auf welchen Gebieten solche Vereinbarungen bestehen.

(2) Sind zwei oder mehrere Angebote nach den Zuschlagskriterien gleichwertig, so ist dasjenige Angebot zu bevorzugen, das nicht nach Absatz 1 zurückgewiesen werden kann. Die Preise sind als gleichwertig anzusehen, wenn sie nicht um mehr als drei Prozent voneinander abweichen. Satz 1 ist nicht anzuwenden, wenn die Bevorzugung zum Erwerb von Ausrüstungen führen würde, die andere technische Merkmale als die vom Auftraggeber bereits genutzten Ausrüstungen aufweisen und dadurch bei Betrieb und Wartung Inkompatibilität oder technischen Schwierigkeiten oder zu unverhältnismäßigen Kosten führen würde.

(3) Software, die in der Ausstattung für Telekommunikationsnetze verwendet wird, gilt als Ware im Sinne des Absatzes 1.

§ 56
Unterrichtung der Bewerber oder Bieter

(1) Unbeschadet des § 134 des Gesetzes gegen Wettbewerbsbeschränkungen teilt der Auftraggeber jedem Bewerber und jedem Bieter unverzüglich seine Entscheidungen über den Abschluss einer Rahmenvereinbarung, die Zuschlagserteilung oder die Zulassung zur Teilnahme an einem dynamischen Beschaffungssystem mit. Gleiches gilt für die Entscheidung, ein Vergabeverfahren aufzuheben oder erneut einzuleiten einschließlich der Gründe dafür, sofern eine Bekanntmachung veröffentlicht wurde.

(2) Der Auftraggeber unterrichtet auf Verlangen des Bewerbers oder Bieters unverzüglich, spätestens innerhalb von 15 Tagen nach Eingang des Antrags in Textform

1. jeden nicht erfolgreichen Bewerber über die Gründe für die Ablehnung seines Teilnahmeantrags,
2. jeden nicht erfolgreichen Bieter über die Gründe für die Ablehnung seines Angebots,
3. jeden Bieter über die Merkmale und Vorteile des erfolgreichen Angebots sowie den Namen des erfolgreichen Bieters, und
4. jeden Bieter über den Verlauf und die Fortschritte der Verhandlungen und des wettbewerblichen Dialogs mit den Bietern.

(3) § 38 Absatz 6 gilt entsprechend.

§ 57
Aufhebung und Einstellung des Verfahrens

Ein Vergabeverfahren kann ganz oder bei Losvergabe für einzelne Lose aufgehoben werden oder im Fall eines Verhandlungsverfahrens eingestellt werden. In diesen Fällen hat der Auftraggeber den am Vergabeverfahren beteiligten Unternehmen unverzüglich die Aufhebung oder Einstellung des Verfahrens und die Gründe hierfür sowie seine etwaige Absicht, ein neues Vergabeverfahren durchzuführen, in Textform mitzuteilen.

Abschnitt 3
Besondere Vorschriften für die Beschaffung energieverbrauchsrelevanter Leistungen und von Straßenfahrzeugen

§ 58
Beschaffung energieverbrauchsrelevanter Leistungen

(1) Mit der Leistungsbeschreibung sind im Rahmen der technischen Spezifikationen von den Bietern Angaben zum Energieverbrauch von technischen Geräten und Ausrüstungen zu fordern. Bei Bauleistungen sind diese Angaben dann zu fordern, wenn die Lieferung von technischen Geräten und Ausrüstungen Bestandteil dieser Bauleistungen sind. Dabei ist in geeigneten Fällen eine Analyse minimierter Lebenszykluskosten oder eine vergleichbare Methode zur Gewährleistung der Wirtschaftlichkeit vom Bieter zu fordern.

(2) Bei technischen Geräten und Ausrüstungen kann deren Energieverbrauch bei der Entscheidung über den Zuschlag berücksichtigt werden, bei Bauleistungen jedoch nur dann, wenn die Lieferung der technischen Geräte oder Ausrüstungen ein wesentlicher Bestandteil der Bauleistung ist.

§ 59
Beschaffung von Straßenfahrzeugen

(1) Der Auftraggeber muss bei der Beschaffung von Straßenfahrzeugen Energieverbrauch und Umweltauswirkungen berücksichtigen. Zumindest müssen folgende Faktoren, jeweils bezogen auf die Gesamtkilometerleistung des Straßenfahrzeugs im Sinne der Tabelle 3 der Anlage 2, berücksichtigt werden:

1. Energieverbrauch,
2. Kohlendioxid-Emissionen,
3. Emissionen von Stickoxiden,
4. Emissionen von Nichtmethan-Kohlenwasserstoffen und
5. partikelförmige Abgasbestandteile.

(2) Der Auftraggeber erfüllt die Verpflichtung, indem er

1. Vorgaben zu Energieverbrauch und Umweltauswirkungen in der Leistungsbeschreibung oder in den technischen Spezifikationen macht oder
2. den Energieverbrauch und die Umweltauswirkungen von Straßenfahrzeugen als Zuschlagskriterien berücksichtigt.

Sollen der Energieverbrauch und die Umweltauswirkungen von Straßenfahrzeugen finanziell bewertet werden, ist die in Anlage 3 definierte Methode anzuwenden. Soweit die Angaben in Anlage 2 dem Auftraggeber einen Spielraum bei der Beurteilung des Energiegehaltes oder der Emissionskosten einräumen, nutzt er diesen Spielraum entsprechend den lokalen Bedingungen am Einsatzort des Fahrzeugs.

Abschnitt 4
Planungswettbewerbe

§ 60
Anwendungsbereich

(1) Wettbewerbe nach § 103 Absatz 6 des Gesetzes gegen Wettbewerbsbeschränkungen werden insbesondere auf den Gebieten der Raumplanung, des Städtebaus und des Bauwesens oder der Datenverarbeitung durchgeführt (Planungswettbewerbe).

(2) Bei der Durchführung eines Planungswettbewerbs wendet der Auftraggeber die §§ 5, 6, 50 und die Vorschriften dieses Abschnitts an.

§ 61
Veröffentlichung, Transparenz

(1) Der Auftraggeber teilt seine Absicht, einen Planungswettbewerb auszurichten, in einer Wettbewerbsbekanntmachung mit. Die Wettbewerbsbekanntmachung wird nach dem im Anhang IX der Durchführungsverordnung (EU) Nr. 2015/1986 enthaltenen Muster erstellt.

(2) Beabsichtigt der Auftraggeber im Anschluss an einen Planungswettbewerb einen Dienstleistungsauftrag im Verhandlungsverfahren ohne Teilnahmewettbewerb zu vergeben, hat der Auftraggeber die Eignungskriterien und die zum Nachweis der Eignung erforderlichen Unterlagen hierfür bereits in der Wettbewerbsbekanntmachung anzugeben.

(3) Die Ergebnisse des Planungswettbewerbs sind bekannt zu machen und innerhalb von 30 Tagen an das Amt für Veröffentlichungen der Europäischen Union zu übermitteln. Die Bekanntmachung wird nach dem Muster gemäß Anhang X der Durchführungsverordnung (EU) Nr. 2015/1986 erstellt.

(4) § 38 Absatz 6 gilt entsprechend.

§ 62
Ausrichtung

(1) Die an einem Planungswettbewerb Interessierten sind vor Wettbewerbsbeginn über die geltenden Durchführungsregeln zu informieren.

(2) Die Zulassung von Teilnehmern an einem Planungswettbewerb darf nicht beschränkt werden

1. unter Bezugnahme auf das Gebiet eines Mitgliedstaats der Europäischen Union oder einen Teil davon oder
2. auf nur natürliche oder nur juristische Personen.

(3) Bei einem Planungswettbewerb mit beschränkter Teilnehmerzahl hat der Auftraggeber eindeutige und nichtdiskriminierende Auswahlkriterien festzulegen. Die Zahl der Bewerber, die zur Teilnahme aufgefordert werden, muss ausreichen, um einen echten Wettbewerb zu gewährleisten.

§ 63
Preisgericht

(1) Das Preisgericht darf nur aus Preisrichtern bestehen, die von den Teilnehmern des Planungswettbewerbs unabhängig sind. Wird von den Wettbewerbsteilnehmern eine bestimmte berufliche Qualifikation verlangt, muss mindestens ein Drittel der Preisrichter über dieselbe oder eine gleichwertige Qualifikation verfügen.

(2) Das Preisgericht ist in seinen Entscheidungen und Stellungnahmen unabhängig. Es trifft seine Entscheidungen nur auf Grund von Kriterien, die in der Wettbewerbsbekanntmachung genannt sind. Die Wettbewerbsarbeiten sind ihm anonym vorzulegen. Die Anonymität ist bis zu den Stellungnahmen oder Entscheidungen des Preisgerichts zu wahren.

(3) Das Preisgericht erstellt einen Bericht über die Rangfolge der von ihm ausgewählten Wettbewerbsarbeiten, indem es auf die einzelnen Projekte eingeht und seine Bemerkungen sowie noch zu klärende Fragen aufführt. Dieser Bericht ist von den Preisrichtern zu unterzeichnen.

(4) Die Teilnehmer können zur Klärung bestimmter Aspekte der Wettbewerbsarbeiten aufgefordert werden, Fragen zu beantworten, die das Preisgericht in seinem Protokoll festzuhalten hat. Der Dialog zwischen Preisrichtern und Teilnehmern ist zu dokumentieren.

Abschnitt 5
Übergangs- und Schlussbestimmungen

§ 64
Übergangsbestimmungen

Zentrale Beschaffungsstellen im Sinne von § 120 Absatz 4 Satz 1 des Gesetzes gegen Wettbewerbsbeschränkungen können bis zum 18. April 2017, andere Auftraggeber bis zum 18. Oktober 2018, abweichend von § 43 Absatz 1 die Übermittlung der Angebote, Teilnahmeanträge und Interessensbestätigungen auch auf dem Postweg, anderem geeigneten Weg, Fax oder durch die Kombination dieser Mittel verlangen. Dasselbe gilt für die sonstige Kommunikation im Sinne des § 9 Absatz 1, soweit sie nicht die Übermittlung von Bekanntmachungen und die Bereitstellung der Vergabeunterlagen betrifft.

§ 65
Fristenberechnung

Die Berechnung der in dieser Verordnung geregelten Fristen bestimmt sich nach der Verordnung EWG Nr. 1182/71 des Rates vom 3. Juni 1971 zur Festlegung der Regeln für die Fristen, Daten und Termine.

Anlage 1 (zu § 28 Absatz 2)
Technische Anforderungen

Begriffsbestimmungen:

1. „Technische Spezifikation" bei Liefer- oder Dienstleistungen hat eine der folgenden Bedeutungen:

   eine Spezifikation, die in einem Schriftstück enthalten ist, das Merkmale für ein Produkt oder eine Dienstleistung vorschreibt, wie Qualitätsstufen, Umwelt- und Klimaleistungsstufen, „Design für Alle" (einschließlich des Zugangs von Menschen mit Behinderungen) und Konformitätsbewertung, Leistung, Vorgaben für Gebrauchstauglichkeit, Sicherheit oder Abmessungen des Produkts, einschließlich der Vorschriften über Verkaufsbezeichnung, Terminologie, Symbole, Prüfungen und Prüfverfahren, Verpackung, Kennzeichnung und Beschriftung, Gebrauchsanleitungen, Produktionsprozesse und -methoden in jeder Phase des Lebenszyklus der Liefer- oder Dienstleistung sowie über Konformitätsbewertungsverfahren;

2. „Norm" bezeichnet eine technische Spezifikation, die von einer anerkannten Normungsorganisation zur wiederholten oder ständigen Anwendung angenommen wurde, deren Einhaltung nicht zwingend ist und die unter eine der nachstehenden Kategorien fällt:

   a) internationale Norm: Norm, die von einer internationalen Normungsorganisation angenommen wurde und der Öffentlichkeit zugänglich ist;

   b) europäische Norm: Norm, die von einer europäischen Normungsorganisation angenommen wurde und der Öffentlichkeit zugänglich ist;

   c) nationale Norm: Norm, die von einer nationalen Normungsorganisation angenommen wurde und der Öffentlichkeit zugänglich ist;

3. „Europäische technische Bewertung" bezeichnet eine dokumentierte Bewertung der Leistung eines Bauprodukts in Bezug auf seine wesentlichen Merkmale im Einklang mit dem betreffenden Europäischen Bewertungsdokument gemäß der Begriffsbestimmung in Artikel 2 Nummer 12 der Verordnung (EU) Nr. 305/2011 des Europäischen Parlaments und des Rates vom 9. März 2011 zur Festlegung harmonisierter Bedingungen für die Vermarktung von Bauprodukten (Abl. L 88 vom 4.4.2011, S.5);

4. „gemeinsame technische Spezifikationen" sind technische Spezifikationen im Bereich der Informations- und Kommunikationstechnologie, die gemäß den Artikeln 13 und 14 der Verordnung (EU) Nr. 1025/2012 des Europäischen Parlaments und des Rates vom 25. Oktober 2012 zur europäischen Normung, zur Änderung der Richtlinien 89/686/EWG und 93/15/EWG des Rates sowie der Richtlinien 94/9/EG, 94/25/EG, 95/16/EG, 97/23/EG, 98/34/EG, 2004/22/EG, 2007/23/EG, 2009/23/EG und 2009/105/EG des Europäischen Parlaments und des Rates und zur Aufhebung des Beschlusses 87/95/EWG des Rates und des Beschlusses Nr. 1673/2006/EG des Europäischen Parlaments und des Rates (ABl. L 316/12 vom 14.11.2012, S. 12) festgelegt wurden;

5. „technische Bezugsgröße" bezeichnet jeden Bezugsrahmen, der keine europäische Norm ist und von den europäischen Normungsorganisationen nach den an die Bedürfnisse des Marktes angepassten Verfahren erarbeitet wurde.

Anlage 2 (zu § 59)
Daten zur Berechnung der über die Lebensdauer von Straßenfahrzeugen anfallenden externen Kosten

Tabelle 1 – Energiegehalt von Kraftstoffen

Kraftstoff	Energiegehalt in Megajoule (MJ)/Liter bzw. Megajoule (MJ)/ Normkubikmeter (Nm^3)
Dieselkraftstoff	36 MJ/Liter
Ottokraftstoff	32 MJ/Liter
Erdgas	33–38 MJ/Nm^3
Flüssiggas (LPG)	24 MJ/Liter
Ethanol	21 MJ/Liter
Biodiesel	33 MJ/Liter
Emulsionskraftstoff	32 MJ/Liter
Wasserstoff	11 MJ/Nm^3

Tabelle 2 – Emissionskosten im Straßenverkehr (Preise von 2007)

Kohlendioxid (CO_2)	Stickoxide (NO_x)	Nichtmethan-Kohlenwasserstoffe	Partikelförmige Abgasbestandteile
0,03–0,04 €/kg	0,0044 €/g	0,001 €/g	0,087 €/g

Tabelle 3 – Gesamtkilometerleistung von Straßenfahrzeugen

Fahrzeugklasse (Kategorien M und N gemäß der Richtlinie 2007/46/EG)	Gesamtkilometerleistung
Personenkraftwagen (M_1)	200 000 km
Leichte Nutzfahrzeuge (N_1)	250 000 km
Schwere Nutzfahrzeuge (N_2, N_3)	1 000 000 km
Busse (M_2, M_3)	800 000 km

Anlage 3 (zu § 59 Absatz 2) Methode zur Berechnung der über die Lebensdauer von Straßenfahrzeugen anfallenden Betriebskosten

1. Für die Zwecke von § 59 werden die über die Lebensdauer eines Straßenfahrzeugs durch dessen Betrieb verursachten Energieverbrauchs- und Emissionskosten (Betriebskosten) nach der im Folgenden beschriebenen Methode finanziell bewertet und berechnet:

   a) Die Energieverbrauchskosten, die für den Betrieb eines Straßenfahrzeugs über dessen Lebensdauer anfallen, werden wie folgt berechnet:

      aa) Der Kraftstoffverbrauch je Kilometer eines Straßenfahrzeugs gemäß Nummer 2 wird in Energieverbrauch je Kilometer (Megajoule/ Kilometer, MJ/km) gerechnet. Soweit der Kraftstoffverbrauch in anderen Einheiten angegeben ist, wird er nach den Umrechnungsfaktoren in Tabelle 1 der Anlage 2 in MJ/km umgerechnet.

      bb) Je Energieeinheit muss im Rahmen der Angebotswertung ein finanzieller Wert festgesetzt werden (€/MJ). Dieser finanzielle Wert wird nach einem Vergleich der Kosten je Energieeinheit von Ottokraftstoff oder Dieselkraftstoff vor Steuern bestimmt. Der jeweils günstigere Kraftstoff bestimmt den in der Angebotswertung zu berücksichtigenden finanziellen Wert je Energieeinheit (€/MJ).

      cc) Zur Berechnung der Energieverbrauchskosten, die für den Betrieb eines Straßenfahrzeugs über dessen Lebensdauer anfallen, werden die Gesamtkilometerleistung gemäß Nummer 3 (gegebenenfalls unter Berücksichtigung der bereits erbrachten Kilometerleistung), der Energieverbrauch je Kilometer (MJ/km) gemäß Doppelbuchstabe aa und die Kosten in Euro je Energieeinheit (€/MJ) gemäß Doppelbuchstabe bb miteinander multipliziert.

   b) Zur Berechnung der Kohlendioxid-Emissionen, die für den Betrieb eines Straßenfahrzeugs über dessen Lebensdauer anfallen, werden die Gesamtkilometerleistung gemäß Nummer 3 (gegebenenfalls unter Berücksichtigung der bereits erbrachten Kilometerleistung), die Kohlendioxid-Emissionen in Kilogramm je Kilometer (kg/km) gemäß Nummer 2 und die Emissionskosten je Kilogramm (€/kg) gemäß Tabelle 2 der Anlage 2 miteinander multipliziert.

   c) Zur Berechnung der in Tabelle 2 der Anlage 2 aufgeführten Kosten für Schadstoffemissionen, die für den Betrieb eines Straßenfahrzeugs über dessen Lebensdauer anfallen, werden die Kosten für Emissionen von Stickoxiden, Nichtmethan-Kohlenwasserstoffen und partikelförmigen Abgasbestandteilen addiert. Zur Berechnung der über die Lebensdauer anfallenden Kosten für jeden einzelnen Schadstoff werden die Gesamtkilometerleistung gemäß Nummer 3 (gegebenenfalls unter Berücksichtigung der bereits erbrachten Kilometerleistung), die Emissionen in Gramm je Kilometer (g/km) gemäß Nummer 2 und die jeweiligen Kosten je Gramm (€/g) miteinander multipliziert.

   d) Auftraggeber dürfen bei der Berechnung der Emissionskosten nach den Buchstaben b und c höhere Werte zugrunde legen als diejenigen, die in Tabelle 2 der Anlage 2 angegeben sind, sofern die Werte in Tabelle 2 der Anlage 2 um nicht mehr als das Doppelte überschritten werden.

2. Die Werte für den Kraftstoffverbrauch je Kilometer sowie für Kohlendioxid-Emissionen und Schadstoffemissionen je Kilometer basieren auf den genormten gemeinschaftlichen Testverfahren der Gemeinschaftsvorschriften über die Typgenehmigung. Für Straßenfahrzeuge, für die keine genormten gemeinschaftlichen Testverfahren bestehen, werden zur Gewährleistung der Vergleichbarkeit verschiedener Angebote allgemein anerkannte Testverfahren, die Ergebnisse

von Prüfungen, die für den Auftraggeber durchgeführt wurden, oder die Angaben des Herstellers herangezogen.

3. Die Gesamtkilometerleistung eines Fahrzeugs ist der Tabelle 3 der Anlage 2 zu entnehmen.

XIII. Die Baukonzessionsvergabe

1. Einführung

Im Zuge der europäischen Vergaberechtsreform wurde eine eigenständige Richtlinie zur Vergabe von Konzessionen für Bau- und Dienstleistungen erlassen. Baukonzessionen waren in der Vorgängerrichtlinie 2004/18/EG bislang lediglich rudimentär geregelt. Der deutsche Gesetz- und Verordnungsgeber hatte sich gleichwohl für eine quasi-Gleichbehandlung mit den Bauaufträgen entschieden: Die für die Vergabe öffentlicher Bauaufträge im Anwendungsbereich der Richtlinie 2004/18/EG geltenden Vorschriften des Abschnitts 2 der VOB/A waren auf Baukonzessionen „sinngemäß" anzuwenden.[1] Begründung hierfür war in erster Linie der deutliche Schwerpunkt des Baukonzessionsvertrags auf der (zunächst erfolgenden) Errichtung eines Bauwerks.

Die neue EU-Richtlinie zur Konzessionsvergabe[2] weist Überschneidungen mit den parallelen Richtlinienbestimmungen zur öffentlichen Auftragsvergabe auf, weicht wegen der Besonderheiten der Konzession aber teils erheblich von diesen ab, insbesondere durch ein stark vereinfachtes Vergabeverfahren. Dies hat den Bundesgesetzgeber veranlasst, das Konzessionsvergaberecht in einer eigenständigen Rechtsverordnung zu regeln. Soweit Baukonzessionen Besonderheiten aufweisen, wird diesen nunmehr auf Verordnungsebene Rechnung getragen. Gleichwohl finden sich auch außerhalb der neuen Konzessionsvergabeverordnung (KonzVgV[3]) bei der Vergabe von Konzessionen zu berücksichtigende Vorschriften. Der überarbeitete Teil 4 des GWB umfasst insofern die wesentlichen Vorgaben zur Vergabe von öffentlichen Aufträgen und von Konzessionen, insbesondere die allgemeinen Grundsätze des Vergaberechts, den Anwendungsbereich, die Vergabearten, die grundsätzlichen Anforderungen an Eignung und Zuschlag, Ausführungsbedingungen, die Gründe für den Ausschluss von einem Vergabeverfahren, die Anforderungen an die Selbstreinigung von Unternehmen, die neuen Vorgaben der EU-Vergaberichtlinien für die Kündigung und die neuen Vorgaben der EU-Vergaberichtlinien für die Änderung von öffentlichen Aufträgen und Konzessionen während der Laufzeit. In einem eigenen Unterabschnitt (§§ 148-154 GWB) werden weitere Konkretisierungen hinsichtlich des Anwendungsbereichs und des Verfahrens vorgenommen.

Die Konzessionsvergabeverordnung dient der weiteren Umsetzung der Richtlinie 2014/23/EU über die Konzessionsvergabe. Der Unionsgesetzgeber hebt im Erwägungsgrund 2 der Richtlinie 2014/23/EU hervor, dass die neuen Bestimmungen des Rechtsrahmens für die Konzessionsvergabe eindeutig und einfach sein und die Besonderheit von Konzessionen im Vergleich zu öffentlichen Aufträgen widerspiegeln sollten. Ein übermäßiger bürokratischer Aufwand solle vermieden werden. Die Vorschriften der Konzessionsvergabeverordnung konkretisieren die in den §§ 97 bis 114 und 148 bis 154 GWB festgeleg-

---

1 Siehe insbesondere § 22 EG VOB/A in der Fassung der Bekanntmachung vom 24. Oktober 2011 – BAnz. Nr. 182a vom 2. Dezember 2011; BAnz AT 07.05.2012 B1.

2 Richtlinie 2014/23/EU vom 28.3.2014, Amtsblatt der Europäischen Union L 94/1.

3 Konzessionsvergabeverordnung vom 12. April 2016 (BGBl. I S. 624, 683), die durch Artikel 10 des Gesetzes vom 18. Juli 2017 (BGBl. I S. 2745) geändert worden ist.

ten wesentlichen Vorgaben für das Vergabeverfahren. Die Einhaltung der Vorschriften des GWB und dieser Verordnung im Vergabeverfahren ist gemäß der §§ 155 bis 184 GWB im vergaberechtlichen Nachprüfungsverfahren überprüfbar.

2. Anwendungsbereich

Die neuen Regeln zur Baukonzessionsvergabe adressieren als Konzessionsgeber öffentliche Auftraggeber sowie Sektorenauftraggeber, die eine Konzession zum Zweck der Ausführung ihrer Tätigkeit vergeben (siehe im Einzelnen § 101 GWB, abgeduckt unter XIII.7).

Baukonzessionen sind nach § 105 Abs. 1 Nr. 1 GWB entgeltliche Verträge, mit denen ein oder mehrere Konzessionsgeber ein oder mehrere Unternehmen mit der Erbringung von Bauleistungen betrauen (Baukonzessionen); dabei besteht die Gegenleistung entweder allein in dem Recht zur Nutzung des Bauwerks oder in diesem Recht zuzüglich einer Zahlung.

In § 105 Abs. 2 GWB nimmt der Gesetzgeber hinsichtlich des sachlichen Anwendungsbereichs der Konzessionsvergabevorschriften eine wichtige Negativabgrenzung zu „herkömmlichen" Aufträgen vor: Danach geht in Abgrenzung zur Vergabe öffentlicher Aufträge bei der Vergabe einer Bau- oder Dienstleistungskonzession das Betriebsrisiko für die Nutzung des Bauwerks oder für die Verwertung der Dienstleistungen auf den Konzessionsnehmer über. Dies ist der Fall, wenn

1. unter normalen Betriebsbedingungen nicht gewährleistet ist, dass die Investitionsaufwendungen oder die Kosten für den Betrieb des Bauwerks oder die Erbringung der Dienstleistungen wieder erwirtschaftet werden können, und
2. der Konzessionsnehmer den Unwägbarkeiten des Marktes tatsächlich ausgesetzt ist, so dass potenzielle geschätzte Verluste des Konzessionsnehmers nicht vernachlässigbar sind. Das Betriebsrisiko kann ein Nachfrage- oder Angebotsrisiko sein.

Eine weitere Einschränkung des Anwendungsbereichs findet sich in den §§ 149, 150 GWB. Diese betreffen hinsichtlich von Baukonzessionen insbesondere Ausnahmen in den Bereichen Verteidigung und Sicherheit

Der Schwellenwert für die Anwendung der Vorschriften entspricht dem für die Vergabe öffentlicher Bauaufträge und beträgt seit 01.01.2018 5.548.000,00 EUR.

3. Besonderheiten der Baukonzessionsvergabe

Im Gegensatz zur Vergabe öffentlicher Aufträge durch öffentliche Auftraggeber und durch Sektorenauftraggeber sind Konzessionsgeber nicht auf bestimmte Verfahrensarten festgelegt, sondern dürfen das Vergabeverfahren nach § 12 KonzVgV frei ausgestalten. Das Verfahren darf ein- oder zweistufig durchgeführt werden, d.h. Konzessionsgeber dürfen im Rahmen eines einstufigen Verfahrens eine Vielzahl von Unternehmen öffentlich zur Abgabe eines Angebots auffordern oder im Rahmen eines zweistufigen Verfahrens erst über die Eignung der Bewerber in einem Teilnahmewettbewerb befinden und die geeigneten Bewerber sodann zur Angebotsabgabe auffordern. Konzessionsgeber können sich bei der

Ausgestaltung des Verfahrens am Ablauf des Verhandlungsverfahrens mit Teilnahmewettbewerb für öffentliche Aufträge ausrichten. Anders als bei der Vergabe öffentlicher Aufträge sind Verhandlungen mit Bietern sowohl im einstufigen als auch zweistufigen Verfahren zulässig, soweit der Konzessionsgegenstand und die Mindestanforderungen an das Angebot und die Zuschlagskriterien nicht geändert werden.

Konzessionen werden zeitlich beschränkt erteilt. Da die Laufzeit einer Konzession von entscheidendem Einfluss auf die Bereitschaft zum Vertragsschluss, aber auch auf die Gewährleistung des Wettbewerbs ist, hat der Gesetzgeber in § 3 Abs. 2 KonzVgV eine relativ ausführliche Regelung zur Festlegung der Laufzeit aufgenommen. Danach darf bei Konzessionen mit einer Laufzeit von über fünf Jahren die Laufzeit nicht länger sein als der Zeitraum, innerhalb dessen der Konzessionsnehmer nach vernünftigem Ermessen die Investitionsaufwendungen für die Errichtung, die Erhaltung und den Betrieb des Bauwerks oder die Erbringung der Dienstleistungen zuzüglich einer Rendite auf das investierte Kapital unter Berücksichtigung der zur Verwirklichung der spezifischen Vertragsziele notwendigen Investitionen wieder erwirtschaften kann. Die dabei zugrunde zu legenden Investitionsaufwendungen umfassen sowohl die zu Anfang als auch die während der Laufzeit der Konzessionen vorzunehmenden Investitionen. In diesem Rahmen kann der Konzessionsgeber für bestimmte Konzessionstypen durchschnittliche Investitionsaufwendungen und durchschnittliche Renditen zugrunde legen, soweit es die Besonderheiten des jeweiligen Konzessionstyps rechtfertigen.

Bereits in § 151 GWB ist die Verpflichtung zur Veröffentlichung der Konzessionsvergabeabsicht vorgesehen, die in §§ 18 bis 22 KonzVgV weiter konkretisiert und im Hinblick auf die Verpflichtung zur Bekanntmachung der Konzessionsvergabe sowie zur Bekanntmachung zu Änderungen von Konzessionen ergänzt wird. Die Bekanntmachungspflicht erfasst insbesondere auch die Festlegung der Eignungskriterien und die Anforderungen, wie diese im Vergabeverfahren zu belegen sind, sowie die Angabe der Zuschlagskriterien.

Trotz – oder gerade wegen – des hohen Maßes an Flexibilität ist das Vergabeverfahren nach § 6 KonzVgV sorgfältig zu dokumentieren. Die Dokumentationspflicht umfasst alle Informationen, die für die Begründung von Entscheidungen auf jeder Stufe des Vergabeverfahrens erforderlich sind. Weiterhin sind Konzessionsgeber verpflichtet, über jedes Vergabeverfahren einen Vergabevermerk anzufertigen. Die Dokumentation, der Vergabevermerk, die Teilnahmeanträge und die Angebote sind mindestens für drei Jahre aufzubewahren, um gegebenenfalls in Nachprüfungsverfahren die rechtmäßige Durchführung des Verfahrens nachweisen zu können.

XIV. Konzessionsvergabeverordnung (Text)

Verordnung über die Vergabe von Konzessionen (Konzessionsvergabeverordnung – KonzVgV)

In der Fassung vom 12.04.2016 (BGBl. I Nr. 16 vom 14. April 2016, S. 624), zuletzt geändert durch Artikel 10 des Gesetzes vom 18. Juli 2017 (BGBl. I S. 2745, 2752)

Abschnitt 1
Allgemeine Bestimmungen und Kommunikation

Unterabschnitt 1
Allgemeine Bestimmungen

§ 1
Gegenstand und Anwendungsbereich

Diese Verordnung trifft nähere Bestimmungen über das einzuhaltende Verfahren bei der dem Teil 4 des Gesetzes gegen Wettbewerbsbeschränkungen unterliegenden Vergabe von Konzessionen durch einen Konzessionsgeber.

§ 2
Berechnung des geschätzten Vertragswerts

(1) Der Konzessionsgeber berechnet den geschätzten Vertragswert nach einer objektiven Methode, die in den Vergabeunterlagen anzugeben ist.

(2) Die Wahl der Methode zur Berechnung des geschätzten Vertragswerts darf nicht in der Absicht erfolgen, die Anwendung der Bestimmungen des Teils 4 des Gesetzes gegen Wettbewerbsbeschränkungen oder dieser Verordnung zu umgehen. Eine Konzession darf insbesondere nicht so aufgeteilt werden, dass sie nicht in den Anwendungsbereich des Teils 4 des Gesetzes gegen Wettbewerbsbeschränkungen fällt, es sei denn, es liegen objektive Gründe für eine solche Aufteilung vor.

(3) Bei der Berechnung des geschätzten Vertragswerts geht der Konzessionsgeber von dem voraussichtlichen Gesamtumsatz ohne Umsatzsteuer aus, den der Konzessionsnehmer während der Vertragslaufzeit als Gegenleistung erzielt

1. für die Bau- oder Dienstleistungen, die Gegenstand der Konzession sind, und
2. für Lieferungen, die mit diesen Bau- oder Dienstleistungen verbunden sind.

(4) Der Konzessionsgeber berücksichtigt dabei nach den Umständen des jeweiligen Einzelfalls insbesondere

1. den Wert aller Arten von Optionen und möglichen Vertragsverlängerungen,
2. die Einkünfte aus Gebühren oder Entgelten sowie Geldbußen oder Vertragsstrafen, die von den Nutzern der Bauwerke oder Dienstleistungen gezahlt werden, soweit diese nicht im Auftrag des Konzessionsgebers erhoben werden,
3. die Zahlungen des Konzessionsgebers oder jeder anderen Behörde an den Konzessionsnehmer oder weitere finanzielle Vorteile jedweder Art, einschließlich Gegenleistungen für die Erfüllung von Gemeinwohlverpflichtungen sowie staatlicher Investitionsbeihilfen,

4. den Wert von Zuschüssen oder sonstigen finanziellen Vorteilen jeglicher Art, die von Dritten für die Durchführung der Konzession gewährt werden,
5. die Einkünfte aus dem Verkauf von Vermögensgegenständen, die Teil der Konzession sind,
6. den Wert aller Lieferungen und Dienstleistungen, die der Konzessionsgeber für den Konzessionsnehmer bereitstellt, sofern sie für die Erbringung der Bau- oder Dienstleistungen erforderlich sind,
7. Prämien oder Zahlungen an Bewerber oder Bieter.

(5) Maßgeblicher Zeitpunkt für die Berechnung des geschätzten Vertragswerts ist der Zeitpunkt, zu dem die Konzessionsbekanntmachung abgesendet oder das Vergabeverfahren auf sonstige Weise eingeleitet wird. Abweichend davon ist der Zeitpunkt des Zuschlags maßgeblich, falls der Vertragswert zu diesem Zeitpunkt mehr als 20 Prozent über dem nach Satz 1 geschätzten Wert liegt.

(6) Kann ein Bauvorhaben oder eine geplante Dienstleistung zur Vergabe von Konzessionen in Form mehrerer Lose führen, ist der geschätzte Gesamtwert aller Lose zu berücksichtigen. Erreicht oder übersteigt der geschätzte Gesamtwert den maßgeblichen Schwellenwert, ist diese Verordnung für die Vergabe jedes Loses anzuwenden.

§ 3
Laufzeit von Konzessionen

(1) Die Laufzeit von Konzessionen ist beschränkt. Der Konzessionsgeber schätzt die Laufzeit je nach den geforderten Bau- oder Dienstleistungen.

(2) Bei Konzessionen mit einer Laufzeit von über fünf Jahren darf die Laufzeit nicht länger sein als der Zeitraum, innerhalb dessen der Konzessionsnehmer nach vernünftigem Ermessen die Investitionsaufwendungen für die Errichtung, die Erhaltung und den Betrieb des Bauwerks oder die Erbringung der Dienstleistungen zuzüglich einer Rendite auf das investierte Kapital unter Berücksichtigung der zur Verwirklichung der spezifischen Vertragsziele notwendigen Investitionen wieder erwirtschaften kann. Die dabei zugrunde zu legenden Investitionsaufwendungen umfassen sowohl die zu Anfang als auch die während der Laufzeit der Konzessionen vorzunehmenden Investitionen. In diesem Rahmen kann der Konzessionsgeber für bestimmte Konzessionstypen durchschnittliche Investitionsaufwendungen und durchschnittliche Renditen zugrunde legen, soweit es die Besonderheiten des jeweiligen Konzessionstyps rechtfertigen.

§ 4
Wahrung der Vertraulichkeit

(1) Sofern in dieser Verordnung oder anderen Rechtsvorschriften nichts anderes bestimmt ist, darf der Konzessionsgeber keine von den Unternehmen übermittelten und von diesen als vertraulich gekennzeichneten Informationen weitergeben. Dazu gehören insbesondere Betriebs- und Geschäftsgeheimnisse und die vertraulichen Aspekte der Angebote einschließlich ihrer Anlagen.

(2) Bei der gesamten Kommunikation sowie beim Austausch und der Speicherung von Informationen muss der Konzessionsgeber die Integrität der Daten sowie die Vertraulichkeit der Teilnahmeanträge und Angebote einschließlich ihrer Anlagen gewährleisten. Die Teilnahmeanträge und Angebote einschließlich ihrer Anlagen sowie die Dokumentation über die Angebotsöffnung sind auch nach Abschluss des Vergabeverfahrens vertraulich zu behandeln.

(3) Der Konzessionsgeber kann Unternehmen Anforderungen vorschreiben, die auf den Schutz der Vertraulichkeit der Informationen im Rahmen des Vergabeverfahrens abzielen. Hierzu gehört insbesondere die Abgabe einer Verschwiegenheitserklärung.

§ 5
Vermeidung von Interessenkonflikten

(1) Organmitglieder und Mitarbeiter des Konzessionsgebers oder eines im Namen des Konzessionsgebers handelnden Beschaffungsdienstleisters, bei denen ein Interessenkonflikt besteht, dürfen in einem Vergabeverfahren nicht mitwirken.

(2) Ein Interessenkonflikt besteht für Personen, die an der Durchführung des Vergabeverfahrens beteiligt sind oder Einfluss auf den Ausgang eines Vergabeverfahrens nehmen können und die ein direktes oder indirektes finanzielles, wirtschaftliches oder persönliches Interesse haben, das ihre Unparteilichkeit und Unabhängigkeit im Rahmen des Vergabeverfahrens beeinträchtigen könnte.

(3) Es wird vermutet, dass ein Interessenkonflikt besteht, wenn die in Absatz 1 genannten Personen

1. Bewerber oder Bieter sind,
2. einen Bewerber oder Bieter beraten oder sonst unterstützen oder als gesetzlicher Vertreter oder nur in dem Vergabeverfahren vertreten oder
3. beschäftigt oder tätig sind
   a) bei einem Bewerber oder Bieter gegen Entgelt oder als Organmitglied oder
   b) für ein in das Vergabeverfahren eingeschaltetes Unternehmen, wenn dieses Unternehmen zugleich geschäftliche Beziehungen zum Konzessionsgeber und zum Bewerber oder Bieter hat.

(4) Die Vermutung des Absatzes 3 gilt auch für Personen, deren Angehörige die Voraussetzungen nach Absatz 3 Nummer 1 bis 3 erfüllen. Angehörige sind der Verlobte, der Ehegatte, Lebenspartner, Verwandte und Verschwägerte gerader Linie, Geschwister, Kinder der Geschwister, Ehegatten und Lebenspartner der Geschwister und Geschwister der Ehegatten und Lebenspartner, Geschwister der Eltern sowie Pflegeeltern und Pflegekinder.

§ 6
Dokumentation und Vergabevermerk

(1) Der Konzessionsgeber dokumentiert das Vergabeverfahren von Beginn an fortlaufend in Textform nach § 126b des Bürgerlichen Gesetzbuchs, soweit dies für die Begründung von Entscheidungen auf jeder Stufe des Vergabeverfahrens erforderlich ist. Dazu gehört zum Beispiel die Dokumentation der Kommunikation mit Unternehmen und internen Beratungen, der Vorbereitung der Konzessionsbekanntmachung und der Vergabeunterlagen, der Öffnung der Teilnahmeanträge und Angebote, der Verhandlungen mit den Bewerbern und Bietern sowie der Gründe für Auswahlentscheidungen und den Zuschlag.

(2) Der Konzessionsgeber fertigt über jedes Vergabeverfahren einen Vermerk in Textform nach § 126b des Bürgerlichen Gesetzbuchs an. Dieser Vergabevermerk umfasst mindestens Folgendes:

1. den Namen und die Anschrift des Konzessionsgebers sowie Gegenstand und Vertragswert der Konzession,
2. die Namen der berücksichtigten Bewerber oder Bieter und die Gründe für ihre Auswahl,
3. die nicht berücksichtigten Teilnahmeanträge und Angebote sowie die Namen der nicht berücksichtigten Bewerber oder Bieter und die Gründe für ihre Nichtberücksichtigung,
4. den Namen des erfolgreichen Bieters und die Gründe für die Auswahl seines Angebots sowie, falls bekannt, den Anteil an der Konzession, den der erfolgreiche Bieter an Dritte weiterzugeben beabsichtigt, und den Namen der Unterauftragnehmer,

5. die Gründe, aus denen der Konzessionsgeber auf die Vergabe einer Konzession verzichtet hat,
6. die Gründe, aus denen andere als elektronische Mittel für die Einreichung der Angebote verwendet wurden, und
7. Angaben zu aufgedeckten Interessenkonflikten und getroffenen Abhilfemaßnahmen.

(3) Die Dokumentation, der Vergabevermerk, die Teilnahmeanträge und die Angebote einschließlich ihrer Anlagen sind bis zum Ende der Vertragslaufzeit vertraulich zu behandeln und aufzubewahren, mindestens jedoch für drei Jahre ab dem Tag des Zuschlags.

(4) § 4 bleibt unberührt.

Unterabschnitt 2
Kommunikation

§ 7
Grundsätze der Kommunikation

(1) Für das Senden, Empfangen, Weiterleiten und Speichern von Daten in einem Vergabeverfahren verwenden der Konzessionsgeber und die Unternehmen grundsätzlich Geräte und Programme für die elektronische Datenübermittlung (elektronische Mittel).

(2) Die Kommunikation kann mündlich erfolgen, wenn sie nicht die Vergabeunterlagen, die Teilnahmeanträge oder die Angebote betrifft und sie ausreichend und in geeigneter Weise dokumentiert wird.

(3) Der Konzessionsgeber kann von jedem Unternehmen die Angabe einer eindeutigen Unternehmensbezeichnung sowie einer elektronischen Adresse verlangen (Registrierung). Für den Zugang zur Konzessionsbekanntmachung und zu den Vergabeunterlagen darf der Konzessionsgeber keine Registrierung verlangen; eine freiwillige Registrierung ist zulässig.

§ 8
Anforderungen an die verwendeten elektronischen Mittel

(1) Der Konzessionsgeber legt das erforderliche Sicherheitsniveau für die elektronischen Mittel fest. Elektronische Mittel, die der Konzessionsgeber für den Empfang von Teilnahmeanträgen und Angeboten verwendet, müssen gewährleisten, dass

1. die Uhrzeit und der Tag des Datenempfanges genau zu bestimmen sind,
2. kein vorfristiger Zugriff auf die empfangenen Daten möglich ist,
3. der Termin für den erstmaligen Zugriff auf die empfangenen Daten nur von dem oder den Berechtigten festgelegt oder geändert werden kann,
4. nur die Berechtigten Zugriff auf die empfangenen Daten oder auf einen Teil derselben haben,
5. nur die Berechtigten Dritten Zugriff auf die empfangenen Daten oder auf einen Teil derselben einräumen dürfen,
6. empfangene Daten nicht an Unberechtigte übermittelt werden und
7. Verstöße oder versuchte Verstöße gegen die Anforderungen gemäß Nummer 1 bis 6 eindeutig festgestellt werden können.

(2) Die elektronischen Mittel, die der Konzessionsgeber für den Empfang von Teilnahmeanträgen und Angeboten verwendet, müssen über eine einheitliche Datenaustauschschnittstelle verfügen. Es

sind die jeweils geltenden IT-Interoperabilitäts- und IT-Sicherheitsstandards, der Informationstechnik gemäß § 3 Absatz 1 des Vertrags über die Errichtung des IT-Planungsrats und über die Grundlagen der Zusammenarbeit beim Einsatz der Informationstechnologie in den Verwaltungen von Bund und Ländern vom 1. April 2010 zu verwenden.

§ 9
Anforderungen an den Einsatz elektronischer Mittel im Vergabeverfahren

(1) Elektronische Mittel und deren technische Merkmale müssen allgemein verfügbar, nicht diskriminierend und mit allgemein verbreiteten Geräten und Programmen der Informations- und Kommunikationstechnologie kompatibel sein. Sie dürfen den Zugang von Unternehmen zum Vergabeverfahren nicht unangemessen einschränken. Der Konzessionsgeber gewährleistet die barrierefreie Ausgestaltung der elektronischen Mittel nach den §§ 4 und 12 des Gesetzes zur Gleichstellung behinderter Menschen vom 27. April 2002 (BGBl. I S. 1467, 1468) in der jeweils geltenden Fassung.

(2) Der Konzessionsgeber verwendet für das Senden, Empfangen, Weiterleiten und Speichern von Daten ausschließlich solche elektronischen Mittel, die die Unversehrtheit, die Vertraulichkeit und die Echtheit der Daten gewährleisten.

(3) Der Konzessionsgeber muss den Unternehmen alle notwendigen Informationen zur Verfügung stellen über

1. die in einem Vergabeverfahren verwendeten elektronischen Mittel,
2. die technischen Parameter zur Einreichung von Teilnahmeanträgen und Angeboten mithilfe elektronischer Mittel und
3. die verwendeten Verschlüsselungs- und Zeiterfassungsverfahren.

§ 10
Einsatz alternativer elektronischer Mittel bei der Kommunikation

Der Konzessionsgeber kann im Vergabeverfahren die Verwendung elektronischer Mittel, die nicht allgemein verfügbar sind (alternative elektronische Mittel), verlangen, wenn der Konzessionsgeber

1. Unternehmen während des gesamten Vergabeverfahrens unter einer Internetadresse einen unentgeltlichen, uneingeschränkten, vollständigen und direkten Zugang zu diesen alternativen elektronischen Mitteln gewährt und
2. diese alternativen elektronischen Mittel selbst verwendet.

§ 11
Allgemeine Verwaltungsvorschriften

Die Bundesregierung kann mit Zustimmung des Bundesrates allgemeine Verwaltungsvorschriften über die zu verwendenden elektronischen Mittel (Basisdienste für die elektronische Konzessionsvergabe) sowie über die einzuhaltenden technischen Standards erlassen.

Abschnitt 2
Vergabeverfahren

Unterabschnitt 1
Allgemeine Verfahrensvorschriften

§ 12
Allgemeine Grundsätze

(1) Der Konzessionsgeber darf das Verfahren zur Vergabe von Konzessionen nach Maßgabe dieser Verordnung frei ausgestalten. Der Konzessionsgeber kann das Verfahren an den Vorschriften der Vergabeverordnung zum Ablauf des Verhandlungsverfahrens mit Teilnahmewettbewerb ausrichten.

(2) Das Verfahren kann ein- oder mehrstufig durchgeführt werden. Der Konzessionsgeber darf mit Bewerbern und Bietern Verhandlungen führen. Während der Verhandlungen dürfen der Konzessionsgegenstand, die Mindestanforderungen an das Angebot und die Zuschlagskriterien nicht geändert werden.

(3) Der Konzessionsgeber darf Bewerber oder Bieter bei der Weitergabe von Informationen nicht diskriminieren.

§ 13
Verfahrensgarantien

(1) Konzessionen werden auf der Grundlage der von dem Konzessionsgeber gemäß § 31 festgelegten Zuschlagskriterien vergeben, sofern alle folgenden Bedingungen erfüllt sind:

1. der Bieter erfüllt die von dem Konzessionsgeber festgelegten Eignungskriterien und weiteren Teilnahmebedingungen sowie die gegebenenfalls festgelegten Mindestanforderungen, die insbesondere technische, physische, funktionelle und rechtliche Bedingungen und Merkmale umfassen, die jedes Angebot erfüllen sollte, und
2. der Bieter ist vorbehaltlich des § 154 Nummer 2 in Verbindung mit § 125 des Gesetzes gegen Wettbewerbsbeschränkungen nicht gemäß § 154 Nummer 2 in Verbindung mit §§ 123 und 124 des Gesetzes gegen Wettbewerbsbeschränkungen von der Teilnahme am Vergabeverfahren ausgeschlossen.

(2) Der Konzessionsgeber erteilt folgende Angaben

1. in der Konzessionsbekanntmachung gemäß § 19 eine Beschreibung der Konzession sowie der Teilnahmebedingungen und
2. in der Konzessionsbekanntmachung gemäß § 19, der Aufforderung zur Angebotsabgabe oder in anderen Vergabeunterlagen die Zuschlagskriterien sowie die gegebenenfalls festgelegten Mindestanforderungen.

(3) Der Konzessionsgeber übermittelt den Teilnehmern an einem Vergabeverfahren einen Organisations- und Zeitplan des Vergabeverfahrens einschließlich eines unverbindlichen Schlusstermins. Der Konzessionsgeber teilt sämtliche Änderungen allen Teilnehmern mit. Sofern diese Änderungen Inhalte der Konzessionsbekanntmachung betreffen, sind sie bekanntzumachen.

(4) Die Zahl der Bewerber oder Angebote kann auf eine angemessene Zahl begrenzt werden, sofern dies anhand objektiver Kriterien und in transparenter Weise geschieht. Die Zahl der zur Teilnahme oder Angebotsabgabe aufgeforderten Bewerber oder Bieter muss ausreichend hoch sein, dass der Wettbewerb gewährleistet ist.

§ 14
Umgehungsverbot

Das Verfahren zur Vergabe einer Konzession darf nicht in einer Weise ausgestaltet werden, dass es vom Anwendungsbereich des Teils 4 des Gesetzes gegen Wettbewerbsbeschränkungen ausgenommen wird oder bestimmte Unternehmen oder bestimmte Bauleistungen, Lieferungen oder Dienstleistungen auf unzulässige Weise bevorzugt oder benachteiligt werden.

Unterabschnitt 2
Vorbereitung des Vergabeverfahrens

§ 15
Leistungsbeschreibung

(1) In der Leistungsbeschreibung werden die für die vertragsgegenständlichen Bau- oder Dienstleistungen geforderten Merkmale durch technische und funktionelle Anforderungen festgelegt. Der Konzessionsgeber fasst die Leistungsbeschreibung gemäß § 152 Absatz 1 in Verbindung mit § 121 Absatz 1 und 3 des Gesetzes gegen Wettbewerbsbeschränkungen in einer Weise, dass allen Unternehmen der gleiche Zugang zum Vergabeverfahren gewährt wird und die Öffnung des nationalen Beschaffungsmarktes für den Wettbewerb nicht in ungerechtfertigter Weise behindert wird.

(2) Die Merkmale können Aspekte der Qualität und Innovation sowie soziale und umweltbezogene Aspekte betreffen. Sie können sich auch auf den Prozess oder die Methode zur Herstellung oder Erbringung der Bau- oder Dienstleistungen oder auf ein anderes Stadium im Lebenszyklus des Gegenstands der Konzession einschließlich der Produktions- und Lieferkette beziehen, auch wenn derartige Faktoren keine materiellen Bestandteile des Gegenstands der Konzession sind, sofern diese Merkmale in Verbindung mit dem Gegenstand der Konzession stehen und zu dessen Wert und Beschaffungszielen verhältnismäßig sind.

(3) In der Leistungsbeschreibung darf nicht auf eine bestimmte Produktion oder Herkunft oder ein besonderes Verfahren, das die Erzeugnisse oder Dienstleistungen eines bestimmten Unternehmens kennzeichnet, oder auf gewerbliche Schutzrechte, Typen oder eine bestimmte Erzeugung verwiesen werden, wenn dadurch bestimmte Unternehmen oder bestimmte Produkte begünstigt oder ausgeschlossen werden, es sei denn, dieser Verweis ist durch den Konzessionsgegenstand gerechtfertigt. Solche Verweise sind ausnahmsweise zulässig, wenn der Konzessionsgegenstand andernfalls nicht hinreichend genau und allgemein verständlich beschrieben werden kann; diese Verweise sind mit dem Zusatz „oder gleichwertig" zu versehen.

(4) Ein Angebot darf nicht mit der Begründung abgelehnt werden, dass die angebotenen Bau- oder Dienstleistungen nicht den in der Leistungsbeschreibung genannten technischen und funktionellen Anforderungen entsprechen, wenn der Bieter in seinem Angebot mit geeigneten Mitteln nachgewiesen hat, dass die von ihm vorgeschlagenen Lösungen diese Anforderungen in gleichwertiger Weise erfüllen.

§ 16
Vergabeunterlagen

Die Vergabeunterlagen umfassen jede Unterlage, die vom Konzessionsgeber erstellt wird oder auf die er sich bezieht, um Bestandteile der Konzession oder des Verfahrens zu beschreiben oder festzulegen. Dazu zählen insbesondere die Leistungsbeschreibung, der Entwurf der Vertragsbedingungen, Vorlagen für die Einreichung von Unterlagen durch Bewerber oder Bieter sowie Informationen über allgemeingültige Verpflichtungen.

§ 17
Bereitstellung der Vergabeunterlagen

(1) Der Konzessionsgeber gibt in der Konzessionsbekanntmachung oder – sofern die Konzessionsbekanntmachung keine Aufforderung zur Angebotsabgabe enthält – in der Aufforderung zur Angebotsabgabe eine elektronische Adresse an, unter der die Vergabeunterlagen unentgeltlich, uneingeschränkt, vollständig und direkt abgerufen werden können.

(2) Der Konzessionsgeber kann die Vergabeunterlagen auf einem anderen geeigneten Weg übermitteln, wenn aufgrund hinreichend begründeter Umstände aus außergewöhnlichen Sicherheitsgründen oder technischen Gründen oder aufgrund der besonderen Sensibilität von Handelsinformationen, die eines sehr hohen Datenschutzniveaus bedürfen, ein unentgeltlicher, uneingeschränkter und vollständiger elektronischer Zugang nicht angeboten werden kann. In diesem Fall gibt der Konzessionsgeber in der Konzessionsbekanntmachung oder der Aufforderung zur Angebotsabgabe an, dass die Vergabeunterlagen auf einem anderen geeigneten Weg übermittelt werden können und die Frist für den Eingang der Angebote verlängert wird.

§ 18
Zusätzliche Auskünfte zu den Vergabeunterlagen

Der Konzessionsgeber erteilt allen Unternehmen, die sich an dem Vergabeverfahren beteiligen, spätestens sechs Tage vor dem Schlusstermin für den Eingang der Angebote zusätzliche Auskünfte zu den Vergabeunterlagen, sofern die Unternehmen diese zusätzlichen Auskünfte rechtzeitig angefordert haben.

Unterabschnitt 3
Bekanntmachungen

§ 19
Konzessionsbekanntmachung

(1) Der Konzessionsgeber teilt seine Absicht, eine Konzession zu vergeben, in einer Konzessionsbekanntmachung mit.

(2) Die Konzessionsbekanntmachung wird nach dem Muster gemäß Anhang XXI der Durchführungsverordnung der Kommission (EU) Nr. 2015/1986 vom 11. November 2015 zur Einführung von Standardformularen für die Veröffentlichung von Vergabebekanntmachungen für öffentliche Aufträge und zur Aufhebung der Durchführungsverordnung (EU) Nr. 842/2011 in der jeweils geltenden Fassung erstellt (ABl. L 296 vom 12.11.2015, S. 1).

(3) Der Konzessionsgeber benennt in der Konzessionsbekanntmachung die Vergabekammer, an die sich die Unternehmen zur Nachprüfung geltend gemachter Vergabeverstöße wenden können.

§ 20
Ausnahmen von der Konzessionsbekanntmachung

(1) Von einer Konzessionsbekanntmachung kann abgesehen werden, wenn die Bau- oder Dienstleistung nur von einem bestimmten Unternehmen erbracht werden kann, weil

1. das Ziel der Konzession die Erschaffung oder der Erwerb eines einzigartigen Kunstwerks oder einer einzigartigen künstlerischen Leistung ist,

2. Wettbewerb aus technischen Gründen nicht entstehen kann,

3. ein ausschließliches Recht besteht oder
4. Rechte des geistigen Eigentums oder andere als die in § 101 Absatz 2 in Verbindung mit § 100 Absatz 2 Satz 1 des Gesetzes gegen Wettbewerbsbeschränkungen definierten ausschließlichen Rechte zu beachten sind.

Satz 1 Nummer 2 bis 4 ist nur anzuwenden, wenn es keine sinnvolle Alternative oder Ersatzlösung gibt und der fehlende Wettbewerb nicht das Ergebnis einer künstlichen Einengung der Parameter der Konzessionsvergabe ist.

(2) Von einer neuen Konzessionsbekanntmachung kann abgesehen werden, wenn bei einem vorausgegangenen Vergabeverfahren keine oder keine geeigneten Teilnahmeanträge oder Angebote eingereicht wurden, sofern die ursprünglichen Bedingungen des Konzessionsvertrags nicht grundlegend geändert werden und der Europäischen Kommission auf Anforderung ein Verfahrensbericht vorgelegt wird. Ungeeignet sind

1. ein Teilnahmeantrag, wenn
   a) der Bewerber gemäß § 154 Nummer 2 in Verbindung mit §§ 123 bis 126 des Gesetzes gegen Wettbewerbsbeschränkungen aufgrund eines zwingenden oder fakultativen Ausschlussgrundes auszuschließen ist oder ausgeschlossen werden könnte oder der Bewerber die gemäß § 152 Absatz 2 in Verbindung mit § 122 des Gesetzes gegen Wettbewerbsbeschränkungen festgelegten Eignungskriterien nicht erfüllt, oder
   b) der Teilnahmeantrag ein ungeeignetes Angebot enthält, weil dieses ohne wesentliche Abänderung den in den Vergabeunterlagen genannten Bedürfnissen und Anforderungen des Konzessionsgebers offensichtlich nicht entsprechen kann, und
2. ein Angebot, wenn es ohne wesentliche Abänderung den in den Vergabeunterlagen genannten Bedürfnissen und Anforderungen des Konzessionsgebers offensichtlich nicht entsprechen kann.

§ 21
Vergabebekanntmachung, Bekanntmachung über Änderungen einer Konzession

(1) Der Konzessionsgeber übermittelt spätestens 48 Tage nach der Vergabe einer Konzession eine Vergabebekanntmachung mit dem Ergebnis des Vergabeverfahrens an das Amt für Veröffentlichungen der Europäischen Union. Die Vergabebekanntmachung wird nach dem Muster gemäß Anhang XXII der Durchführungsverordnung (EU) Nr. 2015/1986 erstellt.

(2) Bekanntmachungen über Änderungen einer Konzession gemäß § 154 Nummer 3 in Verbindung mit § 132 Absatz 5 des Gesetzes gegen Wettbewerbsbeschränkungen werden nach dem Muster gemäß Anhang XVII der Durchführungsverordnung (EU) Nr. 2015/1986 erstellt.

§ 22
Konzessionen, die soziale und andere besondere Dienstleistungen betreffen

(1) Der Konzessionsgeber teilt seine Absicht, eine Konzession zur Erbringung sozialer Dienstleistungen oder anderer besonderer Dienstleistungen im Sinne des § 153 des Gesetzes gegen Wettbewerbsbeschränkungen zu vergeben, durch eine Vorinformation mit.

(2) Auf Vergabebekanntmachungen ist § 21 Absatz 1 anzuwenden. Der Konzessionsgeber kann Vergabebekanntmachungen vierteljährlich zusammenfassen. In diesem Fall ist die Veröffentlichung der zusammengefassten Bekanntmachungen innerhalb von 48 Tagen nach dem Ende des Quartals zu veranlassen.

(3) Für Bekanntmachungen nach Absatz 1 und 2 ist das Muster gemäß Anhang XX der Durchführungsverordnung (EU) Nr. 2015/1986 zu verwenden

(4) Auf Bekanntmachungen über Änderungen einer Konzession gemäß § 154 Nummer 3 in Verbindung mit § 132 Absatz 5 des Gesetzes gegen Wettbewerbsbeschränkungen ist § 21 Absatz 2 anzuwenden.

§ 23
Form und Modalitäten der Veröffentlichung von Bekanntmachungen

(1) Konzessionsbekanntmachungen, Vorinformationen, Vergabebekanntmachungen und Bekanntmachungen zu Änderungen einer Konzession (Bekanntmachungen) sind dem Amt für Veröffentlichungen der Europäischen Union mit elektronischen Mitteln zu übermitteln.

(2) Als Nachweis der Veröffentlichung dient die Bestätigung des Eingangs der Bekanntmachung und der Veröffentlichung der übermittelten Information, die der Konzessionsgeber vom Amt für Veröffentlichungen der Europäischen Union erhält.

(3) Bekanntmachungen dürfen frühestens 48 Stunden nach der Bestätigung des Amtes für Veröffentlichungen der Europäischen Union über die Veröffentlichung der übermittelten Informationen auf nationaler Ebene veröffentlicht werden. Die Veröffentlichung darf nur die Angaben enthalten, die in der an das Amt für Veröffentlichungen der Europäischen Union übermittelten Bekanntmachung enthalten sind. In der nationalen Bekanntmachung ist das Datum der Übermittlung an das Amt für Veröffentlichungen der Europäischen Union anzugeben.

Unterabschnitt 4
Auswahlverfahren und Zuschlag

§ 24
Rechtsform von Unternehmen und Bietergemeinschaften

(1) Bewerber oder Bieter, die gemäß den Rechtsvorschriften des Staates, in dem sie niedergelassen sind, zur Erbringung der betreffenden Leistung berechtigt sind, dürfen nicht allein deshalb zurückgewiesen werden, weil sie gemäß den deutschen Rechtsvorschriften eine natürliche oder juristische Person sein müssten. Juristische Personen können verpflichtet werden, in ihrem Antrag auf Teilnahme oder in ihrem Angebot die Namen und die berufliche Befähigung der Personen anzugeben, die für die Durchführung des Konzessionsvertrags als verantwortlich vorgesehen sind.

(2) Bewerber- und Bietergemeinschaften sind wie Einzelbewerber und -bieter zu behandeln. Der Konzessionsgeber darf nicht verlangen, dass Gruppen von Unternehmen eine bestimmte Rechtsform haben müssen, um einen Antrag auf Teilnahme zu stellen oder ein Angebot abzugeben. Sofern erforderlich kann der Konzessionsgeber in den Vergabeunterlagen Bedingungen festlegen, wie Gruppen von Unternehmen die Eignungskriterien zu erfüllen und die Konzession auszuführen haben; solche Bedingungen müssen durch sachliche Gründe gerechtfertigt und angemessen sein.

(3) Unbeschadet des Absatzes 2 kann der Konzessionsgeber verlangen, dass eine Bietergemeinschaft nach Zuschlagserteilung eine bestimmte Rechtsform annimmt, soweit dies für die ordnungsgemäße Durchführung der Konzession erforderlich ist.

§ 25
Anforderungen an die Auswahl geeigneter Unternehmen; Eignungsleihe

(1) Der Konzessionsgeber legt die Eignungskriterien gemäß § 152 Absatz 2 in Verbindung mit § 122 des Gesetzes gegen Wettbewerbsbeschränkungen fest und gibt die Eignungskriterien in der Konzessionsbekanntmachung an. Ist eine Konzessionsbekanntmachung gemäß § 20 nicht erforderlich, sind die Eignungskriterien in die Vergabeunterlagen aufzunehmen.

(2) Die Eignungskriterien müssen nichtdiskriminierend sein und dem Zweck dienen

1. sicherzustellen, dass der Konzessionsnehmer zur Durchführung der Konzession in Anbetracht des Konzessionsgegenstandes fähig ist sowie
2. den Wettbewerb zu gewährleisten.

(3) Zur Erfüllung der Eignungskriterien darf ein Unternehmen Kapazitäten anderer Unternehmen einbeziehen, unabhängig davon, welche rechtlichen Beziehungen zwischen ihm und diesen Unternehmen bestehen. Hinsichtlich der finanziellen Leistungsfähigkeit kann der Konzessionsgeber verlangen, dass die Unternehmen gemeinschaftlich für die Vertragsdurchführung haften.

§ 26
Beleg für die Eignung und das Nichtvorliegen von Ausschlussgründen

(1) Der Konzessionsgeber prüft die Eignung und das Nichtvorliegen von Ausschlussgründen aufgrund der Vorlage von Eigenerklärungen oder von Nachweisen.

(2) In der Konzessionsbekanntmachung ist anzugeben, mit welchen Unterlagen Unternehmen die Eignung und das Nichtvorliegen von Ausschlussgründen zu belegen haben. Ist eine Konzessionsbekanntmachung gemäß § 20 nicht erforderlich, sind diese Angaben in die Vergabeunterlagen aufzunehmen.

(3) Bei Einbeziehung von Kapazitäten anderer Unternehmen gemäß § 25 Absatz 3 können Konzessionsgeber den Nachweis verlangen, dass die zur Erfüllung der Eignungskriterien erforderlichen Mittel während der gesamten Konzessionslaufzeit zur Verfügung stehen werden.

§ 27
Fristen für den Eingang von Teilnahmeanträgen und Angeboten

(1) Der Konzessionsgeber berücksichtigt bei der Festsetzung von Fristen insbesondere die Komplexität der Konzession und die Zeit, die für die Einreichung der Teilnahmeanträge und für die Ausarbeitung der Angebote erforderlich ist.

(2) Auf ausreichend lange Fristen ist insbesondere zu achten, wenn eine Ortsbesichtigung oder eine persönliche Einsichtnahme in nicht übermittelte Anlagen zu den Vergabeunterlagen vor Ort erforderlich ist.

(3) Die Mindestfrist für den Eingang von Teilnahmeanträgen mit oder ohne Angebote beträgt 30 Tage ab dem Tag nach der Übermittlung der Konzessionsbekanntmachung.

(4) Findet das Verfahren in mehreren Stufen statt, beträgt die Mindestfrist für den Eingang von Erstangeboten 22 Tage ab dem Tag nach der Aufforderung zur Angebotsabgabe. Der Konzessionsgeber kann die Frist für den Eingang von Angeboten um fünf Tage verkürzen, wenn diese mit elektronischen Mitteln eingereicht werden.

§ 28
Form und Übermittlung der Teilnahmeanträge und Angebote

(1) Bewerber oder Bieter übermitteln ihre Teilnahmeanträge und Angebote grundsätzlich in Textform nach § 126b des Bürgerlichen Gesetzbuchs mithilfe elektronischer Mittel.

(2) Der Konzessionsgeber ist nicht verpflichtet, die Einreichung von Teilnahmeanträgen und Angeboten mithilfe elektronischer Mittel zu verlangen, wenn auf die zur Einreichung erforderlichen elektronischen Mittel einer der in § 17 Absatz 2 genannten Gründe zutrifft oder wenn zugleich physische oder maßstabsgetreue Modelle einzureichen sind, die nicht elektronisch übermittelt werden können. In diesen Fällen erfolgt die Kommunikation auf dem Postweg oder auf einem anderen geeigneten Weg oder in Kombination von postalischem oder einem anderen geeigneten Weg und der Verwendung elektronischer Mittel. Der Konzessionsgeber gibt im Vergabevermerk die Gründe an, warum die Angebote mithilfe anderer als elektronischer Mittel eingereicht werden können.

(3) Der Konzessionsgeber prüft, ob zu übermittelnde Daten erhöhte Anforderungen an die Sicherheit der Datenübermittlung stellen. Soweit es erforderlich ist, kann der Konzessionsgeber verlangen, dass Teilnahmeanträge und Angebote zu versehen sind mit

1. einer fortgeschrittenen elektronischen Signatur,
2. einer qualifizierten elektronischen Signatur,
3. einem fortgeschrittenen elektronischen Siegel oder
4. einem qualifizierten elektronischen Siegel.

(4) Der Konzessionsgeber kann festlegen, dass Angebote mithilfe anderer als elektronischer Mittel einzureichen sind, wenn sie besonders schutzwürdige Daten enthalten, die bei Verwendung allgemein verfügbarer oder alternativer elektronischer Mittel nicht angemessen geschützt werden können. Der Konzessionsgeber gibt im Vergabevermerk die Gründe an, warum er die Einreichung der Angebote mithilfe anderer als elektronischer Mittel für erforderlich hält.

§ 29
Prüfung und Aufbewahrung der ungeöffneten Teilnahmeanträge und Angebote

Der Konzessionsgeber prüft den Inhalt der Teilnahmeanträge und Angebote erst nach Ablauf der Frist für ihre Einreichung. Bei der Aufbewahrung der ungeöffneten Teilnahmeanträge und Angebote ist die Integrität und die Vertraulichkeit der Daten zu gewährleisten.

§ 30
Unterrichtung der Bewerber oder Bieter

(1) Unbeschadet § 134 des Gesetzes gegen Wettbewerbsbeschränkungen unterrichtet der Konzessionsgeber alle Bewerber oder Bieter unverzüglich über die Entscheidungen hinsichtlich des Zuschlags, einschließlich des Namens des erfolgreichen Bieters, der Gründe für die Ablehnung ihrer Teilnahmeanträge oder Angebote sowie die Gründe für eine Entscheidung, Konzessionen, für die eine Konzessionsbekanntmachung veröffentlicht wurde, nicht zu vergeben oder das Verfahren neu einzuleiten.

(2) Auf Anfrage der Betroffenen in Textform gemäß § 126b des Bürgerlichen Gesetzbuchs unterrichtet der Konzessionsgeber unverzüglich, in jedem Fall binnen 15 Tagen, jeden Bieter, der ein ordnungsgemäßes Angebot eingereicht hat, über die Merkmale und relativen Vorteile des ausgewählten Angebots.

(3) Der Konzessionsgeber kann beschließen, bestimmte in Absatz 1 genannte Angaben zur Konzession nicht mitzuteilen, soweit die Offenlegung dieser Angaben

1. den Gesetzesvollzug behindern,
2. dem öffentlichen Interesse auf sonstige Weise zuwiderlaufen,
3. die berechtigten geschäftlichen Interessen von Unternehmen schädigen oder den lauteren Wettbewerb zwischen ihnen beeinträchtigen

würde.

§ 31
Zuschlagskriterien

(1) Die Zuschlagskriterien nach § 152 Absatz 3 des Gesetzes gegen Wettbewerbsbeschränkungen sind in absteigender Rangfolge anzugeben.

(2) Enthält ein Angebot eine innovative Lösung mit außergewöhnlich hoher funktioneller Leistungsfähigkeit, die der Konzessionsgeber nicht vorhersehen konnte, kann die Reihenfolge der Zuschlagskriterien entsprechend geändert werden. In diesem Fall hat der Konzessionsgeber die Bieter über die geänderte Reihenfolge der Zuschlagskriterien zu unterrichten und unter Wahrung der Mindestfrist nach § 27 Absatz 4 Satz 1 eine neue Aufforderung zur Angebotsabgabe zu veröffentlichen. Wurden die Zuschlagskriterien zu demselben Zeitpunkt wie die Konzessionsbekanntmachung veröffentlicht, ist eine neue Konzessionsbekanntmachung unter Wahrung der Mindestfrist gemäß § 27 Absatz 3 zu veröffentlichen.

(3) Der Konzessionsgeber überprüft nach § 152 Absatz 3 des Gesetzes gegen Wettbewerbsbeschränkungen, ob die Angebote die Zuschlagskriterien tatsächlich erfüllen.

§ 32
Aufhebung von Vergabeverfahren

(1) Der Konzessionsgeber ist berechtigt, ein Vergabeverfahren ganz oder teilweise aufzuheben, wenn

1. kein Angebot eingegangen ist, das den Bedingungen entspricht,
2. sich die Grundlage des Vergabeverfahrens wesentlich geändert hat,
3. kein wirtschaftliches Ergebnis erzielt wurde oder
4. andere schwerwiegende Gründe bestehen.

Im Übrigen ist der Konzessionsgeber grundsätzlich nicht verpflichtet, den Zuschlag zu erteilen.

(2) Der Konzessionsgeber teilt den Bewerbern oder Bietern nach Aufhebung des Vergabeverfahrens unverzüglich die Gründe für seine Entscheidung mit, auf die Vergabe einer Konzession zu verzichten oder das Verfahren erneut einzuleiten. Auf Antrag teilt er ihnen dies in Textform nach § 126b des Bürgerlichen Gesetzbuchs mit.

Abschnitt 3
Ausführung der Konzession

§ 33
Vergabe von Unteraufträgen

(1) Der Konzessionsgeber kann Unternehmen in der Konzessionsbekanntmachung oder den Vergabeunterlagen auffordern, bei Angebotsabgabe die Teile der Konzession, die sie im Wege der Unterauftragsvergabe an Dritte zu vergeben beabsichtigen, sowie, falls zumutbar, die vorgesehenen Unterauftragnehmer zu benennen. Vor Zuschlagserteilung kann der Konzessionsgeber von den Bietern, deren Angebote in die engere Wahl kommen, verlangen, die Unterauftragnehmer zu benennen und nachzuweisen, dass ihnen die erforderlichen Mittel dieser Unterauftragnehmer zur Verfügung stehen. Wenn ein Bewerber oder Bieter die Vergabe eines Teils der Konzession an einen Dritten im Wege der Unterauftragsvergabe beabsichtigt und sich zugleich im Hinblick auf seine Leistungsfähigkeit auf die Kapazitäten dieses Dritten beruft, ist auch § 25 Absatz 3 anzuwenden.

(2) Die Haftung des Hauptauftragnehmers gegenüber dem Konzessionsgeber bleibt von Absatz 1 unberührt.

(3) Der Konzessionsnehmer einer Baukonzession, der im Rahmen dieser Baukonzession Aufträge an Dritte vergibt, deren Gegenstand die Erbringung von Bauleistungen im Sinne des § 103 Absatz 3 des Gesetzes gegen Wettbewerbsbeschränkungen ist, hat in der Regel Teil B der Vergabe- und Vertragsordnung für Bauleistungen, die Allgemeinen Vertragsbedingungen für die Ausführung von Bauleistungen, und Teil C der Vergabe und Vertragsordnung für Bauleistungen, die Allgemeinen Technischen Vertragsbedingungen für Bauleistungen, zum Vertragsgegenstand zu machen.

(4) Im Falle von Baukonzessionen und in Bezug auf Dienstleistungen, die in der Einrichtung des Konzessionsgebers unter dessen direkter Aufsicht zu erbringen sind, schreibt der Konzessionsgeber dem Konzessionsnehmer in den Vertragsbedingungen vor, dass dieser spätestens bei Beginn der Durchführung der Konzession die Namen, die Kontaktdaten und die gesetzlichen Vertreter der Unterauftragnehmer mitteilt und dass jede im Rahmen der Durchführung der Konzession eintretende Änderung auf der Ebene der Unterauftragnehmer mitzuteilen ist. Der Konzessionsgeber kann die Mitteilungspflichten auch als Vertragsbedingungen für die Vergabe von Dienstleistungskonzessionen vorsehen, bei denen die Dienstleistungen nicht in der Einrichtung des Konzessionsgebers unter dessen direkter Aufsicht zu erbringen sind. Des weiteren können die Mitteilungspflichten auch auf Lieferanten, die bei Bau- oder Dienstleistungskonzessionen beteiligt sind, sowie auf weitere Stufen in der Kette der Unterauftragnehmer ausgeweitet werden.

(5) Für Unterauftragnehmer aller Stufen ist § 152 Absatz 4 in Verbindung mit § 128 Absatz 1 des Gesetzes gegen Wettbewerbsbeschränkungen anzuwenden.

(6) Der Konzessionsgeber überprüft vor der Erteilung des Zuschlags, ob Gründe für den Ausschluss von Unterauftragnehmern vorliegen. Bei Vorliegen zwingender Ausschlussgründe verlangt der Konzessionsgeber, dass der Unterauftragnehmer ersetzt wird, bei Vorliegen fakultativer Ausschlussgründe kann der Konzessionsgeber verlangen, dass der Unterauftragnehmer ersetzt wird. Der Konzessionsgeber kann dem Bewerber oder Bieter dafür eine Frist setzen.

Abschnitt 4
Übergangs – und Schlussbestimmungen

§ 34
Übergangsbestimmung für die elektronische Kommunikation und elektronische Übermittlung von Teilnahmeanträgen und Angeboten

Abweichend von § 28 Absatz 1 kann der Konzessionsgeber bis zum 18. Oktober 2018 die Übermittlung der Teilnahmeanträge und Angebote auch auf dem Postweg, einem anderen geeigneten Weg, Fax oder durch die Kombination dieser Mittel verlangen. Dasselbe gilt für die sonstige Kommunikation im Sinne des § 7 Absatz 1, soweit sie nicht die Übermittlung von Bekanntmachungen gemäß § 23 und die Bereitstellung der Vergabeunterlagen gemäß § 17 betrifft.

§ 35
Elektronische Kommunikation durch Auslandsdienststellen

Auslandsdienststellen sind bei der Vergabe von Konzessionen nicht verpflichtet, elektronische Mittel nach den §§ 7 bis 11 und 28 dieser Verordnung anzuwenden.

§ 36
Fristberechnung

Die Berechnung der in dieser Verordnung geregelten Fristen bestimmt sich nach der Verordnung EWG Nr. 1182/71 des Rates vom 3. Juni 1971 zur Festlegung der Regeln für die Fristen, Daten und Termine.

XV. Die Vergabeverordnung 2016

Die Vergabeverordnung (VgV) steht nach wie vor als Bindeglied zwischen dem GWB mit seinen formal-gesetzlichen Grundlagen des Vergaberechts und der VOB/A, die die wesentlichen unmittelbar operativen Regelungen für das Verfahren zur Vergabe von Bauaufträgen enthält. Sie geht auf die Ermächtigung der Bundesregierung in § 113 GWB zurück, durch Rechtsverordnung nähere Bestimmungen über das bei der Vergabe einzuhaltende Verfahren zu treffen und bezieht sich damit ausschließlich auf Vergaben ab den EU-Schwellenwerten. Die VgV setzt ihrerseits durch einen statischen Verweis auf die VOB/A deren Abschnitt 2 in Kraft. Dieser ist auf Grund der Änderung der VgV ab dem 18.04.2016 anzuwenden.[1] Zeitgleich ist durch die Änderung der VgV für die Bereiche Verteidigung und Sicherheit ebenfalls am 18.04.2016 Abschnitt 3 der VOB/A in Kraft gesetzt worden.[2]

1. Überblick über die Entwicklung der Vergabeverordnung

Der Normenbestand der VgV war im Jahr 2009 stark reduziert worden. Zahlreiche Vorschriften wurden damals unmittelbar in das GWB und die Vergabeordnungen aufgenommen oder aufgehoben, so dass der VgV im Wesentlichen nur noch eine Verweisungsfunktion auf die verschiedenen Vergabeordnungen VOB, VOL und VOF zukam.

Die aktuelle Neufassung der VgV im Jahr 2016 geht exakt in die entgegengesetzte Richtung. In der neuen VgV gehen die bisherigen Regelungen des 2. Abschnitts der Vergabe- und Vertragsordnung für Leistungen (VOL/A-EG) sowie die bisherige Vergabeordnung für freiberufliche Leistungen (VOF) neben den schon bisher in der Vergabeverordnung geregelten Bereichen auf. Diese enthält deshalb dezidierte Verfahrensvorschriften für die Vergabe von Lieferleistungen und Dienstleistungen einschließlich der freiberuflichen Leistungen. Diese neue Systematik wird aber für den Bereich der Bauauftragsvergaben durchbrochen: Den Besonderheiten der Vergabe von Bauleistungen wird durch den Erhalt der Vergabe- und Vertragsordnung für Bauleistungen (2. Abschnitt der VOB/A) Rechnung getragen, die mit der Vergabeverordnung für anwendbar erklärt wird. Die VgV ist gleichwohl partiell hinsichtlich einiger genereller Vorgaben anzuwenden, die sich in den Abschnitten 1 und 2 finden und hier unter 3. abgedruckt sind.

Hierbei handelt es sich um die Vorschriften über die Vermeidung von Interessenkonflikten, die Mitwirkung an der Vorbereitung des Vergabeverfahrens, die Dokumentation und den Vergabevermerk sowie über Mittel und Grundsätze der Kommunikation, insbesondere die Anforderungen an die verwendeten elektronischen Mittel, die Anforderungen an den Einsatz elektronischer Mittel im Vergabeverfahren sowie den Einsatz alternativer elektronischer Mittel bei der Kommunikation. Außerdem werden besondere Methoden und Instrumente in Vergabeverfahren für anwendbar erklärt, so Rahmenvereinbarungen, Grund-

---

1 Neufassung der VgV vom 12.04.2016, BGBl. I S. 624, die durch Artikel 8 des Gesetzes vom 18. Juli 2017 (BGBl. I S. 2745) geändert worden ist.

2 In der Fassung vom 12.04.2016 (BGBl. I Nr. 16 vom 14. April 2016, S. 624).

sätze und detaillierte Einzelregelungen für den Betrieb dynamischer Beschaffungssysteme, zur Anwendung elektronischer Auktionen und zur Nutzung elektronischer Kataloge.

Insoweit ergeben sich allerdings (durchaus beabsichtigte) Redundanzen, da eine Reihe dieser Regelungen aus der VgV quasi inhaltsgleich in den Abschnitt 2 der VOB/A übernommen worden ist. Ausführungen zu den neuen Kommunikationsregeln und Rahmenvereinbarungen finden sich daher bereits unten unter X.4.

2. Die für den Bausektor wichtigsten Regelungen der Vergabeverordnung

2.1 Anwendungspflicht der VOB/A

In § 2 VgV wird für die Vergabe von Bauaufträgen zunächst die Anwendung des Abschnitts 1 und des Abschnitts 2, Unterabschnitt 2 der VgV angeordnet. Im Übrigen ist nach dieser Vorschrift Teil A Abschnitt 2 der Vergabe- und Vertragsordnung für Bauleistungen in der Fassung der Bekanntmachung vom 19. Januar 2016 (BAnz AT 19.01.2016 B3) anzuwenden.

2.2 Die Schätzung der Auftragswerte

§ 3 VgV enthält die Regeln zur Schätzung der Auftragswerte. Von Interesse für den Bausektor sind hierbei in erster Linie folgende Regelungen:

- Bei der Schätzung des Auftragswerts ist vom voraussichtlichen Gesamtwert der vorgesehenen Leistung ohne Umsatzsteuer auszugehen. Zudem sind etwaige Optionen oder Vertragsverlängerungen zu berücksichtigen. Sieht der öffentliche Auftraggeber Prämien oder Zahlungen an den Bewerber oder Bieter vor, sind auch diese zu berücksichtigen. (§ 3 Abs. 1 VgV).

Absatz 1 entspricht im Wesentlichen dem bisherigen § 3 Absatz 1 VgV. Er enthält nunmehr einen expliziten Hinweis darauf, dass die Umsatzsteuer bei der Schätzung des Auftragswerts außer Acht zu lassen ist. Die Schätzung des Auftragswerts ist unter Rückgriff auf die Rechtsprechung des EuGH[3] vorzunehmen. Danach ist eine Aufteilung nicht gerechtfertigt, wenn die Leistung, die aufgeteilt wird, im Hinblick auf ihre technische und wirtschaftliche Funktion einen einheitlichen Charakter aufweist. Im Rahmen dieser funktionellen Betrachtungsweise sind organisatorische, inhaltliche, wirtschaftliche sowie technische Zusammenhänge zu berücksichtigen. Anhand dieser Kriterien ist zu bestimmen, ob Teilaufträge untereinander auf solch eine Weise verbunden sind, dass sie als ein einheitlicher Auftrag anzusehen sind. Die Werte derart miteinander verknüpfter Leistungen sind zusammenzurechnen, obgleich sie möglicherweise konsekutiv erbracht werden. Die Frage nach dem

3 EuGH, Urteil vom 5. Oktober 2000 – C-16/98 – „Kommission./.Frankreich"; EuGH, Urteil vom 15. März 2012 – C-574/10 – „Autalhalle Niedernhausen".

„wie" der Auftragswertschätzung ist ausschließlich vergaberechtlich unter Zugrundelegung des funktionalen Auftragsbegriffs zu beantworten.[4]

- Die Wahl der Methode zur Berechnung des geschätzten Auftragswerts darf nicht in der Absicht erfolgen, die Anwendung der Bestimmungen des Teils 4 des Gesetzes gegen Wettbewerbsbeschränkungen oder dieser Verordnung zu umgehen. Eine Auftragsvergabe darf nicht so unterteilt werden, dass sie nicht in den Anwendungsbereich der Bestimmungen des Gesetzes gegen Wettbewerbsbeschränkungen oder dieser Verordnung fällt, es sei denn, es liegen objektive Gründe dafür vor, etwa wenn eine eigenständige Organisationseinheit selbstständig für ihre Auftragsvergabe oder bestimmte Kategorien der Auftragsvergabe zuständig ist. (sog. Umgehungsverbot, § 3 Abs. 2 VgV).

Absatz 2 dient der Umsetzung von Artikel 5 Absatz 3 der Richtlinie 2014/24/EU. Er entspricht inhaltlich weitgehend dem bisherigen § 3 Absatz 2 VgV. Die in § 3 Absatz 2 Satz 2 Halbsatz 2 neu eingefügte Ausnahme legt fest, dass die Aufteilung eines Auftrages nicht in der Absicht erfolgen darf, den Auftrag dem Anwendungsbereich der Vergabeverordnung zu entziehen, es sei denn, dass objektive – und somit sachlich gerechtfertigte – Gründe die Aufteilung rechtfertigen. Die Bedeutung dieser Ausnahme ist unter Rückgriff auf die Entscheidung „Autalhalle" des EuGH[5] zu bestimmen. Nach dieser Entscheidung ist eine Aufteilung jedenfalls nicht gerechtfertigt, wenn die Leistung, die aufgeteilt wird, unter funktionellen Gesichtspunkten einen einheitlichen Charakter aufweist. Im Rahmen dieser funktionellen Betrachtungsweise sind organisatorische, inhaltliche, wirtschaftliche sowie technische Zusammenhänge zu berücksichtigen. Anhand dieser Kriterien ist zu bestimmen, ob Teilaufträge untereinander auf solch eine Weise verbunden sind, dass sie als ein einheitlicher Auftrag anzusehen sind. Die Werte derart miteinander verknüpfter Leistungen sind zusammenzurechnen, obgleich sie möglicherweise konsekutiv erbracht werden. Objektive Gründe können aus internen Organisationsentscheidungen des Auftraggebers resultieren. So kann der Auftraggeber selbständige Einheiten seiner Einrichtung mit einem eigenen Budget zur Mittelbewirtschaftung ausstatten und ihnen damit auch das Recht zur Beschaffung von Leistungen einräumen. Solche Konstellationen können objektive Gründe darstellen, dass Aufträge über dieselbe Leistung voneinander unabhängig vergeben werden dürfen. Als eigenständige Organisationseinheiten können etwa Schulen oder Kindergärten angesehen werden.[6]

- Bei der Schätzung des Auftragswerts von Bauleistungen ist neben dem Auftragswert der Bauaufträge der geschätzte Gesamtwert aller Liefer- und Dienstleistungen zu berücksichtigen, die für die Ausführung der Bauleistungen erforderlich sind und vom öffentlichen Auftraggeber zur Verfügung gestellt werden. Die Möglichkeit des öffentlichen Auftraggebers, Aufträge für die Planung und die Ausführung von Bauleistungen entweder getrennt oder gemeinsam zu vergeben, bleibt unberührt. (§ 3 Abs. 6 VgV).

Absatz 6 regelt die Schätzung des Auftragswerts von Bauleistungen. Er stimmt weitgehend mit dem bisherigen § 3 Absatz 5 der Vergabeverordnung überein. Die Hinzurech-

4 S. Amtliche Begründung zu § 2 VgV, BR-Drs. 87/16 vom 29.02.16, S. 156 f.
5 Urt. v. 15.03.2012 – C-574/10.
6 S. Amtliche Begründung zur VgV, BR-Drs. 87/16 vom 29.02.16, S. 157.

nung von Leistungen bei der Auftragswertschätzung von Bauleistungen wurde in Umsetzung der Richtlinienregelung um Dienstleistungen ergänzt. Dabei geht es um solche Dienstleistungen, die unmittelbar für die Errichtung des Bauwerkes erforderlich sind. Es sind nur in diesem Zusammenhang stehende Dienstleistungen gemeint. Die Vorschrift bezweckt nämlich nicht, eine gemeinsame Vergabe von Bau- und Planungsleistungen vorzuschreiben.[7]

- Kann das beabsichtigte Bauvorhaben oder die vorgesehene Erbringung einer Dienstleistung zu einem Auftrag führen, der in mehreren Losen vergeben wird, ist der geschätzte Gesamtwert aller Lose zugrunde zu legen. Bei Planungsleistungen gilt dies nur für Lose über gleichartige Leistungen. Erreicht oder überschreitet der geschätzte Gesamtwert den maßgeblichen Schwellenwert, gilt diese Verordnung für die Vergabe jedes Loses. (§ 3 Abs. 7).
- Der öffentliche Auftraggeber kann bei der Vergabe einzelner Lose von Absatz 7 Satz 3 sowie Absatz 8 abweichen, wenn der geschätzte Nettowert des betreffenden Loses bei Liefer- und Dienstleistungen unter 80.000 Euro und bei Bauleistungen unter 1.000.000 Euro liegt und die Summe der Nettowerte dieser Lose 20 Prozent des Gesamtwertes aller Lose nicht übersteigt. (§ 3 Abs. 9).

2.3 Vertraulichkeit

Nach § 5 Abs. 1 VgV darf der Auftraggeber grundsätzlich keine von den Unternehmen übermittelten und von diesen als vertraulich gekennzeichneten Informationen weitergeben. Dazu gehören insbesondere Betriebs- und Geschäftsgeheimnisse und die vertraulichen Aspekte der Angebote einschließlich ihrer Anlagen. Die Vorschrift dient dem Schutz der Unternehmen im Vergabeverfahren, indem sie dem öffentlichen Auftraggeber das Verbot auferlegt, die unternehmensseitig übermittelten und als vertraulich gekennzeichneten Informationen unbefugt an Dritte weiterzugeben. Dies betrifft insbesondere Betriebs- oder Geschäftsgeheimnisse, die das Unternehmen im Rahmen seiner Teilnahme am Vergabeverfahren freiwillig offenbart oder nach Vorgaben des öffentlichen Auftraggebers, z.B. bei der Übermittlung seines Angebotes, offenbaren muss.

Gleiches gilt nach Abs. 2 für den Schutz von Daten in Rahmen der elektronischen Verfahrensabwicklung. Nach Abs. 3 kann der Auftraggeber seinerseits Anforderungen zum Schutz der Vertraulichkeit, wie die Abgabe von Verschwiegenheitserklärungen, vorschreiben.

2.4 Interessenkonflikte

Nach § 6 VgV dürfen Organmitglieder oder Mitarbeiter des öffentlichen Auftraggebers oder eines im Namen des öffentlichen Auftraggebers handelnden Beschaffungsdienstleisters, bei denen ein Interessenkonflikt besteht, in einem Vergabeverfahren nicht mitwirken. Ein Interessenkonflikt besteht nach Abs. 2 für Personen, die an der Durchführung des Ver-

7 S. Amtliche Begründung zur VgV, BR-Drs. 87/16 vom 29.02.2016, S. 158.

gabeverfahrens beteiligt sind oder Einfluss auf den Ausgang eines Vergabeverfahrens nehmen können und die ein direktes oder indirektes finanzielles, wirtschaftliches oder persönliches Interesse haben, das ihre Unparteilichkeit und Unabhängigkeit im Rahmen des Vergabeverfahrens beeinträchtigen könnte. In Abs. 3 und 4 werden Vermutungstatbestände für das Vorliegen eines Interessenkonflikts ausgeführt.

Im Gegensatz zum bisherigen Recht knüpft das in § 6 normierte Mitwirkungsverbot nicht automatisch an Verwandtschaftsverhältnisse an, sondern an das Vorliegen eines Interessenkonflikts.

2.5 Ausgeschlossene Personen („Projektanten")

Hat ein Unternehmen oder ein mit ihm in Verbindung stehendes Unternehmen den öffentlichen Auftraggeber beraten oder war auf andere Art und Weise an der Vorbereitung des Vergabeverfahrens beteiligt (vorbefasstes Unternehmen), so ergreift der öffentliche Auftraggeber angemessene Maßnahmen, um sicherzustellen, dass der Wettbewerb durch die Teilnahme dieses Unternehmens nicht verzerrt wird, § 7 Abs. 1 VgV. In Abs. 2 werden exemplarisch Maßnahmen genannt, mit denen der öffentliche Auftraggeber sicherstellen kann, dass der Wettbewerb durch vorbefasste Bieter oder Bewerber nicht verzerrt wird. Die Vorschrift führt insofern die Unterrichtung der anderen am Vergabeverfahren teilnehmenden Unternehmen in Bezug auf die einschlägigen Informationen an, die im Zusammenhang mit der Einbeziehung des vorbefassten Unternehmens in der Vorbereitung des Vergabeverfahrens ausgetauscht wurden oder daraus resultieren, und die Festlegung angemessener Fristen für den Eingang der Angebote und Teilnahmeanträge. In Abs. 3 wird klargestellt, dass vor einem Ausschluss nach § 124 Absatz 1 Nummer 6 des Gesetzes gegen Wettbewerbsbeschränkungen dem vorbefassten Unternehmen die Möglichkeit zu geben ist nachzuweisen, dass seine Beteiligung an der Vorbereitung des Vergabeverfahrens den Wettbewerb nicht verzerren kann. Damit trägt der Gesetzgeber dem Grundsatz der Verhältnismäßigkeit Rechnung.

2.6 Kommunikation

Die Neuregelung der Kommunikation ist bereits im Rahmen der Erläuterungen zur Neufassung der VOB/A behandelt worden, s. dort unter X.4.7.

2.7 Rahmenvereinbarungen

Die Neuregelung der Rahmenvereinbarung ist bereits im Rahmen der Erläuterungen zur Neufassung der VOB/A behandelt worden, s. dort unter X.4.2.

2.8 Dokumentation

In § 8 VgV ist nunmehr dezidiert die Dokumentationspflicht des Auftraggebers geregelt. Abschnitt 2 der VOB/A enthält keine eigene bzw. aus Gründen der Anwendungsfreundlichkeit wiederholende Regelung, sondern verweist in § 20 EU lediglich auf die Vorschrift der VgV. Die Dokumentation ist Ausfluss des Transparenzgrundsatzes und dient dazu, die Entscheidungen des öffentlichen Auftraggebers nachvollziehen und rechtlich prüfen zu können.

3. Verordnung über die Vergabe öffentlicher Aufträge (Vergabeverordnung – VgV) (Text – Auszug)

Verordnung über die Vergabe öffentlicher Aufträge (Vergabeverordnung – VgV)

In der Fassung vom 12.04.2016 (BGBl. I Nr. 16 vom 14. April 2016, S. 624), zuletzt geändert durch Artikel 8 des Gesetzes vom 18. Juli 2017 (BGBl. I S. 2745, 2752)

Abschnitt 1 Allgemeine Bestimmungen und Kommunikation

Unterabschnitt 1 Allgemeine Bestimmungen

§ 1 Gegenstand und Anwendungsbereich

(1) Diese Verordnung trifft nähere Bestimmungen über das einzuhaltende Verfahren bei der dem Teil 4 des Gesetzes gegen Wettbewerbsbeschränkungen unterliegenden Vergabe von öffentlichen Aufträgen und bei der Ausrichtung von Wettbewerben durch den öffentlichen Auftraggeber.

(2) Diese Verordnung ist nicht anzuwenden auf

1. die Vergabe von öffentlichen Aufträgen und die Ausrichtung von Wettbewerben durch Sektorenauftraggeber zum Zweck der Ausübung einer Sektorentätigkeit,
2. die Vergabe von verteidigungs- oder sicherheitsspezifischen öffentlichen Aufträgen und
3. die Vergabe von Konzessionen durch Konzessionsgeber.

§ 2 Vergabe von Bauaufträgen

Für die Vergabe von Bauaufträgen sind Abschnitt 1 und Abschnitt 2, Unterabschnitt 2 anzuwenden. Im Übrigen ist Teil A Abschnitt 2 der Vergabe- und Vertragsordnung für Bauleistungen in der Fassung der Bekanntmachung vom 19. Januar 2016 (BAnz AT 19.01.2016 B3) anzuwenden.

§ 3 Schätzung des Auftragswerts

(1) Bei der Schätzung des Auftragswerts ist vom voraussichtlichen Gesamtwert der vorgesehenen Leistung ohne Umsatzsteuer auszugehen. Zudem sind etwaige Optionen oder Vertragsverlängerungen zu berücksichtigen. Sieht der öffentliche Auftraggeber Prämien oder Zahlungen an den Bewerber oder Bieter vor, sind auch diese zu berücksichtigen.

(2) Die Wahl der Methode zur Berechnung des geschätzten Auftragswerts darf nicht in der Absicht erfolgen, die Anwendung der Bestimmungen des Teils 4 des Gesetzes gegen Wettbewerbsbeschränkungen oder dieser Verordnung zu umgehen. Eine Auftragsvergabe darf nicht so unterteilt werden, dass sie nicht in den Anwendungsbereich der Bestimmungen des Gesetzes gegen Wettbewerbsbeschränkungen oder dieser Verordnung fällt, es sei denn, es liegen objektive Gründe dafür vor, etwa wenn eine eigenständige Organisationseinheit selbstständig für ihre Auftragsvergabe oder bestimmte Kategorien der Auftragsvergabe zuständig ist.

(3) Maßgeblicher Zeitpunkt für die Schätzung des Auftragswerts ist der Tag, an dem die Auftragsbekanntmachung abgesendet wird oder das Vergabeverfahren auf sonstige Weise eingeleitet wird.

(4) Der Wert einer Rahmenvereinbarung oder eines dynamischen Beschaffungssystems wird auf der Grundlage des geschätzten Gesamtwertes aller Einzelaufträge berechnet, die während der gesamten Laufzeit einer Rahmenvereinbarung oder eines dynamischen Beschaffungssystems geplant sind.

(5) Der zu berücksichtigende Wert im Falle einer Innovationspartnerschaft entspricht dem geschätzten Gesamtwert der Forschungs- und Entwicklungstätigkeiten, die während sämtlicher Phasen der geplanten Partnerschaft stattfinden sollen, sowie der Bau-, Liefer- oder Dienstleistungen, die zu entwickeln und am Ende der geplanten Partnerschaft zu beschaffen sind.

(6) Bei der Schätzung des Auftragswerts von Bauleistungen ist neben dem Auftragswert der Bauaufträge der geschätzte Gesamtwert aller Liefer- und Dienstleistungen zu berücksichtigen, die für die Ausführung der Bauleistungen erforderlich sind und vom öffentlichen Auftraggeber zur Verfügung gestellt werden. Die Möglichkeit des öffentlichen Auftraggebers, Aufträge für die Planung und die Ausführung von Bauleistungen entweder getrennt oder gemeinsam zu vergeben, bleibt unberührt.

(7) Kann das beabsichtigte Bauvorhaben oder die vorgesehene Erbringung einer Dienstleistung zu einem Auftrag führen, der in mehreren Losen vergeben wird, ist der geschätzte Gesamtwert aller Lose zugrunde zu legen. Bei Planungsleistungen gilt dies nur für Lose über gleichartige Leistungen. Erreicht oder überschreitet der geschätzte Gesamtwert den maßgeblichen Schwellenwert, gilt diese Verordnung für die Vergabe jedes Loses.

(8) Kann ein Vorhaben zum Zweck des Erwerbs gleichartiger Lieferungen zu einem Auftrag führen, der in mehreren Losen vergeben wird, ist der geschätzte Gesamtwert aller Lose zugrunde zu legen.

(9) Der öffentliche Auftraggeber kann bei der Vergabe einzelner Lose von Absatz 7 Satz 3 sowie Absatz 8 abweichen, wenn der geschätzte Nettowert des betreffenden Loses bei Liefer- und Dienstleistungen unter 80 000 Euro und bei Bauleistungen unter 1 Million Euro liegt und die Summe der Nettowerte dieser Lose 20 Prozent des Gesamtwertes aller Lose nicht übersteigt.

(10) Bei regelmäßig wiederkehrenden Aufträgen oder Daueraufträgen über Liefer- oder Dienstleistungen sowie bei Liefer- oder Dienstleistungsaufträgen, die innerhalb eines bestimmten Zeitraums verlängert werden sollen, ist der Auftragswert zu schätzen

1. auf der Grundlage des tatsächlichen Gesamtwertes entsprechender aufeinander folgender Aufträge aus dem vorangegangenen Haushaltsjahr oder Geschäftsjahr; dabei sind voraussichtliche Änderungen bei Mengen oder Kosten möglichst zu berücksichtigen, die während der zwölf Monate zu erwarten sind, die auf den ursprünglichen Auftrag folgen, oder

2. auf der Grundlage des geschätzten Gesamtwertes aufeinander folgender Aufträge, die während der auf die erste Lieferung folgenden zwölf Monate oder während des auf die erste Lieferung folgenden Haushaltsjahres oder Geschäftsjahres, wenn dieses länger als zwölf Monate ist, vergeben werden.

(11) Bei Aufträgen über Liefer- oder Dienstleistungen, für die kein Gesamtpreis angegeben wird, ist Berechnungsgrundlage für den geschätzten Auftragswert

1. bei zeitlich begrenzten Aufträgen mit einer Laufzeit von bis zu 48 Monaten der Gesamtwert für die Laufzeit dieser Aufträge, und
2. bei Aufträgen mit unbestimmter Laufzeit oder mit einer Laufzeit von mehr als 48 Monaten der 48-fache Monatswert.

(12) Bei einem Planungswettbewerb nach § 69, der zu einem Dienstleistungsauftrag führen soll, ist der Wert des Dienstleistungsauftrags zu schätzen zuzüglich etwaiger Preisgelder und Zahlungen an die Teilnehmer. Bei allen übrigen Planungswettbewerben entspricht der Auftragswert der Summe der Preisgelder und Zahlungen an die Teilnehmer einschließlich des Werts des Dienstleistungsauftrags, der vergeben werden könnte, soweit der öffentliche Auftraggeber diese Vergabe in der Wettbewerbsbekanntmachung des Planungswettbewerbs nicht ausschließt.

§ 4
Gelegentliche gemeinsame Auftragsvergabe; zentrale Beschaffung

(1) Mehrere öffentliche Auftraggeber können vereinbaren, bestimmte öffentliche Aufträge gemeinsam zu vergeben. Dies gilt auch für die Auftragsvergabe gemeinsam mit öffentlichen Auftraggebern aus anderen Mitgliedstaaten der Europäischen Union. Die Möglichkeiten zur Nutzung von zentralen Beschaffungsstellen bleiben unberührt.

(2) Soweit das Vergabeverfahren im Namen und im Auftrag aller öffentlichen Auftraggeber insgesamt gemeinsam durchgeführt wird, sind diese für die Einhaltung der Bestimmungen über das Vergabeverfahren gemeinsam verantwortlich. Das gilt auch, wenn ein öffentlicher Auftraggeber das Verfahren in seinem Namen und im Auftrag der anderen öffentlichen Auftraggeber allein ausführt. Bei nur teilweise gemeinsamer Durchführung sind die öffentlichen Auftraggeber nur für jene Teile gemeinsam verantwortlich, die gemeinsam durchgeführt wurden. Wird ein Auftrag durch öffentliche Auftraggeber aus verschiedenen Mitgliedstaaten der Europäischen Union gemeinsam vergeben, legen diese die Zuständigkeiten und die anwendbaren Bestimmungen des nationales Rechts durch Vereinbarung fest und geben das in den Vergabeunterlagen an.

(3) Die Bundesregierung kann für Dienststellen des Bundes in geeigneten Bereichen allgemeine Verwaltungsvorschriften über die Einrichtung und die Nutzung zentraler Beschaffungsstellen sowie die durch die zentralen Beschaffungsstellen bereitzustellenden Beschaffungsdienstleistungen erlassen.

§ 5
Wahrung der Vertraulichkeit

(1) Sofern in dieser Verordnung oder anderen Rechtsvorschriften nichts anderes bestimmt ist, darf der öffentliche Auftraggeber keine von den Unternehmen übermittelten und von diesen als vertraulich gekennzeichneten Informationen weitergeben. Dazu gehören insbesondere Betriebs- und Geschäftsgeheimnisse und die vertraulichen Aspekte der Angebote einschließlich ihrer Anlagen.

(2) Bei der gesamten Kommunikation sowie beim Austausch und der Speicherung von Informationen muss der öffentliche Auftraggeber die Integrität der Daten und die Vertraulichkeit der Interessensbekundungen, Interessensbestätigungen, Teilnahmeanträge und Angebote einschließlich ihrer Anlagen gewährleisten. Die Interessensbekundungen, Interessensbestätigungen, Teilnahmeanträge und Angebote einschließlich ihrer Anlagen sowie die Dokumentation über Öffnung und Wertung der Teilnahmeanträge und Angebote sind auch nach Abschluss des Vergabeverfahrens vertraulich zu behandeln.

(3) Der öffentliche Auftraggeber kann Unternehmen Anforderungen vorschreiben, die auf den Schutz der Vertraulichkeit der Informationen im Rahmen des Vergabeverfahrensabzielen. Hierzu gehört insbesondere die Abgabe einer Verschwiegenheitserklärung.

§ 6
Vermeidung von Interessenkonflikten

(1) Organmitglieder oder Mitarbeiter des öffentlichen Auftraggebers oder eines im Namen des öffentlichen Auftraggebers handelnden Beschaffungsdienstleisters, bei denen ein Interessenkonflikt besteht, dürfen in einem Vergabeverfahren nicht mitwirken.

(2) Ein Interessenkonflikt besteht für Personen, die an der Durchführung des Vergabeverfahrens beteiligt sind oder Einfluss auf den Ausgang eines Vergabeverfahrens nehmen können und die ein direktes oder indirektes finanzielles, wirtschaftliches oder persönliches Interesse haben, das ihre Unparteilichkeit und Unabhängigkeit im Rahmen des Vergabeverfahrens beeinträchtigen könnte.

(3) Es wird vermutet, dass ein Interessenkonflikt besteht, wenn die in Absatz 1 genannten Personen

1. Bewerber oder Bieter sind,
2. einen Bewerber oder Bieter beraten oder sonst unterstützen oder als gesetzliche Vertreter oder nur in dem Vergabeverfahren vertreten,
3. beschäftigt oder tätig sind
   a) bei einem Bewerber oder Bieter gegen Entgelt oder bei ihm als Mitglied des Vorstandes, Aufsichtsrates oder gleichartigen Organs oder
   b) für ein in das Vergabeverfahren eingeschaltetes Unternehmen, wenn dieses Unternehmen zugleich geschäftliche Beziehungen zum öffentlichen Auftraggeber und zum Bewerber oder Bieter hat.

(4) Die Vermutung des Absatzes 3 gilt auch für Personen, deren Angehörige die Voraussetzungen nach Absatz 3 Nummer 1 bis 3 erfüllen. Angehörige sind der Verlobte, der Ehegatte, Lebenspartner, Verwandte und Verschwägerte gerader Linie, Geschwister, Kinder der Geschwister, Ehegatten und Lebenspartner der Geschwister und Geschwister der Ehegatten und Lebenspartner, Geschwister der Eltern sowie Pflegeeltern und Pflegekinder.

§ 7
Mitwirkung an der Vorbereitung des Vergabeverfahrens

(1) Hat ein Unternehmen oder ein mit ihm in Verbindung stehendes Unternehmen den öffentlichen Auftraggeber beraten oder war auf andere Art und Weise an der Vorbereitung des Vergabeverfahrens beteiligt (vorbefasstes Unternehmen), so ergreift der öffentliche Auftraggeber angemessene Maßnahmen, um sicherzustellen, dass der Wettbewerb durch die Teilnahme dieses Unternehmens nicht verzerrt wird.

(2) Die Maßnahmen nach Absatz 1 umfassen insbesondere die Unterrichtung der anderen am Vergabeverfahren teilnehmenden Unternehmen in Bezug auf die einschlägigen Informationen, die im Zusammenhang mit der Einbeziehung des vorbefassten Unternehmens in der Vorbereitung des Vergabeverfahrens ausgetauscht wurden oder daraus resultieren, und die Festlegung angemessener Fristen für den Eingang der Angebote und Teilnahmeanträge.

(3) Vor einem Ausschluss nach § 124 Absatz 1 Nummer 6 des Gesetzes gegen Wettbewerbsbeschränkungen ist dem vorbefassten Unternehmen die Möglichkeit zu geben nachzuweisen, dass seine Beteiligung an der Vorbereitung des Vergabeverfahrens den Wettbewerb nicht verzerren kann.

§ 8
Dokumentation und Vergabevermerk

(1) Der öffentliche Auftraggeber dokumentiert das Vergabeverfahren von Beginn an fortlaufend in Textform nach § 126b des Bürgerlichen Gesetzbuchs, soweit dies für die Begründung von Entscheidungen auf jeder Stufe des Vergabeverfahrens erforderlich ist. Dazu gehört zum Beispiel die Dokumentation der Kommunikation mit Unternehmen und interner Beratungen, der Vorbereitung der Auftragsbekanntmachung und der Vergabeunterlagen, der Öffnung der Angebote, Teilnahmeanträge und Interessensbestätigungen, der Verhandlungen und der Dialoge mit den teilnehmenden Unternehmen sowie der Gründe für Auswahlentscheidungen und den Zuschlag.

(2) Der öffentliche Auftraggeber fertigt über jedes Vergabeverfahren einen Vermerk in Textform nach § 126b des Bürgerlichen Gesetzbuchs an. Dieser Vergabevermerk umfasst mindestens Folgendes:

1. den Namen und die Anschrift des öffentlichen Auftraggebers sowie Gegenstand und Wert des Auftrags, der Rahmenvereinbarung oder des dynamischen Beschaffungssystems,
2. die Namen der berücksichtigten Bewerber oder Bieter und die Gründe für ihre Auswahl,
3. die nicht berücksichtigten Angebote und Teilnahmeanträge sowie die Namen der nicht berücksichtigten Bewerber oder Bieter und die Gründe für ihre Nichtberücksichtigung,
4. die Gründe für die Ablehnung von Angeboten, die für ungewöhnlich niedrig befunden wurden,
5. den Namen des erfolgreichen Bieters und die Gründe für die Auswahl seines Angebots sowie, falls bekannt, den Anteil am Auftrag oder an der Rahmenvereinbarung, den der Zuschlagsempfänger an Dritte weiterzugeben beabsichtigt, und gegebenenfalls, soweit zu jenem Zeitpunkt bekannt, den Namen der Unterauftragnehmer des Hauptauftragnehmers,
6. bei Verhandlungsverfahren und wettbewerblichen Dialogen die in § 14 Absatz 3 genannten Umstände, die die Anwendung dieser Verfahren rechtfertigen,
7. bei Verhandlungsverfahren ohne vorherige Teilnahmewettbewerb die in § 14 Absatz 4 genannten Umstände, die die Anwendung dieses Verfahrens rechtfertigen,
8. gegebenenfalls die Gründe, aus denen der öffentliche Auftraggeber auf die Vergabe eines Auftrags, den Abschluss einer Rahmenvereinbarung oder die Einrichtung eines dynamischen Beschaffungssystems verzichtet hat,
9. gegebenenfalls die Gründe, aus denen andere als elektronische Mittel für die Einreichung der Angebote verwendet wurden,
10. gegebenenfalls Angaben zu aufgedeckten Interessenkonflikten und getroffenen Abhilfemaßnahmen,
11. gegebenenfalls die Gründe, aufgrund derer mehrere Teil- oder Fachlose zusammen vergeben wurden, und
12. gegebenenfalls die Gründe für die Nichtangabe der Gewichtung von Zuschlagskriterien.

(3) Der Vergabevermerk ist nicht erforderlich für Aufträge auf der Grundlage von Rahmenvereinbarungen, sofern diese gemäß § 21 Absatz 3 oder gemäß § 21 Absatz 4 Nummer 1 geschlossen wurden. Soweit die Vergabebekanntmachung die geforderten Informationen enthält, kann sich der öffentliche Auftraggeber auf diese beziehen.

(4) Die Dokumentation, der Vergabevermerk sowie die Angebote, die Teilnahmeanträge, die Interessensbekundungen, die Interessensbestätigungen und ihre Anlagen sind bis zum Ende der Laufzeit des Vertrages oder der Rahmenvereinbarung aufzubewahren, mindestens jedoch für drei Jahre ab dem Tag des Zuschlags. Gleiches gilt für Kopien aller abgeschlossenen Verträge, die mindestens den folgenden Auftragswert haben:

1. 1 Million Euro im Falle von Liefer- oder Dienstleistungsaufträgen,

2. 10 Millionen Euro im Falle von Bauaufträgen.

(5) Der Vergabevermerk oder dessen Hauptelemente sowie die abgeschlossenen Verträge sind der Europäischen Kommission sowie den zuständigen Aufsichts- oder Prüfbehörden auf deren Anforderung hin zu übermitteln.

(6) § 5 bleibt unberührt.

Unterabschnitt 2 Kommunikation

§ 9 Grundsätze der Kommunikation

(1) Für das Senden, Empfangen, Weiterleiten und Speichern von Daten in einem Vergabeverfahren verwenden der öffentliche Auftraggeber und die Unternehmen grundsätzlich Geräte und Programme für die elektronische Datenübermittlung (elektronische Mittel).

(2) Die Kommunikation in einem Vergabeverfahren kann mündlich erfolgen, wenn sie nicht die Vergabeunterlagen, die Teilnahmeanträge, die Interessensbestätigungen oder die Angebote betrifft und wenn sie ausreichend und in geeigneter Weise dokumentiert wird.

(3) Der öffentliche Auftraggeber kann von jedem Unternehmen die Angabe einer eindeutigen Unternehmensbezeichnung sowie einer elektronischen Adresse verlangen (Registrierung). Für den Zugang zur Auftragsbekanntmachung und zu den Vergabeunterlagen darf der öffentliche Auftraggeber keine Registrierung verlangen; eine freiwillige Registrierung ist zulässig.

§ 10 Anforderungen an die verwendeten elektronischen Mittel

(1) Der öffentliche Auftraggeber legt das erforderliche Sicherheitsniveau für die elektronischen Mittel fest. Elektronische Mittel, die von dem öffentlichen Auftraggeber für den Empfang von Angeboten, Teilnahmeanträgen und Interessensbestätigungen sowie von Plänen und Entwürfen für Planungswettbewerbe verwendet werden, müssen gewährleisten, dass

1. die Uhrzeit und der Tag des Datenempfanges genau zu bestimmen sind,

2. kein vorfristiger Zugriff auf die empfangenen Daten möglich ist,

3. der Termin für den erstmaligen Zugriff auf die empfangenen Daten nur von den Berechtigten festgelegt oder geändert werden kann,

4. nur die Berechtigten Zugriff auf die empfangenen Daten oder auf einen Teil derselben haben,

5. nur die Berechtigten nach dem festgesetzten Zeitpunkt Dritten Zugriff auf die empfangenen Daten oder auf einen Teil derselben einräumen dürfen,

6. empfangene Daten nicht an Unberechtigte übermittelt werden und

7. Verstöße oder versuchte Verstöße gegen die Anforderungen gemäß Nummer 1 bis 6 eindeutig festgestellt werden können.

(2) Die elektronischen Mittel, die von dem öffentlichen Auftraggeber für den Empfang von Angeboten, Teilnahmeanträgen und Interessensbestätigungen sowie von Plänen und Entwürfen für Planungswettbewerbe genutzt werden, müssen über eine einheitliche Datenaustauschschnittstelle verfügen. Es sind die jeweils geltenden Interoperabilitäts- und Sicherheitsstandards der Informationstechnik gemäß § 3 Absatz 1 des Vertrags über die Errichtung des IT-Planungsrats und über die Grundlagen der Zusammenarbeit beim Einsatz der Informationstechnologie in den Verwaltungen von Bund und Ländern vom 1. April 2010 zu verwenden.

§ 11
Anforderungen an den Einsatz elektronischer Mittel im Vergabeverfahren

(1) Elektronische Mittel und deren technische Merkmale müssen allgemein verfügbar, nichtdiskriminierend und mit allgemein verbreiteten Geräten und Programmen der Informations- und Kommunikationstechnologie kompatibel sein. Sie dürfen den Zugang von Unternehmen zum Vergabeverfahren nicht einschränken. Der öffentliche Auftraggeber gewährleistet die barrierefreie Ausgestaltung der elektronischen Mittel nach den §§ 4 und 12 des Gesetzes zur Gleichstellung behinderter Menschen vom 27. April 2002 (BGBl. I S. 1467, 1468) in der jeweils geltenden Fassung.

(2) Der öffentliche Auftraggeber verwendet für das Senden, Empfangen, Weiterleiten und Speichern von Daten in einem Vergabeverfahren ausschließlich solche elektronischen Mittel, die die Unversehrtheit, die Vertraulichkeit und die Echtheit der Daten gewährleisten.

(3) Der öffentliche Auftraggeber muss den Unternehmen alle notwendigen Informationen zur Verfügung stellen über

1. die in einem Vergabeverfahren verwendeten elektronischen Mittel,
2. die technischen Parameter zur Einreichung von Teilnahmeanträgen, Angeboten und Interessensbestätigungen mithilfe elektronischer Mittel und
3. verwendete Verschlüsselungs- und Zeiterfassungsverfahren.

§ 12
Einsatz alternativer elektronischer Mittel bei der Kommunikation

(1) Der öffentliche Auftraggeber kann im Vergabeverfahren die Verwendung elektronischer Mittel, die nicht allgemein verfügbar sind (alternative elektronische Mittel), verlangen, wenn er

1. Unternehmen während des gesamten Vergabeverfahrens unter einer Internetadresse einen unentgeltlichen, uneingeschränkten, vollständigen und direkten Zugang zu diesen alternativen elektronischen Mitteln gewährt und
2. diese alternativen elektronischen Mittel selbst verwendet.

(2) Der öffentliche Auftraggeber kann im Rahmen der Vergabe von Bauleistungen und für Wettbewerbe die Nutzung elektronischer Mittel für die Bauwerksdatenmodellierung verlangen. Sofern die verlangten elektronischen Mittel für die Bauwerksdatenmodellierung nicht allgemein verfügbar sind, bietet der öffentliche Auftraggeber einen alternativen Zugang zu ihnen gemäß Absatz 1 an.

§ 13
Allgemeine Verwaltungsvorschriften

Die Bundesregierung kann mit Zustimmung des Bundesrates allgemeine Verwaltungsvorschriften über die zu verwendenden elektronischen Mittel (Basisdienste für die elektronische Auftragsvergabe) sowie über die einzuhaltenden technischen Standards erlassen.

(...)

Unterabschnitt 2
Besondere Methoden und Instrumente in Vergabeverfahren

§ 21
Rahmenvereinbarungen

(1) Der Abschluss einer Rahmenvereinbarung erfolgt im Wege einer nach dieser Verordnung anwendbaren Verfahrensart. Das in Aussicht genommene Auftragsvolumen ist so genau wie möglich zu ermitteln und bekannt zu geben, braucht aber nicht abschließend festgelegt zu werden. Eine Rahmenvereinbarung darf nicht missbräuchlich oder in einer Art angewendet werden, die den Wettbewerb behindert, einschränkt oder verfälscht.

(2) Auf einer Rahmenvereinbarung beruhende Einzelaufträge werden nach den Kriterien dieses Absatzes und der Absätze 3 bis 5 vergeben. Die Einzelauftragsvergabe erfolgt ausschließlich zwischen den in der Auftragsbekanntmachung oder der Aufforderung zur Interessensbestätigung genannten öffentlichen Auftraggebern und denjenigen Unternehmen, die zum Zeitpunkt des Abschlusses des Einzelauftrags Vertragspartei der Rahmenvereinbarung sind. Dabei dürfen keine wesentlichen Änderungen an den Bedingungen der Rahmenvereinbarung vorgenommen werden.

(3) Wird eine Rahmenvereinbarung mit nur einem Unternehmen geschlossen, so werden die auf dieser Rahmenvereinbarung beruhenden Einzelaufträge entsprechend den Bedingungen der Rahmenvereinbarung vergeben. Für die Vergabe der Einzelaufträge kann der öffentliche Auftraggeber das an der Rahmenvereinbarung beteiligte Unternehmen in Textform nach § 126b des Bürgerlichen Gesetzbuchs auffordern, sein Angebot erforderlichenfalls zu vervollständigen.

(4) Wird eine Rahmenvereinbarung mit mehr als einem Unternehmen geschlossen, werden die Einzelaufträge wie folgt vergeben:

1. gemäß den Bedingungen der Rahmenvereinbarung ohne erneutes Vergabeverfahren, wenn in der Rahmenvereinbarung alle Bedingungen für die Erbringung der Leistung sowie die objektiven Bedingungen für die Auswahl der Unternehmen festgelegt sind, die sie als Partei der Rahmenvereinbarung ausführen werden; die letztgenannten Bedingungen sind in der Auftragsbekanntmachung oder den Vergabeunterlagen für die Rahmenvereinbarung zu nennen;
2. wenn in der Rahmenvereinbarung alle Bedingungen für die Erbringung der Leistung festgelegt sind, teilweise ohne erneutes Vergabeverfahren gemäß Nummer 1 und teilweise mit erneutem Vergabeverfahren zwischen den Unternehmen, die Partei der Rahmenvereinbarung sind, gemäß Nummer 3, wenn diese Möglichkeit in der Auftragsbekanntmachung oder den Vergabeunterlagen für die Rahmenvereinbarung durch die öffentlichen Auftraggeber festgelegt ist; die Entscheidung, ob bestimmte Liefer- oder Dienstleistungen nach erneutem Vergabeverfahren oder direkt entsprechend den Bedingungen der Rahmenvereinbarung beschafft werden sollen, wird nach objektiven Kriterien getroffen, die in der Auftragsbekanntmachung oder den Vergabeunterlagen für die Rahmenvereinbarung festgelegt sind; in der Auftragsbekanntmachung oder den Vergabeunterlagen ist außerdem festzulegen, welche Bedingungen einem erneuten Vergabeverfahren

unterliegen können; diese Möglichkeiten gelten auch für jedes Los einer Rahmenvereinbarung, für das alle Bedingungen für die Erbringung der Leistung in der Rahmenvereinbarung festgelegt sind, ungeachtet dessen, ob alle Bedingungen für die Erbringung einer Leistung für andere Lose festgelegt wurden; oder

3. sofern nicht alle Bedingungen zur Erbringung der Leistung in der Rahmenvereinbarung festgelegt sind, mittels eines erneuten Vergabeverfahrens zwischen den Unternehmen, die Parteien der Rahmenvereinbarung sind.

(5) Die in Absatz 4 Nummer 2 und 3 genannten Vergabeverfahren beruhen auf denselben Bedingungen wie der Abschluss der Rahmenvereinbarung und erforderlichenfalls auf genauer formulierten Bedingungen sowie gegebenenfalls auf weiteren Bedingungen, die in der Auftragsbekanntmachung oder den Vergabeunterlagen für die Rahmenvereinbarung in Übereinstimmung mit dem folgenden Verfahren genannt werden:

1. vor Vergabe jedes Einzelauftrags konsultiert der öffentliche Auftraggeber in Textform nach § 126b des Bürgerlichen Gesetzbuchs die Unternehmen, die in der Lage sind, den Auftrag auszuführen,
2. der öffentliche Auftraggeber setzt eine ausreichende Frist für die Abgabe der Angebote für jeden Einzelauftrag fest; dabei berücksichtigt er unter anderem die Komplexität des Auftragsgegenstands und die für die Übermittlung der Angebote erforderliche Zeit,
3. die Angebote sind in Textform nach § 126b des Bürgerlichen Gesetzbuchs einzureichen und dürfen bis zum Ablauf der Einreichungsfrist nicht geöffnet werden,
4. der öffentliche Auftraggeber vergibt die Einzelaufträge an den Bieter, der auf der Grundlage der in der Auftragsbekanntmachung oder den Vergabeunterlagen für die Rahmenvereinbarung genannten Zuschlagskriterien das jeweils wirtschaftlichste Angebot vorgelegt hat.

(6) Die Laufzeit einer Rahmenvereinbarung darf höchstens vier Jahre betragen, es sei denn, es liegt ein im Gegenstand der Rahmenvereinbarung begründeter Sonderfall vor.

§ 22
Grundsätze für den Betrieb dynamischer Beschaffungssysteme

(1) Der öffentliche Auftraggeber kann für die Beschaffung marktüblicher Leistungen ein dynamisches Beschaffungssystem nutzen.

(2) Bei der Auftragsvergabe über ein dynamisches Beschaffungssystem befolgt der öffentliche Auftraggeber die Vorschriften für das nicht offene Verfahren.

(3) Ein dynamisches Beschaffungssystem wird ausschließlich mithilfe elektronischer Mittel eingerichtet und betrieben. §§ 11 und 12 finden Anwendung.

(4) Ein dynamisches Beschaffungssystem steht den gesamten Zeitraum seiner Einrichtung allen Bietern offen, die die im jeweiligen Vergabeverfahren festgelegten Eignungskriterien erfüllen. Die Zahl der zum dynamischen Beschaffungssystem zugelassenen Bewerber darf nicht begrenzt werden.

(5) Der Zugang zu einem dynamischen Beschaffungssystem ist für alle Unternehmen kostenlos.

§ 23
Betrieb eines dynamischen Beschaffungssystems

(1) Der öffentliche Auftraggeber gibt in der Auftragsbekanntmachung an, dass er ein dynamisches Beschaffungssystem nutzt und für welchen Zeitraum es betrieben wird.

(2) Der öffentliche Auftraggeber informiert die Europäische Kommission wie folgt über eine Änderung der Gültigkeitsdauer:

1. Wird die Gültigkeitsdauer ohne Einstellung des dynamischen Beschaffungssystems geändert, ist das Muster gemäß Anhang II der Durchführungsverordnung der Kommission (EU) Nr. 2015/1986 vom 11. November 2015 zur Einführung von Standardformularen für die Veröffentlichung von Vergabebekanntmachungen für öffentliche Aufträge und zur Aufhebung der Durchführungsverordnung (EU) Nr. 842/2011 (Abl. L 296 vom 12.11.2015, S. 1) in der jeweils geltenden Fassung zu verwenden.
2. Wird das dynamische Beschaffungssystem eingestellt, ist das Muster gemäß Anhang III der Durchführungsverordnung (EU) Nr. 2015/1986 zu verwenden.

(3) In den Vergabeunterlagen sind mindestens die Art und die geschätzte Menge der zu beschaffenden Leistung sowie alle erforderlichen Daten des dynamischen Beschaffungssystems anzugeben.

(4) In den Vergabeunterlagen ist anzugeben, ob ein dynamisches Beschaffungssystem in Kategorien von Leistungen untergliedert wurde. Gegebenenfalls sind die objektiven Merkmale jeder Kategorie anzugeben.

(5) Hat ein öffentlicher Auftraggeber ein dynamisches Beschaffungssystem in Kategorien von Leistungen untergliedert, legt er für jede Kategorie die Eignungskriterien gesondert fest.

(6) § 16 Absatz 4 und § 51 Absatz 1 finden mit der Maßgabe Anwendung, dass die zugelassenen Bewerber für jede einzelne, über ein dynamisches Beschaffungssystem stattfindende Auftragsvergabe gesondert zur Angebotsabgabe aufzufordern sind. Wurde ein dynamisches Beschaffungssystem in Kategorien von Leistungen untergliedert, werden jeweils alle für die einem konkreten Auftrag entsprechende Kategorie zugelassenen Bewerber aufgefordert, ein Angebot zu unterbreiten.

§ 24
Fristen beim Betrieb dynamischer Beschaffungssysteme

(1) Abweichend von § 16 gelten bei der Nutzung eines dynamischen Beschaffungssystems die Bestimmungen der Absätze 2 bis 5.

(2) Die Mindestfrist für den Eingang der Teilnahmeanträge beträgt 30 Tage, gerechnet ab dem Tag nach der Absendung der Auftragsbekanntmachung oder im Falle einer Vorinformation nach § 38 Absatz 4 nach der Absendung der Aufforderung zur Interessensbestätigung. Sobald die Aufforderung zur Angebotsabgabe für die erste einzelne Auftragsvergabe im Rahmen eines dynamischen Beschaffungssystems abgesandt worden ist, gelten keine weiteren Fristen für den Eingang der Teilnahmeanträge.

(3) Der öffentliche Auftraggeber bewertet den Antrag eines Unternehmens auf Teilnahme an einem dynamischen Beschaffungssystem unter Zugrundelegung der Eignungskriterien innerhalb von zehn Arbeitstagen nach dessen Eingang. In begründeten Einzelfällen, insbesondere wenn Unterlagen geprüft werden müssen oder um auf sonstige Art und Weise zu überprüfen, ob die Eignungskriterien erfüllt sind, kann die Frist auf 15 Arbeitstage verlängert werden. Wurde die Aufforderung zur Angebotsabgabe für die erste einzelne Auftragsvergabe im Rahmen eines dynamischen Beschaffungssystems noch nicht versandt, kann der öffentliche Auftraggeber die Frist verlängern, sofern während

der verlängerten Frist keine Aufforderung zur Angebotsabgabe versandt wird. Die Fristverlängerung ist in den Vergabeunterlagen anzugeben. Jedes Unternehmen wird unverzüglich darüber informiert, ob es zur Teilnahme an einem dynamischen Beschaffungssystem zugelassen wurde oder nicht.

(4) Die Frist für den Eingang der Angebote beträgt mindestens zehn Tage, gerechnet ab dem Tag nach der Absendung der Aufforderung zur Angebotsabgabe. § 16 Absatz 6 findet Anwendung.

(5) Der öffentliche Auftraggeber kann von den zu einem dynamischen Beschaffungssystem zugelassenen Bewerbern jederzeit verlangen, innerhalb von fünf Arbeitstagen nach Übermittlung der Aufforderung zur Angebotsabgabe eine erneute und aktualisierte Einheitliche Europäische Eigenerklärung nach § 48 Absatz 3 einzureichen. § 48 Absatz 3 bis 6 findet Anwendung.

§ 25
Grundsätze für die Durchführung elektronischer Auktionen

(1) Der öffentliche Auftraggeber kann im Rahmen eines offenen, eines nicht offenen oder eines Verhandlungsverfahrens vor der Zuschlagserteilung eine elektronische Auktion durchführen, sofern der Inhalt der Vergabeunterlagen hinreichend präzise beschrieben und die Leistung mithilfe automatischer Bewertungsmethoden eingestuft werden kann. Geistig-schöpferische Leistungen können nicht Gegenstand elektronischer Auktionen sein. Der elektronischen Auktion hat eine vollständige erste Bewertung aller Angebote anhand der Zuschlagskriterien und der jeweils dafür festgelegten Gewichtung vorauszugehen. Die Sätze 1 und 2 gelten entsprechend bei einem erneuten Vergabeverfahren zwischen den Parteien einer Rahmenvereinbarung nach § 21 und bei einem erneuten Vergabeverfahren während der Laufzeit eines dynamischen Beschaffungssystems nach § 22. Eine elektronische Auktion kann mehrere, aufeinander folgende Phasen umfassen.

(2) Im Rahmen der elektronischen Auktion werden die Angebote mittels festgelegter Methoden elektronisch bewertet und automatisch in eine Rangfolge gebracht. Die sich schrittweise wiederholende, elektronische Bewertung der Angebote beruht auf

1. neuen, nach unten korrigierten Preisen, wenn der Zuschlag allein aufgrund des Preises erfolgt, oder
2. neuen, nach unten korrigierten Preisen oder neuen, auf bestimmte Angebotskomponenten abstellenden Werten, wenn das Angebot mit dem besten Preis-Leistungs-Verhältnis oder, bei Verwendung eines Kosten-Wirksamkeits-Ansatzes, mit den niedrigsten Kosten den Zuschlag erhält.

(3) Die Bewertungsmethoden werden mittels einer mathematischen Formel definiert und in der Aufforderung zur Teilnahme an der elektronischen Auktion bekanntgemacht. Wird der Zuschlag nicht allein aufgrund des Preises erteilt, muss aus der mathematischen Formel auch die Gewichtung aller Angebotskomponenten nach Absatz 2 Nummer 2 hervorgehen. Sind Nebenangebote zugelassen, ist für diese ebenfalls eine mathematische Formel bekanntzumachen.

(4) Angebotskomponenten nach Absatz 2 Nummer 2 müssen numerisch oder prozentual beschrieben werden.

§ 26
Durchführung elektronischer Auktionen

(1) Der öffentliche Auftraggeber kündigt in der Auftragsbekanntmachung oder in der Aufforderung zur Interessensbestätigung an, dass er eine elektronische Auktion durchführt.

(2) Die Vergabeunterlagen müssen mindestens folgende Angaben enthalten:

1. alle Angebotskomponenten, deren Werte Grundlage der automatischen Neureihung der Angebote sein werden,
2. gegebenenfalls die Obergrenzen der Werte nach Nummer 1, wie sie sich aus den technischen Spezifikationen ergeben,
3. eine Auflistung aller Daten, die den Bietern während der elektronischen Auktion zur Verfügung gestellt werden,
4. den Termin, an dem die Daten nach Nummer 3 den Bietern zur Verfügung gestellt werden,
5. alle für den Ablauf der elektronischen Auktion relevanten Daten und
6. die Bedingungen, unter denen die Bieter während der elektronischen Auktion Gebote abgeben können, insbesondere die Mindestabstände zwischen den der automatischen Neureihung der Angebote zugrunde liegenden Preisen oder Werten.

(3) Der öffentliche Auftraggeber fordert alle Bieter, die zulässige Angebote unterbreitet haben, gleichzeitig zur Teilnahme an der elektronischen Auktion auf. Ab dem genannten Zeitpunkt ist die Internetverbindung gemäß den in der Aufforderung zur Teilnahme an der elektronischen Auktion genannten Anweisungen zu nutzen. Der Aufforderung zur Teilnahme an der elektronischen Auktion ist jeweils das Ergebnis der vollständigen Bewertung des betreffenden Angebots nach § 25 Absatz 1 Satz 3 beizufügen.

(4) Eine elektronische Auktion darf frühestens zwei Arbeitstage nach der Versendung der Aufforderung zur Teilnahme gemäß Absatz 3 beginnen.

(5) Der öffentliche Auftraggeber teilt allen Bietern im Laufe einer jeden Phase der elektronischen Auktion unverzüglich zumindest den jeweiligen Rang ihres Angebotes innerhalb der Reihenfolge aller Angebote mit. Er kann den Bietern weitere Daten nach Absatz 2 Nummer 3 zur Verfügung stellen. Die Identität der Bieter darf in keiner Phase einer elektronischen Auktion offengelegt werden.

(6) Der Zeitpunkt des Beginns und des Abschlusses einer jeden Phase ist in der Aufforderung zur Teilnahme an einer elektronischen Auktion ebenso anzugeben wie gegebenenfalls die Zeit, die jeweils nach Eingang der letzten neuen Preise oder Werte nach § 25 Absatz 2 Nummer 1 und 2 vergangen sein muss, bevor eine Phase einer elektronischen Auktion abgeschlossen wird.

(7) Eine elektronische Auktion wird abgeschlossen, wenn

1. der vorher festgelegte und in der Aufforderung zur Teilnahme an einer elektronischen Auktion bekanntgemachte Zeitpunkt erreicht ist,
2. von den Bietern keine neuen Preise oder Werte nach § 25 Absatz 2 Nummer 1 und 2 mitgeteilt werden, die die Anforderungen an Mindestabstände nach Absatz 2 Nummer 6 erfüllen, und die vor Beginn einer elektronischen Auktion bekanntgemachte Zeit, die zwischen Eingang der letzten neuen Preise oder Werte und dem Abschluss der elektronischen Auktion vergangen sein muss, abgelaufen ist, oder
3. die letzte Phase einer elektronischen Auktion abgeschlossen ist.

(8) Der Zuschlag wird nach Abschluss einer elektronischen Auktion entsprechend ihrem Ergebnis mitgeteilt.

§ 27
Elektronische Kataloge

(1) Der öffentliche Auftraggeber kann festlegen, dass Angebote in Form eines elektronischen Kataloges einzureichen sind oder einen elektronischen Katalog beinhalten müssen. Angeboten, die in Form eines elektronischen Kataloges eingereicht werden, können weitere Unterlagen beigefügt werden.

(2) Akzeptiert der öffentliche Auftraggeber Angebote in Form eines elektronischen Kataloges oder schreibt der öffentliche Auftraggeber vor, dass Angebote in Form eines elektronischen Kataloges einzureichen sind, so weist er in der Auftragsbekanntmachung oder in der Aufforderung zur Interessensbestätigung darauf hin.

(3) Schließt der öffentliche Auftraggeber mit einem oder mehreren Unternehmen eine Rahmenvereinbarung im Anschluss an die Einreichung der Angebote in Form eines elektronischen Kataloges, kann er vorschreiben, dass ein erneutes Vergabeverfahren für Einzelaufträge auf der Grundlage aktualisierter elektronischer Kataloge erfolgt, indem er

1. die Bieter auffordert, ihre elektronischen Kataloge an die Anforderungen des zu vergebenden Einzelauftrages anzupassen und erneut einzureichen, oder
2. die Bieter informiert, dass sie den bereits eingereichten elektronischen Katalogen zu einem bestimmten Zeitpunkt die Daten entnehmen, die erforderlich sind, um Angebote zu erstellen, die den Anforderungen des zu vergebenden Einzelauftrages entsprechen; dieses Verfahren ist in der Auftragsbekanntmachung oder den Vergabeunterlagen für den Abschluss einer Rahmenvereinbarung anzukündigen; der Bieter kann diese Methode der Datenerhebung ablehnen.

(4) Hat der öffentliche Auftraggeber gemäß Absatz 3 Nummer 2 bereits eingereichten elektronischen Katalogen selbstständig Daten zur Angebotserstellung entnommen, legt er jedem Bieter die gesammelten Daten vor der Erteilung des Zuschlags vor, sodass dieser die Möglichkeit zum Einspruch oder zur Bestätigung hat, dass das Angebot keine materiellen Fehler enthält.

(...)

XVI. Das Kartellvergaberecht im GWB

1. Einführung

Seit der durch das Vergaberechtsänderungsgesetz zum 1.1.1999 erfolgten Einführung eines neuen, vierten Teils in das GWB[1] sind die zentralen Vorgaben für die öffentliche Beschaffung im Bereich ab den EU-Schwellenwerten[2] nicht mehr im Haushaltsrecht, sondern im Wettbewerbsrecht geregelt. Der 4. Teil des GWB dient seither zur Umsetzung der europäischen Vergaberichtlinien. Mit dem Paket zur Modernisierung des europäischen Vergaberechts hat der europäische Gesetzgeber ein vollständig überarbeitetes Regelwerk für die Vergabe öffentlicher Aufträge und Konzessionen vorgelegt. Das Modernisierungspaket umfasst die Richtlinie über die öffentliche Auftragsvergabe (Richtlinie 2014/24/EU), die Richtlinie über die Vergabe von Aufträgen in den Bereichen Wasser-, Energie- und Verkehrsversorgung sowie der Postdienste (Richtlinie 2014/25/EU) und die Richtlinie über die Vergabe von Konzessionen (Richtlinie 2014/23/EU). Die europäische Richtlinienreform wurde zum Anlass genommen, den bisherigen Vierten Teil des Gesetzes gegen Wettbewerbsbeschränkungen (GWB) umfassend zu überarbeiten und neu zu strukturieren.

Im Zuge der Umsetzung der aktuellen EU-Vergaberichtlinien wurde die bisherige Struktur des GWB überarbeitet. Aufgrund der wesentlich höheren Regelungsdichte und des größeren Umfangs der Richtlinien für die klassische Auftragsvergabe (Richtlinie 2014/24/EU) und für die Auftragsvergabe in den Bereichen der Wasser-, Energie- und Verkehrsversorgung sowie der Postdienste (Richtlinie 2014/25/EU) wurden deutlich mehr Vorgaben auf gesetzlicher Ebene erforderlich als bislang. Hinzu kommt, dass sich die neue Richtlinie über die Konzessionsvergabe (Richtlinie 2014/23/EU) einerseits zum Teil mit den Richtlinien 2014/24/EU und 2014/25/EU deckt und andererseits ein im Vergleich zur Vergabe öffentlicher Aufträge erleichtertes Vergabeverfahren für Konzessionen vorsieht. Darüber hinaus bedürfen die Vorgaben der Richtlinie 2009/81/EG zur Koordinierung der Verfahren zur Vergabe bestimmter Bau-, Liefer- und Dienstleistungsaufträge in den Bereichen Verteidigung und Sicherheit einer Sonderregelung im GWB.

Der überarbeitete Teil 4 des GWB umfasst künftig die wesentlichen Vorgaben zur Vergabe von öffentlichen Aufträgen und von Konzessionen, insbesondere:

- die allgemeinen Grundsätze des Vergaberechts,
- den Anwendungsbereich, die Vergabearten,
- die grundsätzlichen Anforderungen an Eignung und Zuschlag,

---

1 BGBl. 1998 I, S. 2512. Aktuelle Fassung: Gesetz gegen Wettbewerbsbeschränkungen in der Fassung der Bekanntmachung vom 26. Juni 2013 (BGBl. I S. 1750, 3245), das zuletzt durch Artikel 10 Absatz 9 des Gesetzes vom 30. Oktober 2017 (BGBl. I S. 3618) geändert worden ist.

2 Für Bauaufträge derzeit 5.548.000 EUR; Delegierte Verordnung (EU) 2017/2365 der Kommission vom 18. Dezember 2017 zur Änderung der Richtlinie 2017/23/EU des Europäischen Parlaments und des Rates im Hinblick auf die Schwellenwerte für Auftragsvergabeverfahren; s. auch die Nachweise auf die weiteren Verordnungen unter XVII., Fn. 2.

- Ausführungsbedingungen, die Gründe für den Ausschluss von einem Vergabeverfahren,
- die Anforderungen an die Selbstreinigung von Unternehmen,
- die neuen Vorgaben der EU-Vergaberichtlinien für die Kündigung und
- die neuen Vorgaben der EU-Vergaberichtlinien für die Änderung von öffentlichen Aufträgen und Konzessionen während der Laufzeit.

Um die praktische Anwendung des Gesetzes zu erleichtern, wurde der Ablauf des Vergabeverfahrens von der Leistungsbeschreibung über die Prüfung von Ausschlussgründen, die Eignungsprüfung, den Zuschlag bis hin zu den Bedingungen für die Ausführung des Auftrags erstmals im Gesetz vorgezeichnet. Die elektronische Kommunikation wird nach den Vorgaben der neuen EU-Vergaberichtlinien zum Grundsatz im Vergabeverfahren. Die Erleichterungen bei der Vergabe von sozialen und anderen besonderen Dienstleistungen spiegeln sich insbesondere in der freien Wahl der Verfahrensarten wider.[3] Nach wie vor finden sich wesentliche Regelungen aus dem GWB auf Verordnungsebene und auch der VOB/A teilweise identisch oder auch näher konkretisiert wieder.

2. Wesentliche Neuregelungen

Die Neufassung des 4. Abschnitts des GWB hat für die Vergabe von Bauaufträgen und die Vergabe von Baukonzessionen nicht nur inhaltliche, sondern auch in erheblichem Maße strukturelle Änderungen vorprogrammiert. Eine stringentere und vor allem auch wesentlich ausdifferenziertere Regelung der unterschiedlichen Bereiche der „klassischen" öffentlichen Aufträge, der Sektorenaufträge, der verteidigungs- oder sicherheitsrelevanten Aufträge wie auch der Konzessionsvergabe hat zu einer Fortschreibung des bereits 2009 ansatzweise verwirklichten Umsetzungskonzepts auf Verordnungsebene geführt. Im Ergebnis sind daher Bauvergaben und Baukonzessionsvergaben, die früher fast vollständig in der VOB/A geregelt waren, nun in der VOB/A, der Sektorenverordnung, der Vergabeverordnung für die Bereiche Verteidigung und Sicherheit sowie in der Konzessionsverordnung geregelt. Zusätzlich wird mit einer neuen Verordnung zur Statistik über die Vergabe öffentlicher Aufträge und von Konzessionen (Vergabestatistikverordnung, Artikel 4) die Basis für die Sammlung von Daten über vergebene öffentliche Aufträge und Konzessionen gelegt. Trotz des Erhalts der VOB/A kann man insofern von einer Konzentration der Bauvergaberegeln kaum noch sprechen.

2.1 Wegfall des Vorrangs des offenen Verfahrens

Inhaltlich bringt das neue GWB eine Reihe für den Baubereich relevanter Neuregelungen. An erster Stelle steht hier sicherlich die Flexibilisierung der Vorgaben zur Verfahrenswahl in § 119 GWB, die zu einem Wegfall des Vorrangs des offenen Verfahrens im Abschnitt 2 der VOB/A geführt hat. Danach erfolgt die Vergabe von öffentlichen Aufträgen im offenen

3 S. Amtliche Begründung zum Regierungsentwurf, BT-Drs. 18/6281 vom 08.10.2015, S. 2 f.

Verfahren, im nicht offenen Verfahren, im Verhandlungsverfahren, im wettbewerblichen Dialog oder in der Innovationspartnerschaft (ausführlich zu dieser Neuregelung X.4.1).

2.2 Grundsatz der Verhältnismäßigkeit / Eignungskriterien

In den nach wie vor in § 97 GWB geregelten allgemeinen Grundsätzen findet sich nun auch explizit der Grundsatz der Verhältnismäßigkeit. Konkretisiert wird dieser Grundsatz nochmals in § 122 Abs. 4 GWB, nach dem Eignungskriterien mit dem Auftragsgegenstand in Verbindung und zu diesem in einem angemessenen Verhältnis stehen müssen (ebenso § 6 EU Abs. 2 VOB/A a.E.). Diese Unterstreichung des Verhältnismäßigkeitsgrundsatzes bei der Aufstellung der Eignungskriterien zielt vor allem auf eine Erhöhung der Effektivität des in § 97 Abs. 4 GWB enthaltenen Mittelstandsförderungsgrundsatzes ab. Der Gesetzgeber möchte auf diese Weise einer Reduzierung des Teilnehmerkreises auf besonders große Unternehmen durch die Festsetzung überzogener Teilnahmeanforderungen seitens öffentlicher Auftraggeber entgegenwirken.

2.3 Ausschluss / Selbstreinigung

Der Ausschluss von Unternehmen wegen Fehlverhaltens kann unverhältnismäßig sein, wenn dieses beispielsweise durch einzelne Mitarbeiter verschuldet und durch Kontrolldefizite ermöglicht wurde und das Unternehmen unverzüglich wirksame Maßnahmen zum Schadensausgleich und zur Prävention ergriffen hat.

Insoweit gestattet der Gesetzgeber in § 125 GWB nun eine „Selbstreinigung" von Unternehmen. Die der Regelung zugrunde liegende Vorschrift des Artikel 57 Absatz 6 Unterabsatz 1 Satz 2 der Richtlinie 2014/24/EU begründet einen Rechtsanspruch des Unternehmens, trotz des Vorliegens eines Ausschlussgrundes nicht von einem Vergabeverfahren ausgeschlossen zu werden, wenn es ausreichende Maßnahmen zur Wiederherstellung seiner Integrität nachgewiesen hat. Zwar hat der öffentliche Auftraggeber einen weiten Beurteilungsspielraum, ob die vom Unternehmen durchgeführten Selbstreinigungsmaßnahmen ausreichend sind. Wenn ein Unternehmen aber ausreichende Selbstreinigungsmaßnahmen nachgewiesen hat, darf der öffentliche Auftraggeber das Unternehmen trotz des Vorliegens eines Ausschlussgrundes – auch eines zwingenden Ausschlussgrundes – nicht wegen Unzuverlässigkeit von der Teilnahme am Vergabeverfahren ausschließen. Dem öffentlichen Auftraggeber steht diesbezüglich kein Ermessen zu.[4] In § 126 GWB werden ergänzende Regelungen zum Zeitraum von Ausschlüssen getroffen. Die Regelung ist ausdrücklich in die Abschnitte 2 und 3 der VOB/A (§ 6 f EU und § 6 f VS) übernommen worden.

4 S. Amtliche Begründung zu § 125 GWB, BR-Drs. 367/15 vom 14.08.15, S. 126 ff.

2.4 Zuschlag

Die in § 127 GWB neu gefasste Zuschlagsregelung, die in § 16 d EU Abs. 2 aufgenommen worden ist, enthält wichtige Abweichungen von der bisherigen Regelung. Im Einzelnen siehe hierzu unter X.4.8.

2.5 Auftragsausführung

In § 128 GWB finden sich besondere Regelungen zur Ausführung des Auftrags. Unternehmen haben nach Absatz 1 bei der Ausführung des öffentlichen Auftrags alle für sie geltenden rechtlichen Verpflichtungen einzuhalten, insbesondere Steuern, Abgaben und Beiträge zur Sozialversicherung zu entrichten, die arbeitsschutzrechtlichen Regelungen einzuhalten und den Arbeitnehmerinnen und Arbeitnehmern wenigstens diejenigen Mindestarbeitsbedingungen einschließlich des Mindestentgelts zu gewähren, die nach dem Mindestlohngesetz, einem nach dem Tarifvertragsgesetz mit den Wirkungen des Arbeitnehmer-Entsendegesetzes für allgemein verbindlich erklärten Tarifvertrag oder einer nach § 7, § 7a oder § 11 des Arbeitnehmer-Entsendegesetzes oder einer nach § 3a des Arbeitnehmerüberlassungsgesetzes erlassenen Rechtsverordnung für die betreffende Leistung verbindlich vorgegeben werden. Während Absatz 1 eine generelle Aussage zu den bei der Auftragsausführung einzuhaltenden Rechtsvorschriften trifft, kann der öffentliche Auftraggeber nach Absatz 2 individuelle Ausführungsbedingungen vorgeben, die gesetzlich zwar nicht gefordert sind, dem öffentlichen Auftraggeber aber dennoch sinnvoll erscheinen. Diese müssen mit dem Auftragsgegenstand entsprechend § 127 Absatz 3 in Verbindung stehen. Die Ausführungsbedingungen müssen sich aus der Auftragsbekanntmachung oder den Vergabeunterlagen ergeben. Sie können insbesondere wirtschaftliche, innovationsbezogene, umweltbezogene, soziale oder beschäftigungspolitische Belange oder den Schutz der Vertraulichkeit von Informationen umfassen.

2.6 Auftragsänderungen

Nach § 132 GWB gelten nunmehr besondere Regeln für Auftragsänderungen während der Vertragslaufzeit. Wesentliche Änderungen erfordern ein neues Vergabeverfahren. Bei Bauaufträgen liegt nach der Vorschrift eine wesentliche Auftragsänderung, die kein neues Vergabeverfahren erfordert, unter anderem dann vor, wenn sich der Gesamtcharakter des Auftrags nicht ändert und der Wert der Änderung nicht mehr als 15 % des ursprünglichen Auftragswerts beträgt. Bei erforderlichen, zusätzlichen Leistungen, die nicht zumutbar von einem anderen Auftragnehmer erbracht werden können oder bei unvorhersehbaren Änderungen kann sich der Auftragswert sogar um bis zu 50 % erhöhen, § 132 Abs. 2 Nr. 4 GWB. Zu den Parallelregelungen in der VOB/A s.o., X.4.9.

2.7 Kündigung von öffentlichen Aufträgen in besonderen Fällen

Nach § 133 Abs. 1 GWB können öffentliche Auftraggeber unbeschadet des § 135 GWB (Unwirksamkeit öffentlicher Aufträge) einen öffentliche Auftrag während der Vertragslaufzeit kündigen, wenn

1. eine wesentliche Änderung vorgenommen wurde, die nach § 132 ein neues Vergabeverfahren erfordert hätte,
2. zum Zeitpunkt der Zuschlagserteilung ein zwingender Ausschlussgrund nach § 123 Absatz 1 bis 4 vorlag oder
3. der öffentliche Auftrag aufgrund einer schweren Verletzung der Verpflichtungen aus dem Vertrag über die Arbeitsweise der Europäischen Union oder aus den Vorschriften dieses Teils, die der Europäische Gerichtshof in einem Verfahren nach Artikel 258 des Vertrags über die Arbeitsweise der Europäischen Union festgestellt hat, nicht an den Auftragnehmer hätte vergeben werden dürfen.

Die Absätze 2 und 3 enthalten Regelungen zur Vergütung und Schadenersatz im Kündigungsfall. Die Regelungen sind aufgrund ihrer vertragsrechtlichen Natur nicht in die VOB/A, sondern die VOB/B übernommen worden. Sie finden sich nun in § 8 Abs. 4 Nr. 2 VOB/B.

3. Gesetz gegen Wettbewerbsbeschränkungen (GWB) (Text – Auszug)

Gesetz gegen Wettbewerbsbeschränkung (GWB) – 4. bis 6. Teil

In der Fassung der Bekanntmachung vom 26. Juni 2013 (BGBl I S. 1750, 3245), zuletzt geändert durch Art. 6 des Gesetzes vom 27. August 2017 (BGBl. I S. 3295, 3297)

Teil 4
Vergabe von öffentlichen Aufträgen und Konzessionen

Kapitel 1
Vergabeverfahren

Abschnitt 1
Grundsätze, Definitionen und Anwendungsbereich

§ 97
Grundsätze der Vergabe

(1) Öffentliche Aufträge und Konzessionen werden im Wettbewerb und im Wege transparenter Verfahren vergeben. Dabei werden die Grundsätze der Wirtschaftlichkeit und der Verhältnismäßigkeit gewahrt.

(2) Die Teilnehmer an einem Vergabeverfahren sind gleich zu behandeln, es sei denn, eine Ungleichbehandlung ist aufgrund dieses Gesetzes ausdrücklich geboten oder gestattet.

(3) Bei der Vergabe werden Aspekte der Qualität und der Innovation sowie soziale und umweltbezogene Aspekte nach Maßgabe dieses Teils berücksichtigt.

(4) Mittelständische Interessen sind bei der Vergabe öffentlicher Aufträge vornehmlich zu berücksichtigen. Leistungen sind in der Menge aufgeteilt (Teillose) und getrennt nach Art oder Fachgebiet (Fachlose) zu vergeben. Mehrere Teil- oder Fachlose dürfen zusammen vergeben werden, wenn wirtschaftliche oder technische Gründe dies erfordern. Wird ein Unternehmen, das nicht öffentlicher Auftraggeber oder Sektorenauftraggeber ist, mit der Wahrnehmung oder Durchführung einer öffentlichen Aufgabe betraut, verpflichtet der öffentliche Auftraggeber oder Sektorenauftraggeber das Unternehmen, sofern es Unteraufträge vergibt, nach den Sätzen 1 bis 3 zu verfahren.

(5) Für das Senden, Empfangen, Weiterleiten und Speichern von Daten in einem Vergabeverfahren verwenden Auftraggeber und Unternehmen grundsätzlich elektronische Mittel nach Maßgabe der aufgrund des § 113 erlassenen Verordnungen.

(6) Unternehmen haben Anspruch darauf, dass die Bestimmungen über das Vergabeverfahren eingehalten werden.

§ 98
Auftraggeber

Auftraggeber im Sinne dieses Teils sind öffentliche Auftraggeber im Sinne des § 99, Sektorenauftraggeber im Sinne des § 100 und Konzessionsgeber im Sinne des § 101.

§ 99
Öffentliche Auftraggeber

Öffentliche Auftraggeber sind

1. Gebietskörperschaften sowie deren Sondervermögen,
2. andere juristische Personen des öffentlichen und des privaten Rechts, die zu dem besonderen Zweck gegründet wurden, im Allgemeininteresse liegende Aufgaben nichtgewerblicher Art zu erfüllen, sofern
   a) sie überwiegend von Stellen nach Nummer 1 oder 3 einzeln oder gemeinsam durch Beteiligung oder auf sonstige Weise finanziert werden,
   b) ihre Leitung der Aufsicht durch Stellen nach Nummer 1 oder 3 unterliegt oder
   c) mehr als die Hälfte der Mitglieder eines ihrer zur Geschäftsführung oder zur Aufsicht berufenen Organe durch Stellen nach Nummer 1 oder 3 bestimmt worden sind;

   dasselbe gilt, wenn diese juristische Person einer anderen juristischen Person des öffentlichen oder privaten Rechts einzeln oder gemeinsam mit anderen die überwiegende Finanzierung gewährt, über deren Leitung die Aufsicht ausübt oder die Mehrheit der Mitglieder eines zur Geschäftsführung oder Aufsicht berufenen Organs bestimmt hat,
3. Verbände, deren Mitglieder unter Nummer 1 oder 2 fallen,
4. natürliche oder juristische Personen des privaten Rechts sowie juristische Personen des öffentlichen Rechts, soweit sie nicht unter Nummer 2 fallen, in den Fällen, in denen sie für Tiefbaumaßnahmen, für die Errichtung von Krankenhäusern, Sport-, Erholungs- oder Freizeiteinrichtungen, Schul-, Hochschul- oder Verwaltungsgebäuden oder für damit in Verbindung stehende Dienstleistungen und Wettbewerbe von Stellen, die unter die Nummern 1, 2 oder 3 fallen, Mittel erhalten, mit denen diese Vorhaben zu mehr als 50 Prozent subventioniert werden.

§ 100
Sektorenauftraggeber

(1) Sektorenauftraggeber sind

1. öffentliche Auftraggeber gemäß § 99 Nummer 1 bis 3, die eine Sektorentätigkeit gemäß § 102 ausüben,
2. natürliche oder juristische Personen des privaten Rechts, die eine Sektorentätigkeit gemäß § 102 ausüben, wenn
   a) diese Tätigkeit auf der Grundlage von besonderen oder ausschließlichen Rechten ausgeübt wird, die von einer zuständigen Behörde gewährt wurden, oder
   b) öffentliche Auftraggeber gemäß § 99 Nummer 1 bis 3 auf diese Personen einzeln oder gemeinsam einen beherrschenden Einfluss ausüben können.

(2) Besondere oder ausschließliche Rechte im Sinne von Absatz 1 Nummer 2 Buchstabe a sind Rechte, die dazu führen, dass die Ausübung dieser Tätigkeit einem oder mehreren Unternehmen vorbehalten wird und dass die Möglichkeit anderer Unternehmen, diese Tätigkeit auszuüben, erheblich beeinträchtigt wird. Keine besonderen oder ausschließlichen Rechte in diesem Sinne sind Rechte, die aufgrund eines Verfahrens nach den Vorschriften dieses Teils oder aufgrund eines sonstigen Verfahrens gewährt wurden, das angemessen bekannt gemacht wurde und auf objektiven Kriterien beruht.

(3) Die Ausübung eines beherrschenden Einflusses im Sinne von Absatz 1 Nummer 2 Buchstabe b wird vermutet, wenn ein öffentlicher Auftraggeber gemäß § 99 Nummer 1 bis 3

1. unmittelbar oder mittelbar die Mehrheit des gezeichneten Kapitals des Unternehmens besitzt,
2. über die Mehrheit der mit den Anteilen am Unternehmen verbundenen Stimmrechte verfügt oder
3. mehr als die Hälfte der Mitglieder des Verwaltungs-, Leitungs- oder Aufsichtsorgans des Unternehmens bestellen kann.

§ 101
Konzessionsgeber

(1) Konzessionsgeber sind

1. öffentliche Auftraggeber gemäß § 99 Nummer 1 bis 3, die eine Konzession vergeben,
2. Sektorenauftraggeber gemäß § 100 Absatz 1 Nummer 1, die eine Sektorentätigkeit gemäß § 102 Absatz 2 bis 6 ausüben und eine Konzession zum Zweck der Ausübung dieser Tätigkeit vergeben,
3. Sektorenauftraggeber gemäß § 100 Absatz 1 Nummer 2, die eine Sektorentätigkeit gemäß § 102 Absatz 2 bis 6 ausüben und eine Konzession zum Zweck der Ausübung dieser Tätigkeit vergeben.

(2) § 100 Absatz 2 und 3 gilt entsprechend.

§ 102
Sektorentätigkeiten

(1) Sektorentätigkeiten im Bereich Wasser sind

1. die Bereitstellung oder das Betreiben fester Netze zur Versorgung der Allgemeinheit im Zusammenhang mit der Gewinnung, der Fortleitung und der Abgabe von Trinkwasser,
2. die Einspeisung von Trinkwasser in diese Netze.

Als Sektorentätigkeiten gelten auch Tätigkeiten nach Satz 1, die im Zusammenhang mit Wasserbau-, Bewässerungs- oder Entwässerungsvorhaben stehen, sofern die zur Trinkwasserversorgung bestimmte Wassermenge mehr als 20 Prozent der Gesamtwassermenge ausmacht, die mit den entsprechenden Vorhaben oder Bewässerungs- oder Entwässerungsanlagen zur Verfügung gestellt wird oder die im Zusammenhang mit der Abwasserbeseitigung oder -behandlung steht. Die Einspeisung von Trinkwasser in feste Netze zur Versorgung der Allgemeinheit durch einen Sektorenauftraggeber nach § 100 Absatz 1 Nummer 2 gilt nicht als Sektorentätigkeit, sofern die Erzeugung von Trinkwasser durch den betreffenden Auftraggeber erfolgt, weil dessen Verbrauch für die Ausübung einer Tätigkeit erforderlich ist, die keine Sektorentätigkeit nach den Absätzen 1 bis 4 ist, und die Einspeisung in das öffentliche Netz nur von dem Eigenverbrauch des betreffenden Auftraggebers abhängt und bei Zugrundelegung des Durchschnitts der letzten drei Jahre einschließlich des laufenden Jahres nicht mehr als 30 Prozent der gesamten Trinkwassererzeugung des betreffenden Auftraggebers ausmacht.

(2) Sektorentätigkeiten im Bereich Elektrizität sind

1. die Bereitstellung oder das Betreiben fester Netze zur Versorgung der Allgemeinheit im Zusammenhang mit der Erzeugung, der Fortleitung und der Abgabe von Elektrizität,
2. die Einspeisung von Elektrizität in diese Netze, es sei denn,
   a) die Elektrizität wird durch den Sektorenauftraggeber nach § 100 Absatz 1 Nummer 2 erzeugt, weil ihr Verbrauch für die Ausübung einer Tätigkeit erforderlich ist, die keine Sektorentätigkeit nach den Absätzen 1 bis 4 ist, und
   b) die Einspeisung hängt nur von dem Eigenverbrauch des Sektorenauftraggebers ab und macht bei Zugrundelegung des Durchschnitts der letzten drei Jahre einschließlich des laufenden Jahres nicht mehr als 30 Prozent der gesamten Energieerzeugung des Sektorenauftraggebers aus.

(3) Sektorentätigkeiten im Bereich von Gas und Wärme sind

1. die Bereitstellung oder das Betreiben fester Netze zur Versorgung der Allgemeinheit im Zusammenhang mit der Erzeugung, der Fortleitung und der Abgabe von Gas und Wärme,
2. die Einspeisung von Gas und Wärme in diese Netze, es sei denn,
   a) die Erzeugung von Gas oder Wärme durch den Sektorenauftraggeber nach § 100 Absatz 1 Nummer 2 ergibt sich zwangsläufig aus der Ausübung einer Tätigkeit, die keine Sektorentätigkeit nach den Absätzen 1 bis 4 ist, und
   b) die Einspeisung zielt nur darauf ab, diese Erzeugung wirtschaftlich zu nutzen und macht bei Zugrundelegung des Durchschnitts der letzten drei Jahre einschließlich des laufenden Jahres nicht mehr als 20 Prozent des Umsatzes des Sektorenauftraggebers aus.

(4) Sektorentätigkeiten im Bereich Verkehrsleistungen sind die Bereitstellung oder das Betreiben von Netzen zur Versorgung der Allgemeinheit mit Verkehrsleistungen per Eisenbahn, automatischen Sys-

temen, Straßenbahn, Trolleybus, Bus oder Seilbahn; ein Netz gilt als vorhanden, wenn die Verkehrsleistung gemäß den von einer zuständigen Behörde festgelegten Bedingungen erbracht wird; dazu gehören die Festlegung der Strecken, die Transportkapazitäten und die Fahrpläne.

(5) Sektorentätigkeiten im Bereich Häfen und Flughäfen sind Tätigkeiten im Zusammenhang mit der Nutzung eines geografisch abgegrenzten Gebiets mit dem Zweck, für Luft-, See- oder Binnenschifffahrtsverkehrsunternehmen Flughäfen, See- oder Binnenhäfen oder andere Terminaleinrichtungen bereitzustellen.

(6) Sektorentätigkeiten im Bereich fossiler Brennstoffe sind Tätigkeiten zur Nutzung eines geografisch abgegrenzten Gebiets zum Zweck

1. der Förderung von Öl oder Gas oder
2. der Exploration oder Förderung von Kohle oder anderen festen Brennstoffen.

(7) Für die Zwecke der Absätze 1 bis 3 umfasst der Begriff „Einspeisung“ die Erzeugung und Produktion sowie den Groß- und Einzelhandel. Die Erzeugung von Gas fällt unter Absatz 6.

§ 103
Öffentliche Aufträge, Rahmenvereinbarungen und Wettbewerbe

(1) Öffentliche Aufträge sind entgeltliche Verträge zwischen öffentlichen Auftraggebern oder Sektorenauftraggebern und Unternehmen über die Beschaffung von Leistungen, die die Lieferung von Waren, die Ausführung von Bauleistungen oder die Erbringung von Dienstleistungen zum Gegenstand haben.

(2) Lieferaufträge sind Verträge zur Beschaffung von Waren, die insbesondere Kauf oder Ratenkauf oder Leasing, Mietverhältnisse oder Pachtverhältnisse mit oder ohne Kaufoption betreffen. Die Verträge können auch Nebenleistungen umfassen.

(3) Bauaufträge sind Verträge über die Ausführung oder die gleichzeitige Planung und Ausführung

1. von Bauleistungen im Zusammenhang mit einer der Tätigkeiten, die in Anhang II der Richtlinie 2014/24/EU des Europäischen Parlaments und des Rates vom 26. Februar 2014 über die öffentliche Auftragsvergabe und zur Aufhebung der Richtlinie 2004/18/EG (ABl. L 94 vom 28.3.2014, S. 65) und Anhang I der Richtlinie 2014/25/EU des Europäischen Parlaments und des Rates vom 26. Februar 2014 über die Vergabe von Aufträgen durch Auftraggeber im Bereich der Wasser-, Energie- und Verkehrsversorgung sowie der Postdienste und zur Aufhebung der Richtlinie 2004/17/EG (ABl. L 94 vom 28.3.2014, S. 243) genannt sind, oder
2. eines Bauwerkes für den öffentlichen Auftraggeber oder Sektorenauftraggeber, das Ergebnis von Tief- oder Hochbauarbeiten ist und eine wirtschaftliche oder technische Funktion erfüllen soll.

Ein Bauauftrag liegt auch vor, wenn ein Dritter eine Bauleistung gemäß den vom öffentlichen Auftraggeber oder Sektorenauftraggeber genannten Erfordernissen erbringt, die Bauleistung dem Auftraggeber unmittelbar wirtschaftlich zugutekommt und dieser einen entscheidenden Einfluss auf Art und Planung der Bauleistung hat.

(4) Als Dienstleistungsaufträge gelten die Verträge über die Erbringung von Leistungen, die nicht unter die Absätze 2 und 3 fallen.

(5) Rahmenvereinbarungen sind Vereinbarungen zwischen einem oder mehreren öffentlichen Auftraggebern oder Sektorenauftraggebern und einem oder mehreren Unternehmen, die dazu dienen, die Bedingungen für die öffentlichen Aufträge, die während eines bestimmten Zeitraums vergeben werden sollen, festzulegen, insbesondere in Bezug auf den Preis. Für die Vergabe von Rahmenverein-

barungen gelten, soweit nichts anderes bestimmt ist, dieselben Vorschriften wie für die Vergabe entsprechender öffentlicher Aufträge.

(6) Wettbewerbe sind Auslobungsverfahren, die dem Auftraggeber aufgrund vergleichender Beurteilung durch ein Preisgericht mit oder ohne Verteilung von Preisen zu einem Plan oder einer Planung verhelfen sollen.

§ 104
Verteidigungs- oder sicherheitsspezifische öffentliche Aufträge

(1) Verteidigungs- oder sicherheitsspezifische öffentliche Aufträge sind öffentliche Aufträge, deren Auftragsgegenstand mindestens eine der folgenden Leistungen umfasst:

1. die Lieferung von Militärausrüstung, einschließlich dazugehöriger Teile, Bauteile oder Bausätze,
2. die Lieferung von Ausrüstung, die im Rahmen eines Verschlusssachenauftrags vergeben wird, einschließlich der dazugehörigen Teile, Bauteile oder Bausätze,
3. Liefer-, Bau- und Dienstleistungen in unmittelbarem Zusammenhang mit der in den Nummern 1 und 2 genannten Ausrüstung in allen Phasen des Lebenszyklus der Ausrüstung oder
4. Bau- und Dienstleistungen speziell für militärische Zwecke oder Bau- und Dienstleistungen, die im Rahmen eines Verschlusssachenauftrags vergeben werden.

(2) Militärausrüstung ist jede Ausrüstung, die eigens zu militärischen Zwecken konzipiert oder für militärische Zwecke angepasst wird und zum Einsatz als Waffe, Munition oder Kriegsmaterial bestimmt ist.

(3) Ein Verschlusssachenauftrag im Sinne dieser Vorschrift ist ein Auftrag im speziellen Bereich der nicht-militärischen Sicherheit, der ähnliche Merkmale aufweist und ebenso schutzbedürftig ist wie ein Auftrag über die Lieferung von Militärausrüstung im Sinne des Absatzes 1 Nummer 1 oder wie Bau- und Dienstleistungen speziell für militärische Zwecke im Sinne des Absatzes 1 Nummer 4, und

1. bei dessen Erfüllung oder Erbringung Verschlusssachen nach § 4 des Gesetzes über die Voraussetzungen und das Verfahren von Sicherheitsüberprüfungen des Bundes oder nach den entsprechenden Bestimmungen der Länder verwendet werden oder
2. der Verschlusssachen im Sinne der Nummer 1 erfordert oder beinhaltet.

§ 105
Konzessionen

(1) Konzessionen sind entgeltliche Verträge, mit denen ein oder mehrere Konzessionsgeber ein oder mehrere Unternehmen

1. mit der Erbringung von Bauleistungen betrauen (Baukonzessionen); dabei besteht die Gegenleistung entweder allein in dem Recht zur Nutzung des Bauwerks oder in diesem Recht zuzüglich einer Zahlung; oder
2. mit der Erbringung und der Verwaltung von Dienstleistungen betrauen, die nicht in der Erbringung von Bauleistungen nach Nummer 1 bestehen (Dienstleistungskonzessionen); dabei besteht die Gegenleistung entweder allein in dem Recht zur Verwertung der Dienstleistungen oder in diesem Recht zuzüglich einer Zahlung.

(2) In Abgrenzung zur Vergabe öffentlicher Aufträge geht bei der Vergabe einer Bau- oder Dienstleistungskonzession das Betriebsrisiko für die Nutzung des Bauwerks oder für die Verwertung der Dienstleistungen auf den Konzessionsnehmer über. Dies ist der Fall, wenn

1. unter normalen Betriebsbedingungen nicht gewährleistet ist, dass die Investitionsaufwendungen oder die Kosten für den Betrieb des Bauwerks oder die Erbringung der Dienstleistungen wieder erwirtschaftet werden können, und
2. der Konzessionsnehmer den Unwägbarkeiten des Marktes tatsächlich ausgesetzt ist, sodass potenzielle geschätzte Verluste des Konzessionsnehmers nicht vernachlässigbar sind.

Das Betriebsrisiko kann ein Nachfrage- oder Angebotsrisiko sein.

§ 106
Schwellenwerte

(1) Dieser Teil gilt für die Vergabe von öffentlichen Aufträgen und Konzessionen sowie die Ausrichtung von Wettbewerben, deren geschätzter Auftrags- oder Vertragswert ohne Umsatzsteuer die jeweils festgelegten Schwellenwerte erreicht oder überschreitet. § 114 Absatz 2 bleibt unberührt.

(2) Der jeweilige Schwellenwert ergibt sich

1. für öffentliche Aufträge und Wettbewerbe, die von öffentlichen Auftraggebern vergeben werden, aus Artikel 4 der Richtlinie 2014/24/EU in der jeweils geltenden Fassung; der sich hieraus für zentrale Regierungsbehörden ergebende Schwellenwert ist von allen obersten Bundesbehörden sowie allen oberen Bundesbehörden und vergleichbaren Bundeseinrichtungen anzuwenden,
2. für öffentliche Aufträge und Wettbewerbe, die von Sektorenauftraggebern zum Zweck der Ausübung einer Sektorentätigkeit vergeben werden, aus Artikel 15 der Richtlinie 2014/25/EU in der jeweils geltenden Fassung,
3. für verteidigungs- oder sicherheitsspezifische öffentliche Aufträge aus Artikel 8 der Richtlinie 2009/81/EG des Europäischen Parlaments und des Rates vom 13. Juli 2009 über die Koordinierung der Verfahren zur Vergabe bestimmter Bau-, Liefer- und Dienstleistungsaufträge in den Bereichen Verteidigung und Sicherheit und zur Änderung der Richtlinien 2004/17/EG und 2004/18/EG (ABl. L 216 vom 20.8.2009, S. 76) in der jeweils geltenden Fassung,
4. für Konzessionen aus Artikel 8 der Richtlinie 2014/23/EU des Europäischen Parlaments und des Rates vom 26. Februar 2014 über die Konzessionsvergabe (ABl. L 94 vom 28.3.2014, S. 1) in der jeweils geltenden Fassung.

(3) Das Bundesministerium für Wirtschaft und Energie gibt die geltenden Schwellenwerte unverzüglich, nachdem sie im Amtsblatt der Europäischen Union veröffentlicht worden sind, im Bundesanzeiger bekannt.

§ 107
Allgemeine Ausnahmen

(1) Dieser Teil ist nicht anzuwenden auf die Vergabe von öffentlichen Aufträgen und Konzessionen

1. zu Schiedsgerichts- und Schlichtungsdienstleistungen,
2. für den Erwerb, die Miete oder die Pacht von Grundstücken, vorhandenen Gebäuden oder anderem unbeweglichem Vermögen sowie Rechten daran, ungeachtet ihrer Finanzierung,

3. zu Arbeitsverträgen,

4. zu Dienstleistungen des Katastrophenschutzes, des Zivilschutzes und der Gefahrenabwehr, die von gemeinnützigen Organisationen oder Vereinigungen erbracht werden und die unter die Referenznummern des Common Procurement Vocabulary 75250000-3, 75251000-0, 75251100-1, 75251110-4, 75251120-7, 75252000-7, 75222000-8, 98113100-9 und 85143000-3 mit Ausnahme des Einsatzes von Krankenwagen zur Patientenbeförderung fallen; gemeinnützige Organisationen oder Vereinigungen im Sinne dieser Nummer sind insbesondere die Hilfsorganisationen, die nach Bundes- oder Landesrecht als Zivil- und Katastrophenschutzorganisationen anerkannt sind.

(2) Dieser Teil ist ferner nicht auf öffentliche Aufträge und Konzessionen anzuwenden,

1. bei denen die Anwendung dieses Teils den Auftraggeber dazu zwingen würde, im Zusammenhang mit dem Vergabeverfahren oder der Auftragsausführung Auskünfte zu erteilen, deren Preisgabe seiner Ansicht nach wesentlichen Sicherheitsinteressen der Bundesrepublik Deutschland im Sinne des Artikels 346 Absatz 1 Buchstabe a des Vertrags über die Arbeitsweise der Europäischen Union widerspricht, oder

2. die dem Anwendungsbereich des Artikels 346 Absatz 1 Buchstabe b des Vertrags über die Arbeitsweise der Europäischen Union unterliegen.

§ 108
Ausnahmen bei öffentlich-öffentlicher Zusammenarbeit

(1) Dieser Teil ist nicht anzuwenden auf die Vergabe von öffentlichen Aufträgen, die von einem öffentlichen Auftraggeber im Sinne des § 99 Nummer 1 bis 3 an eine juristische Person des öffentlichen oder privaten Rechts vergeben werden, wenn

1. der öffentliche Auftraggeber über die juristische Person eine ähnliche Kontrolle wie über seine eigenen Dienststellen ausübt,

2. mehr als 80 Prozent der Tätigkeiten der juristischen Person der Ausführung von Aufgaben dienen, mit denen sie von dem öffentlichen Auftraggeber oder von einer anderen juristischen Person, die von diesem kontrolliert wird, betraut wurde, und

3. an der juristischen Person keine direkte private Kapitalbeteiligung besteht, mit Ausnahme nicht beherrschender Formen der privaten Kapitalbeteiligung und Formen der privaten Kapitalbeteiligung ohne Sperrminorität, die durch gesetzliche Bestimmungen vorgeschrieben sind und die keinen maßgeblichen Einfluss auf die kontrollierte juristische Person vermitteln.

(2) Die Ausübung einer Kontrolle im Sinne von Absatz 1 Nummer 1 wird vermutet, wenn der öffentliche Auftraggeber einen ausschlaggebenden Einfluss auf die strategischen Ziele und die wesentlichen Entscheidungen der juristischen Person ausübt. Die Kontrolle kann auch durch eine andere juristische Person ausgeübt werden, die von dem öffentlichen Auftraggeber auf gleiche Weise kontrolliert wird.

(3) Absatz 1 gilt auch für die Vergabe öffentlicher Aufträge, die von einer kontrollierten juristischen Person, die zugleich öffentlicher Auftraggeber im Sinne des § 99 Nummer 1 bis 3 ist, an den kontrollierenden öffentlichen Auftraggeber oder an eine von diesem öffentlichen Auftraggeber kontrollierte andere juristische Person vergeben werden. Voraussetzung ist, dass keine direkte private Kapitalbeteiligung an der juristischen Person besteht, die den öffentlichen Auftrag erhalten soll. Absatz 1 Nummer 3 zweiter Halbsatz gilt entsprechend.

(4) Dieser Teil ist nicht anzuwenden auf die Vergabe von öffentlichen Aufträgen, bei denen der öffentliche Auftraggeber im Sinne des § 99 Nummer 1 bis 3 über eine juristische Person des privaten oder öffentlichen Rechts zwar keine Kontrolle im Sinne des Absatzes 1 Nummer 1 ausübt, aber

1. der öffentliche Auftraggeber gemeinsam mit anderen öffentlichen Auftraggebern über die juristische Person eine ähnliche Kontrolle ausübt wie jeder der öffentlichen Auftraggeber über seine eigenen Dienststellen,
2. mehr als 80 Prozent der Tätigkeiten der juristischen Person der Ausführung von Aufgaben dienen, mit denen sie von den öffentlichen Auftraggebern oder von einer anderen juristischen Person, die von diesen Auftraggebern kontrolliert wird, betraut wurde, und
3. an der juristischen Person keine direkte private Kapitalbeteiligung besteht; Absatz 1 Nummer 3 zweiter Halbsatz gilt entsprechend.

(5) Eine gemeinsame Kontrolle im Sinne von Absatz 4 Nummer 1 besteht, wenn

1. sich die beschlussfassenden Organe der juristischen Person aus Vertretern sämtlicher teilnehmender öffentlicher Auftraggeber zusammensetzen; ein einzelner Vertreter kann mehrere oder alle teilnehmenden öffentlichen Auftraggeber vertreten,
2. die öffentlichen Auftraggeber gemeinsam einen ausschlaggebenden Einfluss auf die strategischen Ziele und die wesentlichen Entscheidungen der juristischen Person ausüben können und
3. die juristische Person keine Interessen verfolgt, die den Interessen der öffentlichen Auftraggeber zuwiderlaufen.

(6) Dieser Teil ist ferner nicht anzuwenden auf Verträge, die zwischen zwei oder mehreren öffentlichen Auftraggebern im Sinne des § 99 Nummer 1 bis 3 geschlossen werden, wenn

1. der Vertrag eine Zusammenarbeit zwischen den beteiligten öffentlichen Auftraggebern begründet oder erfüllt, um sicherzustellen, dass die von ihnen zu erbringenden öffentlichen Dienstleistungen im Hinblick auf die Erreichung gemeinsamer Ziele ausgeführt werden,
2. die Durchführung der Zusammenarbeit nach Nummer 1 ausschließlich durch Überlegungen im Zusammenhang mit dem öffentlichen Interesse bestimmt wird und
3. die öffentlichen Auftraggeber auf dem Markt weniger als 20 Prozent der Tätigkeiten erbringen, die durch die Zusammenarbeit nach Nummer 1 erfasst sind.

(7) Zur Bestimmung des prozentualen Anteils nach Absatz 1 Nummer 2, Absatz 4 Nummer 2 und Absatz 6 Nummer 3 wird der durchschnittliche Gesamtumsatz der letzten drei Jahre vor Vergabe des öffentlichen Auftrags oder ein anderer geeigneter tätigkeitsgestützter Wert herangezogen. Ein geeigneter tätigkeitsgestützter Wert sind zum Beispiel die Kosten, die der juristischen Person oder dem öffentlichen Auftraggeber in dieser Zeit in Bezug auf Liefer-, Bau- und Dienstleistungen entstanden sind. Liegen für die letzten drei Jahre keine Angaben über den Umsatz oder einen geeigneten alternativen tätigkeitsgestützten Wert wie zum Beispiel Kosten vor oder sind sie nicht aussagekräftig, genügt es, wenn der tätigkeitsgestützte Wert insbesondere durch Prognosen über die Geschäftsentwicklung glaubhaft gemacht wird.

(8) Die Absätze 1 bis 7 gelten entsprechend für Sektorenauftraggeber im Sinne des § 100 Absatz 1 Nummer 1 hinsichtlich der Vergabe von öffentlichen Aufträgen sowie für Konzessionsgeber im Sinne des § 101 Absatz 1 Nummer 1 und 2 hinsichtlich der Vergabe von Konzessionen.

§ 109
Ausnahmen für Vergaben auf der Grundlage internationaler Verfahrensregeln

(1) Dieser Teil ist nicht anzuwenden, wenn öffentliche Aufträge, Wettbewerbe oder Konzessionen

1. nach Vergabeverfahren zu vergeben oder durchzuführen sind, die festgelegt werden durch

   a) ein Rechtsinstrument, das völkerrechtliche Verpflichtungen begründet, wie eine im Einklang mit den EU-Verträgen geschlossene internationale Übereinkunft oder Vereinbarung zwischen der Bundesrepublik Deutschland und einem oder mehreren Staaten, die nicht Vertragsparteien des Übereinkommens über den Europäischen Wirtschaftsraum sind, oder ihren Untereinheiten über Liefer-, Bau- oder Dienstleistungen für ein von den Unterzeichnern gemeinsam zu verwirklichendes oder zu nutzendes Projekt, oder

   b) eine internationale Organisation oder

2. gemäß den Vergaberegeln einer internationalen Organisation oder internationalen Finanzierungseinrichtung bei vollständiger Finanzierung der öffentlichen Aufträge und Wettbewerbe durch diese Organisation oder Einrichtung zu vergeben sind; für den Fall einer überwiegenden Kofinanzierung öffentlicher Aufträge und Wettbewerbe durch eine internationale Organisation oder eine internationale Finanzierungseinrichtung einigen sich die Parteien auf die anwendbaren Vergabeverfahren.

(2) Für verteidigungs- oder sicherheitsspezifische öffentliche Aufträge ist § 145 Nummer 7 und für Konzessionen in den Bereichen Verteidigung und Sicherheit ist § 150 Nummer 7 anzuwenden.

§ 110
Vergabe von öffentlichen Aufträgen und Konzessionen, die verschiedene Leistungen zum Gegenstand haben

(1) Öffentliche Aufträge, die verschiedene Leistungen wie Liefer-, Bau- oder Dienstleistungen zum Gegenstand haben, werden nach den Vorschriften vergeben, denen der Hauptgegenstand des Auftrags zuzuordnen ist. Dasselbe gilt für die Vergabe von Konzessionen, die sowohl Bau- als auch Dienstleistungen zum Gegenstand haben.

(2) Der Hauptgegenstand öffentlicher Aufträge und Konzessionen, die

1. teilweise aus Dienstleistungen, die den Vorschriften zur Vergabe von öffentlichen Aufträgen über soziale und andere besondere Dienstleistungen im Sinne des § 130 oder Konzessionen über soziale und andere besondere Dienstleistungen im Sinne des § 153 unterfallen, und teilweise aus anderen Dienstleistungen bestehen oder

2. teilweise aus Lieferleistungen und teilweise aus Dienstleistungen bestehen,

wird danach bestimmt, welcher geschätzte Wert der jeweiligen Liefer- oder Dienstleistungen am höchsten ist.

§ 111
Vergabe von öffentlichen Aufträgen und Konzessionen, deren Teile unterschiedlichen rechtlichen Regelungen unterliegen

(1) Sind die verschiedenen Teile eines öffentlichen Auftrags, die jeweils unterschiedlichen rechtlichen Regelungen unterliegen, objektiv trennbar, so dürfen getrennte Aufträge für jeden Teil oder darf ein Gesamtauftrag vergeben werden.

(2) Werden getrennte Aufträge vergeben, so wird jeder einzelne Auftrag nach den Vorschriften vergeben, die auf seine Merkmale anzuwenden sind.

(3) Wird ein Gesamtauftrag vergeben,

1. kann der Auftrag ohne Anwendung dieses Teils vergeben werden, wenn ein Teil des Auftrags die Voraussetzungen des § 107 Absatz 2 Nummer 1 oder 2 erfüllt und die Vergabe eines Gesamtauftrags aus objektiven Gründen gerechtfertigt ist,
2. kann der Auftrag nach den Vorschriften über die Vergabe von verteidigungs- oder sicherheitsspezifischen Aufträgen vergeben werden, wenn ein Teil des Auftrags diesen Vorschriften unterliegt und die Vergabe eines Gesamtauftrags aus objektiven Gründen gerechtfertigt ist,
3. sind die Vorschriften zur Vergabe von öffentlichen Aufträgen durch Sektorenauftraggeber anzuwenden, wenn ein Teil des Auftrags diesen Vorschriften unterliegt und der Wert dieses Teils den geltenden Schwellenwert erreicht oder überschreitet; dies gilt auch dann, wenn der andere Teil des Auftrags den Vorschriften über die Vergabe von Konzessionen unterliegt,
4. sind die Vorschriften zur Vergabe von öffentlichen Aufträgen durch öffentliche Auftraggeber anzuwenden, wenn ein Teil des Auftrags den Vorschriften zur Vergabe von Konzessionen und ein anderer Teil des Auftrags den Vorschriften zur Vergabe von öffentlichen Aufträgen durch öffentliche Auftraggeber unterliegt und wenn der Wert dieses Teils den geltenden Schwellenwert erreicht oder überschreitet,
5. sind die Vorschriften dieses Teils anzuwenden, wenn ein Teil des Auftrags den Vorschriften dieses Teils und ein anderer Teil des Auftrags sonstigen Vorschriften außerhalb dieses Teils unterliegt; dies gilt ungeachtet des Wertes des Teils, der sonstigen Vorschriften außerhalb dieses Teils unterliegen würde und ungeachtet ihrer rechtlichen Regelung.

(4) Sind die verschiedenen Teile eines öffentlichen Auftrags, die jeweils unterschiedlichen rechtlichen Regelungen unterliegen, objektiv nicht trennbar,

1. wird der Auftrag nach den Vorschriften vergeben, denen der Hauptgegenstand des Auftrags zuzuordnen ist; enthält der Auftrag Elemente einer Dienstleistungskonzession und eines Lieferauftrags, wird der Hauptgegenstand danach bestimmt, welcher geschätzte Wert der jeweiligen Dienst- oder Lieferleistungen höher ist,
2. kann der Auftrag ohne Anwendung der Vorschriften dieses Teils oder gemäß den Vorschriften über die Vergabe von verteidigungs- oder sicherheitsspezifischen öffentlichen Aufträgen vergeben werden, wenn der Auftrag Elemente enthält, auf die § 107 Absatz 2 Nummer 1 oder 2 anzuwenden ist.

(5) Die Entscheidung, einen Gesamtauftrag oder getrennte Aufträge zu vergeben, darf nicht zu dem Zweck getroffen werden, die Auftragsvergabe von den Vorschriften zur Vergabe öffentlicher Aufträge und Konzessionen auszunehmen.

(6) Auf die Vergabe von Konzessionen sind die Absätze 1, 2 und 3 Nummer 1 und 2 sowie die Absätze 4 und 5 entsprechend anzuwenden.

§ 112
Vergabe von öffentlichen Aufträgen und Konzessionen, die verschiedene Tätigkeiten umfassen

(1) Umfasst ein öffentlicher Auftrag mehrere Tätigkeiten, von denen eine Tätigkeit eine Sektorentätigkeit im Sinne des § 102 darstellt, dürfen getrennte Aufträge für die Zwecke jeder einzelnen Tätigkeit oder darf ein Gesamtauftrag vergeben werden.

(2) Werden getrennte Aufträge vergeben, so wird jeder einzelne Auftrag nach den Vorschriften vergeben, die auf seine Merkmale anzuwenden sind.

(3) Wird ein Gesamtauftrag vergeben, unterliegt dieser Auftrag den Bestimmungen, die für die Tätigkeit gelten, für die der Auftrag hauptsächlich bestimmt ist. Ist der Auftrag sowohl für eine Sektorentätigkeit im Sinne des § 102 als auch für eine Tätigkeit bestimmt, die Verteidigungs- oder Sicherheitsaspekte umfasst, ist § 111 Absatz 3 Nummer 1 und 2 entsprechend anzuwenden.

(4) Die Entscheidung, einen Gesamtauftrag oder getrennte Aufträge zu vergeben, darf nicht zu dem Zweck getroffen werden, die Auftragsvergabe von den Vorschriften dieses Teils auszunehmen.

(5) Ist es objektiv unmöglich, festzustellen, für welche Tätigkeit der Auftrag hauptsächlich bestimmt ist, unterliegt die Vergabe

1. den Vorschriften zur Vergabe von öffentlichen Aufträgen durch öffentliche Auftraggeber, wenn eine der Tätigkeiten, für die der Auftrag bestimmt ist, unter diese Vorschriften fällt,
2. den Vorschriften zur Vergabe von öffentlichen Aufträgen durch Sektorenauftraggeber, wenn der Auftrag sowohl für eine Sektorentätigkeit im Sinne des § 102 als auch für eine Tätigkeit bestimmt ist, die in den Anwendungsbereich der Vorschriften zur Vergabe von Konzessionen fallen würde,
3. den Vorschriften zur Vergabe von öffentlichen Aufträgen durch Sektorenauftraggeber, wenn der Auftrag sowohl für eine Sektorentätigkeit im Sinne des § 102 als auch für eine Tätigkeit bestimmt ist, die weder in den Anwendungsbereich der Vorschriften zur Vergabe von Konzessionen noch in den Anwendungsbereich der Vorschriften zur Vergabe öffentlicher Aufträge durch öffentliche Auftraggeber fallen würde.

(6) Umfasst eine Konzession mehrere Tätigkeiten, von denen eine Tätigkeit eine Sektorentätigkeit im Sinne des § 102 darstellt, sind die Absätze 1 bis 4 entsprechend anzuwenden. Ist es objektiv unmöglich, festzustellen, für welche Tätigkeit die Konzession hauptsächlich bestimmt ist, unterliegt die Vergabe

1. den Vorschriften zur Vergabe von Konzessionen durch Konzessionsgeber im Sinne des § 101 Absatz 1 Nummer 1, wenn eine der Tätigkeiten, für die die Konzession bestimmt ist, diesen Bestimmungen und die andere Tätigkeit den Bestimmungen für die Vergabe von Konzessionen durch Konzessionsgeber im Sinne des § 101 Absatz 1 Nummer 2 oder Nummer 3 unterliegt,
2. den Vorschriften zur Vergabe von öffentlichen Aufträgen durch öffentliche Auftraggeber, wenn eine der Tätigkeiten, für die die Konzession bestimmt ist, unter diese Vorschriften fällt,
3. den Vorschriften zur Vergabe von Konzessionen, wenn eine der Tätigkeiten, für die die Konzession bestimmt ist, diesen Vorschriften und die andere Tätigkeit weder den Vorschriften zur Vergabe von öffentlichen Aufträgen durch Sektorenauftraggeber noch den Vorschriften zur Vergabe öffentlicher Aufträge durch öffentliche Auftraggeber unterliegt.

§ 113
Verordnungsermächtigung

Die Bundesregierung wird ermächtigt, durch Rechtsverordnungen mit Zustimmung des Bundesrates die Einzelheiten zur Vergabe von öffentlichen Aufträgen und Konzessionen sowie zur Ausrichtung von Wettbewerben zu regeln. Diese Ermächtigung umfasst die Befugnis zur Regelung von Anforderungen an den Auftragsgegenstand und an das Vergabeverfahren, insbesondere zur Regelung

1. der Schätzung des Auftrags- oder Vertragswertes,
2. der Leistungsbeschreibung, der Bekanntmachung, der Verfahrensarten und des Ablaufs des Vergabeverfahrens, der Nebenangebote, der Vergabe von Unteraufträgen sowie der Vergabe öf-

fentlicher Aufträge und Konzessionen, die soziale und andere besondere Dienstleistungen betreffen,

3. der besonderen Methoden und Instrumente in Vergabeverfahren und für Sammelbeschaffungen einschließlich der zentralen Beschaffung,
4. des Sendens, Empfangens, Weiterleitens und Speicherns von Daten einschließlich der Regelungen zum Inkrafttreten der entsprechenden Verpflichtungen,
5. der Auswahl und Prüfung der Unternehmen und Angebote sowie des Abschlusses des Vertrags,
6. der Aufhebung des Vergabeverfahrens,
7. der verteidigungs- oder sicherheitsspezifischen Anforderungen im Hinblick auf den Geheimschutz, auf die allgemeinen Regelungen zur Wahrung der Vertraulichkeit, auf die Versorgungssicherheit sowie auf die besonderen Regelungen für die Vergabe von Unteraufträgen,
8. der Voraussetzungen, nach denen Sektorenauftraggeber, Konzessionsgeber oder Auftraggeber nach dem Bundesberggesetz von der Verpflichtung zur Anwendung dieses Teils befreit werden können, sowie des dabei anzuwendenden Verfahrens einschließlich der erforderlichen Ermittlungsbefugnisse des Bundeskartellamtes und der Einzelheiten der Kostenerhebung; Vollstreckungserleichterungen dürfen vorgesehen werden.

Die Rechtsverordnungen sind dem Bundestag zuzuleiten. Die Zuleitung erfolgt vor der Zuleitung an den Bundesrat. Die Rechtsverordnungen können durch Beschluss des Bundestages geändert oder abgelehnt werden. Der Beschluss des Bundestages wird der Bundesregierung zugeleitet. Hat sich der Bundestag nach Ablauf von drei Sitzungswochen seit Eingang der Rechtsverordnungen nicht mit ihnen befasst, so werden die unveränderten Rechtsverordnungen dem Bundesrat zugeleitet.

§ 114
Monitoring und Pflicht zur Übermittlung von Vergabedaten

(1) Die obersten Bundesbehörden und die Länder erstatten in ihrem jeweiligen Zuständigkeitsbereich dem Bundesministerium für Wirtschaft und Energie über die Anwendung der Vorschriften dieses Teils und der aufgrund des § 113 erlassenen Rechtsverordnungen bis zum 15. Februar 2017 und danach alle drei Jahre jeweils bis zum 15. Februar schriftlich Bericht.

(2) Auftraggeber im Sinne des § 98 übermitteln an das Bundesministerium für Wirtschaft und Energie Daten zu öffentlichen Aufträgen im Sinne des § 103 Absatz 1 und zu Konzessionen im Sinne des § 105 zur Gewinnung flächendeckender Daten im Vergabewesen. Die zu übermittelnden Daten umfassen für öffentliche Aufträge im Sinne des § 103 Absatz 1 und für Konzessionen im Sinne des § 105 oberhalb der jeweils geltenden Schwellenwerte maximal Daten, die in den Bekanntmachungen über vergebene öffentliche Aufträge und Konzessionen enthalten sind. Die zu übermittelnden Daten umfassen für öffentliche Aufträge durch öffentliche Auftraggeber im Sinne des § 99 unterhalb der jeweils geltenden Schwellenwerte und oberhalb einer durch die Verordnung nach Satz 4 festzulegenden Bagatellgrenze Daten zur Art und zur Menge der Leistung sowie zum Wert des erfolgreichen Angebots. Die Bundesregierung wird ermächtigt, durch Rechtsverordnung mit Zustimmung des Bundesrates die Einzelheiten der Datenübermittlung einschließlich des Umfangs der zu übermittelnden Daten und des Zeitpunkts des Inkrafttretens der entsprechenden Verpflichtungen zu regeln.

Abschnitt 2
Vergabe von öffentlichen Aufträgen durch öffentliche Auftraggeber

Unterabschnitt 1
Anwendungsbereich

§ 115
Anwendungsbereich

Dieser Abschnitt ist anzuwenden auf die Vergabe von öffentlichen Aufträgen und die Ausrichtung von Wettbewerben durch öffentliche Auftraggeber.

§ 116
Besondere Ausnahmen

(1) Dieser Teil ist nicht anzuwenden auf die Vergabe von öffentlichen Aufträgen durch öffentliche Auftraggeber, wenn diese Aufträge Folgendes zum Gegenstand haben:

1. Rechtsdienstleistungen, die eine der folgenden Tätigkeiten betreffen:
   a) Vertretung eines Mandanten durch einen Rechtsanwalt in
      aa) Gerichts- oder Verwaltungsverfahren vor nationalen oder internationalen Gerichten, Behörden oder Einrichtungen,
      bb) nationalen oder internationalen Schiedsgerichts- oder Schlichtungsverfahren,
   b) Rechtsberatung durch einen Rechtsanwalt, sofern diese zur Vorbereitung eines Verfahrens im Sinne von Buchstabe a dient oder wenn konkrete Anhaltspunkte dafür vorliegen und eine hohe Wahrscheinlichkeit besteht, dass die Angelegenheit, auf die sich die Rechtsberatung bezieht, Gegenstand eines solchen Verfahrens werden wird,
   c) Beglaubigungen und Beurkundungen, sofern sie von Notaren vorzunehmen sind,
   d) Tätigkeiten von gerichtlich bestellten Betreuern, Vormündern, Pflegern, Verfahrensbeiständen, Sachverständigen oder Verwaltern oder sonstige Rechtsdienstleistungen, deren Erbringer durch ein Gericht dafür bestellt oder durch Gesetz dazu bestimmt werden, um bestimmte Aufgaben unter der Aufsicht dieser Gerichte wahrzunehmen, oder
   e) Tätigkeiten, die zumindest teilweise mit der Ausübung von hoheitlichen Befugnissen verbunden sind,
2. Forschungs- und Entwicklungsdienstleistungen, es sei denn, es handelt sich um Forschungs- und Entwicklungsdienstleistungen, die unter die Referenznummern des Common Procurement Vocabulary 73000000-2 bis 73120000-9, 73300000-5, 73420000-2 und 73430000-5 fallen und
   a) bei denen die Ergebnisse ausschließlich Eigentum des Auftraggebers für seinen Gebrauch bei der Ausübung seiner eigenen Tätigkeit werden und
   b) die Dienstleistung vollständig durch den Auftraggeber vergütet wird,
3. den Erwerb, die Entwicklung, die Produktion oder die Koproduktion von Sendematerial für audiovisuelle Mediendienste oder Hörfunkmediendienste, wenn diese Aufträge von Anbietern von audiovisuellen Mediendiensten oder Hörfunkmediendiensten vergeben werden, die Ausstrahlungszeit oder die Bereitstellung von Sendungen, wenn diese Aufträge an Anbieter von audiovisuellen Mediendiensten oder Hörfunkmediendiensten vergeben werden,

4. finanzielle Dienstleistungen im Zusammenhang mit der Ausgabe, dem Verkauf, dem Ankauf oder der Übertragung von Wertpapieren oder anderen Finanzinstrumenten, Dienstleistungen der Zentralbanken sowie mit der Europäischen Finanzstabilisierungsfazilität und dem Europäischen Stabilitätsmechanismus durchgeführte Transaktionen,

5. Kredite und Darlehen, auch im Zusammenhang mit der Ausgabe, dem Verkauf, dem Ankauf oder der Übertragung von Wertpapieren oder anderen Finanzinstrumenten oder

6. Dienstleistungen, die an einen öffentlichen Auftraggeber nach § 99 Nummer 1 bis 3 vergeben werden, der ein auf Gesetz oder Verordnung beruhendes ausschließliches Recht hat, die Leistungen zu erbringen.

(2) Dieser Teil ist ferner nicht auf öffentliche Aufträge und Wettbewerbe anzuwenden, die hauptsächlich den Zweck haben, dem öffentlichen Auftraggeber die Bereitstellung oder den Betrieb öffentlicher Kommunikationsnetze oder die Bereitstellung eines oder mehrerer elektronischer Kommunikationsdienste für die Öffentlichkeit zu ermöglichen.

§ 117
Besondere Ausnahmen für Vergaben, die Verteidigungs- oder Sicherheitsaspekte umfassen

Bei öffentlichen Aufträgen und Wettbewerben, die Verteidigungs- oder Sicherheitsaspekte umfassen, ohne verteidigungs- oder sicherheitsspezifische Aufträge zu sein, ist dieser Teil nicht anzuwenden,

1. soweit der Schutz wesentlicher Sicherheitsinteressen der Bundesrepublik Deutschland nicht durch weniger einschneidende Maßnahmen gewährleistet werden kann, zum Beispiel durch Anforderungen, die auf den Schutz der Vertraulichkeit der Informationen abzielen, die der öffentliche Auftraggeber im Rahmen eines Vergabeverfahrens zur Verfügung stellt,

2. soweit die Voraussetzungen des Artikels 346 Absatz 1 Buchstabe a des Vertrags über die Arbeitsweise der Europäischen Union erfüllt sind,

3. wenn die Vergabe und die Ausführung des Auftrags für geheim erklärt werden oder nach den Rechts- oder Verwaltungsvorschriften besondere Sicherheitsmaßnahmen erfordern; Voraussetzung hierfür ist eine Feststellung darüber, dass die betreffenden wesentlichen Interessen nicht durch weniger einschneidende Maßnahmen gewährleistet werden können, zum Beispiel durch Anforderungen, die auf den Schutz der Vertraulichkeit der Informationen abzielen,

4. wenn der öffentliche Auftraggeber verpflichtet ist, die Vergabe oder Durchführung nach anderen Vergabeverfahren vorzunehmen, die festgelegt sind durch

   a) eine im Einklang mit den EU-Verträgen geschlossene internationale Übereinkunft oder Vereinbarung zwischen der Bundesrepublik Deutschland und einem oder mehreren Staaten, die nicht Vertragsparteien des Übereinkommens über den Europäischen Wirtschaftsraum sind, oder ihren Untereinheiten über Liefer-, Bau- oder Dienstleistungen für ein von den Unterzeichnern gemeinsam zu verwirklichendes oder zu nutzendes Projekt,

   b) eine internationale Übereinkunft oder Vereinbarung im Zusammenhang mit der Stationierung von Truppen, die Unternehmen betrifft, die ihren Sitz in der Bundesrepublik Deutschland oder einem Staat haben, der nicht Vertragspartei des Übereinkommens über den Europäischen Wirtschaftsraums ist, oder

   c) eine internationale Organisation oder

5. wenn der öffentliche Auftraggeber gemäß den Vergaberegeln einer internationalen Organisation oder internationalen Finanzierungseinrichtung einen öffentlichen Auftrag vergibt oder einen Wettbewerb ausrichtet und dieser öffentliche Auftrag oder Wettbewerb vollständig durch diese Organisation oder Einrichtung finanziert wird. Im Falle einer überwiegenden Kofinanzierung durch eine internationale Organisation oder eine internationale Finanzierungseinrichtung einigen sich die Parteien auf die anwendbaren Vergabeverfahren.

§ 118
Bestimmten Auftragnehmern vorbehaltene öffentliche Aufträge

(1) Öffentliche Auftraggeber können das Recht zur Teilnahme an Vergabeverfahren Werkstätten für Menschen mit Behinderungen und Unternehmen vorbehalten, deren Hauptzweck die soziale und berufliche Integration von Menschen mit Behinderungen oder von benachteiligten Personen ist, oder bestimmen, dass öffentliche Aufträge im Rahmen von Programmen mit geschützten Beschäftigungsverhältnissen durchzuführen sind.

(2) Voraussetzung ist, dass mindestens 30 Prozent der in diesen Werkstätten oder Unternehmen Beschäftigten Menschen mit Behinderungen oder benachteiligte Personen sind.

Unterabschnitt 2
Vergabeverfahren und Auftragsausführung

§ 119
Verfahrensarten

(1) Die Vergabe von öffentlichen Aufträgen erfolgt im offenen Verfahren, im nicht offenen Verfahren, im Verhandlungsverfahren, im wettbewerblichen Dialog oder in der Innovationspartnerschaft.

(2) Öffentlichen Auftraggebern stehen das offene Verfahren und das nicht offene Verfahren, das stets einen Teilnahmewettbewerb erfordert, nach ihrer Wahl zur Verfügung. Die anderen Verfahrensarten stehen nur zur Verfügung, soweit dies aufgrund dieses Gesetzes gestattet ist.

(3) Das offene Verfahren ist ein Verfahren, in dem der öffentliche Auftraggeber eine unbeschränkte Anzahl von Unternehmen öffentlich zur Abgabe von Angeboten auffordert.

(4) Das nicht offene Verfahren ist ein Verfahren, bei dem der öffentliche Auftraggeber nach vorheriger öffentlicher Aufforderung zur Teilnahme eine beschränkte Anzahl von Unternehmen nach objektiven, transparenten und nichtdiskriminierenden Kriterien auswählt (Teilnahmewettbewerb), die er zur Abgabe von Angeboten auffordert.

(5) Das Verhandlungsverfahren ist ein Verfahren, bei dem sich der öffentliche Auftraggeber mit oder ohne Teilnahmewettbewerb an ausgewählte Unternehmen wendet, um mit einem oder mehreren dieser Unternehmen über die Angebote zu verhandeln.

(6) Der wettbewerbliche Dialog ist ein Verfahren zur Vergabe öffentlicher Aufträge mit dem Ziel der Ermittlung und Festlegung der Mittel, mit denen die Bedürfnisse des öffentlichen Auftraggebers am besten erfüllt werden können. Nach einem Teilnahmewettbewerb eröffnet der öffentliche Auftraggeber mit den ausgewählten Unternehmen einen Dialog zur Erörterung aller Aspekte der Auftragsvergabe.

(7) Die Innovationspartnerschaft ist ein Verfahren zur Entwicklung innovativer, noch nicht auf dem Markt verfügbarer Liefer-, Bau- oder Dienstleistungen und zum anschließenden Erwerb der daraus hervorgehenden Leistungen. Nach einem Teilnahmewettbewerb verhandelt der öffentliche Auftraggeber in mehreren Phasen mit den ausgewählten Unternehmen über die Erst- und Folgeangebote.

§ 120
Besondere Methoden und Instrumente in Vergabeverfahren

(1) Ein dynamisches Beschaffungssystem ist ein zeitlich befristetes, ausschließlich elektronisches Verfahren zur Beschaffung marktüblicher Leistungen, bei denen die allgemein auf dem Markt verfügbaren Merkmale den Anforderungen des öffentlichen Auftraggebers genügen.

(2) Eine elektronische Auktion ist ein sich schrittweise wiederholendes elektronisches Verfahren zur Ermittlung des wirtschaftlichsten Angebots. Jeder elektronischen Auktion geht eine vollständige erste Bewertung aller Angebote voraus.

(3) Ein elektronischer Katalog ist ein auf der Grundlage der Leistungsbeschreibung erstelltes Verzeichnis der zu beschaffenden Liefer-, Bau- und Dienstleistungen in einem elektronischen Format. Er kann insbesondere beim Abschluss von Rahmenvereinbarungen eingesetzt werden und Abbildungen, Preisinformationen und Produktbeschreibungen umfassen.

(4) Eine zentrale Beschaffungsstelle ist ein öffentlicher Auftraggeber, der für andere öffentliche Auftraggeber dauerhaft Liefer- und Dienstleistungen beschafft, öffentliche Aufträge vergibt oder Rahmenvereinbarungen abschließt (zentrale Beschaffungstätigkeit). Öffentliche Auftraggeber können Liefer- und Dienstleistungen von zentralen Beschaffungsstellen erwerben oder Liefer-, Bau- und Dienstleistungsaufträge mittels zentraler Beschaffungsstellen vergeben. Öffentliche Aufträge zur Ausübung zentraler Beschaffungstätigkeiten können an eine zentrale Beschaffungsstelle vergeben werden, ohne ein Vergabeverfahren nach den Vorschriften dieses Teils durchzuführen. Derartige Dienstleistungsaufträge können auch Beratungs- und Unterstützungsleistungen bei der Vorbereitung oder Durchführung von Vergabeverfahren umfassen. Die Teile 1 bis 3 bleiben unberührt.

§ 121
Leistungsbeschreibung

(1) In der Leistungsbeschreibung ist der Auftragsgegenstand so eindeutig und erschöpfend wie möglich zu beschreiben, sodass die Beschreibung für alle Unternehmen im gleichen Sinne verständlich ist und die Angebote miteinander verglichen werden können. Die Leistungsbeschreibung enthält die Funktions- oder Leistungsanforderungen oder eine Beschreibung der zu lösenden Aufgabe, deren Kenntnis für die Erstellung des Angebots erforderlich ist, sowie die Umstände und Bedingungen der Leistungserbringung.

(2) Bei der Beschaffung von Leistungen, die zur Nutzung durch natürliche Personen vorgesehen sind, sind bei der Erstellung der Leistungsbeschreibung außer in ordnungsgemäß begründeten Fällen die Zugänglichkeitskriterien für Menschen mit Behinderungen oder die Konzeption für alle Nutzer zu berücksichtigen.

(3) Die Leistungsbeschreibung ist den Vergabeunterlagen beizufügen.

§ 122
Eignung

(1) Öffentliche Aufträge werden an fachkundige und leistungsfähige (geeignete) Unternehmen vergeben, die nicht nach den §§ 123 oder 124 ausgeschlossen worden sind.

(2) Ein Unternehmen ist geeignet, wenn es die durch den öffentlichen Auftraggeber im Einzelnen zur ordnungsgemäßen Ausführung des öffentlichen Auftrags festgelegten Kriterien (Eignungskriterien) erfüllt. Die Eignungskriterien dürfen ausschließlich Folgendes betreffen:

1. Befähigung und Erlaubnis zur Berufsausübung,

2. wirtschaftliche und finanzielle Leistungsfähigkeit,

3. technische und berufliche Leistungsfähigkeit.

(3) Der Nachweis der Eignung und des Nichtvorliegens von Ausschlussgründen nach den §§ 123 und 124 kann ganz oder teilweise durch die Teilnahme an Präqualifizierungssystemen erbracht werden.

(4) Eignungskriterien müssen mit dem Auftragsgegenstand in Verbindung und zu diesem in einem angemessenen Verhältnis stehen. Sie sind in der Auftragsbekanntmachung, der Vorinformation oder der Aufforderung zur Interessensbestätigung aufzuführen.

§ 123
Zwingende Ausschlussgründe

(1) Öffentliche Auftraggeber schließen ein Unternehmen zu jedem Zeitpunkt des Vergabeverfahrens von der Teilnahme aus, wenn sie Kenntnis davon haben, dass eine Person, deren Verhalten nach Absatz 3 dem Unternehmen zuzurechnen ist, rechtskräftig verurteilt oder gegen das Unternehmen eine Geldbuße nach § 30 des Gesetzes über Ordnungswidrigkeiten rechtskräftig festgesetzt worden ist wegen einer Straftat nach:

1. § 129 des Strafgesetzbuchs (Bildung krimineller Vereinigungen), § 129a des Strafgesetzbuchs (Bildung terroristischer Vereinigungen) oder § 129b des Strafgesetzbuchs (Kriminelle und terroristische Vereinigungen im Ausland),

2. § 89c des Strafgesetzbuchs (Terrorismusfinanzierung) oder wegen der Teilnahme an einer solchen Tat oder wegen der Bereitstellung oder Sammlung finanzieller Mittel in Kenntnis dessen, dass diese finanziellen Mittel ganz oder teilweise dazu verwendet werden oder verwendet werden sollen, eine Tat nach § 89a Absatz 2 Nummer 2 des Strafgesetzbuchs zu begehen,

3. § 261 des Strafgesetzbuchs (Geldwäsche; Verschleierung unrechtmäßig erlangter Vermögenswerte),

4. § 263 des Strafgesetzbuchs (Betrug), soweit sich die Straftat gegen den Haushalt der Europäischen Union oder gegen Haushalte richtet, die von der Europäischen Union oder in ihrem Auftrag verwaltet werden,

5. § 264 des Strafgesetzbuchs (Subventionsbetrug), soweit sich die Straftat gegen den Haushalt der Europäischen Union oder gegen Haushalte richtet, die von der Europäischen Union oder in ihrem Auftrag verwaltet werden,

6. § 299 des Strafgesetzbuchs (Bestechlichkeit und Bestechung im geschäftlichen Verkehr),

7. § 108e des Strafgesetzbuchs (Bestechlichkeit und Bestechung von Mandatsträgern),

8. den §§ 333 und 334 des Strafgesetzbuchs (Vorteilsgewährung und Bestechung), jeweils auch in Verbindung mit § 335a des Strafgesetzbuchs (Ausländische und internationale Bedienstete),

9. Artikel 2 § 2 des Gesetzes zur Bekämpfung internationaler Bestechung (Bestechung ausländischer Abgeordneter im Zusammenhang mit internationalem Geschäftsverkehr) oder

10. den §§ 232 und 233 des Strafgesetzbuchs (Menschenhandel) oder § 233a des Strafgesetzbuchs (Förderung des Menschenhandels).

(2) Einer Verurteilung oder der Festsetzung einer Geldbuße im Sinne des Absatzes 1 stehen eine Verurteilung oder die Festsetzung einer Geldbuße nach den vergleichbaren Vorschriften anderer Staaten gleich.

(3) Das Verhalten einer rechtskräftig verurteilten Person ist einem Unternehmen zuzurechnen, wenn diese Person als für die Leitung des Unternehmens Verantwortlicher gehandelt hat; dazu gehört auch die Überwachung der Geschäftsführung oder die sonstige Ausübung von Kontrollbefugnissen in leitender Stellung.

(4) Öffentliche Auftraggeber schließen ein Unternehmen zu jedem Zeitpunkt des Vergabeverfahrens von der Teilnahme an einem Vergabeverfahren aus, wenn

1. das Unternehmen seinen Verpflichtungen zur Zahlung von Steuern, Abgaben oder Beiträgen zur Sozialversicherung nicht nachgekommen ist und dies durch eine rechtskräftige Gerichts- oder bestandskräftige Verwaltungsentscheidung festgestellt wurde oder
2. die öffentlichen Auftraggeber auf sonstige geeignete Weise die Verletzung einer Verpflichtung nach Nummer 1 nachweisen können.

Satz 1 ist nicht anzuwenden, wenn das Unternehmen seinen Verpflichtungen dadurch nachgekommen ist, dass es die Zahlung vorgenommen oder sich zur Zahlung der Steuern, Abgaben und Beiträge zur Sozialversicherung einschließlich Zinsen, Säumnisund Strafzuschlägen verpflichtet hat.

(5) Von einem Ausschluss nach Absatz 1 kann abgesehen werden, wenn dies aus zwingenden Gründen des öffentlichen Interesses geboten ist. Von einem Ausschluss nach Absatz 4 Satz 1 kann abgesehen werden, wenn dies aus zwingenden Gründen des öffentlichen Interesses geboten ist oder ein Ausschluss offensichtlich unverhältnismäßig wäre. § 125 bleibt unberührt.

§ 124
Fakultative Ausschlussgründe

(1) Öffentliche Auftraggeber können unter Berücksichtigung des Grundsatzes der Verhältnismäßigkeit ein Unternehmen zu jedem Zeitpunkt des Vergabeverfahrens von der Teilnahme an einem Vergabeverfahren ausschließen, wenn

1. das Unternehmen bei der Ausführung öffentlicher Aufträge nachweislich gegen geltende umwelt-, sozial- oder arbeitsrechtliche Verpflichtungen verstoßen hat,
2. das Unternehmen zahlungsunfähig ist, über das Vermögen des Unternehmens ein Insolvenzverfahren oder ein vergleichbares Verfahren beantragt oder eröffnet worden ist, die Eröffnung eines solchen Verfahrens mangels Masse abgelehnt worden ist, sich das Unternehmen im Verfahren der Liquidation befindet oder seine Tätigkeit eingestellt hat,
3. das Unternehmen im Rahmen der beruflichen Tätigkeit nachweislich eine schwere Verfehlung begangen hat, durch die die Integrität des Unternehmens infrage gestellt wird; § 123 Absatz 3 ist entsprechend anzuwenden,
4. der öffentliche Auftraggeber über hinreichende Anhaltspunkte dafür verfügt, dass das Unternehmen Vereinbarungen mit anderen Unternehmen getroffen hat, die eine Verhinderung, Einschränkung oder Verfälschung des Wettbewerbs bezwecken oder bewirken,
5. ein Interessenkonflikt bei der Durchführung des Vergabeverfahrens besteht, der die Unparteilichkeit und Unabhängigkeit einer für den öffentlichen Auftraggeber tätigen Person bei der Durchführung des Vergabeverfahrens beeinträchtigen könnte und der durch andere, weniger einschneidende Maßnahmen nicht wirksam beseitigt werden kann,
6. eine Wettbewerbsverzerrung daraus resultiert, dass das Unternehmen bereits in die Vorbereitung des Vergabeverfahrens einbezogen war, und diese Wettbewerbsverzerrung nicht durch andere, weniger einschneidende Maßnahmen beseitigt werden kann,

7. das Unternehmen eine wesentliche Anforderung bei der Ausführung eines früheren öffentlichen Auftrags oder Konzessionsvertrags erheblich oder fortdauernd mangelhaft erfüllt hat und dies zu einer vorzeitigen Beendigung, zu Schadensersatz oder zu einer vergleichbaren Rechtsfolge geführt hat,

8. das Unternehmen in Bezug auf Ausschlussgründe oder Eignungskriterien eine schwerwiegende Täuschung begangen oder Auskünfte zurückgehalten hat oder nicht in der Lage ist, die erforderlichen Nachweise zu übermitteln, oder

9. das Unternehmen
   a) versucht hat, die Entscheidungsfindung des öffentlichen Auftraggebers in unzulässiger Weise zu beeinflussen,
   b) versucht hat, vertrauliche Informationen zu erhalten, durch die es unzulässige Vorteile beim Vergabeverfahren erlangen könnte, oder
   c) fahrlässig oder vorsätzlich irreführende Informationen übermittelt hat, die die Vergabeentscheidung des öffentlichen Auftraggebers erheblich beeinflussen könnten, oder versucht hat, solche Informationen zu übermitteln.

(2) § 21 des Arbeitnehmer-Entsendegesetzes, § 98c des Aufenthaltsgesetzes, § 19 des Mindestlohngesetzes und § 21 des Schwarzarbeitsbekämpfungsgesetzes bleiben unberührt.

§ 125
Selbstreinigung

(1) Öffentliche Auftraggeber schließen ein Unternehmen, bei dem ein Ausschlussgrund nach § 123 oder § 124 vorliegt, nicht von der Teilnahme an dem Vergabeverfahren aus, wenn das Unternehmen nachgewiesen hat, dass es

1. für jeden durch eine Straftat oder ein Fehlverhalten verursachten Schaden einen Ausgleich gezahlt oder sich zur Zahlung eines Ausgleichs verpflichtet hat,
2. die Tatsachen und Umstände, die mit der Straftat oder dem Fehlverhalten und dem dadurch verursachten Schaden in Zusammenhang stehen, durch eine aktive Zusammenarbeit mit den Ermittlungsbehörden und dem öffentlichen Auftraggeber umfassend geklärt hat, und
3. konkrete technische, organisatorische und personelle Maßnahmen ergriffen hat, die geeignet sind, weitere Straftaten oder weiteres Fehlverhalten zu vermeiden.

§ 123 Absatz 4 Satz 2 bleibt unberührt.

(2) Öffentliche Auftraggeber bewerten die von dem Unternehmen ergriffenen Selbstreinigungsmaßnahmen und berücksichtigen dabei die Schwere und die besonderen Umstände der Straftat oder des Fehlverhaltens. Erachten die öffentlichen Auftraggeber die Selbstreinigungsmaßnahmen des Unternehmens als unzureichend, so begründen sie diese Entscheidung gegenüber dem Unternehmen.

§ 126
Zulässiger Zeitraum für Ausschlüsse

Wenn ein Unternehmen, bei dem ein Ausschlussgrund vorliegt, keine oder keine ausreichenden Selbstreinigungsmaßnahmen nach § 125 ergriffen hat, darf es

1. bei Vorliegen eines Ausschlussgrundes nach § 123 höchstens fünf Jahre ab dem Tag der rechtskräftigen Verurteilung von der Teilnahme an Vergabeverfahren ausgeschlossen werden,

2. bei Vorliegen eines Ausschlussgrundes nach § 124 höchstens drei Jahre ab dem betreffenden Ereignis von der Teilnahme an Vergabeverfahren ausgeschlossen werden.

§ 127
Zuschlag

(1) Der Zuschlag wird auf das wirtschaftlichste Angebot erteilt. Grundlage dafür ist eine Bewertung des öffentlichen Auftraggebers, ob und inwieweit das Angebot die vorgegebenen Zuschlagskriterien erfüllt. Das wirtschaftlichste Angebot bestimmt sich nach dem besten Preis-Leistungs-Verhältnis. Zu dessen Ermittlung können neben dem Preis oder den Kosten auch qualitative, umweltbezogene oder soziale Aspekte berücksichtigt werden.

(2) Verbindliche Vorschriften zur Preisgestaltung sind bei der Ermittlung des wirtschaftlichsten Angebots zu beachten.

(3) Die Zuschlagskriterien müssen mit dem Auftragsgegenstand in Verbindung stehen. Diese Verbindung ist auch dann anzunehmen, wenn sich ein Zuschlagskriterium auf Prozesse im Zusammenhang mit der Herstellung, Bereitstellung oder Entsorgung der Leistung, auf den Handel mit der Leistung oder auf ein anderes Stadium im Lebenszyklus der Leistung bezieht, auch wenn sich diese Faktoren nicht auf die materiellen Eigenschaften des Auftragsgegenstandes auswirken.

(4) Die Zuschlagskriterien müssen so festgelegt und bestimmt sein, dass die Möglichkeit eines wirksamen Wettbewerbs gewährleistet wird, der Zuschlag nicht willkürlich erteilt werden kann und eine wirksame Überprüfung möglich ist, ob und inwieweit die Angebote die Zuschlagskriterien erfüllen. Lassen öffentliche Auftraggeber Nebenangebote zu, legen sie die Zuschlagskriterien so fest, dass sie sowohl auf Hauptangebote als auch auf Nebenangebote anwendbar sind.

(5) Die Zuschlagskriterien und deren Gewichtung müssen in der Auftragsbekanntmachung oder den Vergabeunterlagen aufgeführt werden.

§ 128
Auftragsausführung

(1) Unternehmen haben bei der Ausführung des öffentlichen Auftrags alle für sie geltenden rechtlichen Verpflichtungen einzuhalten, insbesondere Steuern, Abgaben und Beiträge zur Sozialversicherung zu entrichten, die arbeitsschutzrechtlichen Regelungen einzuhalten und den Arbeitnehmerinnen und Arbeitnehmern wenigstens diejenigen Mindestarbeitsbedingungen einschließlich des Mindestentgelts zu gewähren, die nach dem Mindestlohngesetz, einem nach dem Tarifvertragsgesetz mit den Wirkungen des Arbeitnehmer-Entsendegesetzes für allgemein verbindlich erklärten Tarifvertrag oder einer nach § 7, § 7a oder § 11 des Arbeitnehmer-Entsendegesetzes oder einer nach § 3a des Arbeitnehmerüberlassungsgesetzes erlassenen Rechtsverordnung für die betreffende Leistung verbindlich vorgegeben werden.

(2) Öffentliche Auftraggeber können darüber hinaus besondere Bedingungen für die Ausführung eines Auftrags (Ausführungsbedingungen) festlegen, sofern diese mit dem Auftragsgegenstand entsprechend § 127 Absatz 3 in Verbindung stehen. Die Ausführungsbedingungen müssen sich aus der Auftragsbekanntmachung oder den Vergabeunterlagen ergeben. Sie können insbesondere wirtschaftliche, innovationsbezogene, umweltbezogene, soziale oder beschäftigungspolitische Belange oder den Schutz der Vertraulichkeit von Informationen umfassen.

§ 129
Zwingend zu berücksichtigende Ausführungsbedingungen

Ausführungsbedingungen, die der öffentliche Auftraggeber dem beauftragten Unternehmen verbindlich vorzugeben hat, dürfen nur aufgrund eines Bundes- oder Landesgesetzes festgelegt werden.

§ 130
Vergabe von öffentlichen Aufträgen über soziale und andere besondere Dienstleistungen

(1) Bei der Vergabe von öffentlichen Aufträgen über soziale und andere besondere Dienstleistungen im Sinne des Anhangs XIV der Richtlinie 2014/24/EU stehen öffentlichen Auftraggebern das offene Verfahren, das nicht offene Verfahren, das Verhandlungsverfahren mit Teilnahmewettbewerb, der wettbewerbliche Dialog und die Innovationspartnerschaft nach ihrer Wahl zur Verfügung. Ein Verhandlungsverfahren ohne Teilnahmewettbewerb steht nur zur Verfügung, soweit dies aufgrund dieses Gesetzes gestattet ist.

(2) Abweichend von § 132 Absatz 3 ist die Änderung eines öffentlichen Auftrags über soziale und andere besondere Dienstleistungen im Sinne des Anhangs XIV der Richtlinie 2014/24/EU ohne Durchführung eines neuen Vergabeverfahrens zulässig, wenn der Wert der Änderung nicht mehr als 20 Prozent des ursprünglichen Auftragswertes beträgt.

§ 131
Vergabe von öffentlichen Aufträgen über Personenverkehrsleistungen im Eisenbahnverkehr

(1) Bei der Vergabe von öffentlichen Aufträgen, deren Gegenstand Personenverkehrsleistungen im Eisenbahnverkehr sind, stehen öffentlichen Auftraggebern das offene und das nicht offene Verfahren, das Verhandlungsverfahren mit Teilnahmewettbewerb, der wettbewerbliche Dialog und die Innovationspartnerschaft nach ihrer Wahl zur Verfügung. Ein Verhandlungsverfahren ohne Teilnahmewettbewerb steht nur zur Verfügung, soweit dies aufgrund dieses Gesetzes gestattet ist.

(2) Anstelle des § 108 Absatz 1 ist Artikel 5 Absatz 2 der Verordnung (EG) Nr. 1370/2007 des Europäischen Parlaments und des Rates vom 23. Oktober 2007 über öffentliche Personenverkehrsdienste auf Schiene und Straße und zur Aufhebung der Verordnungen (EWG) Nr. 1191/69 und (EWG) Nr. 1107/70 des Rates (ABl. L 315 vom 3.12.2007, S. 1) anzuwenden. Artikel 5 Absatz 5 und Artikel 7 Absatz 2 der Verordnung (EG) Nr. 1370/2007 bleiben unberührt.

(3) Öffentliche Auftraggeber, die öffentliche Aufträge im Sinne von Absatz 1 vergeben, sollen gemäß Artikel 4 Absatz 5 der Verordnung (EG) Nr. 1370/2007 verlangen, dass bei einem Wechsel des Betreibers der Personenverkehrsleistung der ausgewählte Betreiber die Arbeitnehmerinnen und Arbeitnehmer, die beim bisherigen Betreiber für die Erbringung dieser Verkehrsleistung beschäftigt waren, übernimmt und ihnen die Rechte gewährt, auf die sie Anspruch hätten, wenn ein Übergang gemäß § 613a des Bürgerlichen Gesetzbuchs erfolgt wäre. Für den Fall, dass ein öffentlicher Auftraggeber die Übernahme von Arbeitnehmerinnen und Arbeitnehmern im Sinne von Satz 1 verlangt, beschränkt sich das Verlangen auf diejenigen Arbeitnehmerinnen und Arbeitnehmer, die für die Erbringung der übergehenden Verkehrsleistung unmittelbar erforderlich sind. Der öffentliche Auftraggeber soll Regelungen vorsehen, durch die eine missbräuchliche Anpassung tarifvertraglicher Regelungen zu Lasten des neuen Betreibers zwischen der Veröffentlichung der Auftragsbekanntmachung und der Übernahme des Betriebes ausgeschlossen wird. Der bisherige Betreiber ist nach Aufforde-

rung durch den öffentlichen Auftraggeber verpflichtet, alle hierzu erforderlichen Angaben zu machen.

§ 132
Auftragsänderungen während der Vertragslaufzeit

(1) Wesentliche Änderungen eines öffentlichen Auftrags während der Vertragslaufzeit erfordern ein neues Vergabeverfahren. Wesentlich sind Änderungen, die dazu führen, dass sich der öffentliche Auftrag erheblich von dem ursprünglich vergebenen öffentlichen Auftrag unterscheidet. Eine wesentliche Änderung liegt insbesondere vor, wenn

1. mit der Änderung Bedingungen eingeführt werden, die, wenn sie für das ursprüngliche Vergabeverfahren gegolten hätten,
   a) die Zulassung anderer Bewerber oder Bieter ermöglicht hätten,
   b) die Annahme eines anderen Angebots ermöglicht hätten oder
   c) das Interesse weiterer Teilnehmer am Vergabeverfahren geweckt hätten,
2. mit der Änderung das wirtschaftliche Gleichgewicht des öffentlichen Auftrags zugunsten des Auftragnehmers in einer Weise verschoben wird, die im ursprünglichen Auftrag nicht vorgesehen war,
3. mit der Änderung der Umfang des öffentlichen Auftrags erheblich ausgeweitet wird oder
4. ein neuer Auftragnehmer den Auftragnehmer in anderen als den in Absatz 2 Satz 1 Nummer 4 vorgesehenen Fällen ersetzt.

(2) Unbeschadet des Absatzes 1 ist die Änderung eines öffentlichen Auftrags ohne Durchführung eines neuen Vergabeverfahrens zulässig, wenn

1. in den ursprünglichen Vergabeunterlagen klare, genaue und eindeutig formulierte Überprüfungsklauseln oder Optionen vorgesehen sind, die Angaben zu Art, Umfang und Voraussetzungen möglicher Auftragsänderungen enthalten, und sich aufgrund der Änderung der Gesamtcharakter des Auftrags nicht verändert,
2. zusätzliche Liefer-, Bau- oder Dienstleistungen erforderlich geworden sind, die nicht in den ursprünglichen Vergabeunterlagen vorgesehen waren, und ein Wechsel des Auftragnehmers
   a) aus wirtschaftlichen oder technischen Gründen nicht erfolgen kann und
   b) mit erheblichen Schwierigkeiten oder beträchtlichen Zusatzkosten für den öffentlichen Auftraggeber verbunden wäre,
3. die Änderung aufgrund von Umständen erforderlich geworden ist, die der öffentliche Auftraggeber im Rahmen seiner Sorgfaltspflicht nicht vorhersehen konnte, und sich aufgrund der Änderung der Gesamtcharakter des Auftrags nicht verändert oder
4. ein neuer Auftragnehmer den bisherigen Auftragnehmer ersetzt
   a) aufgrund einer Überprüfungsklausel im Sinne von Nummer 1,
   b) aufgrund der Tatsache, dass ein anderes Unternehmen, das die ursprünglich festgelegten Anforderungen an die Eignung erfüllt, im Zuge einer Unternehmensumstrukturierung, wie zum Beispiel durch Übernahme, Zusammenschluss, Erwerb oder Insolvenz, ganz oder teilweise an die Stelle des ursprünglichen Auftragnehmers tritt, sofern dies keine weiteren wesentlichen Änderungen im Sinne des Absatzes 1 zur Folge hat, oder

c) aufgrund der Tatsache, dass der öffentliche Auftraggeber selbst die Verpflichtungen des Hauptauftragnehmers gegenüber seinen Unterauftragnehmern übernimmt.

In den Fällen des Satzes 1 Nummer 2 und 3 darf der Preis um nicht mehr als 50 Prozent des Wertes des ursprünglichen Auftrags erhöht werden. Bei mehreren aufeinander folgenden Änderungen des Auftrags gilt diese Beschränkung für den Wert jeder einzelnen Änderung, sofern die Änderungen nicht mit dem Ziel vorgenommen werden, die Vorschriften dieses Teils zu umgehen.

(3) Die Änderung eines öffentlichen Auftrags ohne Durchführung eines neuen Vergabeverfahrens ist ferner zulässig, wenn sich der Gesamtcharakter des Auftrags nicht ändert und der Wert der Änderung

1. die jeweiligen Schwellenwerte nach § 106 nicht übersteigt und
2. bei Liefer- und Dienstleistungsaufträgen nicht mehr als 10 Prozent und bei Bauaufträgen nicht mehr als 15 Prozent des ursprünglichen Auftragswertes beträgt.

Bei mehreren aufeinander folgenden Änderungen ist der Gesamtwert der Änderungen maßgeblich.

(4) Enthält der Vertrag eine Indexierungsklausel, wird für die Wertberechnung gemäß Absatz 2 Satz 2 und 3 sowie gemäß Absatz 3 der höhere Preis als Referenzwert herangezogen.

(5) Änderungen nach Absatz 2 Satz 1 Nummer 2 und 3 sind im Amtsblatt der Europäischen Union bekannt zu machen.

§ 133
Kündigung von öffentlichen Aufträgen in besonderen Fällen

(1) Unbeschadet des § 135 können öffentliche Auftraggeber einen öffentlichen Auftrag während der Vertragslaufzeit kündigen, wenn

1. eine wesentliche Änderung vorgenommen wurde, die nach § 132 ein neues Vergabeverfahren erfordert hätte,
2. zum Zeitpunkt der Zuschlagserteilung ein zwingender Ausschlussgrund nach § 123 Absatz 1 bis 4 vorlag oder
3. der öffentliche Auftrag aufgrund einer schweren Verletzung der Verpflichtungen aus dem Vertrag über die Arbeitsweise der Europäischen Union oder aus den Vorschriften dieses Teils, die der Europäische Gerichtshof in einem Verfahren nach Artikel 258 des Vertrags über die Arbeitsweise der Europäischen Union festgestellt hat, nicht an den Auftragnehmer hätte vergeben werden dürfen.

(2) Wird ein öffentlicher Auftrag gemäß Absatz 1 gekündigt, kann der Auftragnehmer einen seinen bisherigen Leistungen entsprechenden Teil der Vergütung verlangen. Im Fall des Absatzes 1 Nummer 2 steht dem Auftragnehmer ein Anspruch auf Vergütung insoweit nicht zu, als seine bisherigen Leistungen infolge der Kündigung für den öffentlichen Auftraggeber nicht von Interesse sind.

(3) Die Berechtigung, Schadensersatz zu verlangen, wird durch die Kündigung nicht ausgeschlossen.

§ 134
Informations- und Wartepflicht

(1) Öffentliche Auftraggeber haben die Bieter, deren Angebote nicht berücksichtigt werden sollen, über den Namen des Unternehmens, dessen Angebot angenommen werden soll, über die Gründe der vorgesehenen Nichtberücksichtigung ihres Angebots und über den frühesten Zeitpunkt des Ver-

tragsschlusses unverzüglich in Textform zu informieren. Dies gilt auch für Bewerber, denen keine Information über die Ablehnung ihrer Bewerbung zur Verfügung gestellt wurde, bevor die Mitteilung über die Zuschlagsentscheidung an die betroffenen Bieter ergangen ist.

(2) Ein Vertrag darf erst 15 Kalendertage nach Absendung der Information nach Absatz 1 geschlossen werden. Wird die Information auf elektronischem Weg oder per Fax versendet, verkürzt sich die Frist auf zehn Kalendertage. Die Frist beginnt am Tag nach der Absendung der Information durch den Auftraggeber; auf den Tag des Zugangs beim betroffenen Bieter und Bewerber kommt es nicht an.

(3) Die Informationspflicht entfällt in Fällen, in denen das Verhandlungsverfahren ohne Teilnahmewettbewerb wegen besonderer Dringlichkeit gerechtfertigt ist. Im Fall verteidigungs- oder sicherheitsspezifischer Aufträge können öffentliche Auftraggeber beschließen, bestimmte Informationen über die Zuschlagserteilung oder den Abschluss einer Rahmenvereinbarung nicht mitzuteilen, soweit die Offenlegung den Gesetzesvollzug behindert, dem öffentlichen Interesse, insbesondere Verteidigungs- oder Sicherheitsinteressen, zuwiderläuft, berechtigte geschäftliche Interessen von Unternehmen schädigt oder den lauteren Wettbewerb zwischen ihnen beeinträchtigen könnte.

§ 135
Unwirksamkeit

(1) Ein öffentlicher Auftrag ist von Anfang an unwirksam, wenn der öffentliche Auftraggeber

1. gegen § 134 verstoßen hat oder
2. den Auftrag ohne vorherige Veröffentlichung einer Bekanntmachung im Amtsblatt der Europäischen Union vergeben hat, ohne dass dies aufgrund Gesetzes gestattet ist,

und dieser Verstoß in einem Nachprüfungsverfahren festgestellt worden ist.

(2) Die Unwirksamkeit nach Absatz 1 kann nur festgestellt werden, wenn sie im Nachprüfungsverfahren innerhalb von 30 Kalendertagen nach der Information der betroffenen Bieter und Bewerber durch den öffentlichen Auftraggeber über den Abschluss des Vertrags, jedoch nicht später als sechs Monate nach Vertragsschluss geltend gemacht worden ist. Hat der Auftraggeber die Auftragsvergabe im Amtsblatt der Europäischen Union bekannt gemacht, endet die Frist zur Geltendmachung der Unwirksamkeit 30 Kalendertage nach Veröffentlichung der Bekanntmachung der Auftragsvergabe im Amtsblatt der Europäischen Union.

(3) Die Unwirksamkeit nach Absatz 1 Nummer 2 tritt nicht ein, wenn

1. der öffentliche Auftraggeber der Ansicht ist, dass die Auftragsvergabe ohne vorherige Veröffentlichung einer Bekanntmachung im Amtsblatt der Europäischen Union zulässig ist,
2. der öffentliche Auftraggeber eine Bekanntmachung im Amtsblatt der Europäischen Union veröffentlicht hat, mit der er die Absicht bekundet, den Vertrag abzuschließen, und
3. der Vertrag nicht vor Ablauf einer Frist von mindestens zehn Kalendertagen, gerechnet ab dem Tag nach der Veröffentlichung dieser Bekanntmachung, abgeschlossen wurde.

Die Bekanntmachung nach Satz 1 Nummer 2 muss den Namen und die Kontaktdaten des öffentlichen Auftraggebers, die Beschreibung des Vertragsgegenstands, die Begründung der Entscheidung des Auftraggebers, den Auftrag ohne vorherige Veröffentlichung einer Bekanntmachung im Amtsblatt der Europäischen Union zu vergeben, und den Namen und die Kontaktdaten des Unternehmens, das den Zuschlag erhalten soll, umfassen.

Abschnitt 3
Vergabe von öffentlichen Aufträgen in besonderen Bereichen und von Konzessionen

Unterabschnitt 1
Vergabe von öffentlichen Aufträgen durch Sektorenauftraggeber

§ 136
Anwendungsbereich

Dieser Unterabschnitt ist anzuwenden auf die Vergabe von öffentlichen Aufträgen und die Ausrichtung von Wettbewerben durch Sektorenauftraggeber zum Zweck der Ausübung einer Sektorentätigkeit.

§ 137
Besondere Ausnahmen

(1) Dieser Teil ist nicht anzuwenden auf die Vergabe von öffentlichen Aufträgen durch Sektorenauftraggeber zum Zweck der Ausübung einer Sektorentätigkeit, wenn die Aufträge Folgendes zum Gegenstand haben:

1. Rechtsdienstleistungen im Sinne des § 116 Absatz 1 Nummer 1,
2. Forschungs- und Entwicklungsdienstleistungen im Sinne des § 116 Absatz 1 Nummer 2,
3. Ausstrahlungszeit oder Bereitstellung von Sendungen, wenn diese Aufträge an Anbieter von audiovisuellen Mediendiensten oder Hörfunkmediendiensten vergeben werden,
4. finanzielle Dienstleistungen im Sinne des § 116 Absatz 1 Nummer 4,
5. Kredite und Darlehen im Sinne des § 116 Absatz 1 Nummer 5,
6. Dienstleistungen im Sinne des § 116 Absatz 1 Nummer 6, wenn diese Aufträge aufgrund eines ausschließlichen Rechts vergeben werden,
7. die Beschaffung von Wasser im Rahmen der Trinkwasserversorgung,
8. die Beschaffung von Energie oder von Brennstoffen zur Energieerzeugung im Rahmen der Energieversorgung oder
9. die Weiterveräußerung oder Vermietung an Dritte, wenn
   a) dem Sektorenauftraggeber kein besonderes oder ausschließliches Recht zum Verkauf oder zur Vermietung des Auftragsgegenstandes zusteht und
   b) andere Unternehmen die Möglichkeit haben, den Auftragsgegenstand unter den gleichen Bedingungen wie der betreffende Sektorenauftraggeber zu verkaufen oder zu vermieten.

(2) Dieser Teil ist ferner nicht anzuwenden auf die Vergabe von öffentlichen Aufträgen und die Ausrichtung von Wettbewerben, die Folgendes zum Gegenstand haben:

1. Liefer-, Bau- und Dienstleistungen sowie die Ausrichtung von Wettbewerben durch Sektorenauftraggeber nach § 100 Absatz 1 Nummer 2, soweit sie anderen Zwecken dienen als einer Sektorentätigkeit, oder
2. die Durchführung von Sektorentätigkeiten außerhalb des Gebietes der Europäischen Union, wenn der Auftrag in einer Weise vergeben wird, die nicht mit der tatsächlichen Nutzung eines Netzes oder einer Anlage innerhalb dieses Gebietes verbunden ist.

§ 138
Besondere Ausnahme für die Vergabe an verbundene Unternehmen

(1) Dieser Teil ist nicht anzuwenden auf die Vergabe von öffentlichen Aufträgen,

1. die ein Sektorenauftraggeber an ein verbundenes Unternehmen vergibt oder
2. die ein Gemeinschaftsunternehmen, das ausschließlich mehrere Sektorenauftraggeber zur Durchführung einer Sektorentätigkeit gebildet haben, an ein Unternehmen vergibt, das mit einem dieser Sektorenauftraggeber verbunden ist.

(2) Ein verbundenes Unternehmen im Sinne des Absatzes 1 ist

1. ein Unternehmen, dessen Jahresabschluss mit dem Jahresabschluss des Auftraggebers in einem Konzernabschluss eines Mutterunternehmens entsprechend § 271 Absatz 2 des Handelsgesetzbuchs nach den Vorschriften über die Vollkonsolidierung einzubeziehen ist, oder
2. ein Unternehmen, das
   a) mittelbar oder unmittelbar einem beherrschenden Einfluss nach § 100 Absatz 3 des Sektorenauftraggebers unterliegen kann,
   b) einen beherrschenden Einfluss nach § 100 Absatz 3 auf den Sektorenauftraggeber ausüben kann oder
   c) gemeinsam mit dem Auftraggeber aufgrund der Eigentumsverhältnisse, der finanziellen Beteiligung oder der für das Unternehmen geltenden Bestimmungen dem beherrschenden Einfluss nach § 100 Absatz 3 eines anderen Unternehmens unterliegt.

(3) Absatz 1 gilt für Liefer-, Bau- oder Dienstleistungsaufträge, sofern unter Berücksichtigung aller Liefer-, Bau- oder Dienstleistungen, die von dem verbundenen Unternehmen während der letzten drei Jahre in der Europäischen Union erbracht wurden, mindestens 80 Prozent des im jeweiligen Leistungssektor insgesamt erzielten durchschnittlichen Umsatzes dieses Unternehmens aus der Erbringung von Liefer-, Bau- oder Dienstleistungen für den Sektorenauftraggeber oder andere mit ihm verbundene Unternehmen stammen.

(4) Werden gleiche oder gleichartige Liefer-, Bau- oder Dienstleistungen von mehr als einem mit dem Sektorenauftraggeber verbundenen und mit ihm wirtschaftlich zusammengeschlossenen Unternehmen erbracht, so werden die Prozentsätze nach Absatz 3 unter Berücksichtigung des Gesamtumsatzes errechnet, den diese verbundenen Unternehmen mit der Erbringung der jeweiligen Liefer-, Dienst- oder Bauleistung erzielen.

(5) Liegen für die letzten drei Jahre keine Umsatzzahlen vor, genügt es, wenn das Unternehmen etwa durch Prognosen über die Tätigkeitsentwicklung glaubhaft macht, dass die Erreichung des nach Absatz 3 geforderten Umsatzziels wahrscheinlich ist.

§ 139
Besondere Ausnahme für die Vergabe durch oder an ein Gemeinschaftsunternehmen

(1) Dieser Teil ist nicht anzuwenden auf die Vergabe von öffentlichen Aufträgen,

1. die ein Gemeinschaftsunternehmen, das mehrere Sektorenauftraggeber ausschließlich zur Durchführung von Sektorentätigkeiten gebildet haben, an einen dieser Auftraggeber vergibt oder
2. die ein Sektorenauftraggeber, der einem Gemeinschaftsunternehmen im Sinne der Nummer 1 angehört, an dieses Gemeinschaftsunternehmen vergibt.

(2) Voraussetzung ist, dass

1. das Gemeinschaftsunternehmen im Sinne des Absatzes 1 Nummer 1 gebildet wurde, um die betreffende Sektorentätigkeit während eines Zeitraums von mindestens drei Jahren durchzuführen, und
2. in dem Gründungsakt des Gemeinschaftsunternehmens festgelegt wird, dass die das Gemeinschaftsunternehmen bildenden Sektorenauftraggeber dem Gemeinschaftsunternehmen mindestens während desselben Zeitraums angehören werden.

§ 140
Besondere Ausnahme für unmittelbar dem Wettbewerb ausgesetzte Tätigkeiten

(1) Dieser Teil ist nicht anzuwenden auf öffentliche Aufträge, die zum Zweck der Ausübung einer Sektorentätigkeit vergeben werden, wenn die Sektorentätigkeit unmittelbar dem Wettbewerb auf Märkten ausgesetzt ist, die keiner Zugangsbeschränkung unterliegen. Dasselbe gilt für Wettbewerbe, die im Zusammenhang mit der Sektorentätigkeit ausgerichtet werden.

(2) Für Gutachten und Stellungnahmen, die aufgrund der nach § 113 Satz 2 Nummer 8 erlassenen Rechtsverordnung vorgenommen werden, erhebt das Bundeskartellamt Kosten (Gebühren und Auslagen) zur Deckung des Verwaltungsaufwands. § 80 Absatz 1 Satz 3 und Absatz 2 Satz 1, Satz 2 Nummer 1, Satz 3 und 4, Absatz 5 Satz 1 sowie Absatz 6 Satz 1 Nummer 2, Satz 2 und 3 gilt entsprechend. Hinsichtlich der Möglichkeit zur Beschwerde über die Kostenentscheidung gilt § 63 Absatz 1 und 4 entsprechend.

§ 141
Verfahrensarten

(1) Sektorenauftraggebern stehen das offene Verfahren, das nicht offene Verfahren, das Verhandlungsverfahren mit Teilnahmewettbewerb und der wettbewerbliche Dialog nach ihrer Wahl zur Verfügung.

(2) Das Verhandlungsverfahren ohne Teilnahmewettbewerb und die Innovationspartnerschaft stehen nur zur Verfügung, soweit dies aufgrund dieses Gesetzes gestattet ist.

§ 142
Sonstige anwendbare Vorschriften

Im Übrigen gelten für die Vergabe von öffentlichen Aufträgen durch Sektorenauftraggeber zum Zweck der Ausübung von Sektorentätigkeiten die §§ 118 und 119, soweit in § 141 nicht abweichend geregelt, die §§ 120 bis 129, 130 in Verbindung mit Anhang XVII der Richtlinie 2014/25/EU sowie die §§ 131 bis 135 mit der Maßgabe entsprechend, dass

1. Sektorenauftraggeber abweichend von § 122 Absatz 1 und 2 die Unternehmen anhand objektiver Kriterien auswählen, die allen interessierten Unternehmen zugänglich sind,
2. Sektorenauftraggeber nach § 100 Absatz 1 Nummer 2 ein Unternehmen nach § 123 ausschließen können, aber nicht ausschließen müssen,
3. § 132 Absatz 2 Satz 2 und 3 nicht anzuwenden ist.

§ 143
Regelung für Auftraggeber nach dem Bundesberggesetz

(1) Sektorenauftraggeber, die nach dem Bundesberggesetz berechtigt sind, Erdöl, Gas, Kohle oder andere feste Brennstoffe aufzusuchen oder zu gewinnen, müssen bei der Vergabe von Liefer-, Bau- oder Dienstleistungsaufträgen oberhalb der Schwellenwerte nach § 106 Absatz 2 Nummer 2 zur Durchführung der Aufsuchung oder Gewinnung von Erdöl, Gas, Kohle oder anderen festen Brennstoffen die Grundsätze der Nichtdiskriminierung und der wettbewerbsorientierten Auftragsvergabe beachten. Insbesondere müssen sie Unternehmen, die ein Interesse an einem solchen Auftrag haben können, ausreichend informieren und bei der Auftragsvergabe objektive Kriterien zugrunde legen. Die Sätze 1 und 2 gelten nicht für die Vergabe von Aufträgen, deren Gegenstand die Beschaffung von Energie oder Brennstoffen zur Energieerzeugung ist.

(2) Die Auftraggeber nach Absatz 1 erteilen der Europäischen Kommission über das Bundesministerium für Wirtschaft und Energie Auskunft über die Vergabe der unter diese Vorschrift fallenden Aufträge nach Maßgabe der Entscheidung 93/327/EWG der Kommission vom 13. Mai 1993 zur Festlegung der Voraussetzungen, unter denen die öffentlichen Auftraggeber, die geographisch abgegrenzte Gebiete zum Zwecke der Suche oder Förderung von Erdöl, Gas, Kohle oder anderen Festbrennstoffen nutzen, der Kommission Auskunft über die von ihnen vergebenen Aufträge zu erteilen haben (ABl. L 129 vom 27.5.1993, S. 25). Sie können über das Verfahren gemäß der Rechtsverordnung nach § 113 Satz 2 Nummer 8 unter den dort geregelten Voraussetzungen eine Befreiung von der Pflicht zur Anwendung dieser Bestimmung erreichen.

Unterabschnitt 2
Vergabe von verteidigungs- oder sicherheitsspezifischen öffentlichen Aufträgen

§ 144
Anwendungsbereich

Dieser Unterabschnitt ist anzuwenden auf die Vergabe von verteidigungs- oder sicherheitsspezifischen öffentlichen Aufträgen durch öffentliche Auftraggeber und Sektorenauftraggeber.

§ 145
Besondere Ausnahmen für die Vergabe von verteidigungs- oder sicherheitsspezifischen öffentlichen Aufträgen

Dieser Teil ist nicht anzuwenden auf die Vergabe von verteidigungs- oder sicherheitsspezifischen öffentlichen Aufträgen, die

1. den Zwecken nachrichtendienstlicher Tätigkeiten dienen,
2. im Rahmen eines Kooperationsprogramms vergeben werden, das
   a) auf Forschung und Entwicklung beruht und
   b) mit mindestens einem anderen Mitgliedstaat der Europäischen Union für die Entwicklung eines neuen Produkts und gegebenenfalls die späteren Phasen des gesamten oder eines Teils des Lebenszyklus dieses Produkts durchgeführt wird;

   beim Abschluss eines solchen Abkommens teilt die Europäische Kommission den Anteil der Forschungs- und Entwicklungsausgaben an den Gesamtkosten des Programms, die Vereinbarung über die Kostenteilung und gegebenenfalls den geplanten Anteil der Beschaffungen je Mitgliedstaat mit,

3. in einem Staat außerhalb der Europäischen Union vergeben werden; zu diesen Aufträgen gehören auch zivile Beschaffungen im Rahmen des Einsatzes von Streitkräften oder von Polizeien des Bundes oder der Länder außerhalb des Gebiets der Europäischen Union, wenn der Einsatz es erfordert, dass im Einsatzgebiet ansässige Unternehmen beauftragt werden; zivile Beschaffungen sind Beschaffungen nicht-militärischer Produkte und Beschaffungen von Bau- oder Dienstleistungen für logistische Zwecke,
4. die Bundesregierung, eine Landesregierung oder eine Gebietskörperschaft an eine andere Regierung oder an eine Gebietskörperschaft eines anderen Staates vergibt und die Folgendes zum Gegenstand haben:
   a) die Lieferung von Militärausrüstung im Sinne des § 104 Absatz 2 oder die Lieferung von Ausrüstung, die im Rahmen eines Verschlusssachenauftrags im Sinne des § 104 Absatz 3 vergeben wird,
   b) Bau- und Dienstleistungen, die in unmittelbarem Zusammenhang mit dieser Ausrüstung stehen,
   c) Bau- und Dienstleistungen speziell für militärische Zwecke oder
   d) Bau- und Dienstleistungen, die im Rahmen eines Verschlusssachenauftrags im Sinne des § 104 Absatz 3 vergeben werden,
5. Finanzdienstleistungen mit Ausnahme von Versicherungsdienstleistungen zum Gegenstand haben,
6. Forschungs- und Entwicklungsdienstleistungen zum Gegenstand haben, es sei denn, die Ergebnisse werden ausschließlich Eigentum des Auftraggebers für seinen Gebrauch bei der Ausübung seiner eigenen Tätigkeit und die Dienstleistung wird vollständig durch den Auftraggeber vergütet, oder
7. besonderen Verfahrensregeln unterliegen,
   a) die sich aus einem internationalen Abkommen oder einer internationalen Vereinbarung ergeben, das oder die zwischen einem oder mehreren Mitgliedstaaten der Europäischen Union und einem oder mehreren Staaten, die nicht Vertragsparteien des Übereinkommens über den Europäischen Wirtschaftsraum sind, geschlossen wurde,
   b) die sich aus einem internationalen Abkommen oder einer internationalen Vereinbarung im Zusammenhang mit der Stationierung von Truppen ergeben, das oder die Unternehmen eines Mitgliedstaates der Europäischen Union oder eines anderen Staates betrifft, oder
   c) die für eine internationale Organisation gelten, wenn diese für ihre Zwecke Beschaffungen tätigt oder wenn ein Mitgliedstaat öffentliche Aufträge nach diesen Regeln vergeben muss.

§ 146
Verfahrensarten

Bei der Vergabe von verteidigungs- oder sicherheitsspezifischen öffentlichen Aufträgen stehen öffentlichen Auftraggebern und Sektorenauftraggebern das nicht offene Verfahren und das Verhandlungsverfahren mit Teilnahmewettbewerb nach ihrer Wahl zur Verfügung. Das Verhandlungsverfahren ohne Teilnahmewettbewerb und der wettbewerbliche Dialog stehen nur zur Verfügung, soweit dies aufgrund dieses Gesetzes gestattet ist.

§ 147
Sonstige anwendbare Vorschriften

Im Übrigen gelten für die Vergabe von verteidigungs- oder sicherheitsspezifischen öffentlichen Aufträgen die §§ 119, 120, 121 Absatz 1 und 3 sowie die §§ 122 bis 135 mit der Maßgabe entsprechend, dass ein Unternehmen gemäß § 124 Absatz 1 auch dann von der Teilnahme an einem Vergabeverfahren ausgeschlossen werden kann, wenn das Unternehmen nicht die erforderliche Vertrauenswürdigkeit aufweist, um Risiken für die nationale Sicherheit auszuschließen. Der Nachweis, dass Risiken für die nationale Sicherheit nicht auszuschließen sind, kann auch mit Hilfe geschützter Datenquellen erfolgen.

Unterabschnitt 3
Vergabe von Konzessionen

§ 148
Anwendungsbereich

Dieser Unterabschnitt ist anzuwenden auf die Vergabe von Konzessionen durch Konzessionsgeber.

§ 149
Besondere Ausnahmen

Dieser Teil ist nicht anzuwenden auf die Vergabe von:

1. Konzessionen zu Rechtsdienstleistungen im Sinne des § 116 Absatz 1 Nummer 1,
2. Konzessionen zu Forschungs- und Entwicklungsdienstleistungen im Sinne des § 116 Absatz 1 Nummer 2,
3. Konzessionen zu audiovisuellen Mediendiensten oder Hörfunkmediendiensten im Sinne des § 116 Absatz 1 Nummer 3,
4. Konzessionen zu finanziellen Dienstleistungen im Sinne des § 116 Absatz 1 Nummer 4,
5. Konzessionen zu Krediten und Darlehen im Sinne des § 116 Absatz 1 Nummer 5,
6. Dienstleistungskonzessionen, die an einen Konzessionsgeber nach § 101 Absatz 1 Nummer 1 oder Nummer 2 aufgrund eines auf Gesetz oder Verordnung beruhenden ausschließlichen Rechts vergeben werden,
7. Dienstleistungskonzessionen, die an ein Unternehmen aufgrund eines ausschließlichen Rechts vergeben werden, das diesem im Einklang mit den nationalen und unionsrechtlichen Rechtsvorschriften über den Marktzugang für Tätigkeiten nach § 102 Absatz 2 bis 6 gewährt wurde; ausgenommen hiervon sind Dienstleistungskonzessionen für Tätigkeiten, für die die Unionsvorschriften keine branchenspezifischen Transparenzverpflichtungen vorsehen; Auftraggeber, die einem Unternehmen ein ausschließliches Recht im Sinne dieser Vorschrift gewähren, setzen die Europäische Kommission hierüber binnen eines Monats nach Gewährung dieses Rechts in Kenntnis,
8. Konzessionen, die hauptsächlich dazu dienen, dem Konzessionsgeber im Sinne des § 101 Absatz 1 Nummer 1 die Bereitstellung oder den Betrieb öffentlicher Kommunikationsnetze oder die Bereitstellung eines oder mehrerer elektronischer Kommunikationsdienste für die Öffentlichkeit zu ermöglichen,

9. Konzessionen im Bereich Wasser, die

   a) die Bereitstellung oder das Betreiben fester Netze zur Versorgung der Allgemeinheit im Zusammenhang mit der Gewinnung, dem Transport oder der Verteilung von Trinkwasser oder die Einspeisung von Trinkwasser in diese Netze betreffen oder

   b) mit einer Tätigkeit nach Buchstabe a im Zusammenhang stehen und einen der nachfolgend aufgeführten Gegenstände haben:

      aa) Wasserbau-, Bewässerungs- und Entwässerungsvorhaben, sofern die zur Trinkwasserversorgung bestimmte Wassermenge mehr als 20 Prozent der Gesamtwassermenge ausmacht, die mit den entsprechenden Vorhaben oder Bewässerungs- oder Entwässerungsanlagen zur Verfügung gestellt wird, oder

      bb) Abwasserbeseitigung oder -behandlung,

10. Dienstleistungskonzessionen zu Lotteriedienstleistungen, die unter die Referenznummer des Common Procurement Vocabulary 92351100-7 fallen, und die einem Unternehmen auf der Grundlage eines ausschließlichen Rechts gewährt werden,

11. Konzessionen, die Konzessionsgeber im Sinne des § 101 Absatz 1 Nummer 2 und 3 zur Durchführung ihrer Tätigkeiten in einem nicht der Europäischen Union angehörenden Staat in einer Weise vergeben, die nicht mit der physischen Nutzung eines Netzes oder geografischen Gebiets in der Europäischen Union verbunden ist, oder

12. Konzessionen, die im Bereich der Luftverkehrsdienste auf der Grundlage der Erteilung einer Betriebsgenehmigung im Sinne der Verordnung (EG) Nr. 1008/2008 des Europäischen Parlaments und des Rates vom 24. September 2008 über gemeinsame Vorschriften für die Durchführung von Luftverkehrsdiensten in der Gemeinschaft (ABl. L 293 vom 31.10.2008, S. 3) vergeben werden, oder von Konzessionen, die die Beförderung von Personen im Sinne des § 1 des Personenbeförderungsgesetzes betreffen.

§ 150
Besondere Ausnahmen für die Vergabe von Konzessionen in den Bereichen Verteidigung und Sicherheit

Dieser Teil ist nicht anzuwenden auf die Vergabe von Konzessionen in den Bereichen Verteidigung und Sicherheit,

1. bei denen die Anwendung der Vorschriften dieses Teils den Konzessionsgeber verpflichten würde, Auskünfte zu erteilen, deren Preisgabe seines Erachtens den wesentlichen Sicherheitsinteressen der Bundesrepublik Deutschland zuwiderläuft, oder wenn die Vergabe und Durchführung der Konzession als geheim zu erklären sind oder von besonderen Sicherheitsmaßnahmen gemäß den geltenden Rechts- oder Verwaltungsvorschriften begleitet sein müssen, sofern der Konzessionsgeber festgestellt hat, dass die betreffenden wesentlichen Interessen nicht durch weniger einschneidende Maßnahmen gewahrt werden können, wie beispielsweise durch Anforderungen, die auf den Schutz der Vertraulichkeit der Informationen abzielen, die Konzessionsgeber im Rahmen eines Konzessionsvergabeverfahrens zur Verfügung stellen,

2. die im Rahmen eines Kooperationsprogramms vergeben werden, das

   a) auf Forschung und Entwicklung beruht und

   b) mit mindestens einem anderen Mitgliedstaat der Europäischen Union für die Entwicklung eines neuen Produkts und gegebenenfalls die späteren Phasen des gesamten oder eines Teils des Lebenszyklus dieses Produkts durchgeführt wird,

3. die die Bundesregierung an eine andere Regierung für in unmittelbarem Zusammenhang mit Militärausrüstung oder sensibler Ausrüstung stehende Bau- und Dienstleistungen oder für Bau- und Dienstleistungen speziell für militärische Zwecke oder für sensible Bau- und Dienstleistungen vergibt,
4. die in einem Staat, der nicht Vertragspartei des Übereinkommens über den Europäischen Wirtschaftsraum ist, im Rahmen des Einsatzes von Truppen außerhalb des Gebiets der Europäischen Union vergeben werden, wenn der Einsatz erfordert, dass diese Konzessionen an im Einsatzgebiet ansässige Unternehmen vergeben werden,
5. die durch andere Ausnahmevorschriften dieses Teils erfasst werden,
6. die nicht bereits gemäß den Nummern 1 bis 5 ausgeschlossen sind, wenn der Schutz wesentlicher Sicherheitsinteressen der Bundesrepublik Deutschland nicht durch weniger einschneidende Maßnahmen garantiert werden kann, wie beispielsweise durch Anforderungen, die auf den Schutz der Vertraulichkeit der Informationen abzielen, die Konzessionsgeber im Rahmen eines Konzessionsvergabeverfahrens zur Verfügung stellen, oder
7. die besonderen Verfahrensregeln unterliegen,
   a) die sich aus einem internationalen Abkommen oder einer internationalen Vereinbarung ergeben, das oder die zwischen einem oder mehreren Mitgliedstaaten der Europäischen Union und einem oder mehreren Staaten, die nicht Vertragsparteien des Übereinkommens über den Europäischen Wirtschaftsraum sind, geschlossenen wurde,
   b) die sich aus einem internationalen Abkommen oder einer internationalen Vereinbarung im Zusammenhang mit der Stationierung von Truppen ergeben, das oder die Unternehmen eines Mitgliedstaates der Europäischen Union oder eines anderen Staates betrifft, oder
   c) die für eine internationale Organisation gelten, wenn diese für ihre Zwecke Beschaffungen tätigt oder wenn ein Mitgliedstaat der Europäischen Union Aufträge nach diesen Regeln vergeben muss.

§ 151
Verfahren

Konzessionsgeber geben die Absicht bekannt, eine Konzession zu vergeben. Auf die Veröffentlichung der Konzessionsvergabeabsicht darf nur verzichtet werden, soweit dies aufgrund dieses Gesetzes zulässig ist. Im Übrigen dürfen Konzessionsgeber das Verfahren zur Vergabe von Konzessionen vorbehaltlich der aufgrund dieses Gesetzes erlassenen Verordnung zu den Einzelheiten des Vergabeverfahrens frei ausgestalten.

§ 152
Anforderungen im Konzessionsvergabeverfahren

(1) Zur Leistungsbeschreibung ist § 121 Absatz 1 und 3 entsprechend anzuwenden.

(2) Konzessionen werden an geeignete Unternehmen im Sinne des § 122 vergeben.

(3) Der Zuschlag wird auf der Grundlage objektiver Kriterien erteilt, die sicherstellen, dass die Angebote unter wirksamen Wettbewerbsbedingungen bewertet werden, sodass ein wirtschaftlicher Gesamtvorteil für den Konzessionsgeber ermittelt werden kann. Die Zuschlagskriterien müssen mit dem Konzessionsgegenstand in Verbindung stehen und dürfen dem Konzessionsgeber keine uneingeschränkte Wahlfreiheit einräumen. Sie können qualitative, umweltbezogene oder soziale Belange umfassen. Die Zuschlagskriterien müssen mit einer Beschreibung einhergehen, die eine wirksame

Überprüfung der von den Bietern übermittelten Informationen gestatten, damit bewertet werden kann, ob und inwieweit die Angebote die Zuschlagskriterien erfüllen.

(4) Die Vorschriften zur Auftragsausführung nach § 128 und zu den zwingend zu berücksichtigenden Ausführungsbedingungen nach § 129 sind entsprechend anzuwenden.

§ 153
Vergabe von Konzessionen über soziale und andere besondere Dienstleistungen

Für das Verfahren zur Vergabe von Konzessionen, die soziale und andere besondere Dienstleistungen im Sinne des Anhangs IV der Richtlinie 2014/23/EU betreffen, sind die §§ 151 und 152 anzuwenden.

§ 154
Sonstige anwendbare Vorschriften

Im Übrigen sind für die Vergabe von Konzessionen einschließlich der Konzessionen nach § 153 folgende Vorschriften entsprechend anzuwenden:

1. § 118 hinsichtlich vorbehaltener Konzessionen,
2. die §§ 123 bis 126 mit der Maßgabe, dass
   a) Konzessionsgeber nach § 101 Absatz 1 Nummer 3 ein Unternehmen unter den Voraussetzungen des § 123 ausschließen können, aber nicht ausschließen müssen,
   b) Konzessionsgeber im Fall einer Konzession in den Bereichen Verteidigung und Sicherheit ein Unternehmen von der Teilnahme an einem Vergabeverfahren ausschließen können, wenn das Unternehmen nicht die erforderliche Vertrauenswürdigkeit aufweist, um Risiken für die nationale Sicherheit auszuschließen; der Nachweis kann auch mithilfe geschützter Datenquellen erfolgen,
3. § 131 Absatz 2 und 3 und § 132 mit der Maßgabe, dass
   a) § 132 Absatz 2 Satz 2 und 3 für die Vergabe von Konzessionen, die Tätigkeiten nach § 102 Absatz 2 bis 6 betreffen, nicht anzuwenden ist und
   b) die Obergrenze des § 132 Absatz 3 Nummer 2 für Bau- und Dienstleistungskonzessionen einheitlich 10 Prozent des Wertes der ursprünglichen Konzession beträgt,
4. die §§ 133 bis 135,
5. § 138 hinsichtlich der Vergabe von Konzessionen durch Konzessionsgeber im Sinne des § 101 Absatz 1 Nummer 2 und 3 an verbundene Unternehmen,
6. § 139 hinsichtlich der Vergabe von Konzessionen durch Konzessionsgeber im Sinne des § 101 Absatz 1 Nummer 2 und 3 an ein Gemeinschaftsunternehmen oder durch Gemeinschaftsunternehmen an einen Konzessionsgeber im Sinne des § 101 Absatz 1 Nummer 2 und 3 und
7. § 140 hinsichtlich der Vergabe von Konzessionen durch Konzessionsgeber im Sinne des § 101 Absatz 1 Nummer 2 und 3 für unmittelbar dem Wettbewerb ausgesetzte Tätigkeiten.

Kapitel 2
Nachprüfungsverfahren

Abschnitt 1
Nachprüfungsbehörden

§ 155
Grundsatz

Unbeschadet der Prüfungsmöglichkeiten von Aufsichtsbehörden unterliegt die Vergabe öffentlicher Aufträge und von Konzessionen der Nachprüfung durch die Vergabekammern.

§ 156
Vergabekammern

(1) Die Nachprüfung der Vergabe öffentlicher Aufträge und der Vergabe von Konzessionen nehmen die Vergabekammern des Bundes für die dem Bund zuzurechnenden öffentlichen Aufträge und Konzessionen, die Vergabekammern der Länder für die diesen zuzurechnenden öffentlichen Aufträge und Konzessionen wahr.

(2) Rechte aus § 97 Absatz 6 sowie sonstige Ansprüche gegen Auftraggeber, die auf die Vornahme oder das Unterlassen einer Handlung in einem Vergabeverfahren gerichtet sind, können nur vor den Vergabekammern und dem Beschwerdegericht geltend gemacht werden.

(3) Die Zuständigkeit der ordentlichen Gerichte für die Geltendmachung von Schadensersatzansprüchen und die Befugnisse der Kartellbehörden zur Verfolgung von Verstößen insbesondere gegen die §§ 19 und 20 bleiben unberührt.

§ 157
Besetzung, Unabhängigkeit

(1) Die Vergabekammern üben ihre Tätigkeit im Rahmen der Gesetze unabhängig und in eigener Verantwortung aus.

(2) Die Vergabekammern entscheiden in der Besetzung mit einem Vorsitzenden und zwei Beisitzern, von denen einer ein ehrenamtlicher Beisitzer ist. Der Vorsitzende und der hauptamtliche Beisitzer müssen Beamte auf Lebenszeit mit der Befähigung zum höheren Verwaltungsdienst oder vergleichbar fachkundige Angestellte sein. Der Vorsitzende oder der hauptamtliche Beisitzer muss die Befähigung zum Richteramt haben; in der Regel soll dies der Vorsitzende sein. Die Beisitzer sollen über gründliche Kenntnisse des Vergabewesens, die ehrenamtlichen Beisitzer auch über mehrjährige praktische Erfahrungen auf dem Gebiet des Vergabewesens verfügen. Bei der Überprüfung der Vergabe von verteidigungs- oder sicherheitsspezifischen Aufträgen im Sinne des § 104 können die Vergabekammern abweichend von Satz 1 auch in der Besetzung mit einem Vorsitzenden und zwei hauptamtlichen Beisitzern entscheiden.

(3) Die Kammer kann das Verfahren dem Vorsitzenden oder dem hauptamtlichen Beisitzer ohne mündliche Verhandlung durch unanfechtbaren Beschluss zur alleinigen Entscheidung übertragen. Diese Übertragung ist nur möglich, sofern die Sache keine wesentlichen Schwierigkeiten in tatsächlicher oder rechtlicher Hinsicht aufweist und die Entscheidung nicht von grundsätzlicher Bedeutung sein wird.

(4) Die Mitglieder der Kammer werden für eine Amtszeit von fünf Jahren bestellt. Sie entscheiden unabhängig und sind nur dem Gesetz unterworfen.

§ 158
Einrichtung, Organisation

(1) Der Bund richtet die erforderliche Anzahl von Vergabekammern beim Bundeskartellamt ein. Einrichtung und Besetzung der Vergabekammern sowie die Geschäftsverteilung bestimmt der Präsident des Bundeskartellamts. Ehrenamtliche Beisitzer und deren Stellvertreter ernennt er auf Vorschlag der Spitzenorganisationen der öffentlich-rechtlichen Kammern. Der Präsident des Bundeskartellamts erlässt nach Genehmigung durch das Bundesministerium für Wirtschaft und Energie eine Geschäftsordnung und veröffentlicht diese im Bundesanzeiger.

(2) Die Einrichtung, Organisation und Besetzung der in diesem Abschnitt genannten Stellen (Nachprüfungsbehörden) der Länder bestimmen die nach Landesrecht zuständigen Stellen, mangels einer solchen Bestimmung die Landesregierung, die die Ermächtigung weiter übertragen kann. Die Länder können gemeinsame Nachprüfungsbehörden einrichten.

§ 159
Abgrenzung der Zuständigkeit der Vergabekammern

(1) Die Vergabekammer des Bundes ist zuständig für die Nachprüfung der Vergabeverfahren

1. des Bundes;
2. von öffentlichen Auftraggebern im Sinne des § 99 Nummer 2, von Sektorenauftraggebern im Sinne des § 100 Absatz 1 Nummer 1 in Verbindung mit § 99 Nummer 2 und Konzessionsgebern im Sinne des § 101 Absatz 1 Nummer 1 in Verbindung mit § 99 Nummer 2, sofern der Bund die Beteiligung überwiegend verwaltet oder die sonstige Finanzierung überwiegend gewährt hat oder über die Leitung überwiegend die Aufsicht ausübt oder die Mitglieder des zur Geschäftsführung oder zur Aufsicht berufenen Organs überwiegend bestimmt hat, es sei denn, die an dem Auftraggeber Beteiligten haben sich auf die Zuständigkeit einer anderen Vergabekammer geeinigt;
3. von Sektorenauftraggebern im Sinne des § 100 Absatz 1 Nummer 2 und von Konzessionsgebern im Sinne des § 101 Absatz 1 Nummer 3, sofern der Bund auf sie einen beherrschenden Einfluss ausübt; ein beherrschender Einfluss liegt vor, wenn der Bund unmittelbar oder mittelbar die Mehrheit des gezeichneten Kapitals des Auftraggebers besitzt oder über die Mehrheit der mit den Anteilen des Auftraggebers verbundenen Stimmrechte verfügt oder mehr als die Hälfte der Mitglieder des Verwaltungs-, Leitungs- oder Aufsichtsorgans des Auftraggebers bestellen kann;
4. von Auftraggebern im Sinne des § 99 Nummer 4, sofern der Bund die Mittel überwiegend bewilligt hat;
5. die im Rahmen der Organleihe für den Bund durchgeführt werden;
6. in Fällen, in denen sowohl die Vergabekammer des Bundes als auch eine oder mehrere Vergabekammern der Länder zuständig sind.

(2) Wird das Vergabeverfahren von einem Land im Rahmen der Auftragsverwaltung für den Bund durchgeführt, ist die Vergabekammer dieses Landes zuständig. Ist in entsprechender Anwendung des Absatzes 1 Nummer 2 bis 5 ein Auftraggeber einem Land zuzuordnen, ist die Vergabekammer des jeweiligen Landes zuständig.

(3) In allen anderen Fällen wird die Zuständigkeit der Vergabekammern nach dem Sitz des Auftraggebers bestimmt. Bei länderübergreifenden Beschaffungen benennen die Auftraggeber in der Vergabebekanntmachung nur eine zuständige Vergabekammer.

Abschnitt 2
Verfahren vor der Vergabekammer

§ 160
Einleitung, Antrag

(1) Die Vergabekammer leitet ein Nachprüfungsverfahren nur auf Antrag ein.

(2) Antragsbefugt ist jedes Unternehmen, das ein Interesse an dem öffentlichen Auftrag oder der Konzession hat und eine Verletzung in seinen Rechten nach § 97 Absatz 6 durch Nichtbeachtung von Vergabevorschriften geltend macht. Dabei ist darzulegen, dass dem Unternehmen durch die behauptete Verletzung der Vergabevorschriften ein Schaden entstanden ist oder zu entstehen droht.

(3) Der Antrag ist unzulässig, soweit

1. der Antragsteller den geltend gemachten Verstoß gegen Vergabevorschriften vor Einreichen des Nachprüfungsantrags erkannt und gegenüber dem Auftraggeber nicht innerhalb einer Frist von zehn Kalendertagen gerügt hat; der Ablauf der Frist nach § 134 Absatz 2 bleibt unberührt,
2. Verstöße gegen Vergabevorschriften, die aufgrund der Bekanntmachung erkennbar sind, nicht spätestens bis zum Ablauf der in der Bekanntmachung benannten Frist zur Bewerbung oder zur Angebotsabgabe gegenüber dem Auftraggeber gerügt werden,
3. Verstöße gegen Vergabevorschriften, die erst in den Vergabeunterlagen erkennbar sind, nicht spätestens bis zum Ablauf der Frist zur Bewerbung oder zur Angebotsabgabe gegenüber dem Auftraggeber gerügt werden,
4. mehr als 15 Kalendertage nach Eingang der Mitteilung des Auftraggebers, einer Rüge nicht abhelfen zu wollen, vergangen sind.

Satz 1 gilt nicht bei einem Antrag auf Feststellung der Unwirksamkeit des Vertrags nach § 135 Absatz 1 Nummer 2. § 134 Absatz 1 Satz 2 bleibt unberührt.

§ 161
Form, Inhalt

(1) Der Antrag ist schriftlich bei der Vergabekammer einzureichen und unverzüglich zu begründen. Er soll ein bestimmtes Begehren enthalten. Ein Antragsteller ohne Wohnsitz oder gewöhnlichen Aufenthalt, Sitz oder Geschäftsleitung im Geltungsbereich dieses Gesetzes hat einen Empfangsbevollmächtigten im Geltungsbereich dieses Gesetzes zu benennen.

(2) Die Begründung muss die Bezeichnung des Antragsgegners, eine Beschreibung der behaupteten Rechtsverletzung mit Sachverhaltsdarstellung und die Bezeichnung der verfügbaren Beweismittel enthalten sowie darlegen, dass die Rüge gegenüber dem Auftraggeber erfolgt ist; sie soll, soweit bekannt, die sonstigen Beteiligten benennen.

§ 162
Verfahrensbeteiligte, Beiladung

Verfahrensbeteiligte sind der Antragsteller, der Auftraggeber und die Unternehmen, deren Interessen durch die Entscheidung schwerwiegend berührt werden und die deswegen von der Vergabekammer beigeladen worden sind. Die Entscheidung über die Beiladung ist unanfechtbar.

§ 163
Untersuchungsgrundsatz

(1) Die Vergabekammer erforscht den Sachverhalt von Amts wegen. Sie kann sich dabei auf das beschränken, was von den Beteiligten vorgebracht wird oder ihr sonst bekannt sein muss. Zu einer umfassenden Rechtmäßigkeitskontrolle ist die Vergabekammer nicht verpflichtet. Sie achtet bei ihrer gesamten Tätigkeit darauf, dass der Ablauf des Vergabeverfahrens nicht unangemessen beeinträchtigt wird.

(2) Die Vergabekammer prüft den Antrag darauf, ob er offensichtlich unzulässig oder unbegründet ist. Dabei berücksichtigt die Vergabekammer auch einen vorsorglich hinterlegten Schriftsatz (Schutzschrift) des Auftraggebers. Sofern der Antrag nicht offensichtlich unzulässig oder unbegründet ist, übermittelt die Vergabekammer dem Auftraggeber eine Kopie des Antrags und fordert bei ihm die Akten an, die das Vergabeverfahren dokumentieren (Vergabeakten). Der Auftraggeber hat die Vergabeakten der Kammer sofort zur Verfügung zu stellen. Die §§ 57 bis 59 Absatz 1 bis 5 sowie § 61 gelten entsprechend.

§ 164
Aufbewahrung vertraulicher Unterlagen

(1) Die Vergabekammer stellt die Vertraulichkeit von Verschlusssachen und anderen vertraulichen Informationen sicher, die in den von den Parteien übermittelten Unterlagen enthalten sind.

(2) Die Mitglieder der Vergabekammern sind zur Geheimhaltung verpflichtet; die Entscheidungsgründe dürfen Art und Inhalt der geheim gehaltenen Urkunden, Akten, elektronischen Dokumente und Auskünfte nicht erkennen lassen.

§ 165
Akteneinsicht

(1) Die Beteiligten können die Akten bei der Vergabekammer einsehen und sich durch die Geschäftsstelle auf ihre Kosten Ausfertigungen, Auszüge oder Abschriften erteilen lassen.

(2) Die Vergabekammer hat die Einsicht in die Unterlagen zu versagen, soweit dies aus wichtigen Gründen, insbesondere des Geheimschutzes oder zur Wahrung von Betriebs- oder Geschäftsgeheimnissen, geboten ist.

(3) Jeder Beteiligte hat mit Übersendung seiner Akten oder Stellungnahmen auf die in Absatz 2 genannten Geheimnisse hinzuweisen und diese in den Unterlagen entsprechend kenntlich zu machen. Erfolgt dies nicht, kann die Vergabekammer von seiner Zustimmung auf Einsicht ausgehen.

(4) Die Versagung der Akteneinsicht kann nur im Zusammenhang mit der sofortigen Beschwerde in der Hauptsache angegriffen werden.

§ 166
Mündliche Verhandlung

(1) Die Vergabekammer entscheidet aufgrund einer mündlichen Verhandlung, die sich auf einen Termin beschränken soll. Alle Beteiligten haben Gelegenheit zur Stellungnahme. Mit Zustimmung der Beteiligten oder bei Unzulässigkeit oder bei offensichtlicher Unbegründetheit des Antrags kann nach Lage der Akten entschieden werden.

(2) Auch wenn die Beteiligten in dem Verhandlungstermin nicht erschienen oder nicht ordnungsgemäß vertreten sind, kann in der Sache verhandelt und entschieden werden.

§ 167
Beschleunigung

(1) Die Vergabekammer trifft und begründet ihre Entscheidung schriftlich innerhalb einer Frist von fünf Wochen ab Eingang des Antrags. Bei besonderen tatsächlichen oder rechtlichen Schwierigkeiten kann der Vorsitzende im Ausnahmefall die Frist durch Mitteilung an die Beteiligten um den erforderlichen Zeitraum verlängern. Dieser Zeitraum soll nicht länger als zwei Wochen dauern. Er begründet diese Verfügung schriftlich.

(2) Die Beteiligten haben an der Aufklärung des Sachverhalts mitzuwirken, wie es einem auf Förderung und raschen Abschluss des Verfahrens bedachten Vorgehen entspricht. Den Beteiligten können Fristen gesetzt werden, nach deren Ablauf weiterer Vortrag unbeachtet bleiben kann.

§ 168
Entscheidung der Vergabekammer

(1) Die Vergabekammer entscheidet, ob der Antragsteller in seinen Rechten verletzt ist und trifft die geeigneten Maßnahmen, um eine Rechtsverletzung zu beseitigen und eine Schädigung der betroffenen Interessen zu verhindern. Sie ist an die Anträge nicht gebunden und kann auch unabhängig davon auf die Rechtmäßigkeit des Vergabeverfahrens einwirken.

(2) Ein wirksam erteilter Zuschlag kann nicht aufgehoben werden. Hat sich das Nachprüfungsverfahren durch Erteilung des Zuschlags, durch Aufhebung oder durch Einstellung des Vergabeverfahrens oder in sonstiger Weise erledigt, stellt die Vergabekammer auf Antrag eines Beteiligten fest, ob eine Rechtsverletzung vorgelegen hat. § 167 Absatz 1 gilt in diesem Fall nicht.

(3) Die Entscheidung der Vergabekammer ergeht durch Verwaltungsakt. Die Vollstreckung richtet sich, auch gegen einen Hoheitsträger, nach den Verwaltungsvollstreckungsgesetzen des Bundes und der Länder. Die §§ 61 und 86a Satz 2 gelten entsprechend.

§ 169
Aussetzung des Vergabeverfahrens

(1) Informiert die Vergabekammer den Auftraggeber in Textform über den Antrag auf Nachprüfung, darf dieser vor einer Entscheidung der Vergabekammer und dem Ablauf der Beschwerdefrist nach § 172 Absatz 1 den Zuschlag nicht erteilen.

(2) Die Vergabekammer kann dem Auftraggeber auf seinen Antrag oder auf Antrag des Unternehmens, das nach § 134 vom Auftraggeber als das Unternehmen benannt ist, das den Zuschlag erhalten soll, gestatten, den Zuschlag nach Ablauf von zwei Wochen seit Bekanntgabe dieser Entscheidung zu erteilen, wenn unter Berücksichtigung aller möglicherweise geschädigten Interessen sowie des Interesses der Allgemeinheit an einem raschen Abschluss des Vergabeverfahrens die nachteiligen Folgen einer Verzögerung der Vergabe bis zum Abschluss der Nachprüfung die damit verbundenen Vorteile überwiegen. Bei der Abwägung ist das Interesse der Allgemeinheit an einer wirtschaftlichen Erfüllung der Aufgaben des Auftraggebers zu berücksichtigen; bei verteidigungs- oder sicherheitsspezifischen Aufträgen im Sinne des § 104 sind zusätzlich besondere Verteidigungs- und Sicherheitsinteressen zu berücksichtigen. Die Vergabekammer berücksichtigt dabei auch die allgemeinen Aussichten des Antragstellers im Vergabeverfahren, den Auftrag oder die Konzession zu erhalten. Die Erfolgsaussichten des Nachprüfungsantrags müssen nicht in jedem Fall Gegenstand der Abwägung sein. Das Beschwerdegericht kann auf Antrag das Verbot des Zuschlags nach Absatz 1 wiederherstellen; § 168 Absatz 2 Satz 1 bleibt unberührt. Wenn die Vergabekammer den Zuschlag nicht gestattet, kann das Beschwerdegericht auf Antrag des Auftraggebers unter den Voraussetzungen der Sätze 1 bis 4 den sofortigen Zuschlag gestatten. Für das Verfahren vor dem Beschwerdege-

richt gilt § 176 Absatz 2 Satz 1 und 2 und Absatz 3 entsprechend. Eine sofortige Beschwerde nach § 171 Absatz 1 ist gegen Entscheidungen der Vergabekammer nach diesem Absatz nicht zulässig.

(3) Sind Rechte des Antragstellers aus § 97 Absatz 6 im Vergabeverfahren auf andere Weise als durch den drohenden Zuschlag gefährdet, kann die Kammer auf besonderen Antrag mit weiteren vorläufigen Maßnahmen in das Vergabeverfahren eingreifen. Sie legt dabei den Beurteilungsmaßstab des Absatzes 2 Satz 1 zugrunde. Diese Entscheidung ist nicht selbständig anfechtbar. Die Vergabekammer kann die von ihr getroffenen weiteren vorläufigen Maßnahmen nach den Verwaltungsvollstreckungsgesetzen des Bundes und der Länder durchsetzen; die Maßnahmen sind sofort vollziehbar. § 86a Satz 2 gilt entsprechend.

(4) Macht der Auftraggeber das Vorliegen der Voraussetzungen nach § 117 Nummer 1 bis 3 oder § 150 Nummer 1 oder 6 geltend, entfällt das Verbot des Zuschlags nach Absatz 1 fünf Werktage nach Zustellung eines entsprechenden Schriftsatzes an den Antragsteller; die Zustellung ist durch die Vergabekammer unverzüglich nach Eingang des Schriftsatzes vorzunehmen. Auf Antrag kann das Beschwerdegericht das Verbot des Zuschlags wiederherstellen. § 176 Absatz 1 Satz 1, Absatz 2 Satz 1 sowie Absatz 3 und 4 ist entsprechend anzuwenden.

§ 170
Ausschluss von abweichendem Landesrecht

Soweit dieser Unterabschnitt Regelungen zum Verwaltungsverfahren enthält, darf hiervon durch Landesrecht nicht abgewichen werden.

Abschnitt 3
Sofortige Beschwerde

§ 171
Zulässigkeit, Zuständigkeit

(1) Gegen Entscheidungen der Vergabekammer ist die sofortige Beschwerde zulässig. Sie steht den am Verfahren vor der Vergabekammer Beteiligten zu.

(2) Die sofortige Beschwerde ist auch zulässig, wenn die Vergabekammer über einen Antrag auf Nachprüfung nicht innerhalb der Frist des § 167 Absatz 1 entschieden hat; in diesem Fall gilt der Antrag als abgelehnt.

(3) Über die sofortige Beschwerde entscheidet ausschließlich das für den Sitz der Vergabekammer zuständige Oberlandesgericht. Bei den Oberlandesgerichten wird ein Vergabesenat gebildet.

(4) Rechtssachen nach den Absätzen 1 und 2 können von den Landesregierungen durch Rechtsverordnung anderen Oberlandesgerichten oder dem Obersten Landesgericht zugewiesen werden. Die Landesregierungen können die Ermächtigung auf die Landesjustizverwaltungen übertragen.

§ 172
Frist, Form, Inhalt

(1) Die sofortige Beschwerde ist binnen einer Notfrist von zwei Wochen, die mit der Zustellung der Entscheidung, im Fall des § 171 Absatz 2 mit dem Ablauf der Frist beginnt, schriftlich bei dem Beschwerdegericht einzulegen.

(2) Die sofortige Beschwerde ist zugleich mit ihrer Einlegung zu begründen. Die Beschwerdebegründung muss enthalten:

1. die Erklärung, inwieweit die Entscheidung der Vergabekammer angefochten und eine abweichende Entscheidung beantragt wird,
2. die Angabe der Tatsachen und Beweismittel, auf die sich die Beschwerde stützt.

(3) Die Beschwerdeschrift muss durch einen Rechtsanwalt unterzeichnet sein. Dies gilt nicht für Beschwerden von juristischen Personen des öffentlichen Rechts.

(4) Mit der Einlegung der Beschwerde sind die anderen Beteiligten des Verfahrens vor der Vergabekammer vom Beschwerdeführer durch Übermittlung einer Ausfertigung der Beschwerdeschrift zu unterrichten.

§ 173
Wirkung

(1) Die sofortige Beschwerde hat aufschiebende Wirkung gegenüber der Entscheidung der Vergabekammer. Die aufschiebende Wirkung entfällt zwei Wochen nach Ablauf der Beschwerdefrist. Hat die Vergabekammer den Antrag auf Nachprüfung abgelehnt, so kann das Beschwerdegericht auf Antrag des Beschwerdeführers die aufschiebende Wirkung bis zur Entscheidung über die Beschwerde verlängern.

(2) Das Gericht lehnt den Antrag nach Absatz 1 Satz 3 ab, wenn unter Berücksichtigung aller möglicherweise geschädigten Interessen die nachteiligen Folgen einer Verzögerung der Vergabe bis zur Entscheidung über die Beschwerde die damit verbundenen Vorteile überwiegen. Bei der Abwägung ist das Interesse der Allgemeinheit an einer wirtschaftlichen Erfüllung der Aufgaben des Auftraggebers zu berücksichtigen; bei verteidigungs- oder sicherheitsspezifischen Aufträgen im Sinne des § 104 sind zusätzlich besondere Verteidigungs- und Sicherheitsinteressen zu berücksichtigen. Das Gericht berücksichtigt bei seiner Entscheidung auch die Erfolgsaussichten der Beschwerde, die allgemeinen Aussichten des Antragstellers im Vergabeverfahren, den öffentlichen Auftrag oder die Konzession zu erhalten, und das Interesse der Allgemeinheit an einem raschen Abschluss des Vergabeverfahrens.

(3) Hat die Vergabekammer dem Antrag auf Nachprüfung durch Untersagung des Zuschlags stattgegeben, so unterbleibt dieser, solange nicht das Beschwerdegericht die Entscheidung der Vergabekammer nach § 176 oder § 178 aufhebt.

§ 174
Beteiligte am Beschwerdeverfahren

An dem Verfahren vor dem Beschwerdegericht beteiligt sind die an dem Verfahren vor der Vergabekammer Beteiligten.

§ 175
Verfahrensvorschriften

(1) Vor dem Beschwerdegericht müssen sich die Beteiligten durch einen Rechtsanwalt als Bevollmächtigten vertreten lassen. Juristische Personen des öffentlichen Rechts können sich durch Beamte oder Angestellte mit Befähigung zum Richteramt vertreten lassen.

(2) Die §§ 69, 70 Absatz 1 bis 3, § 71 Absatz 1 und 6, §§ 71a, 72, 73 mit Ausnahme der Verweisung auf § 227 Absatz 3 der Zivilprozessordnung, die §§ 78, 165 und 167 Absatz 2 Satz 1 sind entsprechend anzuwenden.

§ 176
Vorabentscheidung über den Zuschlag

(1) Auf Antrag des Auftraggebers oder auf Antrag des Unternehmens, das nach § 134 vom Auftraggeber als das Unternehmen benannt ist, das den Zuschlag erhalten soll, kann das Gericht den weiteren Fortgang des Vergabeverfahrens und den Zuschlag gestatten, wenn unter Berücksichtigung aller möglicherweise geschädigten Interessen die nachteiligen Folgen einer Verzögerung der Vergabe bis zur Entscheidung über die Beschwerde die damit verbundenen Vorteile überwiegen. Bei der Abwägung ist das Interesse der Allgemeinheit an einer wirtschaftlichen Erfüllung der Aufgaben des Auftraggebers zu berücksichtigen; bei verteidigungs- oder sicherheitsspezifischen Aufträgen im Sinne des § 104 sind zusätzlich besondere Verteidigungs- und Sicherheitsinteressen zu berücksichtigen. Das Gericht berücksichtigt bei seiner Entscheidung auch die Erfolgsaussichten der sofortigen Beschwerde, die allgemeinen Aussichten des Antragstellers im Vergabeverfahren, den öffentlichen Auftrag oder die Konzession zu erhalten, und das Interesse der Allgemeinheit an einem raschen Abschluss des Vergabeverfahrens.

(2) Der Antrag ist schriftlich zu stellen und gleichzeitig zu begründen. Die zur Begründung des Antrags vorzutragenden Tatsachen sowie der Grund für die Eilbedürftigkeit sind glaubhaft zu machen. Bis zur Entscheidung über den Antrag kann das Verfahren über die Beschwerde ausgesetzt werden.

(3) Die Entscheidung ist unverzüglich, längstens innerhalb von fünf Wochen nach Eingang des Antrags zu treffen und zu begründen; bei besonderen tatsächlichen oder rechtlichen Schwierigkeiten kann der Vorsitzende im Ausnahmefall die Frist durch begründete Mitteilung an die Beteiligten um den erforderlichen Zeitraum verlängern. Die Entscheidung kann ohne mündliche Verhandlung ergehen. Ihre Begründung erläutert Rechtmäßigkeit oder Rechtswidrigkeit des Vergabeverfahrens. § 175 ist anzuwenden.

(4) Gegen eine Entscheidung nach dieser Vorschrift ist ein Rechtsmittel nicht zulässig.

§ 177
Ende des Vergabeverfahrens nach Entscheidung des Beschwerdegerichts

Ist der Auftraggeber mit einem Antrag nach § 176 vor dem Beschwerdegericht unterlegen, gilt das Vergabeverfahren nach Ablauf von zehn Tagen nach Zustellung der Entscheidung als beendet, wenn der Auftraggeber nicht die Maßnahmen zur Herstellung der Rechtmäßigkeit des Verfahrens ergreift, die sich aus der Entscheidung ergeben; das Verfahren darf nicht fortgeführt werden.

§ 178
Beschwerdeentscheidung

Hält das Gericht die Beschwerde für begründet, so hebt es die Entscheidung der Vergabekammer auf. In diesem Fall entscheidet das Gericht in der Sache selbst oder spricht die Verpflichtung der Vergabekammer aus, unter Berücksichtigung der Rechtsauffassung des Gerichts über die Sache erneut zu entscheiden. Auf Antrag stellt es fest, ob das Unternehmen, das die Nachprüfung beantragt hat, durch den Auftraggeber in seinen Rechten verletzt ist. § 168 Absatz 2 gilt entsprechend.

§ 179
Bindungswirkung und Vorlagepflicht

(1) Wird wegen eines Verstoßes gegen Vergabevorschriften Schadensersatz begehrt und hat ein Verfahren vor der Vergabekammer stattgefunden, ist das ordentliche Gericht an die bestandskräftige Entscheidung der Vergabekammer und die Entscheidung des Oberlandesgerichts sowie gegebenenfalls des nach Absatz 2 angerufenen Bundesgerichtshofs über die Beschwerde gebunden.

(2) Will ein Oberlandesgericht von einer Entscheidung eines anderen Oberlandesgerichts oder des Bundesgerichtshofs abweichen, so legt es die Sache dem Bundesgerichtshof vor. Der Bundesgerichtshof entscheidet anstelle des Oberlandesgerichts. Der Bundesgerichtshof kann sich auf die Entscheidung der Divergenzfrage beschränken und dem Beschwerdegericht die Entscheidung in der Hauptsache übertragen, wenn dies nach dem Sach- und Streitstand des Beschwerdeverfahrens angezeigt scheint. Die Vorlagepflicht gilt nicht im Verfahren nach § 173 Absatz 1 Satz 3 und nach § 176.

§ 180
Schadensersatz bei Rechtsmissbrauch

(1) Erweist sich der Antrag nach § 160 oder die sofortige Beschwerde nach § 171 als von Anfang an ungerechtfertigt, ist der Antragsteller oder der Beschwerdeführer verpflichtet, dem Gegner und den Beteiligten den Schaden zu ersetzen, der ihnen durch den Missbrauch des Antrags- oder Beschwerderechts entstanden ist.

(2) Ein Missbrauch des Antrags- oder Beschwerderechts ist es insbesondere,

1. die Aussetzung oder die weitere Aussetzung des Vergabeverfahrens durch vorsätzlich oder grob fahrlässig vorgetragene falsche Angaben zu erwirken;
2. die Überprüfung mit dem Ziel zu beantragen, das Vergabeverfahren zu behindern oder Konkurrenten zu schädigen;
3. einen Antrag in der Absicht zu stellen, ihn später gegen Geld oder andere Vorteile zurückzunehmen.

(3) Erweisen sich die von der Vergabekammer entsprechend einem besonderen Antrag nach § 169 Absatz 3 getroffenen vorläufigen Maßnahmen als von Anfang an ungerechtfertigt, hat der Antragsteller dem Auftraggeber den aus der Vollziehung der angeordneten Maßnahme entstandenen Schaden zu ersetzen.

§ 181
Anspruch auf Ersatz des Vertrauensschadens

Hat der Auftraggeber gegen eine den Schutz von Unternehmen bezweckende Vorschrift verstoßen und hätte das Unternehmen ohne diesen Verstoß bei der Wertung der Angebote eine echte Chance gehabt, den Zuschlag zu erhalten, die aber durch den Rechtsverstoß beeinträchtigt wurde, so kann das Unternehmen Schadensersatz für die Kosten der Vorbereitung des Angebots oder der Teilnahme an einem Vergabeverfahren verlangen. Weiterreichende Ansprüche auf Schadensersatz bleiben unberührt.

§ 182
Kosten des Verfahrens vor der Vergabekammer

(1) Für Amtshandlungen der Vergabekammern werden Kosten (Gebühren und Auslagen) zur Deckung des Verwaltungsaufwandes erhoben. Das Verwaltungskostengesetz vom 23. Juni 1970 (BGBl. I S. 821) in der am 14. August 2013 geltenden Fassung ist anzuwenden.

(2) Die Gebühr beträgt mindestens 2 500 Euro; dieser Betrag kann aus Gründen der Billigkeit bis auf ein Zehntel ermäßigt werden. Die Gebühr soll den Betrag von 50 000 Euro nicht überschreiten; sie kann im Einzelfall, wenn der Aufwand oder die wirtschaftliche Bedeutung außergewöhnlich hoch ist, bis zu einem Betrag von 100 000 Euro erhöht werden.

(3) Soweit ein Beteiligter im Verfahren unterliegt, hat er die Kosten zu tragen. Mehrere Kostenschuldner haften als Gesamtschuldner. Kosten, die durch Verschulden eines Beteiligten entstanden sind, können diesem auferlegt werden. Hat sich der Antrag vor Entscheidung der Vergabekammer durch Rücknahme oder anderweitig erledigt, ist die Hälfte der Gebühr zu entrichten. Die Entscheidung, wer die Kosten zu tragen hat, erfolgt nach billigem Ermessen. Aus Gründen der Billigkeit kann von der Erhebung von Gebühren ganz oder teilweise abgesehen werden.

(4) Soweit ein Beteiligter im Nachprüfungsverfahren unterliegt, hat er die zur zweckentsprechenden Rechtsverfolgung oder Rechtsverteidigung notwendigen Aufwendungen des Antragsgegners zu tragen. Die Aufwendungen der Beigeladenen sind nur erstattungsfähig, soweit sie die Vergabekammer aus Billigkeit der unterlegenen Partei auferlegt. Hat sich der Antrag durch Rücknahme oder anderweitig erledigt, erfolgt die Entscheidung, wer die zur zweckentsprechenden Rechtsverfolgung oder Rechtsverteidigung notwendigen Aufwendungen anderer Beteiligter zu tragen hat, nach billigem Ermessen; in Bezug auf die Erstattung der Aufwendungen der Beigeladenen gilt im Übrigen Satz 2 entsprechend. § 80 Absatz 1, 2 und 3 Satz 2 des Verwaltungsverfahrensgesetzes und die entsprechenden Vorschriften der Verwaltungsverfahrensgesetze der Länder gelten entsprechend. Ein gesondertes Kostenfestsetzungsverfahren findet nicht statt.

§ 183
Korrekturmechanismus der Kommission

(1) Erhält die Bundesregierung im Laufe eines Vergabeverfahrens vor Abschluss des Vertrags eine Mitteilung der Europäischen Kommission, dass diese der Auffassung ist, es liege ein schwerer Verstoß gegen das Recht der Europäischen Union zur Vergabe öffentlicher Aufträge oder zur Vergabe von Konzessionen vor, der zu beseitigen sei, teilt das Bundesministerium für Wirtschaft und Energie dies dem Auftraggeber mit.

(2) Der Auftraggeber ist verpflichtet, innerhalb von 14 Kalendertagen nach Eingang dieser Mitteilung dem Bundesministerium für Wirtschaft und Energie eine umfassende Darstellung des Sachverhalts zu geben und darzulegen, ob der behauptete Verstoß beseitigt wurde, oder zu begründen, warum er nicht beseitigt wurde, ob das Vergabeverfahren Gegenstand eines Nachprüfungsverfahrens ist oder aus sonstigen Gründen ausgesetzt wurde.

(3) Ist das Vergabeverfahren Gegenstand eines Nachprüfungsverfahrens oder wurde es ausgesetzt, so ist der Auftraggeber verpflichtet, das Bundesministerium für Wirtschaft und Energie unverzüglich über den Ausgang des Verfahrens zu informieren.

§ 184
Unterrichtungspflichten der Nachprüfungsinstanzen

Die Vergabekammern und die Oberlandesgerichte unterrichten das Bundesministerium für Wirtschaft und Energie bis zum 31. Januar eines jeden Jahres über die Anzahl der Nachprüfungsverfahren des Vorjahres und deren Ergebnisse.

Teil 5
Anwendungsbereich des Ersten bis Dritten Teils dieses Gesetzes

§ 185
Unternehmen der öffentlichen Hand, Geltungsbereich

(1) Die Vorschriften des Ersten bis Dritten Teils dieses Gesetzes sind auch auf Unternehmen anzuwenden, die ganz oder teilweise im Eigentum der öffentlichen Hand stehen oder die von ihr verwaltet oder betrieben werden. Die §§ 19, 20 und 31b Absatz 5 sind nicht anzuwenden auf öffentlich-rechtliche Gebühren oder Beiträge. Die Vorschriften des Ersten bis Dritten Teils dieses Gesetzes sind nicht auf die Deutsche Bundesbank und die Kreditanstalt für Wiederaufbau anzuwenden.

(2) Die Vorschriften des Ersten bis Dritten Teils dieses Gesetzes sind auf alle Wettbewerbsbeschränkungen anzuwenden, die sich im Geltungsbereich dieses Gesetzes auswirken, auch wenn sie außerhalb des Geltungsbereichs dieses Gesetzes veranlasst werden.

(3) Die Vorschriften des Energiewirtschaftsgesetzes stehen der Anwendung der §§ 19, 20 und 29 nicht entgegen, soweit in § 111 des Energiewirtschaftsgesetzes keine andere Regelung getroffen ist.

Teil 6
Übergangs- und Schlussbestimmungen

§ 186
Übergangsbestimmungen

(1) § 29 ist nach dem 31. Dezember 2017 nicht mehr anzuwenden.

(2) Vergabeverfahren, die vor dem 18. April 2016 begonnen haben, einschließlich der sich an diese anschließenden Nachprüfungsverfahren sowie am 18. April 2016 anhängige Nachprüfungsverfahren werden nach dem Recht zu Ende geführt, das zum Zeitpunkt der Einleitung des Verfahrens galt.

XVII. Grundzüge des Vergabenachprüfungsverfahrens gemäß §§ 155 ff. GWB

1. Vorbemerkung

Das Vergabenachprüfungsverfahren ist das zentrale Instrument des Vergaberechtsschutzes, mit dem gewährleistet werden soll, dass an einem öffentlichen Auftrag interessierte Unternehmen ihre Rechte vor unabhängigen Nachprüfungsinstanzen durchsetzen können. Der seit 01.01.1999 bestehende Rechtsschutz ist maßgeblich auf die Vorgaben des Europäischen Gemeinschaftsrechts zurückzuführen. Die am 11.12.2007 in Kraft getretene Richtlinie 2007/66/EG dient der Verbesserung der Wirksamkeit der Nachprüfungsverfahren, ohne dass die Grundkonzeption des Bieterrechtsschutzes berührt wird.

Auf nationaler Ebene enthält § 155 GWB den Grundsatz, dass die Vergabe öffentlicher Aufträge der Nachprüfung durch die Vergabekammer unterliegt. Die Vergabekammern stellen die primären Kontrollinstanzen für Vergabeverfahren dar[1]. Die Prüfungsmöglichkeiten von Aufsichtsbehörden und Vergabeprüfstellen bleiben ebenso unberührt wie die Zuständigkeit der ordentlichen Gerichte für die Geltendmachung von Schadensersatzansprüchen.

Zu berücksichtigen ist, dass der Anwendungsbereich der §§ 155 ff. GWB – wie der gesamte 4. Teil des GWB – gemäß § 106 Abs. 1 GWB auf Aufträge beschränkt ist, die den maßgeblichen Schwellenwert überschreiten. Der Rechtsweg zur Nachprüfungsinstanz ist daher derzeit nur für solche Bauvergaben eröffnet, die einen Wert von EUR 5.548.000 netto oder höher aufweisen. Bei Liefer- und Dienstleistungen beträgt der Schwellenwert aktuell EUR 221.000[2].

Für kleinere Aufträge hat das BVerfG die Notwendigkeit einer speziellen gesetzlichen Regelung eines Rechtsschutzes durch Vergabenachprüfungsinstanzen verneint[3]. Das ändert indes nichts daran, dass auch unterhalb der Schwellenwerte vergaberechtlicher Rechtsschutz besteht[4]. Dieser ist von erheblicher Bedeutung für die Bindungswirkung, Durchsetzungskraft und damit für die tatsächliche Beachtung und Einhaltung des Haushalts-Vergaberechts. Dieser Rechtsschutz ist nicht zuletzt deshalb von besonderer Relevanz, weil 90 % aller Vergabeverfahren den Bereich unterhalb der Schwellenwerte betreffen. Mangels spezieller gesetzlicher Regeln ist dieser Bereich allerdings von Unklarheit und Rechtsunsicher-

---

1 Amtliche Begründung, BT-Drs. 13/9340, 6.

2 Delegierte Verordnungen (EU) 2017/2167 der Kommission vom 18. Dezember 2017 zur Änderung der Richtlinie 2017/24/EU des Europäischen Parlaments und des Rates im Hinblick auf die Schwellenwerte für Auftragsvergabeverfahren; Delegierte Verordnungen (EU) 2017/2366 der Kommission vom 18. November 2017 zur Änderung der Richtlinie 2014/23/EU des Europäischen Parlaments und des Rates im Hinblick auf die Schwellenwerte für Vergabeverfahren; Verordnung (EU) 2017/2367 der Kommission vom 18. Dezember 2017 zur Änderung der Richtlinie 2009/81/EG des Europäischen Parlaments und des Rates im Hinblick auf die Schwellenwerte für Auftragsvergabeverfahren. Für Liefer- und Dienstleistungsaufträge im Sektorenbereich (Trinkwasser, Energieversorgung, Verkehr) gilt ein Schwellenwert von € 443.000,00; Für Liefer- und Dienstleistungsaufträge im Sektorenbereich (Trinkwasser, Energieversorgung, Verkehr) gilt ein Schwellenwert von € 443.000,00; für Liefer- und Dienstleistungsaufträge bestimmter oberster Bundesbehörden beträgt der Schwellenwert € 144.000,00.

3 BVerfG, Beschl. v. 10.06.2006, 1 BvR 1160/03, VergabeNews 2006, 108 f.

4 Ausführlich dazu Dicks, VergabeR 2012, 531 ff.

heit geprägt. Dies betrifft sowohl die Frage nach der prinzipiellen Notwendigkeit gerichtlichen Primärrechtsschutzes als auch die Frage, welcher Gerichtsbarkeit eine solche Streitigkeit unterfällt.

Das BVerfG geht in seiner Entscheidung davon aus, dass es den Erfordernissen an eine effektive Rechtsschutzgewährung i.S.d. Art. 19 Abs. 4 GG genügt, wenn im Unterschwellenbereich nur Sekundärrechtsschutz gewährt wird. Für eine Ungleichbehandlung von Ober- und Unterschwellenbereich hinsichtlich der Ausgestaltung des Rechtsschutzes gebe es sachliche Gründe[5].

Das BVerwG[6] hat den Rechtsweg zu den ordentlichen Gerichten, also zu den Zivilgerichten, bejaht. Wesentlicher Grund ist, dass die Beschaffungstätigkeit der öffentlichen Hand als Fiskalhandeln anzusehen und damit dem Privatrecht zuzurechnen ist. Streitwertabhängig sind nach §§ 71 Abs. 1, 23 Nr. 1 GVG in aller Regel die Landgerichte mit den betreffenden Streitigkeiten zu befassen.

Unterlassungsansprüche im Hinblick auf die Zuschlagserteilung können sich aus § 1004 BGB Abs. 1 BGB analog i. V. m. §§ 311 Abs. 2, 241 Abs. 2 BGB ergeben[7]. Mit der Durchführung eines Verfahrens zur Vergabe öffentlicher Aufträge entsteht bereits ein Schuldverhältnis im Sinne des § 241 Abs. 2 BGB mit vorvertraglichen Rücksichtnahmepflichten. In der Sache wird ein Unterlassungsanspruch jedenfalls dann bejaht, wenn der Auftraggeber willkürlich handelt oder ein bewusst diskriminierendes Verhalten der Vergabestelle vorliegt[8]. Darüber hinaus kann die tatsächliche Vergabepraxis zu einer Selbstbindung der Verwaltung führen, mit der Folge, dass den an sich verwaltungsinternen Regelungen der Vergabeordnungen Außenwirkung zukommt[9]. Auf diese Weise besteht ein Anspruch der Mitbewerber, dass der Auftraggeber die Regelungen der betreffenden Vergabeordnungen einhält und der jeweilige Bewerber eine faire Chance erhält, nach Maßgabe der einschlägigen Vergabeordnung bei der Auftragsvergabe berücksichtigt zu werden[10]. Im Übrigen müsse sich für einen vorbeugenden Unterlassungsanspruch die abzuwehrende Gefahr hinreichend konkretisieren und eine Abwägung der Interessen des Bieters mit denjenigen des Auftraggebers zu einem überwiegenden Schutzbedürfnis des Bieters führen[11].

Liegt der Vergabe ein Auftrag mit einem Auftragswert oberhalb der Schwellenwerte zugrunde, kann jeder, der ein Interesse an einem öffentlichen Auftrag hat, nach § 97 Abs. 6 GWB einen Anspruch auf Einhaltung solcher vergaberechtlicher Bestimmungen geltend machen, die bieterschützend sind. Das betreffende Unternehmen muss dann darlegen, dass ihm durch die behauptete Verletzung der Vergabevorschriften ein Schaden entstanden ist oder zu entstehen droht.

Zuständig für die Überprüfung sind – ausschließlich – die Vergabekammern, die in jedem Bundesland sowie beim Bundeskartellamt (§§ 158, 159 GWB) eingerichtet sind. Hier hat

5 BVerfG, Beschl. v. 10.06.2006, 1 BvR 1160/03, VergabeNews 2006, 108 f.
6 BVerwG, Beschl. v. 02.05.2007, 6 B 10.07, NZBau 2007, 389.
7 OLG Saarbrücken, Urt. v. 13.06.2012, 1 U 357/11; LG Bad Kreuznach, Urt. v. 20.04.2012, 2 O 77/12; Dicks, VergabeR 2012, 531 ff.
8 OLG Düsseldorf, Urt. v. 13.01.2010, 27 U 1/09; Urt. v. 10.10.2011,27 W 1/11.
9 OLG Düsseldorf, Urt. v. 13.01.2010, 27 U 1/09; Urt. v. 10.10.2011,27 W 1/11.
10 OLG Düsseldorf, Urt. v. 13.01.2010, 27 U 1/09; Urt. v. 10.10.2011,27 W 1/11.
11 OLG Saarbrücken, Urt. v. 13.06.2012, 1 U 357/11.

das GWB einen eigenen, ausschließlichen Rechtsweg geschaffen, der die Zuständigkeit anderer Gerichtszweige ausschließt[12].

2. Das Nachprüfungsverfahren vor der Vergabekammer

2.1 Voraussetzungen eines Nachprüfungsantrags

Das Nachprüfungsverfahren bei der Vergabekammer wird nur auf Antrag eines Bieters durchgeführt, nicht etwa von Amts wegen.

Dabei ist nach § 160 Abs. 2 GWB darzulegen, dass das Unternehmen/der Bieter ein Interesse am Auftrag hat und ihm durch die behauptete Nichtbeachtung von Vergabevorschriften ein Schaden entstanden ist oder zu entstehen droht. Deshalb sind grundsätzlich nur an einem Vergabeverfahren beteiligte Bieter antragsbefugt, nicht jedoch vorgesehene Nachunternehmer oder Lieferanten, die lediglich mittelbar betroffen wären[13]. Der Nachprüfungsantrag kann auch von einem Unternehmen gestellt werden, das kein Angebot abgibt, wenn der Vergaberechtsfehler gerade dazu geführt hat, dass diesem Unternehmen die Angebotsabgabe nicht möglich war[14].

Voraussetzung für die Stellung eines Nachprüfungsantrags ist gemäß § 160 Abs. 3 GWB, dass der Antragsteller die – vermeintlichen – Vergabeverstöße bereits zuvor gegenüber dem Auftraggeber fristgemäß gerügt hat. Der Vergabestelle soll dadurch die Möglichkeit gegeben werden, den gerügten Fehler abzustellen. Hier sind unterschiedliche Fristen zu beachten. So ist der Nachprüfungsantrag unzulässig, wenn

- der Antragsteller den gerügten Verstoß gegen Vergabevorschriften im Vergabeverfahren erkannt und gegenüber dem Auftraggeber nicht innerhalb einer Frist von zehn Kalendertagen gerügt hat,
- Verstöße gegen Vergabevorschriften, die aufgrund der Bekanntmachung erkennbar sind, nicht spätestens bis Ablauf der in der Bekanntmachung benannten Frist zur Angebotsabgabe oder zur Bewerbung gegenüber dem Auftraggeber gerügt werden,
- Verstöße gegen Vergabevorschriften, die erst in den Vergabeunterlagen erkennbar sind, nicht spätestens bis zum Ablauf der in der Bekanntmachung benannten Frist zur Angebotsabgabe oder zur Bewerbung gegenüber dem Auftraggeber gerügt werden,
- mehr als 15 Kalendertage nach Eingang der Mitteilung des Auftraggebers, einer Rüge nicht abhelfen zu wollen, vergangen sind.

Mit der Einführung einer Rügefrist von 10 Kalendertagen in § 160 Abs. 3 Nr. 1 GWB verabschiedet sich der Gesetzgeber von dem bislang geltenden Erfordernis der „Unverzüglichkeit" der Rüge. Der EuGH[15] hatte festgestellt, dass die Fristenregelung für die Nachprüfungsverfahren zwar Sache der internen Rechtsordnung der einzelnen Mitgliedstaaten

12 Vgl. dazu Leinemann, Die Vergabe öffentlicher Aufträge, Rn. 2059.
13 OLG Rostock, BauR 2000, 1586, 1587.
14 BT-Drucks. 13/9340, S. 17 zu § 117 GWB; BayObLG, VergabeR 2003, 345.
15 EuGH, Urt. v. 28.01.2010, Rs. C-406/08, NZBau 2010, 183; VergabeR 2010, 451.

seien. Erforderlich sei jedoch, dass die Mitgliedstaaten eine Fristenregelung schaffen, die hinreichend genau, klar und vorhersehbar ist, damit der Einzelne seine Rechte und Pflichten kennen kann. Die Rechtsmittelrichtlinien standen daher der nationalen Bestimmung der „Unverzüglichkeit" entgegen, auf deren Grundlage ein nationales Gericht einen Nachprüfungsantrag in Anwendung des nach Ermessen beurteilten dieses Kriteriums wegen Fristversäumnis zurückweisen konnte.

Durch die Neufassung werden die Zulässigkeitsanforderungen des § 160 Abs. 3 S. 1 Nr. 1 und die Informations- und Wartepflicht gemäß § 134 Abs. 1 und 2 besser aufeinander abgestimmt[16].

Soweit Vergabeverstöße aufgrund der Bekanntmachung erkennbar sind, müssen diese spätestens bis zum Ablauf der in der Bekanntmachung benannten Frist zur Angebotsabgabe oder zur Bewerbung gegenüber dem Auftraggeber gerügt werden. Bei Verstößen gegen Vergabevorschriften, die erst in den Vergabeunterlagen erkennbar sind, müssen spätestens bis zum Ablauf der in der Bekanntmachung benannten Frist zur Angebotsabgabe oder zur Bewerbung gegenüber dem Auftraggeber gerügt werden. Auch hier ist jedoch nach Erkennen der Fehler innerhalb der Rügefrist von zehn Kalendertagen eine Rüge auszusprechen, damit die Korrekturmöglichkeit des Auftraggebers erhalten bleibt[17].

Bereits durch die Vergaberechtsreform 2009 wurde die Bestimmung in das GWB eingefügt, dass es zur Unzulässigkeit des Nachprüfungsantrags führt, wenn mehr als 15 Kalendertage nach Mitteilung des Auftraggebers vergangen sind, einer Rüge nicht abhelfen zu wollen (§ 160 Abs. 3 Nr. 4 GWB). Hierdurch soll verhindert werden, dass ein Unternehmen – was vorher grundsätzlich möglich war – ein Vergabeverfahren erst kurz vor seinem Abschluss mit zuvor gerügten Vergaberechtsverstößen torpediert.

Die Präklusionsvorschrift des § 160 Abs. 3 GWB gilt nun auch nach dem Gesetzeswortlaut nicht, wenn der öffentliche Auftraggeber i. S. v. § 135 Abs. 1 Nr. 2 GWB überhaupt kein Vergabeverfahren durchführt. In einem solchen Fall muss die Verletzung jedoch innerhalb einer Höchstfrist von 6 Monaten gerügt bzw. unmittelbar in einem Vergabenachprüfungsverfahren geltend gemacht werden[18].

Eine Verfahrensrüge muss stets vom Bieter selbst oder durch einen von ihm bevollmächtigten Vertreter (z. B. Rechtsanwalt) erhoben werden. Die Rüge eines Verbandes, der etwa im Namen seiner Mitglieder bestimmte Defizite einer Ausschreibung als fehlerhaft rügt, erfüllt dagegen nicht die Erfordernisse des § 160 Abs. 3 GWB. Der Verband kann nur als Vertreter eines bestimmten Bieters auftreten, muss dann jedoch in seiner Rüge diese Vertretung offenlegen[19].

Ein Nachprüfungsverfahren ist, wie sich aus § 168 Abs. 2 S. 1 GWB ergibt, nicht mehr zulässig, wenn der Zuschlag bereits wirksam erteilt wurde. Nach dieser Vorschrift kann nämlich ein wirksam erteilter Zuschlag nicht aufgehoben werden[20].

16 Vgl. Amtl. Begründung zu § 160 in BT-Drs. 367/15.
17 Vgl. Leinemann, Die Vergabe öffentlicher Aufträge, Rn. 2089, unter Hinweis auf den Wortlaut „spätestens".
18 § 135 Abs. 2 GWB.
19 OLG Brandenburg, Besch. v. 28.11.2002, Verg W 8/02, VergabeR 2003, 242.
20 Vgl. dazu BGH, Besch. v. 19.12.2000, X ZB 14/00, VergabeR 2001, 71, 73.

Allerdings kann ein Nachprüfungsverfahren auch dann zulässigerweise eingeleitet werden, wenn der Auftraggeber entgegen seiner gesetzlichen Verpflichtung kein Vergabeverfahren durchführt oder durchgeführt hat (de-facto-Vergabe). Nach § 135 Abs. 1 Nr. 2 GWB ist ein Vertrag nämlich von Anfang an unwirksam, wenn der Auftraggeber einen öffentlichen Auftrag unmittelbar an ein Unternehmen erteilt, ohne andere Unternehmen am Vergabeverfahren zu beteiligen und ohne dass dies aufgrund Gesetzes gestattet ist, und dieser Verstoß in einem Nachprüfungsverfahren festgestellt worden ist. Zu beachten sind die Fristen des § 135 Abs. 2 GWB. In diesem Falle steht der Zulässigkeit eines Nachprüfungsverfahrens § 168 Abs. 2 S. 1 GWB nicht entgegen.

Unabhängig von einem Nachprüfungsverfahren kann die europäische Kommission bei einer de-facto-Vergabe im Wege eines Vertragsverletzungsverfahrens nach Art. 258 AEUV die umgehende Beendigung vergaberechtswidrig geschlossener Verträge verlangen. Die Frage, ob auch die Vergabenachprüfungsinstanzen unter bestimmten Voraussetzungen entsprechende Einwirkungsmöglichkeiten haben, wird derzeit noch eher kritisch gesehen[21].

Im Übrigen ist eine vergaberechtswidrig ohne Ausschreibung erfolgte Vergabe jedenfalls dann nach § 138 BGB nichtig, wenn sie im Bewusstsein der Rechtswidrigkeit dieses Vorgehens im gemeinsamen Zusammenwirken von Auftraggeber und Auftragnehmer erfolgt ist[22].

Ist eine Ausschreibung aufgehoben worden, beeinträchtigt dies die Zulässigkeit eines Nachprüfungsantrags nicht, wenn der Bieter durch die Aufhebung der Ausschreibung in seinen Rechten verletzt sein kann[23]. Eine Ausschreibung kann rechtmäßig nur nach § 17 Abs. 1 EU VOB/A / EG VOL/A aufgehoben werden. Eine Rechtsverletzung kann daher immer dann gegeben sein, wenn die in dieser Vorschrift genannten Aufhebungsgründe nicht vorliegen.

Wird ein Nachprüfungsantrag durch eine Bietergemeinschaft gestellt, muss er von allen Mitgliedern der Bietergemeinschaft getragen werden. Einzelne Angehörige einer Bietergemeinschaft können den Nachprüfungsantrag nicht allein stellen. Die bei Angebotsabgabe einzureichende Vollmacht für das federführende Mitglied der Bietergemeinschaft erstreckt sich regelmäßig auch auf den Antrag zur Durchführung eines Nachprüfungsverfahrens[24].

2.2 Die Bieterinformation nach § 134 GWB

Die Pflicht zur Bieterinformation, die bis zum Jahre 2009 in § 13 VgV und bis 2016 in § 101a GWB geregelt war, ist nunmehr in § 134 GWB normiert. Sie dient dazu, die Durchsetzung der Bieterrechte abzusichern.

21 KG, Beschl. v. 29.02.2012, Verg 8/11.
22 Vgl. KG, VergabeR 2005, 236 = VergabeNews 2005, 8.
23 BGH, VergabeR 2003, 313, 314 ff.; OLG Düsseldorf, VergabeR 2005, 374 = VergabeNews 2005, 19.
24 BayObLG, NZBau 2000, 49; zu der Besonderheit bei der Forderung einer rechtsverbindlichen Unterschrift BGH, Urt. v. 20.11.2012, X ZR 108/10; VK Hessen, Beschl. v. 13.03.2012, 69d-VK-06/2012, kritisch dazu Radeloff, IBR 2012, 1139.

Hierzu hat der Auftraggeber die Bieter, deren Angebote nicht berücksichtigt werden sollen, nach § 134 Abs. 1 GWB über den Namen des Unternehmens, dessen Angebot angenommen werden soll, über die Gründe der vorgesehenen Nichtberücksichtigung ihres Angebots und über den frühesten Zeitpunkt des Vertragsschlusses in Textform zu informieren. Dies gilt auch für Bewerber, denen keine Information über die Ablehnung ihrer Bewerbung zur Verfügung gestellt wurde, bevor die Mitteilung über die Zuschlagsentscheidung an die betroffenen Bieter ergangen ist.

Ein Vertrag darf gemäß § 134 Abs. 2 GWB erst 15 Kalendertage – bei Information per Telefax oder auf elektronischem Weg erst zehn Kalendertage – nach Absendung der Bieterinformation geschlossen werden. Die Frist beginnt am Tag nach der Absendung der Information durch den Auftraggeber. Auf den Tag des Zugangs beim betroffenen Bieter und Bewerber kommt es nicht an.

Die Informationspflicht entfällt gemäß § 134 Abs. 3 GWB in Fällen, in denen das Verhandlungsverfahren ohne vorherige Bekanntmachung wegen besonderer Dringlichkeit gerechtfertigt ist oder besondere Verteidigungs- oder Sicherheitsinteressen, berechtigte geschäftliche Interessen von Unternehmen oder der lautere Wettbewerb von Unternehmen betroffen ist.

Durch die Verpflichtung des Auftraggebers, alle Bieter vor Zuschlagserteilung darüber zu unterrichten, welcher Bieter für den Zuschlag vorgesehen ist, bleibt für die nicht ausgewählten Bewerber bzw. Bieter Zeit, mögliche Rügen gegen die Auswahl des für den Zuschlag vorgesehenen Bieters vorzubringen und gegebenenfalls ein Nachprüfungsverfahren einzuleiten. Dadurch kann verhindert werden, dass durch die Erteilung des Zuschlags ein wirksamer Vertrag geschlossen wird, der der Zulässigkeit eines Nachprüfungsverfahrens entgegensteht.

Ein ohne Bieterbenachrichtigung oder vor Ablauf der Wartepflicht erteilter Zuschlag ist gemäß § 135 Abs. 1 Nr. 1 GWB von Anfang an unwirksam[25].

Ist die Wartefrist abgelaufen, kann der Zuschlag wirksam erteilt werden. Dies soll selbst dann gelten, wenn die Vergabestelle einem Bieter – etwa auf seine Rüge hin – mitteilt, sie werde bis zur Zuschlagserteilung noch eine weitere Woche zuwarten. Wird entgegen dieser Ankündigung der Zuschlag gleichwohl bereits unmittelbar nach Ablauf der Wartefrist erteilt, so ist dies grundsätzlich rechtlich wirksam[26].

2.3 Form und Inhalt des Nachprüfungsantrags

Der Nachprüfungsantrag ist gemäß § 161 Abs. 1 S. 1 GWB schriftlich bei der Vergabekammer einzureichen und unverzüglich zu begründen. Nach S. 2 dieser Vorschrift soll er ein bestimmtes Begehren enthalten. Der Antrag kann auch per Telefax vorab eingereicht werden.

25 Zur früheren Rechtslage BGH, Beschl. v. 09.02.2004, X ZB 44/03, VergabeNews 2004, 37.
26 OLG Bremen, Beschl. v. 17.11.2003, Verg 6/03, VergabeNews 2003, 313.

Nach § 161 Abs. 2 GWB muss die Begründung die Bezeichnung des Antragsgegners, eine Beschreibung der behaupteten Rechtsverletzung mit Sachverhaltsdarstellung und die Bezeichnung der verfügbaren Beweismittel enthalten. Darüber hinaus ist darzulegen, dass die Rüge gegenüber dem Auftraggeber erfolgt ist. Wesentlicher Inhalt eines Vergabenachprüfungsantrags ist damit die Darlegung, dass der Antragsteller in seinen Rechten verletzt ist.

Soweit bekannt, sollen nach § 161 Abs. 2 Hs. 2 GWB die sonstigen Beteiligten benannt werden. Angesprochen sind damit die Unternehmen, deren Interessen nach § 162 GWB durch die Entscheidung der Vergabekammer schwerwiegend berührt werden und die deswegen von der Vergabekammer regelmäßig beizuladen sind. Die Entscheidung über die Beiladung ist nach § 162 S. 2 GWB unanfechtbar.

Der Antragsteller eines Nachprüfungsverfahrens sollte daher in jedem Fall darauf achten, dass folgende Komponenten in seinem Nachprüfungsantrag enthalten sind:

- Die genaue und richtige Bezeichnung der Vergabestelle (Antragsgegner),
- eine Sachverhaltsdarstellung,
- eine schlüssige Beschreibung der behaupteten Rechtsverletzung,
- die Bezeichnung der verfügbaren Beweismittel (Schriftstücke in Kopie),
- die Darlegung, dass der Verstoß zuvor gegenüber dem Auftraggeber gerügt wurde, und
- die Bezeichnung der Beizuladenden, soweit bekannt.

Zur Antragsbefugnis muss dargelegt werden, dass dem Bieter ein Schaden droht. Dies kann unter Umständen auch dann der Fall sein, wenn er nach der Wertung eher im Mittelfeld liegt. Er muss dann darlegen, dass besser platzierte Angebote ausgeschlossen werden müssen oder aus anderen Gründen bei der Wertung keine Berücksichtigung finden dürfen. Auch ein solcher Bieter hat ein Recht darauf, dass das Vergabeverfahren rechtmäßig und sachgerecht durchgeführt wird.

Ein Bieter kann auch seinen Ausschluss vom Vergabeverfahren angreifen, wenn er die Ausschlussgründe für ungerechtfertigt hält. Die Antragsbefugnis und damit die Zulässigkeit des Antrags kann daher in solchen Fällen nicht verneint werden[27].

2.4 Zustellung, Suspensiveffekt und Verfahrensbeginn

Die Vergabekammer prüft nach Eingang des Nachprüfungsantrags die Einhaltung der Formalien. Ferner findet gemäß § 163 Abs. 2 S. 1 GWB eine kurze inhaltliche Prüfung daraufhin statt, ob der Antrag nicht schon als offensichtlich unzulässig oder (offensichtlich) unbegründet angesehen werden muss[28].

27 EuGH, Beschl. v. 20.06.2003, Rs. C-249/01, VergabeNews 2003, 63; OLG Brandenburg, Beschl. v. 02.12.2003, W Verg 6/03, VergabeNews 2004, 16.
28 Vgl. Leinemann, Die Vergabe öffentlicher Aufträge, Rn. 2115.

Bei dieser Prüfung berücksichtigt die Vergabekammer nach § 163 Abs. 2 S. 2 GWB auch eine Schutzschrift des Auftraggebers, d. h. einen vorsorglich hinterlegten Schriftsatz.

Wenn die Vergabekammer den Antrag nicht schon für offensichtlich unzulässig oder unbegründet hält, informiert sie den öffentlichen Auftraggeber gemäß § 169 Abs. 1 GWB in Textform über den Antrag auf Nachprüfung. Dies geschieht regelmäßig in der Form der Übersendung bzw. Zustellung einer Kopie des Nachprüfungsantrags per Telefax. Mit der Information tritt der sogenannte Suspensiveffekt ein, d. h. der Auftraggeber darf den Zuschlag vor einer stattgebenden Entscheidung der Vergabekammer und dem Ablauf der Beschwerdefrist nach § 172 Abs. 1 GWB nicht erteilen; ein nach Zustellung erteilter Zuschlag wäre gemäß § 134 BGB i.V.m. § 169 Abs. 1 GWB nichtig[29].

Um dem Antragsteller die Möglichkeit des Primärrechtschutzes, d. h. die Aussicht auf die Zuschlagserteilung, effektiv zu erhalten, ist die Vergabekammer gehalten, die Zustellung schnellstmöglich, im Regelfall noch am Tag des Eingangs des Nachprüfungsantrags, zu bewirken.

Mit der Übermittlung des Antrags fordert die Vergabekammer beim öffentlichen Auftraggeber die Vergabeakten an, d. h. die Akten, die das Vergabeverfahren dokumentieren. Der Auftraggeber hat der Vergabekammer die Vergabeakten sofort zur Verfügung zu stellen.

Sieht die Vergabekammer den Nachprüfungsantrag als offensichtlich unzulässig oder unbegründet an, kann die Vergabekammer bereits von einer Übermittlung des Antrags an den Auftraggeber absehen (§ 163 Abs. 2 S. 3 GWB). Der Nachprüfungsantrag wird dann sogleich zurückgewiesen. Es entsteht dann auch kein Zuschlagsverbot für den Auftraggeber.

Zur Vermeidung von Problemen bei der Information des öffentlichen Auftraggebers über den Nachprüfungsantrag ist einem Antragsteller zu empfehlen, sogleich mit der Vergabekammer Kontakt aufzunehmen und auch die Einzahlung eines Vorschusses auf die Verfahrensgebühr abzuklären. Grundsätzlich wird es als ausreichend erachtet, wenn die anwaltlichen Bevollmächtigten die spätere Einzahlung der Verfahrenskosten nach Mitteilung des Aktenzeichens und der Kontoverbindung versichern.

2.5 Die Erforschung des Sachverhalts durch die Vergabekammer

In Nachprüfungsverfahren gilt, ähnlich wie im verwaltungsgerichtlichen Verfahren, der in § 163 Abs. 1 S. 1 GWB geregelte Untersuchungsgrundsatz. Es kommt daher – anders als im Zivilprozess – nicht darauf an, ob der Vortrag der Verfahrensbeteiligten streitig oder unstreitig ist und ob alle Beweismittel angeboten werden.

Die Vergabekammer kann sich bei der Erforschung des Sachverhalts auf das beschränken, was von den Beteiligten vorgebracht wird oder ihr sonst bekannt sein muss. Zu einer umfassenden Rechtmäßigkeitskontrolle ist die Vergabekammer nach der ausdrücklichen Regelung in § 163 Abs. 1 S. 2, 3 GWB nicht verpflichtet. Die Vergabekammer – ebenso wie der Vergabesenat – hat nur im Rahmen der gestellten Anträge von Amts wegen alle Um-

29 Vgl. zu den Einzelheiten Leinemann, Die Vergabe öffentlicher Aufträge, Rn. 1722.

stände zu ermitteln und offensichtliche Vergaberechtsfehler, welche sie im Rahmen oder aus Anlass dieser Amtsermittlung finden, für die Entscheidung heranzuziehen. Sie ist aber nicht dazu verpflichtet, von sich aus etwa alle Angebote auf Fehler durchzuschauen[30].

Im Zuge der Amtsermittlung fordert die Vergabekammer nach § 163 Abs. 2 S. 3 GWB die Akten bei der Vergabestelle an. Die Vergabestelle muss diese Akten unverzüglich und vollständig an die Vergabekammer übergeben. Ein „Vorsortieren" der Vergabeakten ist unzulässig. Der Begriff der „Akten" ist umfassend auszulegen. Zu den Vergabeakten gehören neben der Dokumentation der im Vergabeverfahren getroffenen Entscheidungen, den Teilnahmeanträgen und Angeboten der Mitbewerber auch vorbereitende Untersuchungen, Korrespondenz mit vorgesetzten Dienststellen und Aufsichtsbehörden, Rechtsgutachten und sonstige, unmittelbar mit dem Vergabevorgang in Verbindung stehende Unterlagen.

Bisweilen ermitteln die Vergabekammern auf der Grundlage der Vergabeakte den Sachverhalt über das Parteivorbringen hinaus. Dabei sollen allerdings nur solche Aufklärungen vorgenommen werden, die zur Entscheidung über den Vorgang von einer gewissen Bedeutung sind und die subjektiven Rechte des Antragstellers betreffen[31]. Unzulässig ist es, wenn die Vergabekammer selbst neue Ausschlussgründe feststellt, die die Vergabestelle bislang nicht ermittelt und vorgetragen hat, und darauf die Abweisung des Nachprüfungsantrags stützt[32].

Im Übrigen muss die Kammer gemäß § 163 Abs. 1 S. 3 GWB bei ihrer gesamten Tätigkeit darauf achten, dass der Ablauf des Vergabeverfahrens nicht unangemessen beeinträchtigt wird. Verfahrensbeteiligte können Mitglieder der Vergabekammer als befangen ablehnen, wenn deren mangelnde Unvoreingenommenheit zu befürchten ist[33].

2.6 Verfahrensbeteiligte, Beiladung

Antragsteller eines Vergabenachprüfungsverfahrens wird in der Regel der Bieter sein, der sich durch die Wertung der Vergabestelle übergangen fühlt.

Durch das Verfahren sind auch die Rechte desjenigen Bieters betroffen, der von der Vergabestelle für den Zuschlag vorgesehen ist. Dieser Bieter ist damit gemäß § 162 GWB zum Verfahren beizuladen, weil seine Interessen durch die Entscheidung schwerwiegend berührt werden können. Die Entscheidung über die Beiladung ist unanfechtbar, d. h. ein nicht beigeladener Mitbieter kann seine Teilnahme am Verfahren nicht erzwingen. Auch die übrigen Beteiligten können die Beiladung nicht erzwingen.

Wird der Nachprüfungsantrag in einem frühen Stadium des Verfahrens gestellt, in dem in Ermangelung einer Bieterbenachrichtigung noch nicht feststeht, welcher Bieter den Auftrag erhalten soll, so bedarf es einer Beiladung nicht. Das Verfahren wird dann regelmäßig allein mit Antragsteller und Vergabestelle als Beteiligten durchgeführt.

30 OLG München, Beschl. v. 23.6.2009, Verg 8/09.
31 OLG Saarbrücken, Beschl. v. 29.10.2003, 1 Verg 2/93, NZBau 2004, 117.
32 OLG Rostock, Beschl. v. 08.03.2006, 17 Verg 16/05, VergabeNews 2006, 39.
33 OLG Düsseldorf, Beschl. v. 14.11.2012, VII-Verg 42/12.

Die Beigeladenen können in derselben Weise am Verfahren teilnehmen wie Antragsteller und Antragsgegner. Sie erhalten Durchschriften aller Schriftsätze nebst Anlagen, können sich selbst schriftsätzlich äußern, erhalten alle Ladungen und Verfügungen der Kammer und nehmen am Termin zur mündlichen Verhandlung teil.

Eine Beiladung kann auch erst im sofortigen Beschwerdeverfahren durch das OLG erfolgen[34].

2.7 Das Akteneinsichtsrecht

Die Bieter haben in dem Vergabeverfahren als solchem grundsätzlich keine Möglichkeit, an Informationen aus den Vergabeakten zu gelangen. Nur im Vergabenachprüfungsverfahren besteht nach § 165 Abs. 1 GWB die Möglichkeit, Akteneinsicht zu nehmen.

Der Anspruch auf Akteneinsicht besteht grundsätzlich (nur) in dem Umfang, wie er zur Durchsetzung der subjektiven Bieterrechte erforderlich ist, und ist beschränkt auf den Gegenstand des Vergabenachprüfungsverfahrens[35]. Aus diesem Grunde besteht ein Akteneinsichtsrecht von Verfahrensbeteiligten nur hinsichtlich entscheidungsrelevanter Aktenbestandteile[36].

Nach § 165 Abs. 2 GWB hat die Vergabekammer die Einsicht in die Unterlagen zu versagen, soweit dies aus wichtigen Gründen, insbesondere des Geheimschutzes oder zur Wahrung von Betriebs- oder Geschäftsgeheimnissen geboten ist. Hier nimmt die Vergabekammer eine Interessenabwägung vor. In der Regel kann keine Einsicht in die Angebotsunterlagen anderer Bieter, insbesondere nicht in Preisangaben, Nebenangebote und andere Ausarbeitungen genommen werden. Der Vergabevermerk wird demgegenüber regelmäßig für die Akteneinsicht zur Verfügung stehen, gegebenenfalls jedoch unter Schwärzung geheimhaltungsbedürftiger Angaben über Angebote anderer Bieter (z.B. Preisangaben). Die übrigen Teile des Vergabevermerks müssen jedoch ungeschwärzt zugänglich gemacht werden.

Von Bedeutung ist in diesem Zusammenhang die Regelung des § 165 Abs. 3 GWB, wonach jeder Beteiligte mit Übersendung seiner Akten oder Stellungnahmen auf seine Geheimnisse hinzuweisen und diese in den Unterlagen entsprechend kenntlich zu machen hat. Erfolgt dies nicht, kann die Vergabekammer von der Zustimmung zur Einsichtnahme ausgehen.

Wenn die Vergabekammer die Akteneinsicht versagt oder zu restriktiv handhabt, kann dagegen kein eigenständiges Rechtsmittel eingelegt werden, § 165 Abs. 4 GWB. Erst im Rahmen der sofortigen Beschwerde vor dem OLG kann eine weitergehende, ergänzende Akteneinsicht beantragt werden.

Praktisch erfolgt die Akteneinsicht dadurch, dass sich die Beteiligten Kopien auf eigene Kosten erstellen lassen.

---

34 OLG Naumburg, Beschl. v. 09.12.2004, 1 Verg 21/04.
35 OLG Naumburg, Beschl. v. 01.06.2011, 2 Verg 3/11.
36 OLG Brandenburg, Beschl. v. 10.11.2011, Verg W 13/11.

2.8 Vorabgestattung des Zuschlags

Nach § 169 Abs. 1 GWB ist der Vergabestelle, nachdem sie über den Nachprüfungsantrag informiert wurde, die Erteilung des Zuschlags untersagt. Damit ist automatisch jedes Vergabeverfahren gestoppt, sobald ein Nachprüfungsverfahren eingeleitet und der Antrag zugestellt wird[37]. Jedoch kann die Vergabekammer auf Antrag des Auftraggebers und des für den Zuschlag vorgesehenen Unternehmens nach § 169 Abs. 2 GWB den Zuschlag nach Ablauf von zwei Wochen seit Bekanntgabe dieser Entscheidung vorab gestatten, wenn unter Berücksichtigung aller möglicherweise geschädigten Interessen sowie des Interesses der Allgemeinheit an einem raschen Abschluss des Vergabeverfahrens die nachteiligen Folgen einer Verzögerung der Vergabe bis zum Abschluss der Nachprüfung die damit verbundenen Vorteile überwiegen. Die anzuordnende Wartefrist von zwei Wochen seit Bekanntgabe der Entscheidung dient dazu, dem Antragsteller die Anrufung des Beschwerdegerichts zu ermöglichen, das dann das Verbot des Zuschlags wieder herstellen kann.

Wenn die Vergabekammer den Zuschlag nicht gestattet, kann das Beschwerdegericht auf Antrag des Auftraggebers den sofortigen Zuschlag gestatten.

Trotz dieses Zwischenverfahrens muss die Vergabekammer auch in der Hauptsache entscheiden, weil sonst die Folgen nach § 171 Abs. 2 GWB eintreten[38].

Da das Nachprüfungsverfahren ohnehin bereits mit sehr kurzen Fristen ausgestattet ist, werden in der Regel Anträge auf Vorabgestattung des Zuschlags von den Vergabekammern und Oberlandesgerichten abgelehnt. Normalerweise wird es einem Auftraggeber zuzumuten sein, die gemäß § 167 Abs. 1 GWB regelmäßig innerhalb einer Frist von fünf Wochen zu treffende Entscheidung der Vergabekammer abzuwarten. Etwas anderes gilt nur in besonderen Ausnahmefällen, etwa wenn die Zuschlagserteilung aus besonderen Gründen sehr dringlich ist.

3. Die mündliche Verhandlung vor der Vergabekammer

Sofern der Nachprüfungsantrag nicht bereits als offensichtlich unzulässig oder unbegründet zurückgewiesen wurde, führt die Vergabekammer – nachdem die Beteiligten sich schriftsätzlich geäußert haben – eine mündliche Verhandlung durch. Anders als im „normalen" Prozess vor ordentlichen Gerichten findet in der Regel nur eine mündliche Verhandlung statt, auf deren Grundlage dann die Entscheidung der Vergabekammer ergeht. In seltenen Ausnahmefällen werden Zusatztermine etwa zur Anhörung von Zeugen durchgeführt.

Geladen wird auch der Beigeladene, selbst wenn er sich bisher am Nachprüfungsverfahren nicht beteiligt hatte. Die Öffentlichkeit ist ausgeschlossen; Zuschauer dürfen der Verhandlung nicht beiwohnen.

Die Vergabekammer entscheidet gemäß § 167 Abs. 1 GWB grundsätzlich innerhalb einer Frist von fünf Wochen ab Eingang des Nachprüfungsantrags. Allerdings kann der Vorsit-

37 BGH, VergabeR 2001, 71.
38 KG, VergabeR 2002, 237, 238.

zende der Kammer die Entscheidungsfrist verlängern. Die Fristverlängerung ist deshalb bedeutsam, weil ohne sie eine Ablehnungsfiktion greift: Nach § 171 Abs. 2 GWB gilt ein Nachprüfungsantrag nach Ablauf von fünf Wochen nach seiner Einreichung als abgelehnt mit der Folge, dass dann die Rechtsmittelfrist von zwei Wochen zu laufen beginnt. Mit Verstreichen auch dieser Frist ist das Nachprüfungsverfahren für den Antragsteller endgültig verloren. Der Antragsteller bzw. sein Bevollmächtigter wird daher die laufenden Entscheidungsfristen sehr sorgfältig beachten.

Die Vergabekammer ist nicht an die Anträge der Parteien gebunden; sie kann gemäß § 168 Abs. 1 S. 2 GWB auch unabhängig davon auf die Rechtmäßigkeit des Vergabeverfahrens einwirken.

Hat sich das Nachprüfungsverfahren durch die Erteilung des Zuschlags, durch Aufhebung oder Einstellung des Vergabeverfahrens oder in sonstiger Weise erledigt, stellt die Vergabekammer gemäß § 168 Abs. 2 S. 2 GWB auf Antrag eines der Beteiligten fest, ob das Verfahren ordnungsgemäß durchgeführt und/oder der Antragsteller in seinen Rechten verletzt wurde. Mit dieser Feststellung kann ein benachteiligter Bieter später gegebenenfalls vor einem Zivilgericht auf Schadensersatz gegen die Vergabestelle klagen.

Zu beachten ist bei Aufträgen, die für geheim erklärt wurden, besondere Sicherheitsmaßnahmen erfordern und dem Schutz wesentlicher nationaler Sicherheitsinteressen dienen, die Vorschrift des § 169 Abs. 4 GWB. Macht der Auftraggeber hier das Vorliegen der Voraussetzungen des § 117 Nr. 1 bis 3 GWB oder § 150 Nr. 1 oder 6 GWB geltend, entfällt das Zuschlagsverbot nach § 169 Abs. 1 GWB fünf Werktage nach Zustellung eines entsprechenden Schriftsatzes an den Antragsteller. Auf Antrag des Antragstellers kann das Beschwerdegericht jedoch das Verbot des Zuschlages wiederherstellen.

4. Rechtsmittel gegen die Entscheidung der Vergabekammer

4.1 Sofortige Beschwerde zum Oberlandesgericht

Die am Verfahren vor der Vergabekammer Beteiligten können innerhalb einer Frist von zwei Wochen, die mit der Zustellung der Entscheidung der Vergabekammer beginnt, sofortige Beschwerde zum Oberlandesgericht erheben (§§ 172, 171 GWB). Innerhalb dieser Frist muss die Beschwerde nicht nur eingelegt, sondern nach § 172 Abs. 2 GWB zugleich auch begründet werden. Die Beschwerdebegründung muss im Wesentlichen zwei Elemente enthalten, nämlich

- die Erklärung, inwieweit die Entscheidung der Vergabekammer angefochten und eine abweichende Entscheidung beantragt wird;
- die Angabe der Tatsachen und Beweismittel, auf die sich die Beschwerde stützt.

Von Bedeutung ist, dass die Beschwerde auch zulässig ist, wenn die Vergabekammer über einen Antrag auf Nachprüfung nicht innerhalb der Frist des § 167 Abs. 1 GWB – oder der von ihr verlängerten Frist[39] – entschieden hat. In diesem Fall gilt der Nachprüfungsantrag nämlich gemäß § 171 Abs. 2, 2. Hs. GWB als abgelehnt[40].

Für das Verfahren vor dem Vergabesenat des Oberlandesgerichts (das zuständige Oberlandesgericht ist in der Rechtsmittelbelehrung am Ende des Beschlusses der Vergabekammer anzugeben) gilt Anwaltszwang. Eine Partei muss sich durch einen zugelassenen Rechtsanwalt vertreten lassen. Dieser muss bereits die Beschwerdeschrift unterzeichnen. Nur juristische Personen des öffentlichen Rechts dürfen sich durch eigene Beamte oder Angestellte mit Befähigung zum Richteramt vertreten lassen. Als Personen- oder Kapitalgesellschaften organisierte Unternehmen der öffentlichen Hand (Stadtwerke GmbH, Verkehrs AG etc.) gelten als privatrechtliche Rechtspersonen und unterliegen ebenfalls dem Anwaltszwang.

Nach § 172 Abs. 4 GWB sind die anderen Beteiligten des Verfahrens mit der Einlegung der Beschwerde vor der Vergabekammer vom Beschwerdeführer durch Übermittlung einer Ausfertigung der Beschwerdeschrift zu unterrichten.

4.2 Wirkung der sofortigen Beschwerde

Die Einlegung der sofortigen Beschwerde hat gemäß § 173 Abs. 1 GWB aufschiebende Wirkung gegenüber der Entscheidung der Vergabekammer. Das gesetzliche Zuschlagsverbot entfällt jedoch zwei Wochen nach Ablauf der Beschwerdefrist. Deswegen enthält § 173 Abs. 1 S. 2 GWB die ergänzende Regelung, dass das OLG, wenn die Vergabekammer zuvor den Antrag auf Nachprüfung abgelehnt hatte, auf Antrag des Beschwerdeführers die aufschiebende Wirkung bis zur Entscheidung über die Beschwerde verlängern kann. Der vor der Vergabekammer unterlegene Antragsteller wird daher in jedem Fall mit der sofortigen Beschwerde zusätzlich einen entsprechenden Antrag stellen. Über diesen Antrag entscheidet das OLG nach § 173 Abs. 2 S. 1 GWB vorab aufgrund einer Abwägung zwischen dem berechtigten Interesse des Antragstellers auf Primärrechtschutz sowie allen möglicherweise geschädigten Interessen und des Interesses der Allgemeinheit an einem raschen Abschluss des Vergabeverfahrens. Dabei sind die Erfolgsaussichten der Beschwerde zu berücksichtigen.

Wenn das OLG die Verlängerung der aufschiebenden Wirkung nicht verfügt, ist die Vergabestelle trotz des anhängigen Beschwerdeverfahrens frei, den Zuschlag zu erteilen. Nach erfolgter Zuschlagserteilung gibt der Antragsteller in der Regel die Sache verloren. Er kann aber noch gemäß § 178 S. 3 GWB die Feststellung beantragen, durch den Auftraggeber in seinen Rechten verletzt worden zu sein. Wird ein solcher Antrag positiv beschieden, steht dem Antragsteller trotz des bereits erfolgten Zuschlags an ein anderes Unternehmen jedenfalls ein Schadensersatzanspruch dem Grunde nach gegen den Auftraggeber zu. Im späteren Schadensersatzprozess ist das Zivilgericht nämlich nach § 179 Abs. 1 GWB an den Ausspruch des Vergabesenats gebunden.

Hat dagegen die Vergabekammer dem Antrag auf Nachprüfung durch Untersagung des Zuschlags stattgegeben, so unterbleibt er, wenn die Vergabestelle ihrerseits sofortige Be-

39 Vgl. dazu KG, Beschl. v. 29.02.2012, Verg 8/11.
40 OLG Frankfurt, Beschl. v. 24.09.2013 , 11 Verg 12/13.

schwerde einlegt, nach § 173 Abs. 3 GWB bis das Beschwerdegericht die Entscheidung der Vergabekammer aufhebt.

Gemäß § 176 GWB kann das Gericht auf Antrag des Auftraggebers den weiteren Fortgang des Vergabeverfahrens und den Zuschlag gestatten. Auch hier ist eine Interessenabwägung unter Berücksichtigung der Erfolgsaussichten der sofortigen Beschwerde anzustellen. Der Antrag nach § 176 GWB begründet ein weiteres Zwischenverfahren im laufenden Beschwerdeverfahren. Er kann auch dann noch gestellt werden, wenn das OLG bereits zuvor nach § 173 Abs. 2 GWB die Verlängerung der aufschiebenden Wirkung verfügt hatte. Derartige Anträge besitzen allerdings nur geringe Erfolgsaussichten, zumal der Vergabesenat in dem Beschluss nach § 173 Abs. 2 GWB in der Regel bereits seine vorläufige Meinung kundgetan hat. Sollte das Gericht eine Vorabgestattung erwägen, so ist die Entscheidung hierüber gemäß § 176 Abs. 3 GWB grundsätzlicher innerhalb von fünf Wochen ab Antragstellung zu treffen. Rechtsmittel gegen diese Entscheidung sind nach § 176 Abs. 4 GWB nicht zulässig.

Ist der Auftraggeber mit seinem Antrag nach § 176 GWB vor dem Beschwerdegericht unterlegen, gilt das Vergabeverfahren nach Ablauf von zehn Tagen nach Zustellung der Entscheidung gemäß § 177 GWB als beendet. Dies gilt allerdings dann nicht, wenn der Auftraggeber die Maßnahmen zur Herstellung der Rechtmäßigkeit des Verfahrens noch ergreifen kann und tatsächlich ergreift, die sich aus der Entscheidung ergeben[41]. Bei fehlender Korrekturmöglichkeit darf das Verfahren definitiv nicht fortgeführt werden. Der Antrag nach § 176 GWB birgt damit für den Auftraggeber ein erhebliches Risiko, nämlich das Scheitern seines Vergabeverfahrens insgesamt.

4.3 Das Verfahren vor dem Vergabesenat

Auch in der Beschwerdeinstanz bleiben die Beteiligten dieselben wie vor der Vergabekammer. Das OLG kann noch beiladen, wenn dies von der Vergabekammer verabsäumt wurde. Ansonsten könnte das gesamte Nachprüfungsverfahren an einem Bieter vorbeilaufen, dessen Interessen schwerwiegend berührt werden[42].

Auch das OLG ermittelt den Sachverhalt von Amts wegen, begrenzt jedoch den Umfang seiner Prüfung im Beschwerdeverfahren auf den Beschwerdegegenstand, nämlich die Entscheidung der Vergabekammer[43]. Das schließt freilich nicht aus, dass der Vergabesenat unabhängig vom Vorbringen der Parteien die Rechtmäßigkeit des Vergabeverfahrens eigenständig prüft und entsprechend entscheidet[44].

Im Rahmen des Beschwerdeverfahrens findet grundsätzlich eine mündliche Verhandlung statt, auf die nur im Einverständnis mit den Beteiligten nach §§ 175 Abs. 2, 69 Abs. 1 GWB verzichtet werden kann. Lediglich die Beschlüsse nach §§ 173 Abs. 2, 176 Abs. 3 GWB können ohne mündliche Verhandlung ergehen. Ein Versäumnisurteil, wie im ordentlichen

41 Leinemann, Die Vergabe öffentlicher Aufträge, Rn. 2235.
42 KG Berlin, Beschl. v. 18.10.2012, Verg 8/11.
43 BayObLG, VergabeR 2003, 563.
44 OLG Düsseldorf, Beschl. v. 11.04.2012, Verg 95/11.

Zivilprozess, ist nicht vorgesehen; es gilt § 175 GWB i. V. m. § 69 Abs. 2 GWB. Vor dem OLG ist die mündliche Verhandlung öffentlich, § 169 GVG.

Hält das Gericht die Beschwerde für begründet, hebt es nach § 178 GWB die Entscheidung der Vergabekammer auf. Regelmäßig entscheidet es in der Sache selbst; es kann aber auch die Verpflichtung der Vergabekammer aussprechen, unter Berücksichtigung der Rechtsauffassung des Gerichts über die Sache erneut zu entscheiden, und den Fall zurückverweisen. Dies ist jedoch schon wegen der gebotenen Verfahrensbeschleunigung eine seltene Ausnahme.

Wie die Vergabekammer ist auch der Vergabesenat des OLG nicht an die gestellten Anträge gebunden und kann unabhängig davon auf die Rechtmäßigkeit des Vergabeverfahrens einwirken[45].

Im Übrigen kann das OLG auf Antrag feststellen, ob das Unternehmen, das die Nachprüfung beantragt hat, durch den Auftraggeber in seinen Rechten verletzt ist. Dieser Antrag kann auch von beigeladenen Bietern gestellt werden.

Eine unzulässige oder unbegründete Beschwerde wird hingegen durch Beschluss verworfen. Dies führt zur Bestandskraft der Entscheidung der Vergabekammer und – mit Verkündung des Beschlusses des OLG – zur Möglichkeit der Erteilung des Zuschlags, wenn zuvor bereits eine Bieterbenachrichtigung versandt wurde und die Frist nach § 134 GWB abgelaufen ist.

4.4 Vorlage an den Bundesgerichtshof

Zur Vermeidung einer regional unterschiedlichen Vergaberechtspraxis sieht § 179 Abs. 2 GWB eine Vorlage an den Bundesgerichtshof (BGH) vor[46]. Die Divergenzvorlage ist gewissermaßen die Ersatzlösung dafür, dass es eine drittinstanzliche Kompetenz des Bundesgerichtshofs in Vergabesachen für Sachentscheidungen nicht gibt[47]. Sie kommt allerdings nur dann in Betracht, wenn ein OLG von einer Entscheidung eines anderen OLG oder des BGH in einem Vergabenachprüfungsverfahren abweichen will[48]. Zudem macht nur eine ergebnisrelevante Abweichung in der Anwendung der Vergabenachprüfungsvorschriften die Vorlage des Verfahrens an den BGH erforderlich[49]. Der BGH kann anstelle des OLG selbst die Sachentscheidung treffen, sich nach § 179 Abs. 2 S. 3 GWB aber auch auf die Entscheidung der Divergenzfrage beschränken[50].

Mangels näherer Ausgestaltung durch das GWB ist das Verfahren unter Beachtung der rechtsstaatlichen Grundsätze und unter Heranziehung der ansonsten das Verfahren vor dem BGH bestimmenden Regeln so durchzuführen, dass es dem jeweiligen Streitfall ge-

45 Vgl. OLG Frankfurt, Beschl. v. 01.02.2006, 11 Verg 18/05.
46 OLG Düsseldorf, Beschl. v. 16.06.2008, VII-Verg 13/08.
47 OLG Düsseldorf, Beschl. v. 9.5.2003, Verg 42/01.
48 OLG Hamburg, VergabeR 2003, 40, 44.
49 OLG Brandenburg, Beschl. v. 09.08.2010, Verg W 5/09; OLG Düsseldorf, Beschl.v. 13.08.2008, VII – Verg 42/07.
50 Vgl. BGH, VergabeR 2001, 71.

recht wird. Bei einem beschränkten Prüfungsumfang bedarf es einer mündlichen Verhandlung nicht[51].

4.5 Vorlage an den Europäischen Gerichtshof

Im Verfahren der sofortigen Beschwerde kann für das mit der Angelegenheit befaßte OLG im Einzelfall die Verpflichtung zur Anrufung des EuGH nach Art. 267 AEUV bestehen. Dem EuGH kommt im Bereich des Europäischen Gemeinschaftsrechts ein umfassendes Auslegungs- und Verwerfungsmonopol zu. Stellt sich in einem Rechtsstreit vor dem Vergabesenat eine entscheidungserhebliche Auslegungs- und Gültigkeitsfrage, so muss das Gericht das Verfahren aussetzen und den EuGH anrufen[52]. Eine Ausnahme von der Vorlageverpflichtung besteht, wenn es zu der streitrelevanten Frage bereits eine gesicherte Rechtsprechung des EuGH gibt oder die richtige Anwendung des Gemeinschaftsrechts derart offenkundig ist, dass an der zu treffenden Entscheidung keine vernünftigen Zweifel bestehen[53].

5. Missbrauch des Vergaberechtsschutzes

5.1 Schadensersatzpflicht des Bieters gegenüber dem Auftraggeber

Wenn sich nach Abschluss des Verfahrens herausstellt, dass ein Antrag auf Nachprüfung oder die sofortige Beschwerde von Anfang an ungerechtfertigt war, so ist der Antragsteller gegenüber dem öffentlichen Auftraggeber nach § 180 GWB zum Schadensersatz verpflichtet. Mit dieser Regelung soll der missbräuchlichen Inanspruchnahme des Vergaberechtsschutzes entgegengewirkt werden.

5.2 Tatbestände des Rechtsschutzmissbrauchs

Als beispielhafte Fälle des Missbrauchs sind in § 180 Abs. 2 GWB aufgeführt:

a) die Aussetzung oder die weitere Aussetzung des Vergabeverfahrens durch vorsätzliche oder grob fahrlässig vorgetragene Angaben zu erwirken,

b) die Überprüfung mit dem Ziel zu beantragen, das Vergabeverfahren zu behindern oder Konkurrenten zu schädigen,

c) einen Antrag in der Absicht zu stellen, ihn später gegen Geld oder andere Vorteile zurückzunehmen.

Darüber hinaus hat der Antragsteller dem Auftraggeber Schadensersatz zu leisten, wenn sich die von der Vergabekammer entsprechend einem besonderen Antrag nach § 169 Abs. 3 GWB getroffenen vorläufigen Maßnahmen als von Anfang an ungerechtfertigt er-

51 BGH, Beschl. v. 19.12.2000, X ZB 14/00.
52 OLG Naumburg, Beschl. v. 06.12.2012, 2 Verg 5/12.
53 Vgl. EuGH, VergabeR 2011, 437, 442; OLG Brandenburg, Beschl. v. 12.02.2008, Verg W 18/07.

weisen, § 180 Abs. 3 GWB. Das Problem solcher Ansprüche ist allerdings die wohl extrem schwierige Beweisführung.

5.3 Umfang des zu ersetzenden Schadens

Zu ersetzen ist sämtlicher Schaden, der durch den Missbrauch des Antrags- oder Beschwerderechts entstanden ist, also auch z. B. erhöhte Finanzierungskosten wegen der Verzögerung der Auftragserteilung, aber auch daraus resultierende höhere Baukosten, die längere Bauzeit und damit verbundene Folgekosten. Ersatzberechtigt sind nach § 180 Abs. 1 GWB der Antragsgegner und die weiteren „Beteiligten" des Nachprüfungsverfahrens. Nicht beigeladenen Bietern kann kein Anspruch aus § 180 GWB zustehen[54].

6. Schadensersatzansprüche von Bietern bei Verstößen gegen die Vergabevorschriften

6.1 Schadensersatzanspruch nach § 181 GWB

Das GWB beinhaltet nicht nur einen Schadensersatzanspruch des Auftraggebers, wenn die Bieter zu Unrecht Rechtsschutz in Anspruch nehmen. Nach der eigenständigen Anspruchgrundlage[55] des § 181 GWB kann auch ein Bieter vom Auftraggeber Schadensersatz für die Kosten der Vorbereitung des Angebots und/oder der Teilnahme an dem Vergabeverfahren verlangen. Voraussetzung hierfür ist, dass der Auftraggeber gegen eine den Schutz von Unternehmen bezweckende Vorschrift verstoßen hat und der das Unternehmen bei der Wertung der Angebote ohne diesen Verstoß eine „echte Chance" gehabt hätte, den Zuschlag zu erhalten. Damit wird dem Unternehmen ein Anspruch auf Ersatz des negativen Interesses gewährt, d. h. es ist so zu stellen, wie es gestanden hätte, wenn es an den Vergabeverfahren nicht teilgenommen hätte. Weitergehende Schadensersatzansprüche, insbesondere Ersatz des entgangenen Gewinns (positives Interesse), bleiben nach § 181 S. 2 GWB unberührt.

§ 181 GWB kommt, wie sich aus seiner systematischen Stellung ergibt, nur dann in Betracht, wenn der Anwendungsbereich des GWB-Vergaberechts eröffnet ist[56]. Ein schuldhafter Verstoß des Auftraggebers ist nach dem Gesetzeswortlaut nicht erforderlich; es kommt nur auf die objektive Verletzung bieterschützender Normen an[57]. Allgemein wird man all jenen Vorschriften in den Vergabeordnungen drittschützenden Charakter zumessen müssen, die nicht reine Ordnungsvorschriften darstellen oder nur haushaltsrechtliche Bedeutung haben[58].

---

54 BGH, Beschl. v. 19.12.2000, VergabeR 2001, 71.
55 OLG Koblenz, Beschl. v. 15.01.2007, 12 U 1016/05; zum europarechtlichen Hintergrund Leinemann, Die Vergabe öffentlicher Aufträge, Rn. 2348.
56 OLG Stuttgart, Urt. v. 30.04.2007, 5 U 4/06; Leinemann, Die Vergabe öffentlicher Aufträge, Rn. 2351.
57 BGH, Urt. v. 27.11.2007, X ZR 18/07, VergabeR 2008, 219, 221; s. auch EuGH, Urt. v. 30.09.2010, Rs. C-314/09.
58 Einzelheiten bei Leinemann, Die Vergabe öffentlicher Aufträge, Rn. 2352 ff.

Wann eine „echte Chance" des Bieters auf den Zuschlag besteht, ist nicht abschließend geklärt. Grundsätzlich ist erforderlich, dass der Anspruchsteller zumindest zu der engeren Spitzengruppe der Bieter gehört und dass die Erteilung des Zuschlags an ihn innerhalb des Bewertungsspielraums des Auftraggebers liegt[59]. Dies ist eine Frage des Einzelfalls, die nur unter Berücksichtigung der Zuschlagskriterien und ihrer Gewichtung beantwortet werden kann[60].

Erforderlich ist des Weiteren ein Kausalzusammenhang. Dieser besteht dann nicht, wenn die Ausschreibung rechtmäßig aufgehoben wurde[61].

Steht fest, dass ein Anspruch dem Grunde nach gegeben ist, kann Schadensersatz sowohl für die Kosten der Vorbereitung des Angebots als auch der Teilnahme an dem Vergabeverfahren verlangt werden[62].

6.2 Fortbestehende Ansprüche außerhalb des GWB

§ 181 S. 2 GWB lässt ausdrücklich weiterreichende Ansprüche auf Schadensersatz unberührt. Der „vereinfachte Schadensersatzanspruch"[63] des § 181 S. 1 GWB steht daher neben den bisher von der Rechtsprechung herausgearbeiteten Ansprüchen aus einer Verletzung vergaberechtlicher Vorschriften.

Hier kommt das in §§ 311 Abs. 2, 241 Abs. 2, 280 Abs. 1 BGB geregelte Institut des Verschuldens bei Vertragsschluss (culpa in contrahendo) zum Tragen. Danach umfasst der Schadensersatzanspruch desjenigen Bieters, der ohne die Verletzung seiner Rechte den Zuschlag hätte erhalten müssen, auch den entgangenen Gewinn aus dem Auftrag (sog. positives Interesse)[64]. Aufgrund einer öffentlichen Ausschreibung und der Beteiligung von Bietern entsteht – spätestens mit der Anforderung der Ausschreibungsunterlagen durch den Bieter – ein vorvertragliches Schuldverhältnis[65]. Dieses beinhaltet das berechtigte Interesse der Bieter daran, dass das Vergabeverfahren nach den maßgeblichen Bestimmungen des Vergaberechts abgewickelt wird und sich der Ausschreibende im Sinne einer Selbstbindung daran hält. Auf ein zusätzliches Vertrauenselement auf Seiten des Bieters soll es nicht mehr ankommen; eine Missachtung des Rücksichtnahmegebots durch den Auftraggeber und die damit einhergehende Verletzung schutzwürdiger Interessen des Bieters reicht aus[66]. Als Pflichtverletzung kommen sämtliche Vorschriften gegen Vergabevorschriften in Betracht, die einen Schutz der Bieter bezwecken[67]. Ein Schadensersatzanspruch aus c.i.c. entsteht grundsätzlich erst dann, wenn feststeht, dass der Bieter gerade wegen der Pflicht-

59 BGH, Urt. v. 27.11.2007, X ZR 18/07, VergabeR 2008, 219, 221; OLG Düsseldorf, Beschl. v. 22.06.2006, VII-Verg 2/06; kritisch hierzu Pünder/Schellenberg-Alexander, Vergaberecht, § 126 GWB, Rn. 31 ff.

60 BGH, Urt. v. 27.11.2007, X ZR 18/07, VergabeR 2008, 219, 221.

61 VK Bund, Beschl. v. 08.10.2004, VK 3-146/04.

62 OLG Koblenz, Beschl. v. 15.01.2007, 12 U 1016/05; Einzelheiten bei Leinemann, Die Vergabe öffentlicher Aufträge, Rn. 2360.

63 So die Formulierung des Bundesrates in BR-Drucks. 646/97, 22, zu Ziff. 37; vgl. auch BGH, NJW 1993, 520, 521.

64 BGH, Urt. v. 09.06.2011, X ZR 143/10; OLG Köln, Urt. v. 18.06.2010, 19 U 98/09.

65 BGH, Urt. v. 09.06.2011, X ZR 143/10; OLG Düsseldorf, Urt. v. 15.12.2008, I-27 U 1/07.

66 BGH, Urt. v. 09.06.2011, X ZR 143/10; dazu Leinemann, Vergabe öffentlicher Aufträge, Rn. 2365 sowie jüngst BGH, Urt. v. 05.06.2012, X ZR 161/11, IBR 2012, 526 (Leinemann).

67 Pünder/Schellenberg-Alexander, Vergaberecht, § 126 GWB, Rn. 61; Beispiele für Pflichtverletzungen bei Leinemann, Vergabe öffentlicher Aufträge, 5. Aufl., Rn. 2365 ff.

verletzung des Auftraggebers einen Schaden erlitten hat. Die Pflichtverletzung muss den Vermögensnachteil adäquat verursacht haben. Dies ist nicht der Fall, wenn das Interesse des Unternehmens nicht schutzwürdig ist, etwa weil es kein zuschlagfähiges Angebot abgegeben hat[68] oder sich ihm die ernsthafte Gefahr eines Regelverstoßes aufdrängen musste[69]. Im Regelfall wird ein Schadensersatzanspruch nur für denjenigen Bieter in Erwägung zu ziehen sein, der den Zuschlag in dem betreffenden Vergabeverfahren erhalten hätte, wenn nicht der beanstandete Vergabeverstoß aufgetreten wäre[70]. Im Übrigen muss der Auftraggeber die Pflichtverletzung nach allgemeinen Grundsätzen verschuldet haben[71]. Der Umfang des zu ersetzenden Schadens bestimmt sich nach den allgemeinen Regeln der §§ 249 ff. BGB, wobei in der Regel nur Schadensersatz in Geld verlangt werden kann.

6.3 Ansprüche aus verzögerter Vergabe

Erhält der Bieter den Zuschlag – z.B. wegen eines zwischenzeitlichen Nachprüfungsverfahrens – erst später als nach der Ausschreibung vorgesehen, so steht ihm gegen den Auftraggeber ein Anspruch auf Vergütung der daraus entstandenen Mehrkosten zu, sofern sich infolge des verzögerten Zuschlags auch die Ausführungsfrist verändert. Das sog. Vergabeverfahrensrisiko trägt – wie der BGH in mittlerweile gestigter Rechtsprechung festgestellt hat – der Auftraggeber[72]. Die Verzögerung des Vergabeverfahrens dürfe, so der BGH, nicht zu Lasten des Bieters gehen, der sich im Wettbewerb durchgesetzt hat. Die Einrichtung des Vergaberechtsschutzes solle die Rechtsstellung der Bieter gegenüber dem Auftraggeber stärken, nicht schwächen. Werde diese Rechtsposition in Anspruch genommen, so dürfe dies nicht dazu führen, dass die Bieterseite am Ende wirtschaftlich schlechter dastehe als zuvor, indem die Verzögerungskosten auf sie übergewälzt werden. Der nach Bindefristverlängerung ergehende Zuschlag ist regelmäßig so auszulegen, dass er sich auch auf wegen Zeitablaufs obsolet gewordene Fristen und Termine bezieht, die durch ergänzende Vertragsauslegung anzupassen sind[73]. Der Mehrvergütungsanspruch des Auftragnehmers ermittelt sich dabei in entsprechender Anwendung von § 2 Abs. 5 VOB/B.

---

68 BGH, Urt. v. 18.09.2007, X ZR 89/04.
69 BGH, Urt. v. 09.06.2011, X ZR 143/10.
70 BGH, Urt. v. 16.04.2002, X ZR 67/00; OLG Celle, Beschl. v. 04.03.2010, 13 Verg 1/10; Leinemann, Die Vergabe öffentlicher Aufträge, Rn. 2379.
71 BGH, Urt. v. 27.11.2007, X ZR 18/07; Leinemann, Die Vergabe öffentlicher Aufträge, Rn. 2380.
72 BGH, Urt. v. 08.03.2012, VII ZR 202/09; BGH, Urt. v. 11.05.2009, VII ZR 11/08, BauR 2009, 1131; Leinemann, NJW 2010, 471 ff.; für Verhandlungsverfahren BGH, Urt. v. 18.12.2014, VII ZR 60/14.
73 Einzelheiten bei Leinemann, Die Vergabe öffentlicher Aufträge, Rn. 265 ff.

7. Kosten des Vergabenachprüfungsverfahrens

7.1 Kosten des Verfahrens vor der Vergabekammer

Für Amtshandlungen der Vergabekammern werden nach § 182 Abs. 1 GWB Kosten (Gebühren und Auslagen) zur Deckung des Verwaltungsaufwandes erhoben. Das Verwaltungskostengesetz findet Anwendung. Die Gebühr beträgt nach § 182 Abs. 2 GWB mindestens EUR 2.500; dieser Betrag kann aus Gründen der Billigkeit bis auf ein Zehntel ermäßigt werden. Die Gebühr soll den Betrag von EUR 50.000 nicht überschreiten; sie kann im Einzelfall, wenn der Aufwand oder die wirtschaftliche Bedeutung außergewöhnlich hoch sind, bis zu einem Betrag von EUR 100.000 erhöht werden.

Die Vergabekammer trifft zusammen mit ihrer Entscheidung in der Sache eine Kostengrundentscheidung, die auch die Aufwendungen der Beigeladenen umfassen muss, von Amts wegen. Sie hat auch darüber zu befinden, ob die Hinzuziehung eines Rechtsanwalts notwendig war und die Anwaltskosten somit erstattungsfähig sind. Aus Gründen der Rechtssicherheit sollte dies ggf. beantragt werden. Die Entscheidung, wer die Kosten zu tragen hat, erfolgt gemäß § 182 Abs. 3 S. 5 GWB nach billigem Ermessen.

Die Kosten hat ein Beteiligter in der Regel soweit zu tragen, wie er im Verfahren unterliegt. Erledigt sich ein Antrag, insbesondere durch Rücknahme vor Entscheidung der Vergabekammer, hat der Antragsteller die Hälfte der Gebühr zu entrichten. Aus Gründen der Billigkeit kann von der Erhebung von Gebühren ganz oder teilweise abgesehen werden.

Eine Herabsetzung wird auch vorzunehmen sein, wenn die Kammer ohne mündliche Verhandlung entscheiden kann, z. B. bei offensichtlicher Unzulässigkeit oder Verzicht der Beteiligten auf eine mündliche Verhandlung. Hier kann aus Billigkeitsgründen eine Reduzierung auf 10 % in Anwendung von § 188 Abs. 3 S. 6 GWB zur Anwendung kommen. Erfolgt eine Antragsrücknahme, ohne dass die Vergabekammer sich inhaltlich – über die Offensichtlichkeitsprüfung hinaus – mit der Sache befassen musste, ist ein Verzicht auf die Gebührenerhebung angemessen und geboten.

Die Höhe der für das Verfahren vor der Vergabekammer zu erhebenden Gebühr orientiert sich in Analogie zu § 50 Abs. 2 GKG grundsätzlich an dem Wert des zur Vergabe vorgesehenen Auftrages (sog. Bruttoauftragswert). Aus der untenstehenden Tabelle, die von den Vergabekammern des Bundes angewandt wird, ist ersichtlich, welchem Auftragswert welche Gebühr zuzuordnen ist. Die Vergabekammern der Länder orientieren sich überwiegend an dieser Praxis des Bundeskartellamtes. Danach ergeben sich grundsätzlich folgende Gebührensätze[74]:

74 Bundeskartellamt: Informationsblatt zum Rechtsschutz bei der Vergabe öffentlicher Aufträge – Stand Juli 2016.

Auftragswert in €	Basisgebühr in €	Auftragswert in €	Basisgebühr in €
< 80.000	2.500	7.000.000	7.200
80.000	2.500	8.000.000	7.875
200.000	2.575	9.000.000	8.575
400.000	2.725	10.000.000	9.250
600.000	2.850	11.000.000	9.925
800.000	3.000	12.000.000	10.600
1.000.000	3.125	13.000.000	11.275
2.000.000	3.800	14.000.000	11.975
3.000.000	4.475	15.000.000	12.650
4.000.000	5.175	16.000.000	13.325
5.000.000	5.850	17.000.000	14.000
6.000.000	6.525	(...)	18.000.000 14.675 19.000.000 15.375 20.000.000 16.050 22.000.000 17.400 24.000.000 18.775 26.000.000 20.125 28.000.000 21.475 30.000.000 22.850 32.000.000 24.200 34.000.000 25.575 36.000.000 26.925 38.000.000 28.275 40.000.000 29.650 50.000.000 36.450 60.000.000 43.250 70.000.000 50.000 >70.000.000 50.000

Diese Zuordnung gilt für Nachprüfungsverfahren, die für die Vergabekammer mit einem durchschnittlichen sachlichen und personellen Aufwand verbunden sind. Die Tabelle liefert daher nur Anhaltspunkte für die Bemessung der Gebühr. Die Gebührenhöhe im konkreten Fall richtet sich immer nach dem tatsächlichen sachlichen und personellen Aufwand der Vergabekammer und kann somit von den folgenden Werten abweichen.

Gemäß § 182 Abs. 4 GWB hat ein Beteiligter, soweit er im Nachprüfungsverfahren unterliegt, die zur zweckentsprechenden Rechtsverfolgung oder Rechtsverteidigung notwendigen Aufwendungen des Antragsgegners zu tragen. Die Vorschrift begründet einen Kostenerstattungsanspruch des oder der Beteiligten. Durch § 182 Abs. 4 S. 2 GWB wird angeordnet, dass die Aufwendungen der Beigeladenen erstattungsfähig sind, soweit sie die

Vergabekammer aus Billigkeit der unterlegenen Partei auferlegt. Dies hängt davon ab, ob und wie sich ein Beigeladener am Verfahren beteiligt hat. Hat sich ein Beigeladener in einen bewussten Interessengegensatz zu der unterlegenen Partei gestellt, insbesondere durch eigene Anträge, so entspricht die Erstattung seiner außergerichtlichen Kosten regelmäßig billigem Ermessen[75].

Nimmt der Antragsteller seinen Antrag zurück, hat er gleichwohl die zur zweckentsprechenden Rechtsverfolgung notwendigen Aufwendungen des Antragsgegners und der Beigeladenen zu erstatten[76]. Die Aufwendungen der Beigeladenen sind allerdings nur erstattungsfähig, soweit sie die Vergabekammer aus Billigkeit der unterlegenen Partei auferlegt.

Ein gesondertes Kostenfestsetzungsverfahren findet gemäß § 182 Abs. 4 S. 5 GWB nicht statt. Demgemäß ergeht kein Beschluss mehr, aus dem sich die Höhe der Anwaltsgebühren ergibt. Zahlt ein Erstattungspflichtiger nicht freiwillig, müssen sich die Kostengläubiger einen gesonderten Vollstreckungstitel verschaffen. Das bedeutet, dass sie ihren Kostenerstattungsanspruch vor einem Zivilgericht einklagen müssen, wenn die verpflichtete Partei die Zahlungsaufforderung ignoriert.

7.2 Kosten des Verfahrens vor dem Vergabesenat

In Ermangelung einer ausdrücklichen Regelung über die Kostentragung hat das OLG gemäß § 175 Abs. 2 GWB i.V.m. §§ 91 ff. ZPO, 78 GWB über die Kosten des Verfahrens zu entscheiden[77]. Die Kostenentscheidung des OLG erfasst auch die Kosten des Verfahrens vor der Vergabekammer, weil der Vergabesenat im Beschwerdeverfahren selbst über die Festsetzung der Gebühren der Vergabekammer entscheiden kann[78].

Die Gerichtsgebühren für das OLG richten sich nach dem GKG. Der Streitwert beträgt gemäß § 50 Abs. 2 GKG 5 % der Bruttoauftragssumme. Nach diesem Streitwert berechnen sich auch die Gebühren der Verfahrensbevollmächtigten.

Das Kostenfestsetzungsverfahren erfolgt nach den §§ 103 ff. ZPO. Die Festsetzung der entstandenen Kosten sowohl für das Beschwerdeverfahren als auch für das Verfahren vor der Vergabekammer wird beim Beschwerdegericht beantragt[79].

---

75 OLG Düsseldorf, Beschl. v. 08.02.2006, VII Verg 61/05.
76 Leinemann, Die Vergabe öffentlicher Aufträge, Rn. 2264.
77 OLG Karlsruhe, Beschl. v. 06.04.2011, 15 Verg 3/11; OLG Düsseldorf, Beschl. v. 09.11.2009, VII Verg 35/09.
78 OLG Naumburg, Beschl. v. 25.08.2011, 2 Verg 4/11.
79 OLG Düsseldorf, Beschl. v. 22.11.2010, Verg 55/09; OLG München, Beschl. v. 22.09.2011, Verg 5/11.

7.3 Statistik Nachprüfungsverfahren in Deutschland

	2001	2002	2003	2004	2005	2006	2007	2008	2009	2010	2011	2012	2013	2014	2015	2016
Anzahl der Anträge insgesamt	**953**	**1092**	**1275**	**1493**	**1348**	**1146**	**1119**	**1158**	**1275**	**1065**	**989**	**893**	**817**	**751**	**864**	**880**
VgV (VOL/A und VOF a.F.)	405	513	568	796	685	655	638	767	874	670	710	562	526	499	585	594
VOB	507	567	658	663	651	480	485	400	403	385	267	277	260	193	266	223
VOF*	94	137	112	132	136	103	90	92	108	91	120	82	92	50	–	–
SektVO											14	46	39	46	26	36
Nichtzustellung gem. § 163 Abs. 2	–	–	–	–	–	–	97	72	79	69	44	82	46	29	28	33
Rücknahme	358	369	442	592	539	469	433	441	472	364	333	297	244	236	255	309
Unzulässigkeit	86	148	169	175	119	101	77	104	85	71	70	68	44	3	k.A.	232
Sachentscheidung zugunsten öff. AG	35	134	256	294	247	208	174	190	236	206	181	197	171	152	205	232
Sachentscheidung zugunsten ASt	68	153	136	160	166	156	187	163	206	146	167	136	113	145	134	140
sonstige Erledigung	136	137	136	171	200	158	161	187	206	163	184	156	162	147	171	197
Verlängerung der Entscheidungsfrist § 167 GWB	98	165	273	383	367	264	257	370	484	460	418	400	354	284	404	506

* Ab 2015 erfolgt keine getrennte Erfassung der Verfahren für freiberufliche Leistungen, sonstige Lieferung und Dienstleistung; daher werden ab 2015 alle diese Verfahren in der Zeile VgV zusammenaufgeführt.

	2001	2002	2003	2004	2005	2006	2007	2008	2009	2010	2011	2012	2013	2014	2015	2016
Anträge auf Vorabgestattung des Zuschlags § 169 II GWB	**59**	**40**	**31**	**47**	**36**	**18**	**25**	**23**	**47**	**20**	**22**	**9**	**25**	**37**	**18**	**7**
davon stattgegeben	12	7	7	2	9	1	1	4	2	1	10	0	3	5	0	1
Beschwerde bei OLG lt. VK	111	187	197	223	200	171	168	163	212	175	180	170	135	110	117	138
Anzahl der sofortigen Beschwerden insgesamt	**126**	**176**	**300**	**314**	**286**	**228**	**197**	**227**	**199**	**226**	**241**	**184**	**189**	**152**	**159**	**180**
überwiegend erfolgreich	22	26	82	46	59	43	8	7	9	10	7	71	56	47	37	39
Zurückgenommen	37	65	81	93	91	74	66	72	69	70	68	58	43	51	46	48
Erledigung durch Vergleich	3	0	1	4	2	4	4	3	1	1	5	0	5	3	1	2
zurückgewiesen	32	39	89	88	58	66	48	64	47	55	65	81	53	55	43	54
überwiegend zurückgewiesen	4	8	11	12	14	18	3	5	2	7	8	3	6	5	4	4

Zur sinnvollen Ergänzung empfehlen wir:

Das Standardhandbuch zum gesamten Vergaberecht in einem Band!

Hervorragende Qualität:

- Das komplette Vergaberecht in einem Band
- Standardwerk: seit 1999 in gleicher Herausgeberschaft
- Top-Kanzlei im Vergaberecht (Wirtschaftswoche u.a.)
- renommierte Autoren, nah an der Vergabepraxis

ISBN 978-3-8462-0516-7
→ shop.bundesanzeiger-verlag.de/0516-7

Bundesanzeiger Verlag

Vergabewissen